中國人民大學圖書館

古籍善本書目

（增訂本）上冊

中國人民大學圖書館 編

國家圖書館出版社

圖書在版編目(CIP)數據

中國人民大學圖書館古籍善本書目：增訂本：全二册／中國人民大學圖書館編．—北京：國家圖書館出版社，2021.12
ISBN 978 – 7 – 5013 – 7080 – 1

Ⅰ．①中… Ⅱ．①中… Ⅲ．①中國人民大學—古籍—善本—圖書館目録 Ⅳ．①Z838

中國版本圖書館 CIP 數據核字(2020)第 213692 號

書　　名	中國人民大學圖書館古籍善本書目（增訂本）（全二册）
著　　者	中國人民大學圖書館　編
責任編輯	趙　嫄　喬　爽
封面設計	翁　涌
出版發行	國家圖書館出版社（北京市西城區文津街 7 號　100034）
	（原書目文獻出版社 北京圖書館出版社）
	010 – 66114536　63802249　nlcpress@ nlc. cn(郵購)
網　　址	http：//www.nlcpress.com
排　　版	京荷(北京)科技有限公司
印　　裝	河北三河弘翰印務有限公司
版次印次	2021 年 12 月第 1 版　2021 年 12 月第 1 次印刷
開　　本	787×1092　1/16
印　　張	53.5
字　　數	840 千字
書　　號	ISBN 978 – 7 – 5013 – 7080 – 1
定　　價	680.00 圓

版權所有　侵權必究

本書如有印裝質量問題,請與讀者服務部(010 – 66126156)聯繫調换。

漢書一百卷　　　　　　　　　　　　　SG212/82

（漢）班固撰　（唐）顏師古注

宋刻元遞修本

一冊　一函　存一卷（卷九十九傳六十九中）

晦菴先生文集一百卷目錄二卷　　SG45/300

（宋）朱熹撰

宋慶元至嘉定浙江刻本

二冊　一函　存二卷（五十四至五十五）

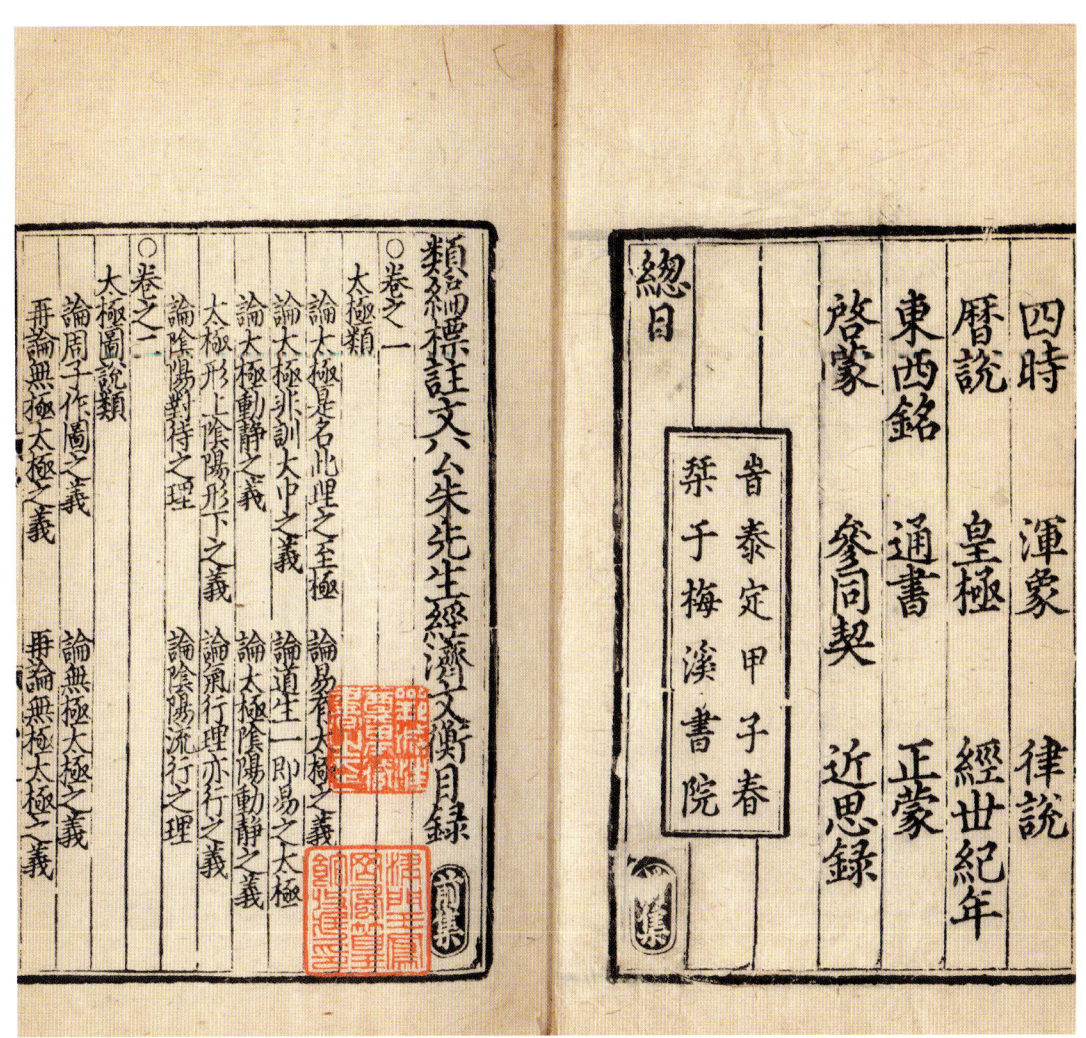

類編標註文公先生經濟文衡前集二十五卷後集二十五卷續集二十二卷　　SG32/183-2

（宋）馬括輯

元泰定元年（1324）梅溪書院刻本

十六冊　二函　存四十七卷（一至十、後集一至十五、續集二十二卷）

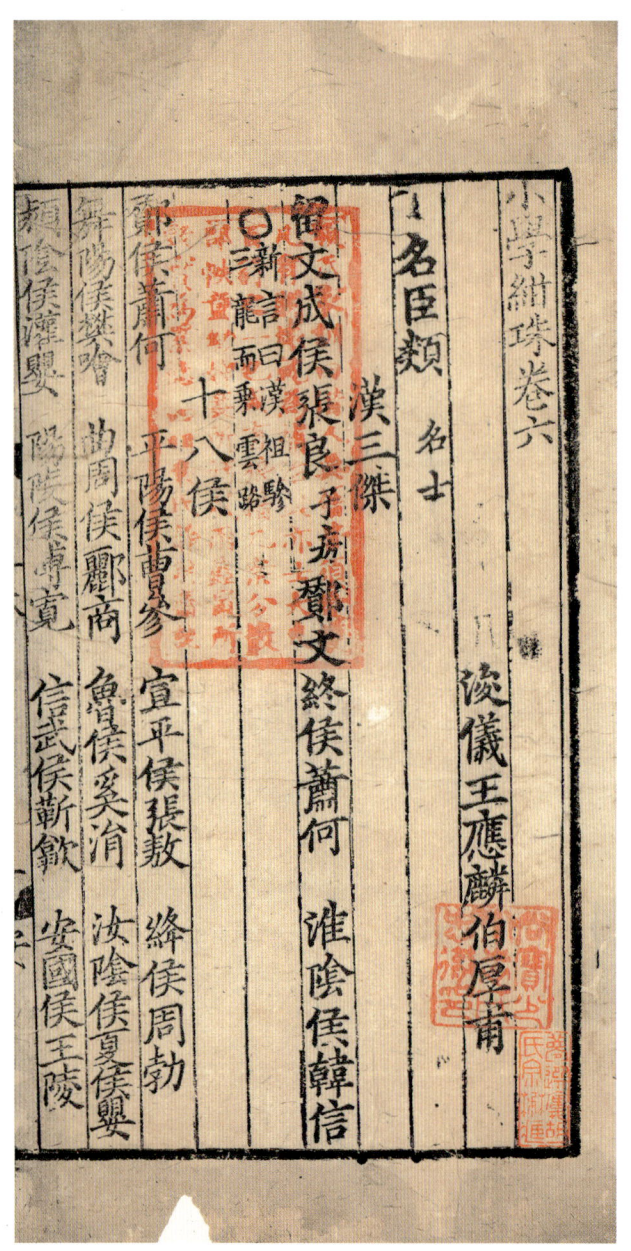

小學紺珠十卷　　　　　　　　　　SG313/38

（宋）王應麟輯

元至元六年（1340）慶元路儒學刻本

四冊　一函　存四卷（一、四至六）

新安詹氏家譜第一卷

始祖詹侯七十二代孫壺川先生 晟規仲 論集
七十四代孫中書舍人 孟舉希原 續編
七十五代孫桃溪處士 玄生叔晦 重編
七十六代孫慶源耕隱 仁坤厚 會編
　　　　龍川漁隱 尚忠 通輯
　　　　慶源耕隱 坤正 校輯

舊譜序 二篇

唐散騎常侍仲舒王公裔孫金溪震景東校正

是卷謄錄舊譜序二篇並慶源譜內所載先世序引題跋書于卷首俾觀譜者有所攷證云

詹氏叙系

詹氏姬姓周文王緒裔宣王靜之後也宣王支子文封詹侯子因以爲氏春秋時有詹父詹嘉詹桓伯列子有詹

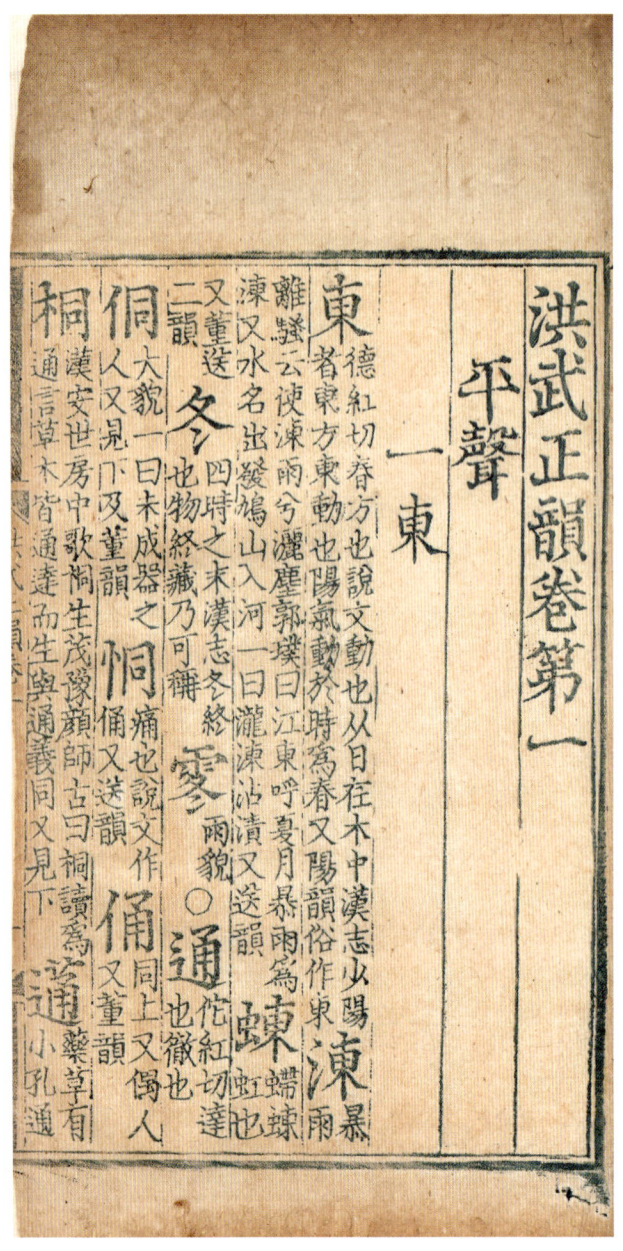

洪武正韻十六卷　　　　　　SG112.4/16-20

（明）樂韶鳳　宋濂奉勅編定

明嘉靖二十七年（1548）衡藩朱厚燆刻藍印本

十册　一函

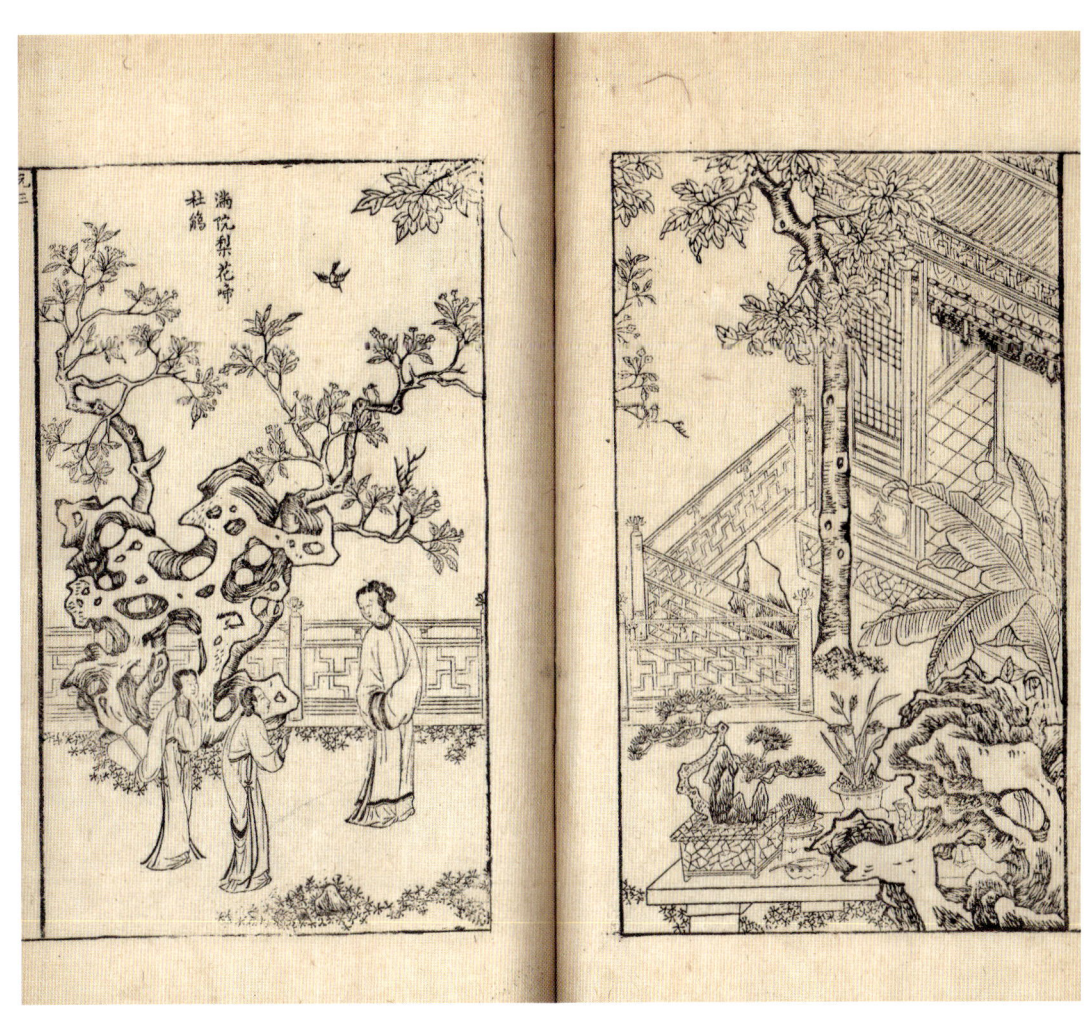

吳歈萃雅四卷　　　　　　　　　　SG411.1/270

（明）周之標輯　隱之道民校點

明萬曆四十四年（1616）刻本

八冊　一函

重編問奇一覽說

余向輯問奇類林成籍手奇晏
業令傖父輒其臺覆甕癖人重廡
嗜癡矣碩前後之篇帙豆陳彼
此之參伍迭見事既連狂卷幾
克汗索者錯戶外之屨攜者踵

問奇一覽三十卷　　　　　　SG311./177

（明）郭良翰輯
明萬曆四十七年（1619）郭良翰刻本
六冊　一函

九思 王逸著 九篇

逢尤　怨上　疾世　憫上　遭厄
悼亂　傷時　哀歲　守志

右曰九辯而下凡五十篇舊為十卷
以其皆為屈子而作也定為下篇

楚辭上

離騷

帝高陽之苗裔兮朕皇考曰伯庸攝提貞于孟陬
兮惟庚寅吾以降皇覽揆余于初度兮肇錫余以
嘉名名余曰正則兮字余曰靈均紛吾既有此內
美兮又重之以修能扈江離與辟芷兮紉秋蘭以
為佩汨余若將不及兮恐年歲之不吾與朝搴阰
之木蘭兮夕攬中洲之宿莽日月忽其不淹兮春
與秋其代序惟草木之零落兮恐美人之遲暮不

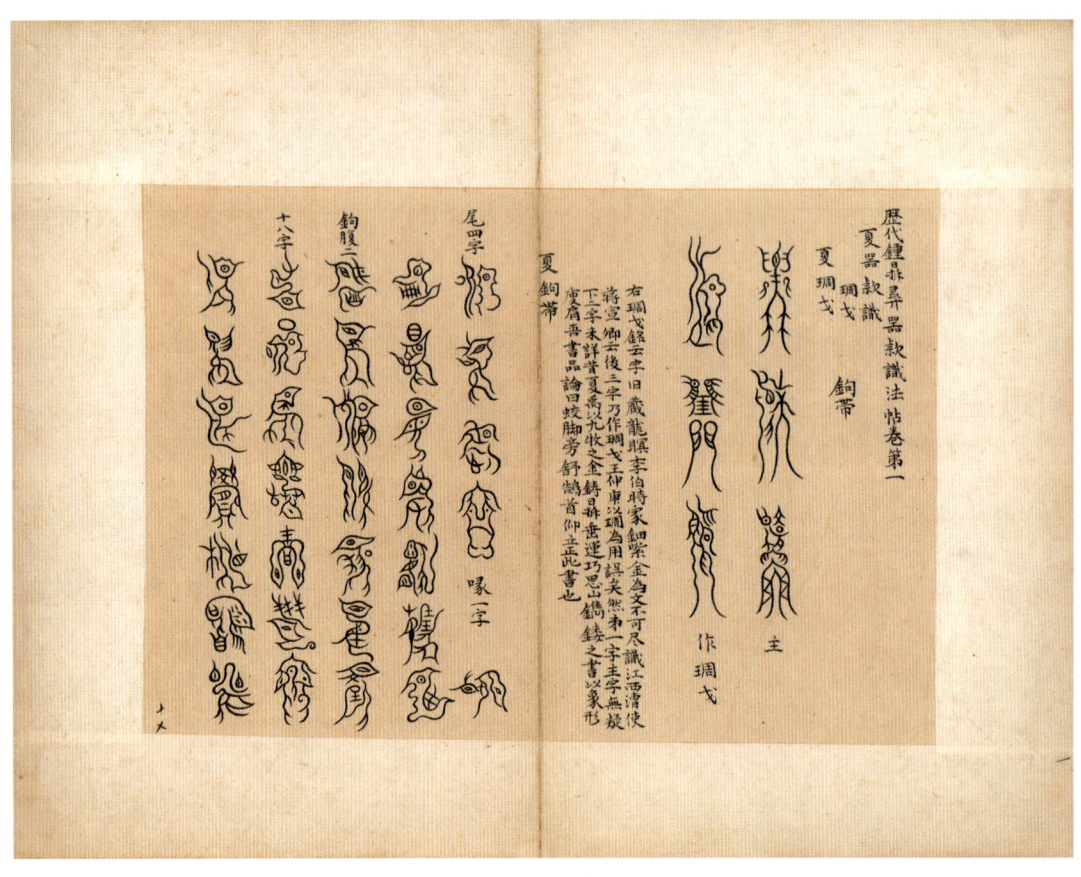

歷代鐘鼎彝器款識法帖二十卷　　SG2102/60-2

（宋）薛尚功撰

明萬曆至崇禎抄本

四册　一函　存八卷（一至八）

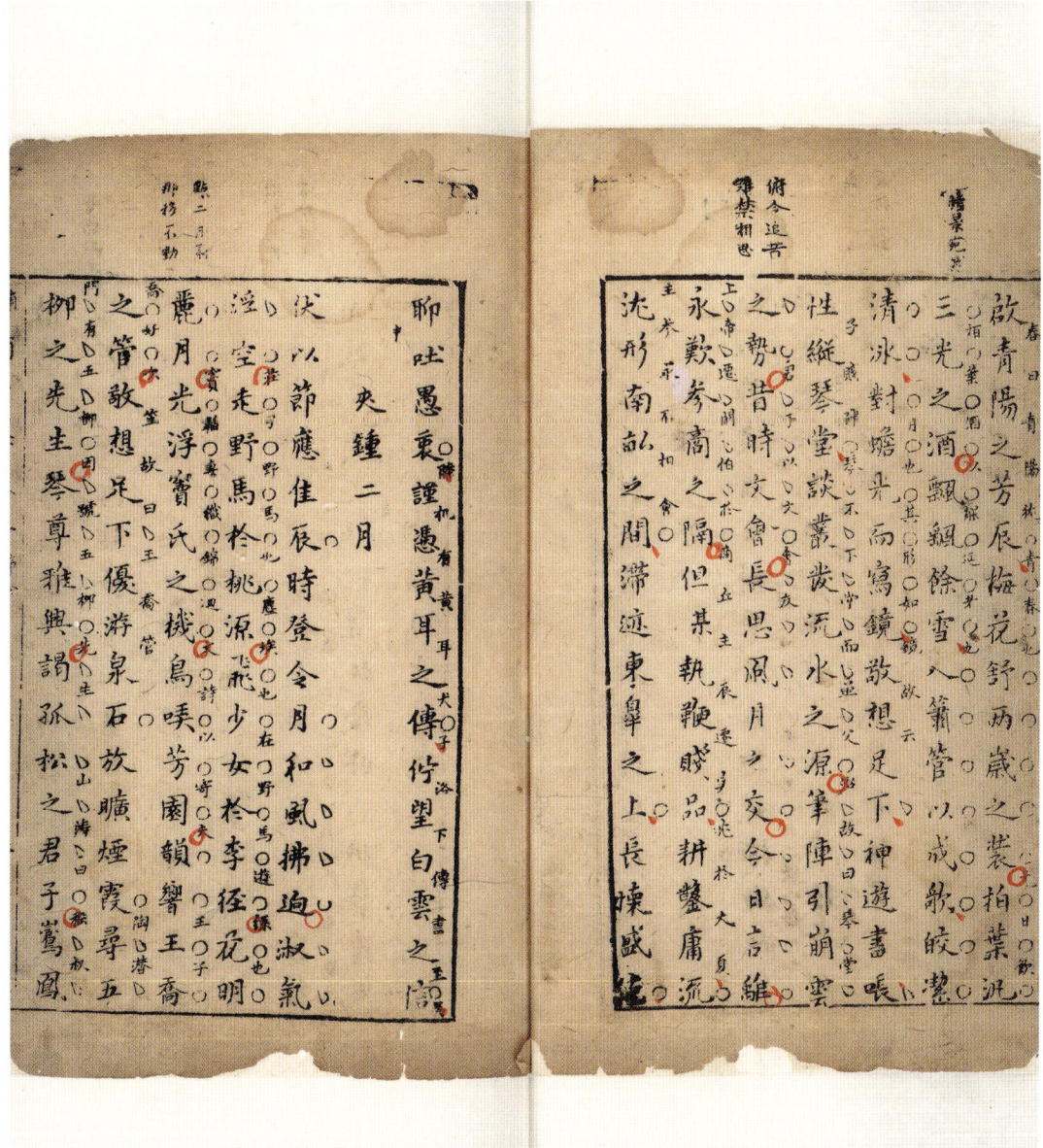

石渠閣評輯鋪茵古集八卷　　　　SG313/96

（明）李自榮評點　（清）蔣時機類輯

清順治刻本

八冊　二函

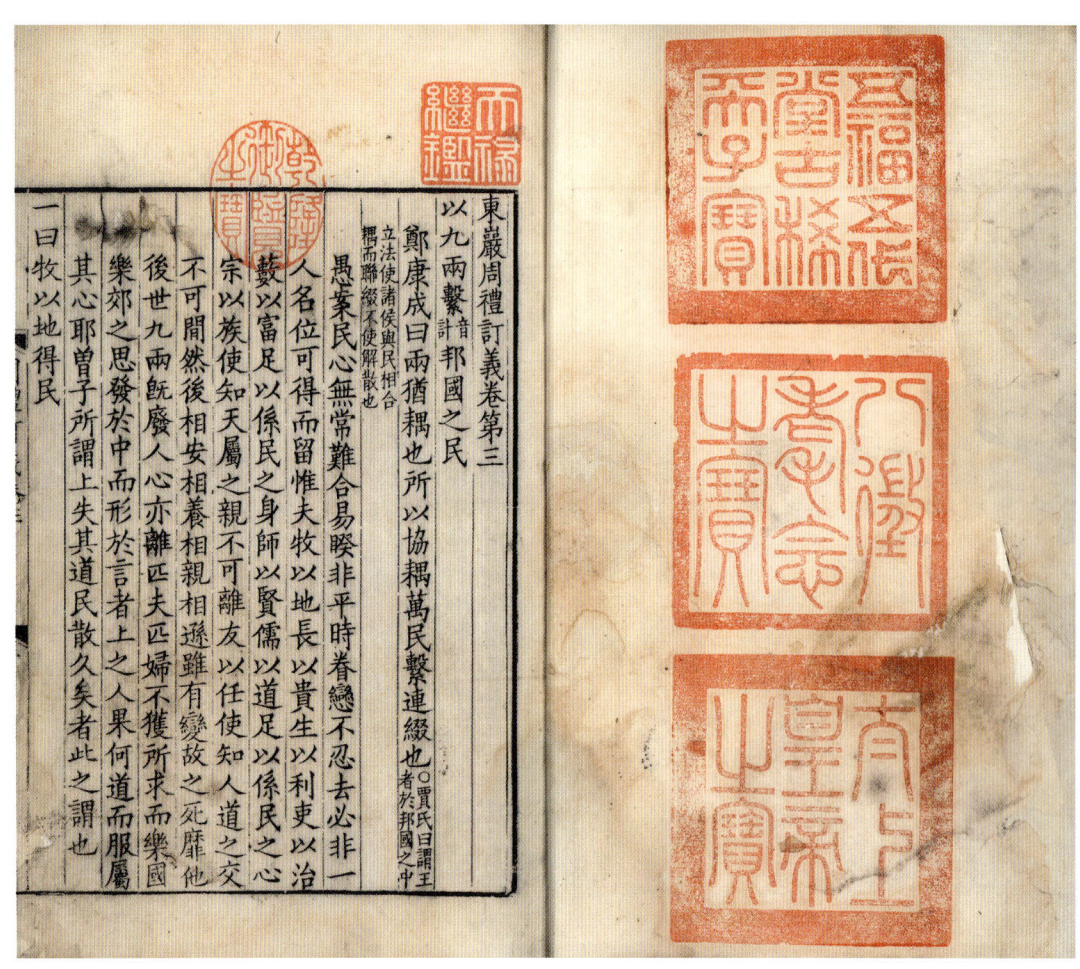

東巖周禮訂義八十卷　　　　　　　　　　SG151/29

（宋）王與之撰

清康熙十五年（1676）通志堂刻本

二冊　一函　存五卷（一至五）

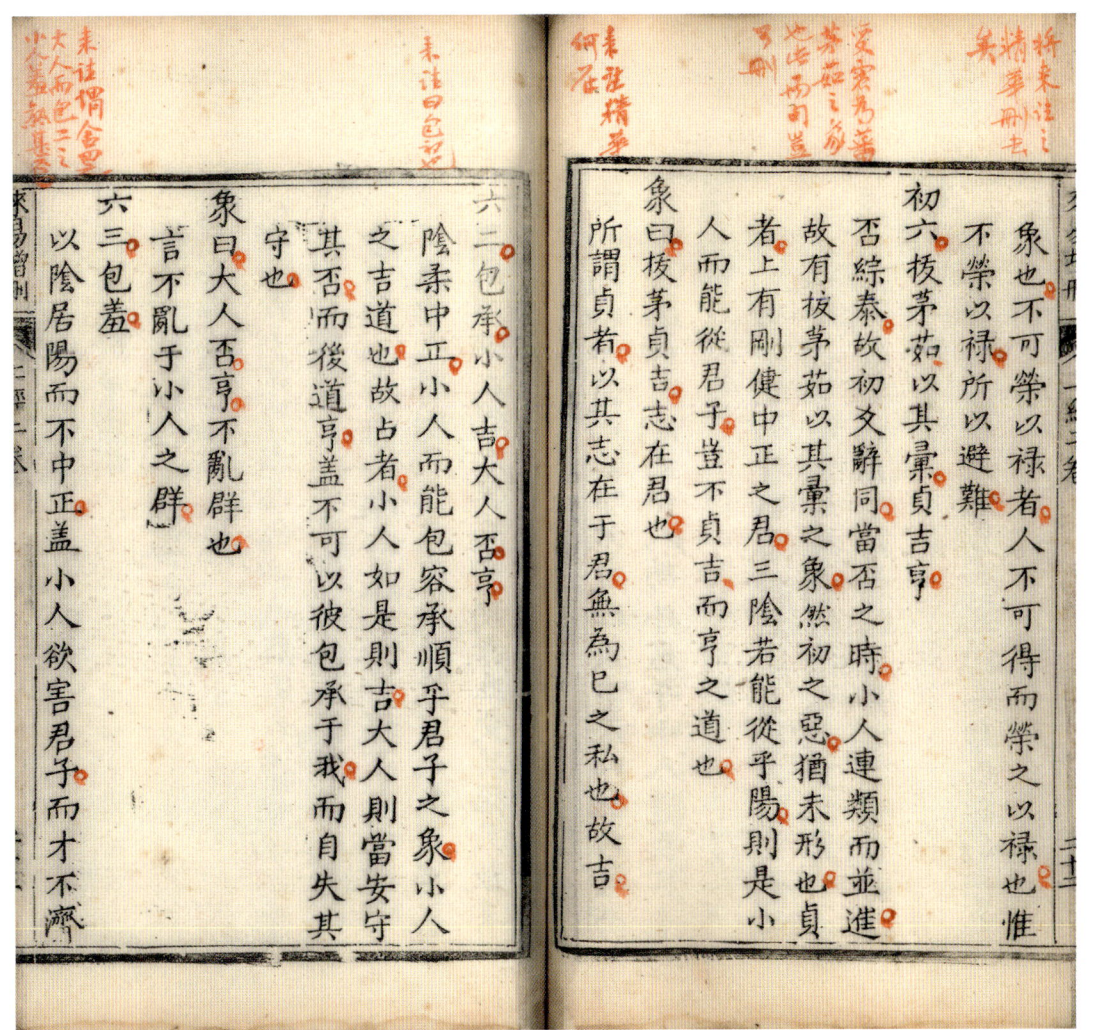

易經增刪來註八卷首一卷　　　　　　SG3103/32

（明）來知德撰　（清）張祖武增刪

清乾隆三十二年（1767）刻本

六册　一函

石耶玉耶頑耶靈耶乾
端坤倪鑄爾形耶癡海
情天煉爾神耶來無始
杏無終耶渺=茫=吾
安窮耶

紅樓夢一百二十回　　　SG312./309

（清）曹霑撰　高鶚續

清乾隆五十七年（1792）程偉元萃文書屋活字本

三十六册　六函

振綺堂舊有書目歲月老久觀者不免錯綜顛倒錯亂又復散失他黴致多不全殊為可惜 主人少有屬為釐正暑有楷致而已 道光戊申冬月古湖陳奐記

己酉春暮客杭惜 羅鏡泉先生往訪汪君少洪假錄此目並抄各種秘冊欣沅偶記

總目
御製各書　第一厨　　東東樓東二
御製各書　第二厨　　壁中樓北二
欽定各書　第三厨　　圓東邊間樓東二
欽定各書　第四厨　　書中樓北一
宋元板各書　第五厨　　府東邊間樓東一
宋元板各書　第六厨
歷代覆刻名書　第七厨　　西末樓北

振綺堂簡明書目不分卷　　SG291/253

（清）汪遠孫編　陳奐校勘

清道光二十九年（1849）顧沅抄本

二册　一函

繼娶 王氏	次娶 澤銘	繼娶 賀氏	配 楊氏		貽昌子三 配元 羅氏	子二 長 澤東	次娶 龐氏	長 澤青	繼娶 李氏	貽經子二 澤瑋
清光緒二十一年乙未十二月二十二未時生 子四 長次三均殤 四遠懷承撫兄澤東為嗣	琳玢齋名 字詠蓮行四 清光緒二十二年丙二月二十一未時生	隨夫在外生沒候歸錄 子一 遠智承夫繼配龐 子四 長遠仁 次遠義 三遠智與夫元配羅氏為嗣 四遠懷出繼弟澤銘為嗣	隨西山卯向		清光緒十五年己丑九月二十六丑時生 宣統二年庚戌正月初二寅時沒葬韶山南岸土地衝楠竹閣中肆外圓爾忘冢 字詠芝行三 癸巳十一月十九辰時生	民國十二年癸亥八月十八子時生	字詠才 民國五年丙辰五月二十二戌時生 清光緒十九年		清宣統元年己酉十月十四辰時生	字詠瑋 清光緒三十四年戊申八月十二辰時生

[湖南湘潭]韶山毛氏族譜二十二卷　SG292/50

毛澤鈞主修

民國三十年（1941）毛氏西河堂活字本

二十二冊　四函

編委會

主　　編：劉後濱　宋姬芳

副主編：朱小梅　王麗麗

編　　委：曹　麗　方學堯　林　珊　劉進炎　段真子　閆桂梅

編　　務：宣　紅　李明媛　張慧君　張　寧

增訂本序言

一

　　圖書館古籍整理研究是對圖書館收藏的古籍進行著録、版本鑒定、分類、典藏以及校勘、注釋的工作，旨在傳承傳統文化，爲讀者利用古籍提供方便。古籍目録整理是圖書館古籍整理研究的基礎，也是古籍保護、開發及利用的起點。中國古籍浩如烟海，數量巨大，國家歷來重視古籍整理工作。改革開放四十多年來，國家規劃和主導了一系列古籍整理和保護工作。2007年，國務院辦公廳頒布《關于進一步加强古籍保護工作的意見》（國辦發[2007]6號），提出大力實施"中華古籍保護計劃"，并要求全面普查全國公共圖書館、博物館和教育、宗教、民族、文物等系統的古籍收藏和保護狀况；建立中華古籍聯合目録和古籍數字資源庫；建立《國家珍貴古籍名録》，實現對古籍的分級管理和保護；完成一批古籍書庫的標準化建設，命名"全國古籍重點保護單位"，改善古籍的存藏環境。

　　在國家政策的指導和大力支持下，高校圖書館古籍整理研究事業蒸蒸日上。一些高校古籍聯合目録和古籍數字全文庫相繼建立，典型代表有中國高等教育文獻保障系統（CALIS）的"學苑汲古"高校古文獻資源庫、大學數字圖書館國際合作計劃（CADAL）古籍文獻資源。2004年，CALIS"學苑汲古"開始建設，平臺整合了北京大學、清華大學、中國人民大學、南京大學等海内外24家高校圖書館的古籍書目數據，實現了高校古籍目録資源共享。CADAL是國家投資建設的大學數字圖書館國際合作計劃項目，目前總計有浙江大學、中國人民大學、美國哈佛大學、日本東京大學等121所海内外高校的圖書館作爲共建單位參與其中，可爲830餘家海内外圖書館提供24萬餘册的古籍數字化全文資源服務。

　　在全國古籍整理研究工作蓬勃發展的大背景下，我館抓住發展機遇，以古籍整理爲不懈追求之志業，奮楫前行，成果斐然。2013年，我館成爲第四批全國古籍重點保護單位，館藏29種圖書被列入《國家珍貴古籍名録》。我館館員和師生先後整理、點校及釋譯了《奩史選注——中國古代婦女生活大觀》《歷代茶經酒經論選譯》《柳弧》和《明萬曆本養正圖解》，影印出版了《明崇禎本楚辭》《中國人民大學圖書館藏稀見方志叢刊》和《中國人民大學圖書館藏古籍珍本叢刊》,還參與了大型叢書《清代詩文集彙編》中的詩人小傳撰寫工作,并先後兩次大規模整理和出版館藏善本目録。

我館藏有綫裝古籍30餘萬册,其中善本3萬餘册。1991年,我館出版了《中國人民大學圖書館古籍善本書目》(以下簡稱舊善目)。此書將清乾隆以前刻印出版的圖書,以及乾隆以後至民國時期的寫本或罕見的活字本等定爲善本,收録了善本書目2400餘種2800餘部。其中宋元刻本11部、明刻善本1100餘部、清刻善本1500餘部,明清稿本、抄本和名人學者題跋批校本160餘部。在進一步的整理過程中,我館陸續發現了690餘部符合善本標準的古籍。爲了更好地揭示這些寶貴的古籍資源,2017—2018年,我館對古籍善本進行了再次整理,整理成果爲《中國人民大學圖書館古籍善本書目(增訂本)》(以下簡稱增訂本或新善目)。增訂本共收善本2800餘種3400餘部3.8萬册,與舊善目相比,剔除180餘部,新增770餘部,其中明刻善本1220部、清刻善本2187部。增訂本是我館迄今數量最全、覆蓋面最廣、著録最詳細的善本目録。

二

新善目是我館幾代古籍整理人員辛勤耕耘和前後傳承的成果。新善目既繼承了舊版的書目信息和版式風格,又立足時代潮流,吸收了目録學和版本學的最新成果,因而以嶄新的面貌呈現于世。在文字方面,增訂本采用了繁體字,原因在于古籍書目是古典文化傳承與傳播的重要内容,具有專業性極强的特點,繁體字著録能精確地傳遞古籍書目信息,减少因繁簡轉换而産生的舛誤。在結構和内容方面,新善目的增訂和修改主要如下:

(一)重新遴選善本,增删善本種類

善本的内涵和標準隨時代的變化而變化。清末張之洞認爲善本有三條標準:一是"足本",即無缺殘無删削之本;二是"精本",即精校精注本;三是"舊本",即舊刻舊抄本。在文化部(今文化和旅游部)頒布的《古籍定級標準》(中華人民共和國文化行業標準WH/T 20-2006)中,善本定義爲"具有比較重要歷史、學術和藝術價值的書本。大致包括寫印年代較早的,傳世較少的,以及精校、精抄、精刻、精印的書本等"。《中國古籍善本書目》中用"三性九條"來界定善本的範疇,凡是有歷史文物性、學術資料性和藝術代表性而又流傳較少的古籍,年代下限大致斷至清代乾隆,以及在此之後、辛亥革命前有特殊價值的刻本、抄本、稿本、校本,都在善本之列。

我館舊善目和新善目的擇善標準均和"三性九條"一致,善目的主體爲乾隆以前刻印或抄寫的古籍,少量爲乾隆以後的孤本、珍本。本次修訂,對乾隆以後的珍本收

善進行了重新審定。舊善目整理于20世紀80年代末、90年代初,彼時互聯網尚未興起,我館無法全面瞭解全國古籍收藏單位目錄的狀况,因此對乾隆以後珍本的界定帶有一定的時代局限性。而隨着聯合著錄系統等的建設,更多的館藏得以揭示,因此新善目剔除了舊版中原本認爲藏量極少、實際上全國有多家館藏的乾隆以後的本子。例如,剔除了乾隆以後民間仿製的時憲書。又如:SG411.2/3-1,《紅樓夢傳奇》,清陳鍾麟撰,清道光十五年(1835)汗青齋刻本,8册1函。在"學苑汲古"高校古文獻資源庫中檢索可知,至少有北京大學、清華大學、南開大學、南京大學等13所高校圖書館收藏了該版本圖書,故新善目未收該書。

在刪除條目的同時,新善目也增補了一批新入善的書目。在近30年的進一步古籍整理中,我館新發現可入善古籍達463種770餘部之多,包括新增複本、刻本和抄本等。例如:SG291/253,《振綺堂簡明書目》,清汪遠孫編、陳奂校勘,清道光二十九年(1849)顧沅抄本,2册1函,鈐"省心閣珍藏""合肥李氏藏書""叔美經眼"印,扉葉有顧沅題識"己酉春暮客杭,偕羅鏡泉先生往訪汪君少洪,假錄此目并抄各種秘册。顧沅偶記"。振綺堂乃清代兩浙地區最富盛名的藏書樓,極盛時藏書多達3300餘種,因遭太平軍兵燹及其他戰亂,藏書散盡,珍本秘笈僅賴書目考其梗概。《振綺堂簡明書目》爲清著名藏書家顧沅抄錄,後經李鴻章收藏,學術價值和收藏價值頗高。又如:我館收藏有十餘種清代學者王士禎撰寫或編輯的圖書,本次修訂又增加了其較爲少見的作品《濤音集》。SG4171/1011,《濤音集》,清乾隆五十七年(1792)掖縣儒學刻本,由王士禎及其兄長王士禄共同選輯,鈐"南州書樓藏書徐湯殷整理"印。《濤音集》輯選明宣德至清順治年間山東掖縣詩人44人詩歌450餘首,以時間爲序編排,有作者小傳和王氏兄弟評語。該書是研究王士禎文學思想的重要文獻,不僅史料價值高,而且曾經嶺南藏書家徐信符之子徐湯殷收藏和整理,全國藏量極少,版本價值也很高。

(二)增入和刻本和朝鮮本,豐富善本類型

"三性九條"是擇善的標準,但不是一個固化的標準,我館將善本的邊界拓寬,除我國漢籍外,增加了中國古典文獻在域外傳衍的重要系統——和刻本和朝鮮本。和刻本是指日本刻印的中國漢籍,其中多數係中國歷代古籍的翻刻本,也有一些初刻于日本的漢籍,同時亦包括日本人傳抄的漢籍抄本。朝鮮本同理。

和刻本素來被認爲是中土古籍翻版刊印之書,隨着當代中日交流以及學術研究的不斷深入,和刻本的價值日益凸顯。歐陽修《日本刀歌》述及和刻本中可見大量中土亡佚的典籍,稱"徐福行時書未焚,逸書百篇今尚存"。有些古籍中土已無刻本,或早已散佚,和刻本反而得以保存,成爲中土漢籍的重要補充與訂正。新善目將和刻本

納入其中，也是適應當代學術研究的需求。我館善本之中和刻本十餘部，以日本江户時代前期的漢籍爲主。例如：SG313/44，《群書治要》，唐魏徵撰，日本天明七年（1787）刻本，鈐"尾張國校藏板""劉志真"印，原缺卷四、十三、二十，25册5函。該書是唐朝初年魏徵、虞世南等人從前人著述中輯錄精華，爲唐太宗偃武修文、治國安邦，創建"貞觀之治"提供思想理論基礎的匡政巨著。該書早期深藏禁中，手抄傳播，流布不廣，至宋時國内已佚。幸賴日本遣唐使携該書回日本，得以保存。日本元和二年（1616）該書得以刻印，但印量極少，流傳不廣，于是日本天明元年至七年（1781－1787）重刻。公元1796年，日本尾張藩主贈送了5部《群書治要》給該書已經失傳的中國。我館藏有天明本，較爲珍貴，故入新善目。增訂本還增加了朝鮮本，如：SG112/42，《經書辨疑》，朝鮮沙溪老夫撰，朝鮮顯宗李棩八年（1666）刻本，4册1函。金長生（1548－1631），字希允，號沙溪，謚號文元，全羅道光山人，朝鮮李朝時期的文臣和禮學家。《經書辨疑》是金長生的讀書隨筆，自"小學"到"五經四書"都有注釋，博采衆説，匡正舊失，有頗多精湛之見。書後有門人宋時烈跋文，力贊金長生。跋文落款時間爲"崇禎丙午年"，實際爲康熙五年（1666），反映了當時朝鮮在政治上雖受清朝廷統治，文化上仍沿襲"尊明攘夷"，尚未"北學清朝"的狀況。該書版國内罕見，納入新善目既可管窺朝鮮本版式的原貌，也爲研究朝鮮文化以及中朝文化交流提供了有價值的底本。

（三）考證索隱，正訛糾謬，精益求精

舊善目出版于20世紀90年代初，因收錄書目數量較大、著錄信息準確細緻，被認爲是高水準書目研究成果，深受業界贊賞。新善目繼承了上一版的版式風格，依舊用卡片目錄的形式予以呈現，但著錄内容上更精益求精，主要表現在：科學準確地鑒定古籍版本、糾正書名與著者等的錯誤、辨認更多鈐印以及糾謬鈐印等。

首先，科學準確地考證版本。古籍目錄素有"辨章學術，考鏡源流"的作用，原因在于可以通過版本鑒定，探尋藏本之間的淵源遞嬗關係，最後"去粗取精，去僞存真"，爲後續的學術研究奠下良基。例如，館藏有兩部《唐詩英華》，清顧有孝編，舊版著錄爲二十四卷，均爲吳江顧氏寧遠堂刻本。經過細緻考證，《唐詩英華》實際爲二十二卷，一部爲順治十四年（1657）顧氏寧遠堂刻本，另一部爲顧氏寧遠堂刻康熙吳郡寶翰樓印本。其次，對書名和著者等錯誤進行糾謬。舊善目中書名、著者等偶有錯誤，如：SG262/1144，原著錄爲《潁上風物志》，現更正爲《潁上風物志》；SG152/3，《儀禮鄭注句讀》，作者原著錄爲清代張爾歧，現改爲張爾岐。再次，鈐印的辨認和糾謬。藏書家葉德輝《藏書十約·印記》中描述鈐印"藏書必有印記"，書籍因有名家藏書印而價值不菲。憑藉鈐印可以考證、勘驗書籍真僞及版刻時代、價值、遞藏流傳歷程等,明確古籍的文物價值和史料價值。增訂本在鈐印方面力求清晰、準確,不僅識別了一些不清晰的印章,還糾正了一些舊善目辨認錯誤的印文。例如,SG212.2/22-2,《唐鑑》,宋范祖禹撰、呂祖謙注,清乾隆武進惲懷英抄本,4 冊 1 函,鈐"鄒一桂""小山""蘭陵女史"諸印。鄒一桂、惲懷英均爲清乾隆時期著名畫家,鄒一桂號"小山",惲懷英號"蘭陵女史",舊善目誤認爲"惲一柱""蘭陵外史"。又如,SG311./177,《問奇一覽》,明郭良翰輯,明萬曆四十七年(1619)郭良翰刻本,6 冊 1 函,曾被黃宗彝、林則徐遞藏,鈐"閩南黃燏肖嵒圖籍"(黃宗彝印)、"臣林則徐"(林則徐印)諸印。舊善目誤將黃宗彝印著爲"閩南黃燏肖齋圖籍",增訂本改之。

(四)采用《漢文古籍分類表》,重新分類排序

《中國古籍善本書目》于 20 世紀 90 年代初出版,是我國最具權威性的善本古籍聯合目錄。其分類體系由全國衆多優秀專家充分參考權威古籍書目,精心審定,分經、史、子、集、叢 5 類,48 個子類,分類具有很高的權威性和較大的影響力。該分類法被舊善目采用,較好地涵蓋了我館善目,清晰呈現了善目的體系結構。分類法體系緊密和時代結合,反映了時代對知識分類的認知。隨着信息技術的快速發展和全國古籍普查工作的深入開展,2007 年,國家古籍保護中心制定了《漢文古籍分類表》,作爲全國古籍普查平臺的分類標準。該分類表對《中國古籍善本書目》中不合理的內容進行了修改,分類更爲全面、精準和科學,體現了網絡時代全國古籍普查的環境下中國目錄學的水準。爲了讓我館善目更好地適應古籍普查的要求,文獻著錄更加標準化,增訂本依據《漢文古籍分類表》對善目重新分類排序。此外,還對錯誤分類進行了糾正,例如:SG210/6,《金石三例》,從集部詩文評類更正到史部金石類。

三

古籍目錄具有傳承中國傳統文化的功能。首先,古籍目錄承載的知識是古籍整理研究的成果,具有傳承性。舊善目成于前互聯網時代,古籍整理人員在版本鑒定、鈐印辨認、人名和室名的確認等方面都需要手工查閱大量資料,方能確保目錄的正確和嚴謹。舊善目研精覃思、博考群書的特點被增訂本所繼承,也是我們編纂新善目的基礎和參考。其次,古籍目錄蘊含的版本學思想和方法體系,是古籍整理人員在長期實踐中形成的,也是學術傳承的一部分。以古籍目錄整理中的版本鑒定爲例,學者須基于多年的經驗和知識積纍,"觀風望氣",通過觀察古籍的外在形態特徵,如版面要素(字體、行款版式)、刷印形式(墨色、斷版)、紙張材質、裝幀方式等,來判斷版印時代和地域;或基于文本內容的鑒定和考證,如封面與書耳文字、刻書及抄書序跋、牌記、刊語、刻工姓名、版心處的書名、室名堂號等等,或者衍生的文本如題跋、批校、鈐印、題簽等，必要時與善本以外的文獻史料勾連印證，以確定版本的時代和地域。這兩種鑒定經驗和方法，對古籍整理人員個體而言是個人知識的運用，即以自己的豐富經驗和科學方法，藉助互聯網時代便捷的工具，如網絡古籍聯合書目、數字書影和最新的論文研究成果來完成版本鑒定。對集體（學術共同體）而言，則是通過古籍整理人員的以老帶新、大規模善本整理的錘煉、集體討論有疑問的目錄等方式，在學術共同體內形成版本鑒定知識的交流和傳承，以群體智慧完成複雜的目錄整理。因此，兩次善目的整理和出版都是對我館善本的系統梳理，也是古籍整理人員經驗和學術的總結與傳承。

　　古籍目錄因傳承而豐富，因創新而發展。通過目錄整理，古籍整理人員發現了一些可以深入探索的問題，拓展了古籍整理的研究空間。首先，發現了更多可以深入研究的藏本。早年有對《桃花扇傳奇》《毛氏族譜》《倉場事宜初稿》《綿上四山人詩集》等藏本的研究，或考證藏本的源流，或分析藏本的內容和價值。此次整理，有更多的藏本進入了研究的視野，例如《振綺堂簡明書目》《隨園詩集》，以及"天祿琳琅"舊藏之《東巖周禮訂義》等。其次，系統梳理館藏古籍來源和遞藏歷史。鈐印有助於版本鑒定與遞藏源流的考查，善本鈐印衆多，通過藏本、印主等關係聚類形成鈐印知識網絡，由此展示藏本的遞藏綫路、藏書家的收藏情況和館藏古籍入藏來源。通過鈐印研究，可梳理出劉半農、張星烺、毛準等名人收藏以及朝陽大學等校史相關的收藏，全面揭示我館古籍的遞藏歷史。再次，爲古籍修復工作的開展奠定了基礎。目錄整理信息中增加了"破損"字段，記錄蟲蛀、破損、脫頁、脫綫等各種狀況，爲日後開展修復工作提供了數據基礎，由此我館古籍工作範圍從目錄整理拓展到原生性修復，逐步跟上了全國古籍保護事業積極發展的步伐。最後，目錄整理促進了我館古籍知識平臺的建設和館際古籍目錄交換。增訂本不僅查漏補缺，訂謬糾錯，彰顯了版本學及目錄學之意義，同時也是古籍普查的成果之一。我館對30餘萬冊綫裝古籍進行了全面的目錄學整理，提供了一套完整的、高質量的古籍目錄，其中善本目錄數據尤爲精良，爲我館建設現代化、高質量的古籍知識平臺奠定了基礎。此外，古籍目錄采用全國古籍普查登記的標準格式，數據可上傳到全國古籍普查平臺和"學苑汲古"高校古文獻資源庫，利于不同平臺之間的目錄共享。古籍目錄整理是連接歷史與現實的橋梁，作爲"存亡繼絶"的工作，既是古籍整理人員個人的志業，也是我館古籍整理與研究的重要內容，以及國家古籍保護工程的組成部分。

　　當前我們正處在萬維網向語義網過渡的信息時代，大數據蓬勃發展，科學研究範式從計算機模擬的第三範式向數據密集型的第四範式轉變。古籍整理研究也呈現出第四範式的特徵，從古籍知識的數字化進入到數據化整理階段，具體表徵是由計算機技術與人文學科融合而形成的數字人文方興未艾。古籍數字化通過圖片掃描、文本處理等手段將古籍内容轉變成計算機可存儲和可顯示的資料,數據化則是對古籍知識的語義深度解析。在數據的驅動下,學者進行古籍知識元解析、智慧檢索,進而進行知識挖掘、古籍知識地圖構建等,進而從根本上改變古籍知識的獲取、標注、比較、闡釋與表現方式。在數據化時代,古籍目錄不僅承載着古人的思想和智慧,還亟待新的開發與利用。我們需要考慮如何應用信息技術和方法實現 DC 與 MARC 數據的映射,如何從 DC 走向關聯數據,如何與其他古籍資源一起實現古籍時間和空間的定位,形成版本、人物及其他類型的知識圖譜。古籍目錄不僅是傳統古籍整理的成果,其作爲元數據更是未來開展古籍數據化整理工作的基礎。無論未來古籍整理如何發展,古籍目錄猶如大廈之基礎,不可或缺。因此,本書的出版是對傳統古籍整理的堅守,也是未來古籍整理新範式探索的基礎和起點。

中國人民大學圖書館
2021 年 5 月 10 日

1991年版前言

中國人民大學是一所社會科學綜合大學,古籍文獻資料在教學科研中占有重要地位。中國人民大學圖書館收藏中外文圖書250萬册,其中古籍綫裝書2萬4千餘種,共約40萬册。

中國人民大學從1937年到1949年經歷了陝北公學、華北聯合大學、北方大學、華北大學幾個階段。在抗日根據地極端困難的條件下,圖書館經常派人隨八路軍于收復失地、擴大解放區之際,到各地收集包括古籍在内的圖書資料。當時北方大學校長、著名歷史學家范文瀾同志多次派圖書館幹部去北平、天津、上海等地收購大批古舊圖書。現存的古籍綫裝書,有一部分就是當時圖書館工作人員不畏艱險轉戰數千里保存下來的。

值得一提的是,金大定十三年刻《趙城藏》4400卷,1942年趙城淪陷之際,朱德總司令電令八路軍搶救出來,由晉察冀邊區政府撥歸北方大學圖書館收藏。經當時圖書館主任、著名歷史學家尹達同志鑒定,并由專人保管,直到1949年北平解放,纔將此稀世國寶轉交北京圖書館收藏。

中國人民大學圖書館的40萬册古籍綫裝書大部分入藏于50年代初期至"文革"以前的17年間。其中有的是接收原朝陽大學圖書,有的是故宫博物院、清華大學和一些機關、學術團體的贈書,以及著名史學家張星烺先生遺囑贈書。50年代經費充裕,圖書館大量選購入藏,中國人民大學各系資料室的古籍綫裝書也歸圖書館統一收藏。

古籍善本是古籍藏書中最珍貴的部分,是祖國文化遺產的精華。爲了實現周恩來總理生前關于"要儘快地把全國善本總目錄編出來"的遺願,保存整理文化遺產,更有效地爲教學、科研提供文獻資料,1979年以來,我館積極參加《全國古籍善本書總目》的編纂工作,開始對館藏古籍善本進行整理上報,1986年古籍整理研究所建立,館領導集中古籍整理專業人員進行《中國人民大學圖書館古籍善本書目》編纂工作,于今告竣。

《中國人民大學圖書館古籍善本書目》收録館藏古籍善本書2400餘種,2800餘部。其中經部230種,250餘部;史部560種,640餘部;子部500餘種,560餘部;集部1100種,1300餘部;叢書部28種,32部。以時代分:宋元刻本11部,明刻善本

1100餘部,清刻善本1500餘部;明清稿本、抄本和名人學者題跋批校本160餘種。

宋元刻本中有:黄丕烈、楊守敬舊藏南宋刻《晦菴先生文集》殘本,宋紹興刻元修《漢書》殘本;元泰定梅溪書院刻本《類編文公經濟文衡》,元大德刻《唐書》殘本,元刻本《小學紺珠》等。

上千種明代善本中有:建文、永樂、正統、景泰、成化、弘治、正德各朝刻本和大量的嘉靖及其後各朝刻本;有内府本、國子監本、藩府本、書院本、著名坊刻本和家刻本。其中不少是歷代版本學家、藏書家所稱譽的明代版刻精品。明代著名刻書家劉弘、黄省曾、徐焴、吳鵬、尹耕、朱厚煜、朱睦㮮、顧春、汪諒、郭雲鵬、游居敬、莫如士、徐時泰、許自昌、吳勉學、吳琯、何良俊、陳仁錫、陳繼儒、馬元調、張溥、凌濛初、閔齊伋、毛晉等人所刻的書均有收藏。明刻本中,建文四年寧藩朱權輯刻《漢唐秘史》、成化刻本《咏史絶句詩注》、正德刻本《皇明開國功臣録》、嘉靖刻本《獻子講存》《易象大旨》、萬曆刻本《問奇一臠》《韻藻》、天啓刻本《西昆集》《讀史機略》《幾亭外書》、崇禎刻本《媚幽閣文娛》等都是孤本或稀見的珍貴古籍。

1400餘種清代善本中,有順治、康熙、雍正、乾隆内府本,揚州使院本,康雍間著名精刻本,乾嘉之際著名版本學家、校勘學家校刻的善本,清代著名版畫、套印、活字本,還有名人學者王士禎、沈彤、紀昀、段朝瑞、翁方綱、沈大成、葉昌熾、梁鼎芬、俞樾、葉德輝、江文煒、易培基、劉復等人的題跋批校本。

《中國人民大學圖書館古籍善本書目》的編纂,主要參照《全國古籍善本書總目》收録範圍、著録條例、分類表,結合本館實際、制定編纂條例進行工作。經過普查、遴選、考訂和版本鑒别、著録、分類編目、校核等工作環節,力求做到選擇收録善本合理有據,對書名、著者、版本的考訂鑒别準確、著録完整簡明、分類編排合理有序,以謹嚴的態度提高書目的學術水平。在考訂中,不僅從版式、字體、版本標識、刻書風格、序跋、正文等方面進行研究,還從有關書目、書外資料和旁證材料,以及同一種書的不同版本之間的對照比較中經過綜合考察、反復推敲才得出結論。我們重視學習和利用前人的研究成果,但忌簡單地照抄前人的結論,即使是著名版本學家、藏書家的論斷,著名書目的著録,如發現問題,都根據具體情況在本書目中加以訂正。

在收録方面,鑒于古籍由于各種原因毁損極爲嚴重,當今訪求采購已極爲困難,因而適當擴大善本收録範圍是歷史的必然和現實的要求。我們在依據《全國古籍善本總目》規定的標準遴選善本的同時,又根據館藏情況,適當擴大收録範圍,將接近《全國古籍善本書總目》收録標準的一部分明代、清代圖書作爲乙級善本收録。在本書目收録的2400餘種古籍善本中,達到《全國古籍善本總目》收録標準的甲級善本占86%,稍次一格的乙級善本占14%。

本書目由中國人民大學圖書館古籍整理研究所集體編纂,副館長馮之聖同志負責整理古籍善本和編纂書目的組織領導工作。顏國維、宋平生同志任主編。參加編纂人員有顏國維、宋平生、張海惠、祁小春、林珊等同志。我館劉平、韓正茹等許多同志參加了初期階段的古籍善本普查、整理工作。我所顧問張我德先生多年來不辭辛勞給予熱情指導，并參加許多稿本、抄本的鑒別考訂工作。在工作中，我們還得到版本學、目錄學家冀淑英、黃永年、魏隱儒、崔建英諸位先生的指導和幫助。在核對某些版本的工作中，也曾得到一些兄弟館的熱情幫助。本書目的出版，得到校領導、館領導和中國人民大學出版社的支持和幫助。在此一并致以衷心謝意！

由于編者水平有限，疏漏錯誤之處，懇請讀者和專家學者批評指正。

中國人民大學圖書館
古籍整理研究所
1989 年 8 月

凡 例

　　一、本書目收録中國人民大學圖書館 2018 年以前整理入藏的中文古籍善本書 2800 餘種 3400 餘部。

　　二、本書目參照《古籍定級標準》（中華人民共和國文化行業標準 WH/T 20 – 2006）規定的收録範圍，結合本館的實際情況進行了適當變通，一些民國抄本、和刻本、朝鮮本亦加以收録。

　　三、本書目依照《全國古籍普查登記手册》之《漢文古籍分類表》進行分類。書目按經部、史部、子部、集部和類叢部及其下屬類目分類編排。編排順序一般依據以下原則：同類書按著者時代編排；同一種書按不同版本系統編排；同一版本系統之書按版刻或抄寫年代先後編排。

　　四、本書目依照《全國古籍普查登記手册》之《漢文古籍著録規則》進行著録。書目基本按索書號、書名項、著者項、版本項、稽核項、存缺卷項、行款版式項、附注項和收藏歷史項順序著録。

　　1. 書名項包括書名及卷次。書名一般取自正文卷端原題，若取自其他部位之題名、考訂之書名、本館擬定書名等，均在附注項加以說明。卷次不全者，在存缺卷項中標明；原書卷數不明，著録爲□□卷，在存缺卷項標明實存卷數。

　　2. 著者項包括著者、副著者及其時代與撰著方式。同時代著者、副著者，略去著者時代。著者一般著録本名，若著者名字無考，按原題著録。著者無考，題"佚名"或著者項空缺。

　　3. 版本項包括刻印或抄寫時代、主持或刻印者、版刻方式等。具體年代不詳，則著録爲某朝或某朝某代。

　　4. 稽核項著録原書册數、函數及與別種書合函等情況。

　　5. 行款版式項著録正文半葉行款字數、書口、魚尾、邊欄、界格等。

　　6. 附注項著録書名、著者、刻工以及版本之考訂、鑒別等方面需要說明的事項，包括書封、版心、刻工、稿抄本著者或抄者信息等。

　　7. 收藏歷史項主要著録藏書家、名人學者鈐印，本館收藏章未著録。

　　8. 又一部諸項均加以著録，叢書、合刻本和彙印書之又一部子目不著録。

　　五、本條書目左上角爲書目部類序號，右上角爲館藏古籍索書號。

六、本書目附書名索引（包含子目書名）和著者索引（包含子目著者），兩者均按筆畫編排。

七、本書目之書名、著者、版本、鈐印、題跋等信息基本依據原書客觀著録，其他文字一般使用規範繁體字。

目　録

上　册

經　部 ·················· 1
叢　編 ·················· 3
易　類 ·················· 8
書　類 ·················· 15
詩　類 ·················· 19
周禮類 ·················· 22
儀禮類 ·················· 24
禮記類 ·················· 26
三禮總義類 ·················· 28
樂　類 ·················· 30
春秋左傳類 ·················· 31
春秋總義類 ·················· 33
孝經類 ·················· 37
四書類 ·················· 39
　論語之屬 ·················· 39
　孟子之屬 ·················· 39
　總義之屬 ·················· 40
群經總義類 ·················· 45
小學類 ·················· 49
　文字之屬 ·················· 49
　　説　文 ·················· 49
　　字　書 ·················· 51

　音韵之屬 ·················· 60
　訓詁之屬 ·················· 67
史　部 ·················· 73
叢　編 ·················· 75
紀傳類 ·················· 76
　正史之屬 ·················· 76
　别史之屬 ·················· 81
編年類 ·················· 89
　通代之屬 ·················· 89
　斷代之屬 ·················· 94
紀事本末類 ·················· 98
雜史類 ·················· 102
　通代之屬 ·················· 102
　斷代之屬 ·················· 107
　外紀之屬 ·················· 111
載記類 ·················· 112
史抄類 ·················· 113
史評類 ·················· 119
傳記類 ·················· 126
　總傳之屬 ·················· 126
　别傳之屬 ·················· 141
　日記之屬 ·················· 146
　雜傳之屬 ·················· 146
　科舉録之屬 ·················· 147

1

職官錄之屬	147	金石類	204
政書類	149	總志之屬	204
通制之屬	149	金之屬	207
儀制之屬	152	錢幣之屬	207
邦計之屬	153	璽印之屬	208
軍政之屬	156	石之屬	209
律令之屬	156	玉之屬	210
考工之屬	158	陶之屬	210
公牘檔册之屬	158	郡邑之屬	210
職官類	161	目錄類	211
官制之屬	161	**子　部**	**213**
官箴之屬	161	叢編	215
詔令奏議類	163	儒家類	219
詔令之屬	163	道家類	235
奏議之屬	163	兵家類	242
時令類	168	法家類	244
地理類	169	農家農學類	246
總志之屬	169	醫家類	248
方志之屬	171	雜家類	250
專志之屬	189	雜著類	251
雜志之屬	191	雜考之屬	251
水利之屬	194	雜說之屬	254
山川之屬	195	雜品之屬	267
山　志	195	雜纂之屬	268
水　志	200	小說家類	277
游記之屬	201	天文曆算類	284
防務之屬	202	天文之屬	284
外紀之屬	203	曆法之屬	284
輿圖之屬	203	算書之屬	300

術數類	302
陰陽五行之屬	302
數學之屬	303
占候之屬	304
相宅相墓之屬	305
占卜之屬	306
藝術類	308
書畫之屬	308
總論	308
題跋	310
書法書品	311
法帖	313
畫法畫品	313
畫譜	314
音樂之屬	318
篆刻之屬	318
游藝之屬	319
工藝類	320
日用器物之屬	320
文房四寶之屬	320
宗教類	322
佛教之屬	322
道教之屬	330

集部　331

楚辭類	333
別集類	337
漢魏六朝別集之屬	337
唐五代別集之屬	341
宋別集之屬	362

金別集之屬	388

下　册

元別集之屬	389
明別集之屬	394
清別集之屬	430
民國別集之屬	497
總集類	498
類編之屬	498
選集之屬	513
通代	513
斷代	537
郡邑之屬	569
氏族之屬	576
尺牘之屬	579
課藝之屬	582
詩文評類	583
詞類	592
類編之屬	592
別集之屬	593
總集之屬	594
詞話之屬	596
詞譜之屬	597
曲類	598
散曲之屬	598
曲選之屬	599
彈詞之屬	599
寶卷之屬	600
曲韵曲譜曲律之屬	600

戲劇類	603	叢書類	639
雜劇之屬	603	彙編之屬	639
傳奇之屬	604	家集之屬	645
總集之屬	606	自著之屬	645
小説類	609		
短篇之屬	609	**書名筆畫字頭索引**	653
長篇之屬	610	**書名筆畫索引**	671
類叢部	617	**著者筆畫字頭索引**	747
類書類	619	**著者筆畫索引**	755
通類之屬	619	**後　記**	813
專類之屬	625		

經部

叢 編

0001　　　　　　　　　　SG15/14
三經評註六卷
（明）閔齊伋編
明萬曆閔齊伋刻二色套印本
八冊　一函
　　正文半葉八行十八字，白口，無魚尾，無界行，左右雙邊。
　　眉上鐫評。書根鐫"閔刻三種"。
　　鈐"古度齋收藏印""王繼祖印""春草書屋"諸印。
　　考工記二卷　（明）郭正域批點
　　檀弓二卷　（宋）謝枋得　（明）楊慎批點
　　孟子二卷　（宋）蘇洵批點

0002　　　　　又一部　SG18/33－5
三經評註六卷
（明）閔齊伋編
明萬曆閔齊伋刻三色套印本
四冊　一函
　　正文半葉八行十八字，白口，無魚尾，無界行，左右雙邊。
　　眉上鐫評。
　　鈐"臧廷銓印""臧元臣氏""元臣氏""雲輪閣""荃孫"諸印。

0003　　　　SG111/1－1、SG16/1－1
五經八十二卷
明正統十二年（1447）司禮監刻本
三十六冊　九函
　　正文半葉八行十四字，小字雙行十七字，黑口，雙黑魚尾，四周雙邊。
　　周易十卷　（宋）程頤傳　朱熹本義
　　書六卷　（宋）蔡沈集傳
　　詩二十卷　（宋）朱熹集傳
　　禮記十六卷　（元）陳澔集說
　　春秋三十卷　（宋）胡安國傳

0004　　　　　　　　　　SG17/17
五經纂不分卷
明末清初抄本
六冊　一函
　　正文半葉十一行二十七字，小字雙行同，白口，無魚尾，無界行，四周單邊。
　　佚名朱墨筆校點。鈐"豐華堂書庫寶藏印"印。

0005　　　　　SG16/58、SG17/9－1
古香齋鑒賞袖珍五經八卷
清康熙內府刻本
十六冊　二函
　　正文半葉十二行十七字，小字雙行同，白口，單黑魚尾，四周雙邊。
　　春秋一卷

礼記三卷

周易一卷

尚書一卷

毛詩二卷

0006　　　　　　　　　　　　SG17/9

五經一百八卷

清恕堂刻本

四十二册　八函

正文半葉八行十七字，小字雙行同，白口，四周雙邊。

内封鎸"恕堂藏板"。目録前鎸"恕堂重梓"。《五經四書》之一。

周易四卷　（宋）朱熹本義

書經六卷　（宋）蔡沈集傳

詩經八卷　（宋）朱熹集傳

禮記十卷　（元）陳澔集説

春秋左傳五十卷　（晋）杜預注釋

春秋胡傳三十卷　（宋）胡安國傳　林堯叟音注

0007　　　　　　　　　　　　SG112/5

通志堂經解一百四十種一千八百六十卷

（清）納蘭成德輯

清康熙十九年（1680）納蘭成德通志堂刻本

四百九十九册　六十九函　缺一種二十卷（新定三禮圖二十卷）

正文半葉行款不一。

總目卷端鎸"新刊經解"。版心上鎸字數，下鎸"通志堂"及刻工"幟先""蔣天一""宜生"等。

鈐"詹宅北池子五十四號"印。

子夏易傳十一卷　（周）卜商撰

易數鉤隱圖三卷附遺論九事一卷　（宋）劉牧撰

易學一卷　（宋）王湜撰

橫渠先生易説三卷　（宋）張載撰

紫巖居士易傳十卷　（宋）張浚撰

漢上易傳十一卷附周易卦圖三卷周易叢説一卷　（宋）朱震撰

易璇璣三卷　（宋）吳沆撰

周易義海撮要十二卷　（宋）李衡撰

易小傳六卷　（宋）沈該撰

復齋易説六卷　（宋）趙彥肅撰

古周易一卷　（宋）呂祖謙等輯

童溪王先生易傳三十卷　（宋）王宗傳撰

易裨傳一卷外篇一卷　（宋）林至撰

易圖説三卷　（宋）吳仁傑撰

易學啓蒙通釋二卷附圖　（宋）胡方平撰

周易玩辭十六卷　（宋）項安世撰

東谷鄭先生易翼傳二卷　（宋）鄭汝諧撰

三易備遺十卷　（宋）朱元昇撰

丙子學易編一卷　（宋）李心傳撰

易學啓蒙小傳一卷古經傳一卷　（宋）税與權撰

水村易鏡一卷　（宋）林光世撰

晦庵先生朱文公易説二十三卷　（宋）朱鑑輯

大易緝説十卷　（元）王申子撰

周易輯聞六卷附易雅一卷筮宗一卷　（宋）趙汝楳撰

周易傳義附録十四卷首一卷　（宋）董楷撰

學易記九卷首一卷　（元）李簡撰

讀易私言一卷　（元）許衡撰

俞氏易集説十三卷　（元）俞琰撰

周易本義附録纂註十五卷　（元）胡一桂撰

周易發明啓蒙翼傳三卷周易本義啓蒙翼傳外篇一卷　（元）胡一桂撰

周易本義通釋十二卷輯錄雲峰文集易義一卷
　（元）胡炳文撰
易纂言十二卷首一卷　（元）吳澄撰
周易本義集成十二卷首一卷　（元）熊良輔撰
周易經傳集程朱解附錄纂註十四卷首一卷附
　一卷　（元）董真卿撰
易圖通變五卷　（宋）雷思齊撰
易象圖説内篇三卷外篇三卷　（元）張理撰
大易象數鉤深圖三卷　（元）張理撰
周易參義十二卷　（元）梁寅撰
合訂刪補大易集義粹言八十卷　（清）納蘭成
　德撰
書古文訓十六卷　（宋）薛季宣撰
三山拙齋林先生尚書全解四十卷　（宋）林之
　奇撰
程尚書禹貢論二卷後論一卷山川地理圖二卷
　（宋）程大昌撰
尚書説七卷　（宋）黃度撰
增修東萊書説三十五卷　（宋）呂祖謙撰　時
　瀾修定
書疑九卷　（宋）王柏撰
書集傳或問二卷　（宋）陳大猷撰
杏溪傅氏禹貢集解二卷　（宋）傅寅撰
尚書詳解十三卷　（宋）胡士行撰
尚書表注二卷　（宋）金履祥撰
尚書纂傳四十六卷　（元）王天與撰
書蔡氏傳輯錄纂註六卷首一卷　（元）董鼎撰
書纂言四卷　（元）吳澄撰
書蔡氏傳旁通六卷　（元）陳師凱撰
尚書句解十三卷　（元）朱祖義撰
書集傳纂疏六卷首一卷　（元）陳櫟撰
尚書通考十卷　（元）黃鎮成撰
王耕野先生讀書管見二卷　（元）王充耘撰
定正洪範集説一卷首一卷　（元）胡一中撰
毛詩指説一卷　（唐）成伯瑜撰

詩本義十五卷鄭氏詩譜補亡一卷　（宋）歐陽
　修撰
李迃仲黃實夫毛詩集解四十二卷首一卷
　（宋）李樗　黃櫄講義　呂祖謙釋音
毛詩名物解二十卷　（宋）蔡卞撰
詩説一卷　（宋）張耒撰
詩疑二卷　（宋）王柏撰
詩傳遺説六卷　（宋）朱鑑撰
逸齋詩補傳三十卷篇目一卷　（宋）范處義撰
詩集傳名物鈔八卷　（元）許謙撰
詩經疑問七卷附編一卷　（元）朱倬撰
詩解頤四卷　（明）朱善撰
春秋尊王發微十二卷附錄一卷　（宋）孫復撰
春秋皇綱論五卷　（宋）王晳撰
春秋劉氏傳十五卷　（宋）劉敞撰
春秋權衡十七卷　（宋）劉敞撰
劉氏春秋意林二卷　（宋）劉敞撰
春秋名號歸一圖二卷　（五代）馮繼先撰
春秋年表一卷
春秋臣傳三十卷　（宋）王當撰
西疇居士春秋本例二十卷　（宋）崔子方撰
木訥先生春秋經筌十六卷　（宋）趙鵬飛撰
石林先生春秋傳二十卷　（宋）葉夢得撰
止齋先生春秋後傳十二卷　（宋）陳傅良撰
春秋集解三十卷　（宋）呂祖謙撰
左氏傳説二十卷　（宋）呂祖謙撰
春秋左氏傳事類始末五卷附錄一卷　（宋）章
　沖撰
春秋提綱十卷　（宋）陳則通撰
春秋王霸列國世紀編三卷　（宋）李琪撰
春秋通説十三卷　（宋）黃仲炎撰
春秋集註十一卷綱領一卷　（宋）張洽撰
春秋或問二十卷　（宋）呂大圭撰
春秋五論一卷　（宋）呂大圭撰
則堂先生春秋集傳詳説三十卷綱領一卷

(宋)家鉉翁撰

春秋類對賦一卷 (宋)徐晉卿撰

春秋諸國統紀六卷 (元)齊履謙撰

春秋本義三十卷首一卷 (元)程端學撰

春秋或問十卷 (元)程端學撰

春秋集傳十五卷 (元)趙汸撰 (明)倪尚誼校定

春秋屬辭十五卷 (元)趙汸撰

春秋師說三卷附錄二卷 (元)趙汸撰

春秋左氏傳補注十卷 (元)趙汸撰

春秋諸傳會通二十四卷首一卷 (元)李廉撰

春秋集傳釋義大成十二卷首一卷 (元)俞皋撰

清全齋讀春秋編十二卷 (元)陳深撰

春秋春王正月考一卷辨疑一卷 (明)張以寧撰

東巖周禮訂義八十卷首一卷 (宋)王與之撰

鬳齋考工記解二卷 (宋)林希逸撰

儀禮圖十七卷儀禮旁通圖一卷附儀禮本經十七卷 (宋)楊復撰

禮記集說一百六十卷 (宋)衛湜撰

禮經會元四卷 (宋)葉時撰

太平經國之書十一卷首一卷 (宋)鄭伯謙撰

夏小正戴氏傳四卷 (宋)傅崧卿注

儀禮集說十七卷 (元)敖繼公撰

儀禮逸經傳一卷儀禮傳一卷 (元)吳澄撰

經禮補逸九卷附錄一卷 (元)汪克寬撰

禮記陳氏集說補正三十八卷 (清)納蘭成德撰

孝經注解一卷 (唐)玄宗李隆基注 (宋)司馬光解 范祖禹說

孝經大義一卷 (元)董鼎注

孝經一卷 (元)吳澄校定

晦菴先生所定古文孝經句解一卷 (宋)朱申注

南軒先生論語解十卷 (宋)張栻撰

論語集說十卷 (宋)蔡節撰

南軒先生孟子說七卷 (宋)張栻撰

孟子集疏十四卷 (宋)蔡模撰

孟子音義二卷 (宋)孫奭撰

大學纂疏一卷中庸纂疏一卷論語纂疏十卷孟子纂疏十四卷 (宋)趙順孫撰

大學集編一卷中庸集編一卷論語集編十卷孟子集編十四卷 (宋)真德秀撰

大學通一卷中庸通一卷論語通十卷孟子通十四卷 (元)胡炳文撰

大學章句或問通證一卷中庸章句或問通證一卷論語集註通證二卷孟子集註通證二卷 (元)張存中撰

大學章句纂箋一卷大學或問纂箋一卷中庸章句纂箋一卷中庸或問纂箋一卷論語集註纂箋十卷孟子集註纂箋十四卷 (元)詹道傳撰

四書通旨六卷 (元)朱公遷撰

四書辨疑十五卷 (元)陳天祥撰

大學集說啟蒙一卷中庸集說啟蒙一卷 (元)景星撰

經典釋文三十卷 (唐)陸德明撰

公是先生七經小傳三卷 (宋)劉敞撰

六經奧論六卷首一卷 (宋)鄭樵撰

六經正誤六卷 (宋)毛居正撰

熊先生經說七卷 (元)熊朋來撰

十一經問對五卷 (元)何異孫撰

五經蠡測六卷 (明)蔣悌生撰

0008　　　　　　　　　　SG17/19-1

萬充宗先生經學五書十九卷

(清)萬斯大撰

清康熙萬經校刻本

經　部

四册　一函

　　正文半葉十二行二十二字,小字雙行同,黑口,雙黑魚尾,左右雙邊。

　　卷末鐫"子經　孫承天　承式較刻"。

　　鈐"吳興潘氏珍藏""榮氏讀未見書齋珍藏""江西汪石琴家藏本"諸印。

　　學禮質疑二卷
　　禮記偶箋三卷
　　儀禮商二卷附錄一卷
　　周官辨非一卷
　　學春秋隨筆十卷

0009　　　　　　　　　SG111/1

滿漢合璧四經四十九卷

　　(清)高宗弘曆敕譯

　　清乾隆刻本

　　二十四册　四函

　　正文半葉七行字數不等,白口,單黑魚尾,無界行,四周雙邊。

　　題名本館自擬。滿漢合璧。鈐"真州吳氏有福讀書堂藏書"印。

　　書經六卷首一卷
　　詩經八卷
　　周易四卷
　　禮記三十卷

易 類

0010　　　　　　　　　　SG12/182

周易九卷略例一卷

（三國魏）王弼　（晉）韓康伯注　（唐）陸德明釋文

明嘉靖趙府味經堂刻本

三冊　一函　存九卷（周易九卷）

　　正文半葉九行十八字，小字雙行同，白口，有書耳，單白魚尾，四周雙邊。

　　版心鐫"味經堂"。

　　鈐"巽齋所藏""子培父"印。

0011　　　　　　　　　　SG12/150

易傳十卷

（唐）李鼎祚撰　（明）沈士龍輯

附錄一卷

（漢）鄭玄注　（明）沈士龍輯

明萬曆刻本

十二冊　三函

　　正文半葉九行十八字，白口，單白魚尾，左右雙邊。

　　明萬曆沈士龍、胡震亨輯刻《秘冊彙函》之一。

0012　　　　　　　　　　SG12/64

周易八卷

（宋）蘇軾傳

附王輔嗣論易一卷

（三國魏）王弼撰

明末閔齊伋刻朱墨套印本

八冊　二函

　　正文半葉八行十八字，小字雙行同，白口，無魚尾，四周單邊。

　　眉上鐫注。

0013　　　　　　　　　　SG12/119

周易上下經程朱先生傳義十五卷周易系辭程朱二先生傳義二卷周易說卦程朱先生傳義一卷周易序卦程朱二先生傳義一卷周易雜卦一卷

（宋）程頤　朱熹撰

附程子上下篇義一卷

（宋）程頤撰　董楷輯

朱子周易五贊一卷筮儀一卷

（宋）朱熹撰

明初刻本

十六冊　二函

　　正文半葉十行二十二字，小字雙行同，黑口，順黑魚尾，左右雙邊。

　　鈐"大明弘治壬戌科進士"印。

0014　　　　　　　　　　SG12/148

周易傳義二十四卷

（宋）程頤傳　朱熹本義

附上下篇義一卷

（宋）程頤撰

圖說一卷五贊一卷筮儀一卷

（宋）朱熹撰

明崇禎四年（1631）汪應魁貽經堂校刻本

八冊　二函

　　正文半葉九行十八字，小字雙行同，白口，單黑魚尾，四周雙邊。

0015　　　　　　　　　　　SG12/25－5

周易本義十二卷易圖一卷周易五贊一卷筮儀一卷

（宋）朱熹撰

清康熙内府仿宋咸淳吳革刻本

十冊　一函

　　正文半葉六行十五字，小字雙行同，白口，雙黑魚尾，左右雙邊。

　　鈐"毛晉之印""汲古主人""陳宏模印"諸印。

0016　　　　　又一部　SG12/25－1

周易本義十二卷易圖一卷周易五贊一卷筮儀一卷

（宋）朱熹撰

清康熙内府仿宋咸淳吳革刻本

二冊　一函

　　正文半葉六行十五字，小字雙行同，白口，雙黑魚尾，左右雙邊。

0017　　　　　　　　　　　SG12/179

周易本義四卷附卦歌一卷圖說一卷筮儀一卷

（宋）朱熹撰

清康熙刻本

二冊　一函

　　正文半葉九行十七字，小字雙行同，白口，無魚尾，四周單邊。

　　鈐"毛準""子水"印。

0018　　　　　　　　　　　SG12/5－2

誠齋先生易傳二十卷

（宋）楊萬里撰

明嘉靖二十一年（1542）尹耕療鶴亭刻本

六冊　一函

　　正文半葉九行二十四字，白口，無魚尾，四周單邊，左右版框不相連。

　　版心鎸"療鶴亭"。

　　鈐"讀易樓秘笈印""沁水書庫""雲山""蕭元吉"諸印。

0019　　　　　　　　　　　SG12/24

周易集傳八卷

（元）龍仁夫撰

清康熙、雍正間抄本

二冊　一函

　　正文半葉八行十七字，小字雙行同，素紙。

　　書衣有民國十五年（1926）易培基題記。《增訂四庫簡明目錄標註》稱"陸有影寫元刊本""每卷末有男陽壽校刊"。

0020　　　　　　　　　　　SG12/63

易象大旨八卷

（明）薛甲撰

明嘉靖三十三年（1554）任有齡刻本

四册　一函

　　正文半葉十行二十字，白口，單黑魚尾，四周單邊。

　　版心下鐫刻工"付秀""王文""吕白"等。

　　鈐"范毓瑞印""雪廬"諸印。

0021　　　　　　　　　　　　　SG12/58

易經繹五卷

（明）鄧元錫撰　左宗郢編

明萬曆三十五年（1607）刻本

十册　一函

　　正文半葉九行十九字，小字雙行同，白口，無魚尾，四周單邊。

0022　　　　　　　　　　　　　SG12/120

易經旁訓四卷

（元）李恕撰　（明）王安舜刪定

明天啓元年（1621）刻本

二册　一函

　　正文半葉七行二十字，小字行同字數不等，白口，單黑魚尾，左右雙邊。

　　版心下鐫字數及刻工"劉吉""劉文""劉智""劉仁"等。

　　有"乾隆辛卯歙西鮑氏知不足齋收藏"墨筆題識，朱筆圈點。

0023　　　　　　　　　　　　　SG12/9

像象管見四卷

（明）錢一本撰

明萬曆刻本

四册　一函

　　正文半葉十行二十一字，小字雙行同，白口，單黑魚尾，四周單邊。

　　内封鐫"明錢啓新先生著　像象管見　蘭雪堂藏板"。

0024　　　　　　　　　　　　　SG12/29

像抄六卷

（明）錢一本撰

明萬曆四十一年（1613）刻本

四册　一函

　　正文半葉十行二十一字，白口，單黑魚尾，四周單邊。

　　鈐"祝希賢""此書曾在祝高山家""易水趙永藏書""明善堂覽書畫印記"諸印。

0025　　　　　　　　　　　　　SG12/97

石鏡山房增訂周易説統二十五卷

（明）張振淵輯　張懋忠增補　張師栻參訂

明天啓六年（1626）張氏石鏡山房刻本

二十册　三函

　　正文半葉九行二十二字，白口，無魚尾，四周單邊。

　　眉上鐫評。書末鐫"天啓六年中秋日錢塘錢泓錄刊"。版心鐫"石鏡山房"。

0026　　　　　　　　　　　　　SG12/62

周易露研四卷

（明）潘貞纂輯

明崇禎九年（1636）姚江俞氏刻本

四册　一函

　　正文半葉兩節版,上節二十四行三十二字,下節十一行二十三字,白口,無魚尾,四周雙邊。

　　內封鐫"姚江俞衙藏板"。

　　鈐"武林官巷口二管居發兌""餘姚謝氏永耀樓藏書"印。

0027　　　　　　　又一部　SG12/62-1
周易露研四卷

　　(明)潘貞纂輯

　　明崇禎九年(1636)姚江俞氏刻本

　　四册　一函

　　正文半葉兩節版,上節二十四行三十二字,下節十一行二十三字,白口,無魚尾,四周雙邊。

　　內封鐫"姚江俞衙藏板"。

　　鈐"平陽汪氏藏書""雲蓀手校"諸印。

0028　　　　　　　　　　　SG12/21
說易十二卷

　　(明)喬中和撰

　　明崇禎十一年(1638)刻本

　　三册　一函

　　正文半葉九行十九字,白口,單黑魚尾,四周單邊。

　　版心鐫"躋新堂集"。

　　張信卿先生贈書。

0029　　　　　　　又一部　SG12/21
說易十二卷

　　(明)喬中和撰

明崇禎十一年(1638)刻本

　　五册　一函

　　正文半葉九行十九字,白口,單黑魚尾,四周單邊。

　　版心鐫"躋新堂集"。

0030　　　　　　　又一部　SG12/21-1
說易十二卷

　　(明)喬中和撰

　　明崇禎十一年(1638)刻本

　　五册　一函

　　正文半葉九行十九字,白口,單黑魚尾,四周單邊。

　　版心鐫"躋新堂集"。

　　鈐"靜溶"印。

0031　　　　　　　　　　　SG12/92
易隱八卷

　　(明)曹九錫輯

　　明崇禎天德堂刻本

　　四册　一函

　　正文半葉十行二十二字,白口,無魚尾,四周單邊。

　　鈐"汪麐""豐華堂書庫寶藏印"印。

0032　　　　　　　　　　　SG12/55
增訂易經存疑的薰十二卷

　　(明)林希元撰

　　清康熙十七年(1678)仇兆鰲等刻本

　　四册　一函　存八卷(一至八)

　　正文半葉十一行二十四字,黑口,雙黑花魚尾,左右雙邊。

0033　　　　　　　　　　　SG12/111

新刻來瞿唐先生易註十五卷圖像一卷首一卷末一卷

（明）來知德撰　高喬映校讐

清康熙十六年（1677）朝爽堂刻本

八冊　二函

　　正文半葉九行二十二字，小字雙行同，白口，單黑魚尾，四周單邊。

　　眉上鐫注。各冊內封鐫"六宜軒藏板"。版心下鐫"朝爽堂"。

　　鈐"夢旭"印。

0034　　　　　　　　　　　SG3103/32

易經增刪來註八卷首一卷

（明）來知德撰　（清）張祖武增刪

清乾隆三十二年（1767）刻本

六冊　一函

　　正文半葉九行二十字，白口，單黑魚尾，四周雙邊。

　　《四庫全書存目叢書》底本。有朱筆圈點。

0035　　　　　　　　　　　SG12/109

易憲四卷附易憲卦歌一卷易憲圖說一卷

（明）沈泓疏

清乾隆九年（1744）補堂刻本

三冊　一函

　　正文半葉十一行二十三字，小字雙行同，白口，單黑魚尾，左右雙邊。

　　版心下鐫"補堂藏板"。

　　有朱墨筆批注。鈐"吳江王氏貽安軒主人珍藏書籍之鈐記"印。

0036　　　　　　　　　　　SG12/123

周易廣義六卷

（清）潘元懋輯

清康熙十二年（1673）刻本

六冊　二函

　　正文半葉兩節版，上節《周易廣義》無界行，字數不等，下節《周易本義》八行十四字，小字雙行同，白口，無魚尾。

0037　　　　　　　　　　　SG12/70

周易辯二十四卷首四卷

（清）浦龍淵撰

清康熙十八年（1679）刻本

六冊　一函

　　正文半葉十行二十二字，白口，單黑魚尾，左右雙邊。

　　鈐"澤州牛氏香谷家藏善本"諸印。

0038　　　　　　　　　　　SG12/73

易學象數論六卷

（清）黃宗羲撰　黃炳垕校

清光緒十五年（1889）黃炳垕抄本

二冊　一函

　　正文半葉十二行二十四字，黑口，雙黑魚尾，無界行，四周雙邊。

　　書末黃宗羲第七代孫黃炳垕跋言：是書康熙間黃宗羲門人汪瑞齡刻于新安，不數年板片被毀，印本鮮存。光緒間，紹興知府徐仲藩採集黃宗羲越中遺書，刊為叢書，垕遂據汪本抄錄并校正付之。鈐"黃炳垕印""蔚亭""南雷後嗣"諸印。

0039　　　　　　　　　　SG12/155

田間易學不分卷

（清）錢澄之撰

清康熙刻本

七冊　一函

　　正文半葉十行二十三字,小字雙行二十二字,白口,單黑魚尾,左右雙邊。

　　内封鎸"田間易學　桐城錢飲光先生著　斟雉堂藏板"。

0040　　　　　　　　　　SG12/20

易圖明辨十卷

（清）胡渭輯著

清康熙四十五年（1706）刻本

四冊　一函

　　正文半葉十一行二十二字,白口,單黑魚尾,左右雙邊。

　　鈐"南州書樓藏書　徐湯殷整理""凌淦字麗生一字礪生"印。

0041　　　　　　　　　　SG12/12

御纂周易折中二十二卷首一卷

（清）李光地等纂

清康熙五十四年（1715）武英殿刻本

十冊　二函

　　正文半葉八行十八字,小字雙行二十二字,白口,單黑魚尾,四周雙邊。

　　鈐"體元主人""稽古右文之章""百硯室"印及"盛昰"滿漢文印。

0042　　　　　　　　　　SG12/72

周易函書約存十五卷首三卷約註十八卷別集十六卷

（清）胡煦撰

清乾隆胡氏葆璞堂刻本

二十六冊　三函

　　正文半葉十行二十四字,白口,單黑魚尾,四周雙邊。

　　版心鎸"葆璞堂"。

0043　　　　又一部　SG12/44、SG12/72

周易函書約存十五卷首三卷約註十八卷別集十八卷

（清）胡煦撰

清乾隆胡氏葆璞堂刻本

十四冊　二函

　　正文半葉十行二十四字,白口,單黑魚尾,四周雙邊。

　　版心鎸"葆璞堂"。

0044　　　　　　　　　　SG12/132

周易傳義合訂十二卷

（清）朱軾撰

清乾隆二年（1737）鄂彌達刻本

六冊　一函

　　正文半葉八行二十字,小字雙行同,白口,單黑魚尾,四周雙邊。

　　鈐"沁甫印信"印。

0045　　　　　　　　　　SG12/27

易經揆一十四卷易學啟蒙補二卷

（清）梁錫璵撰

清乾隆十六年（1751）刻本

十冊　一函

正文半葉十行二十一字,白口,單黑魚尾,四周雙邊。

鈐"寧武南氏珍藏""復盦南氏"諸印。

0046　　　　　　　　　　　SG12/82

凝園讀易管見十卷

（清）羅典撰

清乾隆三十一年(1766)明德堂刻本

十册　二函

正文半葉八行十八字,小字雙行二十四字,黑口,單黑魚尾,四周雙邊。

內封鐫"乾隆丙戌年鐫　慎齋羅典徽五氏定稿　凝園讀易管見　明德堂藏板"。各卷端下鐫"明德堂"木記。

書　類

0047　　　　　　　　　　　　SG13/59

東坡書傳二十卷

（宋）蘇軾撰

明末凌濛初刻朱墨套印本

八册　一函

　　正文半葉九行十九字，白口，無魚尾，無界行，四周單邊。

　　眉上鐫評。

0048　　　　　　　　　　　SG13/59-1

東坡先生書傳二十卷

（宋）蘇軾撰

明萬曆刻本

六册　一函

　　正文半葉十行二十一字，白口，單黑魚尾，左右雙邊。

　　鈐"玉函山房藏書"印。

0049　　　　　　　　　　　　SG13/53

書集傳六卷序一卷圖一卷

（宋）蔡沈集傳　（元）鄒季友音釋

朱子說書綱領一卷

（宋）朱熹撰

明正統十二年（1447）內府刻本

六册　一函

　　正文半葉八行十四字，小字雙行十七字，大黑口，順黑魚尾，四周雙邊。

　　鈐"錫山舍氏鑒藏"印。

0050　　　　　　　　　　　SG13/17-2

禹貢說斷四卷

（宋）傅寅撰

清乾隆武英殿活字本

四册　一函

　　正文半葉九行二十一字，小字雙行同，白口，單黑魚尾，四周雙邊。

　　《武英殿聚珍版書》之一。

0051　　　　　　　　　　　　SG13/71

書疑九卷

（宋）王柏撰

清康熙十九年（1680）納蘭成德刻本

二册　一函

　　正文半葉十一行二十字，白口，單黑魚尾，左右雙邊。

　　內封鐫"通志堂藏板"。版心下鐫刻工"高元""玉成"等。初印本。《通志堂經解》之一。

0052　　　　　　　　　　　　SG13/48

書傳會選六卷

（明）劉三吾撰

明嘉靖趙府味經堂刻本

六册　一函

正文半葉九行十八字，小字雙行同，細黑口，單白魚尾，四周雙邊。

版心鐫"味經堂"。

鈐"秦氏子雙圖籍""盱眙吳氏望三益齋藏書之印""吳同達印"印。

0053　　　　　　　　　　SG13/61

書傳大全十卷書序一卷

（明）胡廣撰

明内府刻本

十册　二函

正文半葉十行二十二字，小字雙行同，黑口，雙黑魚尾，四周雙邊。包背裝。

0054　　　　　　　　　　SG13/68

尚書日記十六卷

（明）王樵撰　王肯堂編

明萬曆十年（1582）于明照校刻本

八册　二函

正文半葉十行二十一字，小字雙行同，白口，單黑魚尾，左右雙邊。

版心下鐫刻工"閩人游文炳"等。

鈐"端禮""馮願"印。

0055　　　　　　　　　　SG13/75

禹貢匯疏十二卷圖經二卷神禹別錄一卷

（明）茅瑞徵纂箋

明崇禎五年（1632）刻本

七册　一函

正文半葉九行二十字，小字雙行同，白口，單白魚尾，四周單邊。

與《虞書箋》合函。

鈐"文武樓""天尺樓"印。

0056　　　　　　　　　　SG13/76

虞書箋二卷

（明）茅瑞徵纂箋

明崇禎五年（1632）刻本

一册　與《禹貢匯疏》合函

正文半葉九行二十字，小字雙行同，白口，單白魚尾，四周單邊。

0057　　　　　　　　　　SG13/18-1

禹貢錐指二十卷圖一卷

（清）胡渭撰

清康熙四十四年（1705）胡渭漱六軒刻本

十册　一函

正文半葉十一行二十一字，小字雙行三十一字，白口，單黑魚尾，左右雙邊。

内封鐫"康熙乙酉孟夏　禹貢錐指草莽臣胡渭恭進"。版心鐫"漱六軒"。

0058　　　　又一部　SG13/18-1A

禹貢錐指二十卷圖一卷

（清）胡渭撰

清康熙四十四年（1705）胡渭漱六軒刻本

十一册　一函

正文半葉十一行二十一字，小字雙行三十一字，白口，單黑魚尾，左右雙邊。

内封鐫"康熙乙酉孟夏　禹貢錐指草莽臣胡渭恭進"。版心鐫"漱六軒"。

經　部　　　17

0059　　　　　又一部　SG13/18－1B

禹貢錐指二十卷圖一卷

（清）胡渭撰

清康熙四十四年（1705）胡渭漱六軒刻本

八冊　一函

　　正文半葉十一行二十一字，小字雙行三十一字，白口，單黑魚尾，左右雙邊。

　　內封鎸"康熙乙酉孟夏　禹貢錐指　草莽臣胡渭恭進"。版心鎸"漱六軒"。

0060　　　　　　　　　　SG13/81

尚書古文疏證八卷

（清）閻若璩撰

朱子古文書疑不分卷

（清）閻詠輯

清乾隆十年（1745）朱續晫近堂刻本

十冊　二函

　　正文半葉十一行二十字，小字雙行同，白口，單黑魚尾，左右雙邊。

　　版心鎸"眷西堂"。

　　鈐"鐵湄藏書畫鐘鼎文字"印。

0061　　　　　　　　　　SG13/42

禹貢譜二卷

（清）王澍撰　金詢考定

清康熙四十六年（1707）積書巖刻本

一冊　一函

　　正文半葉九行二十字，大黑口，雙黑魚尾，四周單邊。

　　內封鎸"金壇王若霖編　禹貢譜　積書巖藏板"。

　　鈐"汪燦之印""臣維翰印""少伯""臣汝霖印"諸印。

0062　　　　　　　　　　SG13/36

禹貢彙覽四卷

（清）夏之芳輯

清乾隆十二年（1747）積翠軒刻本

四冊　一函

　　正文半葉九行二十字，白口，雙黑魚尾，左右雙邊。

　　內封鎸"積翠軒藏板"。

0063　　　　　　　　　　SG37/50

尚書釋天六卷

（清）盛百二撰

清乾隆四十六年（1781）劉萬傳刻本

四冊　一函

　　正文半葉十一行二十二字，小字雙行同，白口，單黑魚尾，左右雙邊。

　　星圖後鎸"乾隆辛丑中秋吳門劉萬傳鎸"。

　　鈐"劉復所藏""江陰劉氏"印。

0064　　　　　　　　　　SG13/1

尚書後案三十卷附尚書後辨一卷

（清）王鳴盛撰

清乾隆四十五年（1780）王氏禮堂刻本

八冊　一函

　　正文半葉十四行三十字，小字雙行四十五字，細黑口，單黑魚尾，四周單邊。

　　內封鎸"乾隆庚子秋鎸　東吳王氏學尚書後案　尚書後辨附　禮堂藏版"。

0065　　　　　　　又一部　SG13/1
尚書後案三十卷附尚書後辨一卷
　（清）王鳴盛撰
　清乾隆四十五年（1780）王氏禮堂刻頤志
　　堂印本
　六冊　一函
　　正文半葉十四行三十字，小字雙行四十五字，細黑口，單黑魚尾，四周單邊。
　　內封鐫"頤志堂藏版"。

0066　　　　　　　　　　　SG13/51
尚書涉傳四卷
　（清）戴祖啓撰
　清嘉慶元年（1796）田畿校刻本
　二冊　一函
　　正文半葉十行二十二字，白口，單黑魚尾，無界行，四周單邊。
　　內封鐫"嘉慶元年開雕　尚書涉傳　資敬堂藏板"。

0067　　　　　　　　　　　SG13/33
尚書約旨六卷尚書通典略二卷
　（清）楊方達述
　清乾隆十八年（1753）楊氏復初堂刻本
　八冊　一函
　　正文半葉十行二十字，小字雙行同，黑口，單黑魚尾，左右雙邊。
　　內封鐫"武進楊符蒼輯　尚書約旨　復初堂藏板"。卷末鐫"男廷琮校字　吳門王九成寫稿"。版心下鐫刻工"徐遵王""周維新""徐玉符""士芳（陳士芳）"等。

0068　　　　　　　　　　　SG13/72
書傳鹽梅二十卷
　（清）黃文蓮輯
　清乾隆五十二年（1787）刻本
　八冊　一函
　　正文半葉十行二十四字，小字雙行同，白口，單黑魚尾，左右雙邊。
　　內封鐫"上海黃芳亭著　書傳鹽梅　乾隆丁未鐫"。

詩 類

0069　　　　　　　　　　SG14/18-11
詩經四卷
明刻本
二册　一函
　　正文半葉八行十四字，小字雙行同，黑口，順黑魚尾，四周雙邊。

0070　　　　　　　　　　SG14/28-1
毛詩註疏二十卷
（漢）毛亨傳　鄭玄箋　（唐）陸德明音義　賈公彥疏
明嘉靖李元陽刻本
二册　一函　存四卷（一至四）
　　正文半葉九行二十一字，小字雙行同，白口，無魚尾，四周單邊。
　　版心下鎸刻工"葉文祐""姚岩""張七郎"等。《十三經註疏》之一。
　　鈐"錢謙益印""授經樓藏書印""吳興抱經樓藏書記""抱經樓藏善本""德壽閣笈之印"印。

0071　　　　　　　　　　SG14/107
歐陽文忠公毛詩本義十六卷
（宋）歐陽修撰
明萬曆四十一年至天啓五年（1613－1625）陳龍光、蘇進、程國祥刻本
二册　一函
　　正文半葉十行二十字，中字十九字，小字雙行同，白口，單黑魚尾，左右雙邊。
　　版心下鎸刻工"戴惟孝刊""孟體純刊""羅象刊"。
　　鈐"張壽林印"印。

0072　　　　　　　　　　SG14/3-1
呂氏家塾讀詩記三十二卷
（宋）呂祖謙撰
明嘉靖十年（1531）傅鳳翱刻本
二十册　四函
　　正文半葉十四行十九字，細黑口，無魚尾，左右雙邊。
　　鈐"顧氏圖書""愛吾廬珍藏記""象山"諸印。

0073　　　　　　　　　　SG14/70
呂氏家塾讀詩記三十二卷
（宋）呂祖謙著
明萬曆四十一年（1613）陳龍光、蘇進、程國祥刻本
八册　一函
　　正文半葉十行二十字，小字雙行同，白口，單黑魚尾，左右雙邊。
　　版心下鎸刻工"孟體純刻""羅象刊"

"劉奉"等。

0074　　　　　　　　　　　　SG14/52

詩緝三十六卷

（宋）嚴粲述

明嘉靖元年至三十九年（1522－1560）趙府味經堂刻本

十二冊　二函

正文半葉九行十八字，小字雙行同，白口，單白魚尾，四周雙邊。

《清濁音圖》末鎸"趙府栞於居敬堂"。版心鎸"味經堂"。

書衣有甘鵬雲墨筆題識"明味經堂刊本　潛江甘氏藏書"。鈐"潛江甘鵬雲藥樵收藏書籍章"諸印。

0075　　　　　　　　　　　　SG14/100

六家詩名物疏五十五卷

（明）馮復京輯

明萬曆十五年至三十四年（1587－1606）刻本

五冊　一函

正文半葉九行十九字，白口，單白魚尾，四周單邊。

眉上鎸注。版心下鎸刻工"趙岩""潘""尤"等。

鈐"心塵草堂""曹""曹氏吉金樂石"印。

0076　　　　　　　　　　　　SG14/79

詩經四卷附卜子夏小序一卷

（明）鍾惺批點

明泰昌元年至天啓七年（1620－1627）凌杜若刻朱墨套印本

四冊　一函

正文半葉八行十八字，白口，無魚尾，左右雙邊。

眉上鎸注。

鈐"濛初之印""初成氏""杜若""凌氏若蘅""欈李吳氏""劍寒長樂""吳仁延年""小拜經樓藏書""鴛鴦湖上吳氏"諸印。

0077　　　　　　　　　　　　SG14/64

聖門傳詩嫡冢十六卷

（明）凌濛初輯

申公詩說一卷

（漢）申培撰

明崇禎凌濛初刻本

四冊　一函

正文半葉十行二十字，白口，單黑魚尾，四周單邊。

眉上鎸注。

鈐"鄞林氏藜照廬圖書"印。

0078　　　　　　　　　　　　SG14/102

桂林詩正八卷

（明）顧懋樊編著

明崇禎顧爍祚刻本

四冊　一函　存七卷（一至七）

正文半葉兩節版，上節《諸儒詩解鉤玄》，行數不等十七字，下節《桂林詩正》，九行十七字，小字雙行同，白口，無魚尾，四周單邊。

鈐"平干武氏六賦齋鑒藏印""石室"

"適齋藏書""永年武氏""六賦齋"諸印。

0079　　　　　　　　　　　　SG14/99
詩經小序不分卷
明末清初刻朱墨套印本
一册　一函
正文半葉八行十八字,白口,無魚尾,無界行,四周單邊。
正文卷端題"卜夏子小序"。

0080　　　　　　　　　　　　SG14/2-1
欽定詩經傳説匯纂二十一卷首二卷詩序二卷
(清)王鴻緒等撰
清雍正五年(1727)内府刻本
二十册　四函
正文半葉八行二十一字,小字雙行同,白口,單黑魚尾,無界行,四周雙邊。

0081　　　　　　　　　　　　SG14/58
毛詩稽古編三十卷
(清)陳啓源述　龐佑清校
清嘉慶十八年(1813)龐佑清刻本
八册　一函
正文半葉十行二十五字,白口,單黑魚尾,左右雙邊。

0082　　　　　　　　　　　　SG14/8
風雅遺音二卷
(清)史榮輯

清乾隆十四年(1749)一灣齋刻本
四册　一函
正文半葉八行二十字,白口,單黑魚尾,四周單邊。
内封鎸"乾隆巳巳歲鎸　史雪汀書學　風雅遺音　一灣齋藏板"。版心下鎸"一灣齋"。
鈐"納雲書屋"印。

0083　　　　　　　　　　　　SG14/113
杲溪詩經補注二卷
(清)戴震撰
清乾隆孔氏微波榭刻本
一册　一函
正文半葉十行二十一字,小字雙行同,白口,單黑魚尾,四周雙邊。
正文卷端題"戴氏遺書之二"。版心鎸"戴氏遺書""微波榭刻"。

0084　　　　　　　　　　　　SG14/30
毛詩名物圖説九卷
(清)徐鼎撰
清乾隆三十六年(1771)刻本
四册　一函
正文半葉兩節版,上節爲鳥、獸、蟲、魚、草、木圖,下節十四行二十字,白口,單黑魚尾,四周單邊。
内封鎸"吳中徐實夫輯　毛詩名物圖説　辛卯冬鎸"。

周禮類

0085　　　　　　　　　　　　SG151/14

周禮注疏四十二卷

（漢）鄭玄注　（唐）賈公彥疏　陸德明音義

明嘉靖李元陽刻本

十五册　二函

正文半葉九行二十一字，小字雙行同，白口，無魚尾，四周單邊。

正文卷端題"明御史李元陽提學僉事江以達校刊"。版心下鐫刻工"葉弟""陸仲達""蔡儀"等。

0086　　　　　　　　　　　SG151/14-10

周禮註疏十八卷首一卷

（漢）鄭玄注　（唐）賈公彥疏　（明）張采訂定

明崇禎張采刻本

四册　一函　存十四卷（一、六至十八）

正文半葉九行二十五字，小字雙行同，白口，無魚尾，無界行，四周單邊。

眉上鐫評行三字。

0087　　　　　　　　　　　　SG151/29

東巖周禮訂義八十卷

（宋）王與之撰

清康熙十五年（1676）通志堂刻本

二册　一函　存五卷（一至五）

正文半葉十三行二十三字，小字雙行字數不等，白口，順黑魚尾，左右雙邊。

"天祿琳琅"之藏書。書口下"通志堂"挖去，卷末"後學成德"四字被挖去，無卷前納蘭成德序。

鈐"五福五代堂古稀天子寶""八徵耄念之寶""太上皇帝之寶""天祿繼鑑""乾隆御覽之寶""天祿琳琅"諸印。

0088　　　　　　　　　　　　SG15/23

禮經會元四卷

（宋）葉時撰

明弘治至嘉靖刻本

四册　一函

正文半葉十一行二十四字，白口，無魚尾，左右雙邊。

鈐"結弌廬藏書印"印。

0089　　　　　　　　　　　　SG13/50

周官祿田考三卷

（清）沈彤撰

清乾隆十五年（1750）吳江沈氏果堂刻十六年（1751）重校本

三册　一函

正文半葉十一行二十一字,小字雙行同,白口,單黑魚尾,左右雙邊。

卷末鎸"辛未六月覆校刊修并記"。

鈐"曹元忠印""靜妙齋藏書""句吴曹氏收藏金石書畫之印"諸印。

儀禮類

0090　　　　　　　　　　　SG11/1－11

儀禮注疏十七卷

（漢）鄭玄注　（唐）賈公彥疏　陸德明音義

明嘉靖李元陽刻本

十八册　三函

正文半葉九行二十一字，小字雙行同，白口，有書耳，四周單邊。

正文卷端題"明御史李元陽提學僉事江以達校刊"。版心下鐫刻工"張椿""蔡福應""李福保"等。

鈐"滕氏珍藏圖書"印。

0091　　　　　　　　　　　SG152/11－8

儀禮疏五十卷

（唐）賈公彥撰

清道光十年（1830）汪士鐘藝芸書舍仿刻宋景德本

六册　一函

正文半葉十五行二十七字，白口，單黑魚尾，左右雙邊。

内封鐫"道光庚寅重刊　宋本儀禮疏　藝芸書舍藏板"。版心下鐫刻工"劉昭""吳春"等。

鈐"毛準""毛子水藏""子水"印。

0092　　　　　　　　　　　SG152/3

儀禮鄭註句讀十七卷儀禮監本正誤一卷儀禮石本正誤一卷

（清）張爾岐撰

清乾隆八年（1743）高廷樞和衷堂刻本

六册　一函

正文半葉九行二十四字，小字雙行同，白口，單黑魚尾，左右雙邊。

内封鐫"乾隆八年夏鐫　濟陽張稷若手定　儀禮鄭註句讀　和衷堂藏板"。

0093　　　　　　　　　　　SG23/2－1

儀禮節畧二十卷

（清）朱軾撰

清康熙至乾隆刻本

六册　一函　存八卷（五至十二）

正文半葉九行二十字，小字雙行同，白口，單黑魚尾，四周單邊。

0094　　　　　　　　　　　SG152/8

儀禮章句十七卷

（清）吳廷華撰

清乾隆二十二年（1757）刻本

三册　一函

正文半葉十行二十一字，小字雙行同，白口，單黑魚尾，左右雙邊。

內封鎸"乾隆丁丑冬鎸　方靈皋李巨來兩先生鑒定　儀禮章句　東壁書莊藏板"。

有墨筆批注。

0095　　　　　　　　　　　　　　SG152/14

儀禮蠡測十七卷

（清）韋協夢撰

清乾隆五十年（1785）韋協夢帶草軒刻本

三册　一函

正文半葉九行二十字，白口，單黑魚尾，四周雙邊。

內封鎸"乾隆乙巳年鎸　儀禮蠡測　帶草軒藏板"。

0096　　　　　　　　　　　　　　SG152/18

儀禮經注疏正譌十七卷

（清）金曰追撰　張式慎校

清乾隆五十三年（1788）張式慎肅齋家塾刻本

六册　一函

正文半葉八行十七字，小字雙行同，大黑口，雙黑魚尾，左右雙邊。

鈐"孟慈"諸印。

禮記類

0097　　　　　　　　　　　　SG153/24

大戴禮記十三卷

（漢）戴德撰　（北周）盧辯注

清乾隆二十三年（1758）盧見曾刻本

六册　一函

　　正文半葉十行二十一字,小字雙行同,白口,單黑魚尾,四周單邊。

　　初印本。

0098　　　　　　　　　　　　SG153/17－9

禮記二十卷

（漢）鄭玄注

釋文四卷

（唐）陸德明撰

考異二卷

（清）張敦仁撰

清嘉慶十一年（1806）張敦仁刻本

八册　一函

　　正文半葉十行字數不等,小字雙行二十四字,白口,雙黑魚尾,左右雙邊。

　　版心下鐫刻工"余寶""余俊""陳祥""黄珍"等。

　　鈐"毛準"印。

0099　　　　　　　　　　　　SG153/21

禮記集說十六卷

（元）陳澔集說

明弘治至嘉靖刻本

八册　二函

　　正文半葉八行十四字,小字雙行十八字,黑口,順黑魚尾,四周雙邊。

　　下黑口鐫陰文"午""未""丙""丁"等字。版心下鐫刻工"劉"。

0100　　　　　　　　　　　　SG153/17－2

禮記集說三十卷

（元）陳澔撰

明嘉靖二十五年至四十五年（1546－1566）吉澄刻本

八册　二函

　　正文半葉九行十七字,小字雙行同,白口,單白魚尾,左右雙邊。

　　眉上鐫注。各卷末有"巡按福建監察御史吉澄校刊"木記。版心下鐫"吳應龍書""黄旺刊""劉晉刊"。

　　目錄前有甘鵬雲民國十八年（1929）墨筆題識。鈐"淵雅堂藏書記""淵雅堂王氏圖書""半哭半笑樓珍藏印""秦鋹印""潛廬藏過"諸印。

0101　　　　　　　　　　　SG153/37
禮記集註不分卷
（元）陳澔撰
明嘉靖至崇禎抄本
八册　一函
　　正文半葉十二行二十九字，細黑口，順白魚尾，四周雙邊，烏絲欄。

0102　　　　　　　　　　　SG153/31
禮記通解二十二卷
（明）郝敬撰
明萬曆四十四年（1616）郝千秋、郝千石刻本
十二册　三函
　　正文半葉十行二十一字，細黑口，單黑魚尾，四周單邊。
　　書末鐫"時萬曆丙辰冬京山郝氏刊刻"。版心下有刻工。
　　書衣有甘鵬雲墨筆題簽"萬曆丙辰京山郝氏家刻本　潛江甘氏藏書"。有抄配，抄配葉題"京山郝敬著　男千秋千石校刻"。鈐"潛江甘鵬雲藥樵收藏書籍章""崇雅堂藏書"印。

0103　　　　　　　　　　　SG15/9
檀弓論文二卷
（清）孫濩孫評訂　林中枏參閲
清康熙六十年（1721）天心閣刻本
二册　一函
　　正文半葉八行十八字，小字雙行同，白口，雙黑魚尾，左右雙邊。
　　内封鐫"高郵孫邃人評訂　檀弓論文　天心閣藏板"。
　　鈐"許守貞印""字補之號闕齋"諸印。

三禮總義類

0104　　　　　　　　　　　　SG15/24
新定三禮圖二十卷
　（宋）聶崇義集注
　清康熙十九年（1680）刻本
　四册　一函
　　正文半葉十六行二十五字至三十三字不等，白口，單黑魚尾，左右雙邊。
　　内封鎸"河南聶氏集注　三禮圖　通志堂藏板"。《通志堂經解》初印本。
　　有劉半農藏書簽。鈐"江陰劉氏""劉復""鎦家書庫"印。

0105　　　　　　　　　　　　SG152/22
司馬氏書儀十卷
　（宋）司馬光撰
　清雍正二年（1724）汪郊刻本
　二册　一函
　　正文半葉十一行十九字，小字雙行二十四字，細黑口，單黑魚尾，左右雙邊。
　　内封鎸"司馬溫公書儀　研香書屋藏板"。跋後鎸"湖城甘棠橋潘大有刊"。
　　鈐"研香書屋藏書"印。

0106　　　　　　又一部　SG273/13
司馬氏書儀十卷
　（宋）司馬光撰
　清雍正二年（1724）汪郊刻本
　二册　一函
　　正文半葉十一行十九字，小字雙行二十四字，細黑口，單黑魚尾，左右雙邊。
　　内封鎸"司馬溫公書儀　研香書屋藏板"。跋後鎸"湖城甘棠橋潘大有刊"。
　　鈐"南窗秘藏"印。

0107　　　　　　又一部　SG273/13
司馬氏書儀十卷
　（宋）司馬光撰
　清雍正二年（1724）汪郊刻本
　一册　一函
　　正文半葉十一行十九字，小字雙行二十四字，細黑口，單黑魚尾，左右雙邊。
　　内封鎸"司馬溫公書儀　研香書屋藏版"。跋後鎸"湖城甘棠橋潘大有刊"。
　　鈐"硯香書屋藏書"印。

0108　　　　　　　　　　　　SG15/15
禮書一百五十卷
　（宋）陳祥道編　（明）張溥閲
　明崇禎元年至十三年（1628－1640）張溥校刻本
　二十四册　四函
　　正文半葉十行二十字，小字雙行同，白

口,單黑魚尾,左右雙邊。

　　內封鐫"張天如先生閱　禮書　吳門正雅堂藏板"。版心下鐫刻工"李一能刻"。

　　書衣有甘鵬雲題"潛江甘氏崇雅堂藏籍息園老人題籤"。鈐"康綸鈞字鵬書號伊山""康觀濤字用于號海槎""求放心齋""不薄今人愛古人"印。

0109　　　　　　　　　　SG152/21
文公家禮儀節八卷
　　（明）丘濬輯
　　明正德十三年（1518）常州府署刻本
　　四冊　一函
　　正文半葉八行十六字,小字雙行同,細黑口,四周雙邊。
　　書末鐫"正德戊寅孟秋吉日直隸常州府重刻"。
　　鈐"俞立功印""綬珊六十以後所得書畫""九峰舊廬藏書記"印。

0110　　　　　　　　　　SG15/33
三禮陳數求義三十卷
　　（清）林喬蔭撰
　　清乾隆四十七年（1782）林喬蔭刻本
　　十四冊　二函
　　正文半葉十行二十二字,小字雙行同,白口,單黑魚尾,四周雙邊。

0111　　　　　　　　　　SG27/421
群經宮室圖二卷
　　（清）焦循撰
　　清乾隆五十六年（1791）初刻五十八年（1793）後刻本
　　二冊　一函
　　正文半葉十行二十字,小字雙行同,白口,左右雙邊。
　　版心鐫"半九書埠"。

樂 類

0112　　　　　　　　　　　　SG19/15

律呂新義四卷附錄一卷

（清）江永撰

清抄本

一册　一函

　　正文半葉十行二十四字，小字雙行同，無界行。

　　眉上抄注。卷端下題"婺源江永慎修著"，首卷"皇言定聲"端下題"臣江永謹釋"。此抄本見于傅增湘《藏園群書經眼錄》卷二樂類著錄"舊寫本。一皇言定聲，二稽古，三象數，四餘論。有乾隆丙寅慎修自序，言古今言律呂者約有十蔽，而力尊聖祖及安溪相國之說。鈐有'北平李氏珍藏圖籍印'"。與本書相符。

　　有朱筆校點。鈐"北平李氏珍藏圖籍印""毛子水藏""文思安安室圖書"印。

春秋左傳類

0113　　　　　　　　　　　SG16/80

春秋左氏經傳集解三十卷

（晋）杜預撰　（唐）陸德明釋文

春秋名號歸一圖二卷

（五代）馮繼先撰

春秋提要一卷

明萬曆八年（1580）金陵李時成親仁堂刻本

十六册　二函

正文半葉九行二十字，小字雙行同，白口，單黑魚尾，左右雙邊。

眉上鐫注。版心下鐫刻工"毛有爲刻"等。

有朱筆圈點。卷前有李時成"刻春秋左氏經傳集解序"言刻書事。鈐"彭孟之印""天承山人""淮南客""亞若山人""江陰繆荃孫藏書記"諸印。

0114　　　　　　　　　　　SG16/66

春秋左傳節文十五卷附音義

（明）汪道昆撰

明萬曆五年（1577）刻本

五册　一函

正文半葉九行十八字，白口，單白魚尾，左右雙邊。

眉上鐫評。

鈐"林集虛印""鄞林氏藜照廬圖書"印。

0115　　　　　　　　　　　SG161/36

春秋左傳屬事二十卷古字奇字音釋一卷春秋左傳注解辨誤二卷補遺一卷古器圖一卷

（明）傅遜纂

明萬曆十三年（1585）日殖齋刻本

八册　一函

《屬事》正文半葉十行二十字，小字雙行同，白口，單黑魚尾，左右雙邊；《辨誤》正文半葉八行十八字，小字雙行同，白口，單白魚尾，左右雙邊。

眉上有朱筆評點。版心下鐫"日殖齋梓"。

鈐"陳士基""肇宗""沈愚"諸印。

0116　　　　　　　　　　　SG16/40－3

春秋左傳十五卷

（明）孫鑛批點

明萬曆四十四年（1616）閔齊伋刻朱墨套印本

十二册　二函

正文半葉九行十九字，白口，無魚尾，四周單邊。

眉上鎸評。

鈐"閔齊伋印""遇五氏""韓敬""一樵塗雅""十州"諸印。

0117　　　　　　　　　　　SG161/39
左傳統箋三十五卷

（清）姜希轍集注

清康熙十五年（1676）刻本

十二冊　一函

　　正文半葉九行二十一字，小字雙行同，白口，單黑魚尾，四周單邊。

　　內封鎸"本衙藏板"。

0118　　　　　　　　　　　SG161/13
左傳事緯十二卷前書八卷

（清）馬驌編論

清康熙刻本

十冊　二函

　　正文半葉九行二十二字，小字雙行同，白口，單黑魚尾，左右雙邊。

　　眉上鎸評行三字。

0119　　　　　　　　　　　SG410/67
文章練要左傳評十卷

（清）王源評訂

清雍正王氏居業堂刻本

四冊　一函

　　正文半葉九行二十二字，小字雙行同，白口，順黑魚尾，左右雙邊。

　　內封鎸"居業堂藏版"。

　　鈐"居業堂""山淵樓""岳英珍藏""黃匯之章""匯印"諸印。

0120　　　　　　　　　　　SG161/10-1
讀左補義五十卷首一卷

（清）姜炳璋輯

清乾隆三十八年（1773）三多堂刻本

十六冊　二函

　　正文半葉十一行二十三字，小字雙行同，白口，單黑魚尾，左右雙邊。

　　內封鎸"三多堂藏板"。

　　鈐"陸汀珍藏""鐘山草堂藏書""姜本鏞"諸印。

春秋總義類

0121　　　　　　　　　　SG16/82
鍾伯敬評公羊穀梁二傳二十四卷
（明）鍾惺評
明崇禎九年（1636）陶垙刻本
二册　一函
　　正文半葉九行十八字,小字雙行同,白口,單黑魚尾,左右雙邊。
　　眉上鎸評行六字。
　　鈐"容周逕千萬五千里之咫尺籤藏"印。

0122　　　　　　　　　　SG16/39-6
春秋繁露十七卷
（漢）董仲舒著　（清）盧文弨校
清乾隆至嘉慶刻本
二册　一函
　　正文半葉十行二十字,白口,單黑魚尾,左右雙邊。
　　版心下鎸"抱經堂校定本"。《抱經堂叢書》之一。
　　鈐"毛準""子水"印。

0123　　　　　　　　　　SG16/46
木訥先生春秋經筌十六卷
（宋）趙鵬飛撰
清康熙十九年（1680）通志堂經解刻本

六册　一函
　　正文半葉十一行二十字,白口,單黑魚尾,左右雙邊。
　　版心下鎸"通志堂"及刻工"鄧漢""張昇""王倫"等。初印本。

0124　　　　　　　　　　SG16/15
春秋胡傳三十卷附春秋胡傳綱領一卷春秋列國東坡圖説一卷諸國興廢一卷春秋正經音訓一卷春秋提要一卷
（宋）胡安國撰　林堯叟音注
明萬曆至崇禎明善堂刻本
六册　一函
　　正文半葉九行十七字,小字雙行同,白口,無魚尾,無界行,四周雙邊。
　　鈐"龍山蟄廬藏書之章""古莘陳氏子子孫孫永寶用"諸印。

0125　　　　　　　　　　SG16/15
春秋胡傳三十卷附春秋胡傳綱領一卷春秋列國東坡圖説一卷諸國興廢一卷春秋正經音訓一卷春秋提要一卷
（宋）胡安國撰　林堯叟音注
清順治至嘉慶明善堂重刻本
八册　一函
　　正文半葉九行十七字,小字雙行同,白

口，單魚尾，四周雙邊。

內封鎸"怡府藏板"。

書衣題"明善堂春秋"。鈐"忠孝爲蕃"印。

0126　　　　　　　　　　　　SG16/81

春秋四傳三十八卷綱領一卷提要一卷東坡地理圖說一卷春秋二十國年表一卷諸國興廢說一卷

（明）佚名撰

明刻本

十二册　二函

正文半葉九行十七字，小字雙行同，白口，單白魚尾，左右雙邊。

眉上鎸音注。版心下鎸刻工"唐林""柯仁義""張仁"等。

有朱筆圈點批注。鈐"松陵張氏藏書"印。

0127　　　　　　　　　　　　SG16/89

春秋集傳大全三十七卷

（明）胡廣等輯

明隆慶三年（1569）鄭氏宗文書堂刻本

十册　二函

正文半葉十一行二十一字，小字雙行同，黑口，順黑魚尾，四周雙邊。

卷三十七末有蓮花式木記鎸"隆慶己巳仲春鄭氏宗文書堂"。

有朱藍筆圈點批注。鈐"恒菴"印。

0128　　　　　　　　　　　　SG16/77

春秋四家五傳平文四十一卷首一卷春秋五傳綱領一卷春秋諸國興廢說一卷春秋筆削發微圖一卷春秋名號歸一圖二卷春秋二十國年表一卷

（明）張岐然輯

春秋提要二卷

（明）虞宗瑶輯

明崇禎十四年（1641）君山堂刻朱墨套印本

四十八册　八函

正文半葉九行十九字，小字雙行同，白口，單黑魚尾，四周單邊。

卷首葉版心下鎸"君山堂"。

0129　　　　　　　　　　　　SG26/212

春秋地名攷略十四卷

（清）高士奇撰

清康熙二十七年（1688）高士奇清吟堂刻本

四册　一函

正文半葉十行十九字，小字雙行同，白口，單黑魚尾，四周單邊。

內封鎸"經進原本　錢塘高詹事著　春秋地名攷略　清吟堂藏板"。

0130　　　　　　　　　　　　SG16/41

春秋大事表五十卷

（清）顧棟高撰

清乾隆十三年（1748）萬卷樓刻本

春秋輿圖一卷附錄一卷

（清）顧棟高撰

清乾隆十四年（1749）萬卷樓刻本

二十四册　四函

正文半葉十一行二十五字,小字雙行字數不等,白口,綫魚尾,四周單邊。

《春秋大事表》内封鐫"乾隆十三年新鐫　錫山顧復初輯　春秋大事表　萬卷樓藏板"。《輿圖》内封鐫"乾隆十四年新鐫　錫山顧復初著　萬卷樓藏板"。版心下鐫"萬卷樓"。《附錄》末有"吳門王堂九成氏書　錫山何允安子厚氏鐫"木記。

0131　　　　　　　　又一部　SG16/41－1
春秋大事表五十卷
（清）顧棟高撰
清乾隆十三年(1748)萬卷樓刻本
春秋輿圖一卷附錄一卷
（清）顧棟高撰
清乾隆十四年(1749)萬卷樓刻本
二十册　三函

正文半葉十一行二十五字,小字雙行字數不等,白口,綫魚尾,四周單邊。

《春秋大事表》内封鐫"乾隆十三年新鐫　錫山顧復初輯　春秋大事表　萬卷樓藏板"。《輿圖》内封鐫"乾隆十四年新鐫　錫山顧復初著　萬卷樓藏板"。版心下鐫"萬卷樓"。《附錄》末有"吳門王堂九成氏書　錫山何允安子厚氏鐫"木記。

0132　　　　　　　　又一部　SG16/41－1/B
春秋大事表五十卷
（清）顧棟高撰
清乾隆十三年(1748)萬卷樓刻本
春秋輿圖一卷附錄一卷
（清）顧棟高撰
清乾隆十四年(1749)萬卷樓刻本
二十四册　三函

正文半葉十一行二十五字,小字雙行字數不等,白口,綫魚尾,四周單邊。

《春秋大事表》内封鐫"乾隆十三年新鐫　錫山顧復初輯　春秋大事表　萬卷樓藏板"。《輿圖》内封鐫"乾隆十四年新鐫　錫山顧復初著　萬卷樓藏板"。版心下鐫"萬卷樓"。《附錄》末有"吳門王堂九成氏書　錫山何允安子厚氏鐫"木記。

0133　　　　　　　　又一部　SG16/41－1/B
春秋大事表五十卷
（清）顧棟高撰
清乾隆十三年(1748)萬卷樓刻本
春秋輿圖一卷附錄一卷
（清）顧棟高撰
清乾隆十四年(1749)萬卷樓刻本
十六册　二函

正文半葉十一行二十五字,小字雙行字數不等,白口,綫魚尾,四周單邊。

《春秋大事表》内封鐫"乾隆十三年新鐫　錫山顧復初輯　春秋大事表　萬卷樓藏板"。《輿圖》内封鐫"乾隆十四年新鐫　錫山顧復初著　萬卷樓藏板"。版心下鐫"萬卷樓"。《附錄》末有"吳門王堂九成氏書　錫山何允安子厚氏鐫"木記。

鈐"陽湖惲叔璵經眼"印。

0134　　　　　　　　　　　　SG16/64
春秋經傳類求十二卷
（清）孫從添　過臨汾纂輯

清乾隆二十四年（1759）舊名堂刻本

十册　二函

　　正文半葉十二行三十四字，中字三十四字，小字雙行同，白口，單黑魚尾，左右雙邊。

　　內封鐫"舊名堂藏板"。

0135　　　　　　　　　　　　　　SG16/87

春秋傳質疑六卷附錄一卷

（清）齊周南撰　齊世南校訂

王文炳據齊周南原稿校抄本

二册　一函

　　正文半葉十行二十四字，小字雙行同，無界行。

　　內封墨筆題"辛未仲春蛻盦校刊"。王文炳跋。民國二十年（1931）王文炳鉛印本據此抄本排印。有朱筆圈點校字。鈐"季麟"印。

0136　　　　　　　　　　　　　　SG16/85

春秋集義五十八卷首一卷末二卷

（清）吳鳳來撰

清乾隆五十四年（1789）吳鳳來小草廬刻本

二十册　四函

　　正文半葉十行二十一字，小字雙行同，粗黑口，單黑魚尾，四周單邊。

　　內封鐫"大司馬畢秋帆先生鑒定　春秋集義　小草廬藏板"。卷五卷端有"延陵鳳來　小草廬經義"木記。

　　鈐"申江姚氏珍藏印"印。

0137　　　　　　又一部　SG16/85

春秋集義五十八卷首一卷末二卷

（清）吳鳳來撰

清乾隆五十四年（1789）吳鳳來小草廬刻本

十册　二函

　　正文半葉十行二十一字，小字雙行同，粗黑口，單黑魚尾，四周單邊。

　　內封鐫"大司馬畢秋帆先生鑒定　春秋集義　小草廬藏板"。卷五卷端有"延陵鳳來　小草廬經義"木記。

0138　　　　　　　　　　　　　　SG293/53

春秋憶備十四卷

清抄本

十四册　二函

　　正文半葉九行十七字，素紙。

　　鈐"石函"諸印。

孝經類

0139　　　　　　　　　　SG110/12
朱子孝經刊誤一卷
（宋）朱熹撰　（清）王爾翼參解
清雍正十年（1732）王縈緒刻本
一冊　一函
　　正文半葉十行二十五字，小字單行同，白口，單黑魚尾，左右雙邊。
　　卷末鎸"次男縈緒敬梓"。

0140　　　　　　　　　　SG46/72
孝經註釋不分卷
（元）吳澄注
清乾隆二年（1737）刻本
二冊　一函
　　正文半葉十一行二十二字，花口，單黑魚尾，四周單邊。
　　內封鎸"乾隆二年新鎸　吳草廬先生手著　孝經註釋　本家藏板"。與《葬書內外篇》《學言稿》合函。

0141　　　　　　　　　　SG18/116
五經孝語一卷四書孝語一卷
（明）江元祚參考　朱鴻編輯
曾子孝實附錄一卷
（明）江元祚刪注
明崇禎刻本
二冊　一函
　　正文半葉九行十八字，白口，無魚尾，四周單邊。
　　《五經孝語》有朱筆眉批。
　　鈐"楚郢劉樾樓藏書圖章""劉承漢印""陸汝泰印"印。

0142　　　　　　　　　　SG110/1
孝經衍義一百卷首二卷
（清）張英　韓菼等奉敕撰
清康熙三十年（1691）廣西巡撫王起元刻本
三十冊　五函
　　正文半葉九行十八字，小字雙行同，粗黑口，雙黑魚尾，四周雙邊。

0143　　　　　　　　　　SG110/20
御注孝經不分卷
（清）世祖福臨注
清順治十三年（1656）內府刻本
一冊　一函
　　正文半葉六行十二字，小字雙行同，黑口，雙花魚尾，四周雙邊。
　　有清順治十三年《御製孝經序》。

0144　　　　　　　　　　　　SG110/13

孝經精義一卷後錄一卷或問一卷原孝一卷餘論一卷

（清）張敘撰

清乾隆十年（1745）潞河書院刻本

三册　一函

　　正文半葉九行二十一字，白口，單黑魚尾，四周雙邊。

　　版心下鎸"潞河書院"。

　　清乾隆十年沈德潛序言刻書事。

0145　　　　　　　　　　　　SG110/10

孝經通釋十卷

（清）曹庭棟撰

清乾隆二十一年（1756）刻本

二册　一函

　　正文半葉九行十七字，小字雙行同，白口，單黑魚尾，左右雙邊。

　　鈐"趙烈文讀書記""劉明陽字靜遠""天津劉氏研理樓藏"諸印。

0146　　　　　　　　　　　　SG110/16

孝經義疏補九卷首一卷

（清）阮福撰

清道光九年（1829）春喜齋刻本

一册　一函

　　正文半葉八行二十字，小字雙行同，黑口，雙黑魚尾，四周雙邊。

　　有嚴厚民朱筆題識。鈐"身齋藏書"印。

四書類

論語之屬

0147　　　　　　　　　　SG18/59
論語註疏解經二十卷
　（三國魏）何晏集解　（宋）邢昺疏
　明崇禎十年（1637）毛晉汲古閣刻本
　四册　二函
　　正文半葉九行二十一字，白口，無魚尾，左右雙邊。
　　版心下鐫"汲古閣"。明崇禎毛晉汲古閣刻《十三經注疏》之一。與《孟子註疏解經》合函。

0148　　　　　　　　　　SG182/19
論語集說十卷
　（宋）蔡節編
　清康熙十九年（1680）刻本
　八册　一函
　　正文半葉十行十八字，小字雙行同，白口，單黑魚尾，左右雙邊。
　　初印本。版心下"通志堂"三字初印時遮擋未印。《通志堂經解》之一。
　　鈐"毛晉私印"、"汲古主人"（疑僞）、"碧雲僊館珍藏書畫印"、"應椿"印。

0149　　　　　　　　　　SG182/11
論語類考二十卷
　（明）陳士元撰
　明嘉靖、萬曆間刻本
　十二册　一函
　　正文半葉十行二十一字，白口，單白魚尾間單黑魚尾，左右雙邊。
　　鈐"青宮之寶""衡齋藏書""松雪齋圖書記"諸印。

0150　　　　　　　　　　SG32/239
論語讀朱求是編二十卷
　（清）林愈蕃輯
　清乾隆三十五年（1770）補過齋刻本
　十册　二函
　　正文半葉十一行二十五字，白口，單黑魚尾，左右雙邊。
　　內封鐫"乾隆庚寅新鐫　中江林愈蕃手著　斑竹園書屋藏板"。版心下鐫"補過齋"。
　　正文有朱筆圈點。

孟子之屬

0151　　　　　　　　　　SG18/59
孟子註疏解經十四卷

（漢）趙岐注　（宋）孫奭疏

明崇禎六年（1633）毛晉汲古閣刻本

七册　與《論語註疏解經》合函

正文半葉九行二十一字，白口，無魚尾，左右雙邊。

版心下鐫"汲古閣"。明崇禎毛晉汲古閣刻《十三經注疏》之一。

0152　　　　　　　　　　　SG18/33－2

孟子趙氏注十四卷

（漢）趙岐注　（宋）孫奭音義

孟子音義二卷

（宋）孫奭注

清乾隆四十六年（1781）韓岱雲等刻本

四册　一函

正文半葉十一行二十一字，小字雙行同，白口，單黑魚尾，左右雙邊。

卷末題"歷城張大峯鐫字"。鈐"吳興劉氏嘉業堂藏書記"印。

0153　　　　　　　　　　　SG183/17

孟子集疏十四卷

（宋）蔡模撰

清康熙十九年（1680）刻本

二册　一函

正文半葉十行二十字，小字雙行三十字，白口，單黑魚尾，左右雙邊。

内封鐫"宋蔡覺軒先生著　孟子集疏　通志堂藏板"。版心鐫"孟子序說集疏""通志堂"。有刻工"陳君侯""王相臣""周文啟""關君召"等。初印本。《通志堂經解》之一。

0154　　　　　　　　　　　SG18/33－8

孟子七卷

（明）李贄評　楊起元輯　張明憲參訂

明末張兆隆刻朱墨套印本

四册　一函

正文半葉八行十七字，白口，無魚尾，四周單邊。

眉上鐫評行六字。

0155　　　　　　　　　　　SG183/12

孟子四考四卷

（清）周廣業撰

清乾隆六十年（1795）省吾廬刻本

四册　一函

正文半葉十行二十三字，小字雙行同，白口，單黑魚尾，左右雙邊。

内封鐫"乾隆乙卯夏鐫　孟子四考　省吾廬藏版"。

總義之屬

0156　　　　　　　　　　　SG18/17－4

四書章句集注二十六卷

（宋）朱熹撰

清嘉慶十六年（1811）璜川吳氏真意堂刻本

六册　一函

正文半葉九行十七字，小字雙行同，白口，單黑魚尾，左右雙邊。

内封鐫"嘉慶辛未璜川吳氏校刊於真

意堂"。各卷末鐫"吳縣吳志忠校刊"。《孟子》卷十四後鐫"江寧周啓友刻"。

與《四書章句集注定本辨》《四書章句附攷》《四書家塾讀本句讀》合刻。

0157　　　　　　　　　　　SG18/16
四書人物考四十卷
　（明）薛應旂采輯　朱焯注釋
　明末刻本
　六册　一函
　　正文半葉十行二十字,小字雙行同,白口,單白魚尾,四周單邊。
　　眉上鐫評行四字。
　　有朱筆圈點。

0158　　　　　　　　　　　SG18/90
重訂四書疑問十一卷
　（明）姚舜牧撰
　明萬曆四十五年（1617）六經堂刻清順治十三年（1656）姚淳起校補本
　六册　一函
　　正文半葉十行二十字,白口,無魚尾,四周單邊。
　　內封鐫"苕郡姚承菴撰　四書疑問　六經堂藏板"。卷末鐫"丙申仲冬曾孫男淳起校補"。

0159　　　　　　　　　　　SG18/94
石鏡山房四書說統□□卷
　（明）張振淵輯　張懋忠　張師栻校正
　明天啓張師栻石鏡山房刻本
　二十二册　四函

　　正文半葉十行二十四字,白口,無魚尾,四周單邊。
　　眉上鐫評。
　　有朱筆圈點批注。

0160　　　　　　　　　　　SG18/125
四書或問語類集解釋註大全四十一卷
　（清）朱良玉纂輯
　清雍正六年（1728）致和堂刻本
　三十册　五函
　　正文半葉九行二十二字,小字雙行同,白口,單黑魚尾,左右雙邊。
　　眉上鐫注。內封鐫"環峯朱西田纂輯　太史黃際飛先生鑒定　古吳致和堂梓行"。

0161　　　　　　　　　　　SG18/90
四書述十九卷
　（清）陳詵撰
　清康熙海寧陳氏信學齋自刻本
　八册　一函
　　正文半葉十二行二十二字,白口,單黑魚尾,左右雙邊。
　　內封鐫"東海陳叔大著　四書述　清遠堂梓行"。版心下鐫"信學齋"。

0162　　　　　　　　　　　SG18/85
四書講義尊聞錄二十卷
　（清）戴鈜輯
　清雍正六年至七年（1728－1729）懷新堂刻本
　二十四册　六函

正文半葉九行二十四字,小字雙行同,白口,單黑魚尾,左右雙邊。

內封鎸"雍正戊申歲鎸　長洲戴景亭手輯　四書講義尊聞錄　懷新堂藏板"。版心下鎸"懷新堂"。初印本。

0163　　　　　　　　　　SG18/106

四書考輯要二十卷

（清）陳宏謀輯　陳蘭森編校

清乾隆三十六年（1771）陳宏謀培遠堂刻本

十二冊　二函

正文半葉十行二十字,小字雙行同,白口,單黑魚尾,四周雙邊。

內封鎸"乾隆三十六年鎸　桂林陳榕門輯　四書考輯要　培遠堂藏板"。目錄後鎸"吳門穆大展局刻"。版心下鎸"培遠堂"。

0164　　　　　　　　　　SG181/12

學庸竊補十四卷提要二卷

（清）陳孚纂輯

清乾隆十五年（1750）刻本

六冊　一函

正文半葉十行二十一字,小字雙行同,白口,單黑魚尾,四周雙邊。

內封鎸"理學簡親王鑒定　武進陳石美纂輯　學庸竊補　道南堂藏板"。

0165　　　　　　　　　　SG18/5-1

四書考異七十二卷

（清）翟灝撰

清乾隆三十四年（1769）無不宜齋刻本

八冊　二函

正文半葉十一行二十一字,白口,單黑魚尾,左右雙邊。

內封鎸"四書考異　無不宜齋雕本"。每卷末鎸校字人姓名。

總考三十六卷,條考三十六卷。

0166　　　　　　　　　　SG18/113

圖書衍五卷

（明）喬中和著　喬中方訂

明崇禎八年至十七年（1635-1644）喬鉢刻本

一冊　一函

正文半葉九行二十字,白口,單黑魚尾,無界行,四周單邊。

版心下鎸"圖書衍"。

0167　　　　　　　　　　SG18/150

四書集註三十一卷

（宋）朱熹撰

明正統十二年（1447）司禮監刻本

十冊　三函

正文半葉八行十四字,小字雙行十七字,黑口,順黑魚尾,四周雙邊。

鈐"話雨樓"印。

大學章句一卷大學或問一卷
中庸章句一卷中庸或問一卷
讀論語孟子法一卷
論語集註十卷
論語集註序說一卷
孟子集註十四卷

孟子集註序說一卷

0168　　　　　　　　　　SG18/123
四書備考二十八卷四書考異一卷
（明）陳仁錫增定
明崇禎七年（1634）刻本
二十册　二函
　　正文半葉九行十九字，小字雙行同，白口，單黑魚尾，四周單邊。
　　眉上鎸評。内封鎸"陳明卿先生訂輯四書備考　吴郡寶翰樓藏板"。

0169　　　　　　　　　　SG18/128
四書参十九卷
（明）李贄評　楊起元輯　張明憲参訂
明天啓至崇禎張兆隆刻朱墨套印本
十册　二函
　　正文半葉八行十七字，白口，無魚尾，四周單邊。
　　眉上鎸評。
　　鈐"羅浮長""温陵李贄""楊起元印""太史氏"諸印。
　　　大學一卷
　　　中庸一卷
　　　論語十卷
　　　孟子七卷

0170　　　　　　　　　　SG18/26
四書句讀釋義十九卷
（清）范凝鼎撰
清乾隆述善堂刻本
十册　二函　存八卷（十二至十九）

　　正文半葉九行二十二字，小字雙行同，白口，單黑魚尾，左右雙邊。
　　版心下鎸"述善堂藏板"。

0171　　　　　　　　　　SG18/48
四書反身録六卷續補一卷
（清）李顒撰　王心敬輯録
清康熙三十一年（1692）李彦瑆翻刻康熙二十五年（1686）許孫荃思硯齋刻本
二册　一函
　　正文半葉九行二十字，白口，單黑魚尾，四周雙邊。
　　内封鎸"康熙二十五年新編　二曲先生著　四書反身録　思硯齋梓行"。

0172　　　　　　　　　　SG18/122
四書朱子異同條辨四十卷
（清）李沛霖　李禎訂
清康熙四十一年（1702）近臂堂刻本
二十五册　五函
　　正文半葉九行二十一字，小字雙行同，白口，單黑魚尾，四周單邊。
　　内封鎸"近臂堂梓行"。版心下鎸"近臂堂"。
　　鈐"古金城宋氏琚朋珍藏金石書畫之章""豹雯齋圖書"諸印。
　　　四書朱子異同條辨大學三卷
　　　四書朱子異同條辨中庸三卷
　　　四書朱子異同條辨論語二十卷
　　　四書朱子異同條辨孟子十四卷

0173　　　　　　　　　　SG18/108
吕晚邨先生四書講義四十三卷

（清）呂留良著　陳鏦編次
清康熙二十五年（1686）天蓋樓刻本
六册　一函
　　正文半葉十一行二十一字，粗黑口，雙花魚尾，左右雙邊。
　　鈐"豐華堂書庫寶藏印"印。

0174　　　　　　　　　　　　　SG18/95
如登樓遵註四書揭要不分卷

（清）韓毓樞輯　楊有源校閱
清嘉慶十三年（1808）楊有源如登樓刻本
十四册　四函
　　正文半葉兩節版，上節十行二十二字，小字雙行同，下節九行十七字，小字雙行同，白口，無魚尾，四周雙邊。
　　內封鎸"嘉慶戊辰年鎸　彭城楊有源校閱　四書揭要　翻刻必究　如登樓藏板"。版心下鎸"如登樓"。

群經總義類

0175　　　　　　　　　　SG112/80

鄭志三卷

（三國魏）鄭小同撰

清乾隆活字本

一冊　一函

　　正文半葉九行二十一字，小字雙行同，白口，單黑魚尾，四周雙邊。金鑲玉。

　　《武英殿聚珍版書》之一。

0176　　　　　　又一部　SG17/21

鄭志三卷

（三國魏）鄭小同撰

清乾隆活字本

一冊　一函

　　正文半葉九行二十一字，小字雙行同，白口，單黑魚尾，四周雙邊。

　　眉上鐫評。《武英殿聚珍版書》之一。

0177　　　　　　　　　　SG112/5

經典釋文三十卷

（唐）陸德明撰

清康熙十九年（1680）納蘭成德通志堂刻本

八冊　二函

　　正文半葉十一行十七字，小字雙行字數不等，白口，順黑魚尾，左右雙邊。

　　內封鐫"經典釋文　唐陸德明先生撰　通志堂藏板"。卷末鐫"後學成德校訂"。版心上鐫字數，下鐫"通志堂"及刻工。

　　有朱墨筆校注。鈐"揚州阮氏琅嬛僊館藏書印""土懿榮印""研經室阮氏收藏""福山王氏正孺藏書""毛準""子水""文思安安室圖書"諸印。

0178　　　　　　　　　　SG112/1

經典釋文三十卷附攷證

（唐）陸德明撰　（清）盧文弨綴緝攷證

清乾隆五十六年（1791）盧氏抱經堂刻本

十二冊　二函

　　正文半葉十一行二十二字，小字雙行同，黑口，雙黑魚尾，四周單邊。

　　《經典釋文》內封鐫"宋本參校　經典釋文　乾隆辛亥重雕　抱經堂藏版"。《攷證》內封鐫"餘姚盧抱經氏綴緝　經典釋文攷證　孫宣公孟子音義　宋元憲公國語補音嗣出　常州龍城書院開雕"。

　　鈐"毛準""子水"印。

0179　　　　　　又一部　SG112/1

經典釋文三十卷附攷證

（唐）陸德明撰　（清）盧文弨綴緝攷證

清乾隆五十六年（1791）盧氏抱經堂刻本

十二册　二函

正文半葉十一行二十二字，小字雙行同，黑口，雙黑魚尾，四周單邊。

《攷證》内封鎸"餘姚盧抱經氏綴緝經典釋文攷證　孫宣公孟子音義　宋元憲公國語補音嗣出　常州龍城書院開雕"。

鈐"高遇申印""伯崧""北平朝陽大學圖書館""詹宅北池子五十四號"諸印。

0180　　　　　　　　　　SG11/41

公是先生七經小傳三卷

（宋）劉敞撰

清康熙十九年（1680）納蘭成德通志堂刻本

一册　一函

正文半葉十一行二十二字，白口，單黑魚尾，左右雙邊。

内封鎸"宋劉公是先生著　七經小傳　通志堂藏板"。卷末鎸"後學成德校訂"。版心下鎸"通志堂"及刻工"甘典""子元""任臣"等。初印本。

鈐"丁福保字仲祜""毛準""子水"印。

0181　　　　　　　　　SG112.3/29

孝經小學統疏十一卷

（明）朱天璧輯

明崇禎八年（1635）石鏡山房刻本

四册　一函

正文半葉九行二十字，小字雙行同，白口，無魚尾，四周單邊。

版心下鎸"石鏡山房"。

鈐"宜書氏寶石齋珍藏"印。

小學統疏六卷　（明）朱天璧輯　張懋忠鑒定
孝經統疏二卷　（明）朱天璧輯　張懋忠鑒定
孝經宗旨一卷　（明）羅汝芳著　朱天璧訂
孝經引證一卷　（明）楊起元纂　朱天璧訂
忠經統疏一卷　（明）朱天璧輯

0182　　　　　　　　　　SG11/12

讀古自怡不分卷

佚名輯評

清初抄本

六册　一函

正文半葉十二行三十二字，白口，無魚尾，無界行，四周單邊。

正文卷端下題"揣摩居集"。

眉上及行間有朱墨筆評點。正文録自《周易》《尚書》《詩經》《禮記》《周禮》《春秋》三傳和《孝經》諸書，加以評點而成。

0183　　　　　　　　　SG112/42

經書辨疑七卷

（朝鮮）沙溪老夫撰

朝鮮顯宗李棩八年（1666）刻本

四册　一函

正文半葉十行二十字，小字雙行同，白口，雙花魚尾，四周雙邊。

金長生（1584－1631），字希允，號沙溪，謚號文元，全羅道光山人。朝鮮李朝時期的文臣和禮學家。《經書辨疑》是金長生的讀書隨筆，自《小學》到《五經四書》都有注釋，博采衆説，匡正舊失，有頗多精湛之見。書後有門人宋時烈（1607－1689）跋文，力贊金長生。跋文落款時間爲崇禎丙午年,實際爲康熙五年(1666)。

0184　　　　　　　　　　　　SG17/5
五經類編二十八卷
　(清)周世樟輯
　清雍正二年(1724)穀詒堂刻本
　九册　二函
　　正文半葉八行二十字,小字雙行同,白口,單黑魚尾,左右雙邊。
　　眉上鎸評。内封鎸"婁東周章成先生編輯　五經類編　穀詒堂藏板"。

0185　　　　　　　　　　　　SG17/22
五經圖十二卷
　(清)盧雲英重編
　清雍正二年(1724)刻本
　六册　一函
　　正文半葉九行或十行二十三字,白口,單黑魚尾,四周單邊。
　　凡例後鎸刻工"金陵譚韜　端紀刻"。
　　鈐"臣錫恂印""午溪"諸印。

0186　　　　　　　　　　　SG112/72
江慎修先生讀書隨筆二種十二卷
　(清)江永著
　清乾隆五十七年(1792)江鄩等校刻本
　六册　一函
　　正文半葉十行二十二字,小字雙行同,白口,單黑魚尾,左右雙邊。
　　《周禮疑義舉要》卷七末鎸"歙西延古樓黃鑑唐鎸"。《羣經補義》卷一端下題"姪孫鄩　孫錦波校梓"。

　　周禮疑義舉要七卷
　　羣經補義五卷

0187　　　　　　　　　　　SG11/28
經玩五種二十卷
　(清)沈淑撰
　清雍正七年(1729)常熟沈氏刻本
　八册　一函
　　正文半葉九行十六字,小字雙行三十二字,白口,單黑魚尾,左右雙邊。
　　沈淑序末鎸"蘭門湯士超鎸"。
　　陸氏經典異文輯六卷
　　經典異文補六卷
　　春秋左傳分國土地名二卷
　　職官器物宮室二卷
　　註疏瑣語四卷

0188　　　　　　　　　　　SG17/3
朱子五經語類八十卷
　(清)程川輯
　清雍正三年(1725)刻本
　十二册　二函
　　正文半葉十一行二十字,黑口,雙黑魚尾,四周單邊。
　　内封鎸"虹梁程郎渠重編　五經朱子語類　東皋選樓藏"。

0189　　　　　　　　　　　SG112/35
欽定石經考文提要舉正四卷目錄一卷首一卷
　(清)和珅等撰
　清乾隆五十九年(1794)至咸豐抄本

二册　一函
　　正文半葉八行二十字,小字雙行同,素紙。
　　未見刊本。

0190　　　　　　　　　　　　SG18/91
說經二十六卷說莊三卷說騷一卷
　（清）韓泰青撰
　清乾隆四十一年至六十年(1776－1795)
　　刻本
　十六册　三函
　　正文半葉十行二十字,小字雙行同,細黑口,左右雙邊。

0191　　　　　　　　　　　　SG11/30
石經補攷十二卷
　（清）馮登府纂
　清道光元年至八年(1821－1828)嘉興馮
　　氏刻本
　四册　一函
　　正文半葉十一行二十三字,小字雙行同,黑口,單黑魚尾,左右雙邊。
　　各卷刊刻時間不一。鈐"石經閣""小長蘆舊史馮氏手校"諸印。

小學類

0192　　　　SG112./95　SG112.2/142
澤存堂五種五十卷
　（清）張士俊輯
　清康熙張士俊澤存堂仿宋刻本
　十一册　二函　缺一種七卷（群經音辨七卷）
　《玉篇》《廣韻》正文半葉十行二十字，小字雙行字數不等，白口，單黑魚尾，左右雙邊；《字鑑》《佩觿》正文半葉八行十九字，小字雙行同，白口，單黑魚尾，四周單邊。
　内封鐫"張氏重刊　澤存堂藏板"。《玉篇》《廣韻》版心鐫刻工"金滋""吳志"等。
　鈐"毛準""子水"印。
　大廣益會玉篇三十卷　（南朝梁）顧野王撰
　　（唐）孫強增字　（宋）陳彭年重修
　清康熙四十三年（1704）刻本
　大宋重修廣韻五卷　（宋）陳彭年重修
　清康熙四十三年（1704）刻本
　字鑑五卷　（元）李文仲編
　清康熙四十八年（1709）刻本
　佩觿三卷　（宋）郭忠恕記
　清康熙四十九年（1710）刻本
　群經音辨七卷　（宋）賈昌朝撰
　清康熙五十年（1711）刻本

文字之屬

説　文

0193　　　　　　　　SG112.1/3-1
説文解字十五卷
　（漢）許慎撰　（宋）徐鉉校定
　清初毛氏汲古閣刻本
　六册　一函
　正文半葉七行字數不等，白口，單黑魚尾，左右雙邊。
　内封鐫"北宋本校刊　説文真本　汲古閣藏板"。卷十五末鐫"後學毛晉從宋本校刊　男扆再校"。

0194　　　　又一部　SG112.1/19-1
説文解字十五卷
　（漢）許慎撰　（宋）徐鉉校定
　清初毛氏汲古閣刻本
　十六册　四函
　正文半葉七行字數不等，白口，單黑魚尾，左右雙邊。
　内封鐫"北宋本校刊　説文真本　汲古閣藏板"。卷十五末鐫"後學毛晉從宋本

校刊　男扆再校"。

0195　　　　又一部　SG112.1/14

說文解字十五卷

（漢）許慎撰　（宋）徐鉉校定

清初毛氏汲古閣刻本

八册　一函

　　正文半葉七行字數不等,白口,單黑魚尾,左右雙邊。

　　内封鎸"北宋本校刊　說文真本　汲古閣藏板"。卷十五末鎸"後學毛扆從宋本校刊　男扆再校"。

　　鈐"虎邱山塘萃古齋發兌印""延古堂李氏珍藏"諸印。

0196　　　　又一部　SG112.1/19－5

說文解字十五卷

（漢）許慎撰　（宋）徐鉉校定

清初毛氏汲古閣刻本

八册　一函

　　正文半葉七行字數不等,白口,單黑魚尾,左右雙邊。

　　内封鎸"北宋本校刊　說文真本　汲古閣藏板"。卷十五末鎸"後學毛扆從宋本校刊　男扆再校"。

　　鈐"虎邱萃古齋書坊發兌印"印。

0197　　　　又一部　SG112.1/19－5

說文解字十五卷

（漢）許慎撰　（宋）徐鉉校定

清初毛氏汲古閣刻本

八册　一函

　　正文半葉七行字數不等,白口,單黑魚尾,左右雙邊。

　　内封鎸"北宋本校刊　說文真本　汲古閣藏板"。卷十五末鎸"後學毛扆從宋本校刊　男扆再校"。

0198　　　　　　　SG112.1/58

說文解字十二卷

（漢）許慎撰　（宋）李燾編

明萬曆二十六年（1598）陳大科刻明末汲古閣後印本

十三册　三函

　　正文半葉七行十四字,小字雙行二十字,上下黑口,雙黑魚尾,四周雙邊。

　　内封鎸"北宋本校刊　說文真本　汲古閣藏板"。

0199　　　　　　　SG112.1/63

說文偏旁考二卷

（清）吳照輯

清乾隆五十一年（1786）吳氏聽雨齋自刻本

二册　一函

　　正文半葉行字不等,小字十二行二十四字,白口,單黑魚尾,左右雙邊。

　　内封鎸"青芝山人輯　說文偏旁考　聽雨齋藏板"。

0200　　　　　　　SG112.1/53

說文字原考略六卷

（清）吳照輯

清乾隆五十七年（1792）南城吳照刻本

經　部

四册　一函

　　正文半葉六至八行字數不等，白口，單黑魚尾，左右雙邊。

　　内封鎸"陳菂洲先生鑒定　說文字原考略　乾隆五十七年壬子冬十一月鋟於南昌寓館　凡六卷南城吳照手輯"。

0201　SG112.1/126
說文字原集註十六卷附表一卷表說一卷

　　（清）蔣和撰

　　清乾隆五十三年（1788）蔣氏刻本

　　四册　一函

　　正文半葉六行字數不等，小字雙行十九字，細黑口，單黑魚尾，四周雙邊。

　　内封鎸"乾隆戊申夏日鎸　無錫蔣醉峰著　說文字原集註　本衙藏板"。

0202　SG112.1/157
說文引經同異述十二卷說文引經同異述餘二卷

　　（清）鄭燿奎撰

　　清光緒二十五年至宣統三年（1899－1911）抄本

　　七册　一函

　　正文半葉九行字數不等，白口，單綠魚尾，綠格，四周雙邊。

　　版心下鎸"小容安堂"。

　　未見刊行。清光緒二十五年方菁莪序言"星五鄭君生平湛深經學，專治說文。嘗以叔重所引經文多有與讀本之字同異錯出者，因取山陽吳氏說文引經考、嘉定陳氏說文引經考證、吳縣雷氏引經例辨參互而細訂之。棄短取長，正訛補漏，自成一書，名之曰《說文引經同異述》"。鄭燿奎，號星五，廣東香山縣人。

0203　SG112.1/156
說文地理古今攷十卷

　　（清）鄭燿奎撰

　　清光緒二十四年（1898）抄本

　　五册　一函

　　正文半葉九行字數不等，白口，單綠魚尾，綠格，四周雙邊。

　　版心下鎸"小容安堂"。

　　未見刊行。

0204　SG112.1/8－5
說文校議十五卷

　　（清）姚文田　嚴可均撰　孫星衍商訂

　　清嘉慶二十三年（1818）冶城山舘刻本

　　三册　一函

　　正文半葉十一行二十四字，黑口，雙黑魚尾，左右雙邊。

　　内封鎸"嘉慶戊寅歲中秋刊成于冶城山舘"。卷末鎸"江寧劉文模鎸"及字數。卷端、卷末鎸"四錄堂類集"。

　　鈐"胡氏長守閣藏書印""胡澍壬戌年後所得""毛準""子水""毛子水藏"諸印。

字　書

0205　SG112.2/57－2
大廣益會玉篇三十卷

(南朝梁)顧野王撰 (唐)孫強增字
(宋)陳彭年等重修

清康熙四十二年至四十三年(1703—1704)吳郡張士俊澤存堂刻本

三册 一函

正文半葉十行二十字,小字雙行二十七字,白口,單黑魚尾,左右雙邊。

內封鎸"張氏重刊 宋本玉篇 澤存堂藏板"。版心鎸刻工"何昇""金滋"等。《澤存堂五種》之一。與《大宋重修廣韻》合函。

鈐"毛子水藏"印。

0206　　　　　　　　SG112.2/57-2

大廣益會玉篇三十卷

(南朝梁)顧野王撰 (唐)孫強增字
(宋)陳彭年等重修

清康熙四十五年(1706)曹寅揚州使院刻本

六册 一函

正文半葉八行十字,小字雙行二十字,細黑口,無魚尾,左右雙邊。

內封鎸"棟亭藏本 宋本玉篇 揚州詩局重刊"。總目後及各卷末有"棟亭藏本丙戌九月重刻于揚州使院"木記。《曹棟亭五種》之一。

0207　　又一部　　SG112.2/57

大廣益會玉篇三十卷

(南朝梁)顧野王撰 (唐)孫強增字
(宋)陳彭年等重修

清康熙四十五年(1706)曹寅揚州使院刻本

四册 一函

正文半葉八行十字,小字雙行二十字,細黑口,無魚尾,左右雙邊。

內封鎸"棟亭藏本 宋本玉篇 揚州詩局重刊"。總目後及各卷末有"棟亭藏本丙戌九月重刻于揚州使院"木記。《曹棟亭五種》之一。

有墨筆補注。鈐"逸園藏書印""朱琰私印""桐川父""樊桐山房""秀水莊氏蘭味軒收藏印""惠華館印""孫氏蕙花仙館印章"印。

0208　　又一部　　SG112.2/57-2

大廣益會玉篇三十卷

(南朝梁)顧野王撰 (唐)孫強增字
(宋)陳彭年等重修

清康熙四十五年(1706)曹寅揚州使院刻本

六册 一函

正文半葉八行十字,小字雙行二十字,細黑口,無魚尾,左右雙邊。

內封鎸"棟亭藏本 宋本玉篇 揚州詩局重刊"。總目後及各卷末有"棟亭藏本丙戌九月重刻于揚州使院"木記。《曹棟亭五種》之一。

鈐"躲雨樓李氏□鑑賞圖書"印。

0209　　　　　　　　SG112.2/57-4

新刊大廣益會玉篇三十卷玉篇廣韻指南一卷

(南朝梁)顧野王撰 (唐)孫強增字

（宋）陳彭年等重修

明萬曆元年（1573）益藩刻本

八册　二函

正文半葉九行字數不等，小字雙行三十字，黑口，順黑魚尾，四周雙邊。包背裝。

版心鐫刻工"李福""張政"等。

鈐"鄞林氏蔾照廬圖書"印。

0210　　　　　　　　　　SG112.2/156

五經文字三卷

（唐）張參撰

新加九經字樣一卷

（唐）唐玄度撰

清乾隆五年（1740）馬曰璐叢書樓刻本

四册　一函

正文半葉五行八字至十字，小字雙行十六字或十八字，白口，無魚尾，無界行，四周單邊。

内封鐫"五經文字附九經字樣　叢書樓開雕"。

鈐"退思居記""檢亭藏書"印。

0211　　　　　又一部　SG112.2/156

五經文字三卷

（唐）張參撰

新加九經字樣一卷

（唐）唐玄度撰

清乾隆五年（1740）馬曰璐叢書樓刻本

八册　一函

正文半葉五行八字至十字，小字雙行十六字或十八字，白口，無魚尾，無界行，四周單邊。

内封鐫"五經文字　附九經字樣　叢書樓開雕"。

0212　　　　　又一部　SG112.2/156

五經文字三卷

（唐）張參撰

新加九經字樣一卷

（唐）唐玄度撰

清乾隆五年（1740）馬曰璐叢書樓刻本

四册　一函

正文半葉五行八字至十字，小字雙行十六字或十八字，白口，無魚尾，無界行，四周單邊。

内封鐫"五經文字　附九經字樣　叢書樓開雕"。

0213　　　　　　　　　　SG112.2/103

漢隸字源五卷碑目一卷附字一卷

（宋）婁機撰

明末毛氏汲古閣刻本

六册　一函

《碑目》正文半葉九行十九字，《字源》《附字》正文半葉五行字數不等，小字雙行十七字，白口，無魚尾，左右雙邊。

版心下鐫"汲古閣"。

鈐"鑒心齋印""南皮張芝英收藏"諸印。

0214　　　　　　　　　　SG112.4/42－1

新集古文四聲韻五卷附錄一卷

（宋）夏竦集

清乾隆四十四年（1779）新安汪啓淑刻本

二册　一函

　　正文半葉六行字數不等,小字雙行字數不等,白口,單黑魚尾,左右雙邊。

　　又名《集古文韻》。内封鐫"宋英公夏竦集　古文四聲韻　新安汪氏藏板"。

　　汪氏據汲古閣影宋抄本梓行。甘鵬雲題簽云"乾隆己亥汪啓淑刻本　甘氏崇雅堂藏書"。鈐"潛江甘鵬雲藥樵收藏書籍章""潛廬藏過"諸印。

0215　　　　　　　　　　　SG112.1/102
復古編二卷
　　（宋）張有撰
復古編校正一卷
　　（清）葛鳴陽撰
復古編附錄一卷曾樂軒稿一卷
　　（宋）張維撰
安陸集一卷
　　（宋）張先撰

　　清乾隆四十六年（1781）葛鳴陽刻本

　　七册　一函

　　正文半葉五行五字,小字雙行十六字或九行十六字,白口,無魚尾,四周單邊。

　　内封鐫"復古編　乾隆辛丑安邑葛氏借新安程氏舊寫本登板"。

　　鈐"江陰劉氏""劉復所藏""劉復"印。

0216　　　　　　　　　　　SG112.1/104
增訂金壺字考十九卷
　　（宋）釋適之原編　（清）田朝恒增訂
金壺字考二集二十一卷補錄一卷補注一卷
　　（清）田朝恒續編

　　清乾隆二十七年（1762）刻本

　　四册　一函

　　正文半葉八行十六字,小字雙行三十二字,白口,單黑魚尾,左右雙邊。

　　《增訂金壺字考》内封鐫"石齋增訂金壺字考　貽安堂藏板",《金壺字考二集》内封鐫"石齋續編　金壺字考二集　貽安堂藏板"。

　　鈐"棣華堂雍氏珍藏""易氏石坪""未許中郎得異書　且共揚雄說奇字""文章千古字"印。

0217　　　　　　　　　　　SG112.2/88
班馬字類五卷
　　（宋）婁機撰
附補遺五卷
　　（宋）李曾伯撰

　　明崇禎十三年（1640）抄本

　　五册　一函

　　正文半葉十行字數不等,素紙。

　　有明崇禎十二年（1639）葉奕題記。卷五末署"門生三山潘介校正"。鈐"山陰周氏華館藏本"諸印。

0218　　　　　　　　　　　SG112.2/3
班馬字類五卷
　　（宋）婁機撰

　　清乾隆馬氏小玲瓏山館仿宋刻道光吳興倪氏經鉏堂印本

　　四册　一函

　　正文半葉六行字數不等,小字雙行十八字,細黑口,單黑魚尾,四周單邊。

内封鎸"經鉏堂藏板"。

鈐"苕溪經鉏堂倪氏收藏真本""陶澍之印""青宮太保""詠芝""雲汀"諸印。

0219　　　　　又一部　SG112.2/3
班馬字類五卷
（宋）婁機撰
清乾隆馬氏小玲瓏山館仿宋刻道光吳興倪氏經鉏堂印本
二册　一函
正文半葉六行字數不等，小字雙行十八字，細黑口，單黑魚尾，四周單邊。
内封鎸"苕溪經鉏堂藏板"。
目録第一葉眉上有清咸豐二年（1852）醇親王題記。鈐"醇親王""散人""閑中明"諸印。

0220　　　　　又一部　SG112.2/104
班馬字類五卷
（宋）婁機撰
清乾隆馬氏小玲瓏山館仿宋刻道光吳興倪氏經鉏堂印本
五册　一函
正文半葉六行字數不等，小字雙行十八字，細黑口，單黑魚尾，四周單邊。
鈐"牧翁""李氏藏書""冬涵""輯五經眼"諸印。

0221　　　　　又一部　SG112.2/104
班馬字類五卷
（宋）婁機撰
清乾隆馬氏小玲瓏山館仿宋刻道光吳興倪氏經鉏堂印本
二册　一函
正文半葉六行字數不等，小字雙行十八字，細黑口，單黑魚尾，四周單邊。
内封鎸"經鉏堂藏板"。

0222　　　　　　　　SG112.2/163
六書故三十三卷附六書通釋一卷
（宋）戴侗撰
清乾隆四十九年（1784）李鼎元師竹齋刻本
二十一册　四函
正文半葉七行十七字，小字雙行同，白口，無魚尾，四周單邊。

0223　　　　　　　　SG112.1/103
六書統二十卷
（元）揚桓撰
元至大元年（1308）江浙行省儒學刻元明遞修本
六册　二函
正文半葉八行十四字，小字雙行字數不等，細黑口，雙黑魚尾，左右雙邊。
版心下鎸刻工"于""蔣""仲""文"等。與《六書統溯源》合函。

0224　　　　　　　　SG112.1/103
六書統溯源十三卷
（元）揚桓撰
元至大元年（1308）江浙行省儒學刻元明遞修本
四册　與《六書統》合函

正文半葉八行十四字，小字雙行字數不等，細黑口，雙黑魚尾，左右雙邊。

0225　　　　　　　　　　　　SG112.2/67
六書正譌五卷
（元）周伯琦編注　（明）胡正言訂纂
明崇禎七年（1634）胡正言十竹齋刻本
四冊　一函
正文半葉五行字數不等，音釋雙行十八字，白口，白魚尾，四周單邊。
内封鎸"古香閣藏板"。版心下鎸"十竹垒"。
有力鈞清光緒二十六年（1900）墨筆識語。鈐"高橋氏""華山藏書""古閩力鈞"諸印。

0226　　　　　　　　　　　　SG112./35
篇海類編二十卷
（明）宋濂詮次　屠隆訂
附錄一卷
（明）張嘉和輯
明崇禎書林翁少麓刻本
二十二冊　五函
正文半葉九行十五字，小字雙行三十字，白口，單黑魚尾，四周單邊。
屠隆序末鎸"吳門闞氏章欽"。

0227　　　　　　　　　　　　SG112.2/164
六書精藴六卷
（明）魏校撰
六書精藴音釋舉要一卷
（明）徐官音釋

明嘉靖十九年（1540）魏希明、魏庠刻本
六冊　一函
正文半葉五行十字，小字雙行二十字，細黑口，單白魚尾，左右雙邊。
鈐"諸城孟氏藏""江承勛印""鼎延"諸印。

0228　　　　　　　　　　　　SG112.2/159
篆文辨訣不分卷附千字文百家姓
（明）應在止撰　（清）莫可易增次　孫爾振篆正
清順治八年（1651）刻本
二冊　一函
正文半葉八行大小字數不等，白口，無魚尾，四周單邊。
鈐"兩浙衡文""問耕珍藏"諸印。

0229　　　　　　　　　　　　SG112.2/14
六書索隱五卷
（明）楊慎撰
明嘉靖刻本
四冊　一函
正文半葉四行六字，小字三行十八字，黑口，單黑魚尾，四周雙邊。

0230　　　　　　　　　　　　SG112.4/74
六書賦音義二十卷賦一卷
（明）張士佩撰
明萬曆三十三年（1605）張士佩刻本
八冊　一函
正文半葉八行十六字，小字雙行二十四字，白口，單黑魚尾，四周雙邊。

鈐"王氏籀郼誃藏書記""南閣祭酒北海司農私淑弟子"諸印。

0231　　　　　　　　　　SG112.2/25
古今字考六卷
（明）呂一奏撰
明崇禎元年（1628）刻本
一册　一函　存一卷（三）
　　正文半葉十行字數不等，小字雙行二十字，白口，單黑魚尾，四周單邊。

0232　　　　　　　　　　SG112.2/157
重刊詳校篇海五卷
（明）趙欽湯輯　李登校編
明萬曆四十六年（1618）趙楨翻刻萬曆三十六年（1608）李登刻本
十册　二函
　　正文半葉十行十五字，小字雙行三十字，白口，單白魚尾，四周單邊。

0233　　　　　　　　　　SG112.2/66
摭古遺文二卷
（明）李登輯
再增摭古遺文一卷
（明）姚履旋增補
明萬曆二十二年（1594）姚履旋等刻本
二册　一函
　　正文半葉八行十字，小字雙行同，白口，四周單邊。
　　眉上墨筆評點。内封鎸"文蔚堂藏板"。
　　鈐"武進汪鏞藏善本印""日照丁氏收藏金石書畫"印。

0234　　　　　　　　　SG112.2/29-2
字彙十二卷首一卷末一卷
（明）梅膺祚撰
清康熙四年（1665）真寂院刻本
十四册　二函
　　正文半葉八行十二字，小字雙行二十四字，白口，單黑魚尾，四周雙邊。
　　内封鎸"古秋堂校正　字彙　瓶窑真寂院流通"。各卷端鎸"人雅堂較梓""大雅堂重訂"。版心上鎸"子""丑"等字。

0235　　　　　　　　　　SG112.2/29
字彙十二卷首一卷末一卷
（明）梅膺祚撰
清康熙十八年（1679）雲棲寺刻本
十四册　二函
　　正文半葉八行十二字，小字雙行二十四字，白口，單黑魚尾，四周雙邊。
　　内封鎸"古秋堂校正　字彙　瓶窑真寂院流通"。各卷端鎸"大雅堂較梓""大雅堂重訂"。版心上鎸"子""丑"等字。

0236　　　　　　　　　　SG112.1/151
六書通十卷
（明）閔齊伋撰　（清）畢弘述篹訂
清康熙五十九年（1720）畢弘述基聞堂刻本
十册　二函
　　正文半葉八行十二字，小字雙行二十四字，白口，無魚尾，四周雙邊。

鈐"雪廬居士""雪廬珍藏""樊恩照印""樊氏珍藏""程固安印""雪茗堂印""青選私印"諸印。

0237   SG112.2/74

正字通十二卷

（明）張自烈撰 （清）廖文英輯

清康熙刻本

二十四冊 四函

正文半葉八行字數不等，小字雙行二十四字，白口，單黑魚尾，四周雙邊。

鈐"銕根居士"印。

0238   SG112.2/150

漢隸源流統畧歌不分卷

（明）陳紀校 鄭漢音釋

明崇禎九年（1636）刻清康熙後印本

二冊 一函

正文半葉四行十字，白口，無魚尾，左右雙邊。

0239   SG112.2/96

清文彙書十二卷

（清）李延基纂

清乾隆十六年（1751）刻本

十二冊 一函

正文半葉八行十八字，白口，單黑魚尾，左右單邊。

內封鐫"乾隆十六年新刊 清文彙書 京都同陞閣藏板"。

滿漢合璧。鈐"此書在琉璃廠東門內坐南朝北李氏書坊發兌"印。

0240   SG112./70

倉頡篇三卷

（清）孫星衍輯

清乾隆五十年至宣統三年（1785－1911）抄本

一冊 一函

正文半葉十一行二十四字，小字雙行同，白口，單藍魚尾，藍格，左右雙邊。

有黃裳墨筆題記。鈐"木雁齋""十萬卷樓""黃裳鑑藏""黃裳珍藏善本"諸印。

0241   SG112.1/140

六書準不分卷

（清）馮鼎調撰

清康熙十一年至六十一年（1672－1722）馮昶世刻本

一冊 一函

正文半葉七行九字，小字雙行二十七字，白口，單黑魚尾，四周單邊。

內封鐫"華亭馮雪鷗先生輯 六書準 傳忠堂藏版"。

0242   SG112.2/143

字學正本五卷

（清）李京攷輯

清康熙八年（1669）刻本

五冊 一函

正文半葉八行字數不等，小字雙行二十字，白口，單黑魚尾，四周雙邊。

鈐"高夢說印""易庵""信州太守章""李京""元伯"諸印。

0243　　　　　　　　　　SG112.4/21

廣金石韻府五卷

（清）林尚葵輯　李根校

清康熙九年（1670）周亮工賴古堂刻朱墨
　　套印本

六册　一函

　　正文半葉六行十二字，小字雙行二十四
字，白口，無魚尾，四周單邊。

　　内封鎸"賴古堂重訂　廣金石韻府
大業堂藏板"。

　　有清光緒十九年（1893）汾生墨筆題
記。鈐"汾生""汾生所藏"印。

0244　　　　　　　　　　SG2102/16-2

鐘鼎字源五卷附錄不分卷

（清）汪立名撰

清康熙五十五年（1716）汪氏一隅草堂刻
　　本

二册　一函

　　正文半葉六行十字，小字雙行同，白口，
單黑魚尾，左右雙邊。

　　内封鎸"涅氏集刊　鐘鼎字源　一隅草
堂藏"。

　　鈐"蛾術齋藏""讀畫似看山""籍圃主
人""麥谿張氏""汪立名字西亭""司空尚書
郎章"諸印。

0245　　　　　　　　　　SG112.2/4-5

隸辨八卷

（清）顧藹吉撰

清康熙五十七年（1718）項絪玉淵堂刻本

八册　二函

　　正文半葉十二行二十字，隸字占雙行，
細黑口，單黑魚尾，四周單邊。

0246　　　　　　　　　　SG2101/37

隸篇十五卷續十五卷再續十五卷

（清）翟雲升撰

清道光十七年至二十年（1837-1840）翟
　　雲升五經歲徧齋刻本

十册　一函

　　正文半葉小字十四行二十五字，大字雙
鈎，白口，單黑魚尾，無界行，左右雙邊。

　　《隸篇》内封鎸"隸篇　杭州許槤題"
"道光十七年五月開雕十八年六月成"，
《續》内封牌記鎸"五經歲徧齋藏"。書口上
題書名，版心鎸卷數及葉碼。

0247　　　　　又一部　SG2101/37

隸篇十五卷續十五卷再續十五卷

（清）翟雲升撰

清道光十七年至二十年（1837-1840）翟
　　雲升五經歲徧齋刻本

十册　二函

　　正文半葉小字十四行二十五字，大字雙
鈎，白口，單黑魚尾，無界行，左右雙邊。

　　《隸篇》内封鎸"隸篇　杭州許槤題"
"道光十七年五月開雕十八年六月成"，
《續》内封牌記鎸"五經歲徧齋藏"。書口上
題書名，版心鎸卷數及葉碼。

　　鈐"毛準""子水"印。

音韵之屬

0248 SG112.3/22-2

輶軒使者絕代語釋別國方言十三卷

（漢）揚雄撰　（晋）郭璞注

清乾隆武英殿活字本

二册　一函

　　正文半葉九行二十一字,白口,單黑魚尾,左右雙邊。

0249 SG112.4/1-5

廣韻五卷

（宋）陳彭年等撰

清康熙六年(1667)陳上年、張弨刻本

六册　一函

　　正文半葉八行十二字,小字雙行二十四字,白口,單黑魚尾,左右雙邊。

　　内封鎸"依宋板重刻　廣韻　符山堂藏板"。《正字》版心鎸"旌德劉子英刊"。

　　有劉復題識。鈐"蒙珍室遺書""略能讀淮南北海臨川彦和子玄夢得之書耳""江陰劉氏""鎦家書庫""三台研齋"諸印。

0250 SG112.2/57-2

大宋重修廣韻五卷

（宋）陳彭年等撰

清康熙四十三年(1704)張士俊澤存堂刻本

三册　與《大廣益會玉篇》合函

　　正文半葉十行二十字,小字雙行二十七字,白口,單黑魚尾,左右雙邊。

　　内封鎸"張氏重刊　宋本廣韻　澤存堂藏板"。跋文版心下鎸"澤存堂"。版心下鎸刻工"何昇""方至"等。《澤存堂五種》之一。

　　鈐"毛子水藏"印。

0251 SG112.4/44

大明成化丁亥重刊改併五音類聚四聲篇十五卷

（金）韓道昭改併重編

明成化三年至七年(1467-1471)刻本

五册　一函

　　正文半葉十行大小字數不等,黑口,順黑魚尾,四周雙邊。

　　首册書衣有甘鵬雲題簽。鈐"潛江甘鵬雲藥樵收藏書籍章""二樂閣"諸印。

0252 SG112.4/106

古今韻會舉要三十卷附禮部韻略七音三十六母通考一卷

（元）熊忠舉要

明嘉靖十五年(1536)秦鉞、李舜臣刻十七年(1538)劉儲秀補刻本

十册　二函

　　正文半葉八行字數不等,小字雙行二十二字或二十三字,白口,單黑魚尾,左右雙邊。

0253 SG112.4/106-1

古今韻會舉要三十卷附禮部韻略七音三十六母通考一卷

（元）熊忠舉要

明修補本

二十四册　四函

　　正文半葉八行字數不等，小字雙行二十二字或二十三字，白口，單黑魚尾，左右雙邊，補版四周單邊。

　　鈐"吳興劉氏嘉業堂藏書記""貴筑黃氏珍藏訓真書屋"諸印。

0254　　　　　　　　　　SG112.4/134

古今韻會舉要小補三十卷

（明）方日升編輯　李維禎校正

明萬曆三十四年（1606）周士顯刻本

十册　二函

　　正文半葉八行十二字，小字雙行二十四字，白口，單黑魚尾，四周單邊。

0255　　　　　又一部　SG112.4/134

古今韻會舉要小補三十卷

（明）方日升編輯　李維禎校正

明萬曆三十四年（1606）周士顯刻本

十册　二函

　　正文半葉八行十二字，小字雙行二十四字，白口，單黑魚尾，四周單邊。

0256　　　　　　　　　　SG112.4/130

古今韻會舉要小補三十卷

（明）方日升編輯　李維禎校正

明萬曆三十四年（1606）周士顯刻清初重修本

二十册　三函

　　正文半葉八行十二字，小字雙行二十四字，白口，單黑魚尾，四周單邊。

　　鈐"青葉氏家藏記"印。

0257　　　　　　　　　　SG112.4/119

廣韻藻六卷

（明）方夏輯

明崇禎十五年（1642）長洲方來刻本

六册　一函

　　正文半葉八行十八字，小字雙行同，白口，無魚尾，左右雙邊。

　　鈐"高文照印"印。

0258　　　　　　　　　SG112.4/16-20

洪武正韻十六卷

（明）樂韶鳳　宋濂奉勅編定

明嘉靖二十七年（1548）衡藩朱厚燆刻藍印本

十册　一函

　　正文半葉八行十二字，小字雙行二十四字，藍口，雙藍魚尾，四周雙邊。

0259　　　　　　　　　SG112.4/16-2

洪武正韻十六卷

（明）樂韶鳳　宋濂奉勅編定

明萬曆三年（1575）司禮監刻本

六册　一函

　　正文半葉八行十二字，小字雙行二十四字，黑口，雙黑魚尾，四周雙邊。

　　鈐"治如秘籍""鄒鐘私印""洪都安成鄒氏""圖陽張氏"印。

0260　　　　　　　　SG112.4/16-3

洪武正韻十六卷

（明）樂韶鳳　宋濂奉勅編定　楊時偉補賸

明崇禎四年（1631）刻本

六册　一函

　　正文半葉八行十三字,小字雙行二十六字,白口,無魚尾,四周單邊。

0261　　　　又一部　SG112.4/16

洪武正韻十六卷

（明）樂韶鳳　宋濂奉勅編定　楊時偉補賸

明崇禎四年（1631）刻本

六册　一函

　　正文半葉八行十三字,小字雙行二十六字,白口,無魚尾,四周單邊。

0262　　　　　　　　SG112.4/16

洪武正韻十六卷

（明）樂韶鳳　宋濂奉勅編定

明刻本

五册　一函

　　正文半葉八行十二字,小字雙行二十四字,白口,雙黑魚尾,四周單邊。

　　眉上鐫注。

　　鈐"湘鄉劉氏伯子晉生珍藏金石書畫印"印。

0263　　　　　　　　SG112.4/54

詩韻輯畧五卷

（明）潘恩輯

清順治九年（1652）寧壽堂刻本

五册　一函

　　正文半葉九行十五字,小字雙行三十字,白口,無魚尾,四周單邊。

　　内封鐫"韻學第一書　潘恭定公訂定　詩韻輯畧　本衙藏板　翻刻必究"。版心下鐫"寧壽堂"。

0264　　　　　　　　SG112.2/123

古音叢目五卷轉注古音略五卷奇字韻四卷古音餘五卷古音附錄一卷

（明）楊慎撰　李元陽校

明嘉靖李元陽刻本

三册　一函

　　正文半葉九行二十字,小字雙行同,白口,單白魚尾,左右雙邊。

　　版心下鐫刻工"江盛""余農""劉俊""朱順生"等。

　　鈐"芷齋圖籍""張載華印""淡泉""大司寇章"諸印。

0265　　　　　　　　SG112.4/315

毛詩古音攷四卷

（明）陳第編輯　焦竑訂正

明萬曆三十四年（1606）刻本

四册　一函

　　正文半葉十行二十一字,小字雙行同,白口,單黑魚尾,左右雙邊。

　　《一齋集》之一。

0266　　　　　　　　SG112.4/87

音韻日月燈六十卷

經　部

(明)呂維祺撰　呂維祜詮

明崇禎七年(1634)新安呂氏刻本

十六册　四函

　　正文半葉八行十六字,小字八行字數不等,白口,單黑魚尾,四周單邊。

0267　　　　　　　　　　SG122.4/133

韻譜本義十卷

(明)茅溱輯　范栱校

說文未收之字

明萬曆三十二年(1604)茅溱、范栱自刻本

五册　一函

　　正文半葉八行十三字,小字雙行二十六字,白口,單黑魚尾,四周單邊。

　　鈐"西圃藏書"印。

0268　　　　　　　　　　SG112.4/20

音韻正訛四卷

(明)孫耀輯　吳思本訂

明崇禎十七年(1644)刻本

二册　一函

　　正文半葉八行十五字,小字雙行三十字,白口,單黑魚尾,四周單邊。

　　内封鎸"宣城孫廷燦　吳道生輯訂　音韻正訛　抱青閣藏版"等。

0269　　　　　　　　　　SG112.4/163

五車韻府十卷

(明)陳藎謨訂　胡邵瑛纂

清康熙四十七年(1708)慎思堂刻乾隆二十七年(1762)玉衡堂印本

十册　二函

　　正文半葉八行十二字,小字雙行二十四字,白口,單黑魚尾,左右雙邊。

　　眉上鎸字。内封鎸"乾隆壬午　鴛湖陳獻可先生訂　增删五車韻府　雲間玉衡堂藏板"。

0270　　　　　　　　　　SG112.4/168

詩韻釋略五卷

(明)梁應圻訂

清康熙十七年(1678)李希禹刻本

五册　一函

　　正文半葉八行十二字,小字雙行二十四字,白口,單黑魚尾,四周單邊。

　　内封鎸"梁君圡先生詳訂　詩韻釋略　梁子冶梁子遠重補　閶門李希禹梓行"。

0271　　　　　　　　　　SG112.4/154

音韻闡微十八卷

(清)李光地等承修　王蘭生編纂

清雍正六年(1728)内府刻本

十册　一函

　　正文半葉八行十二字,小字雙行二十四字,白口,單黑魚尾,四周雙邊。

　　鈐"竹林何子衣書畫碑帖印記""竹林何印"諸印。

0272　　　　　　又一部　SG112.4/35

音韻闡微十八卷

(清)李光地等承修　王蘭生編纂

清雍正六年(1728)内府刻本

五册　一函

正文半葉八行十二字,小字雙行二十四字,白口,單黑魚尾,四周雙邊。

鈐"北平謝氏藏書印"印。

0273　　　　又一部　SG112.4/35
音韻闡微十八卷
（清）李光地等承修　王蘭生編纂
清雍正六年(1728)內府刻本
六冊　二函

正文半葉八行十二字,小字雙行二十四字,白口,單黑魚尾,四周雙邊。

鈐"瑞雲仙館藏書印"印。

0274　　　　　　　SG112.4/17-1
類音八卷
（清）潘耒撰
清雍正三年(1725)潘氏遂初堂刻本
三冊　一函

正文半葉十一行二十二字,白口,單黑魚尾,左右雙邊。

內封鐫"潘稼堂太史著　類音　遂初堂藏板"。版心下鐫刻工"中山""天祥"等。

0275　　　　又一部　SG112.4/17
類音八卷
（清）潘耒撰
清雍正三年(1725)潘氏遂初堂刻本
四冊　一函　存六卷（一至六）

正文半葉十一行二十二字,白口,單黑魚尾,左右雙邊。

內封鐫"潘稼堂太史著　類音　遂初堂藏板"。版心下鐫刻工"中山""天祥"等。

鈐"潘氏桐西書屋""碩庭所藏"諸印。

0276　　　　　　　SG112.4/10-7
音學五書三十八卷附答李子德書一卷
（清）顧炎武纂著
清康熙六年(1667)符山堂張弨刻本
十二冊　二函

正文半葉八行十二字,小字雙行二十四字,白口,單黑魚尾,左右雙邊。

內封鐫"亭林先生著　顧氏音學五書　一音論　二詩本音　三易音　四唐韻正　五古音表　符山堂藏板"。

鈐"符山堂""毛準""子水"印。

音論三卷
詩本音十卷
易音三卷
唐韻正二十卷
古音表二卷

0277　　　　又一部　SG112.4/10-7
音學五書三十八卷附答李子德書一卷
（清）顧炎武纂著
清康熙六年(1667)符山堂張弨刻本
十二冊　二函

正文半葉八行十二字,小字雙行二十四字,白口,單黑魚尾,左右雙邊。

內封鐫"亭林先生著　顧氏音學五書　一音論　二詩本音　三易音　四唐韻正　五古音表　符山堂藏板"。

鈐"大興朱氏竹君藏書之印""笥河府君遺藏書記""毛準""子水""毛子水藏"諸印。

0278　　　　　　　　　　SG112.4/112

康熙甲子史館新刊古今通韻十二卷

（清）毛奇齡撰

清康熙二十四年（1685）學者堂刻本

八册　一函

　　正文半葉十行二十字，小字雙行同，白口，無魚尾，四周單邊。

　　内封鎸"史館定本　西河先生撰　古今通韻　學者堂藏板"。

　　鈐"劉復所藏""江陰劉氏""鐕家書庫"諸印。

0279　　　　　　　　　　SG112.4/83

古今韻略五卷

（清）邵長蘅纂

清康熙三十五年（1696）刻本

四册　一函

　　正文半葉九行十四字，小字雙行二十八字，細黑口，單黑魚尾，四周單邊。

　　内封鎸"宋漫堂先生閱定　毗陵邵子湘纂　古今韻略"。

　　鈐"振藻堂藏板"印。

0280　　　　　　　　　　SG112.4/116

音韻清濁鑑三卷

（清）王祚禎撰

清康熙六十年（1721）善樂堂刻本

四册　一函

　　正文半葉九行二十字，小字雙行同，白口，單黑魚尾，四周雙邊。

　　内封鎸"音韻清濁鑑　善樂堂藏板"。

　　鈐"李氏藏書""冬涵閱過""食跖軒圖書""江陰劉氏"諸印。

0281　　　　　　　　　　SG112.4/158

韻書原始不分卷

（清）熊士伯撰

清乾隆抄本

二册　一函

　　正文半葉九行二十一字，素紙。

　　有朱筆圈點批注。有清乾隆二十二年（1757）沈大成題記。鈐"丁福保印"印。

　　沈大成（1700－1711），字學子，號沃田，江蘇華亭（今上海松江）人。康熙諸生，以詩名江左，交戴震、王鳴盛輩，潛心經學，校訂書甚富。丁福保（1874－1952），字仲祜，號疇隱居士，江蘇無錫人。留學日本醫科大學，在上海創立醫學書局，編印甚豐。此書曾爲丁氏校藏。

0282　　　　　　　　　　SG112.4/75

四聲切韻表不分卷

（清）江永編

清乾隆五十三年（1788）鄭德仁刻本

一册　一函

　　正文半葉十行二十二字，小字雙行同，白口，四周單邊。

　　内封鎸"婺源江慎修先生編　四聲切韻表　應雲堂藏版"。

0283　　　　　　　　　　SG112.2/151

字音正謬二卷首一卷

（清）伍澤梁輯

清乾隆二十四年（1759）成相堂刻本

二册　一函

正文半葉六行十五字,小字雙行同,白口,單黑魚尾,四周雙邊。

版心下鎸"成相堂"。

0284　　　　　　　　　　SG112.4/59
詩韻歌訣初步五卷

(清)倪璐輯著

清乾隆二十五年(1760)克復堂刻本

二册　一函

正文半葉十四行二十三字,小字雙行同,白口,單黑魚尾,四周雙邊。

内封鎸"乾隆庚辰仲冬新鎸　欒城戈芥舟　漢皋劉乾用兩先生鑒定　詩韻歌訣初步　克復堂梓行"。

鈐"堯年之印""夢月山房主人"諸印。

0285　　　　　　　　　　SG112.4/111
音韻輯要二十一卷

(清)王鵕纂

清乾隆四十九年(1784)刻嘉慶印本

六册　一函

正文半葉八行十二字,小字雙行二十四字,白口,單黑魚尾,無界行,左右雙邊或單邊。

卷末鎸"崑山程郁文刻"。

清咸豐六年(1856)劉達善墨筆增補校正,目次端墨筆書"咸豐丙辰正月開校　陽湖劉達善識",眉欄有墨筆增補校正。卷末有俞樾題識。鈐"子迎校書""曲園""江陰劉氏""劉復"諸印。

0286　　　　　　　　　　SG112.4/118
中州全韻二十二卷

(清)周昂輯

清乾隆末刻本

六册　一函

正文半葉八行二十字,小字雙行同,白口,單黑魚尾,左右雙邊。

内封鎸"昭文周少霞增校　新訂中州全韻　此宜閣藏板"。版心下鎸"此宜閣"。

書衣書簽墨筆題"半農"。鈐"吳興姚氏邃雅堂鑑藏書畫圖籍之印""劉"諸印。

0287　　　　　　　　　　SG112.2/127
清統元音

清抄本

一册　一函

正文半葉八行十二字,單紅魚尾,紅格,四周雙邊。

内封墨筆題"韻花齋藏　清統元音"。版心下鎸"松竹齋"。

鈐"琳圃""江陰劉氏""劉復所藏"諸印。

0288　　　　　　　　　　SG112.2/112
合聲易字不分卷附補訂傳音快字不分卷

(清)盧靖撰

清光緒二十三年(1897)沔陽盧靖抄本

一册　一函

正文半葉十三行二十二字,小字雙行同,白口,無魚尾,黑格或紅格,四周單邊。

鈐"江陰劉氏""劉復"印。

訓詁之屬

0289　　　　　　　　　SG112.3/51
釋名八卷
（漢）劉熙著　（明）吳琯校
明萬曆刻本
一册　一函
　　正文半葉十行二十字,白口,單黑魚尾,左右單邊。
　　版心下鐫刻工"葛其"。初印本。

0290　　　　　　　　　SG112./12
廣雅十卷
（三國魏）張揖纂集　（隋）曹憲音釋
（明）葉自本重訂　郎奎金糾譌
明天啓六年(1626)郎氏堂策檻刻本
二册　一函
　　正文半葉九行二十字,小字雙行同,白口,無魚尾,四周單邊。
　　版心下鐫"堂策檻"。《五雅》之一。

0291　　　　　　　　　SG111./9-7
爾雅三卷
（晋）郭璞注　（清）姚之麟摹圖
清嘉慶六年(1801)南城曾燠藝學軒仿宋刻本
四册　一函
　　正文半葉十二行二十字,小字雙行同,大黑口,雙黑魚尾,四周雙邊。
　　内封鐫"嘉慶六年影宋繪圖本重摹藝學軒藏版"。

0292　　　　　又一部　SG111./28
爾雅三卷
（晋）郭璞注　（清）姚之麟摹圖
清嘉慶六年(1801)南城曾燠藝學軒仿宋刻本
三册　一函
　　正文半葉十二行二十字,小字雙行同,大黑口,雙黑魚尾,四周雙邊。
　　各卷末鐫"秣陵陶士立臨字　當塗彭萬程刻"。
　　鈐"高郵王氏藏書印""淮海世家""孫伯淵"諸印。

0293　　　　　　　　　SG111./3-1
爾雅註疏十一卷
（晋）郭璞注　（宋）邢昺疏
明嘉靖李元陽刻本
四册　一函
　　正文半葉九行二十一字,小字雙行同,白口,無魚尾,四周單邊。
　　版心下鐫刻工"蔡順""程通"等。《十三經註疏》之一。
　　鈐"邵弘魁印""別字洞微""殿先"諸印。

0294　　　　　　　　　SG111./3-1
爾雅註疏十一卷
（晋）郭璞注　（宋）邢昺疏
明崇禎毛氏汲古閣刻本
四册　一函

正文半葉九行二十一字,小字雙行同,白口,無魚尾,左右雙邊。

卷末有"皇明崇禎改元歲在著雍執徐古虞毛氏繡鐫"木記。版心下鐫"汲古閣"。

鈐"迪莊藏本""明善堂覽書畫印記"諸印。

0295　　　　　　　　　　　SG111./31

爾雅註疏十一卷

（晋）郭璞注　（宋）邢昺疏

清初翻刻毛氏汲古閣本

三册　一函

正文半葉九行二十一字,小字雙行同,白口,無魚尾,左右雙邊。

鈐"江陰劉氏""劉復"印。

0296　　　　　　　　　　　SG111./34

爾雅新義二十卷

（宋）陸佃撰　（清）宋大樽校

爾雅新義敘錄一卷

（清）宋大樽輯

清嘉慶十三年（1808）陸芝榮三間草堂刻本

二册　一函

正文半葉十行二十字,小字雙行同,黑口,無魚尾,左右雙邊。

版心下鐫"三間草堂雕"。

0297　　　　　　　　　　SG112.3/19-5

埤雅二十卷

（宋）陸佃撰

清康熙顧栻刻本

四册　一函

正文半葉十行二十一字,白口,雙黑魚尾,四周雙邊。

卷末鐫"後學顧栻校本"。

鈐"退耕堂藏書記"印。

0298　　　　　　　　　　SG111./16-1

爾雅翼三十二卷

（宋）羅願撰

明正德十四年（1519）羅文殊刻本

四册　一函

正文半葉十行十九字,白口間細黑口,順白魚尾,左右雙邊。

版心下鐫刻工"用""向"等。

鈐"信古堂藏書""程洪溥印""于省吾印""未兆廬藏書"諸印。

0299　　　　　　　　　　SG111./16

爾雅翼三十二卷

（宋）羅願撰　（元）洪焱祖音釋

明萬曆李兆龍刻天啓六年（1626）羅朗重訂崇禎六年（1633）羅炌重校修補本

十六册　二函

正文半葉九行十八字,小字雙行同,白口,單黑魚尾,四周雙邊。

目錄後鐫"天啓丙寅從裔孫羅朗重訂"。序言版心下鐫"趙邦才刻"。

鈐"柳南鑒藏""思在堂珍藏書畫印"諸印。

0300　　　　　　　　　　　SG112./63

華夷譯語不分卷

（明）火源潔撰

清道光至宣統抄本

一册　一函

正文半葉八行字數不等，素紙。

鈐"江陰劉氏""劉復所藏"印。

0301　　　　SG111./12、SG112./12-1、
　　　　　　　　SG112./13

五雅五種四十一卷

（明）郎奎金輯

明天啟六年（1626）郎氏堂策檻刻本

十五册　四函　缺一種一卷（小爾雅註釋一卷）

正文半葉九行二十字，小字雙行同，白口，無魚尾，四周單邊，邊框不等。金鑲玉。

版心下鐫"堂策檻"。

爾雅註二卷　（晉）郭璞注　（明）葉自本重訂　郎奎金糾譌

小爾雅註釋一卷　（宋）宋咸撰

逸雅八卷　（漢）劉熙撰　（明）石九鼎重訂　郎奎金糾譌

廣雅十卷　（三國魏）張揖纂集　（隋）曹憲音釋　（明）葉自本重訂　郎奎金糾譌

埤雅二十卷　（宋）陸佃撰　（明）葉自本參閱　郎奎金糾譌

0302　　　　　　　　SG111./25

別雅五卷

（清）吳玉搢撰

清乾隆七年（1742）新安程氏督經堂刻本

五册　一函

正文半葉十行二十字，小字雙行同，粗黑口，雙黑魚尾，左右雙邊。

內封鐫"別雅　新安程氏督經堂刊"。書末有"乾隆七年九月新安程氏督經堂刊"木記。

鈐"足玩齋主人藏書畫章""縵卿珍藏"諸印。

0303　　　　　　　SG112.3/10-2

釋名疏證八卷釋名補遺一卷續釋名一卷

（清）畢沅撰

清乾隆五十五年（1790）畢氏靈巖山館刻本

四册　一函

正文半葉十一行二十二字，小字雙行同，黑口，雙黑魚尾，四周單邊。

內封鐫"乾隆己酉校刊　釋名疏證　靈巖山館藏板"。

0304　　　　　　　SG112.2/129

虛文彙解四卷

清雍正至同治稿本

四册　一函

正文半葉九行字數不等，單紅魚尾，紅格，四周單邊。

眉欄等處有朱墨筆增刪圈點。

0305　　　　　　　SG112.3/2-7

廣雅疏證十卷

（清）王念孫學

博雅音十卷

（隋）曹憲撰

清嘉慶刻本

十册　二函

　　正文半葉十行二十一字，小字雙行同，白口，單黑魚尾，左右雙邊。

　　鈐"毛準""子水"諸印。

0306　　　　　　　　　　SG111./1

爾雅正義二十卷

（清）邵晉涵撰集

爾雅釋文三卷

（唐）陸德明撰

清乾隆五十三年（1788）餘姚邵氏家塾刻本

十册　一函

　　正文半葉九行二十一字，小字雙行同，白口，單黑魚尾，左右雙邊。

　　內封鐫"乾隆戊申年夏新鐫　餘姚邵氏家塾本　面水層軒藏板"。目錄後鐫"琉璃廠西門內金陵文炳齋劉德文鐫刻"。

0307　　　　　　　　　　SG111./1

爾雅正義二十卷

（清）邵晉涵撰集

爾雅釋文三卷

（唐）陸德明撰

清乾隆五十四年（1789）餘姚邵氏校刻本

八册　一函

　　正文半葉九行二十一字，小字雙行同，白口，單黑魚尾，左右雙邊。

　　內封鐫"乾隆戊申　餘姚邵氏家塾本"。

0308　　　　又一部　SG111./1

爾雅正義二十卷

（清）邵晉涵撰集

爾雅釋文三卷

（唐）陸德明撰

清乾隆五十四年（1789）餘姚邵氏校刻本

十册　一函

　　正文半葉九行二十一字，小字雙行同，白口，單黑魚尾，左右雙邊。

　　內封鐫"乾隆戊申　餘姚邵氏家塾本"。目錄後鐫"己酉三月重校""琉璃廠西門內金陵文炳齋劉德文鐫刻"。

　　鈐"裕後堂""郭璠之印"印。

0309　　　　又一部　SG111./1-1

爾雅正義二十卷

（清）邵晉涵撰集

爾雅釋文三卷

（唐）陸德明撰

清乾隆五十四年（1789）餘姚邵氏校刻本

八册　一函

　　正文半葉九行二十一字，小字雙行同，白口，單黑魚尾，四周雙邊。

　　內封鐫"乾隆戊申年夏新鐫　餘姚邵氏家塾本　巳酉三月重校　爾雅正義　面水層軒藏板"。

　　鈐"十策堂珍藏""毛準""子水"印。

0310　　　　　　　　　SG111./14

爾雅義疏三卷

（清）郝懿行撰　江文煒校

清道光二年至咸豐九年（1822-1859）抄

本

七册 一函

正文半葉十行二十四字,小字雙行同,素紙。

有活葉浮簽題"鈔本郝爾雅柒册全"。江文煒,字彤甫,江蘇吳縣人。清咸豐書法篆刻家,咸豐九年殉難。鈐"江文煒校"印。

史部

叢　編

0311　　　　　　　　　　　SG211./21
王先生十七史蒙求十六卷
(宋)王令撰
清康熙四十九年(1710)程宗玿仿刻宋乾道五年(1169)虞千里刻本
二册　一函
　　正文半葉十一行二十一字,白口,單黑魚尾,左右雙邊。
　　內封鐫"海陽程珍南重訂　養志堂藏板"。目録末鐫"海陽後學程宗玿校刊　秀水朱莆田覆校""麻沙鎮南齋虞公千里先生校正的無差誤乾道己丑歲刊行"。
　　鈐"委宛堂""曾一山""卓犖觀古今"諸印。

0312　　　　　　　　又一部　SG211./21
王先生十七史蒙求十六卷
(宋)王令撰
清康熙四十九年(1710)程宗玿仿刻宋乾道五年(1169)虞千里刻本
二册　一函
　　正文半葉十一行二十一字,白口,單黑魚尾,左右雙邊。
　　內封鐫"海陽程珍南重訂　養志堂藏板"。目録末鐫"海陽後學程宗玿校刊　秀水朱莆田覆校""麻沙鎮南齋虞公千里先生校正的無差誤乾道己丑歲刊行"。
　　鈐"陶民逸園藏書記""陶拱印信"諸印。

紀傳類

正史之屬

0313　　　　　　　　SG211/2-11
史記一百三十卷附史記補一卷
（漢）司馬遷撰　（南朝宋）裴駰集解
（唐）司馬貞索隱　張守節正義
明萬曆二十四年（1596）國子監刻本
十册　三函
正文半葉十行二十一字，小字雙行二十七字，細黑口，單黑魚尾，左右雙邊。
版心鐫"萬曆二十四年刊"及刻工"楊元""戴惟孝""蔣昂"等。初印本。明南京國子監刻《二十一史》之一。
鈐"曝書亭"印。

0314　　　　　又一部　SG211/2-20
史記一百三十卷附史記補一卷
（漢）司馬遷撰　（南朝宋）裴駰集解
（唐）司馬貞索隱　張守節正義
明萬曆二十四年（1596）國子監刻本
二十册　三函
正文半葉十行二十一字，小字雙行二十七字，細黑口，單黑魚尾，左右雙邊。
版心鐫"萬曆二十四年刊"及刻工"楊元""戴惟孝""蔣昂"等。初印本。明南京國子監刻《二十一史》之一。

0315　　　　　　　　SG211/2-7
史記一百三十卷
（漢）司馬遷撰　（南朝宋）裴駰集解
（唐）司馬貞索隱　張守節正義
明末黄嘉惠刻本
八册　二函
正文半葉九行二十字，小字雙行同，白口，左右雙邊。
眉上鐫評。
鈐"陳寶晉讀""海陵陳寶晉康甫氏鑒藏經籍金石文字書畫之印章"印。

0316　　　　　　　　SG211/2-21
史記一百三十卷
（漢）司馬遷撰　（南朝宋）裴駰集解
（唐）司馬貞索隱　張守節正義
明崇禎刻本
十四册　三函
正文半葉十行二十字，小字雙行同，白口，單黑魚尾，左右雙邊。
眉上鐫評。
鈐"鹵城范氏貞如藏書"印。

0317　　　　　　　　　　　SG212/69

史記索隱三十卷

（唐）司馬貞撰

明末毛氏汲古閣刻本

二册　一函

　　正文半葉十四行二十七字，小字雙行四十字，白口，單黑魚尾，左右雙邊。

　　正文卷端有"琴川毛鳳苞氏審定宋本"木記。版心鎸"汲古閣毛氏"。

　　卷八末有清道光二十二年（1842）錢綺朱筆記。

0318　　　　　　又一部　SG212/69

史記索隱三十卷

（唐）司馬貞撰

明末毛氏汲古閣刻本

四册　一函

　　正文半葉十四行二十七字，小字雙行四十字，白口，單黑魚尾，左右雙邊。

　　正文卷端有"琴川毛鳳苞氏審定宋本"木記。版心鎸"汲古閣毛氏"。

　　鈐"毛準"印。

0319　　　　　　　　　　　SG212/82

漢書一百卷

（漢）班固撰　（唐）顏師古注

宋刻元遞修本

一册　一函　存一卷（卷九十九傳六十九中）

　　正文半葉九行十六字，小字雙行二十字，花口，無魚尾間或雙魚尾，左右雙邊。

　　版心上鎸字數，下鎸刻工。其中王全、俞榮、蔣蠱、朱六、何通、茅文龍、茅化龍等人見於南宋紹興刻元修《百納本二十四史後漢書》及靜嘉堂藏宋蜀刻大字本《漢書》。此書在清代已僅殘存書卷。《宋元書影》《宋元行格表》之著録及書影所記版式字體與此本同。國家圖書館藏宋刻元遞修本《漢書》殘本一册與本書爲同一版本。玄、殷、讓、弘、境等字缺末筆。元代補版部分不避諱。

0320　　　　　　　　　　SG212/14-1

漢書一百卷

（漢）班固撰　（唐）顏師古注

明嘉靖十六年（1537）崇正書院重修本

四十四册　十二函

　　正文半葉十行二十字，小字雙行同，白口，無魚尾，四周單邊。

　　目録後牌記鎸"嘉靖丁酉冬月廣東崇正書院重修"。與《後漢書》同函。

0321　　　　　　　　　　　SG212/9

漢書一百卷

（漢）班固撰　（唐）顏師古注　（明）鍾人傑校

明萬曆四十七年（1619）鍾人傑刻本

二十册　四函

　　正文半葉九行二十字，小字雙行同，白口，單白魚尾，四周單邊。

　　眉上鎸評。版心下鎸刻工"蔡汝卿"等。

0322　　　　　　　　　　SG212/14-1

後漢書九十卷

（南朝宋）范曄撰　（唐）李賢注

志三十卷

（晉）司馬彪撰　（南朝梁）劉昭注

明嘉靖十六年（1537）廣東崇正書院重修本

四十四冊　與《漢書》同函

　　正文半葉十行二十字，小字雙行同，白口，無魚尾，四周單邊。

　　序後牌記鐫"嘉靖丁酉冬月廣東崇正書院重修"。

0323　　　　　　　　　　SG212/30-4

後漢書九十卷

（南朝宋）范曄撰　（唐）李賢注　（明）陳祖苞訂

志三十卷

（晉）司馬彪撰　（南朝梁）劉昭注

明萬曆陳祖苞刻本

二十四冊　四函

　　正文半葉九行二十字，小字雙行同，白口，單黑魚尾，左右雙邊。

　　鈐"古潤丁未王氏藏書記"印。

0324　　　　　　　　　　SG212/93

後漢書補逸二十一卷

（清）姚之駰輯

清康熙五十二年（1713）露滌齋刻本

八冊　一函

　　正文半葉十行二十字，小字雙行十九字，白口，單黑魚尾，左右雙邊。

0325　　　　　　　　　　SG212/104

後漢書補注二十四卷

（清）惠棟撰

清嘉慶九年（1804）德裕堂刻本

四冊　一函

　　正文半葉十一行二十三字，小字雙行三十五字，白口，單黑魚尾，左右雙邊。

　　内封鐫"後漢書補注　德裕堂藏版"。

0326　　　　　　　　　　SG212/84-5

宋書一百卷

（南朝梁）沈約撰

明萬曆二十二年（1594）南京國子監刻清順治十六年（1659）遞修本

二十四冊　四函

　　正文半葉九行十八字，細黑口，三黑魚尾，四周雙邊。

　　目錄前鐫"皇明南京國子監祭酒陸可教　司業馮夢禎　季道統校閱"。版心鐫"萬曆二十二年刊"。明南京國子監刻《二十一史》之一。

　　鈐"松山""龍暝張氏坦初主人藏書於雲壑居"印。

0327　　　　　　　　　　SG212/84-6

宋書一百卷

（南朝梁）沈約撰

明萬曆二十六年（1598）北京國子監刻本

十冊　二函　存五十七卷（四十四至一百）

　　正文半葉十行二十一字，白口，單黑魚尾，左右雙邊。

版心上鎸"萬曆二十六年刊"。卷四十四卷端鎸"皇明國子監祭酒方從哲 司業黃汝良重校刊"。明北京國子監刻《二十一史》之一。

鈐"劉鏞"印。

0328　　　　　　　　　　SG212/5
梁書五十六卷
（唐）姚思廉撰　（明）余有丁校正　周子義同校
明萬曆三年（1575）南京國子監刻本
六册　一函

正文半葉十行二十一字，小字雙行同，上下細黑口，順黑魚尾，四周雙邊。

版心鎸"萬曆三年刊"、字數及刻工"鄧欽""黃大昱""郭奇"等。明南京國子監刻《二十一史》之一。

0329　　　　　　　　　SG212/5-2
梁書五十六卷
（唐）姚思廉撰　（明）吳士元　黃錦重修
明萬曆三十三年（1605）北京國子監刻本
十册　二函

正文半葉十行二十一字，小字雙行同，白口，單黑魚尾，左右雙邊。

版心鎸"萬曆三十三年刊"。明北京國子監刻《二十一史》之一。

鈐"劉銘鼎印""蘭浦""隱軒""藏書萬卷"印。

0330　　　　　　　　　　SG212/26
魏書一百十四卷
（北齊）魏收撰
明萬曆二十四年（1596）南京國子監刻明清遞修本
二十四册　四函

正文半葉十行二十一字，小字雙行同，細黑口，單黑魚尾，左右雙邊。

目錄末鎸"大明萬曆二十四年歲在丙申南京國子監鏤板"。版心分別鎸"萬曆二十四年刊""順治十六年刊""康熙二十年補刊"。

0331　　　　　　　　　　SG212/1
北齊書五十卷
（唐）李百藥撰
宋刻宋元明遞修本
二十册　四函

正文半葉九行十七字至十九字不等，白口或細黑口，單黑魚尾或雙黑魚尾或無魚尾，左右雙邊。

正文卷端題"帝紀第一""北齊書一""隋太子通事舍人李百藥撰"。各補版葉版心上間鎸字數或"嘉靖八年補刊""嘉靖九年刊""嘉靖九年補刊""嘉靖十年刊""萬曆己丑年刊"等。版心下間鎸刻工"陸奎""張明""高成"等。有抄配。此刻本是南宋眉山《七史》之一。

正文行間及眉上有墨筆批校。各卷末有"光緒三年孟夏厚邨氏校"墨筆題識。鈐"厚邨珍藏""曾經我目"印。

0332　　　　　　　　　　SG212/6
南史八十卷

(唐)李延壽撰　(明)趙用賢校正

明萬曆十六年至十九年(1588－1591)南京國子監刻明清遞修本

二十四册　四函

正文半葉九行十八字,小字雙行字數不等,上細黑口下白口,順黑魚尾,四周雙邊。

版心上鐫"萬曆十六年刊""萬曆十七年刊""萬曆十八年刊""萬曆十九年刊""順治十五年刊""順治十六年刊""康熙三十九年刊""乾隆二十四年刊""乾隆五十五年刊"等。明南京國子監刻本《二十一史》之一。

鈐"敦化堂藏書"印。

0333　　　　　　　　　　　SG212/48
北史一百卷

(唐)李延壽撰

明崇禎十二年(1639)毛氏汲古閣刻清順治十年(1653)增補本

十二册　二函

正文半葉十二行二十五字,白口,單黑魚尾,左右雙邊。

卷端鐫"琴川毛鳳苞氏審定宋本"木記。版心上鐫"汲古閣"。毛氏汲古閣刻《十七史》之一。

0334　　　　　　　　　　　SG212/55
唐書二百卷

(五代)劉昫撰　(明)聞人詮　沈桐校

明嘉靖十四年至十七年(1535－1538)聞人詮刻萬曆十九年(1591)邵仲祿修補本

二十册　四函

正文半葉十四行二十六字,白口,順黑魚尾,左右雙邊。

0335　　　　　　　　　　　SG212/55－4
唐書二百二十五卷

(宋)歐陽修　宋祁等撰

元大德九年(1305)建康路儒學刻本

二册　一函　存二卷(九十二、九十八)

正文半葉十行二十二字,白口,順黑魚尾,左右雙邊。

有刻工"文""吳""玉"等。

0336　　　　　　　　　　　SG212/33－1
唐書二百二十五卷附釋音二十五卷

(宋)歐陽修　宋祁撰　董衝音釋

元大德九年(1305)刻明成化十八年至嘉靖十二年(1482－1533)建康路儒學遞修本

五十册　十函

正文半葉十行二十二字,雙黑魚尾,四周雙邊或左右雙邊。

卷末鐫"建康路明道書院監造"及監造人名。版心鐫"成化十八年刊""弘治三年補刊""嘉靖十二年補刊"。《釋音》二十五卷爲元刻明遞修本。

鈐"瑞安孫仲容珍藏書畫文籍印"印。

0337　　　　　　　　　　　SG212/83
宋史四百九十六卷目錄三卷

(元)脫脫撰

明成化七年至十六年(1471－1480)朱英

刻本

一百三十三册　二十函　存二百二十四卷(八十三至一百六十九、二百十七至二百二十九、二百四十二至三百十三、三百三十八至三百四十三、三百四十五、四百十四至四百四十、四百七十九至四百九十六)

正文半葉十行二十字,黑口,順黑魚尾,四周雙邊。

版心下鎸刻工"羅善""吳賞刂"等,寫工"楊惠""趙維新"等。

鈐"虞山汲古閣毛子晉圖書"印。

0338　　　　　　　　　　SG212/15
元史二百十卷目錄二卷

(明)宋濂等撰

明洪武三年(1370)內府刻嘉靖十年至清康熙三十九年(1531－1700)遞修本

五十册　五函

正文半葉十行二十字,白口,單黑魚尾,四周雙邊。

版心上分別鎸"嘉靖十年補刊""萬曆二十六年刊""崇禎三年刊""順治十五年刊""康熙三十九年刊"。

鈐"張星烺遺囑贈送"印。

0339　　　　　　　　　SG212/4－4
明史三百三十六卷目錄四卷

(清)張廷玉等奉敕撰

清乾隆四年(1739)武英殿刻本

一百十二册　十四函

正文半葉十行二十一字,白口,單黑魚尾,左右雙邊。

鈐"樂天珍藏金石書畫印""酷嗜詩書不計貧"諸印。

別史之屬

0340　　　　　　　　　　SG216/5
通志略五十一卷

(宋)鄭樵撰　(明)陳宗夔校

明嘉靖二十九年(1550)陳宗夔刻本

二十册　四函

正文半葉十行二十字,小字雙行同,白口,無魚尾,四周單邊,左右版框不相連。

0341　　　　　　　　　SG216/5－5
通志略五十一卷

(宋)鄭樵撰　(明)陳宗夔校

明嘉靖二十九年(1550)陳宗夔刻清乾隆十三年(1748)金匱山房印本

二十四册　四函

正文半葉十行二十字,小字雙行同,白口,無魚尾,四周單邊,左右版框不相連。

內封鎸"通志略　金匱山房藏板"。

有乾隆十三年于敏中序。

0342　　　　　　　　　　SG27/8
通志略五十二卷

(宋)鄭樵撰　(清)汪啟淑校

清乾隆十四年(1749)汪啟淑飛鴻堂刻本

二十册　四函

正文半葉十行二十字,白口,無魚尾,四周單邊,左右版框不相連。

内封鎸"新安汪啓淑校刊　通志略飛鴻堂藏版"。

鈐"啄木山房"印。

0343　　　　　　　　　　SG215/28－2

古史六十卷

（宋）蘇轍撰

明萬曆三十九年（1611）南京國子監刻本

十二册　二函

正文半葉十行二十字,白口,單黑魚尾,左右雙邊。

目録後鎸"大明萬曆三十九年南京國子監刊"。版心下鎸"王應龍刻""孝"等。

鈐"海陵潘氏仲賓珍藏金石書畫"印。

0344　　　　　　　　　　　SG215/28

古史六十卷

（宋）蘇轍撰

明萬曆刻本

八册　一函

正文半葉十行二十一字,小字雙行同,白口,單黑魚尾,左右雙邊。

版心下鎸"郭一德刻""鄒元弼刻"等。

鈐"樂意軒吳氏藏書""吳芝""五竹居""千休居士""蘭雪居""平叔""李氏藏書""冬涵閲過"諸印。

0345　　　　　　　　　　SG51/107－2

南唐書三十卷

（宋）馬令編　（明）陳繼儒訂

南唐近事三卷

（宋）鄭文寶編　（明）陳繼儒訂

明末刻本

二册　一函

正文半葉九行二十字,白口,單白魚尾,四周單邊。

鈐"江陰劉氏""劉復""鎦家書庫"諸印。

0346　　　　　　　　　　SG217/19－1

南唐書合刻四十九卷

（清）蔣國祥　蔣國祚校

清康熙蔣國祥、蔣國祚刻本

六册　一函

正文半葉十行十九字,小字雙行同,黑口,雙黑魚尾,四周單邊。

内封鎸"陸馬氏二書合編　南唐書五峯閣藏版"。

南唐書十八卷　（宋）陸游撰
南唐書三十卷　（宋）馬令撰
南唐書音釋一卷　（元）戚光撰

0347　　　　又一部　SG217/19－1

南唐書合刻四十九卷

（清）蔣國祥　蔣國祚校

清康熙蔣國祥、蔣國祚刻本

八册　一函

正文半葉十行十九字,小字雙行同,黑口,雙黑魚尾,四周單邊。

内封鎸"陸馬氏二書合編　南唐書五峯閣藏版"。

鈐"江都閔氏雲海樓藏書"印。

史　部

0348　　　　　　　　　　　　SG212/58－1

班馬異同三十五卷

（宋）倪思編　劉辰翁評

明末刻本

八冊　二函

　　正文半葉九行二十字，小字雙行或單行同，白口，單白魚尾，四周單邊。

　　眉上鐫評行六字。內封鐫"劉須溪評點　小築藏板　班馬異同"。

　　鈐"有明東林陳氏端毅世家圖書""商邱陳淮藏書印""潁川鐂考功藏書印""廉州府印"印。

0349　　　　　　　　又一部　SG212/58

班馬異同三十五卷

（宋）倪思編　劉辰翁評

明末刻本

六冊　一函

　　正文半葉九行二十字，小字雙行或單行同，白口，單白魚尾，四周單邊。

　　鈐"錢塘陳氏裁芸仙館珍藏""紅碧山房珍藏永保"印。

0350　　　　　　　　　　　　SG22/302

東都事略一百三十卷

（宋）王稱撰

清乾隆振鷺堂仿宋刻本

十二冊　二函

　　正文半葉十二行二十四字，細黑口，雙黑魚尾，左右雙邊。

　　內封鐫"宋王季平先生著　東都事略　振鷺堂藏板"。

　　鈐"豐華堂書庫寶藏印"印。

0351　　　　　　　　　　　　SG216/14

弘簡錄二百五十四卷首一卷

（明）邵經邦撰　（清）邵遠平訂

清康熙二十七年（1688）邵遠平刻本

八十冊　二十函

　　正文半葉十二行二十四字，白口，單黑魚尾，四周單邊。

　　內封鐫"邵弘毅先生遺集　仁和邵戒二學士重訂　弘簡錄"。與《續弘簡錄元史類編》匯印合函。

　　鈐"順德黃顯章捐""京師廣東學堂書藏"印。

0352　　　　　　　　又一部　SG216/37

弘簡錄二百五十四卷首一卷

（明）邵經邦撰　（清）邵遠平訂

清康熙二十七年（1688）邵遠平刻本

四十二冊　九函

　　正文半葉十二行二十四字，白口，單黑魚尾，四周單邊。

　　鈐"江陰留家""劉復所藏"印。

0353　　　　　　　　又一部　SG216/37

弘簡錄二百五十四卷首一卷

（明）邵經邦撰　（清）邵遠平訂

清康熙二十七年（1688）邵遠平刻本

八十四冊　十二函

　　正文半葉十二行二十四字，白口，單黑魚尾，四周單邊。

　　版心上鐫書名，中鐫卷次，下鐫小題。

與《續弘簡錄元史類編》匯印合函。

鈐"敦厚堂""龍舒康印"印。

0354　　　　　　　　　　SG216/37
續弘簡錄元史類編四十二卷首一卷
（清）邵遠平撰
清康熙四十五年（1706）繼善堂刻本
二十冊　與《弘簡錄》八十四冊合函

正文半葉十二行二十四字，小字雙行同，白口，單黑魚尾，四周單邊。

內封鎸"續弘簡錄　仁和邵戒三學士輯　元史類編　繼善堂藏板"。

鈐"提督福建學政關防"滿漢文印及"順德黃顯章捐""京師廣東學堂書藏"印。

0355　　　　　又一部　SG216/14
續弘簡錄元史類編四十二卷首一卷
（清）邵遠平撰
清康熙四十五年（1706）繼善堂刻本
二十冊　與《弘簡錄》八十冊合函

正文半葉十二行二十四字，小字雙行同，白口，單黑魚尾，四周單邊。

有地圖。

0356　　　　　　　　　SG216/18-4
藏書六十八卷
（明）李贄撰
明萬曆二十七年（1599）焦竑刻本
二十八冊　四函

正文半葉九行二十字，白口，單黑魚尾，無界行，四周單邊。

間有小字夾注并圈點。內封鎸稽古齋主人識語。

鈐"本衙藏板""君山遺品"諸印。

0357　　　　　　　　　SG216/18
藏書六十八卷
（明）李贄撰
明萬曆二十七年（1599）焦竑刻余聖久印本
三十九冊　四函

正文半葉九行二十字，白口，單黑魚尾，無界行，四周單邊。

間有小字夾注并圈點。內封鎸"李卓吾先生著　藏書　余聖久梓行"。

鈐"大慶堂藏書印"印。

0358　　　　　　　　　SG216/39-1
藏書六十八卷
（明）李贄撰　沈汝楫　金嘉謨重訂
明萬曆二十七年至四十八年（1599-1620）刻本
十二冊　三函

正文半葉十行二十二字，白口，單黑魚尾，四周單邊。

眉上鎸評。

鈐"龍門王氏珍藏"印。

0359　　　　　　　　　SG216/39-1
藏書六十八卷
（明）李贄撰　陳仁錫評
明天啟元年（1621）刻本
十六冊　三函

正文半葉十行二十二字，白口，單黑魚

尾,四周單邊。

眉上鐫評。

有墨筆增補。

0360　　　　　　　　　　SG216/39

藏書六十八卷

（明）李贄輯著　陳仁錫評正

明崇禎刻本

十四册　二函

　　正文半葉十行二十二字,白口,單黑魚尾,四周單邊。

0361　　　　　　　　　　SG216/18-1

續藏書二十七卷

（明）李贄輯著

明萬曆三十九年（1611）王若屏刻本

十二册　二函

　　正文半葉九行二十字,白口,單黑魚尾,四周單邊。

　　版心下鐫"晉陵孟純禮刊"。

　　鈐"淞南楊家瑞印""翥卿號穉賓"印。

0362　　　　　　　　　　SG216/18

續藏書二十七卷

（明）李贄輯著

明末余聖久翻刻萬曆三十九年（1611）王若屏本

二十册　二函

　　正文半葉九行二十字,白口,單黑魚尾,四周單邊。

　　内封鐫"余聖久梓行"。

　　鈐"大慶堂藏書印"印。

0363　　　　　　　　　　SG216/39-1

續藏書二十七卷

（明）李贄輯著　陳仁錫評正

明天啓三年（1623）刻本

十八册　三函

　　正文半葉十行二十二字,白口,單黑魚尾,四周單邊。

　　眉上鐫評。

0364　　　　又一部　SG216/39-1

續藏書二十七卷

（明）李贄輯著　陳仁錫評正

明天啓三年（1623）刻本

八册　一函

　　正文半葉十行二十二字,白口,單黑魚尾,四周單邊。

　　眉上鐫評。

0365　　　　又一部　SG216/39-5

續藏書二十七卷

（明）李贄輯著　陳仁錫評正

明天啓三年（1623）刻本

八册　一函

　　正文半葉十行二十二字,白口,單黑魚尾,四周單邊。

　　眉上鐫評。

　　鈐"君山遺品""完山世家""君山修史在韓"印。

0366　　　　　　　　　　SG216/18-2

續藏書二十七卷

（明）李贄撰　柴應槐　錢國萬重訂

明萬曆三十九年至四十八年(1611－1620)刻本

二十冊　四函

　　正文半葉十行二十二字,白口,單黑魚尾,四周單邊。

0367　　　　又一部　SG216/39－1

續藏書二十七卷

（明）李贄撰　柴應槐　錢國萬重訂

明萬曆三十九年至四十八年(1611－1620)刻本

六冊　一函

　　正文半葉十行二十二字,白口,單黑魚尾,四周單邊。

0368　　　　　　　　　　SG212/44

漢書評林一百卷

（明）凌稚隆輯

明萬曆九年(1581)凌氏自刻本

三十二冊　四函

　　正文半葉十行二十字,小字雙行同,白口,單黑魚尾,左右雙邊。

　　版心下鐫"徐楨刻""陶昂刻""陶信刻"等。

0369　　　　　　　　　　SG211.2/3

漢書鈔九十三卷

（明）茅坤評選　陳曼年　茅一桂同校

明萬曆十七年(1589)茅氏自刻本

二十二冊　四函

　　正文半葉十行二十一字,白口,單黑魚尾或白魚尾,左右雙邊。

版心下鐫刻工"余正""王升""王雲"等。

　　有朱筆批點并過錄劉知幾等諸家評語。鈐"徐象梅印""一字僧調""蔣玉馨印"諸印。

0370　　　　　　　　　　SG216/35

季漢書六十卷正論一卷答問一卷

（明）謝陛撰　臧懋循訂

明萬曆三十一年(1603)刻本

十二冊　二函

　　正文半葉十行二十二字,小字雙行同,白口,單白魚尾,四周單邊。

　　眉上鐫評。

　　卷一至五配以明末鍾人傑刻本。鈐"玉雨堂印""韓氏藏書"諸印。

0371　　　　　　　　　　SG216/35

季漢書六十卷正論一卷答問一卷

（明）謝陛撰

明末鍾人傑刻本

十八冊　二函

　　正文半葉九行二十字,小字雙行同,白口,單白魚尾,四周單邊。

0372　　　　　　　　　　SG212/68

晉史刪四十卷

（明）茅國縉撰

明末刻本

十六冊　四函

　　正文半葉十行二十字,小字雙行同,白口,單黑魚尾,左右雙邊。

鈐"光裕堂"諸印。

0373 SG216/32
明史擬稿六卷
（清）尤侗撰
清康熙三十年至四十三年（1691－1704）尤侗刻本
四冊　一函
正文半葉十行二十一字，白口，單黑魚尾，左右雙邊。
《西堂餘集》之一。

0374 SG16/21
春秋紀傳五十一卷
（清）李鳳雛纂輯
清康熙六十一年（1722）懷德堂刻本
十六冊　二函
正文半葉九行二十一字，白口，單黑魚尾，四周雙邊。
眉上鐫評。內封鐫"康熙六十一年新鐫　東陽李紫翔先生著　春秋紀傳　懷德堂梓"。

0375 又一部 SG16/21
春秋紀傳五十一卷
（清）李鳳雛纂輯
清康熙六十一年（1722）懷德堂刻本
十六冊　二函
正文半葉九行二十一字，白口，單黑魚尾，四周雙邊。
眉上鐫評。內封鐫"康熙六十一年新鐫　東陽李紫翔先生著　春秋紀傳　懷德堂梓"。

0376 SG216/13－2
尚史七十卷
（清）李鍇纂
清乾隆三十八年（1773）悅道樓刻本
二十八冊　四函
正文半葉十行二十四字，小字雙行同，白口，無魚尾，左右雙邊。
內封鐫"乾隆癸巳新鐫　鷹青山人纂尚史　悅道樓藏板"。
鈐"經經緯史"印。

0377 SG216/11－1
明史列傳稿二百八卷目錄二卷
（清）王鴻緒編撰
清康熙五十三年至六十一年（1714－1722）王氏敬慎堂自刻本
四十八冊　六函
正文半葉十一行二十三字，白口，單黑魚尾，左右雙邊。
版心下鐫"敬慎堂"。

0378 SG216/11－1
明史稿三百十卷目錄三卷
（清）王鴻緒編撰
清雍正王氏敬慎堂自刻本
八十冊　十函
正文半葉十一行二十三字，白口，單黑魚尾，左右雙邊。
版心下鐫"敬慎堂"。

0379　　　　　又一部　SG216/11－2

明史稿三百十卷目錄三卷

（清）王鴻緒編撰

清雍正王氏敬慎堂自刻本

六册　一函　存二十六卷（一至二十六）

　　正文半葉十一行二十三字，白口，單黑魚尾，左右雙邊。

　　版心下鐫"敬慎堂"。

0380　　　　　　　　　　SG23/261

西魏書二十四卷附錄一卷

（清）謝啓昆撰

清乾隆六十年（1795）謝啓昆樹經堂刻本

八册　一函

　　正文半葉十一行二十三字，白口，單黑魚尾，左右雙邊。

　　内封鐫"乾隆乙卯開雕　西魏書　樹經堂藏板"。

0381　　　　　又一部　SG23/261

西魏書二十四卷附錄一卷

（清）謝啓昆撰

清乾隆六十年（1795）謝啓昆樹經堂刻本

六册　一函

　　正文半葉十一行二十三字，白口，單黑魚尾，左右雙邊。

　　内封鐫"乾隆乙卯開雕　西魏書　樹經堂藏板"。

0382　　　　　又一部　SG23/261

西魏書二十四卷附錄一卷

（清）謝啓昆撰

清乾隆六十年（1795）謝啓昆樹經堂刻本

六册　一函

　　正文半葉十一行二十三字，白口，單黑魚尾，左右雙邊。

　　内封鐫"乾隆乙卯開雕　西魏書　樹經堂藏板"。

0383　　　　　　　　　　SG216/44

大清德宗景皇帝本紀不分卷

（清）錢駿祥　藍玉等纂

民國二年至三十二年（1913－1943）朱汝珍抄本

十六册　四函

　　正文半葉八行十九字，花口，雙藍魚尾，藍格，四周雙邊。

　　此本爲朱汝珍據原稿本過錄，起清同治十三年（1874），迄宣統元年（1909），後補"宣統五年"（1913）光緒帝入葬事。内容與《清史稿》有不同處。朱汝珍（1870－1943），字玉堂，號聘三，又號隘園，廣東清遠人。清光緒三十年（1904）進士，授翰林院編修，南書房行走。晚年居香港，著有《詞林輯略》等。鈐"臣朱汝珍"印。

編年類

通代之屬

0384　　　　　　　　　SG213/24－3
竹書紀年二卷
（南朝梁）沈約注　（明）張遂辰閱
明末張遂辰刻本
二册　一函
　　正文半葉九行二十字，小字雙行同，白口，白魚尾，左右雙邊。
　　鈐"豐華堂書庫寶藏印"印。

0385　　　　　　　　　　SG213/9
資治通鑑二百九十四卷
（宋）司馬光編集
附通鑑釋文辯誤十二卷
（元）胡三省音注
清嘉慶二十一年（1816）胡克家刻本
一百二十册　二十函
　　正文半葉十行二十字，小字雙行同，上下黑口，雙黑魚尾，四周雙邊。
　　後序末鐫"金陵劉文奎弟文楷文模鐫"。版心鐫"通鑑"及刻工"朱榮三""黃子康"等。
　　鈐"資江陶氏雲汀藏書""賜書樓陶氏之記""印心石屋主人"印。

0386　　　　　　　　　SG213/9－8
資治通鑑二百九十四卷
（宋）司馬光編集　（元）胡三省音注
（明）陳仁錫評閱
資治通鑑問疑一卷
（宋）劉羲仲撰
資治通鑑釋例圖譜一卷
（明）陳仁錫評閱
清康熙三十五年（1696）綠蔭堂、文雅堂刻本
一百八册　十八函
　　正文半葉十行二十字，小字雙行同，白口，單黑魚尾，四周單邊。
　　眉上鐫評。内封鐫"康熙三十五年重鐫　陳明卿太史評閱　資治通鑑全書　金閶綠蔭文雅堂藏板"。
　　鈐"姑蘇閶門内綠蔭堂葉繼照書坊發兌古今各文書籍"印。

0387　　　　　　　　　SG213/9－8
資治通鑑目錄三十卷
（宋）司馬光編集　（明）陳仁錫評
資治通鑑問疑一卷
（宋）劉羲仲纂集

明崇禎二年(1629)陳仁錫刻本

十六册　二函

正文半葉行字不等,白口,單黑魚尾,四周單邊。

眉上鐫評。序首葉版心下鐫"古吳金麟書　陳天禎刊"。

鈐"詹宅北池子五十四號"印。

0388　　　　　　　　　　　　SG213/98

少微通鑑節要五十卷外紀四卷

（宋）江贄撰

資治通鑑節要續編三十卷

（明）張光啟撰

明正德九年(1514)司禮監刻本

四册　一函　存四卷(外紀四卷)

正文半葉九行十五字,小字雙行同,黑口,雙黑魚尾,四周雙邊。

眉上鐫注。

0389　　　　　　　　　　　SG213/9-11

克勤齋新刊古本少微先生資治通鑑節要五十卷外紀節要五卷首一卷

（宋）江贄撰

克勤齋新刊四明先生續資治通鑑節要三十卷

（明）張光啟撰

明萬曆劉弘毅慎獨齋本余近泉克勤齋重刻本

四十八册　八函

正文半葉十三行二十六字,小字雙行同,白口,順黑魚尾,四周雙邊。

鈐"弢齋藏書記""馬位"印。

0390　　　　　　　　　　　SG213/3-1

資治通鑑綱目五十九卷

（宋）朱熹撰

明成化九年(1473)内府刻本

三十册　六函

正文半葉八行十八字,小字雙行二十一字,黑口,雙花魚尾,四周雙邊。

鈐"潛廬藏過""晚菘堂""許珩之印"印。

0391　　　　　　　　　SG213/2、SG213/3

資治通鑑綱目五十九卷

（宋）朱熹撰　（明）陳仁錫評閱

續資治通鑑綱目二十七卷

（明）商輅撰　陳仁錫評閱

資治通鑑綱目前編二十五卷

（明）南軒撰　陳仁錫評閱

明崇禎三年(1630)陳仁錫刻本

一百二十册　十八函

正文半葉七行十八字,小字雙行同,白口,單黑魚尾,四周單邊。

鈐"慎園居士""詹宅北池子五十四號"印。

0392　　　　　　　　　　　　SG213/59

陸狀元增節音註精議資治通鑑一百二十卷目錄三卷首一卷

（宋）陸唐老集注　（明）毛晉訂正

明崇禎毛晉汲古閣刻本

六十册　六函

正文半葉八行十七字,小字雙行同,白口,無魚尾,左右雙邊。

内封鎸"汲古閣藏板"。版心下鎸"汲古閣"。

鈐"汲古閣藏書記""承忍堂""文登于氏樹籥堂藏書印"印。

0393　　　　　　　　　　SG213/1
通鑑釋文辯誤十二卷
（元）胡三省輯著　（明）陳仁錫訂校
明天啓五年（1625）陳仁錫刻本
四册　一函
正義半葉十行二十字，小字雙行同，白口，單黑魚尾，四周單邊。
内封鎸"文雅堂藏板"。
鈐"綠蔭堂藏書""繼照氏""詹宅北池子五十四號"印。

0394　　　　　又一部　SG213/1
通鑑釋文辯誤十二卷
（元）胡三省輯著　（明）陳仁錫訂校
明天啓五年（1625）陳仁錫刻本
三册　一函
正文半葉十行二十字，小字雙行同，白口，單黑魚尾，四周單邊。
鈐"鏡閣藏書""劉不同印"印。

0395　　　　　　　　　　SG211/30
資治通鑑綱目集覽五十九卷
（元）王幼學撰　（明）陳濟正誤
明永樂二十年（1422）司禮監刻本
八册　二函
正文半葉八行十八字，小字雙行二十一字，黑口，雙花魚尾，四周雙邊。

鈐"弢齋藏書記"印。

0396　　　　　　　　　　SG213/4-5
宋元通鑑一百五十七卷
（明）薛應旂編集
明嘉靖四十五年（1566）薛應旂刻本
三十六册　六函　存一百十六卷（十四至六十七、八十九至九十、九十八至一百五十七）
正文半葉十行二十字，白口，單黑魚尾，四周單邊。
版心鎸書名及刻工"何貞""何禮""張本"等。
有抄配。

0397　　　　　　　　　　SG213/4
宋元通鑑一百五十七卷
（明）薛應旂編集　陳仁錫評閲
明天啓六年（1626）陳仁錫刻本
三十册　四函
正文半葉十行二十字，小字雙行同，白口，單黑魚尾，四周單邊。
眉上鎸評。内封鎸"綠蔭文雅堂藏板"。首葉版心下鎸"古吳金麟書　陳天禎刊"。
鈐"詹宅北池子五十四號"印。

0398　　　　　又一部　SG213/4-1
宋元通鑑一百五十七卷
（明）薛應旂編集　陳仁錫評閲
明天啓六年（1626）陳仁錫刻本
三十二册　四函

正文半葉十行二十字，小字雙行同，白口，單黑魚尾，四周單邊。

眉上鐫評。首葉版心下鐫"古吳金麟書　陳天禎刊"。

鈐"飛花入硯田"印。

0399　　　　　　　　　　　SG215/14

甲子會紀五卷

（明）薛應旂編集　陳仁錫評閱

明末陳仁錫刻本

四冊　一函

正文半葉八行十八字，白口，單黑魚尾，四周單邊。

眉上鐫評行三字。内封鐫"陳明卿太史校閱　甲子會紀　文雅堂藏板"。

鈐"綠蔭堂藏書""繼照氏""詹宅北池子五十四號"印。

0400　　　　又一部　SG215/14－1

甲子會紀五卷

（明）薛應旂編集　陳仁錫評閱

明末陳仁錫刻本

八冊　二函

正文半葉八行十八字，白口，單黑魚尾，四周單邊。

眉上鐫評行三字。

0401　　　　　　　　　　　SG212.2/2

王鳳洲先生綱鑑正史全編二十四卷

（明）王世貞撰　張睿卿輯

明崇禎十二年（1639）刻本

十二冊　二函

正文半葉十行二十一字，小字雙行同，白口，單白魚尾，四周單邊。

眉上鐫評行四字。内封鐫"鳳洲綱鑑　陳明卿先生評　内附歷朝經濟圖考　彙賢齋藏板"。

有朱墨筆批注。鈐"彙賢齋藏板""珍賞"印。

0402　　　　　　　　　　　SG213/90

通鑑直解二十八卷

（明）張居正輯著　鍾惺重訂

明崇禎豹變齋刻本

十八冊　三函

正文半葉八行十八字，小字雙行同，白口，無魚尾，四周單邊，左右版框不相連。

眉上鐫注。内封鐫"張泰嶽經筵進講　通鑑直解　豹變齋發行"。與《通紀直解》合函。

鈐"敬勝閣購藏明板明印""黃陂范氏藏書""范熙壬印"印。

0403　　　　　　　　　　　SG213/92

新刻明卿陳太史校正古本歷史大方通鑑四十一卷首一卷

（明）李廷機輯　陳仁錫校正

明萬曆四十年至崇禎十七年（1612－1644）刻本

二冊　一函　存十一卷（十一至二十一）

正文半葉十一行二十四字，白口，單黑魚尾，四周雙邊。

眉上鐫注。

0404　　　　　　　　　　　　SG213/62

資治歷朝紀政綱目前編八卷正編四十卷續編二十六卷

（明）黃洪憲編纂　許順義注補

明萬曆二十五年（1597）余彰德刻本

十冊　二函　存二十二卷（續編一至二十二）

正文半葉十一行二十四字，小字雙行同，白口，單黑魚尾，四周雙邊。

眉上鐫注。

0405　　　　　　　　　　　　SG213/91

新刻歷世統譜四卷

（明）胡文煥編著

明萬曆二十四年（1596）刻本

二冊　一函

正文半葉九行二十字，白口，雙白魚尾，左右雙邊。

稀見。該書以圖表、歌訣、文字列歷代帝王世系、疆域，起于盤古，止于明穆宗。胡文煥，明萬曆至天啓間人，字德甫，號全庵，又名抱琴居士，浙江錢塘人。明文學家、藏書家和刻書家。著有《文會堂琴譜》《詩學匯選》，刻有《格致叢書》。

0406　　　　　　　　　　　　SG211.1/3

古今鑑略韻史策要二卷

（明）鄭三樂編著

明天啓至崇禎刻本

四冊　一函

正文半葉兩節版，上節五行五字，下節十五行十八字，白口，無魚尾，四周單邊。

眉上鐫注。

鈐"豐華堂書庫寶藏印"印。

0407　　　　　　　　　　　　SG211./31

通鑑全史彙編歷朝傳統錄八卷

（明）劉綮纂　徐燁禧　程維培校訂

明崇禎十五年（1642）程維培刻本

四冊　一函

正文半葉九行二十字，白口，單黑魚尾，左右雙邊。

0408　　　　　　　　　　　　SG213/101

通鑑刪正二十四卷

（明）陳伯友編

清康熙陳楷抄本

二十冊　四函

正文半葉十行二十二字，小字雙行同，白口，單黑魚尾，四周雙邊，烏絲欄。

未見著錄。本書之編纂自三皇五帝至明立國。有作者之評述，兼錄前人評述。陳楷，明萬曆二十九年（1601）進士，天啓中官太常寺卿，御史張樞劾其依附東林，遂削奪，崇禎即位復官。鈐"宜子孫印""完顏立賢"印。

0409　　　　　　　　　　　　SG213/14-2

御批歷代通鑑輯覽一百十六卷

（清）高宗弘曆撰　傅恆　于敏中編纂

清乾隆三十三年（1768）武英殿刻朱墨套印本

三十二冊　十六函

正文半葉十四行二十五字，小字雙行

同,白口,雙黑魚尾,四周雙邊。

　　眉上鎸評行十字。

　　鈐"乾隆御筆""所寶惟賢"印。

0410　　　　　　　　SG213/95、SG213/96

通鑑綱目釋地糾謬六卷

　　(清)張庚撰　杭世駿參訂

通鑑綱目釋地補註六卷

　　(清)張庚撰　徐以坤參訂

　　清乾隆十八年(1753)張庚強恕齋刻本

　　四册　二函

　　正文半葉十行二十一字,黑口,單黑魚尾,四周單邊。

　　《糾謬》內封鎸"強恕齋藏板"。

　　鈐"周氏藉書園印"印。

0411　　　　　　　　SG211/40、SG213/71

綱鑑會編九十八卷首一卷歷代統系表略三卷歷代郡國考畧三卷歷代官制考畧二卷

　　(清)葉澐輯錄　劉德芳訂正

　　清康熙四十一年(1702)刻本

　　四十册　七函

　　正文半葉十一行二十三字,小字雙行同,下黑口,單黑魚尾,左右雙邊。

　　版心下鎸刻工"志行""子重""維伯"等。

　　鈐"沈氏山樓藏書""敦甫""玉汝草堂"印。

0412　　　　　　　　　　　　SG213/67

歷代帝系年號考二十卷

　　(清)劉宗魏編輯

　　清乾隆二十八年(1763)春山堂刻本

　　十册　一函

　　正文半葉十行二十四字,白口,單黑魚尾,左右雙邊。

　　鈐"傅廉""元夫"印。

0413　　　　　　　　　　　　SG213/77

列代建元表十卷附建元類聚考二卷

　　(清)錢東垣撰

　　清道光七年(1827)金鳳沼刻本

　　三册　一函

　　正文半葉十一行二十四字,白口,單黑魚尾,四周單邊。

斷代之屬

0414　　　　　　　　　　　　SG51/107-5

兩漢紀六十卷附字句異同考一卷

　　(清)蔣國祚輯

　　清康熙三十五年(1696)蔣氏三樂堂刻五十年(1711)郎廷極印本

　　十册　二函

　　正文半葉十一行二十一字,黑口,單黑魚尾,左右雙邊。

　　前漢紀三十卷　(漢)荀悅撰
　　後漢紀三十卷　(晋)袁宏撰
　　兩漢紀字句異同考一卷　(清)蔣國祚撰

0415　　　　　　　　　　　　SG212/3

兩漢紀六十卷附字句異同考一卷

（清）蔣國祚輯

清康熙三十五年（1696）蔣氏三樂堂刻光緒三年至五年（1877－1879）蔡學蘇三餘書屋補刊本

八册　八函

　　正文半葉十一行二十一字，黑口，單黑魚尾，左右雙邊。

　　内封鐫"光緒丁丑盱南三餘書屋補刊"。版心下鐫刻工"劉三吉""士玉""子珍"等。

0416　　　　　又一部　SG212/67

兩漢紀六十卷附字句異同考一卷

（清）蔣國祚輯

清康熙三十五年（1696）蔣氏三樂堂刻光緒三年至五年（1877－1879）蔡學蘇三餘書屋補刊本

十六册　二函

　　正文半葉十一行二十一字，黑口，單黑魚尾，左右雙邊。

　　内封鐫"光緒丁丑盱南三餘書屋補刊"。版心下鐫刻工"劉三吉""士玉""子珍"等。

0417　　　　　　　　SG213/45

皇明通紀二十七卷

（明）陳建　陳龍可纂輯

明崇禎刻本

十九册　四函

　　正文半葉十一行二十六字，小字雙行同，白口，單黑魚尾，無界行，四周單邊。

　　眉上鐫注行三字。

0418　　　　　　　　SG213/66

新刊校正增補皇明資治通紀十四卷

（明）陳建輯著

明嘉靖三十四年（1555）陳建自刻本

十册　二函

　　正文半葉十五行二十九字，白口，單黑魚尾，四周單邊。

0419　　　　SG212/81、SG217/20

皇明通紀法傳全録二十八卷

（明）陳建輯著　高汝栻參訂　吳楨增刪

皇明法傳録嘉隆紀六卷續紀三朝法傳全録十六卷

（明）高汝栻輯

明崇禎九年（1636）刻本

十一册　二函　存十九卷（十六至二十八、皇明法傳録嘉隆紀六卷）

　　正文半葉十行二十一字，白口，單黑魚尾，左右雙邊。

　　眉上鐫評行四字。内封鐫"嘉靖　隆慶　兩朝法傳録　崇文堂藏板"。

0420　　　　　　　　SG212/89

皇明從信録四十卷

（明）陳建輯　沈國元訂補

明萬曆四十八年（1620）刻本

二十册　四函　存二十二卷（一至二十、三十二至三十三）

　　正文半葉十行二十二字，小字雙行同，白口，單黑魚尾，四周單邊。

　　眉上鐫評。

0421　　　　　又一部　SG212/89

皇明從信錄四十卷

（明）陳建輯　沈國元訂補

明萬曆四十八年(1620)刻本

二十八册　七函

　　正文半葉十行二十二字，小字雙行同，白口，單黑魚尾，四周單邊。

　　眉上鐫評。

0422　　　　　又一部　SG212/89

皇明從信錄四十卷

（明）陳建輯　沈國元訂補

明萬曆四十八年(1620)刻本

二十册　四函

　　正文半葉十行二十二字，小字雙行同，白口，單黑魚尾，四周單邊。

　　眉上鐫評。

　　行間有朱墨筆圈點。

0423　　　　　　　　SG213/90

通紀直解十四卷續二卷

（明）張嘉和撰

明崇禎間刻清初增刻本

十二册　與《通鑑直解》合函

　　正文半葉八行十八字，小字雙行同，白口，無魚尾，四周單邊。

　　内封鐫"張泰嶽經筵進講　通紀直解　豹變齋發行"。《續》二卷爲清初增刻。

　　鈐"敬勝閣購藏明板明印""黃陂范氏藏書""范熙壬印"印。

0424　　　　　　　　SG213/16

通紀會纂十卷

（明）鍾惺輯定　（清）王汝南補

清順治十七年(1660)積秀堂刻本

四册　一函

　　正文半葉九行二十六字，小字雙行同，白口，無魚尾，四周單邊。

　　又名《明紀編年》。眉上鐫評。内封鐫"鍾伯敬袁了凡兩先生輯定　明紀編年　積秀堂藏板"。

　　清代禁書。

0425　　　　　又一部　SG213/38

通紀會纂十卷

（明）鍾惺輯定　（清）王汝南補

清順治十七年(1660)積秀堂刻本

八册　一函

　　正文半葉九行二十六字，小字雙行同，白口，無魚尾，四周單邊。

　　又名《明紀編年》。眉上鐫評。

　　清代禁書。

0426　　　　　　　　SG211.1/2

通紀彙編九卷

（清）楊本源撰

清順治十八年至康熙十年(1661－1671)刻本

八册　一函

　　正文半葉九行二十字，小字雙行同，白口，單白魚尾，左右雙邊。

0427　　　　　　　　　　　SG212/100
重鐫朱青巖先生擬編明紀輯畧十六卷
（清）朱璘撰
清康熙三十五年（1696）刻本
十六册　二函
　　正文半葉十行二十字，小字雙行同，白口，單黑魚尾，四周單邊。
　　又名《明記全載》。内封鎸"聚錦堂藏版"。
　　清代禁書。

0428　　　　　　　　　　　SG213/17-1
欽定明鑑二十四卷首一卷
（清）托津　胡敬等編纂
清嘉慶二十三年（1818）武英殿刻本
二十四册　二函
　　正文半葉八行二十字，白口，單黑魚尾，四周雙邊。
　　鈐"賜本"印。

0429　　　　　　　　　　　SG212/85-5
東華錄十六卷
（清）蔣良騏撰
清乾隆至嘉慶抄本
十六册　四函
　　正文半葉七行十七字，白口，無魚尾，四周雙邊。
　　有朱筆校字。

0430　　　　　　　　　　　SG217/24
大清宣宗成皇帝實錄四百七十六卷首一卷
（清）賈楨　花沙納纂修
清咸豐内府抄本
四册　一函　存四卷（九十七至一百）
　　正文半葉十行二十四字，粗紅口，雙紅魚尾，紅格，四周雙邊。
　　紅綾龍鳳雲錦書衣。

紀事本末類

0431　　　　　　　　SG214/2-2

通鑑紀事本末四十二卷

（宋）袁樞撰

明萬曆三十四年（1606）黃吉士刻本

四十二冊　六函

　　正文半葉十一行二十二字，白口，單黑魚尾，四周單邊。

0432　　　　　　　　SG214/2-1

通鑑紀事本末四十二卷

（宋）袁樞編輯

明刻清順治十三年（1656）石渠閣修補本

四十冊　五函

　　正文半葉十一行二十二字，白口，單黑魚尾，四周單邊。

　　內封鎸"張天如先生鑒定　通鑑紀事本末正編　鬱岡山房藏板"。

0433　　　　　　　　SG214/2-1-2

通鑑紀事本末前編十二卷

（明）沈朝陽撰　焦竑校正

明崇禎十五年至十七年（1642-1644）刻清順治十三年（1656）石渠閣修補本

六冊　一函

　　正文半葉十一行二十二字，白口，單黑魚尾，無界行，四周單邊。

　　內封鎸"張天如先生鑒定　通鑑紀事本末全編　鬱岡山房藏板"。

0434　　　　　　　　SG214/2-1-1

宋史紀事本末十卷

（明）馮琦撰　陳邦瞻補

明萬曆三十三年（1605）刻清順治十三年（1656）石渠閣修補本

十冊　二函

　　正文半葉十一行二十二字，白口，單黑魚尾，部分直格，四周單邊。

　　內封鎸"張天如先生鑒定　通鑑紀事本末宋編　鬱岡山房藏板"。與《元史紀事本末》合函。

0435　　　　　　　　SG214/46

宋史紀事本末一百九卷

（明）馮琦撰　陳邦瞻纂輯　張溥論正

明末張溥刻本

三十六冊　九函

　　正文半葉九行二十字，白口，單黑魚尾，左右雙邊。

　　眉上鎸評行五字。

0436　　　　　　　　SG214/54-1

元史紀事本末四卷

史　部

（明）陳邦瞻編　臧懋循補

明萬曆三十四年（1606）劉曰梧、徐申刻本

四册　一函

　　正文半葉十一行二十一字，白口，單黑魚尾，四周單邊。

　　有朱筆圈點。鈐"頤志齋藏書記"印。

0437　　　　　　　　　　　　SG214/2-1-1

元史紀事本末四卷

（明）陳邦瞻撰　臧懋循補

明萬曆三十四年（1606）劉曰梧、徐申刻

清順治十三年（1656）石渠閣修補本

二册　與《宋史紀事本末》合函

　　正文半葉十一行二十二字，白口，單黑魚尾，部分直格，四周單邊。

　　內封鎸"張天如先生鑒定　通鑑紀事本末宋編　鬱岡山房藏板"。卷末版心下鎸"順治丙申石渠閣補刻"。

0438　　　　　　　　　　　　SG214/7

明史紀事本末八十卷

（清）谷應泰編著

清順治十五年（1658）刻補版印本

十九册　四函

　　正文半葉九行二十字，白口，單黑魚尾，左右雙邊。

　　內封鎸"豐潤谷應泰編著　明史紀事本末　本衙藏板"。正文卷端題"紀事本末"爲剜改。

0439　　　　　　　　　　　　SG214/12

明史紀事本末八十卷

（清）谷應泰編著

清初翻刻順治十五年（1658）本

二十四册　三函

　　正文半葉九行二十字，白口，單黑魚尾，左右雙邊。

　　正文卷端題"紀事本末"爲剜改。

　　鈐"鶴壽""范氏蔭堂藏書"印。

0440　　　　　　　　　　　　SG214/2-3

明史紀事本末十八卷

（清）谷應泰編著

清初刻本

十四册　二函

　　正文半葉九行二十字，白口，單黑魚尾，左右雙邊。

　　卷末墨筆書"康熙癸未壯月凝菴置價銀肆錢貳分　釘銀壹錢肆分"。

0441　　　　　　　　　　　　SG279/78

聖駕親征葛爾旦方略不分卷

清康熙三十四年（1695）抄本

一册　一函

　　正文半葉十一行二十字，粗紅口，雙紅魚尾，紅格，四周雙邊。

0442　　　　　　　　　　　　SG214/11

繹史一百六十卷

（清）馬驌撰

清康熙九年至十二年（1670-1673）刻本

四十册　八函

正文半葉十一行二十四字,小字雙行三十六字,白口,左右雙邊。

内封鐫"馬宛斯先生手授　繹史　本衙藏板"。

鈐"四明袁氏靜遠仙館珍藏書籍""朱嘉賓圖書記""袁震""菁圃"諸印。

0443　　　　　又一部　SG214/11

繹史一百六十卷

（清）馬驌撰

清康熙九年至十二年(1670－1673)刻本

四十册　六函

正文半葉十一行二十四字,小字雙行三十六字,白口,左右雙邊。

0444　　　　　　　SG214/2－4

通鑑本末紀要八十一卷首三卷

（清）蔡毓榮撰　林子卿注

清康熙二十四年(1685)蔡毓榮刻本

四十二册　七函

正文半葉十行二十二字,小字雙行同,白口,單黑魚尾,左右雙邊。

内封鐫"通鑑本末紀要　本衙藏板翻刻必究"。

0445　　　　　　　SG214/41

三藩紀事本末四卷

（清）楊陸榮編

清康熙五十六年(1717)刻本

二册　一函

正文半葉九行二十字,白口,單黑魚尾,左右雙邊。

内封鐫"康熙丁酉春鐫　三藩紀事本末　本衙藏板"。

有朱筆圈點批注。鈐"徐氏醉僊珍藏""徐堂"印。

0446　　　　　又一部　SG214/43

三藩紀事本末四卷

（清）楊陸榮編

清康熙五十六年(1717)刻本

四册　一函

正文半葉九行二十字,白口,單黑魚尾,左右雙邊。

内封鐫"康熙丁酉春鐫　三藩紀事本末　本衙藏板"。

0447　　　　　　　SG214/15

平臺紀畧一卷

（清）藍鼎元撰　王者輔評

清雍正十年(1732)刻本

二册　一函

正文半葉九行二十字,小字雙行字數不等,白口,單黑魚尾,左右雙邊。

版心下鐫刻工"羅文""馮和"。

行間鐫小字評語。

0448　　　　　又一部　SG214/15A

平臺紀畧一卷

（清）藍鼎元撰　王者輔評

清雍正十年(1732)刻本

一册　一函

正文半葉九行二十字,小字雙行字數不等,白口,單黑魚尾,左右雙邊。

版心下鎸刻工"羅文""馮和"。

行間鎸小字評語。

0449　　　　　　　　　　SG33/63

東征集六卷

（清）藍鼎元撰　王者輔評

清雍正十年（1732）王者輔刻本

三册　一函

　　正文半葉九行二十字，白口，單黑魚尾，無界行，左右雙邊。

　　版心下鎸刻工"羅文""馮和"。

雜史類

0450　　　　　　　　　　　　SG52/116

吾學編十四篇六十九卷

（明）鄭曉撰

明萬曆二十七年（1599）鄭心材重校刻本

十二册　二函

正文半葉十行十九字，小字雙行同，花口，單黑魚尾或白魚尾，左右雙邊。

篇目末及諸子目卷末鐫"孫心材重校"或"萬曆己亥孫心材重校"等。版心下鐫字數及刻工"魏浩""陳元""陶思"等。

首册序目、《皇明大政記》係抄配。

皇明大政記十卷

建文遜國記一卷

皇明同姓表二卷皇明同姓諸王傳三卷附異姓三王傳孔氏世家

皇明異姓諸侯表一卷皇明異姓諸侯傳二卷

皇明直文淵閣諸臣表一卷附錄皇明閣臣皇明直文淵閣表

兩京典銓尚書表一卷

皇明名臣記三十卷

建文遜國臣記八卷

皇明天文述一卷

皇明地理述二卷

皇明三禮述二卷

皇明百官述二卷

皇明四夷考二卷

皇明北虜考一卷

通代之屬

0451　　　　　　　　　　　　SG215/4-4

國語二十一卷

（三國吳）韋昭解

國語古文音釋一卷

（明）王鑾撰

明嘉靖四年（1525）許宗魯宜靜書堂刻本

六册　一函

正文半葉十行二十字，小字雙行同，白口，無魚尾，左右雙邊。

版心鐫"宜靜書堂"。

0452　　　　　　　　　　　　SG215/4

國語二十一卷

（三國吳）韋昭解　（宋）宋庠補音

明萬曆李克家刻本

四册　一函

正文半葉九行二十字，小字雙行同，白口，單黑魚尾，四周單邊。

眉上鐫評行四字。卷末鐫"新建李克家校正"。版心下鐫"喻鎧寫姜良刻""郭一德刻"等。

鈐"抱經樓藏善本""鄞林氏藜照廬圖

書""鄞蝸寄廬孫氏藏書""翔熊收藏"諸印。

0453　　　　　　　　　　　　SG215/4-13
國語二十一卷
（三國吳）韋昭解
明天啓六年（1626）鍾人傑刻本
四册　一函
　　正文半葉九行二十一字，小字雙行同，白口，白魚尾，左右單邊。

0454　　　　　　　　　　　　SG215/4-1
國語二十一卷
（三國吳）韋昭解
清嘉慶五年（1800）讀未見書齋重刻宋明道二年（1033）本
三册　一函
　　正文半葉十一行二十字，小字雙行同，白口，無魚尾，左右雙邊。
　　内封鎸"天聖明道本　國語　嘉慶庚申　讀未見書齋重雕"。卷末牌記鎸"嘉慶庚申吳門黃氏讀未見書齋開雕同邑李福書"。與《戰國策》《重刻剡川姚氏本戰國策札記》合函。
　　鈐"毛準""子水"印。

0455　　　　　　又一部　SG215/4-1
國語二十一卷
（三國吳）韋昭解
清嘉慶五年（1800）讀未見書齋重刻宋明道二年（1033）本
四册　一函
　　正文半葉十一行二十字，小字雙行同，白口，無魚尾，左右雙邊。
　　内封鎸"天聖明道本　國語　嘉慶庚申　讀未見書齋重雕"。卷末牌記鎸"嘉慶庚申吳門黃氏讀未見書齋開雕同邑李福書"。

0456　　　　　　　　　　　　SG215/4-12
國語九卷
（明）閔齊伋裁注
明萬曆四十七年（1619）閔齊伋刻三色套印本
十册　二函
　　正文半葉九行十九字，小字雙行同，白口，無魚尾，四周單邊。
　　眉上鎸三色評語行五字。
　　鈐"閔齊伋印""遇五"印。

0457　　　　　　　　　　　　SG215/42
國語抄評十二卷
（明）葉明元輯
明萬曆十六年（1588）鄭道興刻本
四册　一函
　　正文半葉九行十六字，小字雙行同，白口，單黑魚尾，四周單邊。
　　眉上鎸評行五字。有刻工"周子登""謝大壯"等。
　　有朱筆圈點。鈐"翼輪堂藏書記""加藤家藏書記"印。

0458　　　　　　　　　　　　SG215/15-1
戰國策三十三卷
（漢）高誘注　（宋）姚宏校正

清乾隆二十一年（1756）盧見曾雅雨堂刻本

六册　一函

正文半葉十行二十一字，小字雙行同，白口，單黑魚尾，四周雙邊。

内封鐫"乾隆丙子鐫　高氏戰國策雅雨堂藏板"。版心下鐫"雅雨堂"。初印本。《雅雨堂叢書》之一。

序末有謝宗陶墨筆題識。鈐"謝宗陶藏書印"印。

0459　　　　　又一部　SG215/15

戰國策三十三卷

（漢）高誘注　（宋）姚宏校正

清乾隆二十一年（1756）盧見曾雅雨堂刻本

四册　一函

正文半葉十行二十一字，小字雙行同，白口，單黑魚尾，四周雙邊。

版心下鐫"雅雨堂"。初印本。《雅雨堂叢書》之一。

鈐"朱黼偶藏""張繼之印"印。

0460　　　　　　　　　SG215/15

戰國策三十三卷

（漢）高誘注

清初刻本

十二册　一函

正文半葉十一行二十字，白口，單黑魚尾，左右雙邊。

卷末喬松年（鶴儕）識語云"此本是紹興丙寅刻"。鈐"汲古得修綆""毛晉之印""毛氏子晉""陳寶儉珍藏印""鶴儕""芸閣""涂水喬氏鶴儕藏書印""稀世之珍""太原喬松年收藏圖書"諸印。

0461　　　　　　　　SG215/4-1

戰國策三十三卷

（漢）高誘注

清嘉慶八年（1803）讀未見書齋刻本

四册　與《國語》《重刻剡川姚氏本戰國策札記》合函

正文半葉十一行二十字，小字雙行同，白口，無魚尾，左右雙邊。

卷末牌記鐫"嘉慶癸亥秋吳門黃氏讀未見書齋影摩宋本重雕"。

0462　　　　　　　SG215/15-11

鮑氏國策十卷

（宋）鮑彪校注

明嘉靖七年（1528）龔雷刻本

八册　一函

正文半葉十一行二十字，小字雙行同，白口，單黑魚尾，左右雙邊。

眉欄有朱筆評點。書末鐫"嘉靖戊子後學吳門龔雷校刊"。版心下鐫刻工"阮祐""李昌""許貴""許才"等。

鈐"汪儀之印"印。

0463　　　　　　　SG215/15-5

戰國策十卷

（宋）鮑彪校注　（元）吳師道重校

明萬曆九年（1581）張一鯤刻本

八册　一函

正文半葉九行二十字,小字雙行同,白口,單黑魚尾,左右雙邊。

眉上鐫評行四字。版心下鐫字數及刻工"李宗文"等。

鈐"萬氏圖書""光風霽月""息園藏籍""潛廬藏過""潛江甘氏崇雅堂藏書記""崇雅堂藏書""潛江甘鵬雲藥樵收藏書籍章"諸印。

0464　　　　　　　　　　SG215/15

戰國策譚椒十卷附錄一卷

(宋)鮑彪校注　(元)吳師道重校　(明)張文爟校輯

明萬曆十四年(1586)張文爟刻本

十八册　四函

正文半葉九行十八字,小字雙行同,白口,無魚尾,四周單邊或左右雙邊。

眉上鐫評。内封鐫"丙戌虎林張氏校梓"。

0465　　　　　　　　　SG215/4-1

重刻剡川姚氏本戰國策札記三卷

(清)黃丕烈撰

清嘉慶八年(1803)讀未見書齋刻本

一册　與《國語》《戰國策》合函

正文半葉十一行二十字,小字雙行同,白口,無魚尾,左右雙邊。

卷末牌記鐫"嘉慶癸亥冬吳門黃氏讀未見書齋開雕"。

鈐"毛準""子水"印。

0466　　　　　　　　　SG215/38

戰國策去毒二卷附東西二周考一卷去毒編年一卷

(清)陸隴其評定

清康熙三魚堂刻本

四册　一函

正文半葉九行二十字,白口,單黑魚尾,無界行,左右雙邊。

眉上鐫評行四字。

有朱筆圈點、朱墨筆批注。

0467　　　　　　　　　SG216/42

路史四十七卷

(宋)羅泌纂　羅苹注　(明)喬可傳校

明萬曆三十九年(1611)喬可傳寄寄齋刻本

八册　一函　存十四卷(國名紀八卷、發揮六卷)

正文半葉十行二十字,白口,單黑魚尾,四周單邊。

眉上鐫評行四字。

鈐"槐蔭堂白寶藏書貼之印"印。

0468　　　　　　　　　SG216/19-1

重訂路史全本四十七卷

(宋)羅泌輯　(明)吳弘基　陳子龍等重訂

明末吳弘基重訂刻本

二十四册　四函

正文半葉八行二十字,小字雙行同,白口,無魚尾,左右雙邊。

眉上鐫評。内封鐫"賦秋山彙評　路

史　摹宋本重鎸　酉山堂藏板"。
　　前紀九卷
　　後紀十四卷
　　國名紀八卷
　　發揮六卷
　　餘論十卷

0469　　　　　又一部　SG216/19
重訂路史全本四十七卷
　　（宋）羅泌輯　（明）吳弘基　陳子龍等重訂
　　明末吳弘基重訂刻本
　　二十册　三函
　　正文半葉八行二十字，小字雙行同，白口，無魚尾，左右雙邊。
　　眉上鎸評。
　　鈐"吞雲閣癸丑劫餘藏書""張氏吞雲閣癸丑丙辰兩次兵燹後所藏"印。

0470　　　　　　　　SG215/45
世本十卷
　　（清）秦嘉謨輯補
　　清嘉慶二十三年（1818）琳琅仙館刻本
　　六册　一函
　　正文半葉十行二十二字，小字雙行同，黑口，單黑魚尾，左右雙邊。
　　内封鎸"嘉慶戊寅仲夏琳琅仙館開雕"。
　　鈐"仕隱""石湖詩孫""木樨香館范氏藏書"諸印。

0471　　　　　　　　SG215/18
十國春秋一百十四卷

　　（清）吳任臣撰
拾遺一卷備攷一卷
　　（清）周昂輯
　　清乾隆五十三年（1788）周氏此宜閣刻本
　　十六册　二函
　　正文半葉十行二十一字，小字雙行同，白口，單黑魚尾，左右雙邊。

0472　　　　　又一部　SG212/71
十國春秋一百十四卷
　　（清）吳任臣撰
拾遺一卷備攷一卷
　　（清）周昂輯
　　清乾隆五十三年（1788）周氏此宜閣刻本
　　十六册　二函
　　正文半葉十行二十一字，小字雙行同，白口，單黑魚尾，左右雙邊。
　　内封牌記鎸"版藏海虞顧氏小石山房"。

0473　　　　　　　　SG22/364
漢唐秘史二卷
　　（明）朱權編
　　明建文四年（1402）寧藩刻本
　　六册　一函
　　正文半葉十三行二十二字，黑口，雙黑魚尾，四周雙邊。
　　鈐"師山後學鄭旻""書帶草堂""古歙遺民"諸印。

斷代之屬

0474　　　　　　　　　　SG216/6-1
隆平集二十卷
（宋）曾鞏編撰
清康熙四十年（1701）彭期七業堂刻本
十冊　一函

正文半葉九行二十字，小字雙行同，白口，單黑魚尾，左右雙邊。

内封鐫"康熙辛巳年新鐫　宋曾文定公隆平集　七業堂校"。

0475　　　　　　　　　　SG22/151-3
南渡錄五卷
（宋）辛棄疾著
清抄本
一冊　一函

正文半葉十行二十字，素紙。

有朱筆校字。卷前有1919年復翁（豐華堂主人楊復）題識。卷末有不治他技氏抄書識語"此書世無刻本，即抄本亦僅見。壬辰夏，予于西洞庭楞伽山人處借而錄之，幸勿視為小說書也"。鈐"不治他技""碧梧翠竹人家""豐華堂藏閱書"諸印。

　　南燼紀聞錄二卷
　　竊憤錄一卷續竊憤錄一卷
　　阿計替傳一卷

0476　　　　　　　　　　SG217/23
南燼紀聞一卷
（宋）黃冀之撰
清初抄本
一冊　一函

正文半葉十行二十字，無界行，素紙。

鈐"休寧汪季青家藏書籍""古香樓""曾經東山柳蓉邨過眼印"印。

0477　　　　　　　　　　SG312./366
歸潛志十四卷
（元）劉祁撰
清乾隆抄本
四冊　一函

正文半葉十行二十三字，無界行，素紙。

有朱筆句讀、校對。鈐"獨山莫氏銅井寄廬書記""獨山莫氏銅井文房藏書印""獨山莫氏藏書""莫棠字楚生印"諸印。

0478　　　　　　　　　　SG216/47
建文書法儗前編一卷正編二卷附編二卷
（明）朱鷺撰
明萬曆四十三年（1615）刻天啓元年（1621）增訂印本
四冊　一函

正文半葉七行十七字，白口，單黑魚尾，四周單邊。

鈐"海豐吳氏石蓮盦""吳重熹印"印。

0479　　　　　　　　　　SG22/68
弇山堂別集一百卷
（明）王世貞撰
明萬曆十八年（1590）金陵刻本
二十冊　四函

正文半葉十行二十字,白口,單黑魚尾,四周單邊。

書末鎸"大明萬曆庚寅孟冬穀旦金陵鎸行"。版心下鎸"蔡朝光刊"。

鈐"稽古齋藏書""授經樓藏書印""南州草堂""南州書樓珍藏""二萬卷樓藏書""有造館記""綜童閣"印。

0480　　　　　　又一部　SG22/68

弇山堂別集一百卷

（明）王世貞撰

明萬曆十八年（1590）刻本

三十册　四函

正文半葉十行二十字,白口,單黑魚尾,四周單邊。

書末鎸"大明萬曆庚寅孟冬穀旦金陵鎸行"。版心下鎸"蔡朝光刊"。

間有抄配。鈐"大司寇章""五嶽山人""曾在潛樓"諸印。

0481　　　　　　　　　SG23/170

弇州史料前集三十卷後集七十卷

（明）王世貞撰　董復表編

明萬曆四十二年（1614）楊鶴刻本

四十七册　六函

正文半葉九行十八字,白口,單黑魚尾,四周單邊。

版心鎸刻工"孫文刻""施仲刻""周亭""朱祖""羅山"等。

0482　　又一部　SG23/170、SG23/170-1

弇州史料前集三十卷後集七十卷

（明）王世貞撰　董復表編

明萬曆四十二年（1614）楊鶴刻本

三十册　六函

正文半葉九行十八字,白口,單黑魚尾,四周單邊。

版心鎸刻工"孫文刻""施仲刻""周亭""朱祖""羅山"等。

鈐"曾在潛樓"印。

0483　　　　　　又一部　SG23/170

弇州史料前集三十卷後集七十卷

（明）王世貞撰　董復表編

明萬曆四十二年（1614）楊鶴刻本

二十册　二函

正文半葉九行十八字,白口,單黑魚尾,四周單邊。

版心鎸刻工"孫文刻""施仲刻""周亭""朱祖""羅山"等。

0484　　　　　　　　　SG22/362

皇明典故紀聞十八卷

（明）余繼登緝　馮琦訂

明萬曆二十八年（1600）王象乾刻本

十册　二函

正文半葉九行十八字,白口,無魚尾,左右雙邊。

版心下鎸刻工"徐有倫""趙文希""彭應舉"等。

有墨筆抄配。

0485　　　　　　　　　SG312./5

眉公見聞錄四卷

(明)陳繼儒撰

明崇禎九年(1636)醉綠居刻本

二册　一函

　　正文半葉九行二十一字,白口,單黑魚尾,左右雙邊。

　　《眉公十種藏書》之一。

0486　　　　　　　　　　　SG27/112
皇明大訓記十六卷

　(明)朱國禎輯

　明崇禎刻本

　六册　一函

　　正文半葉十行二十一字,小字雙行同,白口,單黑魚尾,左右雙邊。

　　明崇禎間刻《皇明史概》之一。

　　鈐"長白敷槎氏葷齋昌齡圖書印""棟亭曹氏藏書""檀尊藏本""禮府藏書"諸印。

0487　　　　　　又一部　SG27/112
皇明大訓記十六卷

　(明)朱國禎輯

　明崇禎刻本

　八册　一函

　　正文半葉十行二十一字,小字雙行同,白口,單黑魚尾,左右雙邊。

　　明崇禎間刻《皇明史概》之一。

　　鈐"曾藏沈燕謀家""希范韓氏家藏"印。

0488　　　　　　　　　　　SG22/290
三朝野記七卷

　(清)李遜之輯

　清乾隆李模抄本

　六册　一函　缺二卷(五至六)

　　正文半葉八行十八字,無界行,素紙。

　　版心鎸"無夢園"。

　　清代禁書。記泰昌、天啓、崇禎朝事。書末有李遜之曾孫李模跋。

0489　　　　　　　　　　　SG22/241
餘生錄一卷塘報稿一卷塘報再稿一卷

　(清)邊大綬撰

　清順治十一年(1654)黃自起刻本

　一册　一函

　　正文半葉八行十八字,白口,單黑魚尾,左右雙邊。

0490　　　　　　　　　　　SG22/363
餘生錄一卷塘報稿一卷塘報再稿一卷

　(清)邊大綬撰

　清康熙至嘉慶抄本

　一册　一函

　　正文半葉八行十七字或十八字,白口,四周單邊。

　　鈐"南通馮氏景岫樓藏書""馮雄印信""強齋"印。

0491　　　　　　　　　　　SG22/153-1
明末野史五種七卷

　(清)粿心野史菊知氏輯

　抄本

　六册　一函

　　正文半葉十行二十三字或二十四字不等,無界行,素紙。

東明聞見錄二卷　（明）瞿共美撰

行在陽秋二卷　（明）劉湘客撰

嘉定屠城記略一卷　（清）朱子素撰

也是錄一卷　題自非逸史編

求野錄一卷　題客溪樵隱編

0492　　　　　　　　　　SG33/6-1

平叛記二卷

（清）毛霦編

清康熙五十五年(1716)毛貢刻本

四冊　一函

　　正文半葉九行二十字，小字雙行同，白口，單黑魚尾，左右雙邊。

0493　　　　　　又一部　SG33/6

平叛記二卷

（清）毛霦編

清康熙五十五年(1716)毛貢刻本

二冊　一函

　　正文半葉九行二十字，小字雙行同，白口，單黑魚尾，左右雙邊。

0494　　　　　又一部　SG33/6-1A

平叛記二卷

（清）毛霦編

清康熙五十五年(1716)毛貢刻本

二冊　一函

　　正文半葉九行二十字，小字雙行同，白口，單黑魚尾，左右雙邊。

0495　　　　　　　　　　SG312./459

虞山妖亂志三卷

（清）馮舒著

清初小黃厓山房抄本

一冊　一函

　　正文半葉九行字數不等，黑口，雙黑魚尾，瓦楞格，四周雙邊。

　　版心鐫"小黃厓山房"。

　　有黃裳墨筆題識及朱筆跋語。鈐"黃裳容氏珍藏圖籍""黃裳珍藏善本""黃裳百嘉""木雁齋""黃裳鑑藏""草草亭藏""容家書庫""黃裳青囊文苑"諸印。

0496　　　　　　　　　　SG312./460

過墟志感二卷

（清）墅西逸叟撰

清初小黃厓山房抄本

一冊　一函

　　正文半葉九行字數不等，黑口，雙黑魚尾，瓦楞格，四周雙邊。

　　版心鐫"小黃厓山房"。與《筆夢》合函。

　　有殘缺，黃裳朱筆補錄。書後有黃裳跋語。鈐"黃裳容氏珍藏圖籍""黃裳珍藏善本""木雁齋""黃裳藏本""黃裳鑑藏""黃裳""草草亭藏""裳讀"諸印。

0497　　　　　　　　　　SG312./460

筆夢一卷

（清）據梧子撰

清初小黃厓山房抄本

與《過墟志感》合冊　合函

　　正文半葉九行字數不等，黑口，雙黑魚尾，瓦楞格，四周雙邊。

史　部　　111

版心鐫"小黃厓山房"。

書後有黃裳跋語。鈐"黃裳鑑藏""黃裳百嘉"諸印。

0498　　　　　　　　　　　　SG214/61
孑遺錄一卷

（清）戴名世撰　王源　方正玉評

清道光淳溪漁隱抄校本

一册　一函

正文半葉八行十七字，無界行，素紙。

清代禁書。天頭抄附錄災异數十條，行間及天頭有朱墨筆評語。卷末有清道光七年（1827）、十八年（1838）淳溪漁隱朱筆題識，道光十六年（1836）淳溪漁隱過錄陳萊孝《談暇》一則。鈐"蕭菽"印。

0499　　　　　　　　　　　　SG48/1398
陶廬雜錄六卷

（清）法式善撰

清嘉慶二十二年（1817）刻本

六册　一函

正文半葉十行二十一字，花口，單黑魚尾，左右雙邊。

鈐"朱樫之印""九丹"印。

外紀之屬

0500　　　　　　　　　　　　SG214./92
懲毖錄四卷

（朝鮮）柳成龍撰

日本元祿八年（1695）大和屋伊兵衛刻本

四册　一函

正文半葉十行二十字，單黑魚尾，無界行，四周雙邊。

眉上鐫注。書後鐫"元祿八乙亥年正月日　京二條通　大和屋伊兵衛寫板"。

書簽題名"朝鮮懲毖錄"。鈐"西洞院藏書""蘇曼那館"諸印。

載記類

0501　　　　　　　　　　SG217/18
錦里耆舊傳四卷
（宋）句延慶纂
清康熙元年至二十四年（1662－1685）抄本
一册　一函
正文半葉九行十八字，無界行，素紙。

有墨筆過録汪魚亭（汪憲）、朱竹垞（朱彝尊）跋。董增儒彩筆批校。書末有民國十六年（1927）董增儒墨筆題跋，詳言校閱經過。鈐"曹溶之印""檇李曹氏藏書""激面軒董氏藏書之印""董增儒所得金石文字""抱殘"諸印。

史抄類

0502　　　　　　　　　　SG211/2-5

唐荊川先生批點精選史記十二卷

（明）唐順之輯

明末刻本

六册　一函

　　正文半葉九行二十一字，小字雙行同，白口，單白魚尾，四周雙邊。

　　眉上鐫評。

　　有朱筆圈點。

0503　　　　　　　　　SG211./28-1

太史華句八卷

（明）凌迪知輯

明萬曆五年(1577)凌氏刻本

二册　一函

　　正文半葉八行十七字，小字雙行同，白口，單黑魚尾，左右雙邊。

　　鈐"項墨林鑑賞章""曹榕""鄞林氏藜照廬圖書"印。

0504　　　　　　又一部　SG211./28

太史華句八卷

（明）凌迪知輯

明萬曆五年(1577)凌氏刻本

二册　一函

　　正文半葉八行十七字，小字雙行同，白口，單黑魚尾，左右雙邊。

0505　　　　　　　　　　SG211/44

史記纂二十四卷

（明）凌稚隆輯校

明萬曆七年(1579)凌氏刻朱墨套印本

十册　二函

　　正文半葉九行十九字，白口，無魚尾，四周單邊。

　　眉上鐫評。

0506　　　　　　又一部　SG211/44

史記纂二十四卷

（明）凌稚隆輯校

明萬曆七年(1579)凌氏刻朱墨套印本

十二册　二函　缺二卷（二十三至二十四）

　　正文半葉九行十九字，白口，無魚尾，四周單邊。

　　眉上鐫評。

　　鈐"向楚之鉢""廉靖樂道"諸印。

0507　　　　　　　　　SG211./44

史記鈔九十一卷

（明）茅坤輯

明泰昌元年(1620)閔振業刻朱墨套印本

二十四册　六函

正文半葉九行十九字,白口,左右雙邊。

鈐"白石樵""糜公""鹿門山中""司勳之章""振業印""瞻臺""胡開遠珍藏印""繩武堂印""澹寧書屋"諸印。

0508　　　　　　　　　　　　　SG211/16

同菴史彙十卷

（清）蔣善選評

清康熙四十二年至四十六年（1703－1707）思永堂刻本

八册　一函

正文半葉九行二十二字,小字雙行同,白口,單黑魚尾,四周雙邊。

眉上鐫評。版心下鐫"思永堂"。

0509　　　　　　　　　　　　　SG112./71

漢雋十卷

（宋）林鉞輯　（明）吕元校

明萬曆十三年（1585）周對峰刻本

十册　一函

正文半葉八行十二字,小字雙行二十四字,白口,單黑魚尾,左右雙邊。

内封鐫"萬曆乙酉金陵周對峰鐫"。版心下鐫字數。

有清光緒二十三年（1897）王秉宣墨筆題識。鈐"邵晉涵印""邵氏二雲""正定經文""王秉宣珍藏書畫印""山陰王秉宣藏""王秉宣藏""潛江甘鵬雲藥樵收藏書籍章"諸印。

0510　　　　　　　　　　　　　SG313/100

兩漢雋言十六卷

（宋）林鉞輯　（明）凌迪知校

明萬曆四年（1576）凌氏桂芝堂刻本

八册　一函

正文半葉八行十七字,小字雙行同,白口,單黑魚尾,左右雙邊。

書口下鐫"吳郡夏邦彦刻""長洲顧懷寫王伯才刻"。《文林綺繡》之一。

鈐"元尚齋吳氏藏"印。

0511　　　　　　　　　　　　　SG313/100

兩漢雋言十六卷

（宋）林鉞輯　（明）凌迪知校

明萬曆四年至四十七年（1576－1619）刻本

四册　一函

正文半葉八行十七字,小字雙行同,白口,單黑魚尾,四周單邊或左右雙邊。

明萬曆四年凌迪知刻本之翻刻本。

0512　　　　　　　　　　　　　SG211/45

左策史漢約選八卷

（清）洪德常輯

清康熙十八年（1679）洪琮世綸堂刻本

八册　一函

正文半葉九行二十字,小字雙行同,白口,單黑魚尾,左右雙邊。

版心下鐫"世綸堂"。

鈐"秉愷"諸印。

左傳二卷

戰國策二卷

史記二卷

漢書二卷

0513　　　　　　　　　　　SG211./46

三國志注鈔八卷

（明）鍾惺輯

明萬曆四十五年（1617）刻本

六冊　一函

正文半葉九行十九字，小字雙行同，白口，四周單邊。

眉上鐫評。

鈐"臣寶私印""竹林陸氏"印。

0514　　　　　　　　　　　SG212/61

晉書纂略二十卷

（明）馬維銘纂　劉廷元校

明萬曆四十三年（1615）刻本

四冊　一函

正文半葉九行二十字，小字雙行同，白口，單黑魚尾，四周單邊。

此書爲明萬曆四十三年刻《史書纂略》之一。

0515　　　　　　　　　　　SG216/30

晉書纂七卷

（明）華玄禔纂

明刻本

四冊　一函

正文半葉九行二十字，小字雙行同，白口，無魚尾，四周雙邊。

眉上鐫評。版心下鐫刻工"馮汝高"等。

有朱筆批點。鈐"洞室李氏經眼書畫印"印。

0516　　　　　　　　　　　SG216/46

兩晉南北合纂四十卷

（明）錢岱纂

明萬曆三十六年至四十八年（1608－1620）刻本

十二冊　二函

正文半葉十行二十字，白口，單黑魚尾，四周單邊。

眉上鐫評。李維楨序末鐫"吳郡章鏞刻"。

有朱墨筆圈點。鈐"海豐吳氏""海豐吳氏家藏""石蓮庵""石蓮涉獵""蓼舸""慶遠堂""熊鐘吳印"諸印。

晉書纂十六卷

宋纂四卷

南齊纂三卷

南梁纂四卷

南陳纂一卷

北魏纂五卷

北齊纂三卷

北周纂二卷

北隋纂二卷

0517　　　　　　　　　　　SG211.2/1

通鑑總類二十卷

（宋）沈樞輯

明萬曆二十三年（1595）司禮監孫隆刻本

八冊　二函

正文半葉十一行二十三字，白口，單黑

魚尾,左右雙邊。

0518　　　　　　　　　SG212/92
歐陽文忠公五代史抄二十卷
（明）茅坤輯
明萬曆七年至崇禎十七年（1579－1644）
　閔氏刻朱墨套印本
十册　一函
　正文半葉八行十八字,白口,無魚尾,無界行,四周單邊。
　眉上鐫評。

0519　　　　　　　　　SG211.1/4
歐陽文忠公五代史抄二十卷
（明）茅坤輯
明崇禎四年至崇禎十七年（1631－1644）
　刻本
四册　一函
　正文半葉九行二十字,白口,單白魚尾,四周單邊。
　眉上鐫評。

0520　　　　　　　　　SG212/13
元史節要十四卷
（明）張九韶輯
明正德九年（1514）張克文刻本
二册　一函
　正文半葉十行二十字,白口,無魚尾,四周雙邊,左右版框不相連。
　鈐"自好"諸印。

0521　　　　　　　　　SG211./19
雪廬讀史快編六十卷
（明）趙維寰輯
明天啓四年（1624）趙維寰刻本
十册　二函
　正文半葉十行二十字,白口,單黑魚尾,左右雙邊。
　行間有朱筆批注。鈐"勤業""胡""虞"印。

0522　　　　　又一部　SG211./19
雪廬讀史快編六十卷
（明）趙維寰輯
明天啓四年（1624）趙維寰刻本
十八册　四函
　正文半葉十行二十字,白口,單黑魚尾,左右雙邊。

0523　　　　　又一部　SG211./19
雪廬讀史快編六十卷
（明）趙維寰輯
明天啓四年（1624）趙維寰刻本
二十册　四函
　正文半葉十行二十字,白口,單黑魚尾,左右雙邊。
　眉上有朱筆批注。

0524　　　　　　　　　SG212.2/34
讀史集四卷
（明）楊以任輯
明崇禎書林蔡益所刻本
七册　一函　存三卷（讀史集恨一卷、讀

史集膽一卷、讀史集識一卷）

正文半葉八行十八字，白口，單黑魚尾，四周單邊。

眉上鎸評。

0525　　　　又一部　SG212.2/34

讀史集四卷

（明）楊以任輯

明崇禎書林蔡益所刻本

二册　一函　存一卷（讀史集恨一卷）

正文半葉八行十八字，白口，單黑魚尾，四周單邊。

眉上鎸評。

鈐"粹芬閣"印。

0526　　　　　　SG211./5-1

諸史品節四十卷

（明）陳深　陸翀之輯

明萬曆二十一年至四十七年（1593-1619）刻本

四十册　五函

正文半葉九行二十字，小字雙行同，白口，單白魚尾，四周單邊。

眉上鎸評。

0527　　　　又一部　SG211./5

諸史品節四十卷

（明）陳深　陸翀之輯

明萬曆二十一年至四十七年（1593-1619）刻本

十二册　二函

正文半葉九行二十字，小字雙行同，白口，單白魚尾，四周單邊。

眉上鎸評。

0528　　　　　　SG211./2

歷代史纂左編一百四十二卷

（明）唐順之編輯

明嘉靖四十年（1561）刻萬曆四十年（1612）重刻本

九十册　十八函

正文半葉十行二十字，小字雙行同，白口，單白魚尾，四周雙邊。

鈐"曾在端植案頭""國華氏"諸印。

0529　　　　　　SG211/34

二十一史論贊輯要三十六卷

（明）彭以明輯　彭惟成校

明萬曆三十七年（1609）彭惟成、彭惟直刻本

二十八册　四函

正文半葉十行二十字，白口，單白魚尾或黑魚尾或無魚尾，左右雙邊。

凡例末鎸"師古齋藏板"。

0530　　　　　　SG211/19

二十一史文鈔五十八卷

（明）沈國元選

明崇禎十二年（1639）沈氏大來堂自刻本

三十册　四函

正文半葉九行二十五字，小字雙行同，白口，無魚尾，無界行，四周單邊。

版心下鎸"大來堂"。

0531　　　　SG211./42、SG211./11、SG211./39、SG211./40

廿一史文鈔三百三十二卷

（明）戴羲輯

明崇禎刻本

十二册　四函　存四十九卷（晉書文鈔二十一卷、南齊書文鈔八卷、北史文鈔八卷、隋書文鈔十二卷）

正文半葉九行十九字，白口，單白魚尾，四周單邊。

鈐"貴陽趙氏珍藏""彤伯珍藏"印。

0532　　　　　　　　　　SG281/10

閱史約書不分卷

（明）王光魯撰

明末刻本

一册　一函

正文半葉九行二十字或字數不等，白口，無魚尾，四周單邊。

有朱墨套印地圖。

0533　　　　　　　　　　SG212./7

鑑語經世編二十七卷

（清）魏裔介纂

清康熙十四年（1675）魏氏兼濟堂刻本

八册　一函

正文半葉十行二十字，白口，單黑魚尾，無界行，左右雙邊。

内封鎸"兼濟堂著　鑑語經世編　本衙藏板翻刻必究"。

鈐"驪城徐氏家藏""一得""徐紹薪""蔭綠軒書畫印"諸印。

0534　　　　　　又一部　SG212./7

鑑語經世編二十七卷

（清）魏裔介纂

清康熙十四年（1675）魏氏兼濟堂刻本

十二册　二函

正文半葉十行二十字，白口，單黑魚尾，無界行，左右雙邊。

内封鎸"兼濟堂著　鑑語經世編　本衙藏板翻刻必究"。

0535　　　　　　　　　　SG313/91

清代文獻邁古錄二十四卷附錄不分卷

（清）趙祖銘撰

清光緒十三年（1887）至民國初年抄本

八册　一函

正文半葉十一行二十四字，無界行，素紙。

有清光緒三十二年（1906）趙宗抃《清代文獻邁古錄》序和光緒三十年（1904）賈恩紱序。有朱筆句讀及説明。此書爲民國十六年（1927）北京慈祥工廠排印本《清代文獻邁古錄》的底稿本。趙祖銘，字式如，河北樂亭人。清末民初文獻學家，古文學家，著有自選集《涉趣園集》《書目答問校勘記》。

史評類

0536　　　　　　　　　SG212.1/1

史通二十卷

（唐）劉知幾撰

明萬曆三十年（1602）張鼎思刻本

八冊　二函

　　正文半葉九行十八字，白口，單黑魚尾，左右雙邊。

　　鈐"白松堂明卿氏""兩朝講官陳仁錫""大學士章""夏言之印""廣運之寶""季振宜印""滄葦"諸印。

0537　　　　　　　　　SG212.1/1-1

史通二十卷

（唐）劉知幾撰　（明）李維禎　郭延年評釋

明嘉靖二十六年至崇禎十七年（1547-1644）金炳壎刻本

四冊　一函

　　正文半葉九行二十字，白口，單白魚尾，四周單邊。

　　內封鎸"史通評釋　唐劉知幾撰　明李維禎郭延年評釋　蛾術書屋藏版"。

0538　　　　　　　　　SG212.2/22-1

東萊先生音註唐鑑二十四卷

（宋）范祖禹撰　呂祖謙註

清順治刻本

八冊　一函

　　正文半葉九行十八字，小字雙行同，黑口，順黑魚尾，四周雙邊。

　　鈐"錢氏天澡堂收藏印""毓芒軒藏書印"諸印。

0539　　　　　又一部　SG212.2/22-1A

東萊先生音註唐鑑二十四卷

（宋）范祖禹撰　呂祖謙註

清順治刻本

六冊　一函

　　正文半葉九行十八字，小字雙行同，黑口，順黑魚尾，四周雙邊。

　　鈐"毛準"印。

0540　　　　　又一部　SG212./8

東萊先生音註唐鑑二十四卷

（宋）范祖禹撰　呂祖謙註

清順治刻本

八冊　一函

　　正文半葉九行十八字，小字雙行同，黑口，順黑魚尾，四周雙邊。

0541　　　　　　　　　SG212.2/22-2

唐鑑十二卷

（宋）范祖禹撰　呂祖謙注

清乾隆武進惲懷英抄本

四册　一函

　　正文半葉九行二十五字，無界行，素紙。

　　有朱筆批點。鈐"鄒一桂""小山""蘭陵女史"諸印。

0542　　　　　　　　　　　SG212/95

讀史管見三十卷目錄二卷

　　（宋）胡寅撰

　　明崇禎八年（1635）張溥刻清康熙五十三年（1714）古並居重修本

　　十六册　四函

　　正文半葉九行二十字，白口，單黑魚尾，左右雙邊。

　　眉上鐫評。內封鐫"康熙五十三年鐫　古並居藏板　宋胡致堂先生著"。

0543　　　　　　　　　　　SG212.1/6

讀史管見三十卷目錄二卷

　　（宋）胡寅撰

　　明崇禎八年（1635）刻清康熙五十三年（1714）至雍正末年印本

　　十六册　二函

　　正文半葉九行二十字，白口，單黑魚尾，左右雙邊。

　　眉上鐫評。內封鐫"康熙五十三年鐫　古並居藏板　宋胡致堂先生著"。

0544　　　　　　　　　　　SG212./15

史義拾遺二卷

　　（元）楊維禎撰　（明）任轍校

　　明嘉靖十九年（1540）任轍刻本

　　二册　一函

　　正文半葉九行十八字，小字雙行同，白口，雙黑魚尾，四周單邊。

　　稀見。鈐"籍書園本""沈侯經眼"諸印。

0545　　　　　　　　　　　SG214/45

重刻歷朝捷錄四卷

　　（明）顧充撰

　　明末刻本

　　四册　一函

　　正文半葉九行二十二字，小字雙行同，白口，單黑魚尾，四周單邊。

　　有墨筆圈點。鈐"槐門書屋"印。

0546　　　　　　又一部　SG214/45

重刻歷朝捷錄四卷

　　（明）顧充撰

　　明末刻本

　　二册　一函

　　正文半葉九行二十二字，小字雙行同，白口，單黑魚尾，四周單邊。

　　有墨筆圈點。

0547　　　　　　　　　　　SG213/82

新鐫增定歷朝捷錄全編四卷

　　（明）顧充撰　周昌年增定

　　明萬曆二十三年至四十八年（1595－1620）周文煥刻本

　　四册　一函

正文半葉十行二十一字,小字雙行同,白口,單黑魚尾,四周單邊。

正文卷端題"金陵玉印周文煥藏板"。有墨筆增補。

0548　　　　　　　　　　　　　SG213/82-2
新鐫增定歷代捷錄全編八卷首一卷

（明）顧充撰　陳繼儒　周昌年增訂

明天啓元年至七年（1621－1627）梅墅石渠閣刻本

二册　一函　存六卷（一、二至五、八,首一卷）

正文半葉九行十八字,小字雙行同,白口,單黑魚尾,四周單邊。

有朱筆圈點。

0549　　　　　　　　　　　　　SG213/82-2
顧廻瀾先生歷朝捷錄大全四卷附通鑑潘氏總論一卷

（明）顧充編著　鍾惺　屠隆補輯　陳繼儒評閱

明萬曆二十六年至四十八年（1598－1620）陳長卿刻本

四册　一函

正文半葉八行十八字,小字雙行同,白口,無魚尾,四周單邊。

眉上鐫評。内封鐫"古吳陳長卿梓"。

0550　　　　　　　　　　　　　SG213/82-1
歷朝捷錄全文十一卷

（明）顧充編著　徐士俊箋釋

首一卷

（明）周昌年編著　徐士俊箋釋

歷朝捷錄直解十一卷首一卷

（清）汪淇參訂

清康熙刻本

四册　一函

正文半葉兩節版,上節十六行十三字,下節八行十七字,白口,無魚尾,左右雙邊,版框大小不一。

0551　　　　　　　　　　　　　SG213/102
新編漢唐通鑑品藻三十卷

（明）戴璟撰

明嘉靖十七年（1538）西安府刻本

十四册　三函

正文半葉十二行二十一字,白口,單黑魚尾,四周單邊。

0552　　　　　　　　　　　　　SG23/349
尚論編二十卷

（明）鄒泉輯著

明萬曆十六年（1588）葉龍溪刻本

十册　二函

正文半葉十一行二十四字,小字雙行同,白口,單黑魚尾,四周單邊。

内封鐫"世美堂原板"。

鈐"松蔭草堂圖書"印。

0553　　　　　　　　　　　　　SG212/86
重鋟合併評註我朝元朝捷錄二十二卷

明萬曆楊閩齋刻本

二册　一函

正文半葉十行二十字,小字雙行同,白

口,單黑魚尾,四周雙邊或單邊。

眉上鎸"皇明紀畧"。內封鎸"金陵官板潭城書林楊閩齋梓"。

新鎸屠儀部編纂皇明捷錄十四卷 (明)屠隆編纂 歐大任參訂

新刻校正纂輯評林元朝捷錄八卷 (明)張四知編纂

0554　　　　　　　　　　　　SG212/59

鼎鎸金陵湯會元評釋漢書狐白三卷

(明)湯賓尹精選　朱之蕃評注

明萬曆三十六年(1608)余紹崖自新齋刻本

六册　一函

正文半葉十行二十字,小字雙行同,白口,單黑魚尾,四周單邊。

眉上鎸評。卷末荷葉蓮花木記鎸"萬曆戊申歲仲冬吉旦書林余紹崖梓行"。

稀見。有佚名朱墨筆圈點。卷末有清康熙三十二年(1693)蔡中郎志伊氏朱筆題記、光緒十六年(1890)良瑞墨筆題記。

0555　　　　　　　　　　　　SG212.2/14

讀史漫錄十四卷

(明)于慎行撰　郭應寵編

明萬曆四十二年(1614)于緯刻本

十二册　二函

正文半葉九行十八字,白口,單黑魚尾,四周單邊。

眉上鎸評行七字。

鈐"張"印。

0556　　　　　　　　　　　SG212.2/14－1

讀史漫錄十四卷

(明)于慎行撰　郭應寵編

明萬曆四十二年(1614)于緯刻清補版印本

八册　一函

正文半葉九行十八字,白口,單黑魚尾,四周單邊。

0557　　　　　　　　　　　　SG212./3

史記評林一百三十卷首一卷

(明)凌稚隆輯　李光縉增補

明萬曆二年至四年(1574－1576)凌稚隆刻本

四十册　八函

正文半葉兩節版,上節鎸注,字數不等,下節十行十九字,小字雙行同,白口,單黑魚尾,左右雙邊。

鈐"劉準""研理樓劉氏藏""黃炳文印""子煇"諸印。

0558　　　　　　　　　　　　SG212./3

史記評林一百三十卷首一卷

(明)凌稚隆輯　李光縉增補

明萬曆四年至四十八年(1576－1620)建陽熊氏宏遠堂刻本

三十册　四函

正文半葉兩節版,上節鎸注,字數不等,下節十行十九字,小字雙行同,白口,單黑魚尾,左右雙邊。

0559　　　　　　又一部　SG212./3-1

史記評林一百三十卷首一卷

（明）凌稚隆輯　李光縉增補

明萬曆四年至四十八年(1576-1620)建
　陽熊氏宏遠堂刻本

三十二册　四函

　正文半葉兩節版,上節鐫注,字數不等,
下節十行十九字,小字雙行同,白口,單黑魚
尾,左右雙邊。

　卷一至十九用萬曆凌刻本配補。

0560　　　　　　　　　　SG216/43

古今治統二十卷

（明）徐奮鵬撰

清雍正元年(1723)槐柳齋刻本

十二册　二函

　正文半葉十行二十字,白口,單黑魚尾,
四周單邊。

　内封鐫"槐柳齋梓行"。

　鈐"西疇""季福私印""季福字曰西疇"
"絳雨綠雲書屋""紅藥山房""杭州王氏九
峰舊廬藏書之章""滑稽之雄""我思古人"
諸印。

0561　　　　　　　　　　SG211/7

史記論文一百三十卷

（清）吳見思評點　吳興祚參訂

清康熙二十六年(1687)吳興祚刻本

三十二册　六函

　正文半葉九行二十一字,小字雙行同,
白口,單黑魚尾,左右雙邊。

　有朱筆圈點。鈐"十年書"印。

0562　　　　　　　　　　SG212./47

讀書論世十六卷

（清）吳肅公撰

清康熙三十七年至六十一年(1698-
　1722)詒清堂刻本

四册　一函

　正文半葉九行二十字,小字雙行同,白
口,單黑魚尾,左右雙邊。

　内封鐫"宣城吳街南先生著　讀書論
世　詒清堂藏板"。版心鐫"詒清堂藏板"。
鈐"樸園秘籍""孫氏樸園藏書"印。

0563　　　　　　　　　　SG211./13

讀史提要錄十二卷

（清）夏之蓉編

清乾隆三十七年(1772)夏之蓉刻本

四册　一函

　正文半葉十行二十一字,白口,單黑魚
尾,四周單邊。

0564　　　　　　　　　　SG212./20

史通訓故補二十卷

（清）黄叔琳撰

清乾隆十二年(1747)黄叔琳養素堂刻本

八册　一函

　正文半葉九行十九字,小字雙行同,白
口,單黑魚尾,左右雙邊。

　眉上鐫評。

　鈐"嘉定錢氏""卷雨樓藏書記""劉絜
敖""俞明震印"諸印。

0565　　　　　又一部　SG212./20

史通訓故補二十卷

（清）黃叔琳撰

清乾隆十二年（1747）黃叔琳養素堂刻本

六冊　一函

正文半葉九行十九字，小字雙行同，白口，單黑魚尾，左右雙邊。

眉上鐫評。

鈐"豐城歐陽氏藏書""阮齋所見書畫金石""毛準""子水"諸印。

0566　　　　　又一部　SG212./20

史通訓故補二十卷

（清）黃叔琳撰

清乾隆十二年（1747）黃叔琳養素堂刻本

八冊　一函

正文半葉九行十九字，小字雙行同，白口，單黑魚尾，左右雙邊。

眉上鐫評。內封鐫"乾隆丁卯年鐫北平黃崑圃手編　史通訓故補　養素堂藏板"。

眉上、行間朱墨藍三色評點。有佚名校注并過錄清盧文弨校注及浦起龍、紀昀等人校評。鈐"素養堂"印。

0567　　　　　又一部　SG212./20-3

史通訓故補二十卷

（清）黃叔琳撰

清乾隆十二年（1747）黃叔琳養素堂刻本

十冊　二函

正文半葉九行十九字，小字雙行同，白口，單黑魚尾，左右雙邊。

眉上鐫評。內封鐫"乾隆丁卯年鐫北平黃崑圃手編　史通訓故補　養素堂藏板"。

佚名據清紀昀撰《史通削繁》朱筆刪節并過錄批校。

0568　　　　　　　　　SG212./2-2

史通通釋二十卷附錄一卷

（清）浦起龍撰

清乾隆十七年（1752）梁溪浦氏求放心齋刻本

六冊　一函

正文半葉九行二十二字，小字雙行同，白口，無魚尾，左右雙邊。

內封鐫"史通通釋　梁溪浦氏求放心齋定本"。

鈐"南昌彭氏""知聖道齋藏""遇讀者善"諸印。

0569　　　　　又一部　SG212./2-2

史通通釋二十卷附錄一卷

（清）浦起龍撰

清乾隆十七年（1752）梁溪浦氏求放心齋刻本

八冊　一函

正文半葉九行二十二字，小字雙行同，白口，無魚尾，左右雙邊。

內封鐫"史通通釋　梁溪浦氏求放心齋定本"。

0570　　　　　　　　　SG212.2/61

漢史億二卷

（清）孫廷銓纂

清康熙十年至六十一年（1671－1722）刻雍正印本

二册　一函

　　正文半葉八行二十字，白口，無魚尾，四周雙邊。

0571　　　　　　　　　　　　SG23/280
青萊續史十八卷

（清）朱里撰　吳若谷等評

清順治十四年（1657）魯人龍刻本

六册　一函

　　正文半葉九行二十字，白口，無魚尾，四周單邊。

　　清代禁書。鈐"古度齋收藏印""棟甫藏書之印"印。

0572　　　　　　　　　　　　SG211/22
四史勦說十六卷

（清）史珥著

清乾隆二十九年（1764）清風堂刻本

十册　一函

　　正文半葉十行二十二字，白口，單黑魚尾，左右雙邊。

　　内封鐫"清風堂藏版"。

0573　　　　　　　　　　　　SG212./9
四言史徵十二卷

（清）葛震輯　曹荃注釋

清雍正長白曹荃芷園刻本

十二册　二函

　　正文半葉八行二十二字，小字雙行同，白口，無魚尾，四周單邊。

　　内封鐫"四言史徵　芷園藏板"。版心下鐫"芷園"。

　　鈐"中州宋瑞金象湖書畫記""芷園"印。

傳記類

總傳之屬

0574　　　　　　　　　　SG231/22

新刊古列女傳八卷

（漢）劉向撰　（晋）顧愷之圖畫

清道光五年（1825）阮福摹刻宋建安余氏本

二册　一函

正文半葉兩節版，上圖下文，行字不等，黑口，順魚尾或三黑魚尾、單黑魚尾、雙黑魚尾，左右雙邊。

內封牌記鎸"顧虎頭畫列女傳　南宋余氏本　揚州阮氏影槧重刊"。

卷一有朱筆句讀。鈐"觀古堂"印。

0575　　　　　　　　　　SG282/21

歷代君鑒五十卷

（明）代宗朱祁鈺撰

明景泰四年（1453）內府刻本

十册　一函

正文半葉十行二十字，黑口，雙黑魚尾，四周雙邊。

鈐"廣運之寶"印。

0576　　　　　　　　　　SG231/223

古今廉鑒八卷

（明）喬懋敬撰

明萬曆九年（1581）兩淮都轉運鹽使司刻本

四册　一函

正文半葉九行十八字，白口，單黑魚尾，四周雙邊。

版心下鎸刻工"吳文週""付曾""鄭元"等。

鈐"海昌短許""廬江呂氏收藏金石書畫之章""呂均私印""息公藏書""南坡珍玩""羅名汝人許之齋""申府藏書"諸印。

0577　　　　　　　　　　SG213.3/2

帝鑒圖說六卷

（明）張居正等撰

明萬曆三十二年（1604）金鐮刻本

一册　一函　存三卷（智集一卷、仁集一卷、義集一卷）

正文爲圖，白口，四周單邊。

版心上鎸"智集、仁集、義集"。圖五十八幅。

鄭振鐸編纂《中國古代木刻畫選集》收錄，并識云："徽州刻本《帝鑒圖說》較之北京原刻本尤後來居上，其鐵筆細緻如髮，秀麗可愛,鐫工署名黃應孝、黃秀珍。"

0578　　　　　　　　　　SG213.3/1
帝鑑圖說六卷
（明）張居正等撰
清乾隆間翻刻明萬曆元年(1573)本
四冊　一函
　　正文半葉九行十九字,白口,單黑魚尾,四周雙邊。

0579　　　　　　　　　　SG22/308
養正圖解不分卷
（明）焦竑撰　丁雲鵬繪圖　吳繼序書解
明萬曆二十二年(1594)吳懷讓刻本
四冊　一函
　　正文半葉十行二十一字,花口,無魚尾,四周單邊。
　　有圖四十餘幅。

0580　　　　　　　　　　SG231/168
廉吏傳十四卷附蠧一卷
（明）黃汝亨輯
明萬曆刻本
四冊　一函
　　正文半葉八行十九字,白口,單黑魚尾,四周單邊。
　　鈐"頤清書屋珍藏""姚氏珍藏""几席有餘香""抗心希古""素園"諸印。

0581　　　　　　　　　　SG233/45
古今明堂記六卷
（明）黃景昉撰

清初刻本
四冊　一函
　　正文半葉九行二十字,小字雙行同,白口,單黑魚尾,四周單邊。

0582　　　　　　　　　　SG211/48
史書大紀不分卷
（明）佚名輯
明抄本
三冊　一函
　　正文半葉十一行二十二字,白口,單白魚尾,藍格,四周單邊,白綿紙。
　　輯先秦至元代史傳人物。

0583　　　　　　　　　　SG23/2
歷代名臣傳三十五卷續編五卷
（清）朱軾　蔡世遠輯
清雍正七年(1729)刻本
二十冊　二函
　　正文半葉九行二十二字,白口,雙黑魚尾,左右雙邊。
　　鈐"嫏嬛妙境""麐見亭讀一過"印。

0584　　　　　　　　　　SG234/48
杏壇聖蹟四卷
（清）孔衍㻞編集
清康熙二十六年至六十一年(1687－1722)素位堂刻本
六冊　一函
　　正文半葉九行十九字,白口,單黑魚尾,四周單邊或雙邊。
　　眉上鐫評。卷末鐫"書林素位堂重

梓"。版心鐫刻工"鍾子韶鎸"。有圖五十餘幅。

稀見。

0585　　　　　　　　　　　SG27/334
安危注四卷

（明）吳甡輯

清康熙吳元復刻本

四册　一函

正文半葉九行二十字，白口，單黑魚尾，四周雙邊。

0586　　　　　　　　　　　SG311./143
闡義二十二卷

（清）吳肅公輯　劉楷訂

清康熙四十六年（1707）劉應熙慕園刻本

六册　一函

正文半葉九行二十字，白口，單黑魚尾，左右雙邊。

内封鐫"宣城吳街南先生輯　朗陵劉蓮菴先生訂　闡義　慕園藏板"。版心鐫"慕園藏板"。

鈐"對青藜天屬書""從善如登""國楨藏書""碧葉館藏"諸印。

0587　　　　　　又一部　SG311./143A
闡義二十二卷

（清）吳肅公輯　劉楷訂

清康熙四十六年（1707）劉應熙慕園刻本

四册　一函

正文半葉九行二十字，白口，單黑魚尾，左右雙邊。

版心下鐫"慕園藏板"。

0588　　　　　　　　　　　SG213/87
歷代說約四卷

（清）劉曾璈纂輯

清道光十二年（1832）吾南草堂刻本

一册　一函

正文半葉十行二十四字，白口，單黑魚尾，四周雙邊。

内封鐫"道光十二年鐫　京都琉璃廠文光堂梓行　歷代說約　吾南草堂藏版"。

有朱墨筆圈點批校。鈐"敬勝盦珍藏""袖海山房""潘震乙印"諸印。

0589　　　　　　　　　　　SG233/140
朱子闕里誌不分卷

（清）朱琦編

清康熙五十四年至六十一年（1715－1722）朱琦醉經樓刻本

一册　一函

正文半葉十行二十二字，小字雙行同，白口，單黑魚尾，四周單邊。

内封鐫"康熙五十四年新編　聖學正宗　醉經樓藏板　朱子闕里誌　紫陽後裔朱琦梓行"。

鈐"朱琦字景韓號虹泉""徽國文公十六世孫"印。

0590　　　　　　　　　　　SG23/292
闕里誌二十四卷

（明）陳鎬撰

清初刻遞修本

十册　二函

正文半葉十行十九字,小字雙行同,白口,單黑魚尾,四周單邊。

0591　　　　　　　　　　　　SG232/81
孔孟事蹟圖譜四卷

(明)季本考辯　汪慎中訂正

明嘉靖三十三年(1554)童漢臣刻本

二册　一函

正文半葉十行二十一字,白口,單白魚尾,左右雙邊。

卷末牌記鎸"此書初刻事實尚有舛訛今更定之當以此本為正"。

鈐"乾隆三十八年十一月浙江巡撫三寶送到汪啓淑家藏孔孟事蹟圖譜壹部計書兩本"印。

0592　　　　　　　　　　　　SG23/297
孔門弟子傳略二卷

(明)夏洪基編輯

明崇禎刻本

一册　一函

正文半葉九行二十一字,小字雙行同,白口,無魚尾,四周單邊。

内封題"孔子先賢傳畧"。

0593　　　　　　　　　　　　SG231/160
漢名臣言行錄十二卷

(清)夏之芳輯

清乾隆十七年(1752)積翠軒刻本

六册　一函

正文半葉十行二十一字,白口,單黑魚尾,左右雙邊。

内封鎸"乾隆壬申年鎸　漢名臣言行錄　積翠軒藏板"。

0594　　　　　　　　　　　　SG216/68
季漢五志十二卷

(清)王復禮譔述

清康熙四十一年(1702)尊行齋刻本

八册　一函

正文半葉十行二十字,白口,單黑魚尾,左右雙邊。

内封鎸"武林王艸堂先生譔述　季漢五志　杭城尊行齋藏板"。

清康熙四十一年王復禮序言刻書事。

鈐"徐萬鵬印""將南""住雪山房"諸印。

0595　　　　　　　　　　　　SG23/16
宋名臣言行錄前集十卷後集十四卷

(宋)朱熹纂集　李衡校訂

宋名臣言行錄續集八卷別集二十六卷外集十七卷附一卷

(宋)李幼武纂集

明萬曆三十七年(1609)汪國楠刻清順治十八年(1661)林雲銘、朱烈遞修本

十六册　五函

正文半葉十一行二十二字,白口,單黑魚尾,四周單邊。

鈐"冬涵閱過"印。

0596　　　　　　　　　　　　SG23/16
宋名臣言行錄前集十卷後集十四卷

(宋)朱熹纂集　李衡校訂

宋名臣言行錄續集八卷別集二十六卷外集十七卷附一卷

（宋）李幼武纂集

明萬曆三十七年（1609）汪國楠刻清順治十八年（1661）修乾隆二年（1737）楊雲服遞修本

十六冊　三函

正文半葉十一行二十二字，白口，單黑魚尾，四周單邊。

0597　　　　　　　　　　　　SG23/16

五朝名臣言行錄前集十卷後集十四卷

（宋）朱熹纂集　李衡校正

五朝名臣言行錄續集八卷別集二十六卷外集十七卷

（宋）李幼武纂集

清道光元年（1821）洪瑩歙績學堂仿刻宋麻沙本

十二冊　三函

正文半葉十二行二十三字，黑口，單黑魚尾，左右雙邊。

內封鎸"歙績學堂洪氏校刊"。

鈐"正誼書屋珍藏圖書""恭親王章"印。

0598　　　　　　　　　　　SG231/224

皇明開國功臣錄三十一卷續編一卷

（明）黃金撰

明弘治十七年至正德十六年（1504—1521）馬金刻本

十冊　一函

正文半葉十行二十一字，小字雙行同，黑口，雙黑魚尾，四周單邊。

鈐"靜安齋家藏永寶圖書""子縠齊令辰號禊亭壬辰貢士甲午進士"諸印。

0599　　　　　　　　　　　SG23/329

皇明異姓諸侯傳二卷表一卷

（明）鄭曉撰

明嘉靖至萬曆刻本

四冊　一函

正文半葉十行十九字，白口，單白魚尾，左右雙邊。

卷末鎸"子履準校正"。《鄭端簡公全集》之一。

鈐"帶經堂陳氏藏書印""雲間唐氏收藏圖書記""藝風堂藏書"印。

0600　　　　　　　　　　　　SG41/4

國朝名世類苑四十六卷

（明）凌迪知輯　秦嘉楫校

明萬曆四年（1576）刻本

二十四冊　四函

正文半葉十行二十字，白口，單白魚尾，左右雙邊。

版心下鎸刻工"吳門高洪寫王伯才刻""章右之""沈玄易""張敖"等。

鈐"詹宅北池子五十四號""詹文忠"印。

0601　　　　　　　　　　　SG234/41

明狀元圖考三卷

（明）顧祖訓彙編　吳承恩　程一楨補輯

黃應澄繪圖　黃應纘書考

清道光葉氏平安舘刻本

三册　一函

　　正文半葉九行二十字，白口，單黑魚尾，四周單邊。

　　卷末鐫"漢陽葉氏平安舘藏本"。

0602　　　　　　　　　　　　SG23/333
嘉靖以來内閣首輔傳八卷

（明）王世貞撰

明萬曆八年至崇禎十七年（1580－1644）刻本

四册　一函

　　正文半葉九行十八字，白口，單黑魚尾，左右雙邊。

　　鈐"王景申印""堯齡""欽之"諸印。

0603　　　　　　　　　　　　SG23/204
皇明詞林人物考十二卷

（明）王兆雲輯著　李蔭閱訂

明萬曆刻本

十二册　二函

　　正文半葉九行十八字，白口，單黑魚尾，左右雙邊。

　　鈐"會稽姒兼山藏""蕈江損持氏圖書記"印。

0604　　　　　　　　　　　SG3101/300
明高僧傳六卷

（明）釋如惺撰

清雍正十三年（1735）刻本

六册　一函

　　正文半葉十行十七字，小字雙行同，無界行。經折裝。

0605　　　　　　　　　　　　SG23/335
可恨人五卷人義二卷不義人一卷

（明）賀仲軾撰

明崇禎十五年（1642）刻本

五册　一函

　　正文半葉九行二十字，白口，單黑魚尾，四周單邊。

0606　　　　　　　　　　　SG23/49－1
三立祠傳二卷

（明）袁繼咸傳　（清）劉梅重訂

清康熙二十一年（1682）刻乾隆三十年至六十年（1765－1795）增訂補版本

六册　二函

　　正文半葉九行二十二字，白口，單黑魚尾，無界行，四周單邊。金鑲玉。

0607　　　　　　　又一部　SG23/236
三立祠傳二卷

（明）袁繼咸傳　（清）劉梅重訂

清康熙二十一年（1682）刻乾隆三十年至六十年（1765－1795）增訂補版本

四册　一函

　　正文半葉九行二十二字，白口，單黑魚尾，無界行，四周單邊。

0608　　　　　　　　　　　SG23/33－2
明儒學案六十二卷附師說一卷

（清）黃宗羲撰　賈潤輯著

清康熙三十二年（1693）賈樸紫筠齋刻本

十六册　二函
　　正文半葉十二行二十四字,黑口,雙黑魚尾,左右雙邊。
　　内封鎸"黃梨洲先生輯著　賈若水先生參閱　明儒學案　紫筠齋藏板"。
　　書衣有劉半農墨筆題"明儒學案　上二十年八月　半農"書簽。鈐"紫筠齋藏板""江陰劉氏""復"諸印。

0609　　　　　　　　　　SG293/41-1
儒林宗派十六卷
　　(清)萬斯同輯
　　清乾隆三十八年(1773)萬邠初刻本
　　二册　一函
　　正文半葉八行十八字,小字雙行同,白口,單黑魚尾,左右雙邊。

0610　　　　　　　　　　SG23/339
東林列傳二十四卷末二卷
　　(清)陳鼎輯
　　清康熙五十年(1711)鐵肩書屋刻本
　　十六册　二函
　　正文半葉九行二十字,白口,單黑魚尾,左右雙邊。
　　内封鎸"康熙辛卯新鎸　江陰陳定九輯　東林列傳　鐵肩書屋藏板"。

0611　　　　　　　　　　SG293/45
詞科掌錄十七卷附詞科餘話七卷
　　(清)杭世駿編輯
　　清乾隆元年至三十七年(1736-1772)道古堂刻本
　　八册　一函
　　正文半葉十一行二十一字,黑口,單黑魚尾,左右雙邊。

0612　　　　　又一部　SG293/45
詞科掌錄十七卷附詞科餘話七卷
　　(清)杭世駿編輯
　　清乾隆元年至三十七年(1736-1772)道古堂刻本
　　八册　一函
　　正文半葉十一行二十一字,黑口,單黑魚尾,左右雙邊。
　　鈐"由宗龍印""幼先珍藏"印。

0613　　　　　　　　　　SG23/71-1
史外三十二卷
　　(清)汪有典纂
　　清乾隆十三年(1748)季炳、季重刻本
　　六册　一函
　　正文半葉九行二十二字,白口,單黑魚尾,左右雙邊。
　　鈐"適其適齋藏書之印"印。

0614　　　　　又一部　SG23/71-1
史外三十二卷
　　(清)汪有典纂
　　清乾隆十三年(1748)季炳、季重刻本
　　六册　一函
　　正文半葉九行二十二字,白口,單黑魚尾,左右雙邊。

史　部

0615　　　　　又一部　SG23/71－1

史外三十二卷

（清）汪有典纂

清乾隆十三年（1748）季炳、季重刻本

六册　一函

　　正文半葉九行二十二字，白口，單黑魚尾，左右雙邊。

0616　　　　　　　　　　SG29/28

宗室王公功績表傳不分卷

（清）允祕撰

清乾隆内府刻本

一册　一函

　　正文半葉八行二十字，小字雙行同，白口，雙黑魚尾，四周雙邊。

　　與《宗室王公世系襲職表》合函。

0617　　　　　　　　　SG29/28－1

宗室王公世系襲職表

（清）允祕撰

清乾隆内府刻朱墨套印本

一册　與《宗室王公功績表傳》合函

　　正文半葉行字不等，素紙。

0618　　　　　　　　　SG233/6

欽定勝朝殉節諸臣錄十二卷首一卷

（清）紀昀纂

清嘉慶二年（1797）謝啓昆刻本

十二册　二函

　　正文半葉十行二十一字，小字雙行同，下黑口，單黑魚尾，左右雙邊。

0619　　　　　　　　　SG23/253

貳臣傳六卷逆臣傳四卷

（清）國史館編

清道光活字本

六册　一函

　　正文半葉八行二十字，白口，單黑魚尾，左右雙邊。

　　稀見。

0620　　　　　　　　　SG23/253－2

貳臣傳十二卷

（清）國史館纂修

清雲大山館抄本

六册　一函

　　正文半葉九行二十四字，白口，單綠魚尾，綠色版框，左右雙邊。

　　版心下鎸"雲大山館"。

0621　　　　　　　　　SG292/112

[北京豐臺]宛平王氏族譜不分卷

（清）王惺等重修

清乾隆五十九年至六十年（1794－1795）王氏青箱堂刻本

四册　一函

　　正文半葉八行字數不等，小字雙行二十四字，白口，單黑魚尾，四周雙邊。

　　内封鎸"乾隆甲寅　宛平王氏族譜　怡園藏板"。版心下鎸"青箱堂"。

　　此譜爲三修本，有墨筆增至清光緒二十四年（1898）。

0622　　　　　　　　　　　　SG292/253

[北京]張氏家譜三十四卷

（清）張安常纂修

清道光抄本

一册　一函

　　正文半葉六橫格字數不等，白口，雙紅魚尾，朱絲欄。

　　記事止于清道光二十六年(1846)。

0623　　　　　　　　　　　　SG292/159

[河北滄州]劉氏家譜三卷首一卷

（清）劉玉策纂修

清乾隆三十二年(1767)刻本

四册　一函

　　正文半葉十行二十字，小字雙行同，白口，單黑魚尾，四周雙邊。

　　眉上鎸注行四字。

0624　　　　　　　　　　　　SG292/242

[河北南皮]張氏族譜十二卷

（清）張受長　張卿子纂修

清乾隆二十九年(1764)刻本

十六册　二函

　　正文半葉九行二十二字，白口，單黑魚尾，左右雙邊。

　　書中有佚名墨筆續增至清咸豐三年(1853)。

0625　　　　　　　　　　　　SG292/130

[河北博野]博陵尹氏家譜不分卷

（清）尹會一纂修

清乾隆三年(1738)刻本

四册　一函

　　正文半葉九行二十一字，白口，單黑魚尾，四周雙邊。金鑲玉。

0626　　　　　　　　　　　　SG292/133

[遼寧海城]盧氏族譜三卷

（清）盧崧重修

清乾隆四十一年(1776)盧氏嘉會堂刻本

三册　一函

　　正文半葉十行二十字，白口，單黑魚尾，左右雙邊。

　　記事止于清乾隆四十一年。

　　鈐"盧氏祠正""嘉會堂"諸印。

0627　　　　　　　　　　　　SG292/332

[江蘇吳縣]洞庭東山翁氏宗譜十二卷首一卷附翁氏廣族名賢譜合鑴二卷

（清）翁遵讓等重輯

清乾隆二十四年(1759)修三十年(1765)翁氏刻本

十二册　二函

　　正文半葉九行二十字，白口，單黑魚尾，左右雙邊。

　　記事止于清乾隆二十四年。

0628　　　　　　　　　　　　SG292/327

[江蘇武進]小留徐氏八修宗譜十卷

（清）徐文鰲主修　徐玉璪增輯

清光緒二年(1876)修徐氏稿本

十册　二函

　　正文半葉九行字數不等，無界行，素紙。有朱筆點校。

0629　　　　　　　　　　　　SG292/376

[江蘇鎮江]京江道氏重修宗譜四卷

（清）道世匯纂修　道常慶補錄

清道光三年(1823)道常慶抄本

四册　一函

　　正文半葉行字不等,無界行,素紙。
朱綫世系圖。

0630　　　　　　　　　　　　SG292/229

[安徽]汪氏統宗譜一百七十二卷

（明）汪湘　汪同文纂修

明隆慶四年(1570)汪湘刻萬曆四年
　(1576)增修本

十二册　二函

　　正文半葉十六行四十字,小字雙行同,
白口,單白魚尾,四周雙邊。

　　鈐"家在江南忠孝鄉""汪文柏字季青
一字柯庭""潁川侯八十五世孫行四"諸印。

0631　　　　　　　　　　　　SG292/394

[安徽桐城]桐城璩氏宗譜四卷

（清）璩紹傑纂修

清雍正四年(1726)璩氏刻本

四册　一函

　　正文半葉八行二十字,白口,單黑魚尾,
四周單邊。

0632　　　　　　　　　　　　SG292/314

**[安徽歙縣]休寧洪源洪氏家乘三卷首一卷
　末一卷**

（清）洪祚永編纂

清康熙九年(1670)修洪氏悅親堂寫本

四册　一函

　　正文半葉十行十八字,無魚尾,無欄格,
素紙。

　　版心上寫"悅親堂",下寫"支百集"。
記事止于清康熙七年(1668)。

　　鈐"悅親堂""洪印祚永原名祚奇""蟬
隱廬所得善本"印。

0633　　　　　　　　　　　　SG29/30

[安徽歙縣]桂岩項氏分宗錄不分卷

（清）項天瑞輯

清乾隆二十六年(1761)刻本

一册　一函

　　正文半葉九行二十三字,白口,單黑魚
尾,四周單邊。

0634　　　　　　　　　　　　SG292/325

[安徽歙縣]歙北皇呈徐氏族譜十二卷

（清）徐裡等纂修

清乾隆五年(1740)徐氏刻本

十册　二函

　　正文半葉十行二十五字,白口,單黑魚
尾,左右雙邊。

　　原鈐并墨筆填"族字肆拾貳號領名彙
於譜末"印。

0635　　　　　　　　　　　　SG292/19

**[安徽歙縣]棠樾鮑氏宣忠堂支譜二十二卷
　首一卷末一卷**

（清）鮑琮　鮑志道編纂　鮑鼎安續編纂

清嘉慶十年至十一年(1805－1806)刻本

六册　二函

正文半葉十三行二十六字，白口，單黑魚尾，左右雙邊。

0636　　　　　　　　　　SG292/125

[安徽歙縣]方氏世譜不分卷

（清）方學伯纂修

清康熙二十七年（1688）刻本

七冊　一函

正文半葉八行二十二字，小字雙行同，白口，單黑魚尾，四周單邊。

三修本。記事止于清康熙二十七年，佚名墨筆增補記事止于清道光十七年（1837）。

0637　　　　　　　　　　SG292/326

[安徽休寧]徐氏族譜八卷

（清）徐天樞纂修

清乾隆五年（1740）刻本

四冊　一函

正文半葉八行二十字或十行二十五字，白口，單黑魚尾，左右雙邊。

原鈐并墨筆填"元字第捌號給奕淇族裔孫德麟領"印，鈐"東海源流徐山衍派"印。

0638　　　　　　　　　　SG292/261

[安徽廬江]陳氏四修宗譜十卷

（清）陳畏山　陳煥章纂修

清乾隆四十九年至五十一年（1784－1786）廬江陳氏刻本

十冊　二函

正文半葉十行二十四字，白口，單黑魚尾，四周單邊。

記事止于清乾隆五十一年。

0639　　　　　　　　　　SG292/158

[山西洪洞]洪洞劉氏宗譜八卷首一卷

（清）劉鎮　劉誌輯

清康熙五十四年（1715）刻本

四冊　一函

正文半葉九行二十字，花口，單黑魚尾，四周雙邊。

0640　　　　　　　　　　SG292/374

[山東章丘]焦氏家譜不分卷

（清）焦家麟續修

清道光七年至三十年（1827－1850）抄本

二冊　一函

正文半葉十一行或十二行字數不等，無欄格，素紙。

記事止于清道光七年。

0641　　　　　　　　　　SG292/398

[山東德州]魏氏家譜四卷

（清）魏廣智等續修輯

清乾隆刻本

四冊　一函

正文半葉十行二十二字，小字雙行同，白口，單黑魚尾，四周單邊。金鑲玉。

0642　　　　　　　　　　SG292/136

[山東樂陵]史氏家譜不分卷

（清）史以明原修

清乾隆十七年（1752）史氏刻本

一冊　一函

正文半葉八行字數不等,白口,單黑魚尾,四周雙邊。

三修本。有墨筆增補。

0643　　　　　　　　　　SG292/111

[山東諸城]王氏家譜五卷

（清）王辛祚等修

清乾隆四十三年(1778)王氏刻本

五册　一函

正义半葉七行字數不等,白口,單黑魚尾,四周雙邊。

内封鐫"乾隆戊戌重鐫　王氏族譜龍西藏板"。版心鐫"龍西藏板"。三修本。記事止于清乾隆四十三年。

鈐"悅菴主人"印。

0644　　　　　　　　　SG292/71－1

[山東諸城]李氏族譜不分卷

（清）李文驤　李嵩纂修

清乾隆五十二年(1787)刻本

四册　一函

正文半葉九行二十字,白口,單黑魚尾,四周雙邊。

内封鐫"易安園藏板"。

0645　　　　又一部　SG292/71－1A

[山東諸城]李氏族譜不分卷

（清）李文驤　李嵩纂修

清乾隆五十二年(1787)刻本

四册　一函

正文半葉九行二十字,白口,單黑魚尾,四周雙邊。

内封鐫"易安園藏板"。

0646　　　　　　　　　　SG292/25

[山東曲阜]孔子世家譜二十二卷首一卷

（清）孔昭焕修

清乾隆十年(1745)刻本

十二册　二函

正文半葉八行二十一字,白口,單黑魚尾,四周單邊。

鈐"襲封衍聖公印"滿漢文印。

0647　　　　　　　　　　SG292/94

[山東曲阜]孔子世家譜纂要一卷首一卷

（清）孔毓佶撰

清乾隆十年(1745)刻本

一册　一函

正文半葉八行二十一字,小字雙行同,白口,單黑魚尾,四周雙邊。

鈐"皇帝之寶""劉劍雲""劉劍雲印""稷香館"諸印。

0648　　　　　　　　　　SG292/51

[河南商丘]商丘宋氏家乘二十卷

（清）宋犖修　宋筠續修

清乾隆宋氏刻本

十册　二函

正文半葉十行十九字,白口,單黑魚尾,四周單邊。

0649　　　　　　　　　　SG292/391

[陝西雒南]薛氏家譜二卷附家祠十七事不分卷

(清)薛韞纂修

[陝西雒南]小輪老人年譜二卷

(清)薛寧廷　薛介廷撰

清乾隆二十六年(1761)薛氏刻本

一册　一函

　　正文半葉九行二十二字,白口,單黑魚尾,四周雙邊。

0650　　　　　　　　　　SG292/148

[浙江杭州]朱氏世譜不分卷

(清)朱廷慶輯

清光緒十一年至三十四年(1885－1908)抄本

二册　一函

　　正文半葉十行字數不等,小字雙行同,無界行。

　　記事止于清道光十一年(1831)。

0651　　　　　　　　　　SG292/221

[浙江蕭山]蕭山何氏宗譜十二卷首一卷

(清)何沅重修

清乾隆何氏刻本

四册　一函

　　正文半葉九行二十字,小字雙行二十字或二十四字,白口,單黑魚尾,四周單邊。

　　家藏本。記事止于清乾隆十八年(1753)。

　　鈐"何沅私印""紫庭""何垣之章""蜀川又字湘南"諸印。

0652　　　　　　　　　　SG293/36

[浙江蕭山]任氏家乘十六卷

(清)任以任重修

清嘉慶十二年(1807)任氏永思堂活字本

十六册　二函

　　正文半葉九行二十一字,白口,單黑魚尾,四周雙邊。

　　内封鎸"嘉慶丙寅重葺　蕭山任氏家乘　永思堂藏"。版心下鎸"永思堂"。

0653　　　　　　　　　　SG292/203

[浙江寧波]砌街李氏族譜考不分卷

(清)佚名纂輯

清鄡峰草堂抄本

一册　一函

　　正文半葉十行字數不等,白口,單藍魚尾,藍格,四周雙邊。

　　版心下鎸"鄡峰草堂鈔"。記事止于清乾隆十九年(1754)。

0654　　　　　　　　　　SG292/191

[浙江慈谿]李姓家世三卷首一卷

(清)陳生纂輯

清道光二十八年(1848)抄本

四册　一函

　　正文半葉行字不等,藍格,白口,單藍魚尾,四周單邊。

　　版心鎸"光裕堂""世澤餘慶"。一修本。有佚名補修,增補記事止于清同治七年(1868)。

0655　　　　　　　　　　SG292/69－1

[浙江紹興]偶山章氏家乘初集二卷正集三十一卷首一卷彙集六卷首一卷

（明）章冠纂修　（清）章甫增補

明崇禎七年（1634）刻清康熙章氏增修本

十二冊　二函

　　正文半葉十行二十四字，小字雙行字數不等，白口，單白魚尾，四周單邊。

　　記事止于清康熙三十六年（1697）。有清嘉慶二十年至道光十三年（1815-1833）章甫墨筆增補，咸豐十一年（1861）章建源墨筆增補。

　　鈐"嵩齡""章甫印""章建源印""李真"諸印。

0656　　　　　　　　　　　　SG29/23

[浙江紹興]史氏譜錄合編八卷

　　（清）史在鑛修　史墨重修

　　清康熙三十一年（1692）修乾隆四十年（1775）重修本

　　二十一冊　三函

　　正文半葉十行二十字，小字雙行同，白口，單黑魚尾，四周單邊。

　　內封鐫"大清康熙三十年輯成　史氏譜錄合編　八行堂藏版"。

0657　　　　　　　　　　　　SG292/258

[浙江紹興]兩溪陸氏家乘四卷

　　（清）陸岳揚重修

　　清乾隆四十六年（1781）陸氏思成堂刻本

　　四冊　一函

　　正文半葉九行二十字，白口，單黑魚尾，左右雙邊。

　　內封鐫"乾隆辛丑年重修　陸氏家乘思成堂藏板"。版心鐫"乾隆辛丑年重修"。

　　鈐"芳溪陸氏圖書"印。

0658　　　　　　　　　　　　SG292/246

[浙江紹興]莊頭張氏族譜不分卷

　　（清）張正烈重修

　　清嘉慶十三年（1808）修嘉慶抄本

　　三冊　一函

　　正文半葉行字不等，素紙。

　　版心鐫"老二房""和三房""和七房""和十房"諸字。

0659　　　　　　　　　　　　SG292/371

[浙江紹興]山陰傅氏家譜不分卷

　　（清）傅仲辰纂修　佚名續修

　　清道光十四年至三十年（1834-1850）傅氏樹滋堂抄本

　　二冊　一函

　　正文半葉行字不等，素紙。

　　版心有"樹滋堂"字樣。記事止于清道光十四年。

0660　　　　　　　　　　　　SG262/2092

[浙江諸暨]張氏孝感里志十二卷首一卷

　　（清）張廉纂修　戴殿泗鑒定

　　清嘉慶二十四年（1819）諸暨張氏活字本

　　四冊　一函

　　正文半葉十行二十字，白口，單黑魚尾，四周雙邊。

0661　　　　　　　　　　　　SG292/160

[浙江義烏]瀧溪劉氏重修宗譜三卷末一卷

（清）劉青藜重修

清乾隆四十二年（1777）劉氏活字本

十四册　二函

　　正文半葉十二行字數不等，白口，單黑魚尾，四周雙邊。

　　版心下鐫"丙申重修""丁酉重修"。七修本。

0662　　　　　　　　　　　　SG292/381

[江西婺源]新安詹氏家譜四卷

　　（明）詹仁會編　詹坤正校輯

　　明成化抄本

　　四册　一函

　　正文半葉十四行二十四字，粗黑口，三順黑魚尾，四周雙邊。

　　記事止于明成化十四年（1478）。

0663　　　　　　　　　　　　SG292/313

[江西婺源]新安洪氏統宗譜不分卷

　　（明）洪烈編集　洪垣校正

　　明嘉靖四十三年（1564）洪烈、洪垣刻本

　　十册　一函

　　正文半葉十行二十八字，黑口，單黑魚尾，四周單邊。

　　鈐"洪氏正本統譜"印。

0664　　　　　　　　　　　　SG292/305

[江西婺源]考川明經胡氏宗譜四卷前編一卷

　　（明）胡臯主編

　　明萬曆刻本

　　四册　一函

　　正文半葉行字不等，白口，雙黑魚尾，四周單邊。

0665　　　　　　　　　　　　SG292/50

[湖南湘潭]韶山毛氏族譜二十二卷

　　毛澤鈞主修

　　民國三十年（1941）毛氏西河堂活字本

　　二十二册　四函

　　正文半葉八行二十字，花口，單黑魚尾，四周雙邊。

　　内封鐫"西河堂家藏"。版心下鐫"西河堂"。四修本。

　　有民國三十年毛澤啟跋。鈐"震房龍字號""龍字號記""震"印。

0666　　　　　　　　　　　　SG292/124

[福建莆田]莆陽刺桐金紫方氏族譜二卷首一卷

　　（清）方元會纂修

　　清順治刻雍正重修本

　　四册　一函

　　正文半葉九行二十一字，白口，無魚尾，左右雙邊。

0667　　　　　　　　　　　　SG29/27

八旗滿洲氏族通譜八十卷目錄二卷

　　（清）鄂爾泰總裁　呂熾纂修

　　清乾隆九年（1744）刻本

　　二十四册　四函

　　正文半葉十行二十字，小字雙行同，白口，單黑魚尾，四周雙邊。

史　部

0668　　　　　　　　　　　　SG292/400
鑲藍旗第三族宗室男女紅名底檔不分卷
　　清光緒三十二年(1906)抄本
　　八冊　二函
　　　正文半葉十行字數不等,黃檔房紅格印紙,墨筆填寫。
　　　佚名記事至民國初。

0669　　　　　　　　　　　　SG292/6
景祖翼皇帝第五子墅格不分卷
　　清道光二十七年(1847)至光緒宗人府玉牒館抄本
　　一冊　一函
　　　正文半葉十行字數不等,白口,無魚尾,四周單邊,朱絲欄。
　　　朱墨兩色抄寫。

0670　　　　　　　　　　　　SG292/6
景祖翼皇帝第五子橫格不分卷
　　清道光二十七年(1847)至光緒宗人府玉牒館抄本
　　一冊　一函
　　　正文半葉十行字數不等,白口,無魚尾,四周單邊,朱絲欄。
　　　朱墨兩色抄寫。

別傳之屬

0671　　　　　　　　　　　SG22/30－1
三遷志十二卷
　　(清)孟衍泰等補輯
　　清康熙六十一年(1722)孟衍泰刻本
　　四冊　一函
　　　正文半葉十行十九字,白口,單黑魚尾,左右雙邊。
　　　鈐"南海康氏萬木草堂藏""御賜天孝堂"印。

0672　　　　　又一部　SG22/30
三遷志十二卷
　　(清)孟衍泰等補輯
　　清康熙六十一年(1722)孟衍泰刻本
　　三冊　一函　缺三卷(一至三)
　　　正文半葉十行十九字,白口,單黑魚尾,左右雙邊。

0673　　　　　　　　　　　　SG233/2
忠武誌八卷
　　(清)張鵬翮輯
　　清康熙四十四年至五十一年(1705－1712)刻本
　　八冊　一函
　　　正文半葉九行十九字,黑口,雙黑魚尾,左右雙邊。
　　　內封鎸"張大司馬輯　忠武誌　冰雪堂藏板"。

0674　　　　　　　　　　　　SG233/2
忠武誌八卷
　　(清)張鵬翮輯
　　清嘉慶十九年(1814)刻本
　　四冊　一函

正文半葉九行二十五字,白口,單黑魚尾,左右雙邊。

0675　　　　　　　　　　SG231/214
忠獻韓魏王君臣相遇別錄三卷
（宋）王巖叟撰
遺事一卷
（宋）強至撰
忠獻韓魏王君臣相遇傳十卷
（明）韓宗祖　韓原道錄
明萬曆四十二年（1614）徐縉芳刻本
一册　一函　存五卷（忠獻韓魏王君臣相遇傳一至五）
正文半葉九行十八字,白口,單黑魚尾,左右雙邊。

0676　　　　　　　　　　SG23/310
道國元公濂溪周夫子志十五卷首一卷
（清）吳大鎔主修　常在編次　許魁校梓
清康熙二十四年至二十五年（1685－1686）吳氏刻本
五册　一函
正文半葉八行二十一字,白口,四周雙邊。
内封鐫"康熙二十四年鐫　三韓吳重鼎先生新修道國元公濂溪周夫子志　凝翠軒藏板"。有圖。

0677　　　　又一部　SG23/310
道國元公濂溪周夫子志十五卷首一卷
（清）吳大鎔主修　常在編次　許魁校梓
清康熙二十四年至二十五年（1685－1686）吳氏刻本
十二册　二函
正文半葉八行二十一字,白口,四周雙邊。
内封鐫"康熙二十四年鐫　三韓吳重鼎先生新修道國元公濂溪周夫子志　凝翠軒藏板"。有圖。
鈐"涵平"印。

0678　　　　　　　　　　SG233/101
新安忠烈廟神紀實十五卷乾集一卷附一卷
（元）鄭弘祖輯　（明）汪儀鳳增輯
清道光至宣統抄本
六册　一函
正文半葉十一行字數不等,素紙。
據明成化本抄錄唐汪華傳記及族系、陵廟、碑記等資料。

0679　　　　　　　　　　SG269/42
湯陰精忠廟志十卷
（明）張應登編著　楊世達補輯
清雍正十三年（1735）刻乾隆十五年至六十年（1750－1795）增刻本
四册　一函
正文半葉十二行二十八字,白口,單黑魚尾,左右雙邊。
鈐"紫茄白莧山房珍藏圖籍印記"印。

0680　　　　　　　　　　SG417/446
升恒編十二卷
（明）孫安國　陳卓編訂
明崇禎六年（1633）張鯤化刻本

史　部　　　143

四册　一函
正文半葉九行二十字,白口,單黑魚尾,左右雙邊。

0681　　　　　　　　　　SG22/91
平南王元功垂範二卷
（清）釋今釋撰　尹源進校定
續元功垂範一卷
（清）張允格撰
清康熙刻乾隆續刻本
六册　一函
正文半葉九行二十字,白口,無魚尾,四周單邊。
有清初尚可喜傳記。鈐"阮元之印""元和王同愈"印。

0682　　　　　　　　　SG231/221
衍慶錄十卷
（清）愛必達纂
清乾隆刻本
二册　二函
正文半葉十一行二十二字,小字雙行同,白口,單黑魚尾,四周雙邊。
鈐"衡湘南藏書記"印。

0683　　　　　　　　　SG215/9-5
晏子春秋六卷
明末凌澄初刻朱墨套印本
四册　一函
正文半葉八行十八字,白口,無魚尾,四周單邊。
眉上鐫評。

0684　　　　　　　　　SG232/54
宋本韓柳二先生年譜八卷
（清）馬曰琯輯
清雍正七年至八年(1729-1730)馬曰琯小玲瓏山館刻本
四册　一函
正文半葉十行十八字,小字雙行同,白口,單黑魚尾,左右雙邊。
鈐"嘉蔭簃藏書印"印。
韓文類譜七卷　（宋）呂大防等撰
柳先生年譜一卷

0685　　　　　　　　　SG45/87
司馬溫公年譜六卷
（明）馬巒編輯　司馬露校
明萬曆四十六年(1618)夏縣司馬露刻本
四册　一函
正文半葉九行二十字,小字雙行同,花口,單黑魚尾,四周單邊。金鑲玉。

0686　　　　　　　　　SG232/89
舜山是誠齋先生年譜不分卷
（清）張敬立編　姚培繪像
清乾隆三十四年(1769)至宣統末年抄本
一册　一函
正文半葉九行二十四字,素紙。
卷内有墨筆增補及少量朱筆校改。

0687　　　　　　　　　SG232/124
方正學先生年譜不分卷
（明）盧演　翁明英輯纂
年譜辯正十六則方氏本末記署一卷

（明）盧演撰

前明忠義別傳一卷

（清）汪有典纂

明史本傳一卷

清道光二十七年至二十九年（1847-1849）朱清標、牛振聲等刻本

一册　一函

正文半葉八行二十二字，白口，單黑魚尾，四周雙邊。

0688　　　　　　　　　　SG232/126

石渠先生王公履歷不分卷

（明）劉震撰

明中期刻本

二册　一函

正文半葉十行二十一字，黑口，順黑魚尾，四周雙邊。

0689　　　　　　　　　　SG23/147

徵君孫先生年譜二卷附傳及像贊

（清）趙御眾　湯斌編次　方苞訂正

清康熙十四年至嘉慶二十五年（1675-1820）孫以寧刻本

二册　一函

正文半葉九行二十字，白口，單黑魚尾，左右雙邊。

0690　　　　又一部　SG23/147

徵君孫先生年譜二卷附傳及像贊

（清）趙御眾　湯斌編次　方苞訂正

清康熙十四年至嘉慶二十五年（1675-1820）孫以寧刻本

四册　一函

正文半葉九行二十字，白口，單黑魚尾，左右雙邊。

0691　　　　又一部　SG23/55-1

徵君孫先生年譜二卷附傳及像贊

（清）趙御眾　湯斌編次　方苞訂正

清康熙十四年至嘉慶二十五年（1675-1820）孫以寧刻本

四册　一函

正文半葉九行二十字，白口，單黑魚尾，左右雙邊。

0692　　　　　　　　　　SG232/21-1

顧亭林先生年譜一卷

（清）張穆撰

清道光二十四年（1844）刻本

一册　一函

正文半葉九行二十一字，小字雙行同，黑口，單黑魚尾，四周單邊。

内封鎸"亭林年譜　道光廿四年刻　道州何紹基署"。與《閻潛丘先生年譜》合函。

鈐"允若兹齋""積學齋徐乃昌藏書"印。

0693　　　　又一部　SG232/21-3

顧亭林先生年譜一卷

（清）張穆撰

清道光二十四年（1844）刻本

一册　一函

正文半葉九行二十一字，小字雙行同，

黑口,單黑魚尾,四周單邊。

鈐"林曜書巢"印。

0694　　　　又一部　SG232/21-3
顧亭林先生年譜一卷
(清)張穆撰
清道光二十四年(1844)刻本
一册　一函
　　正文半葉九行二十一字,小字雙行同,黑口,單黑魚尾,四周單邊。

0695　　　　又一部　SG232/21-3
顧亭林先生年譜一卷
(清)張穆撰
清道光二十四年(1844)刻本
一册　一函
　　正文半葉九行二十一字,小字雙行同,黑口,單黑魚尾,四周單邊。

鈐"閩楊浚雪滄府悔堂藏本"印。

0696　　　　　　　　SG232/21-1
閻潛丘先生年譜一卷
(清)張穆編
清道光二十七年(1847)壽陽祁氏饅飥亭刻本
一册　與《顧亭林先生年譜》合函
　　正文半葉十一行二十三字,小字雙行同,白口,單黑魚尾,左右雙邊。

　　内封鐫"潛丘年譜　道光廿七年壽陽祁氏刊　何紹基署檢"。版心下鐫"饅飥亭"。

鈐"積學齋徐乃昌藏書"印。

0697　　　　　　　　SG232/30
悔菴年譜二卷年譜圖詩一卷
(清)尤侗撰
小影圖贊一卷
(清)吴偉業等撰
清康熙刻本
三册　一函
　　《年譜》正文半葉十行二十一字,小字雙行同,下細黑口,單黑魚尾,四周單邊;《圖詩》《圖贊》半葉十二行二十三字,小字雙行同,白口,順黑魚尾,左右雙邊。

0698　　　　　　　　SG231/154
歷年紀畧不分卷
(清)惠霱嗣撰
清康熙二十八年至六十一年(1689-1722)刻本
一册　一函
　　正文半葉九行二十字,白口,單黑魚尾,四周雙邊。

　　此書係清李顒年譜。

0699　　　　　　　　SG23/117
康南海自編年譜不分卷
康有為撰
民國抄本
二册　一函
　　正文半葉六行二十字,白口,單紅魚尾,四周雙邊。

　　版心下鐫"春成紙店"。

　　首葉墨筆題"戊寅年四月初八日　康南海自編年譜　何鳳儒題"。眉上有墨筆批注,其中有"據羅本改,但原文似係先生自改正者。徐善伯"字樣。徐善伯(1893－1951),名良,乃康有爲的大弟子徐勤之子。鈐"互鄉居""無米方知吾道尊""索榮"諸印。

日記之屬

0700　　　　　　　　　　　　　　SG235/27
芸牕紀事
(清)蔣逢吉撰
清宣統二年至民國元年(1910－1912)蔣逢吉稿本
一册　一函
正文半葉十一行字數不等,素紙。
書衣墨筆題"芸牕紀事　五峰山叟庚戌辛亥壬子三年日記"。
蔣逢吉,字珥臣,自署五峰山叟,江蘇泰興縣人。此稿係其宣統二年至民國元年日記。所記多身邊瑣事,從中可瞭解清末知識分子政治態度及生活情況。

0701　　　　　　　　　　　　　　SG235/6
己丑使滇日記
(清)李聯芳撰
清光緒十五年(1889)李聯芳稿本
一册　一函
正文半葉九行字數不等,白口,單紅魚尾,紅格,四周雙邊。
李聯芳,字芝軒,號實齋,清麻城縣人,陝西平利籍。清同治十年(1871)進士,光緒十五年以翰林院編修任雲南省鄉試考官。

雜傳之屬

0702　　　　　　　　　　　　　　SG45/222
蘇米志林三卷
(明)毛晉輯
明天啓五年(1625)毛氏綠君亭刻本
二册　一函
正文半葉八行十八字,白口,無魚尾,無界行,四周單邊,左右版框不相連。
版心下鐫"綠君亭"。
有毛晉跋文。鈐"張燕昌印""石鼓亭""天尺樓""微士"諸印。
蘇子瞻二卷
米元章一卷

0703　　　　　　　　　　　　　　SG411/115
蘇米志林三卷
(明)毛晉輯
明天啓五年(1625)毛氏綠君亭刻文粹堂印本
三册　一函
正文半葉八行十八字,白口,無魚尾,無界行,四周單邊,左右版框不相連。
内封鐫"琴川毛氏原本　蘇米志林文粹堂藏版"。版心下鐫"綠君亭"。
鈐"聊樂齋""鼎三所藏金石書畫"諸印。

科舉録之屬

0704 SG293/21
國朝歷科題名碑録不分卷

（清）李周望輯

清乾隆十七年至六十年（1752－1795）國子監刻本

九册　二函

正文半葉十行字數不等，黑口，順黑魚尾，左右雙邊。

記明洪武四年至萬曆四十七年（1371－1619）進士名録、清順治三年至乾隆十七年（1646－1752）進士名録。

有甘鵬雲題識。鈐"甘氏崇雅堂藏書"印。

0705 SG293/108
雍正山東鄉試録不分卷

（清）沈近思輯

清雍正二年（1724）沈近思抄本

一册　一函

正文半葉九行十八字，黑口，單黑魚尾，四周雙邊。

0706 SG293/65
雍正二年金榜

清雍正二年（1724）内府抄本

一册　一函

正文半葉五行字數不等，黄紙。

檔案原件。通稱"小金榜"，内閣抄存之副本（抄送宫廷）。

0707 SG293/59
乾隆乙未同年齒録

清乾隆四十年（1775）抄本

二册　一函

正文半葉行字不等，素紙。

職官録之屬

0708 SG293/78
造呈蘇屬道員知府直隸州各班員名簡明履歷清册不分卷

清光緒十八年（1892）江蘇布政使司抄本

一册　一函

正文半葉九行二十八字，小字雙行同，白口，單紅魚尾，紅格，四周雙邊。

江蘇布政使司造送江蘇巡撫之文件。書内紀年止于清光緒十八年。

0709 SG292/5
清宗室襲爵譜不分卷

清光緒二十八年至三十四年（1902－1908）宗仁府抄宣統間增補本

一册　一函

正文半葉八行十八字，小字雙行同，白口，單紅魚尾，四周雙邊，朱絲欄。

起自清太祖高皇帝第二子和碩禮烈親王至光緒二十八年。朱墨筆抄寫。

0710　　　　　　　　　　　　　　SG28/14
宗室王公章京世襲爵秩冊四卷
　清末内府抄本
　四册　一函

正文半葉十行二十一字，白口，無魚尾，四周雙邊，朱絲欄。
版心鎸"黃檔房"。
朱墨筆抄寫。黃綾書衣。

政書類

通制之屬

0711　　　　　　　　　　SG27/6-3
杜氏通典二百卷
（唐）杜佑撰　（明）王德溢　吳鵬校
明嘉靖十八年（1539）王德溢、吳鵬刻本
六十二册　十函
　　正文半葉十一行二十字，小字雙行同，白口，無魚尾，四周單邊。
　　鈐"挹露軒陳氏珍藏印""國楨藏書"印。

0712　　　　　　　　　　SG27/6
通典二百卷
（唐）杜佑纂
清乾隆十二年（1747）武英殿刻本
三十六册　十一函
　　正文半葉十行二十一字，小字雙行同，白口，單黑魚尾，左右雙邊。
　　版心鐫"乾隆十二年校刊"。

0713　　　　　　　　　　SG27/1-1
文獻通考三百四十八卷首一卷
（元）馬端臨撰
明正德十一年至十四年（1516-1519）劉洪慎獨齋刻本
一百六十三册　二十六函　存一百二十二卷（一至二十八、四十至七十五、一百七至一百六十三，首一卷）
　　正文半葉十二行二十五字，細黑口，順黑魚尾，四周雙邊。

0714　　　　　　　　　　SG27/1-7
文獻通考三百四十八卷首一卷
（元）馬端臨撰
明嘉靖刻本
五十二册　八函　存一百六十一卷（一至一百六十、首一卷）
　　正文半葉十三行二十四字，小字雙行同，白口，單黑魚尾，左右雙邊。
　　有刻工"劉霞""張宗"等。

0715　　　　　　　　　　SG27/1
文獻通考三百四十八卷首一卷
（元）馬端臨撰
明隆慶至崇禎刻本
一百八册　十五函　存二百八十八卷（六十一至三百四十八）
　　正文半葉十行二十字，小字雙行同，白口，單黑魚尾，四周單邊。

據明嘉靖三年(1524)司禮監本刻。

鈐"邵葆祺印""古虞楊氏藏弆金石文字書畫圖籍之章""硯谿""四銅鼓齋""蔣維鈞印""詹文忠""詹宅北池子五十四號"諸印。

0716　　　　　　　　又一部　SG27/1-1
文獻通考三百四十八卷首一卷
（元）馬端臨撰
明隆慶至崇禎刻本
九十五冊　十九函

正文半葉十行二十字，小字雙行同，白口，單黑魚尾，四周單邊。

據明嘉靖三年(1524)司禮監本刻。

0717　　　　　　　　　　　SG27/1
文獻通考三百四十八卷首一卷
（元）馬端臨撰
清乾隆十二年(1747)武英殿刻本
八十九冊　十六函

正文半葉十行二十一字，小字雙行同，白口，單黑魚尾，左右雙邊。

版心鐫"乾隆十二年校刊"。

0718　　　　　　　　　　　SG27/54
文獻通考紀要二卷
（元）馬端臨撰
清康熙至雍正刻本
六冊　一函

正文半葉九行二十字，白口，單黑魚尾，四周雙邊。

0719　　　　　　　　　　　SG27/1-9
文獻通考鈔二十四卷
（元）馬端臨撰　（清）史以遇鈔
續文獻通考鈔三十卷
（明）王圻撰　（清）史以甲輯
清康熙二年(1663)刻本
八冊　二函

正文半葉十二行二十七字，小字雙行同，白口，單黑魚尾，左右雙邊。

鈐"范文安好讀書稽古""沈彤""靜齋老人""清暉館""錢陸燦印""陸燦之印""陸燦"諸印。

0720　　　　　　　　　　　SG27/53
文獻通考詳節二十四卷
（元）馬端臨撰　（清）嚴虞惇錄
清乾隆二十九年(1764)刻本
十冊　二函

正文半葉十一行二十四字，白口，單黑魚尾，左右雙邊。

有朱筆圈點。

0721　　　　　　　　　　　SG27/1-10
續文獻通考二百五十四卷
（明）王圻撰
明萬曆三十一年(1603)曹時聘、許維新等刻本
一百冊　十函

正文半葉十一行二十二字，小字雙行同，白口，單黑魚尾，左右雙邊。

版心下鐫字數及刻工"張""王成刻""張華"。

史　部　　　　　　　　　　　　　　151

0722　　　　　　　　　　SG272/8
唐會要一百卷
　（宋）王溥撰
　清乾隆三十九年至六十年(1774－1795)
　活字本
　二十四册　四函
　　正文半葉九行二十一字,小字雙行同,
白口,單黑魚尾,四周雙邊。
　　《武英殿聚珍版書》之一。
　　鈐"崇雅堂藏書""潛廬藏過"印。

0723　　　　　　　　　SG27/91－1
五代會要三十卷
　（宋）王溥撰
　清道光至宣統信芳閣活字本
　六册　一函
　　正文半葉九行二十字,白口,單黑魚尾,
四周單邊。
　　版心下鎸"信芳閣藏"。
　　鈐"榴寳山莊珍藏""仲陶所藏"諸印。

0724　　　　　　　　　　SG272/6
大明會典二百二十八卷
　（明）申時行　許國等總裁　趙用賢　劉
　　虞夔等纂修
　明萬曆十五年(1587)内府刻本
　八十册　二十函
　　正文半葉十行二十字,黑口,雙黑魚尾,
四周雙邊。
　　鈐"家承賜書"印。

0725　　　　　又一部　SG272/6
大明會典二百二十八卷
　（明）申時行　許國等總裁　趙用賢　劉
　　虞夔等纂修
　明萬曆十五年(1587)内府刻本
　五十二册　九函
　　正文半葉十行二十字,黑口,雙黑魚尾,
四周雙邊。

0726　　　　　　　　　　SG28/32
大明會典二百二十八卷
　（明）申時行　許國等總裁　趙用賢　劉
　　虞夔等纂修
　明天啓元年(1621)刻本
　三十六册　六函
　　正文半葉十一行二十六字,小字雙行
同,白口,單黑魚尾,四周單邊。金鑲玉。

0727　　　　　　　　　SG216/66
國朝典彙二百卷
　（明）徐學聚編輯　馮琦訂正
　明天啓四年(1624)徐與參刻本
　六十册　十二函
　　正文半葉十行二十二字,白口,單白魚
尾,四周單邊。

0728　　　　　　　　　SG276/46
皇明經世實用編二十八卷首一卷
　（明）馮應京纂輯　瞿九思編次
　明萬曆三十二年(1604)刻本
　二十四册　四函
　　正文半葉十二行二十二字,白口,單黑

魚尾,四周雙邊。

0729　　　　　　　　　　SG212/90
皇明世法錄九十二卷
（明）陳仁錫閱
明崇禎刻本
八十八冊　十四函
　　正文半葉十行二十字,白口,無魚尾,四周單邊。
　　鈐"風雨樓""寸心日月樓所藏""陽湖陶氏涉園所有書籍之記"印。

0730　　　　　　　　　　SG27/2
大清會典一百六十二卷
（清）伊桑阿　王熙總裁　阿世坦纂修
清康熙二十九年（1690）内府刻本
六十四冊　八函
　　正文半葉十行二十字,小字雙行同,雙黑魚尾,四周雙邊。

儀制之屬

0731　　　　　　　　　　SG273/37
太常因革禮一百卷
（宋）歐陽修等撰
明末抄本
二冊　一函
　　正文半葉十一行二十二字,小字雙行同,無界行。金鑲玉。
　　行間朱筆批注。鈐"武昌柯逢時收藏圖記"印。

0732　　　　　　　　　　SG22/1
萬壽盛典初集一百二十卷
（清）王原祁　王奕清纂修
清康熙五十四年至五十六年（1715-1717）武英殿刻本
三十六冊　六函
　　正文半葉九行十九字,白口,單黑魚尾,四周雙邊。

0733　　　　　又一部　SG22/1
萬壽盛典初集一百二十卷
（清）王原祁　王奕清纂修
清康熙五十四年至五十六年（1715-1717）武英殿刻本
四十冊　六函
　　正文半葉九行十九字,白口,單黑魚尾,四周雙邊。

0734　　　　　　　　　　SG27/209A
幸魯盛典四十卷
（清）聖祖玄燁敕撰　孔毓圻　金居敬等纂修
清康熙五十年（1711）孔氏紅萼軒刻本
二十冊　二函
　　正文半葉十行二十一字,白口,單黑魚尾,四周雙邊。

0735　　　　　又一部　SG27/209
幸魯盛典四十卷
（清）聖祖玄燁敕撰　孔毓圻　金居敬等

纂修

清康熙五十年(1711)孔氏紅萼軒刻本

十二册　二函

正文半葉十行二十一字,白口,單黑魚尾,四周雙邊。

内封鐫"康熙己巳年梓　幸魯盛典　紅萼軒藏版"。

鈐"惕盫行篋珍藏"印。

0736　　　　　　　　　　　　SG273/3

欽定滿洲祭神祭天典禮六卷

(清)允祿　來保纂修

清乾隆十二年(1747)武英殿刻本

六册　一函

正文半葉九行字數不等,白口,單黑魚尾,無界行,四周雙邊。

滿文。

0737　　　　　　　　　　　　SG273/4

欽定滿洲祭神祭天典禮六卷

(清)允祿　來保纂修

清乾隆十二年(1747)内府刻本

六册　一函

正文半葉十八行十九字,白口,單黑魚尾,四周雙邊。

滿漢合璧。

0738　　　　　　　　　　　　SG273/10

大清通禮五十卷

(清)來保　陳世倌等總裁　李玉鳴　朱丕烈等纂修

清乾隆刻本

十二册　二函

正文半葉九行二十二字,白口,單黑魚尾,四周雙邊。

0739　　　　　　　　　　　　SG273/10

大清通禮五十卷

(清)來保　陳世倌等總裁　李玉鳴　朱丕烈等纂修

清乾隆刻本

十八册　二函

正文半葉九行二十二字,白口,單黑魚尾,四周雙邊。

0740　　　　　　　　　　　　SG22/4-1

南巡盛典一百二十卷

(清)高晉　方觀承纂輯

清乾隆三十六年(1771)刻本

四十八册　八函

正文半葉九行十九字,白口,單黑魚尾,四周雙邊。

邦計之屬

0741　　　　　　　　　　　　SG276/247

海運新考不分卷

(明)梁夢龍撰

明萬曆七年(1579)刻本

二册　一函

正文半葉九行二十字,白口,單黑魚尾,左右雙邊。

鈐"南通馮氏景岫樓藏書""馮雄印信"印。

0742　　　　　　　　　　SG27/14-1

兩淮鹽法志四十卷首一卷

（清）王世球撰

清乾隆十三年（1748）揚州府署刻本

二十冊　四函

　　正文半葉十行二十二字，小字雙行同，白口，單黑魚尾，左右雙邊。

0743　　　　　　又一部　SG27/14

兩淮鹽法志四十卷首一卷

（清）王世球撰

清乾隆十三年（1748）揚州府署刻本

二十冊　四函

　　正文半葉十行二十二字，小字雙行同，白口，單黑魚尾，左右雙邊。

0744　　　　　　　　　　SG27/321

松郡婁縣均役要略文集一卷行集一卷忠集一卷信集一卷

（清）李復興輯

清康熙七年至六十一年（1668－1722）刻乾隆五十三年（1788）婁縣縣署增刻本

四冊　一函

　　正文半葉九行二十二字，白口，單黑魚尾，左右雙邊。

0745　　　　　　　　　　SG27/274

敕修河東鹽法志十二卷圖考一卷

（清）覺羅石麟總裁　朱一鳳纂輯

清雍正五年至十三年（1727－1735）陝西都轉運鹽使司刻本

十二冊　一函

　　正文半葉九行二十字，白口，單黑魚尾，四周雙邊。

0746　　　　　　　　　　SG27/63

山東鹽法志十四卷

（清）莽鵠立總裁　漆紹文　葛斗南　宋懷金監修

清雍正二年至十二年（1724－1734）山東都轉運鹽使司刻本

十冊　一函

　　正文半葉九行二十字，白口，單黑魚尾，左右雙邊。

0747　　　　　　　　　　SG269/86

河東鹽法備覽十二卷

（清）蔣兆奎輯

清乾隆五十五年（1790）山西鹽運使署刻本

八冊　一函

　　正文半葉九行二十二字，小字雙行同，白口，單黑魚尾，四周單邊。

　　内封鐫"乾隆庚戌春仲刊成　河東鹽法備覽"。

0748　　　　　　　　　　SG276/163

賦鏡錄四卷明田賦考二卷

（清）施端教輯　胡尚宏校

清康熙五年（1666）施端教嘯閣刻本

一冊　一函

正文半葉九行二十字,白口,單白魚尾,四周單邊。

版心下鐫"嘯閣"。

鈐"博陵彭氏""彭氏紫符""安平彭氏收藏金石書畫印"諸印。

0749　　　　　　　　　　　　SG27/304
康熙肆拾年分本色統徵倉米比簿不分卷

清康熙四十年(1701)抄本

一册　一函

正文半葉行字不等,白口,無魚尾,無界行,四周單邊。

鈐"查同""核同""覆同"諸印。

0750　　　　　　　　　　　　SG27/325
義倉圖不分卷

(清)方觀承輯

清乾隆十八年(1753)刻本

六册　一函

正文半葉十行二十二字,白口,無魚尾,四周單邊。

0751　　　　　　　　　　　SG314.2/28
物料價值則例十五卷

(清)陳宏謀主修　快亮纂修

清乾隆三十三年(1768)工部刻本

十二册　二函

正文半葉九行二十字,小字雙行同,白口,單黑魚尾,四周雙邊。

版心下鐫縣名。

鈐"興亞院華北聯絡部調查所圖書""興亞院華北聯絡部圖書"印。

0752　　　　　　　　　　　SG276/5-1
欽定物料價值則例八卷

(清)陳宏謀纂修

清乾隆三十四年(1769)江蘇布政使司刻本

八册　一函

正文半葉九行二十字,小字雙行同,白口,單黑魚尾,左右雙邊。

内封鐫"乾隆三十四年三月頒行　欽定物料價值則例　江蘇布政使司衙門藏板"。

0753　　　　　　　　　　　SG276/206
倉場事宜初稿

(清)錫珍撰

清末錫珍稿本

一册　一函

正文半葉九行字數不等,小字雙行字數不等,白口,單紅魚尾,紅格,四周雙邊。

版心下鐫"翰寶齋"。記事止于清光緒九年(1883)。

書衣有民國二十七年(1938)鄧之誠墨筆題識。錫珍(1847-1889),字席卿,號仲儒,蒙古鑲黄旗人。曾祖父和瑛,祖父璧昌。少承家學,勤奮努力,同治七年(1868)進士。歷官侍講、侍讀、侍讀學士、刑部尚書和吏部尚書。

0754　　　　　　　　　　　SG27/323
蘇松財賦考圖説一卷

(清)周夢顔輯

清道光九年(1829)程丕纘刻本

一册　一函

正文半葉八行二十字,白口,無魚尾,四周單邊。

卷末鎸"南翔石夏珍刻"。

0755　　　　　　　　　　SG276/90

浙江軍需報銷局造冊不分卷

清道光二十四年(1844)浙江布政使司抄本

一册　一函

正文半葉十一行字數不等,無界行。

鈐"浙江等處承宣布政使司之印"滿漢文印。

0756　　　　　　　SG276/164/A－X

陝西省清理財政局歲入歲出說明書

(清)陝西省清理財政局撰

清宣統二年(1910)抄本

二十四册　一函

正文半葉十四行三十五字或字數不等,小字雙行字數不等,細藍口,單藍魚尾,藍格,四周雙邊。

各書衣題名"陝西清理財政局造寶歲入田賦類說明會""歲出解款說明會""歲入鹽課類說明書"等。

鈐"陝西清理財政局之關防"印。

軍政之屬

0757　　　　　　　　　　SG213.3/44

籌海圖編十三卷

(明)胡宗憲撰

明天啓四年(1624)胡維極刻本

八册　一函

正文半葉十二行二十二字,小字雙行同,白口,單白魚尾,四周單邊。

内封鎸"新安少保胡宗憲編輯　茅鹿門先生鑒定　籌海圖編　本衙藏板"。

律令之屬

0758　　　　　　　　　　SG2743/67

讀律佩觿八卷附讀律八法一卷

(清)王明德撰

清康熙十三年至六十一年(1674－1722)王氏冷然閣刻本

八册　二函

正文半葉九行二十字,白口,單黑魚尾,四周單邊。

内封鎸"燕臺諸先生鑒閱　高沙王金樵輯次　讀律佩觿　冷然閣重梓"。修補本。

0759　　　　　　　　　　SG274/73

王儀部先生箋釋三十卷首一卷

(明)王肯堂撰　(清)顧鼎重編

清康熙三十年(1691)顧鼎刻本

二十册　四函

正文半葉九行二十字,白口,單黑魚尾,四周單邊。

史　部

0760　　　　　　　　　　　　SG34/46
棘聽草十二卷賦役詳稿一卷
（清）李之芳撰
清康熙四十一年（1702）李鍾麟刻本
四册　一函
　　正文半葉九行二十字,白口,單黑魚尾,無界行,四周雙邊。

0761　　　　　　　　　　　　SG2743/33
律例全編六卷
清雍正七年（1729）刻本
八册　一函
　　正文半葉十行二十四字,小字雙行同,白口,單黑魚尾,四周單邊。
　　内封鎸"雍正七年六月刊　新鎸續增附律例要覽"。

0762　　　　　　　　　　　　SG2743/12
戶部則例摘要十一卷
清乾隆五十八年（1793）楊氏銘新堂刻本
六册　一函
　　正文半葉九行二十字,黑口,單黑魚尾,左右雙邊。
　　内封鎸"乾隆五十八年冬鎸　戶部則例摘要　板藏杭城下洋市街銘新堂楊發兑"。
　　鈐"武林銘新堂楊氏圖書"印。

0763　　　　　　　　　　　　SG2742/4
欽定吏部處分則例五十二卷
清刻本
十册　二函　存十六卷（三十二至四十七）
　　正文半葉十行二十字,花口,單黑魚尾,四周雙邊。金鑲玉。

0764　　　　　　　　　　　　SG2743/3
所見集三十七卷二集十九卷三集二十一卷四集十八卷目錄二卷
（清）馬世璘　王又槐　謝奎編　馬德錫校
清乾隆五十八年（1793）仁和馬氏再思堂刻嘉慶十年（1805）王氏三餘堂續刻本
六十四册　八函
　　正文半葉九行二十二字,白口,單黑魚尾,左右雙邊。

0765　　　　　　　　　　　　SG2741/10
欽定宮中現行則例四卷
清光緒六年（1880）武英殿刻本
四册　一函
　　正文半葉八行二十字,白口,單黑魚尾,四周雙邊。

0766　　　　　　　　　　　　SG2743/35
説帖不分卷
清道光至光緒抄本
三十二册　四函
　　正文半葉九行二十字,白口,單紅魚尾,四周雙邊,朱絲欄。
　　殘本。記事止于清嘉慶二十五年（1820）。
　　本書記載清嘉慶各省司法部門之刑事案件。

0767　　　　　　　　　　SG2743/43

成案彙存不分卷

（清）趙惠師輯

清光緒二十年至三十四年（1894－1908）
趙惠師稿本

二十册　四函

正文半葉八行字數不等，無魚尾，紅格，四周雙邊。

版心上鐫"金聲玉振"。記事止于清光緒二十年。

書名本館自擬。此書分爲"分類雜詳""分類禀稿""直隸成案""直隸分類各案""趙惠師直隸新案""參案備式""官俸"七部分。

0768　　　　　　　　　　SG2743/61

洗冤彙編不分卷

（清）郎廷棟集述　佟國勳　楊朝麟重訂
清康熙五十四年（1715）楊朝麟刻本

四册　一函

正文半葉九行二十二字，白口，單黑魚尾，四周雙邊。金鑲玉。

0769　　　　　　　　　　SG314.4/49

例案輯存

（清）鮑德鋤輯
清末鮑德鋤等抄本

七十六册　十一函

正文半葉行字不等，素紙。

考工之屬

0770　　　　　　　　　　SG313./7

欽定武英殿聚珍版程式不分卷

（清）金簡撰
清乾隆活字本

一册　一函

正文半葉九行二十一字，小字雙行同，白口，單黑魚尾，四周雙邊。

版心下鐫"彭紹觀校"。《武英殿聚珍版書》之一。與《墨法集要》合册。

0771　　　　　　　　　　SG313./7

墨法集要不分卷

（明）沈繼孫撰
清乾隆活字本

與《武英殿聚珍版程式》合册　合函

正文半葉九行二十一字，小字雙行同，白口，單黑魚尾，四周雙邊。

版心下鐫"項家達校"。《武英殿聚珍版書》之一。

公牘檔册之屬

0772　　　　　　　　　　SG276/150－1

魚鱗册不分卷

（清）佚名輯
清康熙十一年至三十年（1672－1691）寫

本

一册　一函

正文半葉行字不等,白口,無魚尾,四周單邊。

記事止于清康熙十一年。

0773　　　　　　　　　　　　SG242/244
堂抄行文檔

（清）掌儀司輯

清乾隆四十一年（1776）掌儀司抄本

一册　一函

正文半葉九行字數不等,素紙。

内封題"掌儀司備案　乾隆四十一年正月至五月　堂抄行文檔"。

0774　　　　　　　　　　　　SG279/109
政略彙鈔不分卷

清乾隆至嘉慶抄本

三册　一函

正文半葉十行二十六字,素紙。金鑲玉。

有朱筆圈點。本書分爲"州縣政署""府廳政署""司道政署""四院政署"四部分。鈐"韓大成印""文心共欣賞"諸印。

0775　　　　　　　　　　　　SG279/109
清代檔案雜鈔不分卷

清光緒十六年至宣統三年（1890－1911）抄本

七册　一函

正文半葉行字不等,素紙。

書名本館自擬。

額欠不分卷

秋勘稟稿不分卷

辨賑稟稿不分卷

捕蝗彙錄不分卷

雜項稟稿不分卷

章程彙編不分卷

批語存底不分卷

0776　　　　　　　　　　　　SG279/115
光緒清廷内府來往行文

清光緒抄本

二百四十七件　一函

正文半葉行字不等,素紙。

書名本館自擬。

0777　　　　　　　　　　　　SG415/168
李思浩函稿不分卷

李思浩撰

民國八年（1919）抄本

二册　一函

正文半葉八行字數不等,紅格。

書名本館自擬。首葉題"民國八年函稿"。本書内容爲與各級官員（多爲財政方面）往來函柬底稿,多爲托事薦人之函,對官場中人際關係可窺一斑。

李思浩（1882－1968）,字贊侯,浙江慈溪人。清光緒三十年（1904）進士,任户部主事等職。民國間,歷任北洋政府財政部次長兼鹽務署署長、中國銀行總裁兼印製局總裁、財政總長兼鹽務署督辦等職。中華人民共和國成立後,曾任上海市政協委員。

0778　　　　　　　　SG279/28

清末民初政令文電雜鈔

民國抄本

六册　一函

正文半葉十行字數不等，小字雙行字數不等，紅格，白口，雙紅魚尾，四周雙邊。

職官類

官制之屬

0779　　　　　　　　　　SG28/34
皇明百官述二卷
（明）鄭曉撰
明隆慶鄭履準刻本
一册　一函
　　正文半葉十行十九字，白口，單白魚尾，左右雙邊。
　　序末鎸"海鹽夏儒刻"。《吾學編》之一。
　　清代禁書。

0780　　　　　　　　　　SG281/6
明職一卷
（明）呂坤撰
清乾隆四年（1739）尹會一刻本
一册　一函
　　正文半葉十行二十字，白口，單黑魚尾，四周雙邊。
　　内封鎸"健餘堂藏板"。

0781　　　　　　　　　　SG281/9
官制備攷二卷
（明）李日華纂　魯仲民補訂
明萬曆二十年至崇禎十七年（1592－1644）刻本
二册　一函
　　正文半葉九行二十字，白口，無魚尾，四周單邊。

0782　　　　　　　　　　SG28/1－1
詞林典故八卷
（清）張廷玉　鄂爾泰纂
清乾隆十三年（1748）武英殿刻本
八册　一函
　　正文半葉七行十八字，小字雙行同，白口，單黑魚尾，四周雙邊。
　　鈐"虛靜齋""愚齋圖書館藏"印。

官箴之屬

0783　　　　　　　　　　SG28/6－2
為政忠告四卷
（元）張養浩撰
清道光十一年（1831）尹濟源碧鮮齋刻本
二册　一函
　　正文半葉八行十七字，粗黑口，雙黑魚

尾,四周雙邊。

内封鎸"為政忠告　元濟南張文忠公著　碧鮮齋影鈔本"。

牧民忠告二卷

經進風憲忠告一卷

廟堂忠告一卷

0784　　　　　　　　　　　　SG28/6-1

牧民忠告二卷經進風憲忠告二卷廟堂忠告一卷

（元）張養浩撰

清道光十三年（1833）盧坤刻本

四册　一函

正文半葉八行十七字,黑口,雙黑魚尾,四周雙邊。

鈐"那木都魯光熙收藏金石書畫"印。

0785　　　　　　　　　　　　SG27/389

新吾吕先生實證錄七卷

（明）吕坤撰

明萬曆二十年（1592）刻清嘉慶二年（1797）吕譽安重修本

十册　一函

正文半葉九行十八字,白口,單黑魚尾,四周雙邊。

0786　　　　　　　　　　　　SG279/90

重刊居官必要八卷

（明）吕坤撰　（清）陳于豫　陳以璵重訂

清康熙三十五年（1696）陳于豫刻本

六册　一函

正文半葉九行十九字,白口,單黑魚尾,左右雙邊。

0787　　　　　　　　　　　　SG27/89

福惠全書三十二卷

（清）黄六鴻撰

清康熙三十三年至六十一年（1694-1722）刻本

十册　一函

正文半葉九行二十二字,白口,單黑魚尾,四周單邊。

内封鎸"給諫黄思湖類編　居官福惠全書　種書堂藏板"。

0788　　　　　　　　　　　　SG279/106

居官必閲錄不分卷

（清）高曜編　葉士寬增删

清乾隆刻本

一册　一函

正文半葉十行二十字,白口,單黑魚尾,左右雙邊。

0789　　　　　　　　　　　　SG27/46-1

晉政輯要八卷

（清）鄭源璹纂輯

清乾隆五十四年（1789）山西藩署刻本

八册　二函

正文半葉八行二十字,白口,單黑魚尾,四周雙邊。

鈐"聚星樓書畫印"印。

詔令奏議類

詔令之屬

0790　　　　　　　　　　SG241/16
漢詔令九卷
（宋）林虙　樓昉輯
清光緒二十一年（1895）淡園抄本
二册　一函
　　正文半葉十一行二十字，小字雙行字數不等，素紙。
　　扉葉題"漢詔令九卷　光緒二十一年淡園著錄"。鈐"許銘常印""許銘彝印""石菴""淡泊明志""率真"諸印。

0791　　　　　　　　　　SG24/5
硃批諭旨不分卷
（清）鄂爾泰　張廷玉等撰　世宗胤禛批
清乾隆三年（1738）活字朱墨套印本
二十七册　六函
　　正文半葉十行二十一字，白口，單黑魚尾，無界行，四周雙邊。
　　存硃批費金吾、黄叔琳、王璣、黄國材、何天培、佟吉圖、李紱、黄炳、陳世倌、李成龍、常賚、高成齡、索琳、劉世明、宜兆熊、沈廷正、張坦麟、呂耀曾、杜濱、鄂爾泰、田文鏡（缺摺二）奏摺。

0792　　　　　　　　　　SG241/11
嘉慶上諭
清嘉慶抄本
八册　一函
　　正文半葉六行二十字，白口，單紅魚尾，紅格，四周雙邊。
　　存清嘉慶四年至七年（1799－1802）部分諭旨。
　　鈐"御賜忠勇清貞""伍彌特氏珍藏書畫之章"印。

0793　　　　　　　　　　SG241/5
清軍機處諭旨不分卷
清光緒三十一年至三十四年（1905－1908）抄本
一册　一函
　　正文半葉行款不一。
　　鈐"監國攝政王章"印。

奏議之屬

0794　　　　　　　　SG242/22－1
歷代名臣奏議三百十九卷目錄一卷
（明）黄淮　楊士奇輯　張溥删正

明崇禎刻清初重修本

七十二册　十二函

　　正文半葉九行十八字,小字雙行同,白口,單黑魚尾,左右雙邊。

　　眉上鎸注。内封鎸"陳明卿先生鑒定歷代名臣奏議　聚英堂藏版"。正文卷端下原題"張溥删正"四字被剜。

　　本書明刻原版爲三百五十卷,入清後删毁卷三百二十以後各卷。

0795　　　　　　　　　　SG242/190

歷代名臣奏議三百十九卷目錄一卷

　　(明)黃淮　楊士奇輯　張溥删正

　　明崇禎刻清初重修本

　　五十四册　十函

　　正文半葉九行十八字,小字雙行同,白口,單黑魚尾,左右雙邊。

　　眉上鎸注。内封鎸"陳明卿太史删正歷代名臣奏議　本衙藏板　菁華樓發兌"。正文卷端下原題"張溥删正"四字被剜。

0796　　　　又一部　SG242/190-1

歷代名臣奏議三百十九卷目錄一卷

　　(明)黃淮　楊士奇輯　張溥删正

　　明崇禎刻清初重修本

　　八十册　八函

　　正文半葉九行十八字,小字雙行同,白口,單黑魚尾,左右雙邊。

　　眉上鎸注。内封鎸"陳明卿先生鑒定歷代名臣奏議　本衙藏板"。正文卷端下原題"張溥"二字被挖。

鈐"唐普善圖書印""可與知者道"諸印。

0797　　　　　　又一部　SG242/22

歷代名臣奏議三百十九卷目錄一卷

　　(明)黃淮　楊士奇輯　張溥删正

　　明崇禎刻清初重修本

　　七十七册　八函　缺七卷(二百九十五至三百、三百七)

　　正文半葉九行十八字,小字雙行同,白口,單黑魚尾,左右雙邊。

　　眉上鎸注。

0798　　　　　　又一部　SG242/22-1

歷代名臣奏議三百十九卷目錄一卷

　　(明)黃淮　楊士奇輯　張溥删正

　　明崇禎刻清初重修本

　　八十四册　十七函　存二百十五卷(十四至四十六、五十四至七十五、七十九至九十二、一百十至一百十九、一百二十九至一百三十、一百四十至一百五十七、一百九十八至二百二十七、二百三十二至二百九十四、二百九十七至三百十九)

　　正文半葉九行十八字,小字雙行同,白口,單黑魚尾,左右雙邊。

　　眉上鎸注。

0799　　　　　　　　　　SG212/101

秦書疏三卷

　　(明)徐紳輯　吳國倫校

　　明嘉靖三十七年(1558)吳國倫刻本

一册　一函

　　正文半葉十行二十字,白口,單白魚尾,四周單邊。

　　《秦漢書疏》之一。

0800　　　　　　　　　　　SG242/193/A

范文正公政府奏議二卷續集二卷書牘一卷

　　（宋）范仲淹撰

　　明嘉靖四十年（1561）韓叔陽刻本

　　四册　一函

　　正文半葉十一行二十字,白口,單白魚尾,四周單邊。

　　鈐"上虞連氏枕湖樓珍藏""楊康年""杭州王氏九峰舊廬藏書之章""綏珊收藏善本"印。

0801　　　　　　　　　　　SG242/109

孝肅包公奏議十卷

　　（宋）包拯撰

潔身堂集刻一卷

　　（清）詹履道輯

　　清順治十七年（1660）詹履道聚星堂刻本

　　四册　一函

　　正文半葉十行二十二字,白口,單黑魚尾,四周單邊。

　　内封鐫"宋孝肅包公奏議集　聚星堂藏板"。

　　鈐"國子監祭酒盛昱印信"印。

0802　　　　　　　　　　　SG242/80

重鋟文公先生奏議十五卷

　　（宋）朱熹撰　（明）朱吾弼編

　　明萬曆三十二年（1604）朱崇沐刻本

　　八册　一函

　　正文半葉九行十九字,小字雙行同,白口,單白魚尾,四周單邊。

0803　　　　　　　　　　　SG242/115

皇明疏議輯畧三十七卷

　　（明）張瀚纂輯

　　明萬曆三年至四年（1575－1576）王汝訓、萬世德刻本

　　十二册　二函

　　正文半葉十行二十二字,白口,單黑魚尾,四周雙邊。

　　版心下鐫刻工"劉文孝刊""劉文登刊""孫士淦"等。

　　鈐"研理樓劉氏藏""劉明陽王靜宜夫婦讀書之印""寶靜簃主王靜宜所得秘笈記"諸印。

0804　　　　　　　　　　　SG314./63

皇明名臣經濟錄十八卷

　　（明）陳九德删次　嚴訥校正

　　明嘉靖二十八年（1549）羅鴻刻本

　　十二册　二函

　　正文半葉十行二十字,白口,單白魚尾,左右雙邊。

0805　　　　　　　　　　　SG242/87

撫黔奏疏八卷

　　（清）楊雍建撰

　　清康熙二十四年至四十三年（1685－1704）楊雍建刻本

八册　一函
　　正文半葉九行二十字,白口,四周單邊。

0806　　　　　　　　　　　SG242/89
撫黔奏疏八卷
　（清）楊雍建撰
　清康熙二十四年至四十三年（1685－1704）楊雍建刻道光二十五年（1845）楊文蓀補版印本
　八册　二函
　　正文半葉九行二十字,白口,四周單邊。

0807　　　　　　　　　　　SG242/7-1
靳文襄公奏疏八卷
　（清）靳輔撰　靳治豫編次
　清雍正靳治豫刻本
　十二册　二函
　　正文半葉九行二十二字,白口,單黑魚尾,左右雙邊。

0808　　　　　　　又一部　SG242/7
靳文襄公奏疏八卷
　（清）靳輔撰　靳治豫編次
　清雍正靳治豫刻本
　十二册　一函
　　正文半葉九行二十二字,白口,單黑魚尾,左右雙邊。

0809　　　　　　　　　　　SG24/3
撫豫宣化録四卷
　（清）田文鏡撰
　清雍正五年（1727）田文鏡刻本

九册　一函
　　正文半葉九行二十一字或二十二字,白口,單黑魚尾,左右雙邊。

0810　　　　　　　又一部　SG24/2-1
撫豫宣化録四卷
　（清）田文鏡撰
　清雍正五年（1727）田文鏡刻本
　八册　二函
　　正文半葉九行二十一字或二十二字,白口,單黑魚尾,左右雙邊。
　　鈐"魏塘金氏偶園珍藏"印。

0811　　　　　　　　　　　SG27/336
田文鏡河東文檄不分卷
　（清）田文鏡輯
　清雍正抄本
　四册　一函
　　正文半葉九行二十字,無界行,素紙。
　　書根題《告示匯存》。本書爲田文鏡在河東總督任内所行文檄。田文鏡（1662－1733）,字抑光,漢軍正黄旗人。雍正間官河南、山東總督,加太子太保。田氏在河南巡撫任内選編所行檄文爲《撫豫宣化録》,流行甚廣。

0812　　　　　　　　　　　SG242/178
上諭旗務議覆十二卷
　（清）允祿編
　清雍正九年（1731）内府刻乾隆六年（1741）武英殿續刻本
　十二册　一函

正文半葉十一行二十一字，白口，單黑魚尾，四周雙邊。

滿漢文各六卷。

0813　　　　　又一部　SG242/178
上諭旗務議覆十二卷

（清）允祿編

清雍正九年（1731）内府刻乾隆六年（1741）武英殿續刻本

十册　二函

正文半葉十 行二十 字，白口，單黑魚尾，四周雙邊。

滿漢文各六卷。

0814　　　　　　　　　SG242/132
皇清奏議四十四卷

清嘉慶至道光抄本

四十四册　四函

正文半葉八行二十四字，無界行。

版心鎸卷次及葉數。奏疏止于清乾隆六十年（1795）。

鈐"退耕堂藏書記"印。

0815　　　　　　　　　SG242/132
皇清奏議不分卷

清嘉慶十年至道光三十年（1805－1850）抄本

二十四册　四函

正文半葉十行二十字，藍格，白口，單藍魚尾，左右雙邊。

版心下鎸"賦山檢鈔"。

鈐"沈燕謀藏書"印。

0816　　　　　　　　　SG242/41
琦善川陝奏稿不分卷

（清）琦善撰

清咸豐元年至四年（1851－1854）抄本

六册　一函

正文半葉七行二十字，白口，單黑魚尾，四周雙邊。

記事止于清咸豐元年。

琦善（1786－1854），字静庵，博爾濟吉特氏，滿洲正黄旗人，清朝大臣，鴉片戰争時主和派的代表人物。歷嘉慶、道光和咸豐三朝，先後任山東巡撫、兩江總督、東河總督、成都將軍、文淵閣大學士、兩廣總督、駐藏大臣、熱河都統、四川總督和陝甘總督等職。謚文勤。

0817　　　　　　　　　SG293/132
各省將軍都統摺子副都統摺子不分卷

清光緒三十年至三十四年（1904－1908）兵部抄本

十六册　一函

正文半葉六行字數不等，素紙。

0818　　　　　　　　　SG27/368
沈文定公公牘三種不分卷

清光緒抄本

七册　一函

正文半葉行款不一。

分爲"文定公書牘""行文簿""公事函稿"三種。"行文簿"書衣題"光緒五年十月"。

時令類

0819　　　　　　　　　　　SG37/49

月令廣義二十四卷首一卷附錄一卷

（明）馮應京纂輯　戴任增釋　李登參訂

明萬曆三十年（1602）陳邦泰刻本

十五冊　三函

　　正文半葉九行二十字，小字雙行同，白口，單黑魚尾，四周單邊。

　　鈐"中吳王韜""天南遯叟淞北逸民"印。

0820　　　　　　　　　　SG25/3-1

日涉編十二卷

（明）陳堦編輯　（清）白輝補輯

明萬曆三十九年（1611）徐養量刻清康熙二十七年（1688）紀元補修本

十二冊　二函

　　正文半葉九行十九字，小字雙行同，白口，單黑魚尾，四周單邊。

0821　　　　　　　　　　SG25/3

日涉編十二卷

（明）陳堦編輯　（清）白輝補輯

明萬曆三十九年（1611）徐養量刻清乾隆三十四年（1769）清畏堂重修本

十二冊　二函

　　正文半葉九行十九字，小字雙行同，白口，單黑魚尾，四周單邊。

　　內封鐫"乾隆己丑年重鐫　清畏堂藏板　日涉編"。

0822　　　　　　　　　　　SG25/4

月日紀古十二卷

（清）蕭智漢纂輯　蕭智瀅叅訂

清乾隆五十九年（1794）蕭智漢聽濤山房刻本

十二冊　二函

　　正文半葉九行二十字，白口，單黑魚尾，四周雙邊。

　　內封鐫"乾隆甲寅新鐫　月日紀古　聽濤山房藏板"。

　　鈐"米漢雯印""蘭卿書畫""寶楷齋""蘿月山房主人"諸印。

0823　　　　　　又一部　SG25/4

月日紀古十二卷

（清）蕭智漢纂輯　蕭智瀅叅訂

清乾隆五十九年（1794）蕭智漢聽濤山房刻本

四冊　二函

　　正文半葉九行二十字，白口，單黑魚尾，四周雙邊。

　　內封鐫"乾隆甲寅新鐫　月日紀古　聽濤山房藏板"。

地理類

總志之屬

0824　　　　　　　　　SG261/70
聖朝混一方輿勝覽三卷
（宋）佚名撰
明洪武至正統刻本
五册　一函
　　正文半葉十二行二十字，小字雙行同，黑口，順黑魚尾，四周雙邊。
　　明初刻《事文類聚翰墨全書》後乙集之一。

0825　　　　　　　　　SG261/16
元豐九域志十卷
（宋）王存纂修
清乾隆五十三年（1788）馮集梧刻本
四册　一函
　　正文半葉十一行二十一字，小字雙行同，白口，單黑魚尾，左右雙邊。
　　內封鎸"戊申覆校本　元豐九域志　德聚堂藏板"。

0826　　　　　　　　　SG261/10-2
大明一統志九十卷
（明）李賢總裁　萬安纂修
明嘉靖三十八年（1559）楊氏歸仁齋刻萬曆十六年（1588）重修本
二十四册　四函
　　正文半葉十行二十二字，小字雙行同，下黑口，順黑魚尾，四周單邊或雙邊。
　　有抄配。鈐"島原秘藏""山陰孫世偉藏"印。

0827　　　　　　　　　SG261/54
天下一統志九十卷
（明）李賢總裁　萬安纂修
清順治元年至康熙十年（1644－1671）萬壽堂刻本
四十一册　五函
　　正文半葉十行二十二字，白口，單黑魚尾，四周單邊。
　　版心下鎸"萬壽堂刊"。
　　末册卷八十九至九十配歸仁齋刊本。鈐"席文之印""字章黼號郁軒"印。

0828　　　　　　　　　SG26/24-2
廣輿記二十四卷圖一卷
（明）陸應陽輯
明萬曆二十八年至四十八年（1600－1620）刻本

十四册　二函

正文半葉十行十九字,小字雙行同,白口,單黑魚尾,左右雙邊。

卷一首葉版心下鎸"金陵盛文高刊"。

清代禁書。鈐"高如岳印""華封""落雁峰上樵者""謝剛主讀書記"諸印。

0829　　　　　　　　　　　SG26/24-1

廣輿記二十四卷圖一卷

（明）陸應陽輯

明萬曆二十八年至四十八年（1600-1620）刻清康熙元年至十五年（1662-1676）增修本

六册　一函

正文半葉十行十九字,小字雙行同,白口,單黑魚尾,四周單邊或左右雙邊。

清代禁書。有增修補圖,缺葉抄配。鈐"知非樓所藏書"印。

0830　　　　　　　　　　　SG26/24

廣輿記二十四卷圖一卷

（明）陸應陽輯　（清）蔡方炳增輯

清康熙二十五年（1686）刻本

十二册　三函

正文半葉十行十九字,小字雙行同,白口,單黑魚尾,四周單邊。

版心下鎸地名"直隸""保定""江南"等。

清代禁書。鈐"靈椿書屋""柳亭居士"印。

0831　　　　　　　　　　　SG261/80

一統志案說十六卷

（清）顧炎武撰　徐學乾纂

清道光七年（1827）張青選清芬閣活字本

六册　一函

正文半葉九行二十字,小字雙行同,白口,單黑魚尾,左右雙邊。

版心下鎸"清芬閣"。

0832　　　　　　　　　　　SG26/39-2

讀史方輿紀要一百三十卷

（清）顧祖禹撰

清道光至咸豐抄本

九册　一函　存七卷（三十九至四十五）

正文半葉九行十八字,白口,單黑魚尾,無界行,四周雙邊。

0833　　　　　　　　　　　SG261/9-7

大清一統志三百五十六卷首一卷

（清）高宗弘曆敕修　蔣廷錫　王安國　梁詩正等纂

清乾隆九年（1744）武英殿刻本

一百三十八册　十八函　存二百三十三卷（一至十七、二十八至八十一、九十七至二百十六、二百六十至三百,首一卷）

正文半葉十行二十一字,小字雙行同,白口,單黑魚尾,左右雙邊。

御製序、奏表、職名表、總目、目錄及卷一至二均爲抄配。鈐"退一步齋藏書圖記""積學齋徐乃昌藏書""黃子安印""積餘秘笈識者寶之""南陵徐乃昌刊誤鑒真記""積學齋鎮庫""天津日本圖書館藏書"印及滿漢文"廣東肇陽羅道關防"諸印。

方志之屬

0834　　　　　　　　　　　SG262/684

[康熙]懷柔縣新志八卷

（清）吳景果修　潘其燦纂

清康熙六十年（1721）懷柔縣署刻本

四册　一函

正文半葉九行二十字，白口，左右雙邊。

0835　　　　　　　　　SG262/120-1

[乾隆]永清縣志不分卷

（清）周震榮主修　章學誠纂修

清乾隆四十四年（1779）刻本

四册　一函

正文半葉十二行二十五字，白口，單黑魚尾，左右雙邊。

内封抄配題"乾隆己亥重修"。

鈐"雷鳴夏"印。

0836　　　　又一部　SG262/120-1

[乾隆]永清縣志不分卷

（清）周震榮主修　章學誠纂修

清乾隆四十四年（1779）刻本

四册　一函

正文半葉十二行二十五字，白口，單黑魚尾，左右雙邊。

内封鐫"乾隆己亥重修　永清縣志"。

0837　　　　　　　　　　　SG262/586

[順治]蠡縣志十卷續志四卷

（明）錢天錫纂修　（清）祖建明續修

明崇禎十四年（1641）刻清順治八年（1651）增刻本

八册　一函

正文半葉九行十八字，白口，單黑魚尾或白魚尾，四周單邊。

0838　　　　　　　　　　SG262/93-1

[雍正]高陽縣志六卷

（清）嚴宗嘉修　李其旋纂

清雍正八年（1730）高陽縣署刻本

六册　一函

正文半葉九行二十字，小字雙行同，白口，單黑魚尾，四周雙邊。

0839　　　　　　　　　　　SG262/40

[乾隆]容城縣志八卷

（清）王克淳纂定　陳亮采編次

清乾隆二十六年（1761）容城縣署刻二十八年（1763）增補本

三册　一函　存五卷（一至四、七）

正文半葉十行二十字，小字雙行同，白口，單黑魚尾，左右雙邊。

0840　　　　　　　　　　SG262/1022

[乾隆]博野縣志八卷首一卷末一卷

（清）吳鏊修　朱基　孫儒纂輯　尹啟銓　鍾淑編次

清乾隆三十二年（1767）博野縣署刻本

六册　一函

正文半葉九行二十字,白口,單黑魚尾,左右雙邊。

0841　　　　　　　　　　SG262/212
[乾隆]獻縣志二十卷圖一卷表一卷
　　(清)萬廷蘭修　戈濤纂
　　清乾隆二十六年(1761)獻縣縣署刻本
　　十二册　二函　缺十卷(一至三、八至十一、十八至二十)
　　正文半葉十行二十字,小字雙行同,白口,四周雙邊。
　　各卷内有張鼎彝用墨筆增删,作爲新修民國《獻縣志》之底稿。鈐"退耕堂藏書記""輔仁大學圖書館藏"印。

0842　　　　　　　　　　SG262/548
[乾隆]寶坻縣志十八卷
　　(清)洪肇楙纂修　蔡寅斗分輯
　　清乾隆十年(1745)寶坻縣衙刻本
　　八册　二函
　　正文半葉九行二十字,小字雙行同,白口,單黑魚尾,四周雙邊。

0843　　　　　　　又一部 SG262/548
[乾隆]寶坻縣志十八卷
　　(清)洪肇楙纂修　蔡寅斗分輯
　　清乾隆十年(1745)寶坻縣衙刻本
　　八册　一函
　　正文半葉九行二十字,小字雙行同,白口,單黑魚尾,四周雙邊。

0844　　　　　　　　　　SG262/11-1
[順治]真定縣志十四卷
　　(明)李楗纂修　陳謙增補
　　明天啓刻清順治三年(1646)增刻本
　　四册　一函
　　正文半葉九行十九字,白口,單黑魚尾,左右雙邊。

0845　　　　　　　　　　SG262/31
[乾隆]贊皇縣志十卷首一卷末一卷附錄一卷
　　(清)黃崗竹纂修
　　清乾隆十六年(1751)贊皇縣署刻本
　　六册　二函
　　正文半葉八行二十一字,小字雙行同,白口,單黑魚尾,四周雙邊。

0846　　　　　　　　　　SG262/1197
[康熙]成安縣志十二卷
　　(清)王公楷修　張檊纂
　　清康熙十二年(1673)刻本
　　六册　一函
　　正文半葉八行二十一字,小字雙行同,白口,單黑魚尾,四周雙邊。

0847　　　　　　　　　　SG262/823
[乾隆]廣平府志二十四卷
　　(清)吳穀纂修
　　清乾隆十年(1745)廣平府署刻本
　　十册　二函
　　正文半葉十行二十三字,小字雙行同,白口,單黑魚尾,左右雙邊。

钤"夏孫桐印"印。

0848　　　　　　　　　　SG262/513

[康熙]廣平縣志五卷

（清）夏顯煜重修　王俞巽編纂

清康熙十五年（1676）廣平縣署刻本

七册　一函

　　正文半葉八行二十一字,小字雙行同,白口,單黑魚尾,四周雙邊。

　　钤"退耕堂藏書記"印。

0849　　　　　　　　　　SG262/540

[乾隆]東明縣志八卷

（清）楊日升纂修　周承濂續纂修　儲元升再續纂修

清康熙十二年（1673）修雍正七年（1729）續修乾隆二十一年（1756）東明縣衙增刻本

八册　二函

　　正文半葉九行二十字,小字雙行同,白口,單黑魚尾,四周雙邊。

0850　　　　　　　　　　SG261/26

[乾隆]欽定熱河志一百二十卷

（清）和珅　梁國治纂修

清乾隆四十六年（1781）武英殿刻本

四十册　五函

　　正文半葉九行二十字,小字雙行同,白口,單黑魚尾,四周雙邊。

　　卷二十五至二十六爲抄配。

0851　　　　　　　　　　SG262/1198

[嘉靖]新河縣志六卷

（明）蔡懋昭　徐應解纂修

明嘉靖四十三年（1564）修民國傅振倫抄本

一册　一函

　　正文半葉八行十八字,小字雙行同,素紙。

　　钤"新河傅氏鑑藏金石印"印。

0852　　　　　　　　　　SG262/1198-1

[康熙]新河縣志十卷

（清）王汝翰纂修

清康熙十八年（1679）修民國二十三年（1934）抄校本

四册　一函

　　正文半葉十行二十二字,白口,單綠魚尾,綠格,四周單邊。

　　钤"傅振倫印""新河傅氏鑑藏金石印"印。

0853　　　　　　　　　　SG262/912-1

[康熙]寧晉縣志十卷

（清）萬任纂修　張坦　羅宏塈輯校

清康熙十八年（1679）寧晉縣署刻本

十册　一函

　　正文半葉十行二十二字,白口,單黑魚尾,四周雙邊。

0854　　　　　　　　　　SG262/598

[雍正]趙州志四卷

（清）程近仁裁定　趙淳　杜唐纂修

清雍正十三年(1735)修舊抄本

六册　一函

正文半葉九行二十二字,素紙。

有清雍正十三年程近仁《增修趙州志敘》、乾隆元年(1736)章元佐《趙州志序》。抄錄年不詳。

0855　　　　　　　　　　　SG262/943

[乾隆]深澤縣志十二卷首一卷

(清)趙憲修　王植纂

清雍正十三年(1735)深澤縣署刻乾隆補刻本

四册　一函

正文半葉九行二十字,小字雙行同,白口,單黑魚尾,左右雙邊。

0856　　　　　　　　　　SG27/65-1

[乾隆]欽定盛京通志一百三十卷首一卷

(清)阿桂等修　劉謹之等纂

清乾隆武英殿刻本

六十四册　八函

正文半葉九行二十一字,白口,單黑魚尾,四周雙邊。

0857　　　　　　　　　　SG269/156

[康熙]延綏鎮志六卷

(清)譚吉璁纂修

清康熙十二年(1673)刻三十六年至六十一年(1697-1722)延綏鎮署增刻本

八册　一函

正文半葉十一行二十字,小字雙行字數不等,細黑口,單黑魚尾,四周雙邊。

序前有墨筆增補"譚舟石先生所著書目"及先生生平。

0858　　　　　　　　　　SG262/1001-1

[乾隆]高淳縣志二十五卷首一卷

(清)朱紹文纂修

清乾隆十六年(1751)高淳縣署刻本

六册　一函

正文半葉十二行二十五字,白口,單黑魚尾,左右雙邊。

0859　　　　　　　　　　SG262/697

[雍正]昭文縣志十卷首一卷

(清)勞必達修　陳祖范纂

清雍正九年(1731)昭文縣署刻本

八册　一函

正文半葉十行二十三字,小字雙行同,白口,單黑魚尾,左右雙邊。

卷五至七爲抄配。

0860　　　　　　　　　　SG262/668

[乾隆]震澤縣志三十八卷首一卷

(清)陳和志修　倪師孟　沈彤纂

清乾隆十一年至十二年(1746-1747)震澤縣署刻本

八册　二函

正文半葉十一行二十一字,小字雙行同,白口,單黑魚尾,左右雙邊。

0861　　　　　　　　　　SG262/605

[乾隆]長洲縣志三十四卷首一卷

(清)李光祚修　顧詒祿等纂

清乾隆十八年（1753）長洲縣署刻本

四册　一函

正文半葉十行二十四字，白口，單黑魚尾，左右雙邊。

卷首圖後鎸"吳郡穆大展鎸"。

0862　　　　　　　　　　　　SG262/307

[道光]光福志十二卷

（清）徐傅編　王鏞同補　申丕鈺補輯

清光緒至宣統抄本

六册　一函

正文半葉九行二十四字，藍格，白口，單藍魚尾，四周雙邊。

0863　　　　　　　　　　　　SG262/1275

[淳祐]玉峯志三卷

（宋）凌萬頃　邊實纂修

[咸淳]玉峯續志一卷

（宋）邊實纂修

清康熙抄本

四册　一函

正文半葉十行二十字，素紙。

鈐"柯逢時印""茂苑香生蔣鳳藻秦漢十印齋秘笈圖書"印。

0864　　　　　　　　　　　　SG262/450-1

[乾隆]奉賢縣志十卷首一卷

（清）李治灝　吳高埈等修　王應奎　何孟春等纂

清乾隆二十三年（1758）奉賢縣衙刻本

八册　二函

正文半葉十一行二十一字，小字雙行同，白口，單黑魚尾，左右雙邊。

鈐"寶書堂曹"印。

0865　　　　　　　　　　　　SG262/620

[紹熙]雲間志三卷

（宋）朱端常　楊潛纂修

宋紹熙四年（1193）修清嘉慶十九年（1814）沈氏古倪園刻本

四册　一函

正文半葉十行二十三字，小字雙行同，黑口，雙黑魚尾，四周雙邊。

0866　　　　　　　　　　　　SG262/463

[康熙]鎮江府志五十四卷

（清）高得貴修　張九徵纂

清康熙十三年至十四年（1674-1675）鎮江府署刻本

四十册　六函

正文半葉十行二十一字，小字雙行同，白口，單黑魚尾，左右雙邊。

卷一至四、五至七的一部分、八至十四爲寫本。

0867　　　　　　　　　　　　SG262/643-1

[康熙]寶應縣志二十四卷

（清）徐翀重修　喬萊纂

清康熙二十九年（1690）寶應縣署刻本

四册　一函

正文半葉九行十九字，小字雙行同，白口，單黑魚尾，四周雙邊。

有墨筆抄配。鈐"劉寶楠印"印。

0868　　　　　　　　SG262/944-1

[乾隆]豐縣志十六卷首一卷

（清）盧世昌纂修

清乾隆二十四年（1759）刻道光三年（1823）德豐補版印本

六册　一函

　　正文半葉十行二十二字，小字雙行同，白口，單黑魚尾，左右雙邊。

0869　　　　　　　　SG262/467

[崇禎]泰州志十卷

（明）李自滋　劉萬春纂修

明崇禎五年（1632）泰州府署修清康熙五十八年（1719）魏錫祚重刻本

八册　二函

　　正文半葉十行二十字，小字雙行同，白口，單黑魚尾，左右雙邊。

0870　　　　　　　　SG262/1214-1

[道光]白蒲鎮志十卷首一卷

（清）姚鵬春纂修

民國南通馮氏景岫樓抄本

八册　一函

　　正文半葉九行十九字，素紙。

　　有民國二十一年（1932）費師洪題識。鈐"南通馮氏景岫樓藏書"印。

0871　　　　　　　　SG262/2055

[嘉慶]海門廳志四卷

（清）章廷楓　俞穎達等修　董曰甲纂

清嘉慶十二年（1807）修同治至光緒增修清末抄本

六册　一函

　　正文半葉十行十九字或不等，無界行，素紙。

　　有墨筆批改及朱筆校字。

0872　　　　　　　　SG262/938-2

[淳熙]新安志十卷

（宋）羅願纂修

清末抄本

三册　一函

　　正文半葉九行十九字，無界行，素紙。

　　内封寫"宋新安羅鄂州著　王阮亭先生閱定　新安志　歙潭濱承德堂梓"。

　　所抄底本爲清康熙四十六年（1708）承德堂刻本。鈐"武昌柯逢時收藏圖記"印。

0873　　　　　　　　SG262/976

[康熙]休寧縣志八卷

（清）廖騰煃主修　汪晉徵纂修

清康熙三十二年（1693）休寧縣署刻本

五册　一函

　　正文半葉十行二十一字，小字雙行同，白口，單黑魚尾，四周單邊。

　　鈐"淡廬""道南珍藏"印。

0874　　　　　　　　SG262/661

[乾隆]涇縣志十卷首一卷

（清）王廷棟　崔雲會修　錢人麟纂

清乾隆二十年（1755）涇縣縣署刻本

八册　二函

　　正文半葉十一行二十四字，小字雙行同，白口，單黑魚尾，左右雙邊。

有圖。

内封有民國十二年（1923）元月沈敬仲題記。鈐"曾在涇州沈敬仲家""跗萼軒圖書記"及滿漢文"涇縣之印"印。

0875　　　　　　　　　　　SG262/1144

[康熙]潁上風物志三卷

（清）高澤生纂

清道光六年（1826）潁上縣署刻本

　册　　函

正文半葉九行二十三字，細黑口，無魚尾，四周單邊。

鈐"苦雨齋藏書印""周豐一""周之迪"印。

0876　　　　　　　　　　　SG262/1233

[乾隆]含山縣志十六卷

（清）梁棟主修　唐焯　張大于纂修

清乾隆十三年（1748）含山縣署刻本

十六册　三函

正文半葉九行二十一字，小字雙行同，白口，單黑魚尾，左右雙邊。

0877　　　　　　　　　　　SG262/522

[乾隆]六安州志二十四卷首一卷

（清）金弘勳總修

清乾隆十六年（1751）六安州署刻本

二十四册　五函

正文半葉九行二十一字，小字雙行同，白口，單黑魚尾，四周雙邊。

卷一至五、十二至十三、十七至十八及首一卷爲寫本。

0878　　　　　　　　　　　SG261/4-2

[雍正]山西通志二百三十卷

（清）覺羅石麟修輯　儲大文纂修

清雍正十二年（1734）山西撫署刻本

一百册　十七函

正文半葉十二行二十三字，小字雙行同，白口，單黑魚尾，四周雙邊。

0879　　　　　　　　　　　SG262/399-2

[雍正]重修太原縣志十六卷

（清）沈繼賢等纂修

清雍正九年（1731）刻本

四册　一函

正文半葉九行二十字，小字雙行同，白口，單黑魚尾，四周雙邊。

0880　　　　　　　　　　　SG262/492-1

[乾隆]祁縣志十六卷

（清）陳時纂修　趙遇坦分修

清乾隆四十五年（1780）祁縣縣署刻本

十八册　三函

正文半葉九行二十一字，小字雙行同，白口，單黑魚尾，四周雙邊。

0881　　　　　　　　　　　SG262/58-1

[雍正]平陽府志三十六卷附憲綱一卷

（清）章廷珪纂修　范安治分纂

清乾隆元年（1736）平陽府署刻本

四十册　六函

正文半葉九行二十二字，白口，單黑魚尾，四周雙邊。

0882　　　　　　　　　　　SG262/361-1

[乾隆]新修曲沃縣志四十卷

（清）張坊纂輯

清乾隆二十四年（1759）曲沃縣署刻本

八冊　二函

　　正文半葉行數不等，行二十五字，小字雙行同，白口，單黑魚尾，四周單邊。

0883　　　　　　　　　　　SG262/352

[乾隆]汾州府志三十四卷首一卷

（清）孫和相修　戴震纂

清乾隆三十六年（1771）汾州府署刻本

二十六冊　四函

　　正文半葉十行二十一字，白口，單黑魚尾，左右雙邊。金鑲玉。

0884　　　　　　　　　　　SG262/238-1

[康熙]介休縣志八卷

（清）王埴纂修　王之舟編輯

清康熙三十五年（1696）介休縣署刻本

八冊　二函

　　正文半葉九行二十一字，小字雙行同，白口，單黑魚尾，四周單邊。

0885　　　　　　　　　　　SG262/238-1

[乾隆]介休縣志十四卷

（清）王謀文纂修

清乾隆三十五年（1770）介休縣署刻本

八冊　一函

　　正文半葉十行二十一字，小字雙行同，白口，單黑魚尾，四周雙邊。

0886　　　　　　　　　　　SG262/934

[嘉慶]五寨縣志二卷

（清）秦雄褒纂修　朱青選增修

清乾隆十六年（1751）五寨縣署刻嘉慶十四年（1809）朱青選增刻道光印本

二冊　一函

　　正文半葉九行二十字，小字雙行同，白口，單黑魚尾，四周雙邊。

0887　　　　　　　　　　　SG262/844

[雍正]朔平府志十二卷

（清）劉士銘　王霨纂輯

清雍正十一年（1733）朔平府署刻本

十冊　二函

　　正文半葉九行二十二字，小字雙行同，白口，單黑魚尾，四周雙邊。

0888　　　　又一部　SG262/844

[雍正]朔平府志十二卷

（清）劉士銘　王霨纂輯

清雍正十一年（1733）朔平府署刻本

十冊　二函

　　正文半葉九行二十二字，小字雙行同，白口，單黑魚尾，四周雙邊。

0889　　　　　　　　　　　SG262/345

[乾隆]忻州志六卷

（清）竇容邃纂修

清乾隆十二年（1747）忻州州署刻本

六冊　一函

　　正文半葉十行二十二字，小字雙行同，白口，單黑魚尾，四周雙邊。

0890　　　　　　　　　　SG262/804

[康熙]靈石縣志四卷

（清）侯榮圭纂修

清康熙十一年（1672）靈石縣署刻乾隆印本

二冊　一函

　　正文半葉十行二十字,小字雙行同,白口,單黑魚尾,四周雙邊。

0891　　　　　又一部　SG262/804

[康熙]靈石縣志四卷

（清）侯榮圭纂修

清康熙十一年（1672）靈石縣署刻乾隆印本

二冊　一函

　　正文半葉十行二十字,小字雙行同,白口,單黑魚尾,四周雙邊。

0892　　　　　　　　　SG262/2130

[乾隆]解州安邑縣志十六卷首一卷

（清）言如泗總修　呂溫　史永直　鄭必揚纂修

清乾隆二十九年（1764）解州州署刻本

四冊　一函

　　正文半葉十行二十一字,小字雙行同,白口,單黑魚尾,左右雙邊。

　　《解州全志》之一。

0893　　　　　　　　SG262/392-5

[康熙]山東通志六十四卷

（清）趙祥星修　錢江纂

清康熙十七年（1678）刻四十一年（1702）山東撫署增刻本

十六冊　四函

　　正文半葉十行二十字,小字雙行同,白口,單黑魚尾,四周雙邊。

　　鈐"馬霱藏書印章"印。

0894　　　　　　　　　SG262/272

[康熙]萊蕪縣志十卷

（清）葉方恒修

清康熙十二年（1673）刻本

四冊　一函

　　正文半葉九行二十二字,白口,單黑魚尾,四周單邊。

　　鈐"萊蕪縣印"印。

0895　　　　　　　　SG262/786-1

[乾隆]章邱縣志十三卷首一卷

（清）張萬青纂修

清乾隆二十一年（1756）章邱縣署增刻本

六冊　一函

　　正文半葉十行二十字,小字雙行同,白口,單黑魚尾,左右雙邊。

0896　　　　　　　　SG262/563-1

[康熙]滕縣志十卷

（清）黃浚監修　王特選纂

清康熙五十六年（1717）滕縣縣衙刻本

十六冊　二函

　　正文半葉十行二十一字,白口,單黑魚尾,四周雙邊。金鑲玉。

0897　　　　　　　　　　　SG262/469

[康熙]青州府志二十二卷

（清）陶錦纂修　李樹德鑒定　王昌學編輯

清康熙六十年（1721）青州府署刻本

十六册　三函

正文半葉十行二十二字，小字雙行同，白口，單黑魚尾，四周雙邊。

0898　　　　　　　　　　　SG262/449

[康熙]益都縣志十四卷首一卷

（清）陳食花總裁　鍾諤　馮灝纂修

清康熙十二年（1673）益都縣署刻本

六册　一函

正文半葉九行二十一字，小字雙行同，白口，單黑魚尾，四周單邊。

0899　　　　又一部　SG262/449

[康熙]益都縣志十四卷首一卷

（清）陳食花總裁　鍾諤　馮灝纂修

清康熙十二年（1673）益都縣署刻本

六册　一函

正文半葉九行二十一字，小字雙行同，白口，單黑魚尾，四周單邊。

0900　　　　　　　　　　　SG262/2021

[順治]登州府志二十二卷

（清）施閏章　楊奇烈纂修　任璇續補

清順治十七年（1660）刻康熙三十三年（1694）任璇增刻本

八册　二函

正文半葉九行二十字，小字雙行同，白口，單黑魚尾，四周雙邊。

與《[乾隆]續登州府志》合函。

0901　　　　　　　　　　　SG262/2021

[乾隆]續登州府志十二卷

（清）永泰纂修

清乾隆七年（1742）刻本

四册　與《[順治]登州府志》合函

正文半葉九行二十字，小字雙行同，白口，單黑魚尾，四周雙邊。

0902　　　　　　　　　　　SG262/240-1

[乾隆]膠州志八卷首一卷

（清）周於智　宋文錦裁定　劉恬纂修

清乾隆十七年（1752）膠州州署刻本

八册　二函

正文半葉九行二十一字，小字雙行同，白口，單黑魚尾，左右雙邊。

0903　　　　　　　　　　　SG262/428

[康熙]萊陽縣志十卷

（清）萬邦維　衛元爵纂修

清康熙十七年（1678）萊陽縣署刻本

八册　二函

正文半葉九行二十字，小字雙行同，白口，單黑魚尾，四周單邊。金鑲玉。

0904　　　　　　　　　　　SG262/709

[乾隆]福山縣志十二卷

（清）蕭劼　王積熙纂修

清乾隆二十八年（1763）福山縣署刻本

八册　一函

正文半葉九行二十字,小字雙行同,白口,單黑魚尾,左右雙邊。

鈐"映雪齋主人章""福山縣印"印。

0905　　　　　　　　　　SG262/783
[民國]牟平縣志不分卷

宋憲章主修　于清泮總纂

民國二十三年(1934)牟平縣署稿本

八册　三函

正文半葉行字不等,無欄格。

與《[民國]牟平縣志》鉛印清樣本合函。

此本爲民國二十五年(1936)鉛印本之底稿,存政治、沿革、古迹、雜志、交通、山水、物産等内容。

0906　　　　　　　　　　SG262/783
[民國]牟平縣志十卷首一卷

宋憲章主修　于清泮總纂

民國二十五年(1936)牟平縣署鉛印清樣本

十三册　與《[民國]牟平縣志》稿本合函

正文半葉十行二十八字,單黑魚尾,無界行,四周雙邊。

版心下鎸"濟南山東印刷局承印"。

此書爲民國二十五年鉛印清樣本,有大量朱筆增删、批校、建議、補缺處。民國二十五年于清泮序言印書事。

0907　　　　　　　　　　SG262/665
[道光]觀城縣志十卷首一卷

(清)孫觀纂修

民國十五年至二十二年(1926-1933)逢源閣抄本

四册　一函

正文半葉十行二十二字至二十四字不等,無界行,素紙。

清道光十八年(1838)修民國逢源閣抄本,民國二十二年鉛印本之底本。

有逢源閣主人跋語及批校。鈐"止商齋藏書印"印。

0908　　　　　　　　　　SG262/2008
[康熙]泗水縣志十二卷附續志

(清)劉桓修　杜燦然纂

清順治十八年(1661)修康熙元年(1662)泗水縣署刻三十八年(1699)增刻本

二册　一函

正文半葉十行二十字,小字雙行同,白口,四周雙邊。

0909　　　　又一部　SG262/2008
[康熙]泗水縣志十二卷附續志

(清)劉桓修　杜燦然纂

清順治十八年(1661)修康熙元年(1662)泗水縣署刻三十八年(1699)增刻本

二册　一函

正文半葉十行二十字,小字雙行同,白口,四周雙邊。

0910　　　　　　　　　　SG262/955
[康熙]睢州志七卷首一卷

(清)馬世英纂修

清康熙三十二年(1693)睢州府署刻本

四册　一函

　　正文半葉九行二十字,小字雙行同,白口,單黑魚尾,四周單邊。

0911　　　　　　　　　　SG262/1094

[乾隆]滑縣志十四卷首一卷

　　（清）吳喬齡纂修　呂文光　盧兆麟增修

　　清乾隆二十五年(1760)滑縣縣衙刻本

　　八册　一函

　　正文半葉十行二十二字,小字雙行同,黑口,單黑魚尾,左右雙邊。

　　内封鐫"乾隆丁丑重脩　滑縣志　本衙藏板"。

0912　　　　　　　　　　SG262/1007

[康熙]南陽縣志六卷首一卷

　　（清）張光祖修　宋景愈　徐永芝纂

　　清康熙三十二年(1693)南陽縣署刻本

　　六册　一函

　　正文半葉九行二十字,小字雙行同,白口,單黑魚尾,左右雙邊。

0913　　　　　　　　　　SG262/2154

[乾隆]汝州續志八卷

　　（清）宋名立纂修　韓定仁　屈啓賢編次

　　清乾隆八年(1743)汝州州署刻本

　　十册　三函

　　正文半葉九行二十二字,小字雙行同,白口,單黑魚尾,四周單邊。

0914　　　　　　　　　　SG262/679

[雍正]宜君縣志不分卷

　　（清）查遴纂輯　沈華訂正

　　清雍正十年(1732)宜君縣署刻本

　　一册　一函

　　正文半葉十行二十二字,小字雙行同,白口,單黑魚尾,四周雙邊。

0915　　　　　　　　　　SG262/569-1

[乾隆]扶風縣志十八卷首一卷

　　（清）熊家振修　張塤纂

　　清乾隆四十六年(1781)扶風縣署刻本

　　四册　一函

　　正文半葉十二行二十四字,小字雙行三十字或不等,黑口,雙黑魚尾,四周單邊。

0916　　　　　　　　　　SG262/82

[正德]朝邑縣志二卷

　　（明）王道修　韓邦靖纂

　　清光緒至宣統抄本

　　一册　一函

　　正文半葉九行二十二字,無欄格。

　　卷末有"生員王勳查錄"字樣。鈐"李氏木齋鑒賞金石書畫章"印。

0917　　　　　　　　　　SG262/1008-1

[乾隆]甘肅通志五十卷首一卷

　　（清）許容纂修　李迪編輯

　　清乾隆元年(1736)甘肅撫署刻本

　　三十六册　四函

　　正文半葉九行二十一字,小字雙行同,白口,單黑魚尾,四周雙邊。

0918　　　　　　　　　　　　　SG262/1294
[康熙]河州志六卷
　（清）王全臣纂修
　清康熙四十六年（1707）河州衛署刻本
　五册　一函
　　正文半葉九行十八字，白口，單黑魚尾，四周雙邊。

0919　　　　　　　　　　　　　SG262/1055
[乾隆]涇州志二卷
　（清）張延福修　李瑾纂
　清乾隆十九年（1754）涇州州署刻本
　二册　一函
　　正文半葉九行二十三字，小字雙行同，白口，單黑魚尾，四周雙邊。

0920　　　　　　　　　　　　SG262/353-2
[嘉靖]海寧縣志九卷
　（明）蔡完修　董穀纂
　明嘉靖三十六年（1557）修清光緒二十四年（1898）陸宏翰抄校本
　二册　一函
　　正文半葉十行二十一字，無界行，素紙。書衣寫有"毅堂手鈔"。

0921　　　　　　　　　　　　　SG262/405
[康熙]重修富陽縣志十卷
　（清）錢晉錫纂修
　清康熙二十二年（1683）富陽縣署刻本
　八册　一函
　　正文半葉九行二十字，小字雙行同，白口，單黑魚尾，左右雙邊。

0922　　　　　　　　　　　　　SG261/65
唐棲志略稿十三卷
　（清）王同輯
　清光緒十四年至十五年（1888-1889）稿本
　六册　一函
　　正文半葉十一行二十二字，小字雙行同，白口，單紅魚尾，紅格，四周單邊。
　　内封墨筆題"唐棲志第二次稿本"。眉欄及書内粘貼紙條有諸多批注，人物傳記、祠廟介紹尤甚。十三卷為全帙，刻印時編為二十卷。

0923　　　　　　　　　　　　　SG262/1095
[至元]嘉禾志三十二卷
　（元）單慶修　徐碩纂
　元至元二十五年（1288）修清光緒二十七年（1901）朱士楷擁百廬抄本
　十册　一函
　　正文半葉十行二十字，小字雙行同，白口，單黑魚尾，四周雙邊。
　　有朱士楷過錄馮浩、沈叔埏、張廷濟、戴光曾、章全、錢聚仁、管廷芬、李文杏、錢熙祚、唐翰題、唐仁壽、陳其榮批校及馮浩、管廷芬、李文杏、唐翰題、陳其榮題跋。眉上批注，卷末有朱世楷跋。鈐"擁百廬鈔本""秀水朱士楷藏"印。

0924　　　　　　　　　　　　SG262/397-1
[康熙]重修嘉善縣志六卷
　（清）楊廉纂修　郁之章裁定
　清康熙十六年（1677）嘉善縣署刻本

二册　一函

正文半葉十行二十二字,白口,單黑魚尾,左右雙邊。

正文卷端題"康熙丁巳孟春日精鎸"。版心下鎸"丁巳春鎸"。

鈐"稽瑞樓"印。

0925　　　　　　　　　SG262/1037

[乾隆]乍浦志六卷首一卷末一卷續纂一卷乍川題詠續纂一卷

(清)宋景關纂修

清乾隆二十二年(1757)刻五十七年(1792)增刻本

八册　一函

正文半葉九行二十字,小字雙行同,細黑口,無魚尾,左右雙邊。

0926　　　　　　　　　SG269/195

[雍正]梅里志四卷首一卷

(清)吳存禮編　蔡永清校

清雍正二年(1724)蔡烜刻本

四册　一函

正文半葉九行十九字,白口,單黑魚尾,四周雙邊。

內封鎸"梅里志　脩敬堂藏板"。

0927　　　　　　　　　SG262/821

[光緒]雙林記增纂十三卷首一卷

(清)蔡蓉升纂　佚名增删

清同治九年(1870)原纂民國六年(1917)重纂稿本

五册　一函

正文半葉九行二十五字,小字雙行同,素紙。

記事止于清光緒二十二年(1896)。

抄者不詳,有墨筆校改、批注圈點。

0928　　　　　　　　　SG262/1078

[天啓]慈谿縣志十六卷

(明)李逢申主修　姚宗文纂修

明天啓四年(1624)慈谿縣署刻本

六册　一函

正文半葉九行十九字,花口,單黑魚尾,四周雙邊。

有抄配。

0929　　　　　　　　　SG262/115-1

[寶慶]四明志二十一卷

(宋)胡榘修　方萬里　羅濬纂

宋寶慶三年(1227)修清道光至咸豐四明府署抄本

六册　一函

正文半葉十行二十字或不等,無界行,素紙。

0930　　　　　　　　　SG262/1235

[同治]鄞縣志七十五卷

(清)戴枚主修　張恕　徐時棟纂

清同治七年至十三年(1868-1874)徐時棟煙嶼樓稿本

三十册　四函　存七十四卷(二至七十五)

正文半葉十二行二十五字,小字雙行同,白口,單紫魚尾,紫格,左右雙邊。

版心镌"烟屿楼初本"。清光绪三年（1877）刻本之底本。

0931　　　　　　　　　　SG262/517
[康熙]會稽縣志二十八卷首一卷
　（清）王元臣修　董欽德　金炯纂
　清康熙二十二年（1683）會稽縣衙刻本
　十二冊　三函
　　正文半葉九行二十字，小字雙行同，白口，單黑魚尾，左右雙邊。
　　鈐"蔣祖詒印""穀孫"印。

0932　　　　　　　　　　SG262/378-1
[乾隆]嵊縣志十八卷首一卷末一卷
　（清）李以琰纂修　王瀚編次
　清乾隆七年（1742）嵊縣縣署刻本
　二十冊　三函
　　正文半葉十行二十一字，小字雙行同，白口，單黑魚尾，左右雙邊。

0933　　　　　　　　　　SG262/393-3
[嘉靖]象山縣志十五卷
　（明）毛德京　王廂修　楊民彝　俞瀾纂輯
　民國元年至二十六年（1912-1937）影抄本
　四冊　一函
　　正文半葉十行二十二字，小字雙行同，白口，單黑魚尾，四周雙邊。
　　據天一閣藏明嘉靖三十五年（1556）刻本手抄而成。書末有民國二十六年馮貞羣校記、民國三十五年（1946）林集虛校記。

鈐"鄞林氏黎照廬圖書"印。

0934　　　　　　　　　　SG262/390
[康熙]金華府志三十卷首一卷
　（清）張藎修　沈麟趾等纂
　清康熙二十二年（1683）金華府署刻本
　三十冊　四函
　　正文半葉九行二十字，小字雙行同，白口，單黑魚尾，四周雙邊。

0935　　　　　　　　　　SG262/332-2
[康熙]龍游縣志十二卷首一卷
　（清）盧燦重修　余恂纂輯
　清康熙二十年（1681）龍游縣署刻本
　十二冊　二函
　　正文半葉九行二十字，小字雙行同，白口，單黑魚尾，四周雙邊。

0936　　　　　　　　　　SG262/531
[康熙]常山縣志十二卷首一卷
　（清）孔毓璣纂修
　清雍正二年（1724）常山縣衙刻本
　十二冊　三函
　　正文半葉九行二十二字，小字雙行同，白口，單黑魚尾，左右雙邊。

0937　　　　　　　　　　SG262/488-1
[雍正]處州府志二十卷
　（清）曹掄彬主修　芮復傳監修　朱肇濟　周雯　徐長泰分修
　清雍正十一年（1733）處州府署刻本
　十六冊　三函

正文半葉十行二十一字，白口，單黑魚尾，左右雙邊。

卷二十大部分爲寫本。

0938　　　　　　　　　　　SG262/482

[康熙]西江志二百六卷

（清）白潢總裁　查慎行　陸奎勛　周朱來纂修

清康熙五十九年（1720）西江撫署刻本

八十册　十六函

正文半葉十二行二十三字，白口，單黑魚尾，左右雙邊。

鈐"濠堂藏本"諸印。

0939　　　　　　　　　　　SG262/967

[乾隆]吉水縣志三十六卷

（清）申發祥　廖恒纂修

清乾隆二十一年（1756）吉水縣署刻本

十三册　二函　存二十九卷（一至八、十一至十三、十九至三十六）

正文半葉九行二十一字，小字雙行同，白口，單黑魚尾，左右雙邊。

0940　　　　　　　　　　　SG262/950

[乾隆]江夏縣志十五卷首一卷

（清）陳元京纂修

清乾隆五十九年（1794）江夏縣署刻本

十册　二函

正文半葉九行二十二字，白口，單黑魚尾，四周雙邊。

0941　　　　　　　　　　　SG262/571

[嘉靖]沔陽州志十八卷

（明）童承叙修　盧弼校

清同治至宣統抄校本

六册　一函

正文半葉十行二十三字，小字雙行同，素紙。

有"慎始基齋"簽條。"慎始基齋"乃盧弼之兄盧靖室名別號。書中天頭多處有"弼按語"。此本以王氏删訂明童承叙纂修、陳文燭續修之舊抄本作底本。民國十五年（1926）沔陽盧氏慎始基齋校刻本即以此抄本爲底本。

0942　　　　　　　　　　　SG262/988

[康熙]寧鄉縣志十卷首一卷

（清）吕履恒纂修

清康熙四十一年（1702）寧鄉縣署刻本

二册　一函

正文半葉九行二十一字，小字雙行同，白口，單黑魚尾，四周單邊。

0943　　　　　　　　　　　SG262/223-2

[乾隆]湘潭縣志二十五卷首一卷

（清）吕正音修　歐陽正焕纂

清乾隆二十一年（1756）湘潭縣署刻本

十六册　四函

正文半葉十行二十字，小字雙行同，白口，單黑魚尾，四周雙邊。

0944　　　　　　　　　　　SG262/835

[乾隆]衡州府志三十三卷首一卷

（清）饒佺修　曠敏本纂

清乾隆二十八年（1763）衡州府署刻本

十六册　二函

　　正文半葉十行二十字，白口，單黑魚尾，四周雙邊。

　　鈐"劉文柏""劉東昇章"印。

0945　　　　　　　　　　　　SG262/1092

[嘉慶]桂東縣志二十卷首一卷

　　（清）林鳳儀　曾鈺纂修

　　清嘉慶二十二年（1817）桂東縣署刻本

六册　一函

　　正文半葉九行二十一字，白口，單黑魚尾，四周雙邊。

　　稀見。

0946　　　　　　　　　　　　SG262/2053-1

[嘉慶]江津縣志二十二卷

　　（清）曾受一修　徐鼎續修　王家駒纂
　　　　楊嚴青續纂　李寶曾再續纂

　　清乾隆三十三年（1768）刻嘉慶九年（1804）增刻十七年（1812）江津縣署再增刻本

十册　二函

　　正文半葉九行二十一字，小字雙行同，白口，四周雙邊。

0947　　　　　　　　　　　　SG262/297

[道光]長壽縣志五卷

　　（清）張如海鑒定　李彬然　李思白總輯

　　清道光二十五年（1845）修三十年（1850）抄本

四册　一函

　　正文半葉行字不等，無界行，素紙。

　　鈐"張星烺遺囑贈送"印。

0948　　　　　　　　　　　　SG262/625

[乾隆]筠連縣志八篇

　　（清）王凱亭　張文倫纂修

　　清乾隆三十年（1765）抄本

一册　一函

　　正文半葉十一行十九字，小字雙行同，素紙。

0949　　　　　　　　　　　　SG262/2038-1

[嘉慶]南溪縣志十卷

　　（清）胡之富修　包字纂

　　清嘉慶十七年（1812）南溪縣署刻本

三册　一函

　　正文半葉九行二十一字，小字雙行同，白口，單黑魚尾，四周雙邊。

0950　　　　　　　　　　　　SG262/80-1

[道光]富順縣志三十八卷

　　（清）張利貞　陸光宗　宋廷楨總纂　黃
　　　　靖圖　朱偓　張震纂修

　　清道光七年（1827）富順縣署刻本

十二册　三函

　　正文半葉九行二十五字，小字雙行同，白口，單黑魚尾，四周雙邊。

　　内封鐫"道光丁亥新鐫　富順縣志本衙藏版"。

0951　　　　　　　　　SG262/245-3

[民國]犍爲縣志八卷

　陳世虞修　羅綬香　印煥門纂

　民國二十三年(1934)稿本

　十六册　二函

　　正文半葉九行二十三字,小字雙行同,素紙。

0952　　　　　　　　　SG261/34-1

[乾隆]福建通志七十八卷首四卷圖一卷

　(清)郝玉麟　盧焯修　謝道承　劉敬與纂

　清雍正六年至乾隆二年(1728-1737)福建督署刻本

　六十册　十函

　　正文半葉十行二十字,小字雙行同,白口,單黑魚尾,四周雙邊。

0953　　　　　　　　　SG262/333

[康熙]建安縣志十卷

　(清)崔銑主修　陸登選分修

　清康熙五十二年(1713)建安縣署刻本

　六册　一函

　　正文半葉九行二十字,小字雙行同,白口,單黑魚尾,四周單邊。

　　鈐"建寧府印""嘉惠堂丁氏藏書之記"諸印。

0954　　　　　　　　　SG262/1132

[民國]大田縣志稿不分卷

　陳朝宗修　王光張　林韶光　田鶴纂

　民國十七年(1928)稿本

　三册　一函

　　正文半葉八行二十四字或不等,素紙。

　　眉上、行間有增删修改、句讀之處。此書係民國二十年(1931)鉛印本之部分原稿。

0955　　　　　　　　　SG262/1147

澎湖羣島志稿二十卷首一卷

　龍驤纂

　1958年稿本

　二册　一函

　　正文半葉十行二十二字,四周雙邊。

　　又名《澎湖縣志稿》。

　　卷首行間有墨筆句讀。龍驤其弟龍敦貞參與抄寫校勘等工作,其子龍璿參與翻譯工作。

0956　　　　　　　　　SG262/380

[乾隆]佛山忠義鄉志十一卷

　(清)毛維錡監修　陳炎宗纂修

　清乾隆十八年(1753)刻本

　四册　一函

　　正文半葉九行二十二字,小字雙行同,白口,單黑魚尾,左右雙邊。

0957　　　　　　　　　SG262/448

[乾隆]潮州府志四十二卷首一卷附抄存舊志一卷

　(清)周碩勳輯　康基田增輯

　清乾隆二十七年(1762)刻四十年(1775)增刻本

　二十五册　四函

正文半葉十行二十字,白口,單黑魚尾,四周雙邊。

版心鎸"珠蘭書屋"。

《潮州府志》與《抄存潮州府舊志小序》字體不同。

0958　　　　　　　　　　SG262/1003

[乾隆]靈川縣志四卷

(清)鄭采宣修　楊德麟續修　陳虞昭　崔達纂

清雍正三年(1725)刻乾隆三十一年(1766)靈川縣署續刻本

四册　一函

正文半葉九行十八字,白口,單黑魚尾,四周雙邊。

0959　　　　　　　　　　SG262/1300

[宣統]楚雄縣志述輯十二卷

(清)崇謙修　沈宗舜纂

清宣統二年(1910)原稿民國抄本

十二册　三函

正文半葉八行二十二字,無欄格。

卷前題"沈宗舜宣統庚戌序於鹿城志書局",卷末題"癸卯春書於昭陽"。

0960　　　　　　　　　　SG262/624

[康熙]雲州志五卷首一卷

(清)蔣敦修　王錩纂

清康熙末年舊抄本

二册　一函

正文半葉八行二十字或不等,小字雙行,無界行,素紙。

0961　　　　　　　　　　SG262/811

[光緒]貴陽府鄉土地理志一卷貴陽府鄉土志一卷

(清)佚名纂

清光緒三十一年至三十四年(1905－1908)貴陽府署鉛印本

一册　一函

正文半葉九行二十字,白口,單黑魚尾,四周雙邊。

書衣題"樂嘉藻贈"。鈐"張星烺遺囑贈送"印。

專志之屬

0962　　　　　　　　　　SG311.2/34

禁扁五卷

(元)王士點纂

清康熙四十五年(1706)揚州使院刻本

一册　一函

正文半葉十一行二十一字,白口,雙黑魚尾,左右雙邊。

每卷末鎸"棟亭藏本丙戌九月重刊于揚州使院"木記。

鈐"松廖山館藏書"印。

0963　　　　　　　　　　SG269/145

帝京景物略八卷

(明)劉侗　于奕正撰

明崇禎八年(1635)刻本

八册　一函

正文半葉八行十九字，白口，無魚尾，四周單邊。

鈐"鹽官蔣氏衍芬草堂三世藏書印"印。

0964　　　　　　　　　　SG269/26
臥龍崗志二卷
（清）羅景輯　羅鋗校
清康熙五十一年（1712）羅景刻本
二册　一函
正文半葉八行二十字，白口，單黑魚尾，左右雙邊。

0965　　　　　　又一部　SG269/26A
臥龍崗志二卷
（清）羅景輯　羅鋗校
清康熙五十一年（1712）羅景刻本
二册　一函
正文半葉八行二十字，白口，單黑魚尾，左右雙邊。

0966　　　　　　　　　　SG269/158
還古書院志十八卷
（清）施璜編輯　施瀁　方允淳同訂
清乾隆七年（1742）施瀁刻本
四册　一函
正文半葉十行二十字，小字雙行同，白口，單黑魚尾，四周單邊。

内封有清光緒三十年（1904）佚名題識。

0967　　　　　　　　　　SG263/9
太湖備考十六卷首一卷
（清）金友理纂
附湖程紀略一卷
（清）吴曾撰
清乾隆十五年（1750）藝蘭圃刻本
六册　一函
正文半葉十行二十一字，小字雙行三十二字，白口，單黑魚尾，左右雙邊。

内封鐫"藝蘭圃藏板"。版心下鐫"藝蘭小圃"。

0968　　　　　　　　　SG269/136-1
靈巖志六卷
（清）馬大相編輯　李興祖　孟光宗鑒定
清康熙三十五年（1696）刻本
四册　一函
正文半葉九行二十一字，白口，單黑魚尾，左右雙邊。

0969　　　　　　　　　　SG269/205
雪竇寺志十卷
（清）釋行正輯　釋行悇增輯
清康熙十九年至六十一年（1680-1722）刻本
四册　一函
正文半葉九行二十字，白口，無魚尾，四周雙邊。

有墨筆批點及增補。

0970　　　　　　　　　　SG269/154
天童寺志十卷首一卷
（清）釋德介等撰
清康熙五十三年至六十一年（1714-

1722)刻嘉慶十三年(1808)重補十六年(1811)增補本

八册　二函

正文半葉九行二十字,小字雙行同,白口,單黑魚尾,四周雙邊。金鑲玉。

0971　　　　　　　　　　SG26/50-2
西湖志四十八卷

(清)李衛修　傅王露等纂

清雍正十二年(1734)傅王露等刻本

四十册　四函

正文半葉九行二十一字,小字雙行同,細黑口,單黑魚尾,四周雙邊。

内封鎸"雍正九年新纂　西湖志　兩浙鹽驛道庫藏板"。

鈐"強恕軒收藏印"印。

0972　　　　又一部　SG26/50-2
西湖志四十八卷

(清)李衛修　傅王露等纂

清雍正十二年(1734)傅王露等刻本

二十册　四函

正文半葉九行二十一字,小字雙行同,細黑口,單黑魚尾,四周雙邊。

内封鎸"雍正九年新纂　西湖志　兩浙鹽驛道庫藏板"。

0973　　　　　　　　　　SG269/138
西湖志纂十五卷

(清)梁詩正　沈德潛　傅王露纂輯

清乾隆二十七年(1762)刻本

五册　一函

正文半葉九行二十一字,小字雙行同,白口,單白魚尾,四周雙邊。

内封鎸"乾隆乙亥刊刻進　御覽西湖志纂　呈　乾隆壬午增輯　賜經堂藏板"。

0974　　　　　　　　　　SG269/105
白鹿書院志十九卷

(清)毛德琦撰

清康熙五十九年(1720)刻本

六册　二函

正文半葉九行二十一字,小字雙行同,白口,單黑魚尾,四周單邊。

内封鎸"西河毛心齋重訂　白鹿書院志　順德堂藏板"。

鈐"昌黎崔氏""敬修堂""樹寶"印。

0975　　　　　　　　　　SG264/58
鼎湖山慶雲寺志八卷

(清)丁易總修　釋成鷲纂述

清康熙五十六年(1717)丁易刻本

四册　一函

正文半葉九行十九字,白口,單白魚尾,左右雙邊。

雜志之屬

0976　　　　　　　　　　SG26/5
日下舊聞四十二卷

(清)朱彝尊輯　朱昆田補遺

清康熙二十七年(1688)朱彝尊六峯閣刻

本

三十二册 四函

正文半葉十二行二十一字,白口,單黑魚尾,四周單邊。

内封鐫"朱竹垞太史輯 日下舊聞六峯閣藏板"。

鈐"暴書亭藏""元元本本周見洽聞""曾經方損持家""方寶儉印""惠朱氏圓覺精舍藏""鄂州司馬""黃爲兆印"諸印。

0977　　　又一部　SG26/5

日下舊聞四十二卷

（清）朱彝尊輯　朱昆田補遺

清康熙二十七年（1688）朱彝尊六峯閣刻本

三十六册　七函

正文半葉十二行二十一字,白口,單黑魚尾,四周單邊。

内封鐫"朱竹垞太史輯 日下舊聞六峯閣藏板"。

内封鈐"暴書亭藏""元元本本周見洽聞"印。

0978　　　又一部　SG26/5

日下舊聞四十二卷

（清）朱彝尊輯　朱昆田補遺

清康熙二十七年（1688）朱彝尊六峯閣刻本

十二册　二函

正文半葉十二行二十一字,白口,單黑魚尾,四周單邊。

鈐"宛平查氏藏書印"印。

0979　　　又一部　SG26/5

日下舊聞四十二卷

（清）朱彝尊輯　朱昆田補遺

清康熙二十七年（1688）朱彝尊六峰閣刻本

十二册　三函

正文半葉十二行二十一字,白口,單黑魚尾,四周單邊。

0980　　　SG26/5-1

欽定日下舊聞考一百六十卷譯語總目一卷

（清）朱彝尊　朱昆田　于敏中等纂

清乾隆武英殿刻本

四十八册　八函

正文半葉九行二十一字,小字雙行同,白口,單黑魚尾,四周雙邊。

0981　　　SG26/162

古香齋鑒賞袖珍春明夢餘錄七十卷

（清）孫承澤著

清乾隆刻巾箱本

二十四册　四函

正文半葉九行二十二字,白口,單黑魚尾,無界行,四周雙邊。

《古香齋袖珍十種》叢書之一。

鈐"江陰劉氏""劉復"印。

0982　　　SG311.3/133

金陵瑣事四卷續二卷二續二卷

（明）周暉撰

明萬曆四十一年至四十七年（1613-1619）刻本

二册　一函　存二卷（續二卷）

正文半葉八行十六字，白口，單黑魚尾，四周單邊。

鈐"南通黄氏""小延年室"印。

0983　　　　　　　　　　　　SG262/1295

金陵古今圖考一卷

（明）陳沂撰

金陵圖詠一卷

（明）朱之蕃撰

金陵雅游編一卷

（明）余孟麟等撰

明天啓三年至四年（1623－1624）朱之蕃刻本

二册　一函

正文半葉九行二十字或二十一字，白口，單黑魚尾，四周單邊。

0984　　　　　　　　　　　　SG264/2

顔山雜記四卷

（清）孫廷銓纂

清康熙五年（1666）孫寶仍刻本

四册　一函

正文半葉八行十八字，白口，無魚尾，四周單邊。

書簽墨筆題"康熙丙午刻"。

0985　　　　　　　　　　　　SG269/167

宋東京考二十卷

（清）周城輯

清乾隆三年至六十年（1738－1795）刻本

四册　一函

正文半葉十行二十一字，小字雙行同，細黑口，單黑魚尾，四周雙邊。

0986　　　　　　　　　　　　SG26/128

合河紀聞十卷

（清）康基田纂述

清嘉慶三年（1798）康基田霞蔭堂刻本

八册　一函

正文半葉九行二十字，白口，單黑魚尾，四周雙邊。

内封鎸"嘉慶戊午仲夏鎸　合河紀聞　霞蔭堂藏版"。

函套上有民國十二年（1923）華陽鄭倓忱題跋。鈐"華陽鄭氏百瞻樓珍藏圖籍""鄭庵收藏記"諸印。

0987　　　　　　　　　　　　SG417/388－3

會稽三賦四卷

（宋）王十朋撰　（明）南逢吉注　尹壇補注　胡大臣訂正

明萬曆刻本

二册　一函

正文半葉八行十八字，小字雙行同，白口，單黑魚尾，四周單邊。

版心下鎸字數。

鈐"東吳朱海家藏""靖伯氏""陸沆之印"諸印。

0988　　　　　　　　　　　　SG417/388－2

會稽三賦四卷

（宋）王十朋撰　（明）南逢吉注　尹壇補注　陶望齡評

明天啓元年(1621)凌弘憲刻朱墨套印本

四册 一函

  正文半葉八行十八字,白口,無魚尾,四周單邊。

  眉上鐫朱墨評行五字。

  鈐"丁士源讀""丁有斐讀""吳興丁有恭堂珍藏"諸印。

0989   SG417/388

王梅溪先生會稽三賦四卷

 (宋)王十朋撰 (明)南逢吉注 周炳曾增注

 清康熙尺木堂刻本

 二册 一函

  正文半葉九行二十字或二十一字,小字雙行二十字,白口,單黑魚尾,四周雙邊。

  内封鐫"尺木堂梓行"。

0990   SG267/133

楚庭稗珠錄六卷

 (清)檀萃錄 黃燾編

 清乾隆三十八年(1773)刻巾箱本

 四册 一函

  正文半葉十行二十二字,白口,單黑魚尾,左右雙邊。

  眉上鐫注。

  鈐"江陰劉氏""劉復"印。

0991   SG266/23

桂海虞衡志一卷

 (宋)范成大撰

 明萬曆吳琯刻本

 一册 一函

  正文半葉十行二十字,小字雙行同,白口,單黑魚尾,左右雙邊。

  《古今逸史》之一。

水利之屬

0992   SG26/28-1

水經注四十卷

 (北魏)酈道元撰

 清康熙五十四年(1715)項絪群玉書堂刻本

 十册 二函

  正文半葉十一行二十一字,細黑口,單黑魚尾,四周單邊。

  内封鐫"依宋本挍定 水經注 項氏群玉書堂"。各卷末鐫"項絪校刊"。

0993   又一部 SG26/28-1A

水經注四十卷

 (北魏)酈道元撰

 清康熙五十四年(1715)項絪群玉書堂刻本

 十册 二函

  正文半葉十一行二十一字,細黑口,單黑魚尾,四周單邊。

  内封鐫"依宋本挍定 水經注 項氏群玉書堂"。各卷末鐫"項絪校刊"。

  鈐"驥驥""房仲"印。

史　部　　　　　　　　　　　　　　　195

0994　　　　　　　　　　SG26/2-6
水經注四十卷首一卷
　（北魏）酈道元撰
　清乾隆三十九年至四十二年（1774－1777）武英殿活字本
　八册　二函
　　正文半葉九行二十一字，小字雙行同，白口，單黑魚尾，四周雙邊。
　　《武英殿聚珍版書》之一。
　　鈐"毛準"印。

0995　　　　　　　　　　SG313.1/13
直隸五道成規五卷
　（清）高斌輯
　清乾隆八年（1743）北京工部刻本
　五册　一函
　　正文半葉十行二十字，白口，單黑魚尾，四周雙邊。

0996　　　　　　　　　　SG263/76
三江水利紀略四卷
　（清）莊有恭撰
　清乾隆二十九年至六十年（1764－1795）莊有恭刻本
　四册　一函
　　正文半葉九行十九字，白口，單黑魚尾，四周雙邊。
　　《三江水利圖》後鐫"吳門穆大展局刻"。
　　眉上有清李林松墨筆批點。鈐"李林松印""心菴""心菴審定"諸印。

山川之屬

山　志

0997　　　　　　　　　　SG26/226
新鐫海內奇觀十卷
　（明）楊爾曾輯　陳一貫繪
　明萬曆三十七年（1609）楊爾曾夷白堂刻本
　十册　一函
　　正文半葉十行二十四字，白口，單黑魚尾，四周單邊。
　　內封鐫"武林楊衙夷白堂精刻"。版心下鐫"夷白堂"。

0998　　　　　　　　　　SG264/49
名山勝槩記四十六卷名山圖一卷
　（明）何鏜纂　慎蒙續纂
　明崇禎六年（1633）墨繪齋刻本
　四十八册　四函
　　正文半葉九行二十字，白口，單白魚尾，左右雙邊。
　　《名山圖》首葉鐫"崇禎六年春月墨繪齋新摹"。
　　鈐"華陽張氏桐生藏書之印"印。

0999　　　　　　　　　　SG267/89
名山勝槩記不分卷
　（明）何鏜纂
　明崇禎刻本

二十冊　四函

正文半葉九行二十字，白口，單白魚尾，左右雙邊。

鈐"張星烺遺囑贈送"印。

1000　　　　　　　　　　　SG264/93

寶華山志十五卷首一卷

（清）劉名芳纂修　釋福聚叅校

清乾隆刻本

四冊　一函

正文半葉九行二十字，小字雙行同，白口，單黑魚尾，四周單邊。

1001　　　　　　　　　　　SG264/6

茅山志十四卷

（清）笪蟾光審編

清康熙八年（1669）刻道光二十一年（1841）增刻本

六冊　一函

正文半葉九行二十一字，白口，單黑魚尾，四周雙邊。

内封鐫"鬱岡笪江上重編　茅山誌　古吳朱茂如梓"。

1002　　　　　　　　　　SG264/47-2

焦山志十二卷

（清）盧見曾錄

清乾隆二十七年（1762）盧見曾雅雨堂刻本

四冊　一函

正文半葉十行二十一字，小字雙行同，白口，單黑魚尾，左右雙邊。

版心下鐫"雅雨堂"。

鈐"丁福保字仲祜"印。

1003　　　　　又一部　SG264/4

焦山志十二卷

（清）盧見曾錄

清乾隆二十七年（1762）盧見曾雅雨堂刻本

四冊　一函

正文半葉十行二十一字，小字雙行同，白口，單黑魚尾，左右雙邊。

版心下鐫"雅雨堂"。

鈐"惠元和記""葛之覃字子周""葛氏種蕉聽雨軒珍藏"印。

1004　　　　　　　　　　SG262/849

攝山志八卷首一卷

（清）陳毅纂修

清乾隆五十五年（1790）蘇州府署刻本

四冊　一函

正文半葉十行二十二字，小字雙行同，白口，單黑魚尾，左右雙邊。

内封鐫"乾隆庚戌年　攝山志　蘇州府署雕板"。

鈐"甘氏崇雅堂藏書記"印。

1005　　　　　　　　　　　SG264/80

黃山志定本七卷首一卷

（清）閔麟嗣纂次　釋弘濟閱定

清康熙刻本

七冊　一函

正文半葉九行二十一字，小字雙行同，

白口,無魚尾,四周雙邊。

有朱筆批點。書衣上書"光緒丁亥冬月棣華館珍藏"。鈐"許氏珍藏""高陽意采軒主"印。

1006　　　　　　又一部　SG264/81
黃山志定本七卷首一卷

（清）閔麟嗣纂次　釋弘濟閱定

清康熙刻本

七册　一函

正文半葉九行二十一字,小字雙行同,白口,無魚尾,四周雙邊。

有朱筆批點。鈐"伯宣收藏"印。

1007　　　　　　　　　SG264/33
黃山志二卷

（清）張佩芳撰

清乾隆三十五年（1770）刻本

三册　一函

正文半葉九行二十四字,小字雙行同,白口,單黑魚尾,左右雙邊。金鑲玉。

卷末鎸"許文元　方正元校字"及刻工"黃雲景""黃楷如"。

1008　　　　　　　　SG264/22-1
九華山志十二卷

（清）喻成龍　李燦輯

清康熙二十八年至二十九年（1689－1690）刻乾隆四年（1739）增補十四年（1749）印本

四册　一函

正文半葉九行二十字,小字雙行同,白

口,單黑魚尾,四周雙邊。

卷一鎸刻工"端木漢昇刊""江寧端木翎生鎸"。

1009　　　　　　　　SG264/99
清凉山新志十卷

（清）喇嘛老藏丹巴撰

清康熙四十年至六十一年（1701－1722）刻本

四册　一函

正文半葉九行二十字,小字雙行同,白口,單黑魚尾,四周雙邊。

序後鎸"鴻臚寺序班臣朱圭恭鎸"。

鈐"遺光禪寺"印。

1010　　　　　　　　SG264/11
明州阿育王山志十卷

（明）郭子章撰

續志六卷

（清）釋畹荃輯集

明萬曆四十六年至四十七年（1618－1619）阿育王寺住持正理刻本

十册　二函

正文半葉十行十九字,小字雙行同,白口,無魚尾,四周單邊。

《續志》爲清乾隆二十三年至二十四年（1758－1759）增修本。

鈐"水竹邨人藏書記"印。

1011　　　　　　又一部　SG264/11-1
明州阿育王山志十卷

（明）郭子章撰

续志六卷

（清）释畹荃辑集

明万历四十六年至四十七年（1618－1619）阿育王寺住持正理刻本

六册　一函

正文半叶十行十九字，小字双行同，白口，无鱼尾，四周单边。

《续志》为清乾隆二十三年至二十四年（1758－1759）增修本。

1012　　　　　又一部　SG264/11

明州阿育王山志十卷

（明）郭子章撰

续志六卷

（清）释畹荃辑集

明万历四十六年至四十七年（1618－1619）阿育王寺住持正理刻本

六册　一函

正文半叶十行十九字，小字双行同，白口，无鱼尾，四周单边。

《续志》为清乾隆二十三年至二十四年（1758－1759）增修本。

1013　　　　　又一部　SG264/11

明州阿育王山志十卷

（明）郭子章撰

续志六卷

（清）释畹荃辑集

明万历四十六年至四十七年（1618－1619）阿育王寺住持正理刻本

六册　一函

正文半叶十行十九字，小字双行同，白口，无鱼尾，四周单边。

《续志》为清乾隆二十三年至二十四年（1758－1759）增修本。

1014　　　　　　　　SG269/18

逍遥山万寿宫志二十卷

（清）郭懋隆　丁步上校辑

清乾隆五年（1740）逍遥山万寿宫刻本

八册　一函

正文半叶九行二十一字，白口，单黑鱼尾，左右双边。

内封镌"万寿宫通志　逍遥山藏板"。

钤"言而有信"印。

1015　　　　　　　　SG264/17－1

峨眉山志十八卷

（清）蒋超撰

清康熙二十八年（1689）峨眉山伏虎寺释海源刻四十一年（1702）释照裕增修本

八册　二函

正文半叶十行二十字，黑口，无鱼尾，四周双边。

1016　　　　　又一部　SG264/17－1

峨眉山志十八卷

（清）蒋超撰

清康熙二十八年（1689）峨眉山伏虎寺释海源刻四十一年（1702）释照裕增修本

七册　一函

正文半叶十行二十字，黑口，无鱼尾，四周双边。

1017　　　　　　　　SG264/28-2

武夷志畧四卷

（明）徐表然纂輯

明萬曆四十七年（1619）孫世昌刻本

四册　一函

　　正文半葉九行二十字，白口，無魚尾，四周單邊。

　　内封鐫"徐德望先生纂輯　武夷志略　小九曲山房藏板"。書末荷葉蓮花式牌記上鐫"萬曆巳未仲冬　崇安孫世昌梓行　晉江陳衙發刻"。

　　鈐"張氏忠祥藏書"印。

1018　　　　又一部　SG264/28-1

武夷志畧四卷

（明）徐表然纂輯

明萬曆四十七年（1619）孫世昌刻本

四册　一函

　　正文半葉九行二十字，白口，無魚尾，四周單邊。

1019　　　　　　　　SG269/62

羅浮山志會編二十二卷首一卷

（清）宋廣業纂輯

清康熙五十五年（1716）宋志益刻本

十册　一函

　　正文半葉九行二十字，白口，單黑魚尾，左右雙邊。

　　内封鐫"羅浮山志會編　板藏廣州海幢寺"。

　　鈐"觀所尚齋"印。

1020　　　　　　　　SG264/16

南海普陀山志十五卷

（清）陳璿　裘璉　朱謹纂輯

清康熙四十四年（1705）刻雍正至乾隆增修補刻本

四册　一函

　　正文半葉十行二十一字，白口，單黑魚尾，四周雙邊。

　　鈐"鹿巖精舍"印。

1021　　　　　　　　SG264/55

天台山方外志三十卷

（明）釋傳燈撰

明萬曆三十一年至三十三年（1603-1605）幽溪講堂刻本

五册　一函　缺五卷（二十一至二十五）

　　正文半葉九行十八字，小字雙行同，白口，單黑魚尾，左右雙邊。

　　版心上鐫"幽溪講堂"。

　　鈐"鄞林氏藜照廬圖書"印。

1022　　　　　　　　SG269/33

五蓮山志五卷

（清）釋海霆編集

清康熙二十年（1681）萬松禪林刻乾隆二十二年（1757）增刻本

二册　一函

　　正文半葉八行二十字，白口，單黑魚尾，四周單邊。

　　鈐"積學齋徐乃昌藏書"印。

1023　　　　又一部　SG269/33

五蓮山志五卷

（清）釋海霆編集

清康熙二十年（1681）萬松禪林刻乾隆二十二年（1757）增刻本

二册　一函

　　正文半葉八行二十字，白口，單黑魚尾，四周單邊。

　　書衣墨筆題"李常倫先生贈"。

1024　　　　　　　　SG264/90

四明它山誌四卷續補四卷圖經不分卷

（清）徐思龍輯　金汝英修

清光緒十八年（1892）抄本

八册　二函

　　正文半葉八行二十五字，小字雙行同，藍口，雙藍魚尾，四周雙邊，藍絲欄。金鑲玉。

　　内封題"光緒壬辰季春月　徐詠蕍百拜敬識"。版心中鎸"暗香疏影仙館"，下鎸"品粿主人"。

　　鈐"品粿主人""詠蕍"諸印。

水　志

1025　　　　　　　　SG262/876

震澤編八卷

（明）蔡昇輯　王鏊纂修

明萬曆四十五年（1617）刻本

二册　一函

　　正文半葉八行二十字，小字雙行同，白口，單黑魚尾，四周單邊。

1026　　　　　　　　SG262/1181

震澤編八卷附録三篇

（明）蔡昇輯　王鏊纂修

清光緒九年（1883）聽彝抄本

一册　一函

　　正文半葉十一行字數不等，無界行。

　　行書。據明萬曆四十五年（1617）刻本抄。卷末題"光緒九年歲次癸未菊秋聽彝抄録"。

1027　　　　　　　　SG263/5

行水金鑑一百七十五卷首一卷

（清）傅澤洪撰

清雍正三年（1725）淮揚官署刻本

三十六册　六函

　　正文半葉十一行二十一字，小字雙行字數不等，黑口，單黑魚尾，左右雙邊。

　　内封鎸"閬山傅樸菴手録　淮揚官舍繡梓"。

　　鈐"廣州仲元圖書館藏金石圖書之印""學海書院圖籍""館長景齋張肇崧經手收存"諸印。

1028　　　　又一部　SG263/5

行水金鑑一百七十五卷首一卷

（清）傅澤洪撰

清雍正三年（1725）淮揚官署刻本

三十六册　四函

　　正文半葉十一行二十一字，小字雙行字數不等，黑口，單黑魚尾，左右雙邊。

内封鐫"闇山傅樸菴手錄　淮揚官舍繡梓"。

1029　　　　　　　　　　SG269/661
水道提綱二十八卷
（清）齊召南編錄
清乾隆四十一年（1776）戴殿海傳經書屋刻本
八册　一函
正文半葉九行二十二字，小字雙行同，白口，無魚尾，左右雙邊。
内封鐫"天台齊息園先生著　水道提綱　傳經書屋藏板"。

1030　　　　　　　　　　SG263/20-1
欽定河源紀畧三十五卷首一卷
（清）紀昀　陸錫熊總纂　吴省蘭等纂修
清乾隆四十七年（1782）武英殿刻本
十册　二函
正文半葉十行二十一字，小字雙行同，白口，單黑魚尾，四周雙邊。
鈐"倪模""預掄"印。

1031　　　　　　　　　　SG26/9
浯溪考二卷
（清）王士禎撰
清康熙四十年至六十一年（1701－1722）刻本
一册　一函
正文半葉十行十九字，小字雙行同，黑口，雙黑魚尾，四周單邊。
《王漁洋遺書》之一。

1032　　　　　　　　　　SG263/33
漢書地理志水道圖說七卷
（清）陳澧撰
附考正德清胡氏禹貢圖
（清）陳誼孝撰
清同治十一年（1872）刻本
二册　一函
正文半葉十一行二十八字，小字雙行同，黑口，單黑魚尾，左右雙邊。
《番禺陳氏東塾叢書》之一。
書衣有清光緒二十一年（1895）梁鼎芬跋。鈐"梁鼎芬印""毋暇齋"印。

游記之屬

1033　　　　　　　　　　SG312./171
志林記游二卷
（宋）蘇軾撰
明萬曆刻本
二册　一函
正文半葉九行二十二字，白口，單黑魚尾，四周單邊。

1034　　　　　　SG26/126、SG26/126-1
西湖遊覽志二十四卷志餘二十六卷
（明）田汝成輯撰
明萬曆二十五年（1597）季東魯刻本
十二册　二函　缺十二卷（志餘十五至二十六）
正文半葉十行二十字，白口，單黑魚尾，

四周雙邊。

版心下鐫刻工"夏鵬""恩刊""其刊""陶孝新刊""陶智刊""陶聰新刊""史洪新刊""潘泰新刊""楊恩新刊"等。

有少量朱筆句讀。

1035　　　　　　　　　　　SG267/136
遊記十卷

（明）徐弘祖撰

清乾隆四十一年（1776）徐鎮刻本

二十冊　二函

正文半葉十行二十三字，小字雙行同，細黑口，左右雙邊。

1036　　　　　　　　　　　SG267/179
據鞍錄一卷

（清）楊應琚撰

清乾隆四年至六十年（1739－1795）刻本

一冊　一函

正文半葉九行二十字或不等，白口，無界行。

1037　　　　　　　　　　　SG267/95
凝香室鴻雪因緣圖記三集

（清）麟慶撰　汪春泉繪圖

清道光二十七年至二十九年（1847－1849）家刻本

六冊　一函

正文半葉十行二十一字，白口，單黑魚尾，四周雙邊。

1038　　　　　　　又一部　SG267/61
凝香室鴻雪因緣圖記三集

（清）麟慶撰　汪春泉繪圖

清道光二十七年至二十九年（1847－1849）家刻本

十二冊　三函

正文半葉十行二十一字，白口，單黑魚尾，四周雙邊。

1039　　　　　　　又一部　SG267/95
凝香室鴻雪因緣圖記三集

（清）麟慶撰　汪春泉繪圖

清道光二十七年至二十九年（1847－1849）家刻本

六冊　一函

正文半葉十行二十一字，白口，單黑魚尾，四周雙邊。

鈐"滿城張氏藏書印""听古山房""廷霖之章"諸印。

防務之屬

1040　　　　　　　　　　　SG263/40
河防一覽榷十二卷

（明）潘季馴撰　潘大復榷

明萬曆十九年（1591）刻清順治十六年（1659）印本

六冊　一函

正文半葉八行二十字，白口，單白魚尾，四周單邊。

鈐"潘美發彥徽甫""純孝四十二世子"諸印。

1041 SG263/40-1
河防一覽十四卷
（明）潘季馴撰
清乾隆十三年（1748）江南河庫道官署刻本
十冊　二函
正文半葉九行二十字，白口，單黑魚尾，左右雙邊。
鈐"孫氏家藏""雲芝""梯雲館藏書"諸印。

外紀之屬

1042 SG27/102
琉球入學見聞錄四卷
（清）潘相輯
清乾隆三十三年（1768）潘氏譽文書屋刻本
四冊　一函
正文半葉九行二十一字，小字雙行同，白口，單黑魚尾，四周雙邊。

內封鐫"乾隆戊子年鐫　琉球入學見聞錄　譽文書屋藏板"。
鈐"真州吳氏有福讀書堂藏書""張星烺遺囑贈送"印。

輿圖之屬

1043 SG2610/33
廣輿圖二卷
（元）朱思本圖　（明）羅洪先增纂　胡松刊補　（清）周厚轅編修校刊
清嘉慶三年（1798）周厚轅刻本
二冊　一函
正文半葉十二行二十二字，白口，雙黑魚尾，四周雙邊。
版心下鐫刻工"夏子折""陳三策"等。

1044 SG2610/13
輿地總圖不分卷
（明）佚名校注
明嘉靖至崇禎抄本
二冊　一函
正文行數字數不等，手繪朱格，四周單邊。
眉上批注。有圖二十餘幅。精繪精抄。

金石類

總志之屬

1045　　　　　　　　　　　　SG29/9

亦政堂重修宣和博古圖錄三十卷

（宋）王黼等撰

亦政堂重修考古圖十卷

（宋）呂大臨撰　（元）羅更翁考訂

亦政堂重考古玉圖二卷

（元）朱德潤撰　羅更翁考訂

明萬曆三十一年（1603）寶古堂刻清乾隆十五年至十七年（1750－1752）亦政堂改刻東書堂印本

二十四冊　四函

正文半葉八行十七字，白口，單白魚尾，四周單邊。

卷一卷端題名爲"東書堂重修宣和博古圖錄"，改"亦政堂"爲"東書堂"，當爲東書堂後印時剜改。卷末牌記鎸"乾隆庚午年之秋天都黄晟曉峰氏校勘于槐蔭艸堂"。内封鎸"乾隆壬申年秋月　天都黄曉峰鑒定　博古圖　考古圖　古玉圖　亦政堂藏板"。

鈐"聽秋館"印。

1046　　　　又一部　SG29/9－1

亦政堂重修宣和博古圖錄三十卷

（宋）王黼等撰

亦政堂重修考古圖十卷

（宋）呂大臨撰　（元）羅更翁考訂

亦政堂重考古玉圖二卷

（元）朱德潤撰　羅更翁考訂

明萬曆三十一年（1603）寶古堂刻清乾隆十五年至十七年（1750－1752）亦政堂改刻東書堂印本

二十四冊　四函

正文半葉八行十七字，白口，單白魚尾，四周單邊。

卷一卷端題名爲"東書堂重修宣和博古圖錄"，改"亦政堂"爲"東書堂"，當爲東書堂後印時剜改。卷末牌記鎸"乾隆庚午年之秋天都黄晟曉峰氏校勘于槐蔭艸堂"。内封鎸"乾隆壬申年秋月　天都黄曉峰鑒定　博古圖　考古圖　古玉圖　亦政堂藏板"。

1047　　　　　　　　SG2101/24－1

格古要論十三卷

（明）曹昭撰　舒敏　王佐　黄正位校

明萬曆十年至四十七年（1582－1619）刻本

一册　一函

正文半葉十行二十字，白口，單黑魚尾，四周單邊。

版心下鎸刻工"吳應芝梓"。

鈐"李氏平侯"印。

1048　　　　又一部　SG2101/24－1A
格古要論十三卷

（明）曹昭撰　舒敏　王佐　黃正位校

明萬曆十年至四十七年（1582－1619）刻本

四册　一函

正文半葉十行二十字，白口，單黑魚尾，四周單邊。

版心下鎸刻工"吳應芝梓"。

鈐"詩翰齋""岑仲陶藏書印"印。

1049　　　　　　　　　SG2101/24
格古要論十三卷

（明）曹昭撰　舒敏　王佐　黃正位校

明萬曆十年至四十七年（1582－1619）刻　清順治元年至康熙十年（1644－1671）修訂本

二册　一函

正文半葉十行二十字，白口，單黑魚尾，四周單邊。

内封鎸"雲間曹明仲著訂　吉水王功載增輯　增訂格古要論　淑躬堂藏板"。版心下鎸刻工"吳應芝梓"。

鈐"鄞林氏藜照廬圖書"印。

1050　　　　　　　　　SG2103/7
金石圖不分卷

（清）褚峻摹　牛運震集說

清乾隆八年（1743）牛運震拓印本

四册　一函

正文半葉十行二十字，白口，無魚尾，左右雙邊。

有近代金石學家陸和九墨筆題識。鈐"蕭偉一""鐵雲長壽""曾經昏甲觀樓藏""馮雲鵬""晏海"諸印。

1051　　　　又一部　SG2103/7
金石圖不分卷

（清）褚峻摹　牛運震集說

清乾隆八年（1743）牛運震拓印本

一册　一函

正文半葉十行二十字，白口，無魚尾，左右雙邊。

殘本。

1052　　　　　　　　　SG210/6
金石三例十五卷

（清）盧見曾輯

清乾隆二十年（1755）盧見曾刻本

四册　一函

正文半葉十行二十二字，小字雙行三十二字，白口，單黑魚尾，左右雙邊。

内封鎸"乾隆乙亥年鎸　金石三例　潘蒼厓金石例　王止仲墓銘舉例　黃梨洲金石要例"。

金石例十卷　（元）潘昂霄撰
墓銘舉例四卷　（明）王行撰

金石要例一卷　（清）黃宗羲撰

1053　　　　　　　又一部　SG311./58

金石三例十五卷

（清）盧見曾輯

清乾隆二十年(1755)盧見曾刻本

二册　一函　存五卷（墓銘舉例四卷、金石要例一卷）

正文半葉十行二十二字,小字雙行三十二字,白口,單黑魚尾,左右雙邊。

1054　　　　　　　　　　SG210/145

金石契不分卷

（清）張燕昌撰

清乾隆三十六年(1771)刻四十三年(1778)重訂本

二册　一函

正文半葉十行十六字,白口,單黑魚尾,無界行,四周單邊。

鈐"王定安印"印。

1055　　　　　　　　　　SG210/245

金石存十五卷

（清）吳玉搢纂

清嘉慶二十四年(1819)山易李氏聞妙香室刻本

四册　一函

正文半葉十一行二十一字,小字雙行同,細黑口,單黑魚尾,左右雙邊。

内封鎸"金石存十五卷　嘉慶二十四年栞　浙西許漣題　山易李氏聞妙香室藏板"。

鈐"殷錚藏本""殷鐵庵藏書記"諸印。

1056　　　　　　　　　　SG2103/44

金石圖錄不分卷

（清）楊守敬輯

清光緒十年至宣統三年(1884-1911)楊守敬拓印本

六册　一函

正文無欄格。

鈐"江氏金石""伯寅""胡義贊印""楊守敬印""鄰蘇園金石文字""潘祖蔭印"印。

1057　　　　　　　　　　SG2102/104

隨軒金石文字九種不分卷

（清）徐渭仁鈎摹

建昭鴈足鐙考二卷

（清）徐渭仁撰

清道光十七年至二十四年(1837-1844)徐渭仁、徐允臨刻同治七年(1868)重修本

四册　一函

《文字》正文半葉行字不等,白口,四周單邊;《鐙考》正文半葉九行字數不等,白口,單黑魚尾,四周雙邊。

目錄卷端鎸"上海徐渭仁雙鈎鋟木"。《鐙考》内封鎸"道光十有七年歲次丁酉十二月栞"。

1058　　　　　　　　　　SG210/218

古金石磚瓦文字集不分卷

（清）吳大澂輯

清光緒至宣統吳大澂等拓印本

二册　一函

正文無界行。

收録清末呂佺孫（堯仙）、潘祖蔭（伯寅）、吳雲（平齋）、鮑康（子年）、王懿榮（廉生）、陳介祺（海濱病史）、張廷濟（叔未）、端方（陶齋）、吳大澂（恒軒）等人收藏的金石文字。

鈐"恒軒所得""清卿手拓金石""堯仙手拓""觀古閣藏""兩罍軒考訂金石文字""海濱病史""張氏吉金"諸印。

金之屬

1059　　　　　　　　　　　　SG210/222

寶古堂重修考古圖十卷

（宋）呂大臨　（元）羅更翁考訂

明萬曆三十一年（1603）刻本

五册　一函

正文半葉八行十七字，白口，單白魚尾，四周單邊。

鈐"修竹山房""洪履中印""曾經新安汪子濤處""汪尚階""吳勛紀常氏""漪園珍藏""峙雯藏書傳於子孫世守保之""草臺公四十世孫""燉煌郡圖書印"印。

1060　　　　　　　　　　　SG2102/60-2

歷代鐘鼎彝器款識法帖二十卷

（宋）薛尚功撰

明萬曆至崇禎抄本

四册　一函　存八卷（一至八）

正文行字不等，無界行。經折裝。

卷一前有李盛鐸題記"丁卯上元前一日得於廠肆富華閣"。

1061　　　　　　　　　　　SG2102/10

歷代鐘鼎彝器款識法帖二十卷

（宋）薛尚功撰

清嘉慶二年（1797）阮元刻本

四册　一函

正文行字不等，白口，四周單邊，左右版框相連。

鈐"儀徵阮氏小琅環僊館藏書印"印。

1062　　　　　　　　　　　SG2102/73

觀妙齋藏金石文攷略十六卷

（清）李光暎撰

清雍正七年至十三年（1729-1735）李光暎刻本

六册　一函

正文半葉大字九行，小字雙行，字數不等，白口，單黑魚尾，四周單邊。

書根題"文行忠信"四字以別册次。書末鐫"嘉禾鍾仁山刻"。

有佚名題識。鈐"子任珍藏""沈孟鏞印""稻邨圖書""稻邨""湯元芑詒之圖書記""元芑私印"諸印。

錢幣之屬

1063　　　　　　　　　　　SG276/60

泉志十五卷

（宋）洪遵撰　（明）胡震亨　毛晉同訂

明崇禎汲古閣刻本

三册　一函

　　正文半葉九行十八字，小字雙行同，白口，單白魚尾，左右雙邊。

　　《津逮祕書》第八集之第十二種。

　　有抄配。鈐"北海孫廷銓沚亭書畫印""文定公之長子"印。

1064　　　　　　　　　　　　SG210/215

泉幣圖說六卷

（清）吳文炳　吳鷟撰

清嘉慶五年（1800）吳文炳香雪山莊刻本

二册　一函

　　正文半葉十二行二十四字，黑口，雙黑魚尾，左右雙邊。

　　內封鐫"錢幣圖說　涇縣吳氏纂輯凡六弓序目十二葉　嘉慶五年庚申秋中香雪山莊刊本"。

　　鈐"篤素堂張曉漁校藏圖籍之章""張氏海粟山房影鈔圖籍之章"印。

1065　　　　　　　　　　　　SG210/217

古泉藪

（清）李寶臺拓　楊守敬編

清光緒三十年（1904）刻本

四册　一函

　　正文田字格，白口，單黑魚尾，四周單邊。

　　書衣題"宜都楊守敬藏泉　丙辰年購於文奎堂"。

1066　　　　　　　　　　　　SG2103/16

古泉日新錄不分卷

清末至民國拓本

二册　一函

　　正文爲圖，白口，單黑魚尾，無界行，左右雙邊。

　　傳拓古錢幣圖粘貼成册。版心下鐫"東湖饒氏古歡齋藏板"。

　　書末有非闇1942年墨筆題識。非闇，即于非闇（1889－1959），原名于魁照，後改名于照，字仰樞，別署非闇，又號閑人、聞人、老非，山東蓬萊人。中國近現代畫家。鈐"于氏圖書"印。

璽印之屬

1067　　　　　　SG112.2/76、SG112.2/76－1

選集漢印分韻二卷

（清）袁日省輯　謝雲生臨摹

選集漢印分韻續集二卷

（清）謝景卿輯并臨摹

清嘉慶二年至八年（1787－1803）漱藝堂刻本

三册　二函

　　正文半葉六行字數不等，白口，四周雙邊。

　　鈐"鄧石如""蕭氏朗齋""蕭氏珍藏""濮康安一字無言""謝景卿印""芸隱""李兆嘉珍賞印""兆嘉私印""汾生"諸印。

石之屬

1068　　　　　　　　　　SG210/189
隸釋二十七卷隸續二十一卷
（宋）洪适撰
清乾隆四十二年至四十三年（1777－1778）汪日秀樓松書屋刻本
十二册　二函

正文半葉九行二十字，小字雙行同，白口，單黑魚尾，四周單邊。

各卷末有木記"樓松書屋汪氏校本"。

鈐"山陽丁晏藏書"印。

1069　　　　　　　　　　SG210/152
石墨鐫華八卷
（明）趙崡撰
明萬曆四十六年（1618）趙崡自刻本
四册　一函

正文半葉八行十八字，白口，無魚尾，四周單邊。

1070　　　　　　　　　　SG2102/93
金薤琳琅二十卷
（明）都穆撰
金薤琳琅補遺不分卷
（清）宋振譽撰
清乾隆四十三年（1778）汪荻洲刻本
四册　一函

正文半葉九行十八字，白口，單黑魚尾，四周單邊。

1071　　　　　　　　　　SG2102/88
石鼓文鈔不分卷
（清）楊世春輯
清嘉慶十三年（1808）惠迪堂刻本
四册　一函

正文半葉摹篆四行七字，釋文六行十五字，白口，四周雙邊。

鈐"華氏家藏""梅花珍藏""東觀室印"諸印。

1072　　　　　　　　　　SG210/4－1
金石苑三巴漢石紀存不分卷
（清）劉喜海撰
清道光二十六年（1846）劉氏來鳳堂刻本
六册　二函

正文半葉十行字數不等，白口，無魚尾，四周單邊。

内封鐫"三巴漢石紀存　道光丙午夏日燕庭題于來鳳堂"。版心上鐫書名，中鐫篇名、時間，下鐫碑、闕所在地名。

1073　　　　　又一部　SG210/4
金石苑三巴漢石紀存不分卷
（清）劉喜海撰
清道光二十六年（1846）劉氏來鳳堂刻本
三册　一函　存金石苑

正文半葉十行字數不等，白口，無魚尾，四周單邊。

有吉甫題記。封面題"伯裕先生藏本，同治戊辰十月屬蔣節署檢，時同客吳趨"。内封記"此古版金石苑係綴遺齋舊物，由四兄購得宜慎藏之，壬午孟春吉甫記"。伯裕爲金石學家方濬益之號，綴遺齋爲其書齋名。

玉之屬

1074　　　　　　　　　　SG210/216
宋淳熙敕編古玉圖譜一百卷
（宋）龍大淵等撰　劉松年繪圖
清乾隆四十四年（1779）江春康山草堂刻本
二十四册　四函
正文半葉八行十七字，白口，單白魚尾，四周單邊。
内封鐫"乾隆己亥年鎸　古玉圖譜　康山草堂藏板"。

1075　　　　　又一部　SG210/222
宋淳熙敕編古玉圖譜一百卷
（宋）龍大淵等撰　劉松年繪圖
清乾隆四十四年（1779）江春康山草堂刻本
十册　二函
正文半葉八行十七字，白口，單白魚尾，四周單邊。
鈐"杭州王氏九峰舊廬藏書之章"印。

陶之屬

1076　　　　　　　　　　SG2102/32
秦漢瓦當文字二卷續一卷
（清）程敦撰
清乾隆五十二年（1787）横渠書院刻五十九年（1794）續刻拓印本
二册　一函
正文半葉十一行二十五字，細黑口，無魚尾，四周單邊。
鈐"翁方綱印""南陵徐乃昌校勘經籍記""積學齋徐乃昌藏書""徐乃昌讀""積餘秘笈識者寶之"印。

1077　　　　　　　　　　SG2103/45
三代古陶軒瓦器文字不分卷
（清）陳介祺輯
清道光三年至光緒十年（1823－1884）三代古陶軒拓印本
四册　一函
正文無欄格。
三代古陶軒主人爲陳介祺。陳介祺（1813－1884），字壽卿，號簠齋，晚號海濱病史、齊東陶父，山東濰坊人。清代金石學家。鈐"三代古陶軒""寶康瓠室藏瓦"印。

郡邑之屬

1078　　　　　　　　　　SG210/158－3
關中金石記八卷
（清）畢沅撰
清乾隆四十六年（1781）畢氏經訓堂刻本
六册　一函
正文半葉十二行二十四字，黑口，雙黑魚尾，四周單邊。

目錄類

1079　　　　　　　　　　　SG291/50

直齋書錄解題二十二卷

（宋）陳振孫撰

清乾隆武英殿活字本

六册　一函

　　正文半葉九行二十一字，小字雙行同，白口，單黑魚尾，四周雙邊。

　　鈐"曾經何則賢丹墨"印。

1080　　　　　　　　　　　SG112/48

經籍考七十六卷

（元）馬端臨撰

明弘治九年（1496）黃仲昭、張汝舟刻本

十二册　二函

　　正文半葉十行十九字，小字雙行同，白口，雙黑魚尾，四周雙邊。

　　鈐"陽城張氏省訓堂經籍記""張敦仁讀過""廣圻審定""葆穗""子實寓目"諸印。

1081　　　　　　　　　　　SG213.2/10

經史序錄二卷

（清）吳承漸輯

甲子會紀一卷

（明）薛應旂輯

歷代國都一卷

（清）佚名輯

清康熙三十一年（1692）吳承漸思訓堂刻本

四册　一函

　　正文半葉十二行二十二字，黑口，白魚尾，四周單邊。

　　内封鎸"康熙壬申年新鎸　天都吳公儀先生纂輯　經史序錄　思訓堂藏板　翻刻必究"。

1082　　　　　　　　　　　SG11/20

經序錄五卷

（明）朱睦㮮編

明嘉靖朱氏聚樂堂自刻本

四册　一函

　　正文半葉十行二十字，白口，單白魚尾，左右雙邊。

　　版心上鎸"聚樂堂"，下鎸刻工"李其"。

　　鈐"許氏子澄"印。

1083　　　　　　　　　　　SG291/352

國史經籍志六卷

（明）焦竑輯

明萬曆三十年（1602）陳汝元刻本

十册　二函

　　正文半葉十一行二十四字，白口，單黑

魚尾,四周單邊。

1084　　　　　　　　　　SG291/230
違礙書籍名目不分卷
　清康熙至雍正刻本
　一册　一函
　　正文半葉十行字數不等,白口,單黑魚尾,無界行,四周單邊。
　　鈐"天津劉氏研理樓藏"印。

1085　　　　　　　　　　SG291/121
讀書敏求記四卷
　(清)錢曾撰
　清雍正四年(1726)趙孟生刻乾隆十年
　　(1745)嘉興沈氏雙桂堂重修六十年
　　(1795)沈炎耆英堂遞修本
　六册　一函
　　正文半葉九行二十字,黑口,單黑魚尾,四周單邊。

鈐"青齋所閱書"印。

1086　　　　　　　　　　SG291/253
振綺堂簡明書目不分卷
　(清)汪遠孫編　陳奐校勘
　清道光二十九年(1849)顧沅抄本
　二册　一函
　　正文半葉六行字不等,紅格,四周雙邊。
　　扉葉有清道光二十九年顧沅墨筆題識"己酉春暮客杭,偕羅鏡泉先生往訪汪君少洪,假錄此目并抄各種秘册。顧沅偶記"。
　　顧沅(1799－1851),號湘舟,字澧蘭,別署滄浪漁父,江蘇長洲(今江蘇蘇州)人。著名藏書家。道光間官至教諭。喜收藏,歷經二十餘年建藏書樓"懷古書屋""藝海樓""辟疆園""賜硯堂""秘香閣"等,藏秘本、善本頗多,藏書和金石甲于三吳。鈐"省心閣珍藏""合肥李氏藏書""叔美經眼"印。

子部

叢 編

1087　　　　　　　　　　　　SG311/20

六子書六十二卷

（明）許宗魯輯

明嘉靖六年（1527）許宗魯樊川別業刻本

十二册　二函

正文半葉十行二十字，白口，無魚尾，左右雙邊。

版心下鎸"樊川別業"。

甘鵬雲書衣題字。鈐"鵬雲鑒藏""崇雅堂藏書""潛廬"印。

老子四卷　（周）李耳撰

列子八卷　（周）列禦寇撰

莊子十卷　（周）莊周撰

荀子二十卷　（周）荀況撰

揚子十卷　（漢）揚雄撰

文中子十卷　（隋）王通撰

1088　　　　　　　　　　　　SG312/99

六子書六十卷

（明）顧春輯

明嘉靖十二年（1533）顧春世德堂刻本

二十册　四函

正文半葉八行十七字，白口，白魚尾，四周雙邊。

版心鎸"世德堂刊"。

鈐"季方藏書""季方祕笈""唐卷齋""慎遠堂師""師氏守玉守章昆仲"諸印。

老子道德經二卷　（周）李耳撰　（漢）河上公注

南華真經十卷　（周）莊周撰　（晋）郭象注　（唐）陸德明音義

沖虛至德真經八卷　（周）列禦寇撰　（晋）張湛注　（唐）陸德明音義

荀子二十卷　（周）荀況撰　（唐）楊倞注

新纂門目五臣音注揚子法言十卷　（漢）揚雄撰　（晋）李軌　（唐）柳宗元　（宋）宋咸　吳祕　司馬光注

中說十卷　（隋）王通撰　（宋）阮逸注

1089　　　　　　　　　　　　SG312/99－1

六子書六十卷

（明）顧春輯

明桐陰書屋刻本

三十四册　六函

正文半葉八行十七字，白口，白魚尾，四周雙邊。

鈐"鄭杰之印""鄭氏注韓居珍藏記"印。

老子道德經二卷　（周）李耳撰

莊子南華真經十卷　（周）莊周撰

列子八卷　（周）列禦寇撰

荀子二十卷　（周）荀況撰

新纂門目五臣音注揚子法言十卷　（漢）揚雄

撰

　　文中子十卷　（隋）王通撰

1090　　　　　　　　　　SG311/22

二十家子書二十九卷

　（明）謝汝韶輯

　明萬曆六年（1578）吉藩崇德書院刻本

　十六册　二函

　　正文半葉十一行二十二字，白口，單黑魚尾，四周雙邊。

　　眉上鐫注行二字。版心上鐫"崇德書院"，下鐫刻工"堯刊"等。

　　老子道德經二卷　（周）李耳撰
　　關尹子文始真經一卷　（周）尹喜撰
　　亢倉子洞靈真經一卷　（周）庚桑楚撰
　　文子通玄真經一卷　（周）辛鈃撰
　　尹文子一卷　（周）尹文撰
　　子華子二卷　（周）程本撰
　　鬻子一卷　（周）鬻熊撰
　　公孫龍子一卷　（周）公孫龍撰　（宋）謝希深注
　　鬼谷子一卷　（南朝梁）陶弘景注
　　列子沖虛真經二卷　（周）列禦寇撰
　　莊子南華真經四卷　（周）莊周撰
　　荀子三卷　（周）荀況撰
　　揚子法言一卷　（漢）揚雄撰
　　文中子中說一卷　（隋）王通撰
　　抱朴子二卷　（晋）葛洪撰
　　劉子一卷　（北齊）劉晝撰
　　黄石公素書一卷　（漢）黄石公撰
　　玄真子一卷　（唐）張志和撰
　　天隱子一卷　（唐）司馬承禎撰
　　无能子一卷　（唐）佚名撰

1091　　　　　　　　　SG313/34－1

子彙二十四種三十卷

　（明）周子義輯

　明萬曆四年至五年（1576－1577）南京國子監刻本

　二十册　四函

　　正文半葉十行二十一字，白口，順黑魚尾，四周雙邊。

　　鈐"止齋""補讀書廬珍藏""古萬川溫氏藏""溫廷敬印""丹銘"諸印。

　　鬻子一卷　（周）鬻熊撰　（唐）逢行珪注
　　晏子春秋内篇二卷　（周）晏嬰撰
　　孔叢子三卷　（秦）孔鮒撰
　　賈子新書二卷　（漢）賈誼撰
　　陸子一卷　（漢）陸賈撰
　　小荀子一卷　（漢）荀悅撰
　　鹿門子一卷　（唐）皮日休撰
　　文子一卷　（周）辛鈃撰
　　關尹子一卷　（周）尹喜撰
　　亢倉子一卷　（周）庚桑楚撰
　　鶡冠子一卷　（宋）陸佃解
　　黄石公素書一卷　（漢）黄石公撰　（宋）張商英注
　　天隱子一卷　（唐）司馬承禎撰
　　玄真子外篇一卷　（唐）張志和撰
　　无能子一卷　（唐）佚名撰
　　齊丘子一卷　（五代）譚峭撰
　　慎子一卷　（周）慎到撰
　　尹文子一卷　（周）尹文撰
　　公孫龍子一卷　（周）公孫龍撰
　　鄧析子一卷　（周）鄧析撰
　　鬼谷子一卷鬼谷子外篇一卷　（周）王詡撰
　　墨子一卷　（周）墨翟撰
　　子華子一卷　（周）程本撰

劉子二卷　（北齊）劉晝撰　（唐）袁孝政注

1092　　　　　　　　　　　　SG311./172

中立四子集六十四卷

（明）朱東光輯訂　張登雲糸補

明萬曆七年（1579）臨川朱氏刻本

二十册　四函

　　正文半葉十行二十一字，小字雙行同，白口，單黑魚尾，四周雙邊。

　　又名《中都四子集》。

　　鈐"潛廬""潛江甘氏崇雅堂藏書記""潛江甘鵬雲藥樵收藏書籍章"諸印。

　　老子道德經二卷　（周）李耳撰　（漢）河上公注

　　莊子南華真經十卷　（周）莊周撰　（晉）郭象注　（唐）陸德明音義

　　管子二十四卷　（周）管仲撰　（唐）房玄齡注　（明）劉績增注

　　淮南鴻烈解二十八卷　（漢）劉安撰　許慎注　高誘釋

1093　　　　　　　　　　　　SG311./5

諸子匯函二十六卷附談藪一卷諸子評林姓氏一卷

（明）歸有光輯　文震孟訂

明天啓五年至崇禎十七年（1625－1644）刻本

三十二册　四函

　　正文半葉兩節版，上節鎸評，下節九行十八字，小字雙行同，白口，單黑魚尾，無界行，四周單邊。

　　鬻子　（周）鬻熊撰

　　子牙子　（周）呂望撰

　　關尹子　（周）尹喜撰

　　子華子　（周）程本撰

　　老子　（周）李耳撰

　　莊子　（周）莊周撰

　　列子　（周）列禦寇撰

　　墨子　（周）墨翟撰

　　管子二卷　（周）管仲撰

　　亢倉子　（周）庚桑楚撰

　　晏子　（周）晏嬰撰

　　鄧析子　（周）鄧析撰

　　鬼谷子　（周）王詡撰

　　文子　（周）辛銒撰

　　公孫龍子　（周）公孫龍撰

　　商子　（周）公孫鞅撰

　　鶡冠子　（周）鶡冠子撰

　　司馬子　（周）司馬穰苴撰

　　吳子　（周）吳起撰

　　尹文子　（周）尹文撰

　　孫武子　（周）孫武撰

　　尉繚子　（周）尉繚撰

　　玉虛子　（周）屈原撰

　　鹿溪子　（周）宋玉撰

　　慎子　（周）慎到撰

　　汗子　（周）汗明撰

　　尸子　（周）尸佼撰

　　嚚嚚子　（周）江乙撰

　　荀子　（周）荀況撰

　　呂子　（秦）呂不韋撰

　　韓非子二卷　（周）韓非子撰

　　波弄子　（周）淳于髡撰

　　惠子　（周）惠施撰

　　胡非子　（周）胡非撰

　　子家子　（周）孔求撰

　　希子　（周）希寫撰

　　薛子　（周）薛燭撰

風胡子	（周）風胡撰	靈源子	（三國魏）嵇康撰
三柱子	（周）魯仲連撰	雲門子	（南朝梁）劉勰撰
歲寒子	（周）張孟同撰	干山子	（晉）陸機撰
首山子	（秦）頓弱撰	石匏子	（北齊）劉晝撰
潼山子	（秦）甘羅撰	无能子	（唐）佚名撰
雲晃子	（秦）齊辯貌撰	譚子	（五代）譚峭撰
隨巢子	（秦）佚名撰	文中子	（隋）王通撰
孔叢子	（秦）孔鮒撰	天隨子	（唐）陸龜蒙撰
黃石子	（漢）黃石公撰	鹿門子	（唐）皮日休撰
雲陽子	（漢）陸賈撰	玄真子	（唐）張志和撰
金門子	（漢）賈誼撰	來子	（唐）來鵠撰
淮南子二卷	（漢）劉安撰	文泉子	（唐）劉蛻撰
桂巖子二卷	（漢）董仲舒撰	協律子	（唐）李翱撰
封龍子	（漢）韓嬰撰	靈璧子	（唐）羅隱撰
吉雲子	（漢）東方朔撰	次山子	（唐）元結撰
青黎子	（漢）劉向撰	東萊子	（宋）呂祖謙撰
揚子	（漢）揚雄撰	邵子	（宋）邵雍撰
符子	（漢）符□撰	橫渠子	（宋）張載撰
金樓子	（南朝梁）元帝蕭繹撰	長春子	（宋）石介撰
嵫岈子	（漢）崔寔撰	草廬子	（元）吳澄撰
荊山子	（漢）桓譚撰	道園子	（元）虞集撰
委宛子	（漢）王充撰	郁離子	（明）劉基撰
白虎通	（漢）班固撰		
風俗通	（漢）應劭撰		
慎陽子	（漢）黃憲撰		
嚳山子	（漢）仲長統撰		
回中子	（漢）王符撰		
貞山子	（漢）桓寬撰		
天隱子	（唐）司馬承禎撰		
徐子	（漢）徐幹撰		
小荀子	（漢）荀悅撰		
鏡機子	（三國魏）曹植撰		
抱朴子	（晉）葛洪撰		
白雲子	（晉）束皙撰		

1094　　　　又一部　SG311./5-1

諸子匯函二十六卷附談藪一卷諸子評林姓氏一卷

（明）歸有光輯　文震孟訂

明天啓五年至崇禎十七年（1625－1644）刻本

三十二册　四函

　　正文半葉兩節版，上節鎸評，下節九行十八字，小字雙行同，白口，單黑魚尾，無界行，四周單邊。

儒家類

1095　　　　　　　　SG32/71-1
孔氏家語十卷
（三國魏）王肅注
清順治翻刻汲古閣本
六册　一函
　　正文半葉九行十七字，白口，無魚尾，左右雙邊。
　　每卷首葉版心鎸"汲古閣毛氏正本"。

1096　　　又一部　SG32/71-2
孔氏家語十卷
（三國魏）王肅注
清順治翻刻汲古閣本
四册　一函
　　正文半葉九行十七字，白口，無魚尾，左右雙邊。
　　每卷首葉版心鎸"汲古閣毛氏正本"。
　　第一册爲抄配。

1097　　　　　　　　SG32/71-3
孔子家語八卷
（三國魏）王肅纂注　（明）何孟春補注
明萬曆三十年至崇禎十七年（1602-1644）翻刻永明書院刻本
四册　一函
　　正文半葉九行二十字，小字雙行同，白口，單黑魚尾，四周單邊。
　　眉上鎸注。版心下鎸"永明書院藏板"。

1098　　　　　　　　SG32/144-1
賈太傅新書十卷
（漢）賈誼撰　（明）何孟春訂注
明正德十四年至十五年（1519-1520）何氏刻本
四册　一函
　　正文半葉十行二十字，白口，無魚尾，四周單邊。
　　鈐"鄭齋藏本""无竟先生獨志堂物"印。

1099　　　　　　　　SG215/5-3
劉向說苑二十卷劉向新序十卷
（漢）劉向撰
明嘉靖二十六年（1547）何良俊重刻本
六册　一函
　　正文半葉十行二十字，白口，單黑魚尾，左右雙邊。
　　鈐"洪氏藏書萬卷"諸印。

1100　　　又一部　SG215/5-3
劉向說苑二十卷劉向新序十卷

（漢）劉向撰

明嘉靖二十六年（1547）何良俊重刻本

四册　一函

　　正文半葉十行二十字，白口，單黑魚尾，左右雙邊。

1101　　　　　　　　　　　SG215/6－1

劉向新序十卷

（漢）劉向撰　（清）王士禎校跋

明刻本

二册　一函

　　正文半葉十一行二十字，白口，單黑魚尾，四周單邊。

　　鈐"阮亭""王士禎印""龔文照印""羣玉山房藏書記"諸印。

1102　　　　　　　　　　　SG312/14－2

新纂門目五臣音註揚子法言十卷

（漢）揚雄撰　（晋）李軌　（唐）柳宗元注
　　（宋）宋咸　吳祕　司馬光重添注

明刻本

六册　一函

　　正文半葉八行十七字，小字雙行同，白口，單白魚尾，四周雙邊。

　　卷六版心下鐫"桐陰書屋校"。與《中說》合函。

1103　　　　　　　　　　　SG32/9－1

申鑒五卷

（漢）荀悅撰　（明）黃省曾注

明嘉靖四年至四十五年（1525－1566）文
　　始堂刻本

二册　一函

　　正文半葉九行十七字，小字雙行同，白口，雙黑魚尾，四周雙邊。

　　版心下鐫"文始堂"及刻工"安""芳""羅"。

　　鈐"曾留吳興周氏言言齋""吳興周越然藏書之印""越然""周越然""言言齋善本圖書"諸印。

1104　　　　　　　　　　　SG312/15－1

中說十卷

（隋）王通撰　（宋）阮逸注

明初刻本

二册　一函

　　正文半葉十二行二十六字，黑口，順黑魚尾，四周雙邊。

　　鈐"浙西顧炅""梁佶脩讀"印。

1105　　　　　　　　　　　SG312/15－1

中說十卷

（隋）王通撰　（宋）阮逸注

明嘉靖十二年（1533）吳郡顧氏刻本

一册　一函

　　正文半葉十一行二十三字，白口，單黑魚尾，左右雙邊。

1106　　　　　　　　　　　SG312/15－4

中說十卷

（隋）王通撰　（宋）阮逸注

明刻本

四册　與《新纂門目五臣音註揚子法言》
　　合函

正文半葉八行十七字,小字雙行同,白口,單白魚尾,四周雙邊。

卷二版心下鎸"桐陰書屋校"。

鈐"錫五劫後收藏"印。

1107 SG32/279

溫公家範十卷

（宋）司馬光撰　（清）朱軾點評

清康熙五十八年（1719）朱軾刻本

二册　一函

正文半葉九行二十一字,小字雙行同,白口,單黑魚尾,四周單邊。

内封鎸"本衙藏板"。

有朱筆句讀。

1108 SG32/43－8

河南二程全書六十七卷

（宋）程顥　程頤撰　朱熹輯

清康熙呂氏寶誥堂刻本

八册　二函

正文半葉十二行二十二字,小字雙行同,黑口,雙黑魚尾,左右雙邊。

内封鎸"二程全書　禦兒呂氏寶誥堂刻"。正文卷端題"河南程氏遺書"。

鈐"毛準""子水"印。

河南程氏遺書二十五卷附錄一卷　（宋）朱熹輯

河南程氏外書十二卷　（宋）朱熹輯

明道文集五卷　（宋）程顥撰

伊川文集八卷附錄二卷　（宋）程頤撰

伊川易傳四卷　（宋）程頤撰

伊川經說八卷　（宋）程頤撰

二程粹言二卷　（宋）程顥　程頤撰　楊時　張栻訂編

1109 SG32/43－1

二程全書六十八卷

（宋）程顥　程頤撰

明萬曆三十四年（1606）徐必達刻本

十六册　二函

正文半葉十行二十字,小字雙行同,白口,單黑魚尾,四周雙邊。

遺書二十八卷附錄一卷　（宋）朱熹輯

外書十卷　（宋）朱熹撰

粹言二卷　（宋）楊時撰

易傳四卷　（宋）程頤撰

經說八卷　（宋）程頤撰

明道文集五卷　（宋）程顥撰

伊川文集八卷　（宋）程頤撰

遺文一卷　（宋）程顥　程頤撰

續附錄一卷

1110 SG32/75－1

小學句讀六卷

（宋）朱熹撰　（明）陳選集注

明弘治十八年（1505）王鏶刻本

四册　一函

正文半葉九行十八字,小字雙行同,白口,順白魚尾,四周雙邊。

眉上鎸注。

稀見。

1111 SG273/32

小學六卷

（宋）朱熹撰　（明）陳選注

明萬曆二十六年(1598)曹璜刻本

四册　一函

正文半葉十一行二十一字,白口,雙黑魚尾,四周雙邊。

鈐"王曹之印""竹舫"印。

1112　　　　　　　　　　SG416/17

小學書註解十卷

(宋)朱熹撰

明天啓至崇禎刻本

五册　一函　存五卷(一至五)

正文半葉八行二十字,小字雙行同,白口,無魚尾,四周雙邊。

有朱筆校改。鈐"蘭谷""恨不十年讀書""喜聞善堂語願讀聖賢書""豊華堂書庫寶藏印"諸印。

1113　　　　　　　　　SG32/241-1

延平李先生答問二卷

(宋)朱熹編

附四先生年譜

(清)毛念恃訂

清康熙四十五年(1706)刻乾隆十三年(1748)延平府署補刻本

四册　一函

《答問》正文半葉九行十七字,大黑口,單黑魚尾,四周雙邊;《年譜》正文半葉九行二十字,白口,單黑魚尾,四周雙邊。

《答問》內封鐫"紫陽朱子輯　延平李先生答問　楊羅李朱四先生年譜附　李先生特祠後　御書閣藏版"。《年譜》爲宋儒龜山楊先生年譜、豫章羅先生年譜、宋史李延平先生傳、紫陽朱先生年譜。

1114　　　　　SG32/44-1、SG32/214-1

大學衍義四十三卷

(宋)真德秀彙輯　(明)陳仁錫評閱

大學衍義補一百六十卷首一卷

(明)丘濬撰　陳仁錫評閱

明崇禎五年至十七年(1632-1644)陳仁錫刻本

三十八册　四函

正文半葉十行二十字,白口,單白魚尾,四周單邊。

內封鐫"太史陳明卿先生評閱　大學衍義　一集宋真西山先生大學衍義　一集明丘瓊山先生大學衍義補　梅墅石渠閣藏板"。

1115　　　　　　　　　　SG32/331

大學衍義通畧三十一卷

(明)王諍輯注　楊廉節略

明嘉靖三十九年(1560)永嘉王氏刻本

二册　一函　存五卷(大學衍義節畧一至五)

正文半葉十行二十五字,小字雙行同,上下黑口,單黑魚尾,四周雙邊。

1116　　　　　　　　　　SG32/206

纂丘瓊山先生大學衍義補英華十八卷

(明)凌遇知纂　金學曾　閔一琴訂閱

明萬曆三年(1575)凌迪知刻本

六册　一函

正文半葉十行二十二字,小字雙行同,

白口,單白魚尾,左右雙邊。

版心下鐫刻工"錢塘袁君肇寫吳門王伯才刻""吳郡夏邦彥刻""章右之"等。

1117　　　　　　　　　　　　SG45/140

張子全書十五卷

（宋）張載撰　朱熹注釋

清康熙五十八年(1719)高安朱軾刻本

四册　一函

　　正文半葉十行二十字,小字雙行同,白口,單黑魚尾,左右雙邊。

　　鈐"潛廬藏過"印。

1118　　　　　　　　　　　SG32/183－2

類編標註文公先生經濟文衡前集二十五卷後集二十五卷續集二十二卷

（宋）馬括輯

元泰定元年(1324)梅溪書院刻本

十六册　二函　存四十七卷（一至十、後集一至十五、續集二十二卷）

　　正文半葉十三行二十三字,細黑口,順黑魚尾,四周雙邊。包背裝。

　　眉上鐫評。目錄後鐫"旹泰定甲子梓于梅溪書院"。

　　鈐"顧祖禹""景範""儀封大宗伯賜禮樂名臣加太子太保諡清恪張公正誼堂藏書""夢澤鑑賞""津門王鳳岡風篁館收藏印""龍山蟄廬藏書之章""古莘陳氏子子孫孫永寶用""鄂城汪奠基藏書之印""汪奠基印"諸印。

1119　　　　　　　　　　　　SG32/183

類編標註文公朱先生經濟文衡前集二十五卷後集二十五卷續集二十二卷

（宋）馬括輯

明萬曆三十四年(1606)朱吾弼、朱崇沐刻本

十册　一函

　　正文半葉九行二十字,白口,單白魚尾,四周單邊。

　　眉上鐫評。

　　鈐"熊人英經眼印""康新帥氏收藏印"印。

1120　　　　　　　　　　　　SG32/346

先聖大訓六卷

（宋）楊簡撰

明萬曆四十三年(1615)張翼軫等刻清嘉慶九年(1804)修補本

六册　一函

　　正文半葉八行十六字,小字雙行同,白口,無魚尾,四周單邊。

1121　　　　　　　　　　　　SG32/178

先聖大訓六卷

（宋）楊簡輯注

明萬曆四十四年至崇禎十七年(1616－1644)刻本

三册　一函

　　正文半葉十行二十一字,白口,單黑魚尾,左右雙邊。

1122　　　　　　　　　SG45/189

慈溪黃氏日抄分類九十七卷古今紀要十九卷

（宋）黃震編輯　（清）汪佩鍔校正

清乾隆三十二年（1767）新安汪佩鍔刻本

三十二冊　四函

　　正文半葉十四行二十六字，《古今紀要》十二行二十二字，細黑口，順黑魚尾，四周雙邊或左右單邊。

　　内封鎸"宋板較刻　黃氏日抄"。正文題"八十一卷原官板無文字""八十九卷原無文字"。

1123　　　　　　　　　SG32/333

北溪先生字義二卷

（宋）陳淳撰

附北溪先生字義補遺北溪先生傳略嚴陵講義

清康熙五十三年（1714）愛荊堂刻本

二冊　一函

　　正文半葉十行二十二字，上黑口，雙黑花魚尾，左右雙邊。

　　内封鎸"字義　陳北溪先生著　康熙甲午歲新鎸　賜書樓藏板"。版心下鎸"愛荊堂"。

　　鈐"徐氏載道樓圖章""伯文鑒賞之印"印。

1124　　　　　　　　　SG32/272

儒行集傳二卷

（明）黃道周輯　（清）彭定求重訂　陳奕銓校梓

清康熙三十九年（1700）陳奕銓執硯草堂刻本

二冊　一函

　　正文半葉九行二十字，白口，單黑魚尾，左右雙邊。

　　内封鎸"黃石齋先生儒行集傳　執硯草堂藏板"。

1125　　　　　　　　　SG32/307

學蔀通辯前編三卷後編三卷續編三卷終編三卷

（明）陳建撰　顧天挺重校

清康熙十七年（1678）啟後堂刻本

四冊　一函

　　正文半葉九行二十二字，小字雙行同，白口，單黑魚尾，四周雙邊。

　　内封和版心鎸"陳清瀾先生著　學蔀通辯　啟後堂重梓"。

　　鈐"福山孫氏家藏"印。

1126　　　　　　　　　SG32/341

朱文公語錄類要述十八卷

（明）范淶輯

明萬曆四十年（1612）詹光陛等刻本

四冊　一函

　　正文半葉十行二十字，白口，單白魚尾，四周單邊。

　　詹光陛序末鎸"古歙黃應潮刻"。

　　有朱墨筆批點。

1127　　　　　　　　　SG32/332

新刊性理集要八卷

子部

(明)詹淮輯　李廷鰲校閱
明嘉靖四十年至四十五年(1561－1566)
　李廷海刻本
　六册　一函　缺二卷(二至三)
　　正文半葉十一行二十六字,白口,單白魚尾,四周單邊。
　　眉上鐫評。

1128　　　　　　　　　　　　SG32/87
性理大全書七十卷
(明)胡廣　楊榮等纂修
明永樂十三年(1415)刻本
　十九册　三函
　　正文半葉十行二十字,小字雙行同,白口,順黑魚尾,四周雙邊。
　　眉上鐫評行五字。内封鐫"太史李九我先生纂訂　性理大全　文樞堂吳桂宇梓"。各卷末鐫"新安吳勉學重校"。
　　鈐"謝宗陶藏書印"印。

1129　　　　　　　　　　　　SG32/87
性理大全書七十卷
(明)胡廣　楊榮等纂修
明嘉靖二十二年(1543)應天府刻本
　三十二册　四函
　　正文半葉十行二十字,小字雙行同,白口,順黑魚尾,四周雙邊。
　　眉上鐫評行五字。

1130　　　　　　　　　　　　SG32/202
性理三解七卷
(明)韓邦奇撰

明嘉靖二十一年(1542)樊得仁刻本
　八册　一函
　　正文半葉十行二十字或二十二字,白口,單黑魚尾,四周單邊或左右雙邊。
　　鈐"无竟先生獨志堂物"印。
　正蒙拾遺一卷
　啟蒙意見五卷
　洪範圖解一卷

1131　　　　　　　　　　　　SG32/199
新刊性理摘金標題論策七卷
(明)陳文滔集要　陳孟稠標題　寒松軒
　考訂
明正德元年至嘉靖十一年(1506－1532)
　刻本
　六册　一函
　　正文半葉十三行二十四字,黑口,順黑魚尾,四周雙邊。金鑲玉。

1132　　　　　　　　　　　　SG32/92
性理標題綜要二十二卷
(明)詹淮纂輯　陳仁錫訂正
明崇禎五年至九年(1632－1636)翼聖堂
　刻本
　二十四册　二函
　　正文半葉九行十九字,白口,單黑魚尾,四周單邊。
　　眉上鐫注行五字。内封鐫"翼聖堂梓行"。

1133　　　　　　　又一部　SG32/207
性理標題綜要二十二卷

（明）詹淮纂輯　陳仁錫訂正

明崇禎五年至九年（1632－1636）翼聖堂
　刻本

二十四冊　二函

　正文半葉九行十九字，白口，單黑魚尾，四周單邊。

　眉上鐫注行五字。

1134　　　　　　　　　　　　SG32/337

五倫書六十二卷

（明）宣宗朱瞻基撰

明正統十二年（1447）內府刻本

六十二冊　八函

　正文半葉九行十八字，黑口，雙黑魚尾，四周雙邊。

　鈐"廣運之寶"印。

1135　　　　　　　　　　　　SG47/285

薛文清公讀書全錄類編二十卷

（明）薛瑄撰　侯鶴齡輯

明萬曆二十四年（1596）侯鶴齡等刻本

八冊　一函

　正文半葉十行二十字，白口，單黑魚尾，四周單邊。

　稀見。

1136　　　　　　　　　　　　SG47/66

薛文清公讀書全錄類編二十卷附薛文清公策目一卷

（明）薛瑄撰

明萬曆四十二年（1614）張銓刻本

八冊　一函

　正文半葉十行二十字，白口，單黑魚尾，四周雙邊。

1137　　　　　　　又一部　SG47/285－2

薛文清公讀書全錄類編二十卷附薛文清公策目一卷

（明）薛瑄撰

明萬曆四十二年（1614）張銓刻本

八冊　二函

　正文半葉十行二十字，白口，單黑魚尾，四周雙邊。

1138　　　　　　　　　　　　SG32/250

重編朱子學的二卷

（明）丘濬輯　朱吾弼重編

明萬曆三十四年（1606）朱崇沐刻本

二冊　一函

　正文半葉九行十九字，白口，單黑魚尾，左右雙邊。

　鈐"北平黃氏萬卷樓圖書""孫氏萬卷樓印"諸印。

1139　　　　　　　　　　　　SG418/354

居業錄四卷

（明）胡居仁撰　（清）顏綸重校

清康熙十五年至六十一年（1676－1722）
　詠圔堂刻本

二冊　一函

　正文半葉九行二十二字，白口，單黑魚尾，四周雙邊。

　內封鐫"詠圔堂藏板"。版心下鐫"詠圔堂"。

1140　　　　　　　　　　　　SG32/41-1

王陽明先生傳習錄五卷

（明）王守仁講　徐愛等記

明崇禎十二年（1639）王業洵刻本

六册　一函

　　正文半葉八行二十二字，白口，單白魚尾，四周單邊。金鑲玉。

　　楊心源題識，佚名朱筆過録李二曲、孫夏峰、鹿伯順評語。有朱藍兩色筆圈點。鈐"楊心源印""自山居士""修堂父印""岑宗潮印""萬曆欽書""含文堂印""西河後學楊復心之印""嵩縣守禦千戶所百戶所印""復夫""隱莊"諸印。

1141　　　　　　　　　　　　SG32/25

讀荀子十卷

（日本）物茂卿著　南總宇惠考訂

日本寶曆十四年（1764）水玉堂刻本

四册　一函

　　正文半葉十行二十字，白口，單黑魚尾，左右雙邊。

　　封面鐫"徂徠先生著　不許翻刻　讀荀子　京師　書肆水玉堂梓"。

　　鈐"盛島圖書""盛島"印。

1142　　　　　　　　　　　　SG32/343

心學宗四卷

（明）方學漸輯

明萬曆四十一年（1613）閔宗德刻本

六册　一函

　　正文半葉八行十八字，白口，單黑魚尾，四周雙邊。

1143　　　　　　　　　　　　SG32/270-1

困知記二卷續二卷三續一卷四續一卷續補一卷附録一卷

（明）羅欽順撰　陳邦瞻　陳大綬重校

明萬曆二十六年至四十七年（1598-1619）刻本

三册　一函

　　正文半葉十行二十字，白口，單黑魚尾，四周單邊。

　　版心下鐫"陶一霖寫"。

　　鈐"秀水朱氏潛采堂圖書""王宗炎所見書""十萬卷樓藏書"印。

1144　　　　　　　　　　　　SG32/270

困知記二卷續二卷三續一卷四續一卷續補一卷附録一卷

（明）羅欽順撰　陳邦瞻　陳大綬重校

清康熙二十八年至六十一年（1689-1722）刻本

四册　一函

　　正文半葉十行二十字，白口，單黑魚尾，四周單邊。

　　版心下鐫"蕭弘巨刊"。

1145　　　　　　　　　　　　SG32/338

獻子講存二卷

（明）盧寧撰

明嘉靖三十九年（1560）張詡刻本

一册　一函　存一卷（一）

　　正文半葉九行十九字，白口，順黑魚尾，四周雙邊。

　　有朱光耀和黃裳墨筆題識。鈐"黃裳

百嘉""黃裳壬辰以後所得""黃裳藏本""來燕榭珍藏記"印。

1146　　　　　　　　　　SG32/253
唐荊川先生編纂諸儒語要十卷
（明）唐順之編纂
明萬曆三十年（1602）吳達可刻本
五冊　一函
　　正文半葉九行二十字，白口，單黑魚尾，四周雙邊。
　　版心下鐫刻工"付明刊""鄒邦達刻""姜良""楊文"等。

1147　　　　　　　　　　SG32/49
呻吟語六卷
（明）呂坤撰
明萬曆二十一年（1593）刻本
八冊　一函
　　正文半葉九行十九字，白口，單黑魚尾，左右雙邊。
　　初印單行本。

1148　　　　　　　　　SG32/184-2
蕺山先生人譜一卷人譜類記二卷
（明）劉宗周撰　（清）方願瑛重編
清雍正五年（1727）方願瑛刻本
四冊　一函
　　正文半葉十一行二十一字，白口，單黑魚尾，四周單邊。金鑲玉。
　　內封鐫"劉蕺山先生著　人譜　類記附　粵東臬署藏板"。
　　有墨筆圈點。

1149　　　　　　　　　SG3102/28
消閒錄十卷
（明）成勇撰
清康熙二十年至雍正十三年（1681-1735）刻本
五冊　一函
　　正文半葉八行二十字，白口，單黑魚尾，左右雙邊。
　　書末墨筆題"樂安成崑崙先生消閒錄十卷，乾隆戊申四月樂安孝廉鍾諧九颺韶贈"。鈐"玉函山房藏書""恒訓閣珍藏印"諸印。

1150　　　　　　　　　SG32/370
御製資政要覽三卷
（清）世祖福臨撰
資政要覽後序一卷
（清）党崇雅　金之俊撰
清順治十二年（1655）內府刻本
四冊　一函
　　正文半葉六行十二字，小字雙行同，粗黑口，雙黑魚尾，四周雙邊。

1151　　　　　　　　　SG32/370-1
御製資政要覽三卷
（清）世祖福臨撰
清順治十二年至十八年（1655-1661）內府刻本
三冊　一函
　　正文半葉八行十五字，小字雙行同，粗黑口，雙黑魚尾，四周雙邊。

子　部

1152　　　　　　　　　　　SG32/370-2

御製資政要覽三卷

（清）世祖福臨撰

清順治十二年（1655）內府刻本

三册　一函

　　正文半葉六行十四字，小字雙行同，上下黑口，雙黑魚尾，四周雙邊。

1153　　　　　　　　　　　SG32/372

御製勸善要言一卷

（清）世祖福臨撰

清順治十二年（1655）內府刻本

一册　一函

　　正文半葉八行十二字，大黑口，雙黑魚尾，四周雙邊。

1154　　　　　　　　　　　SG32/45

儒宗理要二十九卷

（清）張能鱗纂

清順治十五年（1658）刻本

十二册　二函

　　正文半葉十行二十四字，白口，無魚尾，四周單邊。

　　內封鎸"張文宗纂輯　儒宗理要"。

　　鈐"文富堂藏書印""景鄰堂"印。

　　張子六卷　　（宋）張載撰

　　二程子六卷　（宋）程顥　程頤撰

　　周子二卷　　（宋）周敦頤撰

　　朱子十五卷　（宋）朱熹撰

1155　　　　又一部　　　SG32/45

儒宗理要二十九卷

（清）張能鱗纂

清順治十五年（1658）刻本

四册　二函

　　正文半葉十行二十四字，白口，無魚尾，四周單邊。

　　鈐"味青""詹宅北池子五十四號"印。

1156　　　　　　　　　　　SG45/53-5

淵鑒齋御纂朱子全書六十六卷

（清）熊賜履　李光地等纂修

清康熙五十三年（1714）武英殿刻本

二十五册　四函

　　正文半葉九行二十字，白口，單黑魚尾，無界行，四周單邊。

　　鈐"體元主人""稽古右文之章"印。

1157　　　　　　　　　　　SG32/261

理學備考三十四卷

（清）范鄗鼎編

清康熙三十四年（1695）范鄗鼎五經堂刻本

六册　一函　存十四卷（一至十四）

　　正文半葉九行二十五字，小字雙行同，白口，無魚尾，四周雙邊。

　　版心下鎸"五經堂刪定"。

　　鈐"寬夫清賞""洪洞曹氏書畫之印"印。

1158　　　　　　　　　　　SG32/261

國朝理學備考不分卷

（清）范鄗鼎編　范翱參閱

清康熙四十一年（1702）范鄗鼎五經堂刻

本

八册　一函

正文半葉九行二十五字,小字雙行同,白口,無魚尾,四周雙邊。

内封鐫"洪洞范彪西彙編　國朝理學備考　五經堂藏板"。

1159　　　　　　　　　　　SG32/261

廣理學備考不分卷

(清)范鄗鼎彙編

清康熙四十二年至六十一年(1703－1722)范鄗鼎五經堂刻本

四十八册　十二函

正文半葉九行二十五字,小字雙行同,白口,無魚尾,四周雙邊。

内封鐫"洪洞范彪西彙編　廣理學備考　五經堂藏板"。

1160　　　　　　　　　　　SG32/225

四本堂座右編二十四卷二集二十四卷

(清)朱潮遠輯

清康熙三年至五年(1664－1666)刻本

十六册　二函

正文半葉八行十八字,白口,單黑魚尾,四周雙邊。金鑲玉。

内封鐫"邗江韓山中人纂輯　四本堂座右編"。卷二十四末鐫"繡鶴堂藏板"。

鈐"春雨山房藏書""賢者而後樂此""涉世奇書""志古自鏡"諸印。

1161　　　　　　　　　　　SG32/230

學規類編二十七卷

(清)張伯行纂

清康熙四十六年(1707)張伯行正誼堂刻本

六册　一函

正文半葉十行二十字,白口,單黑魚尾,四周單邊。

内封鐫"康熙四十六年鐫　□□□□□□學規類編　正誼堂藏板"。版心下鐫"正誼堂"。

鈐"好古堂圖書記"印。

1162　　　　　　　　　　　SG32/180

御纂性理精義十二卷

(清)李光地等纂修

清康熙五十六年(1717)武英殿刻本

六册　一函

正文半葉八行十八字,小字雙行二十二字,白口,單黑魚尾,無界行,四周雙邊。

有朱筆圈點。鈐"體元主人""萬幾餘暇"印。

1163　　　　　　　　　　　SG311.2/38

硯山齋集一卷

(清)孫承澤撰

清雍正十一年(1733)孫琰刻本

一册　一函

正文半葉九行十八字,白口,單黑魚尾,左右雙邊。

鈐"傭書堂藏"印。

1164　　　　　　　　　　　SG235/40

讀書日記六卷補編二卷

子　部

（清）劉源淥撰

附劉直齋先生別傳墓誌銘

清雍正五年（1727）劉行秉刻十一年（1733）增刻本

五册　二函

正文半葉十行二十一字,黑口,雙黑魚尾,左右雙邊。

1165　　　　　　　　　　SG32/236

欽定執中成憲八卷

（清）世宗胤禛編

清乾隆元年（1736）武英殿刻本

四册　一函

正文半葉八行二十字,小字雙行同,白口,單黑魚尾,四周雙邊。

鈐"乾隆宸翰""惟精惟弌"印。

1166　　　　　　　　　　SG411/123

鵝湖講學會編十二卷

（清）鄭之僑編輯

清乾隆九年（1744）刻本

四册　一函

正文半葉十行二十二字,白口,單黑魚尾,左右雙邊。

内封鎸"乾隆玖年鎸　後學潮陽鄭之僑東里編輯　鵝湖講學會編　述堂藏板"。版心下鎸"述堂"。

1167　　　　　　　　　　SG32/196

日知薈說四卷

（清）高宗弘曆撰

清乾隆元年（1736）内府刻本

四册　一函

正文半葉七行十八字,白口,單黑魚尾,四周雙邊。

鈐"乾隆宸翰""惟精惟弌""國藩珍藏書畫之章""半巢書屋主人李氏紹白珍藏""李紹白印""半巢書屋"諸印。

1168　　　　又一部　SG32/196

日知薈說四卷

（清）高宗弘曆撰

清乾隆元年（1736）内府刻本

四册　一函

正文半葉七行十八字,白口,單黑魚尾,四周雙邊。

1169　　　　又一部　SG32/196

日知薈說四卷

（清）高宗弘曆撰

清乾隆元年（1736）内府刻本

四册　一函

正文半葉七行十八字,白口,單黑魚尾,四周雙邊。

鈐"乾隆宸翰""國子監八學宮書"印。

1170　　　　　　　　　　SG32/247

信陽子卓錄八卷

（清）張鵬翮撰　陸師等校

清康熙五十五年（1716）刻本

二册　一函

正文半葉十行二十字,白口,單黑魚尾,左右雙邊。

1171　　　　　　　　　　　　SG32/20

困學錄集粹八卷

（清）張伯行撰　李汝霖校

清雍正四年（1726）張氏正誼堂刻乾隆三年（1738）重印本

四册　一函

　　正文半葉九行二十字，白口，單黑魚尾，四周雙邊。

　　內封鎸"儀封張清恪公著　困學錄集粹　正誼堂藏版"。

1172　　　　　　　　　　　　SG32/288

困學錄二卷

（清）王道升撰

清乾隆至嘉慶刻本

二册　一函

　　正文半葉九行十七字，黑口，雙黑魚尾，左右雙邊。

1173　　　　　　　　　　　　SG32/245

逸語十卷

（清）曹庭棟輯注

清乾隆十二年（1747）刻本

三册　一函

　　正文半葉九行十七字，小字雙行同，白口，單黑魚尾，左右雙邊。

1174　　　　　　　　　　　　SG32/203

明辯錄一卷

（清）陳法撰

清乾隆三十五年（1770）務滋堂刻本

一册　一函

　　正文半葉八行二十字，白口，單黑魚尾，左右雙邊。

　　版心下鎸"務滋堂"。

　　鈐"鄞林氏藜照廬圖書"印。

1175　　　　　　　　　　　　SG32/345

朱止泉先生朱子聖學考畧十卷提要一卷正訛一卷

（清）朱澤澐撰　高斌　張師載訂校

清乾隆十七年（1752）高斌、張師載刻本

二十四册　三函

　　正文半葉十行二十二字，白口，單黑魚尾，左右雙邊。

　　內封鎸"相國高公訂定　中丞張公叅校　朱子聖學考畧　環溪草堂藏板"。

　　內封有容肇祖題記。鈐"容肇祖""王氏子信珍藏"印。

1176　　　　　　　　　　　　SG32/260

西銘彙纂二卷

（清）歸曾祁撰集

清宣統二年（1910）歸曾祁稿本

一册　一函

　　正文半葉十二行二十五字，紅口，雙紅魚尾，紅格，左右雙邊。

　　未見刊行。《西銘》係宋代理學家張載之代表作。是稿匯錄《性理大全》《西銘參考》以及有關《西銘》者，依《性理大全》體例而以《西銘參考》注之，增其未及，正其誤采，并附按語。鈐"歸廬"印。

子　部

1177　　　　　　　　　　　SG32/231

溯流史學鈔二十卷

　　（清）張沐撰　王渭糸証　侯重喜校閱

　　清康熙三十三年（1694）遊梁書院刻本

　　十册　一函

　　　正文半葉九行二十字，黑口，單黑魚尾，四周雙邊。

　　　內封鎸"康熙甲戌歲鎸　上蔡張仲誠先生語錄　溯流史學鈔　敦臨堂藏板"。版心鎸"敦臨堂"。

1178　　　　　　　　　　　SG32/269

先儒正修齊治錄六卷

　　（清）于準纂

　　清康熙四十七年至六十一年（1708－1722）于準刻本

　　六册　一函

　　　正文半葉十二行二十三字，黑口，單黑魚尾，左右雙邊。

1179　　　　　又一部　SG32/269A

先儒正修齊治錄六卷

　　（清）于準纂

　　清康熙四十七年至六十一年（1708－1722）于準刻本

　　六册　一函

　　　正文半葉十二行二十三字，黑口，單黑魚尾，左右雙邊。

1180　　　　　　　　　　　SG32/281

女學六卷

　　（清）藍鼎元編

　　清康熙十八年至二十二年（1679－1683）刻本

　　三册　一函

　　　正文半葉九行十七字，白口，單黑魚尾，左右雙邊。

　　　鈐"靖廷""靖廷校閱""水竹邨人藏書記"諸印。

1181　　　　　　　　　　　SG32/287

下學堂劄記二卷附下學堂規

　　（清）熊賜履撰

　　清康熙二十四年（1685）熊賜履刻本

　　一册　一函

　　　正文半葉九行二十字，白口，單黑魚尾，左右雙邊。

　　　卷一第八至九葉有抄補。

1182　　　　　　　　　　　SG32/298

明善編二卷

　　（清）王家啓撰

　　清康熙九年至六十一年（1670－1722）王家啓刻本

　　一册　一函

　　　正文半葉九行二十三字，白口，單黑魚尾，四周單邊。

　　　鈐"遇安草堂珍藏"印。

1183　　　　　　　　　　　SG32/322

書種堂格言雜纂不分卷

　　（清）孫仲撫撰

　　清雍正元年至乾隆十二年（1723－1747）稿本

一册　一函

　　正文半葉八行二十一字，無版框。

　　眉上抄注。正文有墨筆句讀、朱筆注點及少量墨筆修改。鈐"書種堂"印。

1184　　　　　　　　　　　　SG32/46－1

理學宗傳二十六卷

　　（清）孫奇逢撰

　　清康熙五年（1666）張沐等刻本

　　十六册　二函

　　正文半葉九行二十字，小字雙行同，白口，單黑魚尾，四周單邊。

　　眉上鎸評行四字。内封鎸"兼山堂編輯　理學宗傳　夏峰藏板"。

1185　　　　　　　　　　　　SG313/106

萬世玉衡錄四卷

　　（清）蔣伊編輯

　　清康熙十二年至六十年（1673－1721）蔣陳錫刻本

　　四册　一函

　　正文半葉九行二十三字，白口，單黑魚尾，左右雙邊。

　　卷四末鎸"總督雲南貴州前巡撫山東等處男蔣陳錫重刊　提督雲南通省學政孫男蔣洞校字"。

1186　　　　　　　　　　　　SG112/28

御覽經史講義三十卷首一卷

　　（清）蔣溥纂輯

　　清乾隆二十年（1755）武英殿刻本

　　三十二册　四函

　　正文半葉十行二十字，白口，單黑魚尾，四周雙邊。

道家類

1187　　　　　　　　　　　　SG311/26
四子全書九卷
（明）董逢元編
明萬曆二十三年（1595）董氏秋聲閣刻綠
筠堂印本
十六冊　三函
　　正文半葉九行十八字，白口，單黑魚尾，
左右雙邊。
　　內封鐫"老子　列子　關尹子　莊子
四子全書　綠筠堂藏板　翻刻必究"。
　　鈐"洪淳馨字泌聞之章""唐城后人"
"妙寂山房"印。
　　道德真經一卷　（周）李耳撰
　　莊子南華真經五卷　（周）莊周撰
　　關尹子文始真經一卷　（周）尹喜撰
　　列子沖虛至德真經二卷　（周）列禦寇撰

1188　　　　　　　　　　　　SG3102/36
道書全集九十四卷
（明）閻鶴洲輯
明萬曆十九年（1591）金陵閻鶴洲刻本
二十四冊　四函
　　正文半葉十一行二十二字，白口，單黑
魚尾，左右雙邊。
　　行間有藍筆句讀。
　　金丹大要十卷　（元）陳致虛撰

　　金碧古文龍虎上經三卷　（宋）王道注疏　周
　　　真一印證
　　周易參同契通真義三卷　（五代）彭曉撰
　　周易參同契解三卷　（宋）陳顯微撰
　　周易參同契分章注三卷　（元）陳致虛撰
　　玄學正宗二卷　（宋）俞琰撰
　　悟真篇注疏三卷　（宋）陳達靈傳　翁葆光注
　　悟真注疏直指詳說三乘秘要一卷　（宋）翁葆
　　　光撰
　　金丹四百字內外注解一卷
　　諸真玄奧集成九卷　（明）涵蟾子輯
　　群仙珠玉集四卷
　　張洪陽注解道德經二卷　（明）張位撰
　　玄宗內典諸經注十一卷　（明）邵以正編
　　譚子化書六卷　（五代）譚峭撰
　　陰符經三皇玉訣三卷
　　陳虛白規中指南二卷　（元）陳沖素撰
　　群仙要語二卷　（元）董漢醇輯
　　玉清金笥寶籙三卷　（宋）張伯端撰
　　中和集七卷　（元）李道純撰
　　鍾呂二仙修真傳道集三卷
　　純陽呂真人文集八卷　（唐）呂嵒撰
　　文始真經言外經旨二卷　（宋）陳顯微撰
　　太上黃庭內景玉經一卷　（唐）梁丘子注
　　太上黃庭外景經一卷　（唐）梁丘子注
　　黃庭內景五臟六腑圖說一卷　（唐）胡愔撰

1189　　　　　　　　　　SG311/1

玉堂校傳如崗陳先生二經精解全編九卷

（明）陳懿典撰　焦竑考定

明萬曆二十二年(1594)熊雲濱刻本

十六冊　二函　缺四卷(一至三、九)

正文半葉十行二十字,小字雙行同,白口,單黑魚尾,四周單邊。

眉上鐫評。

鈐"斗山康氏景暉手記""養正書屋珍藏"印。

1190　　　　　　　　　SG312/19-12

老子道德經二卷

（三國魏）王弼注

清乾隆活字本

二冊　一函

正文半葉九行二十一字,白口,單黑魚尾,四周雙邊。

《武英殿聚珍版書》之一。

1191　　　　　　　　　SG3102/69

御注道德經二卷

（周）李耳撰　（清）世祖福臨注

清順治十三年(1656)內府刻本

二冊　一函

正文半葉八行十八字,小字雙行同,黑口,雙黑魚尾,四周雙邊。

1192　　　　　　　　　SG3102/39

老子元翼二卷考異一卷附錄一卷

（明）焦竑原輯　（清）郭乾泗重校

清乾隆五年(1740)三多齋刻本

四冊　一函

正文半葉九行二十一字,小字雙行同,白口,單黑魚尾,四周雙邊。

內封鐫"彙輯六十四家評註　北海焦弱侯原輯　考異附錄　長白蘇光裕希餘閱梓　載後備參　道德經元翼　山陽郭義重校　三多齋發兌"。

1193　　　　　　　　　SG312/21-1

南華真經評注五卷

（周）莊周著　（晉）向秀注　郭象評

清刻本

三冊　一函　存三卷(二、四至五)

正文半葉兩節版,上節鐫評,下節六行十七字,注單行字數不等,白口,單白魚尾,左右雙邊。

1194　　　　　　　　　SG312/29-3

莊子十卷

（周）莊周撰　（晉）郭象注　（唐）陸德明音義

清康熙刻本

十冊　一函

正文半葉九行二十一字,小字雙行同,白口,單黑魚尾,左右雙邊。

有葉昌熾批校。

1195　　　　　　　　　SG312/21-6

莊子南華真經四卷音義四卷

（周）莊周撰　（唐）陸德明音義

明閔齊伋刻朱墨套印本

四冊　一函

正文半葉九行十九字,白口,無魚尾,四周單邊。

《三子合刊》之一。

1196　　　　　　　　　　　　SG312/21-4

莊子南華真經十卷

（晋）郭象注

明刻本

十册　二函

正文半葉九行十九字,小字雙行同,白口,單白魚尾,四周單邊。

眉上鐫評。

正文有朱墨兩色圈點。

1197　　　　　　　　　　　　SG312/29

莊子南華真經十卷

（晋）郭象注

明刻本

六册　一函

正文半葉九行十九字,小字雙行同,白口,單白魚尾,四周單邊。

鈐"无竟先生獨志堂物"印。

1198　　　　　　　　　　　　SG312/131

南華經十六卷

（晋）郭象注　（宋）林希逸　劉辰翁

（明）王世貞點校

明萬曆三十三年(1605)刻四色套印本

六册　一函

正文半葉八行十八字,白口,無魚尾,無界行,四周單邊。

眉上鐫評。黑、藍、紅、紫四色套印。

1199　　　　　　　　　　　　SG3102/43

莊子鬳齋口義十卷附莊子釋音一卷

（宋）林希逸撰

明嘉靖四年(1525)張士鎬刻本

十册　二函

正文半葉十行十八字,白口,單黑魚尾,左右雙邊。

版心下鐫刻工"王""先"。《重刊三子口義》之一。

1200　　　　　　　　　　　　SG312/126-1

莊子翼八卷老子翼三卷

（明）焦竑輯　王元貞校閲

明萬曆十六年(1588)王元貞刻本

七册　二函

正文半葉十行二十字,小字雙行同,白口,單黑魚尾,左右雙邊。

《老子翼》有黄愷鏞朱筆圈點。鈐"黄愷鏞印""退耕堂藏書記"印。

1201　　　　　　　　　　　　SG312/134

莊子翼八卷

（明）焦竑編訂　王元貞校閲

明萬曆十六年(1588)王元貞刻本

四册　一函

正文半葉十行二十字,小字雙行同,白口,單黑魚尾,左右雙邊。

1202　　　　　　　　　　　　SG3102/30

南華真經副墨八卷附讀南華真經雜說一卷

（明）陸西星撰　陸律校

明萬曆六年(1578)李齊芳刻本

八册　一函

正文半葉九行十八字，小字雙行同，白口，單黑魚尾，四周單邊。

版心下鐫刻工"章右之刊""顧植""陸孝"等。

鈐"碧梧翠竹山房""張京""于周"諸印。

1203　　　　　又一部　SG3102/30
南華真經副墨八卷附讀南華真經雜說一卷
（明）陸西星撰　陸律校
明萬曆六年（1578）李齊芳刻本
八册　二函

正文半葉九行十八字，小字雙行同，白口，單黑魚尾，四周單邊。

版心下鐫刻工"章右之刊""顧植""陸孝"等。

1204　　　　　　　　SG312/21-5
孫月峯先生批點南華真經八卷
（明）孫鑛批點　王澍校
明萬曆三十九年（1611）王澍刻本
四册　一函

正文半葉九行十八字，白口，單黑魚尾，四周單邊。

眉上鐫評。

鈐"金陵王德楷木齋父珍藏""娛生齋藏書印""聞喜堂藏書"諸印。

1205　　　　　　　　SG3102/65
莊子因六卷
（清）林雲銘評述

清康熙二十七年（1688）林雲銘自刻本
三册　一函

正文半葉九行二十二字，白口，單白魚尾，無界行，四周雙邊。

1206　　　　　　　　SG3102/29
南華真經解不分卷
（清）宣穎撰　王暉吉校
清嘉慶醉月主人抄本
六册　一函

正文半葉九行二十四字，小字雙行同，無界行。

有墨筆圈點。書末題"辛酉小陽醉月主人抄"，有清康熙六十年（1721）宣穎、張芳菊序。

1207　　　　　　　　SG3102/59
列子沖虛真經八卷
（周）列禦寇撰
明萬曆至崇禎閔齊伋刻朱墨套印本
二册　一函

正文半葉九行十九字，白口，無魚尾，四周單邊。

卷末鐫"西吳閔齊伋遇五父校"。《三子合刊》之一。

鈐"閔十二""齊伋"印。

1208　　　　　　　　SG312/20-1
沖虛至德真經八卷
（晉）張湛注
明嘉靖十二年（1533）顧春世德堂刻本
二册　一函

正文半葉八行十七字,白口,單白魚尾,四周單邊。

版心上鐫"世德堂刊"。《六子書》之一。

鈐"何汝霖印"印。

1209　　　　　　　　　　　　SG3102/42
真誥二十卷

（南朝梁）陶弘景撰　（明）俞安期校

明萬曆二十八年(1600)刻本

十冊　二函

正文半葉九行十七字,小字雙行同,白口,單黑魚尾,左右雙邊。

1210　　　　　　　　　　　　SG3101/284
悟真集二卷

（唐）李通玄集

明正統至崇禎刻本

二冊　一函

正文半葉五行十七字,上下雙邊。經折裝。

1211　　　　　　　　　　　　SG3102/22
悟真篇三註三卷

（宋）張伯端撰

明萬曆魏伯真刻本

四冊　一函

正文半葉十行二十字,白口,單黑魚尾,四周雙邊。

内封鐫"悟真篇　古石山房藏板"。

1212　　　　　　　　　　　　SG3102/58
文始真經言外經旨三卷

（宋）陳顯微撰

明成化刻本

三冊　一函

正文半葉九行二十字,小字雙行同,白口,左右雙邊。

版心下鐫刻工"李遷益""蔣承忠"等。

1213　　　　　　　　　　　　SG3102/24
新刊道書全集文始真經言外經旨二卷

（宋）陳顯微撰

明萬曆十九年(1591)金陵閶鶴洲刻本

四冊　一函

正文半葉十一行二十二字,白口,單黑魚尾,左右雙邊或四周雙邊。

正文卷端題"抱一先生門弟子希微子工夷受"。《道書全集》之一。

有朱筆圈點。上卷第九至十葉抄配。

1214　　　　　　　　　　　　SG3102/103
文始經釋辭九卷

（明）王一清釋

明萬曆二十五年(1597)刻本

四冊　一函

正文半葉九行二十四字,黑口,單黑魚尾,四周單邊。

《四經》之一。

1215　　　　　　　　　　　　SG12/83
周易參同契測疏一卷

（明）陸西星撰　趙栻　姚更生校閱

明隆慶至萬曆未孩堂刻本

二册　一函

　　正文半葉九行十八字，白口，單黑魚尾，四周單邊。

　　版心鐫"未孩堂"及刻工"苟""義""賢""位"等。《方壺外史》之一。與《參同契口義》合函。

　　鈐"葉啟芳丁酉六十藏書""葉啟芳藏""葉啟芳藏印""天涯芳草"諸印。

1216　　　　　　　　　　　　SG12/83

參同契口義一卷

　　（明）陸西星撰　趙杙　姚更生校閱

　　明隆慶至萬曆未孩堂刻本

二册　與《周易參同契測疏》合函

　　正文半葉九行十八字，白口，單黑魚尾，四周單邊。

　　版心下鐫"未孩堂"及刻工"鳳翔""賢""朝"等。《方壺外史》之一。

1217　　　　　　　　　　　SG3102/101

真詮三卷

　　（明）桑喬撰

　　清康熙四十九年（1710）刻本

二册　一函

　　正文半葉十一行二十一字，白口，單黑魚尾，左右雙邊。

　　鈐"豐華堂書庫寶藏印"印。

1218　　　　　　　　　　SG3102/56-1

道元一炁五卷

　　（明）曹士珩撰并繪圖　張廷譽校

明崇禎七年（1634）汪瀚等刻本

四册　一函

　　正文半葉十一行十八字，白口，無魚尾，無界行，四周單邊。

1219　　　　　　　　　　　SG3102/56

道元一炁五卷

　　（明）曹士珩撰并繪圖　鮑山校

　　明崇禎七年（1634）汪瀚等刻九年（1636）高煉昌重修本

五册　一函

　　正文半葉十一行十八字，白口，無魚尾，無界行，四周單邊。

　　鈐"退思堂印""海粟園藏書""暫爲徐氏揭園所有""吉林索綽絡氏"諸印。

1220　　　　　　　　　　　SG3102/105

忠孝誥五卷

　　（唐）呂嵒撰

　　清乾隆四十年（1775）李文璧刻本

二册　一函

　　正文半葉八行二十字，黑口，單黑魚尾，四周雙邊。

　　内封鐫"大清乾隆乙未　湘陰李文璧重鐫　忠孝誥　惠興樓藏板"。

1221　　　　　　　　　　　SG3102/32

忠孝全書十卷附集帖一卷集史一卷道學世家一卷

　　（清）粘本盛輯著

　　清康熙清源石室刻本

五册　一函

正文半葉九行十九字,白口,單黑魚尾,左右雙邊。

內封鎸"眉春子著　忠孝全書　清源石室藏版"。

鈐"看春堂印""人能孝弟忠恕"印。

1222　　　　　　　　　　　　SG3103/46
祈禱祛治大法不分卷
　清初抄本

六冊　一函

正文半葉八行十九字,白口,無魚尾,無界行,四周雙邊,朱絲欄。

洞神劉天君祛治法秘

火雷祈禱法

先天一炁火雷使者靈章大法

先天一炁火雷使者祈禱建壇大法

洞神龐劉二天君祛治大法

神霄總真黑虎劉元帥全集法寶

兵家類

1223　　　　　　　　　　　SG33/87

諸葛武侯心書二卷

（三國蜀）諸葛亮著

清順治至雍正抄本

一册　一函

正文半葉八行十七字，素紙。

內封題"閶門雲竹精舍　諸葛武侯心書　書林鄭少齋重勒"。

1224　　　　　　　　　　　SG33/27

唐荆川先生纂輯武編十二卷

（明）唐順之撰

明萬曆二十九年至四十八年（1601－1620）徐象樗曼山館刻崇禎楊文驄重修本

十二册　二函

正文半葉十行二十字，白口，單黑魚尾，左右雙邊或四周單邊。

版心下鐫"曼山館"。

1225　　　　　　　　　　　SG212.2/49

讀史機略十卷

（明）何譔輯

明天啓三年（1623）王鳳翔、劉文顯刻本

四册　一函

正文半葉九行二十二字，白口，單黑魚尾，四周單邊。

眉上鐫評行二字。

鈐"涇上吳慶桐家藏""石卿""北平木齋圖書館藏書"諸印。

1226　　　　　　　　　　　SG33/56

諸史將畧十六卷

（明）劉畿撰

明嘉靖四十五年（1566）毛鋼刻本

六册　一函

正文半葉九行二十字，白口，單黑魚尾，四周雙邊。

目錄後寫"浙江杭州府知府毛鋼校正"。

1227　　　　　　　　　　　SG33/55

古今將畧四卷

（明）馮時寧輯

明萬曆十九年至天啓七年（1591－1627）在兹堂刻本

四册　一函

正文半葉八行十八字，小字雙行同，白口，無魚尾，無界行，左右雙邊。

內封鐫"馮以一先生輯定　古今百將傳　兵法詳解　將畧珠璣　西陵在兹堂梓行"。

书衣有墨笔题识。钤"在兹堂图书""稼农考藏"印。

1228 SG23/243
新镌旁批详注总断广名将谱二十卷
(明)黄道周注断
清初刻本
十二册 一函
正文半叶九行二十字,白口,单黑鱼尾,四周单边。
内封镌"军政备览 广百将传 黄石斋先生注断 武学便读 崇善堂藏版"。

1229 SG33/70
登坛必究四十卷
(明)王鸣鹤辑
清道光活字本
四十册 五函
正文半叶九行二十字,白口,单黑鱼尾,四周单边。

1230 SG33/67
兵经百篇三卷
(清)揭暄撰
清康熙八年至六十一年(1669-1722)抄本
三册 一函
正文半叶十行二十八字,素纸。
有清康熙八年崔辑序。

1231 SG33/33
武经七书汇解七卷首一卷末一卷
(清)朱墉辑
清康熙二十七年至六十一年(1688-1722)怀山园刻本
十册 二函
正文半叶十二行三十字,白口,单黑鱼尾,四周单边。
内封镌"青谿朱鹿冈先生纂辑 武经汇解"。版心下镌"怀山园"。
钤"百城楼珍赏""读书乐""张星烺遗嘱赠送"印。

1232 SG33/88
武经三书汇解三卷末一卷
(清)黎利宾 曹曰玮 夏仲龄纂辑 曹见伦鉴定
清康熙五十一年(1712)刻本
六册 一函
正文半叶八行二十四字,小字双行同,白口,单黑鱼尾,四周单边。

1233 SG33/35
武闱三子集注详解不分卷
(清)艾钦详注 许镕订
清乾隆元年(1736)刻本
四册 一函
正文半叶两节版,上节十八行十二字,下节九行二十二字,小字双行同,白口,单黑鱼尾,四周双边。
上栏题"个山园标题金针解"。《武闱三子集注详解》包括《武闱孙子集注详解》《武闱吴子集注详解》《武闱司马法集注详解》。

法家類

1234　　　　　　　　　　SG312/1-2

管子二十四卷

（唐）房玄齡注　（明）劉績　朱長春參補　張榜　沈鼎新參評

明天啓五年（1625）朱養純花齋刻本

六冊　一函

　　正文半葉九行二十字，小字雙行同，白口，單白魚尾，四周單邊。

　　眉上鐫評。版心下鐫"花齋藏板"。

1235　　　　　　又一部　SG312/1-2

管子二十四卷

（唐）房玄齡注　（明）劉績　朱長春參補　張榜　沈鼎新參評

明天啓五年（1625）朱養純花齋刻本

十冊　一函

　　正文半葉九行二十字，小字雙行同，白口，單白魚尾，四周單邊。

　　眉上鐫評。版心下鐫"花齋藏板"。

1236　　　　　　　　　　SG312/1

管子二十四卷

（唐）房玄齡注　（明）劉績　朱長春參補　張榜　孫鑛參評

明天啓至崇禎刻本

四冊　一函

　　正文半葉九行二十字，小字雙行同，白口，單白魚尾，左右雙邊。

　　眉上鐫評。

1237　　　　　　　　　　SG34/41

管子權二十四卷

（明）朱長春權

明萬曆四十年（1612）張維樞刻本

六冊　一函

　　正文半葉九行十九字，小字雙行同，白口，單黑魚尾，左右雙邊。

　　眉上鐫評行五字。版心下鐫刻工"郭"。

　　有朱筆句讀。鈐"若蘅"印。

1238　　　　　　又一部　SG34/41-5

管子權二十四卷

（明）朱長春權

明萬曆四十年（1612）張維樞刻本

八冊　一函

　　正文半葉九行十九字，小字雙行同，白口，單黑魚尾，左右雙邊。

　　眉上鐫評行五字。

　　有朱筆批注。

子　部

1239　　　　　　　　　　　SG312/8－5

韓非子二十卷

（周）韓非子著

明萬曆十年（1582）趙用賢刻本

八册　一函

正文半葉九行十九字，小字雙行同，白口，單白魚尾，四周單邊。

眉上鎸評行五字。版心下鎸刻工"吳丙初""吕廉""何成業"等。

鈐"遂初堂藏書記"諸印。

1240　　　　　　　　　　　SG312/8－8

韓非子評林二十卷

（周）韓非子著

明刻本

四册　一函

正文半葉九行十九字，小字雙行同，白口，單黑魚尾，四周單邊。

眉上鎸評行五字。

1241　　　　　　　　　　　SG34/44

韓子迂評二十卷

（明）門無子撰

明末刻朱墨套印本

八册　二函

正文半葉九行二十字，白口，無魚尾，無界行，四周單邊。

眉上鎸評。版心上鎸"韓子"。

有朱筆圈點。

1242　　　　　又一部　SG34/44－1

韓子迂評二十卷

（明）門無子撰

明末刻朱墨套印本

十二册　二函

正文半葉九行二十字，白口，無魚尾，無界行，四周單邊。金鑲玉。

眉上鎸評。版心上鎸"韓子"。

鈐"顧覎世印"印。

1243　　　　　　　　　　　SG34/6

貴案隨記不分卷

（清）文海輯

清光緒二十二年（1896）抄本

一册　一函

正文半葉八行字數不等，無版框。

欄外鎸"張恆泰製"。版心下鎸"鎠硯山房"。

有朱批。鈐"漱石齋"印。

農家農學類

1244　　　　　　　　　SG35/29-2
農書二十二卷
（元）王禎撰
清乾隆三十九年至六十年（1774-1795）
　活字本
十六冊　二函
　　正文半葉九行二十一字，小字雙行同，白口，單黑魚尾，四周雙邊。
　　《武英殿聚珍版書》之一。

1245　　　　　　　　　SG35/28-1
農政全書六十卷
（明）徐光啓纂輯　張國維鑒定
明崇禎十二年（1639）平露堂刻本
十二冊　二函
　　正文半葉九行二十字，小字雙行同，白口，單黑魚尾，四周單邊。
　　内封鎸"雲間徐文定公纂輯　農政全書　平露堂藏板"。版心下鎸"平露堂"。

1246　　　　　　　　　SG35/31
二如亭群芳譜二十九卷首一卷
（明）王象晉纂輯　毛晉校
明末刻清初印本
二十冊　四函
　　正文半葉八行十八字，小字雙行同，白口，單黑魚尾，左右雙邊。
　　眉上鎸注行三字。

1247　　　　　　　　　SG39/2-1
佩文齋廣羣芳譜一百卷目錄二卷
（清）汪灝等奉敕撰
清康熙四十七年（1708）内府刻本
三十冊　六函
　　正文半葉十一行二十一字，小字雙行同，白口，雙黑魚尾，左右雙邊。
　　鈐"武安德弎"印。

1248　　　　又一部　SG39/2
佩文齋廣羣芳譜一百卷目錄二卷
（清）汪灝等奉敕撰
清康熙四十七年（1708）内府刻本
四十八冊　八函
　　正文半葉十一行二十一字，小字雙行同，白口，雙黑魚尾，左右雙邊。

1249　　　　　　　　　SG14/93
豳風廣義三卷
（清）楊屾輯
清乾隆六年（1741）楊屾刻本
二冊　一函
　　正文半葉九行二十字，白口，單黑魚尾，

四周單邊。

有圖。

1250 　　　　　　　　　SG381/79

耕織圖四十六幅

（清）焦秉貞畫

清乾隆元年至二十四年（1736－1759）內府刻朱墨套印本

二册　一函

詩文正文半葉八行十六字，白口，無魚尾，四周單邊，朱絲欄，四周二龍戲珠邊飾。

四十六幅圖包括耕、織各二十三圖。

醫家類

1251　　　　　　　　　SG36/6-1
張仲景金匱要畧論註二十四卷
　（漢）張機撰　（清）徐彬注
　清康熙十年（1671）刻本
　六册　一函
　　正文半葉九行二十字，白口，無魚尾，四周單邊。
　　眉上鎸評。

1252　　　　　　　　　SG36/6
金匱要畧直解三卷
　（漢）張機撰　（清）程林注
　清康熙十二年（1673）刻本
　七册　一函
　　正文半葉八行二十字，白口，單黑魚尾，四周單邊。
　　内封鎸"張仲景先生述　徐忠可　程雲來兩先生評　金匱要畧　本衙藏板"。與《玉函經》合函。

1253　　　　　　　　　SG36/26-1
唐王燾先生外臺秘要方四十卷
　（唐）王燾撰　（明）陸錫明校閲　程衍道訂梓
　明崇禎程衍道經餘居刻本
　四十册　四函

　　正文半葉十行二十二字，白口，單黑魚尾，左右單邊或四周單邊。
　　版心下鎸"經餘居"。

1254　　　　　　　　　SG36/6
玉函經三卷
　（唐）杜光庭撰　（宋）崔嘉彦注　（清）程林校
　清康熙十二年（1673）刻本
　一册　與《金匱要畧直解》合函
　　正文半葉八行二十字，白口，單黑魚尾，四周單邊。
　　版心下鎸"居易齋"。

1255　　　　　　　　　SG36/82
儒門事親十五卷
　（金）張從正撰　（明）吴勉學校
　明萬曆吴勉學刻本
　六册　一函
　　正文半葉十行二十字，小字雙行同，白口，單黑魚尾，四周雙邊。
　　内封鎸"張子和先生著　映旭齋藏板　儒門事親　步月樓梓行"。《古今醫統正脈全書》之一。
　　書衣墨筆題"同治庚午亦泉翁君贈於吴中"。扉葉有清光緒六年（1880）思寒齋主人墨筆題識。鈐"思寒齋""溫陵陳氏藏書""崑山支氏伯雲晚年所讀之書"印。

1256 SG36/45
類經三十二卷類經圖翼十一卷附翼四卷
（明）張介賓撰
明天啓四年（1624）萬賢樓刻本
四十冊　六函

正文半葉八行十八字，小字雙行同，白口，單白魚尾，四周單邊。

內封鐫"類經　張景岳類註　附圖翼說　金閶萬賢樓梓"。版心下鐫刻工和字數。

1257 SG36/41-1
醫方集解三卷
（清）汪昂撰輯　汪桓參閱　汪端校
清康熙二十一年（1682）聚錦堂刻本
六冊　一函

正文半葉十一行二十八字，小字雙行同，白口，無魚尾，四周單邊。

外框鐫評行二字。內封鐫"明醫指掌　汪訒菴先生著輯　醫方集解　聚錦堂藏版"。

雜家類

1258　　　　　　　　　SG311./12-4
鶡冠子三卷
（周）鶡冠子撰　（宋）陸佃解　（明）王宇
　　汪明際等評
明天啓朱養純花齋刻本
一册　一函
　　正文半葉九行二十字，小字雙行同，白口，單白魚尾，左右雙邊。
　　眉上鐫評行五字。版心下鐫"花齋藏板"。《合諸名家批點諸子全書》之一。

1259　　　　　　　　　SG311./1-7
呂氏春秋二十六卷
（秦）呂不韋撰　（宋）陸游評　（明）凌稚
　　隆批
明萬曆四十八年（1620）凌毓枏刻朱墨套印本
十册　二函
　　正文半葉九行十八字，白口，無魚尾，無界行，四周單邊。
　　眉上鐫評。
　　有清光緒二十九年（1903）葉德輝跋。鈐"德輝"印。

1260　　　　　　　　　SG311./40-5
淮南子二十一卷敘目不分卷
（漢）劉安撰　高誘注　莊逵吉校刊
清乾隆五十三年（1788）莊逵吉刻本
六册　一函
　　正文半葉十一行二十一字，小字雙行同，大黑口，無魚尾，四周單邊。
　　鈐"毛準"印。

雜著類

雜考之屬

1261　　　　　　　　SG311./100A
陳眉公重訂野客叢書十二卷附録一卷
（宋）王楙輯　（明）張昞閱
明末刻本
四册　一函
　　正文半葉八行十八字，白口，單黑魚尾，左右雙邊或四周單邊。

1262　　　　又一部　SG311./100B
陳眉公重訂野客叢書十二卷附録一卷
（宋）王楙輯　（明）張昞閱
明末刻本
二册　一函
　　正文半葉八行十八字，白口，單黑魚尾，左右雙邊或四周單邊。

1263　　　　　又一部　SG45/111
陳眉公重訂野客叢書十二卷附録一卷
（宋）王楙輯　（明）張昞閱
明末刻本
十二册　一函
　　正文半葉八行十八字，白口，單黑魚尾，左右雙邊或四周單邊。

1264　　　　　　　SG32/1-12
困學紀聞二十卷
（宋）王應麟撰　（清）閻若璩校勘
清乾隆三年（1738）馬氏叢書樓刻本
八册　二函
　　正文半葉十一行二十字，小字雙行三十字，白口，單黑魚尾，左右雙邊。
　　內封鎸"閻百詩先生校勘　困學紀聞　叢書樓藏板"。卷末有"閻百詩先生勘本乾隆戊午春月馬氏叢書樓校刊"木記。
　　鈐"毛準""子水""文思安安室圖書"諸印。

1265　　　　又一部　SG32/1-12A
困學紀聞二十卷
（宋）王應麟撰　（清）閻若璩校勘
清乾隆三年（1738）馬氏叢書樓刻本
六册　一函
　　正文半葉十一行二十字，小字雙行三十字，白口，單黑魚尾，左右雙邊。
　　內封鎸"閻百詩先生校勘　困學紀聞　叢書樓藏板"。卷末有"閻百詩先生勘本乾隆戊午春月馬氏叢書樓校刊"木記。

1266　　　　　　　　　　SG311./186

丹鉛總錄二十七卷

（明）楊慎撰

明隆慶凌雲翼、黃思近刻本

二册　一函　存五卷（一至二、十五至十七）

正文半葉十行二十字，小字雙行同，白口，單黑魚尾，四周雙邊。

版心下鎸刻工"連""明""申"。

有朱筆評校。鈐"吳郡趙頤光家諸子"印。

1267　　　　　　　　　　SG311./186-1

丹鉛總錄二十七卷

（明）楊慎撰　（清）陳愷校

清乾隆三十九年（1774）楊氏刻本

十册　二函

正文半葉十行二十字，黑口，無魚尾，左右雙邊。

內封鎸"楊升菴先生著　丹鉛總錄　左湄書屋校本"。

1268　　　　　　　　　　SG418/274

秋林伐山二十卷

（明）楊慎著　孫居相　李雲鵠校

明萬曆三十五年（1607）孫居相刻本

四册　一函

正文半葉九行十九字，小字雙行同，白口，無魚尾，四周雙邊。

鈐"掃石山房珍藏"印。

1269　　　　　　　　　　SG311.2/77

名義考十二卷

（明）周祈撰　劉如寵校

明萬曆十二年（1584）黃中色刻本

六册　一函

正文半葉十行二十三字，白口，單黑魚尾，四周雙邊。

卷三至六爲抄配。

1270　　　　　　　　　　SG311./235

通雅五十二卷首三卷

（清）方以智輯著　姚文燮校訂

清康熙五年（1666）刻本

十二册　二函

正文半葉十行二十四字，小字雙行同，白口，單黑魚尾，四周單邊。

內封鎸"方密之先生手輯　姚經三先生校定　通雅　本衙藏板"。版心下鎸"浮山此藏軒"。

鈐"盱眙關氏藏書"印。

1271　　　　　　　　　　SG311./236

日知錄三十二卷

（清）顧炎武撰

清康熙三十四年（1695）潘耒遂初堂刻本

十册　二函

正文半葉十一行二十二字，小字雙行同，白口，單黑魚尾，左右雙邊。

內封鎸"顧寧人先生著　日知錄　遂初堂藏板"。

子　部

1272　　　　　　　　　　　　SG311.2/74

古今釋疑十八卷

（清）方中履撰　楊霖訂正　吳雲參閱

清康熙二十一年（1682）楊霖、楊嗣漢刻本

十冊　一函

　　正文半葉八行二十字，白口，單白魚尾，左右雙邊。

　　内封鎸"楊竹菴先生鑒定　桐城方素北著　古今釋疑　汗青閣藏版"。版心下鎸"汗青閣"。

　　此書係安成楊氏父子所刻，刻板贈方氏汗青閣。鈐"桐城方氏五世著述""淮棠長壽""沙羨夢痴鑑賞之章""雲輪閣""荃孫"諸印。

1273　　　　　　　　　　　　SG311.1/1

管城碩記三十卷

（清）徐文靖撰　徐榮樞校字

清乾隆九年（1744）徐氏志寧堂刻本

八冊　一函

　　正文半葉九行二十字，白口，單黑魚尾，左右雙邊。

　　内封鎸"當塗徐位山手輯　管城碩記志寧堂藏板"。版心下鎸"志寧堂"。

1274　　　　　　　　　　　　SG418/298-1

訂譌雜錄十卷

（清）胡鳴玉述　查如塤校

清康熙五十八年（1719）刻乾隆二十三年（1758）胡鳴玉戩箋書屋重修本

二冊　一函

　　正文半葉十行二十字，黑口，單黑魚尾，四周單邊。

　　内封鎸"沈歸愚先生鑒定　訂譌雜錄戩箋書屋重鎸"。

　　鈐"汪致一印""越國王孫""蕭侯珍賞"諸印。

1275　　　　　　　　　　　　SG418/179

松崖筆記三卷

（清）惠棟撰

清道光二年（1822）文照堂刻本

一冊　一函

　　正文半葉十行二十一字，小字雙行同，白口，單黑魚尾，四周單邊。

　　眉上鎸評。内封鎸"道光二年春刊松崖筆記　吳門文照堂藏板"。

　　書末有葉啓勳1950年題跋。鈐"葉氏啓勳讀過""葉啓發藏書記""中吳葉啓蕃啓勳啓發兄弟珍藏書籍""拾經主人""拾經樓""定侯審定"諸印。

1276　　　　　　　　　　　　SG311.2/70

咫聞集四卷

（清）郭爲崍撰　郭帶淮編次

清乾隆三十六年（1771）郭帶淮刻本

四冊　一函

　　正文半葉八行十九字，白口，無魚尾，左右雙邊。

　　有朱筆句讀。鈐"稷山王氏家塾珍藏書籍圖章"印。

1277　　　　　　　　　　SG312./69-2

觚賸八卷續編四卷

（清）鈕琇撰

清康熙三十九年至四十一年（1700-1702）鈕琇臨野堂刻本

六册　一函

正文半葉十行十九字，白口，單黑魚尾，左右雙邊。

內封鎸"吳江鈕玉樵輯　觚賸　臨野堂藏板"。版心下鎸"臨野堂"。

禁毀書目。鈐"東溪""讀書最樂""夢輿書屋"諸印。

1278　　　　　　　　　　SG418/92

人海記三卷

（清）查慎行纂

清嘉慶至咸豐抄本

一册　一函

正文半葉八行二十字，小字雙行同，無界行。

雜説之屬

1279　　　　　　　　　　SG311./42

淮南鴻烈解二十一卷

（漢）劉安撰　高誘注

明萬曆八年（1580）茅一桂九華山房刻本

十二册　二函

正文半葉九行十九字，小字雙行同，白口，單黑魚尾，左右雙邊。

有少量抄配。鈐"龍會""陶崇義印""陶遠公圖書印"諸印。

1280　　　　　　　　　　SG311./42-4

淮南鴻烈解二十一卷

（漢）劉安撰　（明）茅坤評

明萬曆八年至崇禎十七年（1580-1644）刻朱墨套印本

八册　一函

正文半葉九行二十字，白口，無魚尾，無界行，四周單邊。

1281　　　　　　　　　　SG311./42-2

淮南鴻烈解二十一卷

（漢）劉安撰　（明）茅坤評

明萬曆八年至崇禎十七年（1580-1644）刻本

十二册　二函

正文半葉九行十九字，小字雙行同，白口，單黑魚尾，四周單邊。

有朱藍兩色筆批注。鈐"鷗閣""男兒何不帶吳鉤"印。

1282　　　　　　　　　　SG311./42-3

淮南鴻烈解輯畧不分卷

（明）張榜輯　李柄纂

明萬曆至崇禎刻本

四册　一函

正文半葉九行十八字，白口，單黑魚尾，四周單邊。

眉上鎸評。

鈐"膠州海上盧法氏珎藏"印。

1283　　　　　　　　　　SG311./8-1
白虎通德論二卷
（漢）班固撰
明嘉靖至崇禎刻本
二册　一函
　　正文半葉九行二十字，白口，單白魚尾，左右雙邊。
　　鈐"宋竹亭章"印。

1284　　　　　　　　　　SG311./30-1
風俗通義十卷
（漢）應劭撰
明正德至嘉靖刻本
四册　一函
　　正文半葉十行十六字，白口，單黑魚尾，左右雙邊。
　　應劭序原題"大德新刊校正風俗通義"。明嘉靖間仿宋字體。
　　鈐"輯五經眼"印。

1285　　　　　　　　　　SG311.3/49
風俗通義十卷
（漢）應劭撰　（明）程榮校
明萬曆程榮刻本
二册　一函
　　正文半葉九行二十字，白口，單白魚尾，左右雙邊。
　　明萬曆程榮輯《漢魏叢書》之一。
　　鈐"太倉吳氏家藏"印。

1286　　　　　　　　　　SG311./170
天祿閣外史八卷

（漢）黃憲撰
明萬曆至崇禎刻本
四册　一函
　　正文半葉九行二十字，白口，白魚尾，左右雙邊。
　　眉上鎸評。
　　内封朱筆題識。卷末墨筆題識購藏地點。有朱筆批點。

1287　　　　　又一部　SG22/314
天祿閣外史八卷
（漢）黃憲撰
明萬曆至崇禎刻本
一册　一函
　　正文半葉九行二十字，白口，白魚尾，左右雙邊。
　　眉上鎸評。
　　有朱筆批點。書衣墨筆題"渾儀研齋"。鈐"上虞涂沐過目""上虞二闌山房涂氏珍藏之印"諸印。

1288　　　　　又一部　SG22/109
天祿閣外史八卷
（漢）黃憲撰
明萬曆至崇禎刻本
四册　一函
　　正文半葉九行二十字，白口，白魚尾，左右雙邊。
　　眉上鎸評。

1289　　　　　　　　　　SG311.3/106
封氏聞見記十卷

（唐）封演撰

清乾隆二十一年（1756）盧見曾雅雨堂刻本

二册　一函

正文半葉十行二十一字，白口，單黑魚尾，四周單邊。

版心下鐫"雅雨堂"。初印本。《雅雨堂叢書》之一。

鈐"石秉巽印""楳孫藏書"印。

1290　　　　　　　　　　　SG311.3/118

隋唐嘉話三卷

（唐）劉餗撰

明正德至嘉靖長洲顧元慶夷白齋刻本

一册　一函

正文半葉十行十九字，白口，間有書耳，單黑魚尾，左右雙邊。

上卷第七葉左上方書耳鐫"陽山顧氏文房"。書末鐫"夷白齋宋板重雕"。《陽山顧氏文房小説》之一。

鈐"愛日館收藏印""埽塵齋積書記"諸印。

1291　　　　　　　　　　　SG312./200

北夢瑣言二十卷

（宋）孫光憲纂

清乾隆二十一年（1756）盧見曾雅雨堂刻本

六册　一函

正文半葉十行二十一字，花口，單黑魚尾，四周單邊。

書口上題書名。版心下鐫"雅雨堂"及卷數、葉碼。《雅雨堂叢書》之一。

鈐"理卿藏書"印。

1292　　　又一部　SG312./200

北夢瑣言二十卷

（宋）孫光憲纂

清乾隆二十一年（1756）盧見曾雅雨堂刻本

四册　一函

正文半葉十行二十一字，花口，單黑魚尾，四周單邊。

書口上題書名。版心下鐫"雅雨堂"及卷數、葉碼。《雅雨堂叢書》之一。

鈐"曾經我眼""品山鑒賞"諸印。

1293　　　　　　　　　　　SG311.3/46

宋景文公筆記三卷

（宋）宋祁撰

明弘治十四年（1501）無錫華珵刻本

一册　一函

正文半葉十二行二十字，小字雙行同，白口，雙綫魚尾，左右雙邊。

《百川學海》之一。

有更生題識。鈐"更生"印。

1294　　　　　　　　　　　SG312./105

儒林公議二卷

（宋）田況撰

明萬曆刻本

二册　一函

正文半葉九行二十字，白口，單黑魚尾，四周單邊。

鈐"山唐成氏""夢研齋第十一研齋"印。

1295　　　　　　　　　　　　SG311./139
文昌雜錄六卷補遺一卷

（宋）龐元英撰

清乾隆二十一年（1756）盧見曾雅雨堂刻本

二册　一函

正文半葉十行二十一字,白口,單黑魚尾,四周單邊。

內封鎸"乾隆丙子鎸　文昌雜錄　雅雨堂藏板"。版心下鎸"雅雨堂"。初印本。《雅雨堂叢書》之一。

1296　　　　　　　　　　　　SG311./77
墨莊漫錄十卷

（宋）張邦基撰

侍兒小名錄拾遺一卷

（宋）張邦幾撰

補侍兒小名錄一卷

（宋）王銍撰

續補侍兒小名錄一卷

（宋）溫豫撰

明萬曆二十年至四十八年（1592－1620）會稽商濬半埜堂刻本

六册　一函

正文半葉九行二十字,白口,單黑魚尾,四周單邊。

《稗海》之一。

鈐"張星烺遺囑贈送"印。

1297　　　　　　　　　　　　SG311.3/48
石林燕語十卷

（宋）葉夢得撰　（明）商濬校

明萬曆二十年至四十八年（1592－1620）會稽商濬半埜堂刻本

四册　一函

正文半葉九行二十字,白口,單黑魚尾,四周單邊。

《稗海》之一。

1298　　　　　　　　　　　　SG311.3/7－1
夢溪筆談二十六卷補筆談一卷

（宋）沈括撰

明萬曆會稽商濬半埜堂刻清康熙增刻本

八册　一函

正文半葉九行二十字,小字雙行同,白口,單黑魚尾,四周單邊。

有范更生跋。有抄配。鈐"聽鸝山館藏書""歲在昭陽協洽聽鸝山館鈐記""俯塵道人""經腴堂章""笠澤漁父""曾在南雲蔡氏猶半軒羣籤之內""蔡氏仲子""南雲蔡氏"諸印。

1299　　　　　　　　　　　　SG311./53－2
容齋隨筆十六卷續筆十六卷三筆十六卷四筆十六卷五筆十卷

（宋）洪邁撰

明崇禎三年（1630）馬元調刻清康熙三十九年至六十一年（1700－1722）洪璟修補本

十册　二函

正文半葉九行十八字,細黑口,無魚尾,

左右雙邊。

鈐"南通黃氏""南通黃氏小延年室"印。

1300　　　　　又一部　SG311./53-2A
容齋隨筆十六卷續筆十六卷三筆十六卷四筆十六卷五筆十卷

（宋）洪邁撰

明崇禎三年（1630）馬元調刻清康熙三十九年至六十一年（1700-1722）洪璟修補本

十四冊　二函

正文半葉九行十八字，細黑口，無魚尾，左右雙邊。

內封鐫"洪容齋五筆　隨筆十六卷　續筆十六卷　三筆十六卷　四筆十六卷　五筆十卷　洪氏藏板"。

鈐"紫水之陽""曾在古豐李泉山處""萬卷書樓""五峰朱氏收藏"諸印。

1301　　　　　　　　SG311.3/92
嬾真子五卷

（宋）馬永卿撰

明萬曆刻本

二冊　一函　存四卷（一至四）

正文半葉九行二十字，白口，單黑魚尾，四周單邊。

1302　　　　　　　　SG45/152-1
能改齋漫錄十八卷

（宋）吳曾撰

清乾隆三十九年（1774）活字本

八冊　一函

正文半葉九行二十一字，白口，單黑魚尾，四周雙邊。

《武英殿聚珍版書》之一。

1303　　　　　　　　SG311./22
賓退錄十卷

（宋）趙與峕撰

清乾隆十七年（1752）存恕堂刻本

二冊　一函

正文半葉十行十八字，小字雙行同，白口，單黑魚尾，左右雙邊。

鈐"讀五千卷書堂""曾任江州司馬""鶴山魏氏藏書""臣攀龍印"諸印。

1304　　　　　　　　SG418/61-1
捫蝨新話十五卷

（宋）陳善撰　（明）毛晉訂

明崇禎毛晉汲古閣刻本

四冊　一函

正文半葉八行十九字，小字雙行同，白口，無魚尾，左右雙邊。

版心下鐫"汲古閣"。《津逮祕書》之一。

1305　　　　　　　　SG312./44
揮麈前錄四卷後錄十一卷第三錄三卷後錄餘話二卷

（宋）王明清輯　（明）毛晉訂

明崇禎毛氏汲古閣刻本

八冊　一函

正文半葉九行十九字，小字雙行同，白

口,無魚尾,左右雙邊。

版心下鎸"汲古閣"。《津逮祕書》之一。

1306　　　　　　　　　　SG311./125
雲谷雜紀四卷首一卷末一卷

(宋)張淏撰

清乾隆武英殿活字本

四册　一函

正文半葉九行二十一字,小字雙行同,白口,單黑魚尾,四周雙邊。

鈐"彤宣""求放心齋""求放心齋所藏"諸印。

1307　　　　　　　　　　SG311.3/79
游宦紀聞十卷

(宋)張世南撰

明萬曆二十年至四十八年(1592-1620)
會稽商濬半埜堂刻本

二册　一函

正文半葉九行二十字,白口,單黑魚尾,四周單邊。

《稗海》之一。

1308　　　　　　　　　　SG311.3/121
貴耳集三卷

(宋)張端義著　(明)毛晉訂

明崇禎毛晉汲古閣刻本

三册　一函

正文半葉八行十九字,小字雙行同,白口,無魚尾,左右雙邊。

版心下鎸"汲古閣"。

1309　　　　　　　　　　SG418/280-1
癸辛雜識前集一卷後集一卷續集二卷別集二卷

(宋)周密輯　(明)毛晉訂

明崇禎毛晉汲古閣刻本

四册　一函　缺二卷(續集二卷)

正文半葉九行十九字,小字雙行同,白口,無魚尾,左右雙邊。

版心上鎸題名"癸辛雜識",下鎸"汲古閣"。《津逮祕書》之一。

鈐"謝剛國印""百鍊盒""華陽謝氏家藏"諸印。

1310　　　　　又一部　SG418/280-1
癸辛雜識前集一卷後集一卷續集二卷別集二卷

(宋)周密輯　(明)毛晉訂

明崇禎毛晉汲古閣刻本

一册　一函　缺二卷(別集二卷)

正文半葉九行十九字,小字雙行同,白口,無魚尾,左右雙邊。

《津逮祕書》之一。

1311　　　　　　　　　　SG279/3
齊東野語二十卷

(宋)周密撰

清乾隆刻本

六册　一函

正文半葉九行二十字,白口,單黑魚尾,四周單邊。

內封鎸"臨川李穆堂輯　齊東野語　本衙藏板"。

1312　　　　　　　　SG312./134

輟畊錄三十卷

（明）陶宗儀撰

明崇禎毛晉汲古閣刻本

八册　一函

　　正文半葉十行二十一字,白口,無魚尾,左右雙邊。

　　《津逮祕書》之一。

1313　　　　又一部　SG312./134-1

輟畊錄三十卷

（明）陶宗儀撰

明崇禎毛晉汲古閣刻本

六册　一函

　　正文半葉十行二十一字,白口,無魚尾,左右雙邊。

　　《津逮祕書》之一。

1314　　　　又一部　SG312./134

輟畊錄三十卷

（明）陶宗儀撰

明崇禎毛晉汲古閣刻本

六册　二函

　　正文半葉十行二十一字,白口,無魚尾,左右雙邊。

　　《津逮祕書》之一。

　　鈐"周嵩堯印""神嶽"印。

1315　　　　又一部　SG312./134

輟畊錄三十卷

（明）陶宗儀撰

明崇禎毛晉汲古閣刻本

六册　二函

　　正文半葉十行二十一字,白口,無魚尾,左右雙邊。

　　《津逮祕書》之一。

1316　　　　又一部　SG312./134

輟畊錄三十卷

（明）陶宗儀撰

明崇禎毛晉汲古閣刻本

八册　一函

　　正文半葉十行二十一字,白口,無魚尾,左右雙邊。

　　内封鎸"南村陶宗儀訂　輟畊錄　廣文堂藏板"。《津逮祕書》之一。

　　鈐"景潤藏弄""張星烺遺囑贈送"印。

1317　　　　　　　　SG311./142

蠡海集一卷

（明）王逵著

明萬曆會稽商濬半埜堂刻本

一册　一函

　　正文半葉九行二十字,白口,單黑魚尾,四周單邊。

　　《稗海》之一。

1318　　　　　　　　SG311.3/54

筆疇二卷

（明）王達撰　郁嘉慶校

明萬曆繡水沈氏刻本

二册　一函

　　正文半葉八行十八字,小字雙行同,白口,無魚尾,四周單邊。

《寶顏堂秘笈》之一。與《書品》合冊。

1319　　　　　　　　　　SG311./176
燕泉何先生餘冬敘錄六十五卷
（明）何孟春撰
明萬曆十二年（1584）黃齊賢、張汝賢刻本
十三冊　二函
正文半葉十一行二十一字，白口，單黑魚尾，左右雙邊。

1320　　　　　　　　　　SG311./213
餘冬敘錄六十五卷
（明）何孟春撰　（清）何達校訂重梓
清乾隆二十三年（1758）何達刻本
一冊　一函
正文半葉十行二十一字，白口，單黑魚尾，四周雙邊。
眉上鎸評行四字。內封鎸"郴陽何燕泉先生著　餘冬敘錄　守約齋藏版"。

1321　　　　　　　　　　SG47/18
七修類藁五十一卷附七修續藁七卷
（明）郎瑛撰
清乾隆四十年（1775）錢塘周氏耕烟草堂刻本
十六冊　二函
正文半葉九行二十字，細黑口，無魚尾，左右雙邊。
內封鎸"仁和郎仁寶著　七修類藁耕烟草堂開雕"。

1322　　　　　　　　　　SG47/18
又一部
七修類藁五十一卷附七修續藁七卷
（明）郎瑛撰
清乾隆四十年（1775）錢塘周氏耕烟草堂刻本
十六冊　二函
正文半葉九行二十字，細黑口，無魚尾，左右雙邊。
內封鎸"仁和郎仁寶著　七修類藁耕烟阜堂開雕"。
鈐"玉臺舊館""受廖石甫""實甫"諸印。

1323　　　　　　　　　　SG47/252
鄭端簡公古言二卷今言四卷
（明）鄭曉撰　鄭心材重校
明萬曆鄭心材刻本
六冊　一函
正文半葉八行十六字，白口，單黑魚尾，四周雙邊。
版心下鎸刻工"陳""中升""江""胡""王"等。
書衣上有民國十五年（1926）馮貞羣題識。鈐"息齋居士""鍾鳴雷印""奮若""退一居珍藏印""馮貞羣印""伏跗室藏書印"諸印。

1324　　　　　　　　　　SG314.3/45
見聞雜紀九卷續二卷
（明）李樂述著　朱國禎校正
明萬曆刻本
四冊　一函

正文半葉十行十八字,小字雙行同,白口,單黑魚尾,四周單邊。

有朱筆評注。

1325　　　　　　　　　　　SG311./200

說頤八卷

（明）余懋學撰

明萬曆三十六年（1608）余昌祚直方堂刻

　　崇禎十一年（1638）歙縣余氏後印本

八册　一函

正文半葉九行十九字,白口,單白魚尾,左右雙邊。

版心下鐫"直方堂"及"黄汝清刻"。

1326　　　　　　　　　　SG311.3/147

甘露園短書十一卷

（明）陳汝錡撰　陳邦瞻校

明萬曆三十八年（1610）陳邦瞻刻清康熙

　　六年（1667）劉願人重修本

四册　一函

正文半葉十行二十字,白口,單黑魚尾,四周雙邊或單邊。

卷一版心下鐫"羅世佛刊"。

1327　　　　　　　　　　SG311.3/146

鴻苞四十八卷

（明）屠隆撰　茅元儀選訂

明萬曆三十八年（1610）茅元儀刻本

二十四册　四函

正文半葉八行十九字,白口,單黑魚尾,左右雙邊。

卷十八至十九爲抄補。

1328　　　　　　　　　　SG311.3/107

筆叢正集三十二卷續集十六卷

（明）胡應麟撰　鄧渼校

明萬曆三十四年（1606）吴勉學刻本

八册　一函

正文半葉十行二十字,小字雙行同,白口或細黑口,單白魚尾,左右雙邊。

鈐"東始山房藏書之印""陸上瀾印""芳洲""鎦承幹印""南林劉氏求恕齋藏"印。

1329　　　　　　　　　　SG311.3/141

焦氏筆乘六卷續集八卷

（明）焦竑輯　謝與棟　焦尊生校

明萬曆三十四年（1606）謝與棟刻本

六册　一函

正文半葉九行十九字,白口,單黑魚尾,四周單邊。

1330　　　　　　　　　SG311./144-1

鬱岡齋筆麈四卷

（明）王肯堂撰

明萬曆刻本

四册　一函

正文半葉九行十八字,白口,單黑魚尾,四周單邊。

鈐"藍人珍印""永玉"諸印。

1331　　　　　　　　　　SG311.3/45

說儲八卷

（明）陳禹謨撰

明萬曆陳禹謨刻本

四册　一函

正文半葉九行二十字,小字雙行同,白口,單黑魚尾,左右雙邊。

版心下鐫刻工"楊文""倪文"等。有補版。

鈐"惜華讀書""芸子""碧葉館藏""王師善藏"諸印。

1332　　　　　　　　　　SG311./227

剡溪漫筆八卷

(明)孫能傳輯　孫能正校

明萬曆四十一年(1613)孫能正鄂韡堂刻本

一册　一函

正文半葉十行二十一字,白口,無魚尾,四周單邊。

鈐"戴石臣""慕猗閣""拙存"諸印。

1333　　　　　　　　　　SG41/137

沈氏弋說六卷

(明)沈長卿著　黃可師等評

明萬曆刻本

六册　一函

正文半葉八行十八字,白口,單綫魚尾,四周單邊。

1334　　　　　　　　　SG311.2/54

新刻批點金罍子四十四卷

(明)陳絳撰　李維禎批點

明泰昌元年(1620)刻本

二十四册　六函

正文半葉九行二十字,無魚尾,左右雙邊。

眉上鐫評。卷一首葉版心下鐫"郭文寫　晏君壽刊"。

1335　　　　　　　　　　SG32/248

幾亭外書九卷

(明)陳龍正撰　屠象美　周丕顯閱

明崇禎四年(1631)陳龍正刻本

六册　一函　缺一卷(九)

正文半葉九行十八字,白口,單白魚尾,無界行,四周單邊。

鈐"佩韋堂珍藏"印。

1336　　　　　　　　　　SG418/405

進修錄六卷附傳一卷

(明)馮渠撰　(清)馮行編

清乾隆十七年(1752)馮行恥齋刻本

四册　一函

正文半葉八行二十字,白口,單黑魚尾,無界行,左右雙邊。

内封鐫"乾隆壬申歲刻　明新城馮謙川先生著　進修錄　文詩制藝附　恥齋藏板"。

鈐"長恩閣""松音閣本""瓮陰書屋珍藏""馮氏傳書""溧水濮氏珍藏書畫印""石田老農""擔石齋藏""桐山張氏藏書""桐城張氏謹甫所藏""張謹夫圖書印""雛陰山館""篤素堂張曉漁校藏圖籍之章"諸印。

1337　　　　　　　　　　SG311.3/55

清暑筆談一卷

(明)陸樹聲撰　夏日萱校

明萬曆繡水沈氏刻本

一册　一函

　　正文半葉八行十八字,小字雙行同,白口,無魚尾,四周單邊。

　　《寶顏堂秘笈》之一。

1338　　　　　　　　　　　　SG311./203

五雜組十六卷

　　(明)謝肇淛撰

　　日本寬文元年(1661)覆刻本

　　八册　二函

　　正文半葉九行十八字,白口,單黑魚尾,無界行,四周單邊間或雙邊。

　　鈐"笠家文庫"印。

1339　　　　　　　　　　　　SG312./127

見聞紀訓一卷

　　(明)陳良謨紀　沈德先訂

　　明萬曆七年至崇禎十六年(1579-1643)刻本

　　一册　一函

　　正文半葉八行十八字,小字雙行同,白口,無魚尾,四周單邊。

1340　　　　　　　　　　　　SG311.3/5-1

因樹屋書影十卷

　　(清)周亮工撰　吳宗信校訂

　　清康熙六年(1667)周氏賴古堂刻本

附書影目錄一卷

　　(清)劉培元編

　　清同治四年(1865)劉培元手錄本

　　七册　一函

　　正文半葉九行十八字,小字雙行同,白口,單白魚尾,四周單邊。

　　眉上鐫注。內封鐫"櫟下老人筆記書影　賴古堂藏板"。版心下鐫"因樹屋"。有朱筆句讀、劉培元等批注并跋。《書影目錄》爲清同治四年劉培元按卷次編纂,據每條內容擬題,手錄成册。鈐"古陽邑人""培元""植菴""然乙齋劉珍秘""苓圃手定"諸印。

1341　　　　　　　　　　　　SG311.3/5

因樹屋書影十卷

　　(清)周亮工撰　吳宗信校訂

　　清雍正三年(1725)周在延刻本

　　五册　一函

　　正文半葉九行十八字,小字雙行同,白口,單白魚尾,四周單邊。

　　內封鐫"櫟下老人筆記　賴古堂原本書影　懷古堂梓"。版心下鐫"因樹屋"。鈐"堀氏文庫"印。

1342　　　　　　　　　　　　SG418/387

雕丘雜錄十八卷

　　(清)梁清遠撰

　　清康熙二十年(1681)梁允桓刻本

　　三册　一函

　　正文半葉九行十九字,花口,單黑魚尾,左右雙邊。

　　版心下鐫"太平園藏書"。

1343　　　　　　　　　　　　SG48/1361

天中許子政學合一集三卷續集二卷讀禮偶

見二卷

（清）許三禮撰

清康熙十六年（1677）刻光緒補刻本

十册　一函

正文半葉十行二十字或九行十九字，花口，單黑魚尾，左右雙邊。

1344　　　　　　　　　　　　SG311.3/152

藜牀囈語六卷

（清）程端祊述　桯世綏錄

清康熙五十九年（1720）一峰閣刻本

二册　一函

正文半葉十行二十一字，白口，單黑魚尾，左右雙邊。

内封鐫"槐江山人著　藜牀囈語　一峰閣藏版"。版心下鐫"一峰閣"。

鈐"許氏珍藏""許博明讀書記"印。

1345　　　　　　　　　　　　SG311./254

嘉懿集初鈔四卷續鈔四卷

（清）高嵼輯

清乾隆五十四年（1789）刻本

八册　二函

正文半葉九行二十五字，小字雙行同，白口，單黑魚尾，無界行，四周雙邊。

眉上鐫評行六字。内封鐫"乾隆五十四年鐫　和陽高梅亭編輯　嘉懿集初鈔"。

鈐"景盦藏書之印"印。

1346　　　　　　　　　　　　SG311./230

樗林偶筆二卷續筆二卷閒筆一卷

（清）魏裔介述　魏荔彤編輯

清康熙十九年（1680）龍江書院刻本

三册　一函

正文半葉九行二十字，小字雙行同，白口，單黑魚尾，左右雙邊。

内封鐫"樗林三筆　柏鄉魏貞菴先生著　本衙藏版"。版心下鐫"龍江書院鐫"。《魏貞庵遺書》之一。

鈐"吳陵王少雲之印""生春草堂"印。

1347　　　　　　　　　　　　SG311./183

希賢錄十卷

（清）魏裔介撰

清康熙二十年（1681）胡元成、周武功刻本

十册　一函

正文半葉九行二十字，白口，單黑魚尾，左右雙邊。

1348　　　　　　　　　　　　SG418/285

山志十卷

（清）王弘撰撰

清乾隆五十三年（1788）李蔭春刻本

五册　一函

正文半葉十行十九字，小字雙行同，細黑口，順黑魚尾，左右雙邊。

與《西歸日札》合函。

1349　　　　　　　　　　　　SG311.3/89

蓉槎蠡說十二卷

（清）程哲撰

清康熙五十年（1711）程哲七略書堂刻本

四册　一函

正文半葉十一行二十一字,小字雙行字數不等,白口,單黑魚尾,左右雙邊。金鑲玉。

內封鎸"蓉槎蠡說　七略書堂藏板"。

鈐"七略書堂""長沙張氏收藏書畫印""長沙張氏家藏""愚菴所得金石文字"印。

1350　　　　　　　　　　　SG311./181

知新錄三十二卷

（清）王棠撰

清康熙五十六年至六十一年(1717－1722)燕在閣刻本

二十冊　二函

正文半葉十行二十一字,白口,單黑魚尾,四周單邊。

內封鎸"豐山王勿翦著　知新錄　燕在閣藏板"。

鈐"冬涵閱過""李氏藏書"印。

1351　　　　　　　　　　SG311.3/150

南村隨筆六卷

（清）陸廷燦撰

清雍正十三年(1735)陸廷燦壽椿堂刻本

二冊　一函

正文半葉十行二十字,白口,單黑魚尾,左右雙邊。

內封鎸"南村隨筆　壽椿堂藏板"。

1352　　　　　　　　　SG312./160－1

池北偶談二十六卷

（清）王士禛撰　王廷掄校

清康熙四十年(1701)王廷掄刻本

八冊　一函

正文半葉十一行二十三字,小字雙行同,粗黑口,單黑魚尾,左右雙邊。

1353　　　　　　　　　　　SG311./71

居易錄三十四卷

（清）王士禛撰

清雍正刻本

八冊　一函

正文半葉十行二十字,黑口,單黑魚尾,左右雙邊。

版心鎸"居易錄"。

1354　　　　　　　　　　SG418/149－1

柳南隨筆六卷

（清）王應奎撰

清乾隆五年(1740)顧士榮刻本

六冊　一函

正文半葉十行十九字,黑口,單黑魚尾,四周單邊。

1355　　　　　　　　　　　SG32/246

讀書雜述十卷

（清）李鎧撰

清乾隆二十六年(1761)李景賢刻本

二冊　一函

正文半葉十行二十一字,黑口,單黑魚尾,四周雙邊。

內封鎸"山易李惺菴先生著　讀書雜述　恪素堂藏板"。

1356　　　　　　　　　　SG311.3/60

天方性理五卷首一卷

（清）劉智纂譯

清乾隆二十四年（1759）金氏安愚堂刻本

六册　一函

　　正文半葉九行十八字，黑口，雙黑魚尾，四周雙邊。

　　内封鎸"乾隆己卯重梓　天方性理考城金氏安愚堂藏板"。版心下鎸"安愚堂"。

　　有朱筆句讀。

1357　　　　　　　　　　　　SG311.3/117

柳弧六卷

（清）丁克柔撰

清光緒八年（1882）丁克柔稿本

十三册　二函

　　正文半葉九行字數不等，素紙。

　　全書包括《奉恩樓筆記》五卷、《貞蕤草堂筆記》一卷。丁克柔（1840－？），號蘷甫，江蘇海陵（今江蘇泰州）人。曾署理漢陽知府，後主持沔陽厘務。此書内容豐富，對瞭解清末政治、文化和社會習俗很有裨益。

1358　　　　　　　　　　　　SG311./184

臣鑒錄二十卷

（清）蔣伊編

清康熙十四年（1675）刻乾隆重修本

二十四册　四函

　　正文半葉九行二十三字，白口，單黑魚尾，左右雙邊。

1359　　　　　　　　　　　　SG311./240

碧芸軒偶錄

清末抄本

一册　一函

　　正文半葉行字不等，素紙。

　　鈐"味餘經眼"諸印。

1360　　　　　　　　　　　　SG311./90

分甘餘話四卷

（清）王士禛撰

清康熙四十八年（1709）刻本

二册　一函

　　正文半葉十行十九字，黑口，單黑魚尾，左右雙邊。

　　《王漁洋遺書》之一。

　　有朱墨句讀及批注。卷首有手抄《四庫全書總目提要》。鈐"耕鄰經眼"印。

1361　　　　　　　　　　　　SG418/356

皇華紀聞四卷

（清）王士禛撰

清康熙刻本

四册　一函

　　正文半葉十行十九字，小字雙行字數不等，黑口，單黑魚尾，左右雙邊。

　　《王漁洋遺書》之一。

雜品之屬

1362　　　　　　　　　　　　SG311.3/153

墨娥小錄十四卷

（明）佚名輯

明隆慶五年(1571)吳繼聚好堂刻本

六册　一函

正文半葉十行二十字,小字雙行同,白口,單黑魚尾,左右雙邊。

序後鎸"隆慶五年吳氏梓于聚好堂中"。版心下鎸刻工"邵塤""彭天恩""何鑰""何鯨"。

稀見。

1363　　　　　　　　　　SG311./160

雅尚齋遵生八牋十九卷

(明)高濂撰

明萬曆十九年至四十八年(1591-1620)熊衝宇種德堂刻本

九册　二函

正文半葉九行十八字,小字雙行同,白口,間有細黑口,魚尾不同,四周單邊。

卷一末鎸"錢塘郭志學寫",卷四末鎸"會稽汪志敬寫"。

鈐"張相文""張星烺遺囑贈送"印。

雜纂之屬

1364　　　　　　　　　　SG313/44

羣書治要五十卷

(唐)魏徵撰

日本天明七年(1787)刻本

二十五册　五函　原缺三卷(四、十三、二十)

正文半葉九行十八字,白口,單黑魚尾,四周雙邊。

眉上鎸評行三字。

鈐"尾張國校藏板""劉志真"印。

1365　　　　　　又一部　SG313/44-1

羣書治要五十卷

(唐)魏徵撰

日本天明七年(1787)刻本

十六册　二函　原缺三卷(四、十三、二十)

正文半葉九行十八字,白口,單黑魚尾,四周雙邊。

眉上鎸評行三字。

鈐"尾張國校藏板"印。

1366　　　　　　　　SG313/44-1A

羣書治要五十卷

(唐)魏徵撰

日本天明七年(1787)刻本

十六册　四函　缺三卷(四、十三、二十)

正文半葉九行十八字,白口,單黑魚尾,四周雙邊。

眉上鎸評行三字。日本天明七年尾張藩《羣書治要》之後印本。

鈐"六一山房藏書""成田圖書之記"印。

1367　　　　　　　　　SG312./468

雲仙雜記十卷

(唐)馮贄編　(明)黃正位校

明萬曆刻本

四册　一函

正文半葉九行二十字,小字雙行同,白口,單白魚尾,間有單黑魚尾,四周單邊。

有朱筆圈點。

1368　　　　　　　SG312./139-2A
清異錄二卷
（宋）陶穀撰
清康熙陳世修漱六閣刻乾隆最宜草堂本
二册　一函

正文半葉十一行二十一字,小字雙行同,黑口,雙黑魚尾,左右雙邊。

内封鎸"清異錄　最宜草堂藏"。

内封鈐"最宜草堂""隴西舊氏"印。

1369　　　又一部　SG312./139-2/A
清異錄二卷
（宋）陶穀撰
清康熙陳世修漱六閣刻乾隆最宜草堂本
二册　一函

正文半葉十一行二十一字,小字雙行同,黑口,雙黑魚尾,左右雙邊。

内封鎸"清異錄　最宜草堂藏"。與《表異錄》合函。

内封鈐"最宜草堂""喜讀古書"印。

1370　　　　　　　　SG311./231
自警編九卷
（宋）趙善璙輯
明嘉靖二十四年(1545)唐曜刻本
十册　二函

正文半葉十行二十一字,黑口,三黑魚尾,四周雙邊。

卷七爲抄配。

1371　　　　　　　　SG312./7
湘山野錄三卷續一卷
（宋）釋文瑩著　（明）毛晉訂
明崇禎毛晉汲古閣刻本
四册　一函

正文半葉八行十九字,白口,無魚尾,左右雙邊。

版心下鎸"汲古閣"。《津逮祕書》之一。

1372　　　　　　　　SG418/239
勸忍百箴考註四卷
（元）許名奎撰　（明）釋覺澄考注
明萬曆十二年(1584)張誠刻本
四册　一函

正文半葉十行二十一字,小字雙行同,黑口,雙黑魚尾,四周雙邊。

1373　　　　　　　　SG312./36
瑯嬛記三卷
（元）伊世珍輯
明崇禎毛氏汲古閣刻本
二册　一函

正文半葉八行十九字,小字雙行同,白口,無魚尾,左右雙邊。

版心下鎸"汲古閣"。《津逮祕書》之一。

1374　　　　　　　　SG311./62
水東日記四十卷

(明)葉盛撰

明萬曆四十一年至崇禎十七年(1613－1644)葉重華賜書樓刻清康熙十九年(1680)葉方蔚重修本

八冊　一函

正文半葉九行十九字,小字雙行同,白口,無魚尾,四周單邊。

鈐"曾在潛樓""鄞六一山房董氏藏書""六一山房藏書"諸印。

1375　　　　　　　　　　SG311./104

湧幢小品三十二卷

(明)朱國禎撰

明天啟二年(1622)朱國禎自刻本

十二冊　二函

正文半葉九行二十字,白口,單黑魚尾,左右雙邊。

鈐"玉雨堂印""韓氏藏書""壺齋珍藏書畫之印""譚觀成印""海朝"諸印。

1376　　　　　　又一部　SG311./104

湧幢小品三十二卷

(明)朱國禎撰

明天啟二年(1622)朱國禎自刻本

十冊　二函

正文半葉九行二十字,白口,單黑魚尾,左右雙邊。

1377　　　　　　又一部　SG311./104

湧幢小品三十二卷

(明)朱國禎撰

明天啟二年(1622)朱國禎自刻本

三十二冊　四函

正文半葉九行二十字,白口,單黑魚尾,左右雙邊。

有清道光二十六年(1846)沈閬崐跋。鈐"秀埜草堂""東山外史肖岩沈氏藏書之印""肖岩藏書之章""沈閬崐印""南樓珍藏"諸印。

1378　　　　　　　　　　SG311.3/23

何氏語林三十卷

(明)何良俊撰并注

明嘉靖二十九年(1550)何氏清森閣刻本

十二冊　二函

正文半葉十行二十字,小字雙行同,白口,雙黑魚尾,左右雙邊。

卷六末木記鎸"嘉靖庚戌冬柘湖何氏清森閣雕梓",卷十八末鎸"何氏清森閣雕梓"。版心下鎸刻工"陸宗華""楊淳""顧華"等。

鈐"綠雨軒""甘鵬雲印""潛江甘鵬雲民國乙亥以後所收善本""鄂中甘氏"諸印并題籤。

1379　　　　　　　　　　SG311.2/97

新刻標題二十四孝鳳毛日記故事四卷首一卷

(明)完初子編輯

明萬曆三十九年(1611)余熙宇刻本

一冊　一函

正文半葉十行二十五字,小字雙行同,白口,無魚尾,四周雙邊。

鈐"水宮藏書"印。

1380　　　　　　　　　　SG311.3/142
灼艾集二卷續集二卷餘集二卷別集二卷
（明）萬表撰
明嘉靖二十八年（1549）萬表刻本
四册　一函　存四卷（灼艾集二卷、續集二卷）
　　正文半葉十行十八字，白口，單黑魚尾，四周單邊。

1381　　　　　　　　　　SG311/35
諸子品節五十卷
（明）陳深輯
明萬曆十八年（1590）刻本
十六册　二函
　　正文半葉九行二十字，小字雙行同，白口，單白魚尾，四周單邊。
　　版心下鐫字數及刻工"王思""張相""吳安""夏安"等。

1382　　　　　　　　　　SG22/252
學圃薫蘇六卷
（明）陳耀文纂　張寬然重正
明萬曆十五年至天啓七年（1587-1627）張寬然刻本
五册　一函　缺一卷（四）
　　正文半葉十行二十字，小字雙行同，白口，單黑魚尾，四周雙邊。
　　内封鐫"南城翁少麓梓"。
　　眉上墨筆批點。卷一至二末有墨筆識語。鈐"南城書林翁少麓發行""歷代小史""四明林氏大西山房藏書之印""鄞蝸寄廬孫氏藏書""蕭山蔡陸士藏玩書畫鈐記""虎賁中郎"諸印。

1383　　　　　　　　　　SG311./88-1
初潭集三十卷
（明）李贄撰　閔邁評
明萬曆至崇禎閔氏刻朱墨套印本
十二册　一函
　　正文半葉九行十九字，白口，無魚尾，無界行，四周單邊。
　　卷二十六至二十七爲他版裝配。
　　鈐"閔邁"印。

1384　　　　　　　　　　SG311./88
初潭集十二卷
（明）李贄撰　王克安重訂
明萬曆至崇禎刻本
十二册　一函
　　正文半葉九行二十字，白口，無魚尾，四周單邊。
　　首葉版心下鐫"古歙黃惟用鐫"。

1385　　　　　　　　　　SG312./455
贇奕編廣四卷
（明）劉元卿編纂　謝秉謙補輯
明萬曆至崇禎刻本
四册　一函
　　正文半葉九行十八字，白口，無魚尾，四周單邊。
　　稀見。鈐"贊育居士""延古堂李氏珍藏"印。

1386　　　　　　　　　　SG3102/38

諸經品節二十卷

　（明）楊起元注評

　明萬曆二十二年（1594）刻本

　十二冊　三函　存十卷（一至十）

　　正文半葉九行二十字，小字雙行同，白口，單黑魚尾，四周單邊。

　　眉上鐫評。

1387　　　　　　　　　　SG231/179

宋賢事彙二卷

　（明）李廷機彙集　徐民式校　胡士容
　　袁熙臣同校

　明萬曆胡士容、袁熙臣刻本

　二冊　一函

　　正文半葉九行十八字，白口，單白魚尾，左右雙邊。

1388　　　　　　　　　　SG311./196

舌華錄九卷

　（明）曹臣纂著　袁中道批評

　明萬曆二十八年至四十八年（1600－1620）刻本

　四冊　一函

　　正文半葉九行十八字，白口，無魚尾，四周單邊。

　　眉上鐫評。版心下鐫"黃德懋刻"。

　　有朱墨筆評點。鈐"芝村""雪廬""范毓瑞印""冀堯"諸印。

1389　　　　　　　　　　SG311./177

問奇一覽三十卷

　（明）郭良翰輯

　明萬曆四十七年（1619）郭良翰刻本

　六冊　一函

　　正文半葉九行二十字，小字雙行同，白口，白魚尾，四周單邊。

　　版心下鐫刻工"王子蟾""王光元"等。

　　有朱墨藍筆校注評點。鈐"臣林則徐""石延壽館印記""閩南黃焴肖喦圖籍"諸印。

1390　　　　　　　　　　SG311./229

說纂十集

　（明）陸楫輯

　明嘉靖二十三年（1544）陸氏儼山書院、
　　雲山書院刻本

　十冊　二函

　　正文半葉八行十六字，白口，雙白魚尾，左右雙邊。

　　版心下鐫"儼山書院"或"青藜館"。《古今說海》之一。

　　鈐"惜華讀書""碧藜館藏"印。

1391　　　　　　　　　　SG311.3/3－2

智囊補二十八卷

　（明）馮夢龍重輯

　明崇禎刻清順治重印本

　十八冊　四函

　　正文半葉九行二十字，白口，單黑魚尾，無界行，四周單邊。金鑲玉。

　　內封鐫"馮夢龍先生重訂　增定智囊集補　斐齋藏版"。

子　部

1392　　　　　　　　　　　　SG47/261

湘煙錄十六卷

（明）凌義渠　閔元京輯

清嘉慶刻本

四册　一函　存七卷（一至七）

正文半葉九行十九字，小字雙行同，白口，單黑魚尾，四周單邊。

眉上鐫評。

1393　　　　　　　　　　　SG311./3-1

玉芝堂談薈三十六卷

（明）徐應秋輯

明天啓至崇禎徐應秋刻清康熙四十二年（1703）靳治荊重修本

二十四册　四函

正文半葉九行十九字，小字雙行同，白口，單黑魚尾，無界行，四周單邊。

鈐"山陰二樹書畫記"印。

1394　　　　又一部　SG311./3-3

玉芝堂談薈三十六卷

（明）徐應秋輯

明天啓至崇禎徐應秋刻清康熙四十二年（1703）靳治荊重修本

十八册　四函

正文半葉九行十九字，小字雙行同，白口，單黑魚尾，無界行，四周單邊。

鈐"程兆宜印""潛江甘鵬雲藥樵收藏書籍章""甘氏崇雅堂藏書記"印。

1395　　　　　　　　　　　SG311.2/99

福壽全書六卷

（明）陳繼儒輯

明崇禎元年（1628）刻本

六册　一函

正文半葉八行十九字，白口，無魚尾，左右雙邊。

1396　　　　　　　　　　　SG311.3/70

銷夏四卷

（明）陳繼儒撰　沈德潛校

明萬曆三十年至四十八年（1602－1620）繡水沈氏刻本

四册　一函

正文半葉八行十八字，白口，無魚尾，四周單邊。

《寶顔堂續秘笈》之一。

鈐"李氏藏書畫印"印。

1397　　　　　　　　　　　SG311./95

昨非菴日纂二十卷二集二十卷三集二十卷

（明）鄭瑄撰

明崇禎刻本

十六册　四函　缺二十卷（三集二十卷）

正文半葉八行十八字，白口，白魚尾，四周單邊。

鈐"寧武南氏珍藏""復盦南氏"印。

1398　　　　　　　　　　　SG3103/303

迪吉錄八卷首一卷

（明）顔茂猷撰　顧錫疇評

明崇禎刻本

八册　一函

正文半葉九行二十字，小字雙行同，白

口,單黑魚尾,四周單邊。
　　眉上鐫評。

1399　　　　　　　　　SG311.3/31
倘湖樵書十二卷
　　（清）來集之纂輯
　　清乾隆五十三年（1788）來大夏等重刻本
　　十二冊　二函
　　正文半葉九行二十字,白口,單黑魚尾,四周雙邊。
　　內封鐫"乾隆戊申重鐫　蕭山來元成先生纂輯　倘湖樵書　慎儉堂藏板"。目錄版心下題"倘湖小築"。

1400　　　　　　　　　SG312./83
玉劍尊聞十卷
　　（清）梁維樞撰　梁清遠　梁清傳校
　　清順治梁氏賜麟堂刻本
　　六冊　一函
　　正文半葉八行二十字,小字雙行同,白口,無魚尾,四周單邊。

1401　　　　　　　　　SG311./188
經世名言十二卷
　　（清）蘇弘祖輯
　　清順治十六年（1659）刻本
　　四冊　一函
　　正文半葉十行二十字,白口,單黑魚尾,四周單邊。
　　眉欄有墨筆批注。

1402　　　　　　　　　SG313/89
擇執錄十二卷
　　（清）王家啓編
　　清順治刻乾隆十年（1745）重修本
　　六冊　一函
　　正文半葉九行二十三字,白口,單黑魚尾,四周單邊。

1403　　　　　　　　　SG313/74
宋稗類鈔八卷
　　（清）潘永因編輯　潘永圜訂定
　　清康熙八年至十五年（1669－1676）刻本
　　八冊　一函
　　正文半葉十行二十四字,小字雙行同,白口,單黑魚尾,四周單邊。
　　清代禁書。鈐"江都黃允中印"印。

1404　　　　　　　　　SG32/74
庸行編八卷
　　（清）史典原輯　牟允中參補
　　清康熙三十年（1691）尚朝柱澹寧堂刻本
　　八冊　一函
　　正文半葉九行二十一字,小字雙行同,白口,單黑魚尾,四周單邊。
　　內封鐫"牟叔庸會粹　庸行編　澹寧堂藏板"。版心下鐫"澹寧堂"。
　　鈐"鄰學士印""子儀""劉鴻慶印"諸印。

1405　　　　　　　　　SG32/74－1
庸行編八卷
　　（清）史典原輯　牟允中參補

子　部

清康熙三十年(1691)尚朝柱澹寧堂刻三十一年至六十一年(1692－1722)京都文錦堂後印本

八册　一函

正文半葉九行二十一字,小字雙行同,白口,單黑魚尾,四周單邊。

內封鐫"牟叔庸會粹　庸行編　京都文錦堂藏板"。

1406　　　　　　　　　　　　SG418/383

羣言瀝液八卷

(清)梁顯祖彙編

清康熙三十三年(1694)梁顯祖刻本

四册　一函

正文半葉九行十九字,下黑口,單黑魚尾,無界行,四周雙邊。

內封鐫"古宜梁良夫先生彙編　羣言瀝液　本衙藏板"。

清代禁書。鈐"明善堂覽書畫印記""安樂堂藏書記""貴陽趙氏壽華軒藏""滌庵藏書之印"諸印。

1407　　　　　　　　　　　　SG311./56

寄園寄所寄十二卷

(清)趙吉士撰

清康熙三十三年至六十一年(1694－1722)刻本

十二册　二函

正文半葉十一行二十一字,小字雙行同,白口,單黑魚尾,左右雙邊。

序文版心下鐫"寄園寄所寄"。

鈐"劉復""江陰劉氏"諸印。

1408　　　　　　　　又一部　SG311./56

寄園寄所寄十二卷

(清)趙吉士撰

清康熙三十三年至六十一年(1694－1722)刻本

十册　二函

正文半葉十一行二十一字,小字雙行同,白口,單黑魚尾,左右雙邊。

序文版心下鐫"寄園寄所寄"。

1409　　　　　　　　又一部　SG311./56

寄園寄所寄十二卷

(清)趙吉士撰

清康熙三十三年至六十一年(1694－1722)刻本

二十四册　六函

正文半葉十一行二十一字,小字雙行同,白口,單黑魚尾,左右雙邊。金鑲玉。

序文版心下鐫"寄園寄所寄"。

1410　　　　　　　　　　　SG311.3/98

讀書樂趣八卷

(清)伍涵芬編　伍炳宸　伍炳日校

清康熙三十七年(1698)伍涵芬華日堂刻乾隆十年(1745)重印本

六册　一函

正文半葉八行二十字,小字雙行同,白口,單黑魚尾,四周單邊。

內封鐫"康熙戊寅歲新鐫　紫水伍芝軒彙編　讀書樂趣初集　華日堂藏板"。版心下鐫"華日堂"。

1411　　　　　　　　　SG32/344

言行彙纂十卷

（清）王之鈇輯　楊藥山增訂　管翔臯刪正

清雍正十二年（1734）王氏槐蔭堂刻本

十冊　二函

　　正文半葉九行二十字，白口，單黑魚尾，無界行，左右雙邊。

　　內封鎸"羅湘王朗川編輯　言行彙纂　槐蔭堂藏板"。

　　鈐"南通馮氏景岫樓藏書"印。

1412　　　　　　　　　SG311./14-1

權衡一書四十一卷

（清）王植輯錄

清乾隆元年（1736）王氏崇雅堂刻本

二十四冊　二函

　　正文半葉十行二十一字，小字雙行同，白口，單黑魚尾，無界行，四周單邊。

　　內封鎸"權衡一書　崇雅堂藏板"。

　　鈐"德鈞圖書""求實齋藏""蔣氏私立公益圖書館章""湘鄉蔣雙魚堂私立公益圖書館印"諸印。

1413　　　　　　　　　SG313/107

名物雜鈔不分卷

（清）佚名輯

清乾隆抄本

四冊　一函

　　正文半葉九行二十四字，無邊欄，素紙。有朱墨評注。

1414　　　　　　　　　SG112.2/97

北窗偶談三卷

（清）胡彥穎撰

清乾隆刻本

三冊　一函

　　正文半葉十行二十五字，白口，無魚尾，無界行，四周單邊。

　　鈐"僵蠶蠶蛻"印。

1415　　　　　　　　　SG418/191

瑞窻集益不分卷

（清）韓陽泰撰

清乾隆十六年（1751）韓陽泰抄本

一冊　一函

　　正文半葉九行二十五字，無界行，素紙。

　　卷首有清乾隆十六年韓陽泰序。鈐"臣陽泰""開之氏"諸印。

小說家類

1416　　　　　　　　　　SG312./1-7

世說新語三卷

（南朝宋）劉義慶撰　（南朝梁）劉孝標注

明萬曆二十七年（1609）周氏博古堂刻本

六册　一函

　　正文半葉十行二十字，小字雙行同，白口，雙黑魚尾，左右雙邊。金鑲玉。

　　内封鎸"劉須溪先生注　世說新語補本衙藏板"。序末鎸"萬曆己酉春周氏博古堂刊"。

　　有朱筆評點。卷末有墨筆抄配。鈐"續古堂藏書""鹿篤疆章""屏農"諸印。

1417　　　　　　　　　　SG312./1-10

世說新語三卷

（南朝宋）劉義慶撰　（南朝梁）劉孝標注　（明）王世懋批點

明萬曆九年（1581）喬懋敬刻本

六册　一函

　　正文半葉九行二十字，小字雙行同，細黑口，單黑魚尾，左右雙邊。

　　眉上鎸評。版心下鎸"周以杰寫""萬伯誠刻""古吳錢世傑寫鄒天卿刊"等。

　　鈐"東山藏書印""高都陳氏藏書""潛志堂""賓雲館""臣錫璋印""子元一字滋園""山陰周氏藤華館藏本""琴江綠昌明龕藏書畫印"諸印。

1418　　　　　　　　　　SG312./1-3

世說新語六卷

（南朝宋）劉義慶撰　（南朝梁）劉孝標注　（明）吳中珩校

明萬曆吳中珩刻本

六册　一函

　　正文半葉九行十八字，小字雙行同，白口，單白魚尾或黑魚尾，四周雙邊或左右雙邊。金鑲玉。

　　内封鎸"世說新語補　三畏堂梓"。

1419　　　　　　　　　　SG312./1-4

世說新語八卷

（南朝宋）劉義慶撰　（南朝梁）劉孝標注　（明）張懋辰校

世說新語補八卷

（明）何良俊撰　王世貞删定　張懋辰考訂

明萬曆張懋辰刻本

二册　一函　存四卷（世說新語補一至四）

　　正文半葉九行十九字，白口，單白魚尾，四周單邊。

　　鈐"姜渭占藏書畫之印"印。

1420　　　　　　　　　　SG312./1-6

李卓吾批點世說新語補二十卷附釋名一卷

（南朝宋）劉義慶撰　（南朝梁）劉孝標注　（明）何良俊增　王世貞刪定　李贄批點

明萬曆三十一年至四十七年（1603-1619）刻本

六册　一函

正文半葉九行十八字，小字雙行同，白口，單黑魚尾，四周單邊。

眉上鎸評。

卷首及釋名爲清人墨筆抄配。

1421　　　　　　　　　　SG312./1-5

李卓吾批點世說新語補二十卷

（南朝宋）劉義慶撰　（南朝梁）劉孝標注　（明）何良俊增　王世貞刪定　李贄批點

日本安永八年（1779）騰龍源刻本

十册　二函

正文半葉九行十八字，小字雙行同，白口，無魚尾，四周單邊。

眉上鎸評。

1422　　　　　　　　　　SG312./1-15

世說新語補二十卷附釋名一卷

（南朝宋）劉義慶撰　（南朝梁）劉孝標注　（明）何良俊增補　王世貞刪定　張文柱注

清乾隆二十七年（1762）黃汝琳茂清書屋刻本

六册　一函

正文半葉九行十八字，小字雙行同，白口，單黑魚尾，左右雙邊。

有朱筆圈點。鈐"鴻雪齋藏書印""啓鳳""始平郡圖書印""文梁馮氏止敬堂珍藏""補竹山房"諸印。

1423　　　　　　　　　　SG312./469

唐世說新語十三卷

（唐）劉肅撰　（明）王世貞校

附唐世說總論

明萬曆三十一年（1603）潘玄度刻本

四册　一函

正文半葉八行二十字，白口，單白魚尾，四周單邊。

鈐"安樂堂藏書記""宣城李氏瞿硎石室圖書印記""宛陵李之郇藏書印""李之郇印""伯雨""雲輪閣""明善堂覽書畫印記"諸印。

1424　　　　　　　　　　SG215/7-6

山海經十八卷

（晋）郭璞注

清康熙五十三年至五十四年（1714-1715）項絪群玉書堂刻本

二册　一函

正文半葉十一行二十一字，小字雙行同，細黑口，單黑魚尾，四周單邊。

内封鎸"依宋本校定　山海經　項氏群玉書堂"。目録末鎸"歙縣項絪校刊"。

鈐"會稽孫氏圖書之印""子孫世寶"印。

子　部　　　279

1425　　　　　　　　　　　SG215/44
穆天子傳註疏六卷首一卷末一卷
（晋）郭璞注　（清）檀萃疏
清乾隆石渠閣刻本
四册　四函
　　正文半葉九行二十字,小字雙行同,白口,單黑魚尾,四周雙邊。
　　内封有石渠閣主人識語。

1426　　　　　　　　　　SG22/34-5
西京雜記六卷
（晋）葛洪集　（明）毛晉訂
明末毛氏汲古閣刻本
一册　一函
　　正文半葉九行二十字,白口,無魚尾,左右雙邊。
　　版心下鎸"汲古閣"。
　　有墨筆抄配。鈐"君彥藏書""君彥""徐世襄印""北平莊氏藏書"諸印。

1427　　　　　　　　　　SG312./168
宣室志十卷補遺一卷
（唐）張讀撰
明萬曆商濬半埜堂刻本
六册　一函
　　正文半葉九行二十字,白口,單黑魚尾,四周單邊。
　　《稗海》之一。

1428　　　　　　　　　　SG312./209
大唐新語十三卷
（唐）劉肅著　（明）商濬校

明萬曆三十七年至四十七年（1609-1619）商濬半埜堂刻本
四册　一函
　　正文半葉九行二十字,白口,單黑魚尾,四周單邊。
　　《稗海》之一。
　　眉上朱筆批注,行間朱筆批改。鈐"秀水朱士楷藏""曾藏新塍朱氏家過""擁百廬""改元洪憲以後所得"諸印。

1429　　　　　　　　　　SG312./8-3
酉陽雜俎二十卷
（唐）段成式撰　（明）汪士賢校
明萬曆元年至四十七年（1573-1619）汪士賢刻本
六册　一函
　　正文半葉九行二十字,白口,單白魚尾,左右雙邊。
　　鈐"驚某館"印。

1430　　　　　　　　　　SG312./8
酉陽雜俎二十卷
（唐）段成式撰
明刻本
五册　一函　存十七卷（一至十七）
　　正文半葉九行二十字,白口,單黑魚尾,四周單邊。

1431　　　　　　　　　　SG231/230
闕史二卷
（唐）高彥休述
清康熙顧嗣立刻本

一册　一函

　　正文半葉十一行二十一字,白口,單黑魚尾,左右雙邊。

　　書口鎸"秀野草堂"。

　　鈐"何堂之印""子未"印。

1432　　　　　　　　　　　SG418/50
五色線二卷

　　(宋)佚名撰　(明)毛晉訂

　　明崇禎毛晉汲古閣刻本

　　二册　一函

　　正文半葉八行十九字,小字雙行同,白口,無魚尾,左右雙邊。

　　版心下鎸"汲古閣"。《津逮祕書》之一。

　　鈐"楓香艸堂"印。

1433　　　　　　　　　　　SG418/181
茅亭客話十卷

　　(宋)黃休復撰　(明)毛晉訂

　　明崇禎毛晉汲古閣刻本

　　二册　一函

　　正文半葉九行十九字,白口,無魚尾,四周單邊。

　　版心下鎸"汲古閣"。《津逮祕書》之一。

1434　　　　　　　　　　SG418/150-1
唐語林八卷

　　(宋)王讜撰

　　清乾隆武英殿活字本

　　四册　一函

　　正文半葉九行二十一字,上花口,單黑魚尾,四周雙邊。

1435　　　　　　　　　　　SG312./403
侯鯖錄八卷

　　(宋)趙令畤撰

　　明萬曆二十年至四十八年(1592-1620)商濬半埜堂刻本

　　四册　一函

　　正文半葉九行二十字,白口,單黑魚尾,四周單邊。

　　《稗海》之一。

　　鈐"瑞熙讀過"印。

1436　　　　　　　　　　　SG312./199
異聞總錄四卷

　　(宋)佚名撰　(明)商濬校

　　明萬曆二十年至四十八年(1592-1620)商濬半埜堂刻本

　　二册　一函

　　正文半葉九行二十字,白口,單黑魚尾,四周單邊。

　　《稗海》之一。

1437　　　　　　　　　　　SG312./374
樂郊私語一卷

　　(元)姚桐壽撰

　　明萬曆三十四年(1606)繡水沈氏尚白齋刻本

　　一册　一函

　　正文半葉八行十八字,白口,無魚尾,四周單邊。

《寶顏堂秘笈》之一。

1438　　　　　　　　　　　　SG311./211
新刻耳談十五卷
（明）王同軌撰　王嗣經校
明萬曆三十年（1602）萃慶堂刻本
六册　一函
　　正文半葉十一行二十四字，白口，單黑魚尾，四周單邊。金鑲玉。
　　内封鎸"京陵原板　壬寅歲夏月吉旦書林余泗泉梓行"。
　　有朱綠兩色圈點。鈐"廣雅圖書館藏書"印。

1439　　　　　　　　　　　　SG312./23
情史類畧二十四卷
（明）馮夢龍輯
清康熙元年至十九年（1662－1680）芥子園刻本
十册　一函
　　正文半葉十一行二十四字，白口，單黑魚尾，左右雙邊。
　　眉上鎸評。内封鎸"芥子園藏板"。
　　鈐"赤坪寓目"印。

1440　　　　　　　　　　　　SG312./317
情史類畧二十四卷
（明）馮夢龍輯
清乾隆四十九年（1784）刻巾箱本
十二册　二函
　　正文半葉十一行二十四字，白口，單黑魚尾，無界行，四周單邊。

　　眉上鎸評。内封鎸"乾隆甲辰年鎸詹詹外史評輯　情史　本衙藏版"。
　　鈐"江陰劉氏""劉復"印。

1441　　　　　　　　　　　SG3101/281－1
仙佛奇踪八卷長生詮一卷無生訣一卷
（明）洪應明輯
明萬曆三十年至四十七年（1602－1619）刻本
六册　一函　存七卷（仙一至三、佛一至二，長生詮一卷，無生訣一卷）
　　正文半葉八行十八字，白口，單黑魚尾，四周單邊。

1442　　　　　　　　　　　SG311.3/80
香案牘一卷
（明）陳繼儒纂　郁嘉慶校
明萬曆三十四年（1606）刻本
一册　一函
　　正文半葉八行十八字，白口，無魚尾，四周單邊。
　　《尚白齋鎸陳眉公寶顏堂秘笈》之一。

1443　　　　　　　　　　　SG312./312
剪燈新話句解二卷
（明）瞿佑撰　垂胡子集釋
明崇禎六年（1633）朝鮮刻本
二册　一函
　　正文半葉十一行二十字，小字雙行同，白口，雙花魚尾，四周單邊。
　　書簽題"剪燈新話　翰南書林裳行"。
　　書衣有劉半農墨筆題識"十八年冬北平書

閼來薰閣主人遊日本朝鮮歸以此相贈。半農"。鈐"江陰劉氏""劉復"印。

1444　　　　　　　　　SG312./306
魏晉小說十二卷
（明）苕上野客輯
明末刻清初印本
十冊　一函
　　正文半葉九行二十字,白口,單白魚尾,左右雙邊。
　　清人據明末刻《說郛》《說郛續》之舊版重新編印,其中少量爲補刻。書名被挖,僅留"魏晉"二字。鈐"袁宜堂印"印。

1445　　　　　　　　　SG312./433
宋人百家小說一百五十二卷
（明）桃源溪父輯
明末刻本
十二冊　二函
　　正文半葉九行二十字,小字雙行同,白口,單白魚尾,左右雙邊。
　　序端題名"宋人小說"。正文版心鎸子目名。
　　鈐"孟昭澐印""密菴藏書""督學使者"諸印。

1446　　　　　　　　　SG312./231
小窗自紀四卷別紀四卷清紀不分卷艷紀不分卷
（明）吳從先撰
明萬曆四十三年至四十七年（1615－1619）刻本

十六冊　二函
　　正文半葉八行十八字,白口,無魚尾,無界行,四周單邊。
　　有朱筆句讀。

1447　　　　又一部　SG41/188
小窗自紀四卷別紀四卷清紀不分卷艷紀不分卷
（明）吳從先撰
明萬曆四十三年至四十七年（1615－1619）刻本
六冊　一函
　　正文半葉八行十八字,白口,無魚尾,無界行,四周單邊。

1448　　　　又一部　SG41/156
小窗自紀四卷別紀四卷清紀不分卷艷紀不分卷
（明）吳從先撰
明萬曆四十三年至四十七年（1615－1619）刻本
八冊　一函
　　正文半葉八行十八字,白口,無魚尾,無界行,四周單邊。

1449　　　　　　　　　SG312./303
虞初新志二十卷
（清）張潮輯
清康熙二十二年（1683）刻本
六冊　一函
　　正文半葉九行二十字,白口,單黑魚尾,四周雙邊。

鈐"張世亨印"印。

1450　　　　　　　　　　　SG312./116－2
西青散記二卷
（清）史震林撰
清乾隆二年至同治五年（1737－1866）史震林抄本
二冊　一函
　　正文半葉十行二十二字，無界行。
　　有清乾隆二年史震林、吳震生序。序前有清同治五年天麟墨筆題識。此書乾隆間刻本作四卷。史震林（1692－1778），字公度，號梧岡，別署瓠岡居士、華陽外史等，江蘇金壇人。清乾隆二年進士，官淮安教諭，乾隆十九年（1754）告歸。工書，精八分，喜摹曹全碑。善畫樹石蘭竹，性孤介，喜禪悅，富著述，有《華陽散稿》《西青散記》。鈐"程應麟印""玉叔""自恨疏節骨體不媚""方外司馬""蟭螟齋""性至通而自然有節""脫略公卿跌宕文史""荊門晝掩閒庭宴然"諸印。

1451　　　　　　　　　　　SG311.3/1－2
遣愁集十四卷
（清）張貴勝纂輯
清康熙二十七年（1688）刻本
十六冊　二函
　　正文半葉十行二十四字，白口，單黑魚尾，四周單邊。
　　內封鐫"余顧兩先生鑒定　遣愁集　古吳張晉侯纂輯　人瑞堂藏板"。

1452　　　　　　　　　　　SG312./457
蟬蛄雜記十二卷
（清）屠紳撰
清乾隆五十八年（1793）刻巾箱本
六冊　一函
　　正文半葉九行二十字，白口，單黑魚尾，四周單邊。
　　鈐"樹聲"印。

天文曆算類

天文之屬

1453　　　　　　　　　　SG37/64
渾蓋通憲圖說二卷
　（明）李之藻演　鄭懷魁訂
　明萬曆三十五年（1607）樊良樞刻本
　一冊　一函
　　正文半葉九行十八字，白口，單黑魚尾，四周雙邊。

1454　　　　　　　　　　SG371/21
圜天圖說三卷續編二卷首一卷
　（清）李明徹述　阮元鑒定
　清嘉慶二十四年（1819）刻續編道光元年（1821）松梅軒刻本
　五冊　一函
　　正文半葉九行二十字，白口，無魚尾，四周雙邊。內封分別鐫"嘉慶己卯年鐫　圜天圖說　松梅軒藏版""道光元年鐫　圜天圖說續編　松梅軒藏版"。

曆法之屬

1455　　　SG37/17、SG37/28、
　　　　　SG37/44、SG37/44－1
御製律曆淵源一百卷
　（清）允祿　允祉纂修
　清康熙至雍正二年（1724）內府刻本
　六十二冊　九函
　　正文半葉九行二十字，小字雙行同，白口，單白魚尾，四周雙邊。
　　鈐"積學齋徐乃昌藏書"印。
　御製律呂正義上編二卷下編二卷續編一卷
　御製曆象考成上編十六卷下編十卷
　御製數理精蘊上編五卷下編四十卷附數學圖表八卷
　御製曆象考成表十六卷

1456　　　　　　　　　　SG37/27
御製欽若曆書上編十六卷下編十六卷表十六卷
　清康熙內府刻本
　十六冊　二函
　　正文半葉九行二十字，小字雙行同，白口，單白魚尾，四周雙邊。

《御製欽若曆表》爲清康熙間楊文言等纂修。雍正二年（1724）允祉、允禄重編《御製律曆淵源》時將此書收入，改名《御製曆象考成》，將正文卷端及書口所題"欽若曆書"剜改爲"曆象考成"。此爲未經剜改之初印本。版心上所題"欽若曆書"四字被墨筆塗去。

1457　　　　　　　　　　　SG372/26
曆學駢枝四卷
（清）梅文鼎撰
清雍正宣城梅氏刻本
二册　一函

正文半葉十一行二十四字，小字雙行同，白口，單黑魚尾，無界行，四周雙邊。

又名《兼濟堂纂刻梅勿菴先生曆算全書》。《梅氏叢書》之一。

鈐"二損軒藏書之章""深澤王氏洗心精舍所藏書畫"印。

1458　　　　　　　　　　　SG372/11
大清乾隆二十五年歲次庚辰時憲書一卷
清乾隆二十四年（1759）刻朱墨套印本
一册　一函

正文半葉行字不等，大黑口，雙黑魚尾，四周雙邊。

書末有廣告牌記。與《大清乾隆二十七年歲次壬午時憲書》合函。

鈐"欽天監時憲書之印"滿漢文印。

1459　　　　　　　　　　SG372/11-1
大清乾隆二十七年歲次壬午時憲書一卷
清乾隆二十六年（1761）刻朱墨套印本
一册　與《大清乾隆二十五年歲次庚辰時憲書》合函

正文半葉行字不等，大黑口，雙黑魚尾，四周雙邊。

鈐"欽天監時憲書之印"滿漢文印。

1460　　　　　　　　　　SG372/12-17
大清嘉慶元年歲次丙辰時憲書一卷
清乾隆六十年（1795）刻朱墨套印本
一册　一函

正文半葉行字不等，黑口，雙黑魚尾，四周雙邊。

1461　　　　　　　　　　SG372/12-22
大清嘉慶二年歲次丁巳時憲書一卷
清嘉慶元年（1796）刻朱墨套印本
一册　一函

正文半葉行字不等，黑口，雙黑魚尾，四周雙邊。

内封牌記鎸"欽天監欽遵御製數理精蘊印造時憲書頒行天下"。

鈐"欽天監時憲書之印"滿漢文印。

1462　　　　　　　　　　SG372/12-19
大清嘉慶三年歲次戊午時憲書一卷
清嘉慶二年（1797）刻朱墨套印本
一册　一函

正文半葉行字不等，黑口，雙黑魚尾，四周雙邊。

内封牌記鎸"欽天監欽遵御製數理精蘊印造時憲書頒行天下"。

1463　　　　　　　　SG372/12－23

大清嘉慶四年歲次己未時憲書一卷

　　清嘉慶三年（1798）刻朱墨套印本
　　一册　一函
　　　正文半葉行字不等，黑口，雙黑魚尾，四周雙邊。
　　　內封牌記鎸"欽天監欽遵御製數理精蘊印造時憲書頒行天下"。
　　　鈐"欽天監時憲之印"滿漢文印及"曾留吳興周氏言言齋""越然"印。

1464　　　　　　　　SG372/12－18

大清嘉慶五年歲次庚申時憲書一卷

　　清嘉慶四年（1799）刻朱墨套印本
　　一册　一函
　　　正文半葉行字不等，黑口，雙黑魚尾，四周雙邊。
　　　內封牌記鎸"欽天監欽遵御製數理精蘊印造時憲書頒行天下"。

1465　　　　　　　　SG372/12－20

大清嘉慶六年歲次辛酉時憲書一卷

　　清嘉慶五年（1800）刻朱墨套印本
　　一册　一函
　　　正文半葉行字不等，黑口，雙黑魚尾，四周雙邊。
　　　內封牌記鎸"欽天監欽遵御製數理精蘊印造時憲書頒行天下"。

1466　　　　　　　　SG372/12－15

大清嘉慶七年歲次壬戌時憲書一卷

　　清嘉慶六年（1801）刻朱墨套印本
　　一册　一函
　　　正文半葉行字不等，黑口，雙黑魚尾，四周雙邊。
　　　內封牌記鎸"欽天監欽遵御製數理精蘊印造時憲書頒行天下"。

1467　　　　　　　　SG372/12－16

大清嘉慶八年歲次癸亥時憲書一卷

　　清嘉慶七年（1802）刻朱墨套印本
　　一册　一函
　　　正文半葉行字不等，黑口，雙黑魚尾，四周雙邊。
　　　內封牌記鎸"欽天監欽遵御製數理精蘊印造時憲書頒行天下"。

1468　　　　　　　　SG372/12－12

大清嘉慶十年歲次乙丑時憲書一卷

　　清嘉慶九年（1804）刻朱墨套印本
　　一册　一函
　　　正文半葉行字不等，黑口，雙黑魚尾，四周雙邊。
　　　內封牌記鎸"欽天監欽遵御製數理精蘊印造時憲書頒行天下"。

1469　　　　　　　　SG372/12－24

大清嘉慶十一年歲次丙寅時憲書一卷

　　清嘉慶十年（1805）刻朱墨套印本
　　一册　一函
　　　正文半葉行字不等，黑口，雙黑魚尾，四周雙邊。
　　　內封牌記鎸"欽天監欽遵御製數理精蘊印造時憲書頒行天下"。

子　部

1470　　　　　　　　　　　SG372/12-7

大清嘉慶十二年歲次丁卯時憲書一卷

　清嘉慶十一年（1806）刻朱墨套印本
　一册　一函

　　正文半葉行字不等，黑口，雙黑魚尾，四周雙邊。

　　內封牌記鎸"欽天監欽遵御製數理精蘊印造時憲書頒行天下"。

1471　　　　　　　　　　　SG372/12-4

大清嘉慶十三年歲次戊辰時憲書一卷

　清嘉慶十二年（1807）刻朱墨套印本
　一册　一函

　　正文半葉行字不等，黑口，雙黑魚尾，四周雙邊。

　　內封牌記鎸"欽天監欽遵御製數理精蘊印造時憲書頒行天下"。

1472　　　　　　　　　　　SG372/12-21

大清嘉慶十四年歲次己巳時憲書一卷

　清嘉慶十三年（1808）刻朱墨套印本
　一册　一函

　　正文半葉行字不等，黑口，雙黑魚尾，四周雙邊。

　　內封牌記鎸"欽天監欽遵御製數理精蘊印造時憲書頒行天下"。

1473　　　　　　　　　　　SG372/12-8

大清嘉慶十五年歲次庚午時憲書一卷

　清嘉慶十四年（1809）刻朱墨套印本
　一册　一函

　　正文半葉行字不等，黑口，雙黑魚尾，上下雙邊或四周雙邊。金鑲玉。

1474　　　　　　　　　　　SG372/12-1

大清嘉慶十六年歲次辛未時憲書一卷

　清嘉慶十五年（1810）刻朱墨套印本
　一册　一函

　　正文半葉行字不等，黑口，雙黑魚尾，四周雙邊。

　　內封牌記鎸"欽天監欽遵御製數理精蘊印造時憲書頒行大卜"。

1475　　　　　　　　　　　SG372/12-3

大清嘉慶十八年歲次癸酉時憲書一卷

　清嘉慶十七年（1812）刻朱墨套印本
　一册　一函

　　正文半葉行字不等，黑口，雙黑魚尾，四周雙邊。

　　內封牌記鎸"欽天監欽遵御製數理精蘊印造時憲書頒行天下"。

1476　　　　　　　　　　　SG372/12-2

大清嘉慶十九年歲次甲戌時憲書一卷

　清嘉慶十八年（1813）刻朱墨套印本
　一册　一函

　　正文半葉行字不等，黑口，雙黑魚尾，四周或上下雙邊。

　　內封牌記鎸"欽天監欽遵御製數理精蘊印造時憲書頒行天下"。

　　佚名朱墨筆記載當日天氣情況。

1477　　　　　　　　　　　SG372/12-6

大清嘉慶二十年歲次乙亥時憲書一卷

清嘉慶十九年(1814)刻朱墨套印本

一册　一函

正文半葉行字不等,黑口,雙黑魚尾,四周雙邊。

内封牌記鎸"欽天監欽遵御製數理精蘊印造時憲書頒行天下"。

1478　　　　　　　　　　　　SG372/12－5

大清嘉慶二十一年歲次丙子時憲書一卷

清嘉慶二十年(1815)刻朱墨套印本

一册　一函

正文半葉行字不等,黑口,雙黑魚尾,四周雙邊。

内封前後有牌記及墨筆題字,墨筆繁亂,牌記不清。

佚名朱墨筆記事和天氣情況。

1479　　　　　　　　　　　　SG372/12－10

大清嘉慶二十二年歲次丁丑時憲書一卷

清嘉慶二十一年(1816)刻朱墨套印本

一册　一函

正文半葉行字不等,黑口,雙黑魚尾,四周雙邊。

佚名朱墨筆記事及天氣情況。

1480　　　　　　　　　　　　SG372/12

大清嘉慶二十三年歲次戊寅時憲書一卷

清嘉慶二十二年(1817)刻朱墨套印本

一册　一函

正文半葉行字不等,黑口,雙黑魚尾,四周或上下雙邊。

佚名朱墨筆記事及天氣情況。鈐"裕德堂記"印。

1481　　　　　　　　　　　　SG372/12－11

大清嘉慶二十四年歲次己卯時憲書一卷

清嘉慶二十三年(1818)刻朱墨套印本

一册　一函

正文半葉行字不等,黑口,雙黑魚尾,四周或上下雙邊。

佚名朱墨筆記事及天氣情況。

1482　　　　　　　　　　　　SG372/12－9

大清嘉慶二十五年歲次庚辰時憲書一卷

清嘉慶二十四年(1819)刻朱墨套印本

一册　一函

正文半葉行字不等,黑口,雙黑魚尾,四周或上下雙邊。

佚名朱墨筆記事及天氣情況。

1483　　　　　　　　　　　　SG372/7－25

大清道光元年歲次辛巳時憲書一卷

清嘉慶二十五年(1820)刻朱墨套印本

一册　一函

正文半葉行字不等,黑口,雙黑魚尾,四周雙邊。

内封牌記鎸"欽天監欽遵御製數理精蘊印造時憲書頒行天下"。

佚名朱墨筆記事及天氣情況。

1484　　　　　　　　　　　　SG372/7－27

大清道光二年歲次壬午時憲書一卷

清道光元年(1821)刻朱墨套印本

一册　一函

子　部

正文半葉行字不等，黑口，雙黑魚尾，四周雙邊。

內封牌記鎸"欽天監欽遵御製數理精蘊印造時憲書頒行天下"。

佚名朱墨筆記事及天氣情況。

1485　　　　　　　　　　　　SG372/7－2
大清道光三年歲次癸未時憲書一卷
　清道光二年（1822）刻朱墨套印本
　　册　　函
　　正文半葉行字不等，黑口，雙黑魚尾，四周雙邊。
　　佚名朱墨筆記事及天氣情況。

1486　　　　　　　　　　　　SG372/7－1
大清道光四年歲次甲申時憲書一卷
　清道光三年（1823）刻朱墨套印本
　　一册　一函
　　正文半葉行字不等，黑口，雙黑魚尾，四周雙邊。
　　內封牌記鎸"欽天監欽遵御製數理精蘊印造時憲書頒行天下"。
　　佚名朱墨筆記事及天氣情況。

1487　　　　　　　　　　　　SG372/7－26
大清道光五年歲次乙酉時憲書一卷
　清道光四年（1824）刻朱墨套印本
　　一册　一函
　　正文半葉行字不等，黑口，雙黑魚尾，四周雙邊。
　　內封牌記鎸"欽天監欽遵御製數理精蘊印造時憲書頒行天下"。

佚名朱墨筆記事及天氣情況。

1488　　　　　　　　　　　　SG372/7－5
大清道光六年歲次丙戌時憲書一卷
　清道光五年（1825）刻朱墨套印本
　　一册　一函
　　正文半葉行字不等，黑口，雙黑魚尾，四周雙邊。
　　內封牌記鎸"欽天監欽遵御製數理精蘊印造時憲書頒行天下"。
　　佚名朱墨筆記事及天氣情況。

1489　　　　　　　　　　　　SG372/7－28
大清道光七年歲次丁亥時憲書一卷
　清道光六年（1826）刻朱墨套印本
　　一册　一函
　　正文半葉行字不等，黑口，雙黑魚尾，四周雙邊。
　　內封牌記鎸"欽天監欽遵御製數理精蘊印造時憲書頒行天下"。
　　佚名朱墨筆記事及天氣情況。

1490　　　　　　　　　　　　SG372/7－29
大清道光八年歲次戊子時憲書一卷
　清道光七年（1827）刻朱墨套印本
　　一册　一函
　　正文半葉行字不等，黑口，雙黑魚尾，四周雙邊。
　　內封牌記鎸"欽天監欽遵御製數理精蘊印造時憲書頒行天下"。
　　佚名朱墨筆記事及天氣情況。

1491　　　　　　　　　　SG372/7-30

大清道光九年歲次己丑時憲書一卷

　　清道光八年(1828)刻朱墨套印本
　　一册　一函

　　　正文半葉行字不等,黑口,雙黑魚尾,四周雙邊。

　　　內封牌記鎸"欽天監欽遵御製數理精蘊印造時憲書頒行天下"。

　　　佚名朱墨筆記事及天氣情况。

1492　　　　　　　　　　SG372/7-4

大清道光十年歲次庚寅時憲書一卷

　　清道光九年(1829)刻朱墨套印本
　　一册　一函

　　　正文半葉行字不等,黑口,雙黑魚尾,四周雙邊。

　　　內封牌記鎸"欽天監欽遵御製數理精蘊印造時憲書頒行天下"。

　　　佚名朱墨筆記事及天氣情况。鈐"三戒堂記""茗柯居士""杏林園記"印。

1493　　　　　　　　　　SG372/7-16

大清道光十一年歲次辛卯時憲書一卷

　　清道光十年(1830)刻朱墨套印本
　　一册　一函

　　　正文半葉行字不等,黑口,雙黑魚尾,四周雙邊。

　　　內封牌記鎸"欽天監欽遵御製數理精蘊印造時憲書頒行天下"。

　　　佚名朱墨筆記事及天氣情况。

1494　　　　　　　　　　SG372/7-3

大清道光十二年歲次壬辰時憲書一卷

　　清道光十一年(1831)刻朱墨套印本
　　一册　一函

　　　正文半葉行字不等,黑口,雙黑魚尾,四周雙邊。

　　　內封牌記鎸"欽天監欽遵御製數理精蘊印造時憲書頒行天下"。

　　　佚名朱墨筆記事及天氣情况。

1495　　　　　　　　　　SG372/7-10

大清道光十三年歲次癸巳時憲書一卷

　　清道光十二年(1832)刻朱墨套印本
　　一册　一函

　　　正文半葉行字不等,黑口,雙黑魚尾,四周雙邊。

　　　內封牌記鎸"欽天監欽遵御製數理精蘊印造時憲書頒行天下"。

　　　鈐"欽天監時憲書之印"滿漢文印及"吳興""周越然""曾留吳興周氏言言齋"諸印。

1496　　　　　　　　　　SG372/7-17

大清道光十四年歲次甲午時憲書一卷

　　清道光十三年(1833)刻朱墨套印本
　　一册　一函

　　　正文半葉行字不等,黑口,雙黑魚尾,四周雙邊。

　　　內封牌記鎸"欽天監欽遵御製數理精蘊印造時憲書頒行天下"。

　　　佚名朱墨筆記事及天氣情况。鈐"茗柯居士"印。

子　部

1497　　　　　　　　　　SG372/7-18

大清道光十五年歲次乙未時憲書一卷

　清道光十四年（1834）刻朱墨套印本

　一册　一函

　　正文半葉行字不等,黑口,雙黑魚尾,四周雙邊。

　　内封牌記鎸"欽天監欽遵御製數理精蘊印造時憲書頒行天下"。

　　佚名朱墨筆記事及天氣情況。

1498　　　　　　　　　　SG372/7-19

大清道光十六年歲次丙申時憲書一卷

　清道光十五年（1835）刻朱墨套印本

　一册　一函

　　正文半葉行字不等,黑口,雙黑魚尾,四周雙邊。

　　内封牌記鎸"欽天監欽遵御製數理精蘊印造時憲書頒行天下"。

　　佚名朱墨筆記事及天氣情況。

1499　　　　　　　　　　SG372/7-20

大清道光十七年歲次丁酉時憲書一卷

　清道光十六年（1836）刻朱墨套印本

　一册　一函

　　正文半葉行字不等,黑口,雙黑魚尾,四周雙邊。

　　内封牌記鎸"欽天監欽遵御製數理精蘊印造時憲書頒行天下"。

　　佚名朱墨筆記事及天氣情況。

1500　　　　　　　　　　SG372/7-9

大清道光十八年歲次戊戌時憲書一卷

　清道光十七年（1837）刻朱墨套印本

　一册　一函

　　正文半葉行字不等,黑口,雙黑魚尾,左右雙邊。

　　内封牌記鎸"欽天監欽遵御製數理精蘊印造時憲書頒行天下"。

　　佚名朱墨筆記事及天氣情況。

1501　　　　　　　　　　SG372/7-8

大清道光十九年歲次己亥時憲書一卷

　清道光十八年（1838）刻朱墨套印本

　一册　一函

　　正文半葉行字不等,黑口,雙黑魚尾,左右雙邊。

　　内封牌記鎸"欽天監欽遵御製數理精蘊印造時憲書頒行天下"。

　　佚名朱墨筆記事及天氣情况。鈐"欽天監時憲書之印"滿漢文印及"曾留吳興周氏言言齋""越然"諸印。

1502　　　　　　　　　　SG372/7

大清道光二十年歲次庚子時憲書一卷

　清道光十九年（1839）刻朱墨套印本

　一册　一函

　　正文半葉行字不等,黑口,雙黑魚尾,左右雙邊。

　　内封牌記鎸"欽天監欽遵御製數理精蘊印造時憲書頒行天下"。

　　佚名朱墨筆記事及天氣情況。

1503　　　　　　　　　　SG372/7-21

大清道光二十一年歲次辛丑時憲書一卷

清道光二十年(1840)刻朱墨套印本
一册　一函
　　正文半葉行字不等,黑口,雙黑魚尾,四周雙邊。
　　内封牌記鎸"欽天監欽遵御製數理精蘊印造時憲書頒行天下"。
　　佚名朱墨筆記事及天氣情況。

1504　　　　　　　　　　　SG372/7-7
大清道光二十二年歲次壬寅時憲書一卷
　　清道光二十一年(1841)刻朱墨套印本
一册　一函
　　正文半葉行字不等,黑口,雙黑魚尾,四周雙邊。
　　内封牌記鎸"欽天監欽遵御製數理精蘊印造時憲書頒行天下"。
　　佚名朱墨筆記事及天氣情況。鈐"欽天監時憲書之印"滿漢文印及"曾留吳興周氏言言齋""越然"諸印。

1505　　　　　　　　　　SG372/7-22
大清道光二十三年歲次癸卯時憲書一卷
　　清道光二十二年(1842)刻朱墨套印本
一册　一函
　　正文半葉行字不等,黑口,雙黑魚尾,四周雙邊。
　　内封牌記鎸"欽天監欽遵御製數理精蘊印造時憲書頒行天下"。
　　佚名朱墨筆記事及天氣情況。

1506　　　　　　　　　　SG372/7-13
大清道光二十四年歲次甲辰時憲書一卷
　　清道光二十三年(1843)刻朱墨套印本
一册　一函
　　正文半葉行字不等,黑口,雙黑魚尾,四周雙邊。
　　内封牌記鎸"欽天監欽遵御製數理精蘊印造時憲書頒行天下"。
　　佚名朱墨筆記事及天氣情況。

1507　　　　　　　　　　SG372/7-14
大清道光二十五年歲次乙巳時憲書一卷
　　清道光二十四年(1844)刻朱墨套印本
一册　一函
　　正文半葉行字不等,黑口,雙黑魚尾,四周雙邊。
　　内封牌記鎸"欽天監欽遵御製數理精蘊印造時憲書頒行天下"。
　　佚名朱墨筆記事及天氣情況。

1508　　　　　　　　　　SG372/7-6
大清道光二十六年歲次丙午時憲書一卷
　　清道光二十五年(1845)刻朱墨套印本
一册　一函
　　正文半葉行字不等,黑口,雙黑魚尾,四周雙邊。
　　鈐"欽天監時憲書之印"滿漢文印及"曾留吳興周氏言言齋""越然"印。

1509　　　　　　　　　　SG372/7-12
大清道光二十七年歲次丁未時憲書一卷
　　清道光二十六年(1846)刻朱墨套印本
一册　一函
　　正文半葉行字不等,黑口,雙黑魚尾,四

周雙邊。

鈐"欽天監時憲書之印"滿漢文印。

1510　　　　　　　　　　SG372/7-11

大清道光二十七年歲次丁未時憲書一卷

　　清道光二十六年(1846)刻朱墨套印本

　　一册　一函

　　正文半葉行字不等,黑口,雙黑魚尾,四周雙邊。

　　内封牌記鎸"欽天監欽遵御製數理精蘊印造時憲書頒行天下"。

1511　　　　　　　　　　SG372/7-15

大清道光二十八年歲次戊申時憲書一卷

　　清道光二十七年(1847)刻朱墨套印本

　　一册　一函

　　正文半葉行字不等,黑口,雙黑魚尾,四周雙邊。

　　内封牌記"欽天監欽遵御製數理精蘊印造時憲書頒行天下"。

1512　　　　　　　　　　SG372/13-12

大清咸豐元年歲次辛亥時憲書一卷

　　清道光三十年(1850)刻朱墨套印本

　　一册　一函

　　正文半葉行字不等,黑口,雙黑魚尾,四周或左右雙邊。

　　佚名記載天氣情況。

1513　　　　　　　　　　SG372/13

大清咸豐二年歲次壬子時憲書一卷

　　清咸豐元年(1851)刻朱墨套印本

　　一册　一函

　　正文半葉行字不等,黑口,雙黑魚尾,左右雙邊。

　　内封牌記鎸"欽天監欽遵御製數理精蘊印造時憲書頒行天下"。

1514　　　　　　　　　　SG372/13-1

大清咸豐三年歲次癸丑時憲書一卷

　　清咸豐二年(1852)刻朱墨套印本

　　一册　一函

　　正文半葉行字不等,黑口,雙黑魚尾,左右雙邊。

　　内封牌記鎸"欽天監欽遵御製數理精蘊印造時憲書頒行天下"。

1515　　　　　　　　　　SG372/13-2

大清咸豐四年歲次甲寅時憲書一卷

　　清咸豐三年(1853)刻朱墨套印本

　　一册　一函

　　正文半葉行字不等,黑口,雙黑魚尾,左右雙邊。

　　内封牌記鎸"欽天監欽遵御製數理精蘊印造時憲書頒行天下"。

　　佚名朱墨筆記事及天氣情況。

1516　　　　　　　　　　SG372/13-3

大清咸豐五年歲次乙卯時憲書一卷

　　清咸豐四年(1854)刻朱墨套印本

　　一册　一函

　　正文半葉行字不等,黑口,雙黑魚尾,四周雙邊。

　　内封牌記鎸"欽天監欽遵御製數理精

蘊印造時憲書頒行天下"。

佚名朱墨筆記事及天氣情況。

1517　　　　　　　　SG372/13－4

大清咸豐五年歲次乙卯時憲書一卷

清咸豐四年(1854)刻朱墨套印本

一册　一函

正文半葉行字不等,黑口,雙黑魚尾,四周雙邊。

内封牌記鎸"欽天監欽遵御製數理精蘊印造時憲書頒行天下"。

佚名朱墨筆記事及天氣情況。鈐"欽天監時憲書之印"滿漢文印。

1518　　　　　　　　SG372/13－5

大清咸豐六年歲次丙辰時憲書一卷

清咸豐五年(1855)刻朱墨套印本

一册　一函

正文半葉行字不等,黑口,雙黑魚尾,四周雙邊。

内封牌記鎸"欽天監欽遵御製數理精蘊印造時憲書頒行天下"。

佚名朱墨筆記事及天氣情況。

1519　　　　　　　　SG372/13－6

大清咸豐六年歲次丙辰時憲書一卷

清咸豐五年(1855)刻朱墨套印本

一册　一函

正文半葉行字不等,黑口,雙黑魚尾,四周單邊或雙邊。

内封牌記鎸"欽天監欽遵御製數理精蘊印造時憲書頒行天下"。

1520　　　　　　　　SG372/13－7

大清咸豐七年歲次丁巳時憲書一卷

清咸豐六年(1856)刻朱墨套印本

一册　一函

正文半葉行字不等,黑口,雙黑魚尾,四周雙邊。

内封牌記鎸"欽天監欽遵御製數理精蘊印造時憲書頒行天下"。

1521　　　　　　　　SG372/13－8

大清咸豐八年歲次戊午時憲書一卷

清咸豐七年(1857)刻朱墨套印本

一册　一函

正文半葉行字不等,黑口,雙黑魚尾,四周雙邊,版框大小不一。

内封牌記鎸"欽天監欽遵御製數理精蘊印造時憲書頒行天下"。

1522　　　　　　　　SG372/13－9

大清咸豐九年歲次己未時憲書一卷

清咸豐八年(1858)刻朱墨套印本

一册　一函

正文半葉行字不等,黑口,雙黑魚尾,四周雙邊。

内封牌記鎸"欽天監欽遵御製數理精蘊印造時憲書頒行天下"。

1523　　　　　　　　SG372/13－10

大清咸豐十年歲次庚申時憲書一卷

清咸豐九年(1859)刻朱墨套印本

一册　一函

正文半葉行字不等,黑口,雙黑魚尾或

無魚尾,四周單邊。

1524　　　　　　　　　　SG372/13-11
大清咸豐十一年歲次辛酉時憲書一卷
　　清咸豐十年(1860)刻朱墨套印本
　　一册　一函
　　正文半葉行字不等,黑口,雙黑魚尾或無魚尾,四周單邊。
　　内封牌記鐫"欽天監欽遵御製數理精蘊印造時憲書頒行天下"。

1525　　　　　　　　　　SG372/8-14
大清祺祥元年壬戌時憲書一卷
　　清咸豐十一年(1861)刻朱墨套印巾箱本
　　一册　一函
　　正文半葉行字不等,黑口,雙黑魚尾,四周雙邊或單邊。
　　又名《大清同治元年時憲書》。
　　書簽"大清祺祥元年時憲書"改爲"大清同治元年時憲書"。行間朱墨筆批點,佚名記載天氣情況。

1526　　　　　　　　　　SG372/8-12
大清同治二年歲次癸亥時憲書一卷
　　清同治元年(1862)刻朱墨套印本
　　一册　一函
　　正文半葉行字不等,黑口,雙黑魚尾,四周雙邊。
　　内封牌記鐫"欽天監欽遵御製數理精蘊印造時憲書頒行天下"。
　　内封有兩首清光緒十二年(1886)佚名題詩。行間及眉欄有南皮李氏墨筆題字"熾昌赴天津應試"等。

1527　　　　　　　　　　SG372/8-11
大清同治三年歲次甲子時憲書一卷
　　清同治二年(1863)刻朱墨套印巾箱本
　　一册　一函
　　正文半葉行字不等,黑口,雙黑魚尾,四周單邊。
　　内封牌記鐫"欽天監欽遵御製數理精蘊印造時憲書頒行天下"。
　　有南皮李氏墨筆記事及大氣情況。

1528　　　　　　　　　　SG372/8-8
大清同治四年歲次乙丑時憲書一卷
　　清同治三年(1864)刻朱墨套印本
　　一册　一函
　　正文半葉行字不等,黑口,雙黑魚尾,四周雙邊或單邊。
　　内封牌記鐫"欽天監欽遵御製數理精蘊印造時憲書頒行天下"。
　　行間及眉欄有佚名墨筆記事。

1529　　　　　　　　　　SG372/8-13
大清同治五年歲次丙寅時憲書一卷
　　清同治四年(1865)刻朱墨套印本
　　一册　一函
　　正文半葉行字不等,黑口,雙黑魚尾,四周雙邊。
　　内封牌記鐫"欽天監欽遵御製數理精蘊印造時憲書頒行天下"。

1530 SG372/8

大清同治六年歲次丁卯時憲書一卷

　清同治五年(1866)刻朱墨套印本
　一册　一函
　　正文半葉行字不等,黑口,雙黑魚尾,四周雙邊。
　　内封牌記鎸"欽天監欽遵御製數理精蘊印造時憲書頒行天下"。
　　行間及眉欄有南皮李氏墨筆記事及天氣情況。

1531 SG372/8－1

大清同治七年歲次戊辰時憲書一卷

　清同治六年(1867)刻朱墨套印本
　一册　一函
　　正文半葉行字不等,黑口,雙黑魚尾,四周雙邊。
　　内封牌記鎸"欽天監欽遵御製數理精蘊印造時憲書頒行天下"。
　　行間及眉欄有南皮李氏墨筆記事及天氣情況。

1532 SG372/8－2

大清同治八年歲次己巳時憲書一卷

　清同治七年(1868)刻朱墨套印本
　一册　一函
　　正文半葉行字不等,黑口,雙黑魚尾,四周雙邊。
　　内封牌記鎸"欽天監欽遵御製數理精蘊印造時憲書頒行天下"。
　　行間及眉欄有南皮李氏墨筆記事及天氣情況。

1533 SG372/8－9

大清同治九年歲次庚午時憲書一卷

　清同治八年(1869)刻朱墨套印本
　一册　一函
　　正文半葉行字不等,黑口,雙黑魚尾,四周雙邊。
　　内封牌記鎸"欽天監欽遵御製數理精蘊印造時憲書頒行天下"。
　　行間及眉欄有南皮李氏墨筆記事及天氣情況。

1534 SG372/8－3

大清同治十年歲次辛未時憲書一卷

　清同治九年(1870)刻朱墨套印巾箱本
　一册　一函
　　正文半葉行字不等,黑口,雙黑魚尾,四周雙邊。
　　内封牌記鎸"欽天監欽遵御製數理精蘊印造時憲書頒行天下"。
　　行間及眉欄有佚名墨筆記事。

1535 SG372/8－10

大清同治十年歲次辛未時憲書一卷

　清同治九年(1870)刻朱墨套印本
　一册　一函
　　正文半葉行字不等,黑口,雙黑魚尾,四周雙邊。
　　内封牌記鎸"欽天監欽遵御製數理精蘊印造時憲書頒行天下"。
　　鈐"上海縣印"滿漢文印。

子　部

1536　　　　　　　　　　　　　　SG372/8－4

大清同治十一年歲次壬申時憲書一卷

　清同治十年(1871)刻朱墨套印本

　　一册　一函

　　　正文半葉行字不等,黑口,雙黑魚尾,四周雙邊。

　　　內封牌記鎸"欽天監欽遵御製數理精蘊印造時憲書頒行天下"。

　　　行間及眉欄有墨筆記事及天氣情况。

1537　　　　　　　　　　　　　　SG372/8－5

大清同治十二年歲次癸酉時憲書一卷

　清同治十一年(1872)刻朱墨套印巾箱本

　　一册　一函

　　　正文半葉行字不等,黑口,雙黑魚尾,四周雙邊。

　　　內封牌記鎸"欽天監欽遵御製數理精蘊印造時憲書頒行天下"。

　　　行間及眉欄有墨筆記事及天氣情况。

1538　　　　　　　　　　　　　　SG372/8－6

大清同治十三年歲次甲戌時憲書一卷

　清同治十二年(1873)刻朱墨套印本

　　一册　一函

　　　正文半葉行字不等,黑口,雙黑魚尾,四周雙邊。

　　　內封牌記鎸"欽天監欽遵御製數理精蘊印造時憲書頒行天下"。

　　　行間及眉欄有墨筆記事及天氣情况。

1539　　　　　　　　　　　　　　SG372/8－7

大清同治十四年歲次乙亥時憲書一卷

　清同治十三年(1874)刻朱墨套印本

　　一册　一函

　　　正文半葉行字不等,黑口,雙黑魚尾,四周雙邊。

　　　內封牌記鎸"欽天監欽遵御製數理精蘊印造時憲書頒行天下"。

1540　　　　　　　　　　　　　SG372/10－11

大清光緒十三年歲次丁亥時憲書一卷

　清光緒十二年(1886)刻朱墨套印本

　　一册　一函

　　　正文半葉行字不等,黑口,雙黑魚尾,四周雙邊。

　　　內封牌記鎸"欽天監欽遵御製數理精蘊印造時憲書頒行天下"。

　　　鈐"欽天監時憲書之印"滿漢文印。

1541　　　　　　　　　　　　　SG372/10－2

大清光緒十五年歲次己丑時憲書一卷

　清光緒十四年(1888)刻朱墨套印本

　　一册　一函

　　　正文半葉行字不等,黑口,雙黑魚尾,四周雙邊。

　　　內封牌記鎸"欽天監欽遵御製數理精蘊印造時憲書頒行天下"。

　　　鈐"欽天監時憲書之印"滿漢文印。

1542　　　　　　　　　　　　　SG372/10－5

大清光緒二十年歲次甲午時憲書一卷

　清光緒十九年(1893)刻朱墨套印本

　　一册　一函

　　　正文半葉行字不等,黑口,雙黑魚尾,四

周雙邊。

墨筆題"民國二十二年七月十一日購於漢上　越然先生惠存　弟歐陽蟾園寄贈"。鈐"欽天監時憲書之印"滿漢文印及"歐陽蟾園"印。

1543　　　　　　　　　　SG372/10－7

大清光緒二十六年歲次庚子時憲書一卷

清光緒二十五年(1899)刻朱墨套印本

一册　一函

正文半葉行字不等,黑口,雙黑魚尾,四周雙邊。

内封牌記鐫"欽天監欽遵御製數理精蘊印造時憲書頒行天下"。

鈐"欽天監時憲書之印"滿漢文印。

1544　　　　　　　　　　SG372/10－13

大清光緒二十七年歲次辛丑時憲書一卷

清光緒二十六年(1900)刻朱墨套印本

一册　一函

正文半葉行字不等,黑口,雙黑魚尾,四周雙邊。

内封牌記鐫"欽天監欽遵御製數理精蘊印造時憲書頒行天下"。與《大清光緒二十八年七政經緯躔度時憲書》合函。

鈐"欽天監時憲書之印"滿漢文印及"曾留吳興周氏言言齋""周越然"諸印。

1545　　　　　　　　　　SG372/10－1

大清光緒二十八年歲次壬寅時憲書一卷

清光緒二十七年(1901)刻朱墨套印本

一册　一函

正文半葉行字不等,黑口,雙黑魚尾,四周雙邊。

内封牌記鐫"欽天監欽遵御製數理精蘊印造時憲書頒行天下"。

鈐"欽天監時憲書之印"滿漢文印及"曾留吳興周氏言言齋""周越然""越然""吳興"諸印。

1546　　　　　　　　　　SG372/10－12

大清光緒二十八年七政經緯躔度時憲書一卷

清光緒二十七年(1901)刻朱墨套印本

一册　與《大清光緒二十七年歲次辛丑時憲書》合函

正文半葉行字不等,黑口,雙黑魚尾,四周雙邊。

内封牌記鐫"欽天監欽遵御製數理精蘊印造時憲書頒行天下"。

鈐"欽天監時憲書之印"滿漢文印。

1547　　　　　　　　　　SG372/10－8

大清光緒三十年歲次甲辰時憲書一卷

清光緒二十九年(1903)刻朱墨套印本

一册　一函

正文半葉行字不等,黑口,雙黑魚尾,四周雙邊。

内封牌記鐫"欽天監欽遵御製數理精蘊印造時憲書頒行天下"。

鈐"欽天監時憲書之印"滿漢文印及"曾留吳興周氏言言齋""周越然""越然""吳興"諸印。

子　部

1548　　　　　　　　　　　　SG372/10-6

大清光緒三十年歲次甲辰時憲書一卷

　　清光緒二十九年(1903)刻朱墨套印本
　　一册　一函

　　正文半葉行字不等，黑口，雙黑魚尾，四周雙邊。

　　內封牌記鎸"欽天監欽遵御製數理精蘊印造時憲書頒行天下"。

1549　　　　　　　　　　　　SG372/10-4

大清光緒三十一年歲次乙巳時憲書一卷

　　清光緒三十年(1904)刻朱墨套印本
　　一册　一函

　　正文半葉行字不等，黑口，雙黑魚尾，四周雙邊。

　　內封牌記鎸"欽天監欽遵御製數理精蘊印造時憲書頒行天下"。

　　鈐"欽天監時憲書之印"滿漢文印及"曾留吳興周氏言言齋""周越然""越然"諸印。

1550　　　　　　　　　　　　SG372/10-9

大清光緒三十二年歲次丙午時憲書一卷

　　清光緒三十一年(1905)刻朱墨套印本
　　一册　一函

　　正文半葉行字不等，黑口，雙黑魚尾，四周雙邊。

　　內封牌記鎸"欽天監欽遵御製數理精蘊印造時憲書頒行天下"。

　　鈐"欽天監時憲書之印"滿漢文印及"曾留吳興周氏言言齋""周越然""越然""吳興""松筠閣"諸印。

1551　　　　　　　　　　　　SG372/10

大清光緒三十三年歲次丁未時憲書一卷

　　清光緒三十二年(1906)刻朱墨套印本
　　一册　一函

　　正文半葉行字不等，黑口，雙黑魚尾，四周雙邊。

　　內封牌記鎸"欽天監欽遵御製數理精蘊印造時憲書頒行天下"。

　　鈐"欽天監時憲書之印"滿漢文印及"曾留吳興周氏言言齋""越然"諸印。

1552　　　　　　　　　　　　SG372/10-3

大清光緒三十四年歲次戊申時憲書一卷

　　清光緒三十三年(1907)刻朱墨套印本
　　一册　一函

　　正文半葉行字不等，黑口，雙黑魚尾，四周雙邊。

　　內封牌記鎸"欽天監欽遵御製數理精蘊印造時憲書頒行天下"。

　　鈐"欽天監時憲書之印"滿漢文印及"曾留吳興周氏言言齋""周越然""吳興"諸印。

1553　　　　　　　　　　　　SG372/2

大清宣統二年歲次庚戌時憲書一卷

　　清宣統元年(1909)刻朱墨套印本
　　一册　一函

　　正文半葉行字不等，黑口，雙黑魚尾，四周雙邊。

　　內封牌記鎸"欽天監欽遵御製數理精蘊印造時憲書頒行天下"。

　　鈐"欽天監時憲書之印"滿漢文印及

"國立北平研究院史學研究會章"印。

1554　　　　　　　　　　　　SG372/9

大清宣統二年歲次庚戌時憲書一卷

　　清宣統元年（1909）刻朱墨套印本

　　一册　一函

　　　正文半葉行字不等，黑口，雙黑魚尾，四周雙邊。

　　　内封牌記鎸"欽天監欽遵御製數理精蘊印造時憲書頒行天下"。與《大清宣統三年歲次辛亥時憲書》《大清宣統四年歲次壬子時憲書》合函。

　　　鈐"欽天監時憲書之印"滿漢文印及"曾留吳興周氏言言齋""越然"諸印。

1555　　　　　　　　　　　　SG372/9

大清宣統三年歲次辛亥時憲書一卷

　　清宣統二年（1910）刻朱墨套印本

　　一册　與《大清宣統二年歲次庚戌時憲書》《大清宣統四年歲次壬子時憲書》合函

　　　正文半葉行字不等，黑口，雙黑魚尾，四周雙邊。

　　　内封牌記鎸"欽天監欽遵御製數理精蘊印造時憲書頒行天下"。

　　　鈐"欽天監時憲書之印"滿漢文印。

1556　　　　　　　　　　　　SG372/9

大清宣統四年歲次壬子時憲書一卷

　　清宣統三年（1911）刻朱墨套印本

　　一册　與《大清宣統二年歲次庚戌時憲書》《大清宣統三年歲次辛亥時憲書》合函

　　　正文半葉行字不等，黑口，雙黑魚尾，四周雙邊。

　　　内封牌記鎸"欽天監欽遵御製數理精蘊印造時憲書頒行天下"。

　　　鈐"欽天監時憲書之印"滿漢文印。

算書之屬

1557　　　　　　　　　　　　SG373/35

幾何原本六卷首一卷

　　（意大利）利瑪竇口譯　（明）徐光啟筆受

　　明萬曆三十五年（1607）刻三十九年（1611）重修本

　　二册　一函

　　　正文半葉十行二十二字，白口，單黑魚尾，左右雙邊。

　　　鈐"毛準""毛子水"印。

1558　　　　　　　　　　　　SG373/21

句股引蒙一卷附象限線度一卷

　　（清）陳訏輯

　　清康熙六十一年（1722）海昌陳氏刻本

　　一册　一函

　　　正文半葉十行二十字，小字雙行同，黑口，單黑魚尾，左右雙邊。

　　　正文前有墨筆抄配陳訏序言。鈐"吳士鑑讀書記"印。

1559　　　　　　　　　　　SG37/14

兼濟堂纂刻梅勿菴先生曆算全書二十八種七十四卷

（清）梅文鼎撰　魏荔彤輯

清雍正栢鄉魏氏兼濟堂刻本

二十六册　三函　存十九種二十九卷

（冬至攷一卷,諸方節氣加時日軌高度表一卷,方圓冪積一卷,幾何補編四卷、補遺一卷,揆日候星紀要一卷,歲周地度合攷一卷,授時平立定三差詳說一卷,曆學答問一卷,古算衍略一卷,觧八線割圓之根一卷,曆學疑問一卷,塹堵測量二卷,弧三角舉要五卷,五星紀要一卷,火星本法一卷,七政細草補註一卷,度算釋例二卷,仰儀簡儀二銘補註一卷,曆學駢枝一卷）

正文半葉十一行二十四字,小字雙行同,白口,單黑魚尾,無界行,四周雙邊。

術數類

陰陽五行之屬

1560　　　　　　　　　　　SG3103/92

選擇叢書集要五種二十九卷

（明）江之棟輯

清康熙三十九年（1700）吳氏刻朱墨套印本

五册　一函

正文半葉十行二十二字，白口，無魚尾，四周單邊。

內封鐫"康熙三十九年庚辰重鐫　五要奇書　古歙豐南吳氏藏板"。版心上鐫"尚白齋藏板"。

圖表朱墨套印。鈐"尚白堂""雲漢天章""翻刻必究"印。

　元經十卷　（晋）郭璞撰　趙載注
　尅擇璇璣經集註一卷　（晋）趙載撰　（明）吳公遂輯
　陽明按索圖五卷附按索圖星煞考註補　（明）陳復心撰　陳漢卿補注
　佐玄直指圖解十卷　（明）劉基撰
　陰陽寶海三元玉鏡奇書三卷　（元）釋幕講集

1561　　　　　　　　　　SG3103/108

陰陽五要奇書五種

（明）江之棟輯

清乾隆五十五年（1790）樂真堂刻本

六册　一函

正文半葉十行二十二字，白口，單黑魚尾，左右雙邊。

內封鐫"乾隆庚戌年重刊　陰陽五要奇書　板藏姑蘇胥門外樂真堂"。版心下鐫"樂真堂"。

　郭氏元經十卷　（晋）郭璞撰
　璇璣經不分卷　（晋）趙載撰
　陽明按索五卷　（明）陳復心撰
　佐元直指九卷　（明）劉基撰
　三白寶海三卷　（元）釋幕講撰

1562　　　　　　　　　　SG3103/82

大六壬兵帳勾玄一卷

（明）劉基集釋

清順治元年至康熙十年（1644-1671）抄本

一册　一函

正文半葉八行字數不等，無欄格。

鈐"豐華堂書庫寶藏印"印。

1563　　　　　　　　　　SG3103/6

欽定協紀辨方書三十六卷

（清）允祿　李廷耀等纂

清乾隆六年(1741)武英殿刻朱墨套印本

十五册　二函　存十五卷(一至十五)

正文半葉九行二十字,白口,單黑魚尾,四周雙邊。

鈐"所寶惟賢""乾隆御筆"印。

1564　　　　　又一部　　SG3103/6

欽定協紀辨方書三十六卷

(清)允祿　李廷耀等纂

清乾隆六年(1741)武英殿刻朱墨套印本

十五册　二函　存十五卷(一至十五)

正文半葉九行二十字,白口,單黑魚尾,四周雙邊。

鈐"所寶惟賢""乾隆御筆"印。

數學之屬

1565　　　　　　　　SG3103/96

元包經傳五卷

(北周)衛元嵩撰　(唐)蘇源明傳　李江注

明嘉靖至萬曆刻本

一册　一函

正文半葉八行十六字,小字雙行同,白口,單白魚尾,四周單邊。

版心下鐫"郭完刊""姜培刊""余堂刊"等。

1566　　　　　　　　SG3103/88

康節先生觀物篇解六卷

(宋)祝泌撰

清康熙抄本

六册　一函

正文半葉十行二十二字,小字雙行同,白口,無魚尾,左右雙邊。

又名《祝氏泌鉗》。卷端、版心上題"祝氏泌鉗",卷端下題"康節先生觀物篇解",版心中題"觀物篇解"。卷六爲《聲音韻譜》。

1567　　　　　　　　SG3103/74

洪範九疇數三卷附洪範疇解

(宋)蔡沈撰　(明)熊宗立解

清雍正元年(1723)刻本

三册　一函

正文半葉十一行二十字,白口,無魚尾,四周單邊。

1568　　　　　　　　SG3103/101

皇極經世書發明十二卷首一卷

(宋)邵雍撰　(清)劉紹攽注

清乾隆三十五年(1770)刻本

八册　一函

正文半葉十一行二十二字,白口,單黑魚尾,四周雙邊。

鈐"百歲堂"印。

1569　　　　　　　　SG3103/81

形氣元珠六卷

(清)許坤撰　王亨校

清乾隆四十九年(1784)花溪順備堂刻本

六册　一函

正文半葉九行二十一字,黑口,單黑魚尾,左右雙邊。

內封鐫"乾隆甲辰新鐫 同學參較 形氣元珠 花溪順備堂藏板"。

稀見。鈐"豐華堂書庫寶藏印"印。

占候之屬

1570　　　　　　　　　　SG371/20

觀象玩占十卷

（唐）李淳風撰

明萬曆三十六年至崇禎十七年（1608－1644）抄本

十冊　二函

正文半葉十四行三十二字或不等,素紙。

鈐"小長蘆"印。

1571　　　　　　　　　SG371/20－1

觀象玩占二十卷

（唐）李淳風撰

明萬曆三十六年至崇禎十七年（1608－1644）抄本

十冊　二函

正文半葉十行字數不等,素紙。

卷末題"明顧英白先生重較正　硃筆點定合敘目共五百二十九葉全"。

1572　　　　　　　　　　SG3103/69

象類不分卷

佚名撰

明抄本

七冊　一函

正文半葉十行二十三字或不等,白口,單藍魚尾,藍格,四周雙邊。

1573　　　　　　　　　　SG3103/39

天元玉曆祥異賦不分卷

（明）仁宗朱高熾撰

明洪熙元年（1425）至明末抄本

十冊　二函

正文半葉兩節版,上節彩圖,下節十一行九字至十三字不等,白口,單藍魚尾,藍格,四周雙邊,白綿紙。

1574　　　　　　　　　　SG371/18

大明天元玉曆祥異圖說七卷

（明）佚名撰

明萬曆四十七年（1619）余文龍刻本

四冊　一函

正文半葉兩節版,上節繪圖,下節九行十一字,白口,單黑魚尾,四周單邊。

稀見。清乾隆時列入《全毀書目》《應毀書目》《應繳違礙書籍目錄》。鈐"文孟""德榮文""古香樓""休寧汪季青家藏書籍"諸印。

1575　　　　　　　　　　SG3103/1

焦氏易林十六卷

（漢）焦贛撰　（明）鍾惺評

明天啓六年（1626）唐瑜、唐琳刻本

四冊　一函

正文半葉九行二十字，白口，無魚尾，四周單邊。

相宅相墓之屬

1576　　　　　　　　　　SG3103/1－1

焦氏易林十六卷

（漢）焦贛撰　（明）鍾惺評

清初刻本

四册　一函

正文半葉九行二十字，白口，單白魚尾，左右雙邊。

眉上鎸評。

1577　　　　　　　　　　SG371/14

管窺輯要八十卷

（清）黄鼎纂輯

清順治十二年（1655）刻本

二十册　二函

正文半葉九行十九字，白口，單黑魚尾，四周雙邊。

1578　　　　又一部　SG371/15

管窺輯要八十卷

（清）黄鼎纂輯

清順治十二年（1655）刻本

十六册　二函

正文半葉九行十九字，白口，單黑魚尾，四周雙邊。

鈐"爕廷氏玩"印。

1579　　　　　　　　　　SG46/72

葬書内外篇不分卷

（晋）郭璞撰　（元）吴澄刪定

清道光十五年（1835）刻本

二册　與《孝經註釋》《學言稿》合函

正文半葉八行二十一字，花口，單黑魚尾，左右雙邊。

内封鎸"道光十五年新鎸　吴草廬先生原本　葬書　本家藏板"。

1580　　　　　　　　　　SG3103/75

重訂相宅造福全書二卷附擇日記全一卷

（明）黄一鳳撰　龔居中增補

明崇禎二年（1629）刻本

四册　一函

正文半葉九行十八字，白口，無魚尾，無界行，四周單邊。

稀見。

1581　　　　　　　　　　SG3103/41

地理參贊玄機仙婆集十三卷

（明）張鳳鳴輯　張希堯參補

明萬曆熊體忠刻本

十二册　二函

正文半葉十行二十二字，白口，單黑魚尾，四周單邊。

序後鎸"閩書林雲濱熊體忠重刻行"。

1582　　　　　　　　　　SG3103/90

堪輿隨筆不分卷

抄本

四册　一函

　　正文半葉十一行字數不等,小字雙行字數不等,白口,無魚尾,藍格,四周單邊。金鑲玉。

　　有朱筆句讀。鈐"義林"印。

占卜之屬

1583　　　　　　　　　　SG3103/94

易林元籥四卷

（漢）焦贛撰　（明）盛如林編注

附易林元籥十測一卷

（明）盛如林纂著

明崇禎刻本

四册　一函

　　正文半葉九行二十二字,小字雙行同,白口,單黑魚尾,四周單邊。

　　鈐"稷書館""士穎"印。

1584　　　　　　　　　　SG33/71

武侯奇門遁甲全書六卷首一卷

（唐）李筌　諸葛純注

增補奇門遁甲全書一卷

（清）張問陶注

清同治至宣統抄本

八册　二函

　　正文半葉九行二十一字,白口,單黑魚尾,四周雙邊。

1585　　　　　　　　　　SG3103/102

寶顔堂訂正丙丁龜鑑六卷

（宋）柴望輯

明萬曆刻本

二册　一函

　　正文半葉八行十八字,小字雙行同,白口,單黑魚尾,四周單邊。

　　卷末抄補太祖皇帝、宣宗皇帝、憲宗皇帝、世宗皇帝、神宗皇帝（萬曆三十四年、三十五年）内容。書簽墨筆題"壬子新正初八日以洋圓購於廠肆　翊平誌"。

　　鈐"三韓張氏文治之圖記""三韓張氏文治字翊平庚子後收藏金石書畫印""毛準""子水""毛子水藏"諸印。

1586　　　　　　　　　　SG371/13

太乙統宗寶鑑二十卷

（元）曉山老人撰

清同治至宣統抄本

四册　一函

　　正文半葉八行二十四字,無欄格。

　　版心鎸"太乙統宗寶鑑"。

1587　　　　　　　　　　SG371/13

太乙統宗寶鑑二十四卷

（元）曉山老人撰

清同治至宣統抄本

十四册　一函

　　正文半葉八行二十四字,無界行。

　　卷端和版心鎸"太乙統宗寶鑑"。

1588　　　　　　　　　　　　　SG3103/97
鼎鍥卜筮鬼谷源流斷易天機大全三卷首一卷

　明萬曆至崇禎刻本
　三册　一函
　　正文半葉十一行三十二字，小字雙行字數不等，白口，無魚尾，四周單邊。
　　有圖。稀見。

1589　　　　　　　　　　　　　SG12/65
斷易黃金策九卷

　（明）劉基撰　（清）姚際隆刪補
　清康熙致和堂刻本
　八册　一函
　　正文半葉八行二十字，小字雙行同，白口，單黑魚尾，四周單邊。金鑲玉。
　　内封鎸"易理天機　黃金策　占卜斷驗如神　致和堂梓行"。

1590　　　　　　　　　　　　　SG3103/84
重刊人子須知資孝地理心學統宗三十九卷

　（明）徐善繼　徐善述撰
　明萬曆刻本
　二十五册　五函
　　正文半葉十行二十一字，白口，單黑魚尾，左右雙邊或四周雙邊。

1591　　　　　　　　　　　　　SG12/113
易冒十卷

　（清）程良玉撰　胡介定
　清康熙三年（1664）蟾谿草堂刻本
　八册　一函
　　正文半葉九行二十字，白口，單黑魚尾，四周單邊。
　　鈐"尚志堂"諸印。

藝術類

書畫之屬

總　論

1592　　　　　　　　　　　SG381/139
圖畫見聞誌六卷
（宋）郭若虛撰　（明）毛晉訂
明崇禎毛晉汲古閣刻本
四册　一函
　　正文半葉八行十九字，小字雙行同，白口，無魚尾，左右雙邊。
　　版心下鐫"汲古閣"。《津逮祕書》之一。
　　鈐"毘陵張氏圖籍"印。

1593　　　　　　　　　　　SG381/260
鐵網珊瑚書品十卷畫品六卷
（明）朱存理集錄
清雍正六年（1728）年希堯澄鑒堂刻本
十六册　四函
　　正文半葉十行二十一字，白口，單黑魚尾，左右雙邊。
　　內封鐫"欣賞齋原編　鐵網珊瑚　澄鑒堂藏板"。
　　鈐"欽訓堂書畫記""陳慶龢印""松穆"諸印。

1594　　　　　又一部　SG418/205
鐵網珊瑚書品十卷畫品六卷
（明）朱存理集錄
清雍正六年（1728）年希堯澄鑒堂刻本
十六册　二函
　　正文半葉十行二十一字，白口，單黑魚尾，左右雙邊。

1595　　　　　　　　　　　SG381/96
畫禪室隨筆四卷
（明）董其昌撰　楊補編次
清乾隆至嘉慶刻本
二册　一函
　　正文半葉八行十八字，白口，雙黑魚尾，左右雙邊。
　　內封鐫"書禪室隨筆　挹藻堂藏板"。

1596　　　　　　　　　　SG381/98－1
董文敏公畫禪隨筆四卷
（明）董其昌撰　（清）汪汝祿編次
清康熙十七年（1678）刻乾隆十八年（1753）重修本

四册　一函

正文半葉八行十九字,白口,無魚尾,四周單邊。金鑲玉。

内封鎸"乾隆十八年重鎸　董思白先生真稿　畫禪隨筆"。

1597　　　　　　　　　　　SG381/126/A
庚子銷夏記八卷

(清)孫承澤撰

清乾隆二十六年(1761)鮑廷博刻本

四册　一函

正文半葉十行二十字,黑口,雙黑魚尾,左右雙邊。

1598　　　　　　　　　　　SG381/125
江邨銷夏錄三卷

(清)高士奇輯

清康熙三十二年(1693)刻本

四册　一函

正文半葉九行十八字,小字雙行同,黑口,雙黑魚尾,左右雙邊。金鑲玉。

内封鎸"江邨書畫銷夏錄　寶芸堂藏板"。

目錄爲抄配。

1599　　　　　　　　　　　SG381/3
江邨銷夏錄三卷

(清)高士奇輯

清康熙三十二年(1693)刻本

三册　一函

正文半葉九行十八字,小字雙行同,黑口,雙黑魚尾,左右雙邊。

版心鎸"江邨銷夏錄"。

鈐"兆燕私印"印。

1600　　　　　　　　　　　SG38/8
佩文齋書畫譜一百卷

(清)孫岳頒　宋駿業等輯

清康熙四十七年(1708)揚州詩局刻本

六十四册　八函

正文半葉十一行二十一字,小字雙行同,白口,單黑魚尾,左右雙邊。

内封鎸"賜板通行　欽定佩乂齋書畫譜　靜永堂藏"。

1601　　　　　　　　　　　SG23/260
佩文齋書畫譜一百卷

(清)孫岳頒　宋駿業等輯

清康熙内府刻本

三十二册　八函

正文半葉十一行二十一字,小字雙行字數不等,白口,單黑魚尾,左右雙邊。

内封鎸"御賜原板　康熙四十八年欽定佩文齋書畫譜　靜永堂藏"。

鈐"文鉷私印""蘆汀"印。

1602　　　　　　又一部　SG23/260
佩文齋書畫譜一百卷

(清)孫岳頒　宋駿業等輯

清康熙内府刻本

六十四册　八函

正文半葉十一行二十一字,小字雙行字數不等,白口,單黑魚尾,左右雙邊。

内封鎸"御賜原板　康熙四十八年

欽定佩文齋書畫譜　靜永堂藏"。

1603　　　　　　　　　　　　SG38/39
詩詞書畫四品不分卷
（清）夾雜生硬氏錄
清光緒三十四年（1908）抄本
一册　一函
　　正文半葉八行二十字，白口，單紅魚尾，四周雙邊，朱絲欄。

題　跋

1604　　　　　　　　　　　　SG418/346
元豐題跋一卷水心題跋一卷後村題跋四卷止齋題跋二卷魏公題跋一卷海岳題跋一卷
（宋）曾鞏　葉適　劉克莊　陳傅良　蘇頌　米芾撰　（明）毛晉訂
明崇禎毛晉汲古閣刻本
一册　一函
　　正文半葉八行十九字，花口，無魚尾，左右雙邊。
　　版心下鐫"汲古閣"。《津逮祕書》之一。

1605　　　　　　　　　　　　SG418/346
元豐題跋一卷水心題跋一卷後村題跋四卷止齋題跋二卷魏公題跋一卷海岳題跋一卷容齋題跋二卷
（宋）曾鞏　葉適　劉克莊　陳傅良　蘇頌　米芾　洪邁撰　（明）毛晉訂
明崇禎毛晉汲古閣刻本
三册　一函

　　正文半葉八行十九字，花口，無魚尾，左右雙邊。
　　版心下鐫"汲古閣"。《津逮祕書》之一。

1606　　　　　　　　　　　　SG418/352
六一題跋十一卷
（宋）歐陽修撰　（明）毛晉訂
明崇禎毛晉汲古閣刻本
三册　一函
　　正文半葉八行十九字，小字雙行同，白口，無魚尾，左右雙邊。
　　版心下鐫"汲古閣"。《津逮祕書》之一。

1607　　　　　　　　　　　　SG418/403
汲古閣輯宋二十家題跋七十六卷
（宋）黃庭堅撰　（明）毛晉訂
明崇禎毛晉汲古閣刻本
十二册　三函　缺四家十三卷（東坡題跋六卷、後村題跋四卷、海岳題跋一卷、益公題跋一至二）
　　正文半葉八行十九字，白口，無魚尾，左右雙邊。
　　版心下鐫"汲古閣"。《津逮祕書》第十二集和第十三集，共二十家。
　　鈐"季振宜藏書""滄葦""御史之章"印。
　　六一題跋十一卷　（宋）歐陽修撰
　　石門題跋二卷　（宋）釋德洪撰
　　西山題跋三卷　（宋）真德秀撰
　　放翁題跋六卷　（宋）陸游撰

姑溪題跋二卷　（宋）李之儀撰
無咎題跋一卷　（宋）晁補之撰
宛丘題跋一卷　（宋）張耒撰
淮海題跋一卷　（宋）秦觀撰
鶴山題跋七卷　（宋）魏了翁撰
山谷題跋九卷　（宋）黃庭堅撰
元豐題跋一卷　（宋）曾鞏撰
水心題跋一卷　（宋）葉適撰
止齋題跋二卷　（宋）陳傅良撰
魏公題跋一卷　（宋）蘇頌撰
容齋題跋二卷　（宋）洪邁撰
晦菴題跋三卷　（宋）朱熹撰
益公題跋十二卷　（宋）周必大撰

1608　　　　　　　　　　　SG418/351
益公題跋十二卷
（宋）周必大撰　（明）毛晉訂
明崇禎毛晉汲古閣刻本
三册　一函
　正文半葉八行十九字，白口，無魚尾，左右雙邊。
　版心下鐫"汲古閣"。《津逮祕書》之一。

1609　　　　　　　　　　　SG45/202
放翁題跋六卷
（宋）陸游撰　（明）毛晉訂
明崇禎毛晉汲古閣刻本
二册　一函
　正文半葉八行十九字，白口，無魚尾，左右雙邊。
　版心下鐫"汲古閣"。《津逮祕書》之一。
　劉半農墨筆題籤。鈐"含輝堂寶""江陰劉氏""劉""復"諸印。

1610　　　　　　　　　　　SG210/170
廣川書跋十卷
（宋）董逌撰　（明）毛晉訂
明崇禎毛晉汲古閣刻本
六册　一函
　正文半葉八行十九字，白口，無魚尾，左右雙邊。
　版心下鐫"汲古閣"。《津逮祕書》之一。
　鈐"琪園李鐸收藏圖書記"印。

書法書品

1611　　　　　　　　　　　SG311.3/54
書品二卷
（南朝梁）庾肩吾撰　（明）王子逸校
明萬曆繡水沈氏刻本
與《筆疇》合册　合函
　正文半葉八行十八字，小字雙行同，白口，無魚尾，四周單邊。
　正文卷端題名"陳眉公重訂書品"。《寶顏堂祕笈》之一。

1612　　　　　　　　　　　SG38/19
墨池編二十卷
（宋）朱長文纂次
附印典八卷
（清）朱象賢編
清雍正十一年(1733)就閒堂刻乾隆印本
十四册　三函

正文半葉十一行二十一字,細黑口,雙黑魚尾,左右雙邊。

內封鎸"家藏正本　墨池編　就閒堂雕板"。

1613　　　　　又一部　SG38/19-1

墨池編二十卷

（宋）朱長文纂次

附印典八卷

（清）朱象賢編

清雍正十一年（1733）就閒堂刻乾隆印本

十二册　二函

正文半葉十一行二十一字,細黑口,雙黑魚尾,左右雙邊。金鑲玉。

內封鎸"家藏正本　墨池編　就閒堂雕板"。

1614　　　　　又一部　SG38/19-1

墨池編二十卷

（宋）朱長文纂次

附印典八卷

（清）朱象賢編

清雍正十一年（1733）就閒堂刻乾隆印本

十二册　三函

正文半葉十一行二十一字,細黑口,雙黑魚尾,左右雙邊。金鑲玉。

內封鎸"家藏正本　墨池編　就閒堂雕板"。

1615　　　　　　　　SG112.2/59

草韻彙編二十六卷

（清）陶南望輯

清乾隆二十年（1755）南村草堂刻本

二十册　五函

正文半葉行字不等,白口,無魚尾,四周單邊。金鑲玉。

內封鎸"上海陶遜亭編輯　艸韻彙編　南村草堂藏板"。

書衣鈐"字緯昌號亮沙道號峻軒別號建庵"印。

1616　　　　　　　　SG2104/5

蘇米齋蘭亭考八卷

（清）翁方綱撰

清嘉慶八年（1803）翁方綱刻本

二册　一函

正文半葉十行二十四字,白口,單黑魚尾,四周雙邊。

書末鎸"羊城西湖街六書齋刊刻"。

鈐"留垞""讀常見書之室"印。

1617　　　　　　　　SG381/216

草聖彙辯不分卷

（清）白芬彙編　蕭起元點定　張能鱗選考　朱宗文摹辯

清順治九年（1652）刻乾隆四十二年（1777）重修本

四册　一函

正文半葉行字不等,白口,無魚尾,四周單邊。

內封鎸"朱迦陵先生手摹　草聖彙辯　草訣百韻附後　乾隆丁酉重修　武原尚德堂藏板"。

鈐"玉峰武陵觀復堂珍藏印""鄭振家

印"印。

法　帖

1618　　　　　　　　　　SG381/283
歷代帝王法帖釋文考異十卷
（明）顧從義撰　吳之芳編次
明末香雪齋刻本
二册　一函
　　正文半葉九行十九字，白口，單黑魚尾，四周單邊。
　　內封及卷首版心下鐫"香雪齋藏板"。

1619　　　　　　　　　　SG381/177
淳化秘閣法帖考正十二卷附二卷
（清）王澍詳定　汪玉球參正
清乾隆翻刻雍正間詩鼎齋刻本
四册　一函
　　正文半葉十行十八字，白口，單黑魚尾，左右雙邊。
　　卷十末鐫"吳郡弘文雨相仿宋本書"，卷十二末鐫"宛陵劉茂生鐫據"。版心下鐫"詩鼎齋"。
　　鈐"臨邛李氏金石"印。

1620　　　　　　又一部　SG381/13
淳化秘閣法帖考正十二卷
（清）王澍詳定　汪玉球參正
清乾隆翻刻雍正間詩鼎齋刻本
三册　一函
　　正文半葉十行十八字，白口，單黑魚尾，左右雙邊。
　　版心下鐫"詩鼎齋"。

1621　　　　　　　　　　SG381/284
淳化秘閣法帖考正十卷附二卷
（清）王澍撰　陳焯校畫　沈宗騫臨帖
淳化閣帖釋文二卷
（清）沈宗騫校定　溫本謙校刊
清乾隆三十三年（1768）冰壺閣刻本
八册　二函
　　正文半葉九行十八字，白口，無魚尾，左右雙邊。
　　內封鐫"乾隆戊子年鐫　王箬林先生著　淳化閣帖攷正　蘭言齋藏板"。

畫法畫品

1622　　　　　　　　　　SG38/5-1
清河書畫舫十二卷
（明）張丑撰
清刻本
十一册　二函
　　正文半葉八行二十二字，白口，雙黑魚尾，左右雙邊。
　　內封鐫"張米菴先生著　清河書畫舫　池北草堂開雕"。

1623　　　　　　　　　　SG381/134
無聲詩史七卷
（清）姜紹書撰
清康熙五十九年（1720）李光暎觀妙齋刻

本

四册　一函

正文半葉八行十七字，黑口，單黑魚尾，左右雙邊。

目録末鎸"嘉興夏舜臣鎸"。

鈐"言齋藏書""彊學齋""六賦齋""韓十三郎"諸印。

1624　　又一部　SG381/134

無聲詩史七卷

(清)姜紹書撰

清康熙五十九年(1720)李光暎觀妙齋刻本

三册　一函

正文半葉八行十七字，黑口，單黑魚尾，左右雙邊。

目録末鎸"嘉興夏舜臣鎸"。

鈐"甘氏藏書""南樓""澹園""雙桐書屋""學蓮""賀瑗之印""仲肅""陽湖陶氏涉園所有書籍之記""陶湘私印""蘭泉""李光暎印""子中"諸印。

畫　譜

1625　　SG381/83－1

圖繪寶鑑八卷補遺一卷

(元)夏文彥纂　(清)藍瑛　謝彬重訂

清康熙借綠草堂刻本

四册　一函

正文半葉九行二十字，白口，單黑魚尾，左右雙邊。

内封鎸"圖繪寶鑑　借綠草堂梓"。版心下鎸"借綠草堂"。

1626　　又一部　SG381/83

圖繪寶鑑八卷補遺一卷

(元)夏文彥纂　(清)藍瑛　謝彬重訂

清康熙借綠草堂刻本

六册　一函

正文半葉九行二十字，白口，單黑魚尾，左右雙邊。

内封鎸"圖繪寶鑑　借綠草堂梓"。版心下鎸"借綠草堂"。

1627　　又一部　SG381/83A

圖繪寶鑑八卷補遺一卷

(元)夏文彥纂　(清)藍瑛　謝彬重訂

清康熙借綠草堂刻本

四册　一函

正文半葉九行二十字，白口，單黑魚尾，左右雙邊。

内封鎸"武林藍田叔謝文侯二先生鑒定　圖繪寶鑑　芸香書屋汪宅發兌住杭城菜市馬所巷内"。

1628　　SG38/11

圖繪宗彝八卷

(明)楊爾曾輯

明萬曆三十五年(1607)刻本

三册　一函

正文半葉十行二十四字，白口，無魚尾，四周單邊。

1629　　　　　　　　　　SG381/286

畫史會要五卷

（明）朱謀垔撰　（清）朱統鉡重校

明崇禎刻清初朱統鉡重修本

九册　一函

正文半葉十行二十字,黑口,單黑魚尾,左右雙邊。

鈐"抱經樓"印。

1630　　　　　　　　　　SG381/184/A

劉雪湖梅譜二卷

（明）劉世儒撰

明萬曆二十三年(1595)刻本

四册　一函

正文半葉十一行二十字,白口,單黑魚尾,四周雙邊。

内封鐫"會稽鍾式林訂　劉雪湖梅譜　墨妙山房藏板"。

1631　　　　　　　　　　SG381/30

黄氏畫譜八種八卷

（明）黄鳳池輯

明萬曆四十八年至天啓七年(1620－1627)清繪齋暨集雅齋刻本

八册　一函

正文爲圖,白口,無魚尾,四周單邊。

内封鐫"集雅齋藏板""清繪齋藏板"。《新鐫七言唐詩畫譜》首圖左下鐫"劉次泉刻"。

新鐫五言唐詩畫譜一卷

新鐫六言唐詩畫譜一卷

新鐫七言唐詩畫譜一卷

唐解元仿古今畫譜一卷

新鐫草木花詩譜一卷

新鐫梅花竹蘭菊四譜一卷

新鐫木本花鳥譜一卷

張白雲選名公扇譜一卷

1632　　　　　　　　　　SG381/72

十竹齋書畫譜十六卷

（明）胡正言輯

清道光至清末翻刻胡氏十竹齋多色套印本

十六册　一函

正文爲圖,白口,無魚尾,左右雙邊。

1633　　　　　　　　　　SG381/27－5

芥子園畫傳二集八卷

（清）王槩　王蓍　王臬輯

清康熙四十年(1701)芥子園甥館刻多色套印本

一册　一函

正文半葉九行二十字,白口,無魚尾,四周單邊。

鈐"芥子園甥館珍藏""陳梯雲印"諸印。

1634　　　　　　　　　　SG381/27

芥子園畫傳二集八卷

（清）王槩　王蓍　王臬輯

清乾隆四十七年(1782)金閶書業堂刻多色套印本

四册　一函

正文半葉九行二十字,白口,無魚尾,四

周單邊。

內封鐫"宇内諸名家合訂　繡水王宓草安節司宜摹古　芥子園畫傳二集"。菊譜卷末鐫"乾隆壬寅仲春金閶書業堂重鐫珍藏"。據清康熙四十年（1701）芥子園甥館刻本重鐫。

1635　　　又一部　SG381/26-4
芥子園畫傳二集八卷
（清）王槩　王蓍　王臬輯
清乾隆四十七年（1782）金閶書業堂刻多色套印本
四册　一函
正文半葉九行二十字，白口，無魚尾，四周單邊。
目錄末鐫"乾隆壬寅仲春月金閶書業堂重鐫珍藏"。據清康熙四十年（1701）芥子園甥館刻本重鐫。

1636　　　　　　　　SG381/195
晚笑堂竹莊畫傳不分卷
（清）上官周撰并繪圖
清乾隆八年（1743）刻本
二册　一函
正文半葉十二行二十二字，白口，單黑魚尾，左右雙邊。
鈐"讀史想像"印。

1637　　　　　　　　SG38/46
賞奇軒四種合編四卷
（清）賞奇軒主人輯
清嘉慶刻本

四册　一函
正文半葉行字不等，白口，無界行，四周單邊。
鈐"書業堂藏書"印。
南陵無雙譜一卷
竹譜一卷
東坡遺意一卷
官子譜一卷

1638　　　又一部　SG381/227
賞奇軒四種合編四卷
（清）賞奇軒主人輯
清嘉慶刻本
四册　一函
正文半葉行字不等，白口，無界行，四周單邊。
内封鐫"賞奇軒四種　文德堂藏板"。

1639　　　　　　　　SG381/211
泛槎圖一卷續泛槎圖一卷續泛槎圖三集一卷艫槎圖四集一卷
（清）張寶繪撰　費丙章　盧蔭溥等題咏
清嘉慶至道光尚古齋刻多色套印本
四册　一函
正文爲圖，題咏半葉行字不等，白口，無魚尾，無界行，四周單邊，左右版框不相連。

1640　　　　　　　　SG381/245
夢幻居畫學簡明五卷首一卷續五卷題畫詩稿一卷夢香園賸草一卷夢幻圖題句一卷雜錄一卷題詠一卷
（清）鄭績撰輯

清同治三年至光緒元年(1864－1875)九曜聚賢堂刻本

三册　一函

正文半葉八行字數不等,黑口,無魚尾,四周單邊或雙邊。

卷五末鎸"九曜聚賢堂刊"。版心下鎸"夢幻居"或"夢香園"。

1641　　　　　　　　SG312./166－3

紅樓夢圖詠不分卷

(清)改琦繪　淮浦居士重編

清光緒五年(1879)刻本

四册　一函

正文爲圖,白口,無魚尾,四周單邊。

鈐"改琦私印""玉壺山人""玉壺""淮浦居士"諸印。

1642　　　　　又一部　SG312./166－4

紅樓夢圖詠不分卷

(清)改琦繪　淮浦居士重編

清光緒五年(1879)刻本

四册　一函

正文爲圖,白口,無魚尾,四周單邊。

鈐"改琦私印""玉壺山人""玉壺""淮浦居士"以及"古越雁埠居士""綠野主人圖印""官舍吳門""望雲""翰墨緣"諸印。

1643　　　　　又一部　SG312./166－4

紅樓夢圖詠不分卷

(清)改琦繪　淮浦居士重編

清光緒五年(1879)刻本

四册　一函

正文爲圖,白口,無魚尾,四周單邊。

鈐"改琦私印""玉壺山人""玉壺""淮浦居士"以及"古越雁埠居士""綠野主人圖印"諸印。

1644　　　　　　　　SG381/282

紉齋畫賸不分卷

(清)陳允升繪

清光緒二年(1876)陳允升得古歡室刻本

四册　一函

正文爲圖,白口,無魚尾,四周單邊。

內封牌記鎸"光緒丙子歲夏四月甬上陳氏得古歡室開雕"。

1645　　　　　　　　SG23/403

歷代畫像傳四卷

(清)丁善長繪

清光緒二十二年至二十三年(1896－1897)刻本

四册　一函

正文半葉行字不等,白口,無魚尾,無界行,四周雙邊。

內封鎸"光緒丙申桂月　歷代畫像傳　淮水王壽偉題"。

鈐"王壽偉印""漁樵山人"諸印。

1646　　　　　　　　SG381/251

文美齋詩箋譜不分卷

(清)張兆祥繪

清宣統三年(1911)文美齋刻朱墨套印本

二册　一函

正文爲圖,白口,四周雲紋欄。

書籤題"百花詩箋譜　光緒丙午中元磊盦署"。内封鎸"文美齋詩箋譜　桐城張祖翼題　宣統三年歲次辛亥五月刊成"。

1647　　　　　　　　　　　　SG381/205
竹洞畫稿二卷
（日本）中林竹洞撰及繪
日本文化九年（1812）平安書肆藤井孫兵衛刻本
二册　一函
正文半葉六行十三字，白口，無魚尾，四周單邊。
卷末鎸"文化九年壬申春平安書肆藤井孫兵衛　浪花書肆柳原喜兵衛　尾張書肆片野東四郎"。

1648　　　　　　　　　　　　SG381/241
名人蘭竹畫譜一卷
（日本）景山澤鍾輯
日本文化元年（1804）千鍾房都管刻本
一册　一函
正文爲圖，白口，無界行，四周單邊。

1649　　　　　　　　　　　　SG381/250
三名家畫册一卷
胡寅　李向昀　黃煜繪
民國十一年至三十八年（1922－1949）刻多色套印本
一册　一函
正文爲圖，白口，無界行，素紙。
有民國十一年李向昀題識。鈐"胡寅私印""少齋""李向昀印""奎生""黃煜之

章""石琴"諸印。

音樂之屬

1650　　　　　　　　　　　　SG384/16
琴譜合璧二種三卷
（明）楊掄輯
明萬曆三十七年（1609）楊掄刻本
六册　一函
正文半葉八行十六字，小字雙行或三行同，白口，單黑魚尾，四周雙邊。

1651　　　　　　　　　　　　SG38/18
松風閣琴譜二卷附抒懷操一卷
（清）程雄選訂
清康熙刻本
一册　一函　存二卷（松風閣琴譜二卷）
正文半葉六行十二字，黑口，雙黑魚尾，四周單邊。
内封鎸"宮夢仁先生鑒定　燕山程穎菴訂正　松風閣琴譜　三槐堂藏板"。

篆刻之屬

1652　　　　　　　　　　　　SG382/29－1
集古印譜六卷
（明）王常編　顧從德校
明萬曆三年（1575）顧氏芸閣刻朱印本

子　部

五册　一函

　　正文半葉行字不等,細紅口,無魚尾,四周單邊。

　　版心下鎸"顧氏芸閣"。

1653　　　　　　　　　　　SG382/29

集古印譜五卷印正附說一卷

　（明）甘暘編

　明萬曆二十四年(1596)鈐印本

　五册　一函

　　正文半葉行字不等,白口,無魚尾,四周雙邊。

　　鈐"湘夢軒鑑藏書畫記"印。

1654　　　　　　　　　　　SG382/60

谷園印譜五卷

　（清）許容篆　胡介祉編

　清康熙二十五年(1686)刻本

　五册　一函

　　正文爲印,白口,無魚尾,四周單邊。

1655　　　　　　　　　　　SG382/38

松園印譜不分卷

　（清）賈永篆刻

　清乾隆四十八年(1783)福壽堂刻朱墨套印本

　四册　一函

　　正文半葉行字不等,白口,單黑魚尾,四周單邊。

　　内封鎸"福壽堂梓行"。版心下鎸"福壽堂"。

游藝之屬

1656　　　　　　　　　　　SG383/4

官子譜三卷

　（清）陶式玉評輯

　清康熙三十三年(1694)朱弘祚刻本

　六册　一函

　　正文半葉兩節版,上欄譜釋,下欄棋譜,白口,單黑魚尾,四周單邊。

　　内封鎸"官子譜　惠直堂藏板"。

工藝類

日用器物之屬

1657　　　　　　　　SG311.3/6
香乘二十八卷
（明）周嘉冑纂輯
明崇禎十四年（1641）周氏自刻本
十三册　一函
　正文半葉九行十七字，白口，無魚尾，四周單邊。
　鈐"退耕堂藏書記"印。

文房四寶之屬

1658　　　　　　　　SG38/15－1
文房肆攷圖說八卷
（清）唐秉鈞纂　康愷繪
清乾隆四十三年（1778）唐氏竹暎山莊刻本
六册　一函
　正文半葉九行二十字，黑口，單黑魚尾，左右雙邊。
　内封鎸"竹暎山莊雕"。

1659　　　　又一部　SG38/15－1
文房肆攷圖說八卷
（清）唐秉鈞纂　康愷繪
清乾隆四十三年（1778）唐氏竹暎山莊刻本
三册　一函
　正文半葉九行二十字，黑口，單黑魚尾，左右雙邊。
　内封鎸"竹暎山莊雕"。

1660　　　　又一部　SG38/15－1
文房肆攷圖說八卷
（清）唐秉鈞纂　康愷繪
清乾隆四十三年（1778）唐氏竹暎山莊刻本
四册　一函
　正文半葉九行二十字，黑口，單黑魚尾，左右雙邊。

1661　　　　　　　　SG210/210
端溪硯志三卷首一卷
（清）吳繩年輯
清乾隆二十二年（1757）刻道光二十五年（1845）增刻本
二册　一函
　正文半葉九行十九字，白口，單黑魚尾，

左右雙邊。

內封鎸"道光乙巳冬月　吳氏端溪硯志　武林清芬堂藏板"。

1662　　　　　　　　　　SG210/205
硯小史四卷

（清）朱棟編

清嘉慶五年（1800）樓外樓刻本

四册　一函

正文半葉八行十七字，白口，單黑魚尾，左右雙邊。

內封鎸"嘉慶庚申春鐫　硯小史　樓外樓藏板"。

鈐"樓外樓""成伯過眼""泉塘耀松楊祚昌經眼"諸印。

宗教類

佛教之屬

1663　　　　　　　　　　　　SG3101/261
道行般若波羅蜜經十卷
（漢）支婁迦讖譯
清康熙五十二年（1713）瑞應寺刻本
二册　一函
　　正文半葉十行二十字，白口，無魚尾，四周雙邊。

1664　　　　　　　　　　　　SG3101/321
解脱戒本經一卷
（北魏）般若流支譯　釋僧昉述
附大比丘三千威儀二卷
（五代）釋安世高譯
明萬曆至崇禎刻本
一册　一函
　　正文半葉十行二十字，白口，無魚尾，四周雙邊。
　　鈐"苦雨齋藏書印""知堂禮讚"印。

1665　　　　　　　　　　　　SG3101/336
妙法蓮華經七卷附大乘妙法蓮華經要解科文不分卷
（後秦）鳩摩羅什譯　（宋）釋戒環解
明嘉靖四十五年（1566）衍法寺釋本讚刻本
八册　一函
　　正文半葉十四行二十四字，黑口，雙黑魚尾，四周雙邊。
　　《要解科文》末鎸"大明嘉靖丙寅歲阜成關外衍法寺弟子本讚發心重刊"。

1666　　　　　　　　　　　　SG3101/20
維摩詰所説經註十卷
（後秦）鳩摩羅什譯　（晋）釋僧肇注
清乾隆三十七年（1772）海幢寺刻本
二册　一函
　　正文半葉十行二十字，小字雙行同，白口，無魚尾，四周雙邊。
　　版心上鎸"支那撰述"。
　　鈐"張相文""張星烺遺囑贈送"印。

1667　　　　　　　　　　　　SG3101/264
大莊嚴經論十五卷
（後秦）鳩摩羅什譯
清雍正二年（1724）瑞應寺刻本
三册　一函
　　正文半葉十行二十字，偈子行十五字，白口，無魚尾，四周雙邊，左右版框不相連。

1668　　　　　　　　　　SG3105/48

大乘起信論疏略二卷

（南朝梁）釋真諦譯　（唐）釋法藏疏
（明）釋德清纂略

明萬曆四十五年（1617）董福覺刻本

一冊　一函

正文半葉十行二十字，白口，無魚尾，四周雙邊。

版心上鎸"支那撰述"，版心下爲墨丁（初印本尚未刻千字文編次）。有刻工"潘繼德"。《徑山藏》（《嘉興藏》）之一。

1669　　　　　　　　　　SG3101/253

天地冥陽水陸雜文三卷

（南朝梁）武帝蕭衍撰

明刻本

二冊　一函

正文半葉十五行二十二字，小字雙行同，白口，無魚尾，四周雙邊。包背裝。

欄外有佚名墨筆批注。

1670　　　　　　　　　　SG3101/18

摩訶止觀二十卷

（隋）釋智顗說　釋灌頂記

清順治三年（1646）楞嚴寺釋性琮刻本

五冊　一函

正文半葉十行二十字，小字雙行同，下黑口，無魚尾，四周雙邊，左右版框不相連。

版心上鎸"支那撰述"。

鈐"勅賜萬安山法海禪寺記"印。

1671　　　　　　　　　　SG3101/320

禪源諸詮集都序二卷

（唐）釋宗密述

清康熙二十五年（1686）金華山澄光寺刻本

二冊　一函

正文半葉九行十九字，白口，雙花魚尾，四周單邊。

眉上鎸評。

1672　　　　　　　　　　SG3101/238

大佛頂如來密因修證了義諸菩薩萬行首楞嚴經十卷

（唐）般剌密帝　彌伽釋迦譯　（元）釋惟則會解

明萬曆元年至十五年（1573－1587）刻本

十冊　一函

正文半葉十一行二十一字，小字雙行同，白口，單黑魚尾，四周單邊。

卷一至二以明戚繼光刻本配補。

1673　　　　　　　　　　SG3101/237

大佛頂如來密因修證了義諸菩薩萬行首楞嚴經十卷

（唐）般剌密帝　彌伽釋迦譯　（元）釋惟則會解

明萬曆二十六年至天啓七年（1598－1627）凌毓柟刻朱墨套印本

五冊　一函

正文半葉八行十八字，白口，無魚尾，無界行，四周單邊。

眉上鎸注。

鈐"凌毓柟印""凌氏覺于""徐乃昌讀"

"積學齋徐乃昌藏書""丁福保四十後讀書記"諸印。

1674　　　　　　　　　　SG3101/9

華嚴經探玄記二十卷

（唐）釋法藏述

日本元祿十六年（1703）村上又三郎刻本

二十冊　三函

正文半葉十行十九字，白口，無魚尾，四周單邊。

版心上鎸"支那撰述"。

行間有墨筆假名、朱筆句讀。鈐"盛島"印。

1675　　　　　　　　　　SG3101/340

六祖大師法寶壇經一卷

（唐）釋慧能述　釋法海輯　（元）釋宗寶編

明萬曆十八年（1590）周國華刻本

二冊　一函

正文半葉九行二十字，細黑口，單黑魚尾，四周雙邊。

圖末木記鎸"萬曆庚寅淨靈弟子重刊"。版心下鎸"周氏國華"。

1676　　　　　　　　　　SG3101/258

宗鏡錄一百卷

（宋）釋延壽撰

清雍正十三年（1735）武英殿刻本

二十冊　四函

正文半葉十行二十字，白口，單黑魚尾，四周單邊。

鈐"圓明主人""雍正宸翰"諸印。

1677　　　　　　　　　　SG3101/107

佛祖統紀五十四卷

（宋）釋志磐撰

明萬曆四十二年（1614）游士任刻本

十冊　二函

正文半葉十行二十字，小字雙行同，黑口，單黑魚尾，四周雙邊。

行間有墨筆句讀。鈐"張相文""張星烺遺囑贈送"諸印。

1678　　　　　　　　　　SG3105/44

佛果圜悟禪師碧巖集十卷

（宋）釋圜悟克勤編撰　（清）吳自弘校

清順治至雍正刻本

四冊　一函

正文半葉八行十八字，小字雙行同，黑口，四周雙邊。

1679　　　　　　　　　　SG3101/252

菩薩本生鬘論十六卷

（宋）釋慧詢譯

九頌經義論二卷

（南朝宋）釋法護譯

決定名義論一卷

（南朝宋）釋施護譯

大乘緣生論一卷

（唐）釋不空譯

清康熙五十二年（1713）瑞應寺刻本

二冊　一函

正文半葉十行二十字，小字雙行同，白

口,四周雙邊。

卷首佛圖葉版心下鎸"徑山化城恆瑞梓"。

1680　　　　　　　　　　SG3101/260
護法論一卷
（宋）張商英述
清順治十八年（1661）徑山古梅菴刻本
一册　一函
正文半葉十行二十字,白口,無魚尾,四周雙邊。金鑲玉。
卷末鎸"杭州佛弟子周海慧捐資刻此册　順治辛丑歲閏七月徑山古梅菴識"。版心上鎸"支那撰述"。信士周海慧刻。

1681　　　　　　　　　　SG23/270-1
武林西湖高僧事略一卷
（宋）釋元敬　釋元復撰
續武林西湖高僧事略一卷
（明）釋袾宏輯
明崇禎十年至十六年（1637-1643）釋袾宏刻本
一册　一函
正文半葉十行二十字,白口,雙黑魚尾,左右雙邊。
鈐"啟淑印信"印。

1682　　　　　　　　　　SG3101/276
大慧普覺禪師語錄三十卷
（宋）釋宗杲撰　釋蘊聞輯
大慧普覺禪師年譜一卷
（宋）釋祖詠撰

大慧普覺禪師宗門武庫一卷
（宋）釋道謙撰
雪堂行和尚拾遺錄一卷
明萬曆十三年（1585）周汝登等刻本
四册　一函
正文半葉十一行二十字,黑口,單白魚尾,左右雙邊。

1683　　　　　　　　　　SG3101/338
林泉老人評唱丹霞淳禪師頌古虛堂習聽錄三卷
（元）釋慧泉編
明洪武至正統刻本
二册　一函
正文半葉十一行二十字,白口,雙黑魚尾,四周雙邊。

1684　　　　　　　　　　SG3101/312
淨土資糧全集六卷前集一卷後集一卷
（明）莊廣還輯　釋袾宏校正
明萬曆二十三年（1595）莊廣還刻二十七年至二十八年（1599-1600）增修本
五册　一函
正文半葉八行十八字,小字雙行同,白口,單黑魚尾,四周單邊。

1685　　　　　　　　　　SG3101/233
大佛頂如來密因修證了義諸菩薩萬行首楞嚴經如說十卷
（明）鍾惺纂輯　賀中南標定
明天啟四年至五年（1624-1625）弘覺山房刻本

十册　二函

正文半葉九行十八字,小字雙行同,白口,單黑魚尾,四周單邊。

版心下鐫"弘覺山房"。

有朱筆圈點。

1686　　　　　　　　　　　SG310/68

大佛頂如來密因修證了義諸菩薩萬行首楞嚴經會歸十卷

（清）釋清本集注并補正

清康熙末至雍正刻本

十册　二函

正文半葉九行十九字,黑口,單黑魚尾,四周單邊。

鈐"豐華堂書庫寶藏印"印。

1687　　　　　　　　　　　SG3101/263

大藏一覽集十卷

（明）陳實編

明宣德五年（1430）衍法寺刻隆慶五年（1571）修補本

八册　一函

正文半葉十一行二十一字,小字雙行同,黑口,雙黑魚尾,左右雙邊。

1688　　　　　　　　　　　SG3101/251

諸佛世尊如來菩薩尊者神僧名經一卷

（明）成祖朱棣撰

明永樂十五年（1417）内府刻本

五册　二函

正文半葉十六行三十字,黑口,雙黑魚尾,四周雙邊。

《永樂大典》之復刊本。正文前後有明永樂十五年四月十七日序與後序。

1689　　　　　　　　　　　SG3101/251-1

諸佛世尊如來菩薩尊者神僧名經一卷

（明）成祖朱棣撰

明永樂十五年至二十二年（1417-1424）内府刻本

一册　一函

正文半葉十六行三十字,黑口,雙黑魚尾,四周雙邊。

鈐"寧邸珍藏圖書""湯滏""紹南"諸印。

1690　　　　　　　　　　　SG3101/334

因果錄三卷

（明）佚名輯

明萬曆至崇禎刻本

四册　一函

正文半葉八行十八字,白口,單黑魚尾,無界行,四周單邊。

鈐"碧蒹館藏""惜華讀書"印。

1691　　　　　　　　　　　SG112.4/153

新編大藏經直音不分卷

（明）釋本贊重編

明崇禎九年（1636）陳尊山經房刻本

四册　一函

正文半葉八行十六字,小字雙行同,白口,無魚尾,四周雙邊。

卷末木記鐫"北京衍法寺原板一字無訛板留金陵聚寶門里東廊下陳尊山經房印

請流通諸經",旁鎸"崇禎九年孟夏佛成道日重梓流行"。

1692　　　　　　　　　　SG3105/43
博山無異大師語錄集要六卷
（明）釋元來撰　釋成正錄
明崇禎十六年（1643）刻本
二册　一函
　　正文半葉九行二十字，白口，單黑魚尾，四周雙邊。
　　鈐"熊正琦""券內齋"印。

1693　　　　　　　　　　SG3101/323
了心錄二卷
（明）池上客輯
清乾隆六年（1741）怡親王府明善堂刻本
二册　一函
　　正文半葉九行十八字，白口，單黑魚尾，四周雙邊。
　　內封鎸"了心錄　怡府藏板"。

1694　　　　　　　　　　SG3102/3
指月錄三十二卷
（明）瞿汝稷集　嚴澂校
明崇禎靈隱寺釋弘禮刻本
十册　二函
　　正文半葉十一行二十一字，小字雙行同，白口，無魚尾，四周雙邊。
　　目錄末鎸"板存靈隱寺流通"。

1695　　　　　　　　　　SG310/49
法喜志四卷
（明）夏樹芳輯
明萬曆三十四年至四十七年（1606－1619）夏樹芳清遠樓刻本
四册　一函
　　正文半葉七行十六字，白口，單黑魚尾，四周單邊。

1696　　　　　　　　　　SG3101/236
大佛頂首楞嚴經寶鏡疏十卷大佛頂首楞嚴經寶鏡疏懸談一卷大佛頂首楞嚴經寶鏡疏科一卷
（清）釋溥畹撰述
清康熙三十一年至五十一年（1692－1712）京都傳經院刻本
十册　二函
　　正文半葉十行二十六字，黑口，單黑魚尾，四周雙邊。
　　書簽題"楞嚴尊經寶鏡疏"。內封鎸"京都傳經院藏板"。

1697　　　　　　　　　　SG3101/326
醒世錄八卷
（清）徐昌治輯　釋行元校
清順治九年（1652）徐昌治刻本
三册　一函
　　正文半葉九行二十一字，黑口，無魚尾，四周雙邊。

1698　　　　　　　　　　SG3101/291
洞宗大覺續燈四十卷
（清）釋智楷編集
清康熙二十三年至二十九年（1684－

1690)刻本

四册 一函 缺十六卷(二十五至四十)

正文半葉十行二十字,黑口,無魚尾,四周雙邊。

鈐"柏山氏"印。

1699　　　　　　　　　　　SG3101/265

頻吉祥禪師語錄十五卷

(清)釋德能等編

清康熙五十二年(1713)瑞應寺刻本

四册 一函

正文半葉十行二十字,黑口,無魚尾,四周雙邊。

1700　　　　　　　　　　　SG3101/17

御錄經海一滴六卷

(清)世宗胤禛錄

清雍正十三年(1735)内府刻本

六册 一函

正文半葉十行二十字,白口,單黑魚尾,無界行,四周單邊。

鈐"雍正宸翰""圓明主人"印。

1701　　　　　　　　　　　SG3101/271

學佛考訓十卷

(清)釋淨挺　釋成源輯訂

清雍正二年(1724)刻本

一册 一函

正文半葉十行二十字,黑口,無魚尾,四周雙邊。

1702　　　　　　　　　　　SG3101/245

雲溪俍亭和尚閱經十二種十二卷

(清)釋淨挺纂　曹溶等閱

清雍正二年(1724)瑞應寺刻本

二册 二函

正文半葉十行二十字,黑口,無魚尾,四周雙邊。

版心上鐫"支那撰述"。

華嚴經頌一卷　　(清)曹溶　朱茂時閱
梵網戒光一卷　　(清)楊雍建　徐旭齡閱
楞伽心印一卷　　(清)錢江　陳贄閱
維摩饒舌一卷　　(清)吳鑄　沈廷勱閱
圓覺連珠一卷　　(清)朱昇　吳百朋閱
楞嚴答問一卷　　(清)何元英　曾王孫閱
藥師燈談一卷　　(清)徐世濟　陳祚昌全閱
彌陀舌相一卷　　(清)吳山濤　戴班立全閱
金剛三昧一卷
心經句義一卷　　(清)王庭　陳之遵全閱
法華懸譚一卷　　(清)王益朋　顧豹文閱
涅槃末後句一卷　(清)張天柱　張天植全閱

1703　　　　　　　　　　　SG3101/242

天界覺浪盛禪師全錄三十三卷別錄二卷

(清)釋覺浪撰　釋大成等校

清雍正二年(1724)瑞應寺刻本

八册 二函

正文半葉十行二十字,黑口,單黑魚尾,左右雙邊。

每册末葉鐫"奉佛弟子兵部左侍郎永壽室關氏謹發誠心印造大藏經於瑞應寺……雍正二年十月"。版心上鐫"支那撰述"。

稀見。

1704　　　　　　　　　　　SG3101/143

二十八經同函一百四十七卷

清雍正十三年(1735)内府刻本

三十二册　四函

正文半葉十行二十字，小字雙行同，白口，單黑魚尾，無界行，四周單邊。

大方廣圓覺修多羅了義經二卷　（唐）佛陀多羅譯

金剛般若波羅蜜經一卷　（後秦）鳩摩羅什譯

入法界體性經一卷　（隋）闍那崛多譯

大佛頂如來密因修證了義諸菩薩萬行首楞嚴經十卷　（唐）般剌密帝譯

維摩詰所說經三卷　（後秦）鳩摩羅什譯

文殊師利所說摩訶般若波羅蜜經一卷　（南朝梁）曼陀羅仙譯

仁王護國般若波羅蜜經二卷　（後秦）鳩摩羅什譯

佛說如來智印經一卷

勝天王般若波羅蜜經七卷　（南朝陳）月婆首那譯

善住意天子所問經三卷　（北魏）毗目智仙譯

持世經四卷　（後秦）鳩摩羅什譯

大乘本生心地觀經八卷　（唐）釋般若等譯

佛說長者女菴提遮師子吼了義經一卷

佛說辯意長者子所問經一卷　（北魏）釋法場譯

佛說五王經一卷

佛說賢者五福德經一卷　（晋）釋白法祖譯

無量義經一卷　（南朝齊）曇摩伽陀耶舍譯

妙法蓮華經七卷　（後秦）鳩摩羅什譯

佛說賢首經一卷　（西秦）釋聖堅譯

佛說白衣金幢二婆羅門緣起經三卷　（南朝宋）釋施護譯

佛說摩逆經一卷　（晋）釋竺法護譯

大明仁孝皇后夢感佛說第一希有大功德經二卷　（明）仁孝皇后述

思益梵天所問經四卷　（後秦）鳩摩羅什譯

楞伽阿跋多羅寶經四卷　（南朝宋）求那跋陀羅譯

解深密經五卷　（唐）釋玄奘譯

佛說如來不思議金剛手經二十卷　（南朝宋）釋法護等譯

大乘瑜伽金剛性海曼殊室利千鉢大教王經十卷　（唐）釋不空譯

大般涅槃經四十卷　（北凉）曇無讖譯

附大般涅槃經後分二卷　（唐）若那跋陀羅等譯

1705　　　　　　　又一部　SG3101/20－2

二十八經同函一百四十七卷

清雍正十三年（1735）內府刻本

三册　一函

正文半葉十行二十字，小字雙行同，白口，單黑魚尾，無界行，四周單邊。

御製牌記鎸"大清雍正十三年五月初一日"。

鈐"毛準"印。

1706　　　　　　　　　　SG3101/270

夢東禪師遺集二卷

（清）釋際醒撰

清嘉慶十五年（1810）釋了亮、釋了梅刻本

四册　一函

正文半葉十行二十字，白口，單黑魚尾，四周雙邊。

有墨筆圈點。

1707　　　　　　　　　　SG3101/255

慈心寶鑑四卷

（清）沈培木輯

清乾隆二十六年（1761）沈培木、范墨濤刻本

二册　一函

　　正文半葉十行二十二字，白口，單黑魚尾，四周雙邊。

　　鈐"豐華堂書庫寶藏印"印。

1708　　　　　　　　　　　　　SG310/65

釋迦如來應化事跡不分卷

（清）永珊繪

清同治八年（1869）刻本

四册　一函

　　正文右文左圖。

道教之屬

1709　　　　　　　　　　　　SG3101/152

四玄圖書不分卷

（宋）張仙撰

清乾隆六年（1741）朱士炎霞雪灘小堂刻本

一册　一函

　　正文半葉八行二十字，白口，單黑魚尾，四周雙邊。

　　內封鐫"乾隆六年新鐫　遵張仙留傳原本刊刻　四玄圖書　霞雪灘小堂藏板"。版心下鐫"終南山"。

1710　　　　　　　　　　　　　SG311/31

三子合刊十三卷

（明）閔齊伋輯

明萬曆三十八年至崇禎十七年（1610－1644）閔齊伋刻本

七册　一函

　　正文半葉九行十九字，小字雙行同，白口，無魚尾，四周單邊。

　　眉上鐫評。

　　鈐"齊伋""閔氏遇五"印。

老子道德真經二卷音義一卷

莊子南華真經四卷音義四卷

列子沖虛真經一卷音義一卷

1711　　　　　　　　　　　　SG3101/137

歸元直指集四卷山居百詠一卷直音切字一卷

（明）釋一元纂輯　張孟賢校刊

明萬曆二年（1574）張孟賢刻本

四册　一函

　　正文半葉十行二十字，白口，雙黑魚尾，四周雙邊。

　　鈐"桂林張氏獨志堂藏"印。

1712　　　　　　　　　　　　　SG310/53

妙峰山問答四卷

（清）郁大本編集

清乾隆至嘉慶刻本

二册　一函

　　正文半葉七行十七字，白口，單黑魚尾，無界行，四周雙邊。

　　鈐"詩龕書畫印""存素堂珍藏""延秋閣物""暫憩軒""地孫墨緣""信天翁"諸印。

集部

楚辭類

1713　　　　　　　　　　SG42/1-5
楚辭二卷
（周）屈原　宋玉　（漢）賈誼撰
明萬曆四十八年（1620）閔齊伋刻三色套印本
二冊　一函
　　正文半葉九行十九字，白口，無魚尾，無界行，四周單邊。
　　眉上及行間有朱墨靛三色批校。書末鎸"皇明萬曆庚申烏程閔齊伋遇五父校"。
　　鈐"閔""齊伋""東郊草堂""疏香閣""周氏藏書之印""宛陵李之郇藏書印""宣城李氏瞿硎石室圖書印記""江城如畫樓"諸印。

1714　　　　　　　　　　SG42/6-1
楚辭十七卷
（漢）王逸章句　（宋）洪興祖補注
清初毛氏汲古閣刻素位堂印本
四冊　一函
　　正文半葉九行十五字或十六字，白口，雙黑魚尾，左右雙邊。
　　內封鎸"汲古閣校　楚辭箋註　素位堂藏板"。卷末木記上鎸"汲古閣後人毛表字奏叔依古本是正"。版心鎸"汲古閣"。
　　鈐"上元黃氏藏書"印。

1715　　　　　　　　　　SG42/1-4
楚辭十七卷
（漢）王逸敘次　（明）陳深批點
附錄一卷
（漢）司馬遷撰
明萬曆二十八年至天啟七年（1600-1627）凌毓枬刻朱墨套印本
四冊　一函
　　正文半葉八行十八字，白口，無魚尾，四周單邊。
　　眉上鎸評。書末鎸"吳興凌毓枬殿卿父校"。
　　鈐"凌毓枬""退一步想書屋""陳暉之印"諸印。

1716　　　　又一部　SG42/1-6
楚辭十七卷
（漢）王逸敘次　（明）陳深批點
附錄一卷
（漢）司馬遷撰
明萬曆二十八年至天啟七年（1600-1627）凌毓枬刻朱墨套印本
四冊　一函
　　正文半葉八行十八字，白口，無魚尾，四周單邊。金鑲玉。

1717　　　　　　　又一部　SG42/1-6

楚辭十七卷

（漢）王逸敘次　（明）陳深批點

附錄一卷

（漢）司馬遷撰

明萬曆二十八年至天啓七年（1600-1627）凌毓枏刻朱墨套印本

六册　一函

正文半葉八行十八字，白口，無魚尾，四周單邊。金鑲玉。

1718　　　　　　　　　　SG42/4-3

楚辭集註八卷辯證二卷後語六卷

（宋）朱熹撰

明成化十一年（1475）吳原明刻嘉靖元年至萬曆四十七年（1522-1619）補版印本

八册　二函

正文半葉九行十七字，粗黑口，順黑魚尾，四周雙邊。

有文懷沙批校。鈐"懷沙藏書"印。

1719　　　　　　　　　　SG42/26

楚辭集註八卷辯證二卷後語六卷

（宋）朱熹撰

明萬曆三十七年至四十七年（1609-1619）刻本

四册　一函

正文半葉九行十八字，白口，單黑魚尾，四周單邊。

李維楨序首葉版心下鐫"南京柘芝挺刊"。

鈐"湯"印。

1720　　　　　　　　　　SG42/1

楚辭述註五卷

（明）來欽之撰

九歌圖一卷

（明）陳洪綬繪

明崇禎十一年至十七年（1638-1644）陳洪綬刻黃象彝印本

二册　一函

正文半葉九行二十字，小字雙行同，白口，單白魚尾，四周單邊。金鑲玉。

眉上鐫評。

鈐"痛飲讀離騷""鎦家書庫""劉復"諸印。

1721　　　　　　　　　　SG42/29

山響齋別集飲騷十卷

（清）賀寬撰

清康熙二十一年至三十一年（1682-1692）華天章刻本

四册　一函

正文半葉十行二十三字，白口，單黑魚尾，四周單邊。

內封鐫"丹陽華天章梓行"。

1722　　　　　　　　　　SG42/8

楚辭燈四卷附楚懷襄二王在位事蹟考一卷

（清）林雲銘論述　林沅校

屈原列傳一卷

（漢）司馬遷撰

清康熙三十六年（1697）林雲銘挹奎樓刻

本

二册　一函

正文半葉八行二十字,小字雙行同,花口,單黑魚尾,無界行,左右雙邊。

内封題"晉安林西仲先生論述　楚辭燈"并鎸挹奎樓主人識語。

有朱筆圈點。

1723　　　　　　　　　　　　SG42/27

離騷辯不分卷

(清)朱冀撰

清康熙四十五年(1706)綠筠堂刻本

二册　一函

正文半葉七行十八字,白口,單黑魚尾,左右雙邊。

内封鎸"□開生面　□朱悔廣先生論述　楚辭辯　本衙藏板　翻刻必究"。版心下鎸"綠筠堂"。

1724　　　　　　　　　　　　SG42/20

離騷節解一卷附離騷正音一卷離騷本韻一卷離騷節指一卷

(清)張德純節解

清康熙五十三年(1714)張德純刻本

一册　一函

正文半葉九行十九字,白口,單黑魚尾,左右雙邊。

内封鎸"古郯張松南節解　離騷　讀書松桂林藏板"。

鈐"橘川時雄"印。

1725　　　　　　　　　　　　SG42/11

楚辭新集註八卷末一卷

(清)屈復撰　屈汝州編

附楚懷襄二王在位事蹟考一卷

(清)林雲銘撰

屈原列傳一卷

(漢)司馬遷撰

清乾隆三年(1738)王垣等刻本

四册　一函

正文半葉九行二十字,小字雙行同,白口,單黑魚尾,無界行,四周雙邊。

内封鎸"乾隆戊午年　關中屈徵君著楚辭新集註　受業門人同梓"。版心鎸"楚辭"。

鈐"同心之言""讀書破萬卷""山西提學傅氏之印"印。

1726　　　　　　　　　　　SG42/1－7

山帶閣註楚辭六卷首一卷餘論二卷說韻一卷

(清)蔣驥撰

清雍正五年(1727)蔣驥山帶閣刻本

三册　一函

正文半葉十行二十一字,白口,單黑魚尾,左右雙邊。

内封鎸"山帶閣藏板"。版心下鎸刻工"呂殿揚""芮大千"等。

1727　　　　　　　　　　　　SG42/17

屈騷心印五卷首一卷

(清)夏大霖疏注　夏大贊　夏大襄　毛雲孫參　夏景頤閱梓

清乾隆九年(1744)夏景頤一本堂刻本

二册　一函

　　正文半葉十一行二十五字,小字雙行同,白口,單黑魚尾,四周雙邊。

　　版心下鎸"一本堂"。

　　鈐"橋川時雄""宜秋館藏書"印。

別集類

漢魏六朝別集之屬

1728　　　　　　　　　　　SG43/37
東方先生集一卷
（漢）東方朔撰　（明）呂兆禧校
明萬曆十一年(1583)南城翁少麓刻本
一册　一函
　　正文半葉九行二十字,小字雙行同,白口,單黑魚尾,左右雙邊。
　　《漢魏諸名家集》之一。
　　鈐"江陰劉氏""劉復"印。

1729　　　　　　　　　　　SG43/1-1
蔡中郎集八卷
（漢）蔡邕撰　（明）汪士賢校
明萬曆至天啓新安汪氏刻本
四册　一函
　　正文半葉九行二十字,花口,單白魚尾,左右雙邊。
　　《漢魏諸名家集》之一。

1730　　　　　　又一部　SG43/1-1
蔡中郎集八卷
（漢）蔡邕撰　（明）汪士賢校
明萬曆至天啓新安汪氏刻本
四册　一函
　　正文半葉九行二十字,花口,單白魚尾,左右雙邊。
　　《漢魏諸名家集》之一。

1731　　　　　　　　　　　SG43/1-2
蔡中郎集六卷補遺一卷
（漢）蔡邕撰　（清）劉嗣奇校
清雍正五年(1727)刻本
六册　一函
　　正文半葉九行二十字,粗黑口,雙黑魚尾,四周單邊。
　　内封鐫"莘野劉爾常重較　蔡中郎集　耆英堂藏板"。《漢魏諸名家集》之一。
　　鈐"沈進芳盥蒙氏"諸印。

1732　　　　　　　　　　　SG43/46
揚子雲集三卷
（漢）揚雄撰　（明）汪士賢輯
明萬曆至天啓新安汪氏刻本
二册　一函
　　正文半葉九行二十字,花口,單白魚尾,左右雙邊。
　　《漢魏諸名家集》之一。

1733　　　　　　　　　　SG43/14

諸葛丞相集四卷

（三國蜀）諸葛亮著　（清）朱璘纂輯

清康熙三十七年（1698）萬卷堂刻本

六册　一函

正文半葉九行十九字，花口，單黑魚尾，四周雙邊。

内封鎸"康熙戊寅年新鎸　古虞朱青巖纂輯　諸葛丞相集　萬卷堂藏板"。

1734　　　　　　又一部　SG43/14A

諸葛丞相集四卷

（三國蜀）諸葛亮著　（清）朱璘纂輯

清康熙三十七年（1698）萬卷堂刻本

四册　一函

正文半葉九行十九字，花口，單黑魚尾，四周雙邊。

1735　　　　　　　　　SG43/13-7

陶靖節集十卷總論一卷附錄一卷

（晋）陶潛撰

明萬曆三十一年（1603）閔氏刻朱墨套印本

二册　一函

正文半葉八行十八字，白口，無魚尾，無界行，四周單邊。

眉上鎸評。

鈐"方氏秘玩子孫永保""一粟園主人印""十萬琳瑯閣珍藏書畫金石印""黄金散盡爲收書""定遠方伯融鑒定之章"諸印。

1736　　　　　　　　　SG43/13-4

靖節公集十卷總論一卷附錄一卷

（晋）陶潛撰

清康熙抄本

二册　一函

正文半葉十一行二十三字，小字雙行同，無書口、魚尾、邊欄。

内封題"靖節公集　康熙間抄録　四十三世谷華藏"。卷四末有張廷濟篆文題"陶淵明詩文全集舊抄本"。

稀見。有清道光間張廷濟跋。佚名批校。鈐"靖節先生後裔谷華印""字曰笠山""玉塔山房""京口陳氏藏書""張叔未""張廷濟""張廷濟印"諸印。

1737　　　　　　　　　SG43/13-3

陶靖節集十卷總論一卷

（晋）陶潛撰　（宋）湯漢等箋注

明嘉靖間仿宋刻本

二册　一函

正文半葉九行十八字，小字雙行同，白口，無魚尾，左右雙邊。

卷四《擬古詩》前三首抄配。鈐"楊宗衍印""中行""魚門"諸印。

1738　　　　　　　　　SG43/13-8

陶靖節集十卷總論一卷

（晋）陶潛撰　（宋）湯漢等箋注

明萬曆十五年（1587）程氏仿宋刻本

四册　一函

正文半葉九行十八字，小字雙行同，白口，單黑魚尾或白魚尾，左右雙邊。

卷十末鎸"萬曆丁亥休陽程氏梓"。

朱筆圈點。鈐"南陵徐乃昌校勘經籍記""積學齋徐乃昌藏書""方氏秘玩子孫永保""十萬琳瑯閣珍藏書畫金石印""令德堂鑒賞""定遠方伯融鑒定之章"諸印。

1739 SG43/13-6

陶靖節集十卷總論一卷

（晋）陶潛撰 （宋）湯漢等箋注

明萬曆十六年至四十八年（1588-1620）翻刻萬曆十五年（1587）休陽程氏本

一册 一函

正文半葉九行十八字，小字雙行同，白口，單黑魚尾或白魚尾，左右雙邊。

1740 SG43/13-4

陶靖節集八卷附錄一卷

（晋）陶潛撰 （明）潘璁閲

明末潘璁刻本

二册 一函

正文半葉九行十八字，小字雙行同，白口，單白魚尾，左右雙邊。

《阮陶合集》之一。

1741 SG43/13-3

陶靖節集二卷

（晋）陶潛撰 （明）何孟春注

明正德十五年至十六年（1520-1521）何湛之刻陶韋合刻本

二册 一函

正文半葉九行十八字，小字雙行同，白口，雙花魚尾，四周單邊。

有批校。

1742 SG4171/606

陶詩集註四卷

（晋）陶潛撰 （清）詹夔錫纂輯

附東坡和陶詩一卷

（宋）蘇軾撰

清康熙三十三年（1694）詹氏寶墨堂刻本

二册 一函

正文半葉八行十九字，白口，單黑魚尾，左右雙邊。

版心下鎸"寶墨堂"。

扉葉有佚名識語。鈐"銀藤書屋珍藏""餘姚潮塘張氏"印。

1743 SG4171/699/A

陶詩彙注四卷首一卷末一卷

（晋）陶潛撰 （清）吳瞻泰輯 程崟校

清康熙四十四年（1705）程崟刻本

一册 一函

正文半葉十行十九字，小字雙行二十九字，白口，單黑魚尾，四周單邊。

鈐"蘭靄""壽楊所得書籍""江陰劉氏""劉復""劉復所藏""鎦家書庫"諸印。

1744 SG43/17-2

陶淵明集十卷

（晋）陶潛撰

清道光二十一年（1841）李廷鈺秋柯草堂刻本

二册 一函

正文半葉九行十九字，小字雙行同，白

口,單黑魚尾,左右雙邊。

　　内封鎸"道光二十一年重鎸　淵明全集　溫陵李廷鈺題"。各卷末鎸"荔浦李佩蘅校　程鄉李鴻儀書"。版心下鎸"秋柯草堂藏書"。

　　書封有題簽"重刊陶淵明全集　秋柯草堂"。有清光緒十年(1884)費兆錕墨筆校并跋。鈐"大興高氏""武進費氏""兆錕之印""樊覲玉和叔清靜齋印""樊覲玉印""穌叔""劉復所藏"諸印。

1745　　　　　　　　　　　　SG43/22
傅鶉觚集六卷附錄一卷
　　(晋)傅玄撰　(明)張燮閲
　　明天啓至崇禎刻本
　　四册　一函
　　正文半葉九行十八字,白口,單黑魚尾,左右雙邊。
　　《七十二家集》之一。

1746　　　　　　　　　　　SG43/5-2
陸士龍文集十卷
　　(晋)陸雲著　(明)汪士賢校
　　明萬曆至天啓汪氏刻本
　　六册　一函
　　正文半葉九行二十字,白口,單白魚尾,左右雙邊。
　　《漢魏諸名家集》之一。

1747　　　　　　　　　　　　SG43/30
潘黃門集六卷
　　(晋)潘岳撰　(明)呂兆禧校
　　明末刻本
　　二册　一函
　　正文半葉九行二十字,白口,單白魚尾,左右單邊或雙邊。

1748　　　　　　　　　　　　SG43/30
潘黃門集六卷
　　(晋)潘岳撰　(明)呂兆禧校
　　明天啓至崇禎刻本
　　二册　一函
　　正文半葉九行二十字,白口,單白魚尾,左右單邊或雙邊。
　　《七十二家集》之一。

1749　　　　　　　　　　　　SG43/45
謝康樂集四卷
　　(南朝宋)謝靈運撰　(明)焦竑校
謝惠連集不分卷
　　(南朝宋)謝惠連撰　(明)汪士賢校
　　明萬曆十一年至崇禎十七年(1583-1644)刻本
　　四册　一函
　　正文半葉九行二十字,小字雙行同,白口,單白魚尾,左右雙邊。

1750　　　　　　　　　　　SG43/10-3
江文通文集十卷
　　(南朝梁)江淹撰　(明)汪士賢校
　　明萬曆元年至天啓七年(1573-1627)汪士賢刻本
　　四册　一函
　　正文半葉九行二十字,白口,單黑魚尾

或白魚尾，左右雙邊。

卷十末鐫"錢塘郭志學寫"。

侗白朱筆校并跋。鈐"綆古樓鑒藏印"印。

1751　　　　　　　　　　SG43/10-1
江文通集四卷

（南朝梁）江淹撰　（清）梁賓輯

清乾隆二十四年（1759）徐傳星安愚堂刻本

四册　一函

正文半葉十行十九字，小字雙行字數不等，黑口，單黑魚尾，左右雙邊。

內封鐫"乾隆己卯新鐫　江文通集　考城安愚堂藏板"。

1752　　　　　　　　　　SG418/240
華陽陶隱居集二卷

（南朝梁）陶弘景撰　（明）傅霄編集

明嘉靖三年（1524）刻本

二册　二函

正文半葉五行十七字，白口，無魚尾，四周雙邊。

《道藏》之一。

1753　　　　　　　　　　SG43/32
梁昭明太子文集五卷

（南朝梁）蕭統撰

明嘉靖末年寶訓堂刻本

二册　一函

正文半葉八行十六字，小字雙行同，白口或細黑口，單黑魚尾，左右雙邊。

鈐"不遇齋李氏所得善本""海昌唐仁壽伯端甫印""敦宿好齋珍藏書畫印""鏡香居士""研理樓劉氏藏""寶靜簃主王靜宜所得秘笈記""劉明陽王靜宜夫婦讀書記""諷字室"諸印。

1754　　　　　　　　　　SG43/19
庾開府集十二卷

（北周）庾信撰　（明）汪士賢校

明萬曆至天啓新安汪氏刻本

三册　一函

正文半葉九行二十字，白口，單白魚尾，左右雙邊。

《漢魏諸名家集》之一。

行間有墨筆句讀。鈐"佋仲""房佺和印"印。

唐五代別集之屬

1755　　　　　　　　　　SG44/112
駱賓王集二卷

（唐）駱賓王撰　（明）張遜業校

明嘉靖三十一年（1552）江都黃埻東壁圖書府刻本

一册　一函

正文半葉九行十九字，白口，雙黑魚尾，四周雙邊。

版心上題"東壁圖書府"。《唐十二家詩》之一。與《楊炯集》合函。

行間有朱墨兩色圈點。

1756　　　　　　　　SG44/81-2

鐫太倉王氏音釋駱丞集十卷

（唐）駱賓王撰　（明）王世貞注

明萬曆詹聖謨刻本

四册　一函

　　正文半葉十行二十字，小字雙行同，白口，無魚尾，四周雙邊。

　　眉上鐫小字雙行四字。内封鐫"王鳳洲先生註　駱賓王文集　書林詹耀我梓"。

　　稀見。鈐"本衙藏板"印。

1757　　　　　　　　SG44/81-1

重訂駱丞集六卷

（唐）駱賓王撰　（明）黄蘭芳評

明萬曆三十年（1602）刻本

六册　一函

　　正文半葉九行十八字，小字雙行同，白口，單黑魚尾，四周單邊。

　　稀見。鈐"慰蒼收藏善本""貴陽趙氏壽華軒藏""貴陽趙氏壽華軒書籍"諸印。

1758　　　　　　　　SG44/112

楊炯集二卷

（唐）楊炯撰　（明）張遜業校

明嘉靖三十一年（1552）江都黄埻東壁圖書府刻本

一册　與《駱賓王集》合函

　　正文半葉九行十九字，白口，雙黑魚尾，四周雙邊。

　　版心上題"東壁圖書府"。《唐十二家詩》之一。

　　行間有朱墨兩色圈點。

1759　　　　　　　　SG44/88

唐丞相曲江張文獻公集十二卷附錄一卷千秋金鑑錄五卷

（唐）張九齡撰

清雍正十三年（1735）張世緯、張世績、張世綱刻後印本

四册　一函

　　正文半葉九行十八字，白口，單黑魚尾，四周單邊。

　　甘鵬雲校并跋。鈐"潛江甘氏崇雅堂藏書記"印。

1760　　　　　　　　SG4171/1634-1

王摩詰詩集七卷

（唐）王維撰　（宋）劉辰翁　（明）顧璘評

明末吳興凌濛初刻朱墨套印本

三册　一函

　　正文半葉八行十九字，小字雙行同，上花口，無魚尾，無界行，左右雙邊。

　　眉上鐫評行五字。

　　書版後匯入《盛唐四名家集》。鈐"吳榮光印"印。

1761　　　　又一部　SG4171/1634-1

王摩詰詩集七卷

（唐）王維撰　（宋）劉辰翁　（明）顧璘評

明末吳興凌濛初刻朱墨套印本

八册　一函

　　正文半葉八行十九字，小字雙行同，上花口，無魚尾，無界行，左右雙邊。

　　眉上鐫評行五字。

　　書版後匯入《盛唐四名家集》。鈐"何"

"章氏珍藏書畫""瑞企鑑賞書畫之印""清玩草堂"諸印。

1762　　　　　　　　　　　　SG44/73
王右丞集二十八卷首一卷末一卷
（唐）王維撰　（清）趙殿成箋注
清乾隆趙殿成刻本
十冊　一函

正文半葉十行二十字,小字雙行同,白口,單黑魚尾,左右雙邊。

內封題"王右丞集箋註"。卷末牌記鎸"颺錦齋田翠含刊"。

鈐"北方大學圖書館"印。

1763　　　　　　又一部　SG44/73
王右丞集二十八卷首一卷末一卷
（唐）王維撰　（清）趙殿成箋注
清乾隆趙殿成刻本
十冊　一函

正文半葉十行二十字,小字雙行同,白口,單黑魚尾,左右雙邊。

內封題"王右丞集箋註"。卷末牌記鎸"颺錦齋田翠含刊"。

鈐"目耕堂""菲枕圖史"印。

1764　　　　　　　　　SG44/28-15
顏魯公文集十五卷補遺一卷
（唐）顏真卿撰
年譜一卷
（宋）留元剛撰
附錄
清嘉慶七年（1802）曲阜顏崇槼刻本
六冊　一函

正文半葉十二行二十字,細黑口,單黑魚尾,左右雙邊。

內封鎸"嘉慶七年六月刊　顏魯公文集　曲阜顏氏藏版"。跋後鎸"江寧劉文奎家鋟"。

鈐"雲輪閣""荃孫""毛準"諸印。

1765　　　　　　　　　　SG44/33-1
寒山子詩集不分卷
（唐）釋寒山子撰
明嘉靖元年至崇禎十七年（1522-1644）海幢寺刻本
一冊　一函

正文半葉八行十七字,白口,單白魚尾,四周單邊。

1766　　　　　　　　　　SG44/8-5
孟浩然詩集二卷
（唐）孟浩然撰　（宋）劉辰翁評　（明）凌毓枬校
明天啟至崇禎凌濛初刻朱墨套印本
四冊　一函

正文半葉八行十九字,白口,無魚尾,左右雙邊。

眉上鎸評行五字。

書版後匯入《盛唐四名家集》。鈐"何""章氏珍藏書畫""清玩草堂"諸印。

1767　　　　　　　　　　　SG44/75
李翰林集二十五卷
（唐）李白撰　（宋）楊齊賢集注　（元）蕭

士贇補注　（明）毛晉重訂

明崇禎三年(1630)毛氏汲古閣重修本

十二册　二函

　　正文半葉九行二十字，小字雙行同，白口，單白魚尾，左右雙邊。

　　鈐"鍾璜""周國瑞印""羅田周氏藏書"諸印。

1768　　　　　　　　　　　SG44/71-6

分類補註李太白詩二十五卷

　　（唐）李白撰　（宋）楊齊賢集註　（元）蕭士贇補註

分類編次李太白文五卷

　　（唐）李白撰　（明）郭雲鵬編次

明嘉靖二十二年(1543)郭雲鵬寶善堂刻本

二十册　四函

　　正文半葉八行十七字，小字雙行同，白口，單白魚尾，左右雙邊。

　　卷七、十爲抄配。鈐"水心山人""喬景星"諸印。

1769　　　　　　　　　　　SG44/71-8

分類補註李太白詩二十五卷

　　（唐）李白撰　（宋）楊齊賢集註　（元）蕭士贇補註

分類編次李太白文五卷

　　（唐）李白撰　（明）郭雲鵬編次

明嘉靖二十二年(1543)郭雲鵬刻嘉靖二十二年至萬曆末年重修本

六册　一函

　　正文半葉八行十七字，小字雙行同，白口，單黑魚尾，左右雙邊。

　　卷七、十爲抄配。鈐"寶德堂藏書""夢樓"諸印。

1770　　　　　　　　　　　SG44/71-1

分類補註李太白詩二十五卷

　　（唐）李白撰　（宋）楊齊賢集註　（元）蕭士贇補註　（明）許自昌校

年譜一卷

　　（宋）蔡仲邕撰

明萬曆三十年(1602)許自昌刻本

六册　一函

　　正文半葉九行二十字，白口，單黑魚尾，左右雙邊。

　　有朱筆圈點批注。

1771　　　　　　　　　　　SG44/71-1

李太白文集三十六卷

　　（唐）李白撰　（清）王琦輯注

清乾隆二十四年(1759)寶笏樓增刻本

十六册　二函

　　正文半葉十行二十字，白口，單黑魚尾，左右雙邊。

　　內封鐫"李青蓮全集輯註　寶笏樓藏板"。

1772　　　　又一部　SG44/71-4

李太白文集三十六卷

　　（唐）李白撰　（清）王琦輯注

清乾隆二十四年(1759)寶笏樓增刻本

六册　二函

　　正文半葉十行二十字，白口，單黑魚尾，

集　部　　345

左右雙邊。
　　内封鐫"李青蓮全集輯註　寶笏樓藏板"。
　　鈐"李惺""李惺之印""西漚""漚廬"諸印。

1773　　　　　　　　　　SG44/68－2
杜少陵集十卷
　（唐）杜甫撰
　明正德七年至十八年（1512－1523）刻本
　七册　一函　存八卷（一至二、五至十）
　　正文半葉十行二十字或二十一字，白口，無魚尾，四周單邊。

1774　　　　　　　　　　SG417/65
杜工部集二十卷首一卷
　（唐）杜甫撰　（明）王世貞　王慎中等評
　清道光十四年（1834）盧坤刻六色套印本
　六册　二函
　　正文半葉八行十九字，小字雙行二十八字，上白口，單黑魚尾，左右雙邊。下黑口兩側按紅、綠、藍、黄、紫各色標注卷數及頁碼。
　　内封鐫"道光甲午季冬　杜工部集　芸葉盦藏板"。

1775　　　　　　　　　　SG417/65－1
杜工部集二十卷附諸家詩話一卷杜工部集附錄一卷唱酬題詠附錄一卷
　（唐）杜甫撰　（清）錢謙益箋注
　清康熙六年（1667）季氏靜思堂刻本
　六册　一函
　　正文半葉十一行二十字，小字雙行二十八字，黑口，雙黑魚尾，四周雙邊。
　　内封鐫"季滄葦先生校閱　錢牧齋先生箋註　杜工部集　靜思堂藏板"。
　　鈐"潛江甘鵬雲藥樵收藏書籍章"印。

1776　　　　　　　　　　又一部　SG417/49－1
杜工部集二十卷附諸家詩話一卷杜工部集附錄一卷唱酬題詠附錄一卷
　（唐）杜甫撰　（清）錢謙益箋注
　清康熙六年（1667）季氏靜思堂刻本
　十册　一函
　　正文半葉十一行二十字，小字雙行二十八字，黑口，雙黑魚尾，四周雙邊。
　　内封鐫"季滄葦先生校閱　錢牧齋先生箋註　杜工部集　靜思堂藏板"。
　　鈐"毛準""子水"印。

1777　　　　　　　　　　又一部　SG417/65－1A
杜工部集二十卷附諸家詩話一卷杜工部集附錄一卷唱酬題詠附錄一卷
　（唐）杜甫撰　（清）錢謙益箋注
　清康熙六年（1667）季氏靜思堂刻本
　十二册　二函
　　正文半葉十一行二十字，小字雙行二十八字，黑口，雙黑魚尾，四周雙邊。
　　書衣墨筆題"杜工部集　牧齋箋注　曹君集評　勞靜齋藏"。曹君朱墨筆集評。鈐"自策軒藏書之章"印。

1778　　　　　　　　　　又一部　SG417/49－1A
杜工部集二十卷附諸家詩話一卷杜工部集附錄一卷唱酬題詠附錄一卷

(唐)杜甫撰　(清)錢謙益箋注

清康熙六年(1667)季氏靜思堂刻本

十册　一函

正文半葉十一行二十字,小字雙行二十八字,黑口,雙黑魚尾,四周雙邊。

内封鎸"季滄葦先生校閱　錢牧齋先生箋註　杜工部集　靜思堂藏板"。

1779　　　　　　　　　　SG417/65－15

集千家註分類杜工部詩二十五卷

(唐)杜甫撰　(宋)徐居仁編次　黄鶴補註

元廣勤堂刻本

一册　一函　存一卷(二十五)

正文半葉十二行二十字,小字雙行二十六字,黑口,順黑魚尾,四周雙邊。

卷末鎸"壬寅年孟春廣勤堂新刊"。

鈐"協卿讀過""東郡楊氏鑑藏金石書畫印"印。

1780　　　　　　　　　　SG4171/1692

杜子美詩集二十卷

(唐)杜甫撰　(宋)劉辰翁評

明天啓刻本

十二册　二函

正文半葉九行二十字,小字雙行同,上花口,單白魚尾,四周單邊。

鈐"藏雲""賀昌群印"印。

1781　　　　　　　　　　SG4171/819

杜工部詩集二十卷集外詩一卷杜詩補註一卷文集二卷

(唐)杜甫撰　(清)朱鶴齡輯注

杜工部年譜一卷

(清)朱鶴齡撰

清康熙葉永茹萬卷樓刻本

十二册　二函

正文半葉九行十九字,小字雙行同,白口,單黑魚尾,左右雙邊。

内封鎸"錢牧齋先生鑒定　朱長孺先生輯註　杜工部全集　金陵葉永茹梓行"。

鈐"古道照人""卓犖觀群書""劉復所藏""鎦家書庫""江陰留家"諸印。

1782　　　　又一部　SG4171/819

杜工部詩集二十卷集外詩一卷杜詩補註一卷文集二卷

(唐)杜甫撰　(清)朱鶴齡輯注

杜工部年譜一卷

(清)朱鶴齡撰

清康熙葉永茹萬卷樓刻本

十二册　一函

正文半葉九行十九字,小字雙行同,白口,單黑魚尾,左右雙邊。

内封鎸"錢牧齋先生鑒定　朱長孺先生輯註　杜工部全集　金陵葉永茹梓行"。

有朱筆批語。鈐"麋瑞堂藏板""浣讀"印。

1783　　　　　　　　　　SG4171/277

讀書堂杜工部詩集註解二十卷文集註解二卷杜工部編年詩史譜目一卷

(清)張溍評注　張榕端校訂

清康熙三十七年(1698)張榕端讀書堂刻

本

十二册　二函

正文半葉九行二十二字，黑口，單黑魚尾，左右雙邊。

內封鎸"滏陽張上若先生遺書　杜詩註解　讀書堂藏板"。版心下鎸"讀書堂"。

1784　　　　又一部　SG4171/277A

讀書堂杜工部詩集註解二十卷文集註解二卷杜工部編年詩史譜目一卷

（清）張溍評註　張榕端校訂

清康熙三十七年（1698）張榕端讀書堂刻本

十二册　二函

正文半葉九行二十二字，黑口，單黑魚尾，左右雙邊。

內封鎸"滏陽張上若先生遺書　杜詩註解　讀書堂藏板"。版心下鎸"讀書堂"。

1785　　　　又一部　SG4171/277

讀書堂杜工部詩集註解二十卷文集註解二卷杜工部編年詩史譜目一卷

（清）張溍評註　張榕端校訂

清康熙三十七年（1698）張榕端讀書堂刻本

十二册　二函

正文半葉九行二十二字，黑口，單黑魚尾，左右雙邊。

內封鎸"滏陽張上若先生遺書　杜詩註解　讀書堂藏板"。版心下鎸"讀書堂"。

1786　　　　　　SG4171/1649

杜工部詩說十二卷

（清）黃生評

清康熙三十五年（1696）一本堂刻本

四册　一函

正文半葉九行二十一字，小字雙行同，粗黑口，單黑魚尾，左右雙邊。

內封鎸"一本堂梓"。

有朱筆圈點。鈐"黃""子亞豈知"諸印。

1787　　　　　　SG4171/688

杜詩論文五十六卷

（清）吳見思注　潘眉評　董元愷參訂

清康熙十一年（1672）岱淵堂刻本

二十四册　六函

正文半葉九行二十二字，小字雙行同，白口，無魚尾，左右雙邊。金鑲玉。

內封鎸"杜詩論文　吳郡寶翰樓"。凡例首葉木記鎸"岱淵堂校定本"。

1788　　　　又一部　SG4171/688

杜詩論文五十六卷

（清）吳見思注　潘眉評　董元愷參訂

清康熙十一年（1672）岱淵堂刻本

二十二册　五函

正文半葉九行二十二字，小字雙行同，白口，無魚尾，左右雙邊。金鑲玉。

內封鎸"杜詩論文　吳郡寶翰樓"。凡例首葉木記鎸"岱淵堂校定本"。

鈐"寶翰樓藏書記"印。

1789　　　　　　　　SG417/173－2

杜詩詳註二十五卷首一卷

（清）仇兆鰲輯注

清康熙四十二年（1703）刻五十二年（1713）續刻本

十七冊　四函

正文半葉十行二十二字，小字雙行同，下黑口，單黑魚尾，左右雙邊。

目錄爲三十一卷，二十六卷後嗣刻。有朱黃筆批點。

1790　　　　　　　　SG4171/814

杜詩詳註二十五卷首一卷

（清）仇兆鰲輯注

清康熙四十二年（1703）刻五十二年（1713）續刻本

十四冊　二函

正文半葉十行二十二字，小字雙行同，下黑口，單黑魚尾，左右雙邊。

內封鐫"進呈原本　史官仇兆鰲誦習杜少陵全集詳註　芸生堂發兑"。

目錄共三十一卷，卷二十六至三十一有目無文。

1791　　　　　　　　SG44/68

杜詩詳註二十五卷首一卷附編二卷

（清）仇兆鰲輯注

清康熙四十二年（1703）刻五十二年（1713）續刻本

二十四冊　四函

正文半葉十行二十二字，小字雙行同，下黑口，單黑魚尾，左右雙邊。

內封鐫"進呈原本　史官仇兆鰲誦習杜少陵全集箋註"。

有謝宗陶民國十二年（1923）題識。鈐"武林王氏家藏""有志不行即是自己能力毅力薄弱""謝宗陶藏書印"諸印。

1792　　　　又一部　SG417/173－2

杜詩詳註二十五卷首一卷附編二卷

（清）仇兆鰲輯注

清康熙四十二年（1703）刻五十二年（1713）續刻本

十四冊　二函

正文半葉十行二十二字，小字雙行同，下黑口，單黑魚尾，左右雙邊。

有佚名題識、圈點。鈐"王璥"印。

1793　　　　　　　　SG44/68－1

杜詩詳注二十五卷首一卷附編二卷

（清）仇兆鰲輯注

清康熙四十二年（1703）刻五十二年（1713）續刻本

十四冊　二函

正文半葉十行二十二字，小字雙行同，下黑口，單黑魚尾，左右雙邊。

內封鐫"進呈原本　史官仇兆鰲誦習杜少陵全集詳注　大文堂藏板"。書根題名"杜詩詳註"。書口上鐫書名卷名。版心鐫卷數及葉碼。

目錄共三十一卷，卷二十六至三十一有目無文。附編下缺三葉，至六十葉止。鈐"石相藏金石書畫之印"印。

1794　　　　　　　　　SG417/173-5

杜詩詳註二十五卷首一卷附編二卷

（清）仇兆鰲輯注

清康熙刻本

十三册　三函　存十二卷（一、四至五、八至九、十一至十五、二十二、二十四）

正文半葉十行二十二字，小字雙行同，下黑口，單黑魚尾，左右雙邊。金鑲玉。

有多色圈點。清趙香祖過錄王士祿、王士禛、李因篤、方貞觀諸家評點，以及翁方綱墨筆評點并題識。鈐"承志""清華世胄""韓氏藏書"諸印。

1795　　　　　　　　　SG4171/810

杜律通解四卷

（清）李文煒箋釋

清康熙五十一年至六十一年（1712-1722）李文煒刻本

四册　一函

正文半葉十行二十字，上下黑口，雙黑魚尾，無界行，左右雙邊。

内封鐫"慈水李雪巖先生箋註　杜律通解　各體嗣出"。

鈐"江陰留家""劉復所藏""鎦家書庫"諸印。

1796　　　　　　　　　SG4171/810-1

杜律通解四卷

（清）李文煒箋釋

清康熙至雍正李文煒刻本

四册　一函

正文半葉十行二十字，上下黑口，雙黑魚尾，無界行，左右雙邊。

鈐"藏拙軒珍藏""仲洛"印。

1797　　　　　　　　　SG4171/561

杜詩提要十四卷

（清）吳瞻泰評選

清乾隆刻本

六册　一函

正文半葉十行十九字，小字雙行同，白口，單黑魚尾，左右雙邊。

1798　　　　　　　　　SG417/114-1

讀杜心解六卷首二卷

（清）浦起龍講解　浦起麟參讀

清雍正二年至三年（1724-1725）浦氏寧我齋刻本

八册　一函

正文半葉十行二十二字，小字雙行三十二字，白口，單黑魚尾，左右雙邊。

内封鐫"少陵全書　錫山浦起龍是正　少陵全書　靜寄東軒"。版心下鐫"寧我齋"。

有朱筆圈點。鈐"寧我齋""精微穿溟滓"諸印。

1799　　　　又一部　SG417/114-1

讀杜心解六卷首二卷

（清）浦起龍講解　浦起麟參讀

清雍正二年至三年（1724-1725）浦氏寧我齋刻本

四册　一函

正文半葉十行二十二字，小字雙行三十

二字,白口,單黑魚尾,左右雙邊。

　　內封鎸"少陵全書　錫山浦起龍是正　少陵全書　靜寄東軒"。首卷末鎸"姪芳體蘭潔校刊""張廷俊文英寫、何允安子厚刻"。版心下鎸"寧我齋"。

　　有朱墨筆評點。鈐"江南使者""震巖""精微穿溟涬""曠百世而相感吾不知其何心"諸印。

1800　　　　　又一部　SG417/114－1

讀杜心解六卷首二卷

（清）浦起龍講解　浦起麟參讀

清雍正二年至三年（1724－1725）浦氏寧
　我齋刻本

十册　一函

　　正文半葉十行二十二字,小字雙行三十二字,白口,單黑魚尾,左右雙邊。

　　內封鎸"錫山浦起龍是正　讀杜心解　少陵全書　靜寄東軒藏板"。版心下鎸"寧我齋"。

1801　　　　　　　　SG4171/403

杜詩偶評四卷

（清）沈德潛纂

清乾隆潘承松賦閒草堂刻本

四册　一函

　　正文半葉十行十九字,小字雙行二十七字,單行十八字,白口,單黑魚尾,左右雙邊。

　　內封鎸"沈歸愚先生點定　杜詩偶評　賦閒草堂藏板"。版心下鎸"賦閒草堂"。行間鎸注。

　　鈐"別裁偽體親風雅""古吳潘氏刊本"

"趙仲舉""能遠""舊樓"諸印。

1802　　　　　　　　SG4171/1665

樹人堂讀杜詩二十五卷首一卷

（清）汪灝輯　胡履亨讀

清道光十二年（1832）麥浪園刻本

八册　一函

　　正文半葉十行二十字,小字雙行同,粗黑口,雙黑魚尾,左右雙邊。

　　內封鎸"道光壬辰仲冬　樹人堂讀杜詩　銀城麥浪園藏板"。

　　有朱墨筆評點。

1803　　　　　　　　SG4171/646

杜工部五言詩選直解三卷七言詩選直解二卷

（清）范廷謀注釋

清雍正六年至十三年（1728－1735）范氏
　稼石堂刻本

五册　一函

　　正文半葉九行二十字,小字雙行同,白口,單黑魚尾,四周雙邊。

　　內封鎸"四明范省菴註釋　杜詩直解　稼石堂藏板"。版心下鎸"稼石堂"。

1804　　　　　　　　SG410/133

杜律啓蒙十二卷

（清）邊連寶集注

清乾隆四十二年（1777）刻本

六册　二函

　　正文半葉九行十九字,小字雙行同,花口,左右雙邊。

鈐"深澤王氏洗心精舍所藏書畫"諸印。

1805　　　　　　　　又一部　SG410/133
杜律啓蒙十二卷
（清）邊連寶集注
清乾隆四十二年（1777）刻本
六册　三函
　　正文半葉九行十九字，小字雙行同，花口，左右雙邊。
　　鈐"瑤聲印"印。

1806　　　　　　　　　　SG4171/560-1
杜詩集說二十卷末一卷
（清）江浩然纂輯　江塏校
清乾隆四十八年（1783）惇裕堂刻本
二十四册　六函
　　正文半葉九行二十一字，小字雙行同，花口，單黑魚尾，無界行，左右雙邊。金鑲玉。

1807　　　　　　　　　　SG44/89
李遐叔文集不分卷
（唐）李華撰
清乾隆抄本
四册　一函
　　正文半葉八行二十一字，素紙。
　　鈐"劉""燕庭藏書""沈燕謀以字行"諸印。

1808　　　　　　　　　　SG417/462-1
韋蘇州集十卷
（唐）韋應物撰
明萬曆四十年（1612）董伯起刻本
四册　一函
　　正文半葉九行十八字，白口，單白魚尾，四周單邊。
　　序後鐫刻工"歙黃尚清刻"。版心下鐫"黃尚清刊刻"。

1809　　　　　　　　　　SG44/137
韋蘇州詩集二卷
（唐）韋應物撰　（清）汪立名輯
清康熙三十四年（1695）天都汪氏刻本
四册　一函
　　正文半葉十行十九字，粗黑口，單黑魚尾，左右雙邊。
　　《唐四家詩》之一。
　　行間有朱筆句讀。

1810　　　　　　　　　　SG44/16-1
賈浪仙長江集十卷
（唐）賈島撰
清康熙四十一年（1702）席氏琴川書屋後印本
四册　一函
　　正文半葉十行十八字，小字雙行字數不等，白口，單黑魚尾，左右雙邊。
　　《唐詩百名家全集》之一。
　　鈐"王植清印""南溥譚氏藏書畫印""秉燭藏書印"諸印。

1811　　　　　　　　　　SG44/27-1
毘陵集二十卷補遺一卷附錄一卷

(唐)獨孤及撰

清乾隆五十六年(1791)趙懷玉亦有生齋刻本

六册　一函

正文半葉十行二十一字,小字雙行同,白口,無魚尾,左右雙邊。

版心下鎸"亦有生齋校本"。

有墨筆題識。鈐"豐城歐陽氏藏書""阮齋所見書畫金石""深柳讀書堂""黄岡程氏藏書"諸印。

1812　　　　　　　　　　SG44/45-8

唐陸宣公集二十四卷

(唐)陸贄撰

明嘉靖元年至萬曆四十八年(1522-1620)刻本

八册　一函

正文半葉十行二十字,白口,無魚尾,四周單邊。

1813　　　　　　　　　　SG242/28

唐陸宣公集二十二卷

(唐)陸贄撰　(明)吴繼武校刊

明萬曆三十四年(1606)吴繼武光裕堂刻本

八册　二函

正文半葉十行二十字,白口,單白魚尾,四周單邊。

内封題"唐權德輿先生原本　陸宣公奏議　製錦堂吴基徵梓"。版心下鎸"光裕堂梓"。

1814　　　　　　　又一部　SG242/28

唐陸宣公集二十二卷

(唐)陸贄撰　(明)吴繼武校刊

明萬曆三十四年(1606)吴繼武光裕堂刻本

八册　一函

正文半葉十行二十字,白口,單白魚尾,四周單邊。

内封題"唐權德輿先生原本　陸宣公奏議　製錦堂吴基徵梓"。版心下鎸"光裕堂梓"。

1815　　　　　　　　　　SG44/45

唐陸宣公集二十二卷

(唐)陸贄撰　(清)年羹堯重訂

清雍正元年(1723)刻本

六册　一函

正文半葉十行二十字,白口,單黑魚尾,四周單邊。

1816　　　　　　　　　　SG44/45-5

唐陸宣公翰苑集二十四卷

(唐)陸贄撰

明萬曆三十五年(1607)陸基忠刻本

五册　一函

正文半葉九行十八字,白口,單黑魚尾,四周雙邊。

每卷末鎸"二十七世孫基忠校梓"。版心上鎸"宣公翰苑集",下鎸刻工"楊應時""戴國衡"。

鈐"庸董堂圖書記""趙節之印"印。

1817　　　　　　　　　　　SG44/95

唐陸宣公翰苑集二十四卷

（唐）陸贄撰　（清）張佩芳注

清乾隆三十三年至六十年（1768－1795）
　張氏希音堂刻本

八册　一函

正文半葉九行二十一字，小字雙行同，白口，無魚尾，左右雙邊。

版心上鎸"翰苑集"，下鎸"希音堂"。

有批點。鈐"定保私印""泰州鏂簏樵購於揚州癸丑兵火之後""洪介石印""是非審之於己毀譽聽之於人得失安之於數"諸印。

1818　　　　　　　　　　SG44/64－16

昌黎先生集四十卷外集十卷遺文一卷

（唐）韓愈撰　（宋）廖瑩中校正

朱子校昌黎先生集傳一卷

（宋）朱熹撰

明萬曆元年至四十八年（1573－1620）徐
　時泰東雅堂刻本

十六册　二函

正文半葉九行十七字，小字雙行同，細黑口，雙黑魚尾，四周雙邊。

各卷末木記鎸"東吳徐氏刻梓家塾"。版心下鎸"東雅堂"和刻工"李潮""章景華""李綬"等。

1819　　　　　　　　　　SG44/64－6

昌黎先生集四十卷外集十卷遺文一卷

（唐）韓愈撰　（宋）廖瑩中校正

朱子校昌黎先生集傳一卷

（宋）朱熹撰

明萬曆徐時泰東雅堂刻清順治元年至康
　熙十五年（1644－1676）冠山堂刻本

十四册　二函

正文半葉九行十七字，小字雙行同，白口，單黑魚尾，四周雙邊。

内封鎸"冠山堂藏板"。卷末牌記鎸"東吳徐氏刻梓家塾"。版心下鎸"東雅堂"。

1820　　　　　又一部　SG44/64－1

昌黎先生集四十卷外集十卷遺文一卷

（唐）韓愈撰　（宋）廖瑩中校正

朱子校昌黎先生集傳一卷

（宋）朱熹撰

明萬曆徐時泰東雅堂刻清順治元年至康
　熙十五年（1644－1676）冠山堂刻本

二十册　四函

正文半葉九行十七字，小字雙行同，白口，單黑魚尾，四周雙邊。

版心下鎸"東雅堂"。

1821　　　　　　　　　　SG44/64－2

昌黎先生詩集注十一卷昌黎先生年譜一卷

（唐）韓愈撰　（清）顧嗣立刪補

清康熙三十八年（1699）顧嗣立秀野艸堂
　刻本

二册　一函　存五卷（一至四、年譜一
　卷）

正文半葉十一行二十字，小字雙行三十字，白口，單黑魚尾，左右雙邊。

凡例末鎸"吳郡鄧明璣初驥開雕"。版

心下鎸"秀野艸堂"。有刻工"曾惟聖""顧有恒""鄧玉宣""繆際生"等。

1822　　　　　　　　　　SG44/64-8

昌黎先生詩集注十一卷昌黎先生年譜一卷

　　（唐）韓愈撰　（清）顧嗣立刪補　朱彝尊
　　　　何焯評

　　清道光十六年（1836）膺德堂刻本

　　四冊　一函

　　正文半葉十一行二十字，小字雙行三十字，白口，單黑魚尾，左右雙邊。

　　眉上鎸評。版心下鎸"膺德堂重刊顧氏本"。

1823　　　　　　　　　　SG44/64-5

韓昌黎詩集編年箋注十二卷

　　（清）方世舉考訂

　　清乾隆二十三年（1758）盧見曾雅雨堂刻本

　　八冊　一函

　　正文半葉十行二十三字，小字雙行同，白口，單黑魚尾，四周單邊。

　　版心下鎸"雅雨堂"。

1824　　　　　　　　　　SG4171/756

韓昌黎詩集編年箋注十二卷

　　（清）方世舉考訂

　　清乾隆二十三年（1758）盧見曾雅雨堂刻本

　　六冊　一函

　　正文半葉十行二十三字，小字雙行同，白口，單黑魚尾，四周單邊。

　　內封鎸"德州盧雅雨商定　桐城方扶南通考　韓昌黎編年箋注詩集　春及堂藏版"。版心下鎸"雅雨堂"。

　　清梁佶修跋。有過錄李子喬、劉玉麟批點并跋。鈐"佶修"印。

1825　　　　　　　　　　SG44/64-15

朱文公校昌黎先生文集四十卷外集十卷遺文一卷

　　（唐）韓愈撰　（宋）朱熹考異　王伯大音釋

　　明正統十三年（1448）書林王宗玉刻本

　　十四冊　三函

　　正文半葉十三行二十三字，小字雙行同，黑口，順黑魚尾，四周雙邊。

　　鈐"木蘭堂主人""張學曾印""寶珣之印"諸印。

1826　　　　　　　　　　SG44/39-1

朱文公校昌黎先生文集四十卷外集十卷遺文一卷傳一卷

　　（唐）韓愈撰　（宋）朱熹考異　王伯大音釋　（明）朱吾弼重編

　　明萬曆三十三年至四十八年（1605-1620）朱崇沐刻本

　　十六冊　二函

　　正文半葉九行十八字，小字雙行同，白口，單白魚尾，四周雙邊。

　　內封鎸"朱文公校正　昌黎先生全集考異　宋本重刊　芝蘭堂藏板"。

　　鈐"東武劉氏家藏"印。

集　部

1827　　　　　　又一部　SG44/39-1
朱文公校昌黎先生文集四十卷外集十卷遺文一卷傳一卷
　（唐）韓愈撰　（宋）朱熹考異　王伯大音釋　（明）朱吾弼重編
　明萬曆三十三年至四十八年（1605-1620）朱崇沐刻本
　十六册　二函
　　正文半葉九行十八字，小字雙行同，白口，單白魚尾，四周雙邊。
　　內封鐫"朱文公訂　韓文考異　本衙藏板"。
　　鈐"澹明藏書""清愛堂"諸印。

1828　　　　　　又一部　SG41/13
朱文公校昌黎先生文集四十卷外集十卷遺文一卷傳一卷
　（唐）韓愈撰　（宋）朱熹考異　王伯大音釋　（明）朱吾弼重編
　明萬曆三十三年至四十八年（1605-1620）朱崇沐刻本
　五册　一函
　　正文半葉九行十八字，小字雙行同，白口，單白魚尾，四周雙邊。
　　內封鐫"朱文公校正　昌黎先生全集考異　宋本重刊"。

1829　　　　　　　SG44/46-1
新刊五百家註音辯昌黎先生文集四十卷
　（唐）韓愈撰　（宋）魏仲舉輯注
　清乾隆四十九年（1784）觀樓氏刻本
　十六册　二函
　　正文半葉十行十八字，小字雙行二十三字，白口，雙黑魚尾，左右雙邊。

1830　　　　　　　SG44/116-1
韓文一卷
　（唐）韓愈撰　（明）郭正域編
　明萬曆閔齊伋刻朱墨套印本
　四册　一函
　　正文半葉八行十八字，白口，無魚尾，無界行，左右雙邊。
　　《韓文杜律》之一。

1831　　　　　　　SG44/116
韓文不分卷
　（唐）韓愈撰
　清康熙周斯盛抄本
　一册　一函
　　正文半葉十一行二十五字，素紙。
　　有清袁政襄跋文。鈐"周斯盛印""袁政襄印"諸印。

1832　　　　　　　SG44/118
唐大家韓文公文鈔十六卷
　（唐）韓愈撰　（明）茅坤批評
　明崇禎四年（1631）茅著刻本
　四册　一函
　　正文半葉九行二十字，白口，單白魚尾，四周單邊。
　　眉上鐫評。《唐宋八大家文鈔》之一。

1833　　　　　　　SG44/96
韓文公文鈔十六卷

（唐）韓愈撰　（明）茅坤評

明末刻本

八册　一函

　　正文半葉九行二十字，白口，無魚尾，四周單邊。

　　有朱墨黃綠筆評點。鈐"敬悳堂""果親王府圖書記""遼海祝氏藏書""常惺室藏書印""許鴻磐印""拜經館""得天然樂趣齋之印""食跖軒圖書""江湖滿地一漁翁"諸印。

1834　　　　　　　又一部　SG44/96

韓文公文鈔十六卷

（唐）韓愈撰　（明）茅坤評

明末刻本

十六册　二函

　　正文半葉九行二十字，白口，無魚尾，四周單邊。

1835　　　　　　　　　SG44/64-17

韓文四十卷外集十卷遺集一卷集傳一卷

（唐）韓愈撰　（明）莫如士重校

明嘉靖三十五年(1556)莫如士刻本

六册　一函

　　正文半葉十一行二十二字，白口，順白魚尾，左右雙邊。

　　《韓柳文》之一。

　　有朱筆批校。鈐"深澤王氏洗心精舍所藏書畫""心銘珍藏""劉天繡字蔚文號蓮舟""式知軒"諸印。

1836　　　　　　　　　SG44/99

韓筆酌蠡三十卷

（唐）韓愈撰　（清）盧軒纂

清雍正八年(1730)程崟刻乾隆十四年(1749)增刻本

八册　二函

　　正文半葉九行二十四字，白口，單黑魚尾，無界行，四周單邊。

　　眉上鐫評。

1837　　　　　　　　　SG34/35

韓子文鈔十卷

（唐）韓愈撰　（清）林明倫注

清乾隆二十一年(1756)刻本

四册　一函

　　正文半葉九行二十二字，白口，單黑魚尾，左右雙邊。

　　内封鐫"乾隆丙子冬鐫　始興林明倫註　韓子文鈔　文起堂藏板"。書末鐫"浙杭錢塘門外直街湯瑞華鐫印裝釘"。

1838　　　　　　　　　SG44/125

河東先生集四十五卷外集二卷龍城錄二卷附錄二卷傳一卷

（唐）柳宗元撰　（宋）廖瑩中校正

明嘉靖郭雲鵬濟美堂刻本

二十册　三函

　　正文半葉九行十七字，小字雙行同，細黑口，黑魚尾，四周雙邊。

　　卷末均有"東吳郭雲鵬校壽梓"牌記。版心鐫"濟美堂"，間或鐫有刻工"章甫言刊"。

鈐"會稽徐樹蘭挹""古越藏書樓圖記"諸印。

1839   SG44/40-1

唐柳先生集四十五卷外集二卷龍城錄二卷附錄二卷傳一卷

（唐）柳宗元撰　（宋）童宗說音注　張敦頤音辨　潘緯音義

明萬曆二十九年（1601）刻本

八冊　一函

正文半葉十行二十字，小字雙行同，白口，單黑魚尾，四周單邊。

1840   SG44/80-2

柳文二十二卷

（唐）柳宗元撰

明萬曆二十年（1592）葉萬景刻本

二十冊　二函

正文半葉九行二十字，白口，白魚尾，四周雙邊。

鈐"无竟先生獨志堂物""翰周氏"印。

1841   SG44/80-5

柳文四十三卷別集二卷外集二卷附錄一卷

（唐）柳宗元撰　劉禹錫編

明嘉靖十六年（1537）游居敬刻本

八冊　二函

正文半葉十一行二十二字，白口，單白魚尾，左右雙邊。

《韓柳文》之一。

鈐"夢翔珍藏"印。

1842   SG44/38-2

孟東野詩集十卷

（唐）孟郊撰　（宋）國材　劉辰翁評

明萬曆二十八年至崇禎十七年（1600-1644）凌濛初刻朱墨套印本

四冊　一函

正文半葉八行十九字，白口，無魚尾，左右雙邊。

眉上及行間鎸評。

有佚名批校。此書版後匯入《盛唐四名家集》。鈐"何紹基印""子貞"印。

1843   SG44/38-1

孟東野詩集十卷

（唐）孟郊撰

清康熙四十一年（1702）洞庭席啓寓琴川書屋刻本

四冊　一函

正文半葉十行十八字，小字雙行字數不等，白口，單黑魚尾，左右雙邊。

《唐詩百名家全集》之一。

鈐"謝宗陶藏書印""有志不行即是自己能力毅力薄弱"印。

1844   SG4171/902

昌谷集四卷

（唐）李賀撰　（明）曾益釋

明天啓至崇禎刻本

二冊　一函

正文半葉九行二十字，小字雙行同，白口，白魚尾，四周單邊。

有朱筆圈點。

1845　　　　　　　　　SG4171/902-1

李長吉昌谷集句解定本四卷

（唐）李賀撰　（清）姚佺箋閲　陳懋　丘象隨辯注

清順治丘象隨西軒刻本

四册　一函

正文半葉九行二十字，小字雙行同，白口，單黑魚尾，四周單邊。金鑲玉。

有朱筆圈點。武福鼐墨筆題識。鈐"夢廬""何鼎之章""適齋藏書""武福鼐印""永年武氏"諸印。

1846　　　　　　　　　SG417/71

李長吉昌谷集句解定本四卷

（唐）李賀撰　（清）姚佺箋閲　陳懋　丘象隨辯注

清初丘象隨西軒刻梅村書屋印本

二册　一函

正文半葉九行二十字，小字雙行同，白口，單黑魚尾，四周單邊。

内封鎸"李長吉詩集箋註　梅邨書屋藏板"。

1847　　　又一部　SG417/88

李長吉昌谷集句解定本四卷

（唐）李賀撰　（清）姚佺箋閲　陳懋　丘象隨辯注

清初丘象隨西軒刻梅村書屋印本

四册　一函

正文半葉九行二十字，小字雙行同，白口，單黑魚尾，四周單邊。

内封鎸"李長吉詩集箋註　梅邨書屋藏板"。

1848　　　　　　　　　SG44/47-2

元氏長慶集六十卷集外文章一卷

（唐）元稹撰

明嘉靖三十一年（1552）董氏芝門別墅刻本

十二册　二函

正文半葉十三行二十三字，白口，單黑魚尾，左右雙邊。金鑲玉。

有過録錢謙益跋。《集外文章》爲佚名墨筆抄配。鈐"吳謙牧印""吳謙牧字哀仲""哀仲氏"諸印。

1849　　　　　　　　　SG44/47-3

元氏長慶集六十卷補遺六卷附録一卷

（唐）元稹撰　（明）馬元調編

明萬曆三十二年（1604）馬元調魚樂軒刻本

六册　一函

正文半葉十行二十一字，花口，單黑魚尾間白魚尾，左右雙邊。

凡例末鎸"魚樂軒藏板"。

1850　　　　　　　　　SG417/141-1

白香山詩集長慶集二十卷後集十七卷別集一卷補遺二卷

（唐）白居易撰

年譜舊本一卷

（宋）陳振孫撰　（清）汪立名編訂

年譜一卷

（清）汪立名撰

集　部

清康熙四十二年(1703)一隅草堂刻本

十册　二函

正文半葉十二行二十一字,白口,單黑魚尾,左右雙邊。

内封鎸"古歙汪西亭編訂　白香山詩集　長慶集　後集　别集　白集補遺　一隅草堂藏板"。

鈐"固亭陸氏家藏""固亭"印。

1851　　　　　　　　SG417/141-1A

白香山詩集長慶集二十卷後集十七卷别集一卷補遺二卷

(唐)白居易撰

年譜舊本一卷

(宋)陳振孫撰　(清)汪立名編訂

年譜一卷

(清)汪立名撰

清翻刻康熙一隅草堂本

十二册　二函

正文半葉十二行二十一字,白口,單黑魚尾,左右雙邊。

鈐"德清""湯學基印"印。

1852　　　　　　又一部　SG417/53

白香山詩集長慶集二十卷後集十七卷别集一卷補遺二卷

(唐)白居易撰

年譜舊本一卷

(宋)陳振孫撰　(清)汪立名編訂

年譜一卷

(清)汪立名撰

清翻刻康熙一隅草堂本

十二册　二函

正文半葉十二行二十一字,白口,單黑魚尾,左右雙邊。

有佚名朱筆圈點。

1853　　　　　　又一部　SG417/141-1B

白香山詩集長慶集二十卷後集十七卷别集一卷補遺二卷

(唐)白居易撰

年譜舊本一卷

(宋)陳振孫撰　(清)汪立名編訂

年譜一卷

(清)汪立名撰

清翻刻康熙一隅草堂本

十二册　二函

正文半葉十二行二十一字,白口,單黑魚尾,左右雙邊。

1854　　　　　　又一部　SG417/141-1C

白香山詩集長慶集二十卷後集十七卷别集一卷補遺二卷

(唐)白居易撰

年譜舊本一卷

(宋)陳振孫撰　(清)汪立名編訂

年譜一卷

(清)汪立名撰

清翻刻康熙一隅草堂本

十二册　二函

正文半葉十二行二十一字,白口,單黑魚尾,左右雙邊。

行間有朱筆批注。鈐"丁穀音教授贈"印。

1855　　　　　　　　　　　SG44/2-2

白氏文集七十一卷

（唐）白居易撰

明嘉靖十七年（1538）伍忠光龍池草堂刻十八年至四十五年（1539-1566）錢應龍重修本

二十四冊　四函

　　正文半葉十二行二十字，白口，單白魚尾，左右雙邊。

　　卷七十一末鐫"姑蘇錢應龍鋟梓"。

1856　　　　　　　　　　　SG44/76

御製擬白居易新樂府不分卷

（清）高宗弘曆撰

清乾隆四十四年（1779）劉墉寫刻巾箱本

四冊　一函

　　正文半葉五行十字，白口，無魚尾，無界行，綠色套印番蓮紋邊框。

　　劉墉寫刻進呈本。

1857　　　　　　　　　　　SG44/48-7

李義山詩集三卷

（唐）李商隱撰　（清）朱鶴齡箋注

李義山詩譜一卷諸家詩評一卷

清順治十六年（1659）刻本

六冊　一函

　　正文半葉十行二十一字，小字雙行同，白口，單黑魚尾，左右雙邊。金鑲玉。

　　有墨筆過錄清何焯、黃筆過錄朱彝尊、朱筆過錄徐樹穀批點。

1858　　　　　　　　　　　SG44/48-3

李義山詩集三卷

（唐）李商隱撰　（清）朱鶴齡箋注

李義山詩譜一卷諸家詩評一卷

清順治十六年（1659）刻乾隆十五年（1750）懷德堂印本

四冊　一函

　　正文半葉十行二十一字，小字雙行同，白口，單黑魚尾，左右雙邊。

　　內封鐫"乾隆十五年新鐫　懷德堂梓行"。

1859　　　　　　　　　　　SG4171/766

重訂李義山詩集箋注三卷集外詩箋注一卷

（唐）李商隱撰　（清）朱鶴齡箋注

詩話一卷重訂李義山年譜一卷

（清）程夢星輯

清乾隆八年至九年（1743-1744）東柯草堂刻本

五冊　一函

　　正文半葉十行二十一字，小字雙行三十一字，黑口，單黑魚尾，四周單邊。

　　內封鐫"江都程千橋重訂　李義山詩集箋注　東柯草堂校刊"。

　　有過錄朱彝尊、錢湘靈評。

1860　　　　　　　　　　　SG44/48-5

李義山詩集十六卷

（唐）李商隱撰　（清）姚培謙箋　王原閱

清乾隆五年（1740）姚氏松桂讀書堂刻本

二冊　一函

　　正文半葉十行二十一字，小字雙行字數

集　部

不等,白口,單黑魚尾,左右雙邊。

内封鐫"李義山詩集箋註　松桂讀書堂藏板"。目録及各卷首葉書口右下鐫"松桂讀書堂"。書口左上鐫字數。版心鐫書名、卷數、韵律形式。有墨筆眉評及朱筆圈點。

1861　　　　　　　　　　　　SG44/46-2
李義山文集十卷
　（唐）李商隱撰　（清）徐樹穀箋　徐炯注
　　顧予咸補注　顧嗣立續注
　清康熙四十七年(1708)徐氏花谿草堂刻本
　二册　一函
　正文半葉十行二十一字,小字雙行三十一字,白口,單黑魚尾,左右雙邊。
　版心下鐫刻工"子玉""子昇""芃生"。

1862　　　　　　　　　　　　SG417/145-1
温飛卿詩集七卷别集一卷温飛卿集外詩一卷附諸家詩評一卷
　（唐）温庭筠撰　（明）曾益注　（清）顧予咸補注　顧嗣立續注
　清康熙三十六年(1697)顧氏秀野草堂刻本
　四册　一函
　正文半葉十一行二十字,小字雙行三十字,白口,單黑魚尾,左右雙邊。
　内封鐫"温飛卿詩集箋注　秀埜草堂藏板"。版心鐫"秀野艸堂"。
　鈐"直㡯""潞水梁氏藏書印""劉復所藏""鎦家書庫""江陰劉氏""劉復"印。

1863　　　　　　又一部　SG417/145-1A
温飛卿詩集七卷别集一卷温飛卿集外詩一卷附諸家詩評一卷
　（唐）温庭筠撰　（明）曾益注　（清）顧予咸補注　顧嗣立續注
　清康熙三十六年(1697)顧氏秀野草堂刻本
　四册　一函
　正文半葉十一行二十字,小字雙行三十字,白口,單黑魚尾,左右雙邊。
　内封鐫"温飛卿詩集箋注　康熙丁丑重刻　秀埜草堂藏板"。版心鐫"秀野艸堂"。
　鈐"别裁僞體親風雅""姑蘇顧府發兑住大街東鸚哥巷内""阿吴""暘令書屋""雪堂真賞""江都黄允中印"印。

1864　　　　　　又一部　SG417/145-1B
温飛卿詩集七卷别集一卷温飛卿集外詩一卷附諸家詩評一卷
　（唐）温庭筠撰　（明）曾益注　（清）顧予咸補注　顧嗣立續注
　清康熙三十六年(1697)顧氏秀野草堂刻本
　四册　一函
　正文半葉十一行二十字,小字雙行三十字,白口,單黑魚尾,左右雙邊。
　内封鐫"温飛卿詩集箋注　康熙丁丑重刻　秀埜草堂藏板"。版心鐫"秀野艸堂"。
　鈐"漱玉詞人""桂岑一字櫸庵""瓦梁唐氏珍藏""唐氏桂岑"印。

1865　　　　　　　　　　SG44/86－1

重刊校正笠澤叢書四卷補遺一卷續補遺一卷

（唐）陸龜蒙撰

清雍正元年至嘉慶二十五年（1723－1820）東山草堂刻本

二册　一函

正文半葉九行十八字，小字雙行二十六字，白口，雙黑魚尾，四周雙邊。

内封鎸"重刊校正笠澤叢書　東山草堂"。

《續補遺》後增墨筆抄寫《小名錄序》一篇、王益祥跋一篇，《補遺又續》并都穆跋一篇。有過錄清王士禎、李升蘭跋。朱筆批校。鈐"先賢程子二十七世孫元熙印"印。

1866　　　　　　　　　　SG44/86

重刊校正笠澤叢書四卷補遺一卷續補遺一卷

（唐）陸龜蒙撰

清大疊山房刻本

二册　一函

正文半葉九行十八字，白口，單黑魚尾，左右雙邊。

内封鎸"笠澤叢書　大疊山房重刊"。

鈐"潍高翰生藏經籍記""潛江甘鵬雲民國乙亥以後所收善本"印。

1867　　　　　　　　　　SG44/94

羅昭諫集八卷

（唐）羅隱撰

清康熙九年（1670）張瓚瑞榴堂刻乾隆、

嘉慶重修本

四册　一函

正文半葉十一行二十字，白口，雙黑魚尾，四周雙邊。

宋別集之屬

1868　　　　　　　　　　SG45/187－2

南陽集六卷

（宋）趙湘撰

清乾隆武英殿活字本

二册　一函

正文半葉九行二十一字，小字雙行同，花口，單黑魚尾，四周單邊。

版心下鎸"石養源校""靖本誼校"等。

《武英殿聚珍版書》之一。

1869　　　　　　　　　　SG45/281

景文集六十二卷

（宋）宋祁撰

清乾隆四十六年（1781）武英殿活字本

十二册　二函

正文半葉九行二十一字，小字雙行同，白口，單黑魚尾，四周雙邊。

目錄卷端鎸"武英殿聚珍版"。版心下鎸"繆晉校"。

《武英殿聚珍版書》之一。

1870　　　　　　　　　　SG45/89

安陽集五十卷別錄三卷遺事一卷忠獻韓魏

王家傳十卷

（宋）韓琦撰

清乾隆三十七年（1772）黃邦寧刻本

十冊　二函

　　正文半葉十行二十一字，細黑口，雙黑魚尾，左右雙邊。

　　內封鐫"同安黃邦寧遠亭氏重修　忠獻韓魏王安陽集　晝錦堂藏板"。卷前有《御製論》《御製贊》《諭祭文》套紅印刷。

1871　　　　　　　　　　　　SG45/119

徂徠石先生全集二十卷附錄一卷

（宋）石介撰　（清）丁詠淇校訂

清康熙五十五年（1716）石鍵刻本

六冊　一函

　　正文半葉十行十九字，白口，單黑魚尾，左右雙邊。

　　內封鐫"宋石徂徠先生全集　錫慶堂藏板"。

　　鈐"李厚滇印"印。

1872　　　　　　　　　　　　SG45/40-1

蘇學士文集十六卷

（宋）蘇舜欽撰　（清）徐惇復　徐惇孝校

清康熙三十七年（1698）徐惇復白華書屋刻本

四冊　一函

　　正文半葉十行二十一字，白口，順黑魚尾，四周單邊。

　　內封鐫"宋大中丞鑒定　震澤徐七來重訂　蘇子美全集　白華書屋藏版"。

鈐"本園書籍"印。

1873　　　　　　　　　　　　SG45/196

宋端明殿學士蔡忠惠公文集三十六卷首一卷

（宋）蔡襄撰

宋蔡忠惠公別紀補遺二卷

（明）徐㷔　宋珏增補

清雍正十二年至乾隆五年（1734－1740）蔡氏遜敏齋刻本

十六冊　二函

　　正文半葉九行二十字，白口，單黑魚尾，四周單邊。

　　版心下鐫"遜敏齋"。

1874　　　　　　　　　　　　SG45/213

晞髮集十卷晞髮遺集二卷晞髮遺集補一卷天地間集一卷登西臺慟哭記註一卷冬青樹引重註一卷

（宋）謝翱撰　（明）張丁注

清乾隆至宣統重遠齋抄本

二冊　一函

　　正義半葉九行十八字，細黑口，單黑魚尾，四周單邊。

　　版心下鐫"重遠齋抄本"。

　　周大輔校并墨筆題跋。鈐"虞山周左季藏書記""周大輔印""常山周左季珍藏經籍金石書畫印""鴿峰草堂""鴿峰墓祠守者""虞山周氏鴿峰草堂藏書印""周輔印""小嬴山館"諸印。

1875　　　　　　　　　　SG45/87

司馬文正公傳家集八十二卷目錄二卷

（宋）司馬光撰

年譜一卷附錄一卷

（清）陳宏謀輯

清乾隆六年（1741）陳氏培遠堂刻本

十六册　二函

　　正文半葉十一行二十一字，粗黑口，單黑魚尾，四周單邊。

　　内封鎸"乾隆六年重挍刊　司馬文正公傳家集　年譜輯附　培遠堂藏板"。正文首葉版心下鎸"後學桂林陳宏謀重訂"，原"弘"字剜改爲"宏"字。

　　有墨筆圈點。鈐"懷德堂"印。

1876　　　　又一部　SG45/87-1

司馬文正公傳家集八十二卷目錄二卷

（宋）司馬光撰

年譜一卷附錄一卷

（清）陳宏謀輯

清乾隆六年（1741）陳氏培遠堂刻本

十二册　二函

　　正文半葉十一行二十一字，粗黑口，單黑魚尾，四周單邊。

　　内封鎸"乾隆六年重挍刊　司馬文正公傳家集　年譜輯附　培遠堂藏板"。

1877　　　　又一部　SG45/87-1

司馬文正公傳家集八十二卷目錄二卷

（宋）司馬光撰

年譜一卷附錄一卷

（清）陳宏謀輯

清乾隆六年（1741）陳氏培遠堂刻本

三十二册　六函

　　正文半葉十一行二十一字，粗黑口，單黑魚尾，四周單邊。金鑲玉。

　　内封鎸"乾隆六年重挍刊　司馬文正公傳家集　年譜輯附　培遠堂藏板"。

1878　　　　　　　　　　SG45/50

司馬溫公文集八十二卷目錄一卷

（宋）司馬光撰

明崇禎元年（1628）吳時亮刻本

二十四册　四函

　　正文半葉九行二十字，小字雙行同，花口，單黑魚尾，四周雙邊。

1879　　　　　　　　　　SG45/50

司馬溫公文集八十二卷目錄一卷

（宋）司馬光撰

明崇禎元年（1628）吳時亮刻清康熙四十七年（1708）蔣起龍修補本

二十四册　四函

　　正文半葉九行二十字，小字雙行同，花口，單黑魚尾，四周雙邊。

1880　　　　又一部　SG45/51

司馬溫公文集八十二卷目錄一卷

（宋）司馬光撰

明崇禎元年（1628）吳時亮刻清康熙四十七年（1708）蔣起龍修補本

二十四册　四函

　　正文半葉九行二十字，小字雙行同，花口，單黑魚尾，四周雙邊。

1881　　　　　　　　　　　　　SG45/51

司馬溫公文集八十二卷目錄一卷

（宋）司馬光撰

清乾隆九年（1744）百祿堂刻本

二十四冊　二函

　　正文半葉九行二十二字，花口，單黑魚尾，左右雙邊。

　　內封鐫"乾隆甲子年重鐫　司馬文正公集　百祿堂藏板"。

1882　　　　　　　　　　　　SG45/13-4

宛陵先生集六十卷拾遺一卷附錄三卷

（宋）梅堯臣撰

明萬曆四年（1576）姜奇方刻清順治十四年（1657）梅枝鳳重修本

十冊　二函

　　正文半葉九行十八字，白口，單黑魚尾，左右雙邊。

　　版心下鐫刻工"台""松"等。

　　有墨筆批注。鈐"信古堂印"印。

1883　　　　　　　　　　　　SG45/13-3

宛陵先生文集六十卷

（宋）梅堯臣撰

清康熙四十一年（1702）徐惇復白華書屋刻本

六冊　一函

　　正文半葉十一行二十一字，白口，單黑魚尾，左右雙邊。

　　內封鐫"震澤徐七來重訂　梅聖俞全集　白華書屋藏板"。

　　鈐"姑蘇閶門內吳趨坊徐河橋北塊宛委堂書鋪發兌""志""雲南藏書"諸印。

1884　　　　　　　　　　　　SG45/154

趙清獻公集十卷

（宋）趙抃撰

明萬曆十六年（1588）成都知府詹思謙刻本

六冊　一函

　　正文半葉九行二十字，白口，單白魚尾，四周單邊。

　　內封鐫"南陽趙氏　清獻公文集　裔孫用棟藏板"。

1885　　　　　　　　　　　　SG45/154-2

趙清獻公集十卷

（宋）趙抃撰

明末刻本

二冊　一函

　　正文半葉九行二十字，白口，單白魚尾，四周單邊。

　　卷末有錫生跋語。鈐"悔庵藏""錫生""陳文日硯鄉氏藏本""葛隆中印"諸印。

1886　　　　　　　　　　　　SG45/154

趙清獻公集十卷

（宋）趙抃撰

明末刻清光緒三年（1877）修補本

四冊　一函

　　正文半葉九行二十字，白口，單白魚尾，四周單邊。

　　內封鐫"南陽趙氏　清獻公文集　裔孫用棟藏板"。

鈐"杭州王氏九峰舊廬藏書之章""黃陂陳氏究齋圖籍記""博本泉莊"諸印。

1887　　　　　　　又一部　SG45/154
趙清獻公集十卷
（宋）趙抃撰
明末刻清光緒三年（1877）修補本
六册　一函
正文半葉九行二十字，白口，單白魚尾，四周單邊。
鈐"薛時雨印""慰農""全椒薛氏"諸印。

1888　　　　　　　又一部　SG45/154
趙清獻公集十卷
（宋）趙抃撰
明末刻清光緒三年（1877）修補本
四册　一函
正文半葉九行二十字，白口，單白魚尾，四周單邊。
内封鐫"南陽趙氏　清獻公文集　裔孫用棟藏板"。

1889　　　　　　　　　SG45/154-5
趙清獻公集十卷
（宋）趙抃撰　（清）趙鉞校并跋
清乾隆至道光四年（1824）抄本
一册　一函　存三卷（八至十）
正文半葉八行二十一字，白口，四周雙邊，朱絲欄。
此書由清人據《四庫全書》文瀾閣本抄出，後趙鉞校之。卷末有清道光四年趙鉞校刊題記"浙江衢州府西安縣校刊"。趙鉞（1778-1849），原名春沂，字星甫，號雩門，浙江仁和（今浙江杭州）人。嘉慶十六年（1811）進士，授翰林院庶吉士，官至江蘇泰州知州。著有《唐御史臺精舍題名考》。鈐"趙氏種芸仙館收藏印""鐵面御史之後""雩門過眼"諸印。

1890　　　　　　　　　SG45/92
盱江先生全集三十七卷外集三卷年譜一卷
（宋）李覯撰　（清）李化鵬校訂
清雍正十一年（1733）李靖宇、李化鵬刻本
五册　一函
正文半葉九行二十字，花口，單黑魚尾，四周雙邊。
内封鐫"雍正丁未年新鐫　宋儒李泰伯先生全集　内附山甫先生藝文　招梘藏板"。

1891　　　　　　　　　SG45/236-1
公是集五十四卷
（宋）劉敞撰
清乾隆四十六年（1781）活字本
十二册　二函
正文半葉九行二十一字，小字雙行同，白口，單黑魚尾，四周雙邊。
目錄卷端鐫"武英殿聚珍版"。版心下鐫"吳舒帷校"。
《武英殿聚珍版書》之一。

1892　　　　　　　　　　SG45/28－1

南豐先生元豐類藁五十卷南豐先生集外文二卷附南豐先生行狀碑志哀挽一卷

（宋）曾鞏撰　（清）顧崧齡校

清康熙五十六年（1717）顧崧齡刻本

八册　一函

　　正文半葉十行二十一字，白口，雙黑魚尾，四周雙邊。

　　内封鎸"長洲顧東巖重刊　曾南豐全集　遵宋本挍定　增附集外文二卷"。

1893　　　　　　　　　　SG45/144

宋大家曾文定公文抄十卷

（宋）曾鞏撰　（明）茅坤批評

明萬曆七年（1579）茅一桂刻本

四册　一函

　　正文半葉九行十九字，白口，單白魚尾，左右雙邊。

　　《唐宋八大家文鈔》之一。

1894　　　　　　　　　　SG45/253

曾文定公全集二十卷首一卷末一卷

（宋）曾鞏撰　（清）彭期編訂

清康熙三十一年（1692）七業堂刻三十六年（1697）補刻本

六册　一函

　　正文半葉九行二十字，白口，單黑魚尾，左右雙邊。

　　内封鎸"康熙壬申年新鎸　曾文定公全集　七業堂校梓"。

1895　　　　　　　　　　SG45/43

伊川擊壤集二十卷

（宋）邵雍撰

明萬曆文靖書院刻本

六册　一函

　　正文半葉十行二十字，上白口下黑口，無魚尾，四周雙邊。

1896　　　　　又一部　SG45/43－4

伊川擊壤集二十卷

（宋）邵雍撰

明萬曆文靖書院刻本

六册　一函

　　正文半葉十行二十字，上白口下黑口，無魚尾，四周雙邊。

1897　　　　　　　　　　SG45/43－2

宋邵康節先生伊川擊壤集十卷

（宋）邵雍撰　（明）吳瀚摘注　吳泰增注

清康熙八年（1669）邵養定、邵養貞刻本

十册　二函

　　正文半葉九行十八字，小字雙行同，白口，單黑魚尾，四周單邊。

　　有朱筆圈點、批校。

1898　　　　　　　　　　SG45/93

周濂溪先生全集十三卷

（宋）周敦頤撰　（清）張伯行輯

清康熙四十七年（1708）張伯行正誼堂刻本

四册　一函

　　正文半葉十行二十二字，白口，單黑魚

尾，四周單邊。

内封鎸"儀封張大中丞編輯　周濂溪先生全集　正誼堂藏版"。版心下題"正誼堂"。

1899　　　　　　　　　　　　SG45/1A
歐陽文忠公全集一百五十三卷附錄五卷目錄一卷
（宋）歐陽修撰
清乾隆十一年（1746）歐陽安世孝思堂刻本
九十八册　十七函
正文半葉九行二十字，上花口，單黑魚尾，左右雙邊。金鑲玉。
内封鎸"乾隆丙寅重梓　唐書并五代史另刊　廬陵歐陽文忠公全集　孝思堂藏板"。
鈐"笑原"印。

1900　　　　　又一部　　SG45/1
歐陽文忠公全集一百五十三卷附錄五卷目錄一卷
（宋）歐陽修撰
清乾隆十一年（1746）歐陽安世孝思堂刻本
十二册　二函　存九十卷（一至九十）
正文半葉九行二十字，上花口，單黑魚尾，左右雙邊。
内封鎸"乾隆丙寅重梓　唐書并五代史另刊　廬陵歐陽文忠公全集　孝思堂藏板"。

1901　　　　　　　　　　　SG45/143
歐陽文集五十卷
（宋）歐陽修撰
廬陵歐陽文忠公年譜一卷
（宋）胡柯撰
明嘉靖二十二年（1543）李冕刻本
十六册　二函
正文半葉十行二十字，小字雙行同，白口，單白魚尾，四周雙邊。
版心下鎸刻工"蔡和""陳友"。
鈐"倪氏元鎮家藏珍鑒印章""半軒王氏""无竟先生所寶"諸印。

1902　　　　　　　　　　　SG45/211
歐陽先生文粹二十卷
（宋）歐陽修撰　陳亮輯
歐陽先生遺粹十卷
（明）郭雲鵬輯
明嘉靖二十六年（1547）郭雲鵬濟美堂刻本
六册　一函
正文半葉十一行二十一字，白口，單白魚尾，左右雙邊。
《遺粹》卷末牌記鎸"吳郭雲鵬選輯付梓""嘉靖丁未中元布印"。卷一首葉書口下鎸"張敖"。
行間有朱筆句讀。扉葉有佚名題跋。鈐"擁書堂"諸印。

1903　　　　　　　　　　　SG45/95-1
蘇老泉先生全集二十卷
（宋）蘇洵撰　（清）邵仁泓校訂

蘇老泉先生全集附錄二卷

（宋）沈斐輯

清康熙三十七年（1698）邵仁泓安樂居刻本

四册　一函

正文半葉九行十九字，小字雙行同，白口，單黑魚尾，左右雙邊。

內封鐫"吳門邵滄來校訂　蘇老泉先生全集　安樂居藏板"。正文前鐫《蘇老泉先生本傳》。

鈐"姚埭沈氏"諸印。

1904　　　　　　　　　　　　SG45/95

蘇老泉先生全集二十卷

（宋）蘇洵撰　（清）邵仁泓校訂

蘇老泉先生全集附錄二卷

（宋）沈斐輯

清康熙三十七年（1698）刻本

八册　一函

正文半葉九行十九字，小字雙行同，白口，單黑魚尾，左右雙邊。

內封鐫"吳門邵滄來校訂　蘇老泉先生全集　文靖書院藏板"。正文前鐫《蘇老泉先生本傳》。書根題名"邵刻老泉集"。

鈐"謝宗陶藏書印"印。

1905　　又一部　SG45/95-1

蘇老泉先生全集二十卷

（宋）蘇洵撰　（清）邵仁泓校訂

蘇老泉先生全集附錄二卷

（宋）沈斐輯

清康熙三十七年（1698）刻本

四册　一函　缺二卷（附錄二卷）

正文半葉九行十九字，小字雙行同，白口，單黑魚尾，左右雙邊。

內封鐫"吳門邵滄來校訂　蘇老泉先生全集　文靖書院藏板"。

鈐"計焜""耀廷"印。

1906　　　　　　　　　　　SG45/150-2

合刻三先生老泉文匯十卷

（宋）蘇洵撰　（明）茅坤　錢穀　鍾惺評定

明末緝柳齋刻本

四册　一函

正文半葉九行二十字，白口，單白魚尾，四周單邊。金鑲玉。

眉上鐫評。卷一版心下鐫"緝柳齋繡"。《三蘇文匯》之一。

1907　　　　　　　　　　　SG45/32-1

重刊嘉祐集十五卷

（宋）蘇洵撰

明嘉靖十一年（1532）太原府刻本

八册　一函

正文半葉十行二十一字，白口，無魚尾，四周單邊。

1908　　　　　　　　　　　SG45/85-1

宋大家蘇文公文抄十卷

（宋）蘇洵撰　（明）茅坤批評

明萬曆七年（1579）茅一桂刻本

四册　一函

正文半葉九行十九字，白口，單白魚尾，

左右雙邊。

行間鐫評。《唐宋八大家文鈔》之一。

1909　　　　　又一部　SG45/85－1
宋大家蘇文公文抄十卷
　（宋）蘇洵撰　（明）茅坤批評
　明萬曆七年(1579)茅一桂刻本
　四册　一函
　　正文半葉九行十九字,白口,單白魚尾,左右雙邊。
　　行間鐫評。《唐宋八大家文鈔》之一。

1910　　　　　　　　　SG45/97－1
宋大家王文公文抄十六卷
　（宋）王安石撰　（明）茅坤批評
　明崇禎四年(1631)茅著刻本
　四册　一函
　　正文半葉九行二十字,白口,單白魚尾,四周單邊。
　　眉上鐫評。《唐宋八大家文鈔》之一。
　　卷一首葉朱筆題"丁丑六月香巖用朱筆句讀"。

1911　　　　　　　　　SG45/2－2
新刻臨川王介甫先生詩文集一百卷目錄本傳事略
　（宋）王安石撰
　明萬曆四十年(1612)王鳳翔刻本
　八册　二函
　　正文半葉十行二十字,白口,單黑魚尾,四周單邊。

1912　　　　　又一部　SG45/2－2
新刻臨川王介甫先生詩文集一百卷目錄本傳事略
　（宋）王安石撰
　明萬曆四十年(1612)王鳳翔刻本
　十六册　二函
　　正文半葉十行二十字,白口,單黑魚尾,四周單邊。

1913　　　　　　　　　SG45/296
王荊文公詩五十卷
　（宋）王安石撰　李壁箋注
　清乾隆六年(1741)張宗松清綺齋刻本
　十六册　二函
　　正文半葉十一行二十一字,小字雙行三十一字,細黑口,單黑魚尾,左右雙邊。
　　內封鐫"宋李雁湖先生原本　王荊公詩箋注　清綺齋藏版"。
　　行間有墨筆眉批、批注。鈐"清綺齋徵""曾歸徐氏彊豸"印。

1914　　　　　又一部　SG417/297－1
王荊文公詩五十卷
　（宋）王安石撰　李壁箋注
　清乾隆六年(1741)張宗松清綺齋刻本
　八册　一函
　　正文半葉十一行二十一字,小字雙行三十一字,細黑口,單黑魚尾,左右雙邊。
　　內封鐫"宋李雁湖先生原本　王荊公詩箋注　清綺齋藏板"。
　　有半園老人張朝墉墨筆題跋。鈐"潛江甘鵬雲藥樵收藏書籍章""半園經眼""北墙"諸印。

1915　　　　　　　　　　SG45/268-1
忠肅集二十卷
　（宋）劉摯撰
　清乾隆四十六年（1781）武英殿活字本
　四册　一函
　　正文半葉九行二十一字，小字雙行同，白口，單黑魚尾，四周雙邊。
　　目錄卷端鎸"武英殿聚珍版"。版心下鎸"吳舒帷校"。
　　《武英殿聚珍版書》之一。
　　鈐"唐栖朱氏結一廬圖書記"印。

1916　　　　　　　　　　SG45/272
節孝先生文集三十卷
　（宋）徐積撰
　清康熙六十年（1721）王邦采刻本
　十册　一函
　　正文半葉九行十八字，細黑口，單黑魚尾，四周單邊。

1917　　　　　　　　　　SG45/61
節孝先生集三十二卷附節孝集事實一卷
　（宋）徐積撰
　清康熙三十五年（1696）丘邁、丘迥刻本
　八册　一函
　　正文半葉十行二十字，白口，單黑魚尾，左右雙邊。
　　鈐"歸震私印""蔣氏豈潛"印。

1918　　　　　　又一部　SG45/61
節孝先生集三十二卷附節孝集事實一卷
　（宋）徐積撰
　清康熙三十五年（1696）丘邁、丘迥刻本
　四册　一函
　　正文半葉十行二十字，白口，單黑魚尾，左右雙邊。

1919　　　　　　　　　　SG45/81-1
東坡全集一百十五卷目錄七卷
　（宋）蘇軾撰
宋史本傳一卷
　（元）脫脫撰
東坡先生年譜一卷
　（宋）王宗稷撰
東坡先生墓志銘一卷
　（宋）蘇轍撰
　明末刻本
　六十四册　八函　缺三卷（本傳一卷、年譜一卷、墓志銘一卷）
　　正文半葉十行十九字，小字雙行同，白口，單黑魚尾，四周單邊。
　　鈐"佛陀所藏書畫金石"印。

1920　　　　　　又一部　SG45/81
東坡全集一百十五卷目錄七卷
　（宋）蘇軾撰
宋史本傳一卷
　（元）脫脫撰
東坡先生年譜一卷
　（宋）王宗稷撰
東坡先生墓志銘一卷

（宋）蘇轍撰

明末刻本

二十四册　四函

　　正文半葉十行十九字，小字雙行同，白口，單黑魚尾，四周單邊。

1921　　　　　　　　　　　　　　SG45/81

東坡全集七十五卷

　（宋）蘇軾撰

宋史本傳一卷

　（元）脫脫撰

東坡先生墓誌銘一卷

　（宋）蘇轍撰

東坡先生年譜一卷

　（宋）王宗稷撰

明萬曆三十四年（1606）茅維刻本

二十二册　五函　存二十三卷（十四至二十三、二十七至三十一、六十二至六十九）

　　正文半葉十行十九字，白口，無魚尾，左右雙邊。金鑲玉。

1922　　　　　　　　　　　　　　SG415/159

蘇長公二妙集二十二卷

　（宋）蘇軾撰　（明）焦竑批點

明天啓元年（1621）徐象橒曼山館刻本

四册　一函　存十八卷（東坡先生尺牘一至十八）

　　正文半葉十行十八字，白口，單黑魚尾，四周單邊。

　　眉上鎸評。版心下鎸"曼山館"。

　　鈐"陽湖陶氏涉園所有書籍之記""潛園求有字齋藏書印""張潛園藏書記"印。

東坡先生尺牘二十卷

東坡先生詩餘二卷

1923　　　　　　　　　　　　　　SG417/134-1

蘇東坡詩集注三十二卷

　（宋）蘇軾撰　呂祖謙分編　王十朋纂輯
　（清）朱從延補注

東坡先生年譜一卷

　（宋）王宗稷撰

清康熙三十七年（1698）朱從延文蔚堂刻本

十册　二函

　　正文半葉十一行十九字，小字雙行二十八字，白口，單黑魚尾，左右雙邊。

　　版心下鎸"文蔚堂"。有刻工"元吉""甘伯""鄧玉"。

　　鈐"桐風高藏""桐風高繙戩疏錄之書""江夏徐氏藏本""藏棱盦""曾歸徐氏彊誃"諸印。

1924　　　　　　　　　　　　　　SG45/183

東坡禪喜集十四卷

　（宋）蘇軾撰　（明）凌濛初輯

明天啓元年（1621）凌濛初刻朱墨套印本

四册　一函

　　正文半葉八行十八字，白口，無魚尾，四周單邊。

　　眉上鎸朱評行六字。

　　鈐"水穿隱閣"印。

1925　　　　　　　　　SG45/59-1
坡仙集十六卷
（宋）蘇軾撰　（明）李贄評輯
明萬曆二十八年（1600）陳邦泰繼志齋刻本
十六册　二函
　　正文半葉九行二十字，花口，單黑魚尾，四周單邊。
　　鈐"溫廣年譜""棘園""朱光夑印"印。

1926　　　　　　又一部　SG45/59-1
坡仙集十六卷
（宋）蘇軾撰　（明）李贄評輯
明萬曆二十八年（1600）陳邦泰繼志齋刻本
十六册　三函
　　正文半葉九行二十字，花口，單黑魚尾，四周單邊。

1927　　　　　　又一部　SG45/59
坡仙集十六卷
（宋）蘇軾撰　（明）李贄評輯
明萬曆二十八年（1600）陳邦泰繼志齋刻本
十一册　一函　存十五卷（二至十六）
　　正文半葉九行二十字，花口，單黑魚尾，四周單邊。

1928　　　　　　　　SG45/59-1A
坡仙集十六卷
（宋）蘇軾撰　（明）李贄評輯
明末刻本
八册　一函
　　正文半葉九行二十字，花口，單白魚尾，四周單邊。

1929　　　　　　又一部　SG45/59
坡仙集十六卷
（宋）蘇軾撰　（明）李贄評輯
明末刻本
十册　二函
　　正文半葉九行二十字，花口，單白魚尾，四周單邊。
　　鈐"海陵潘氏珍藏""海陵劉氏藏書""晉江曾氏珍藏書籍印"諸印。

1930　　　　　　　　SG417/22-1
施註蘇詩四十二卷總目二卷
（宋）蘇軾撰　施元之　顧禧注　（清）顧嗣立　邵長蘅　宋至刪補
續補遺補註二卷
（清）馮景補注
王註正譌一卷
（清）邵長蘅撰
東坡先生年譜一卷
（宋）王宗稷撰
清康熙三十八年（1699）宋犖刻本
八册　二函
　　正文半葉十行二十一字，小字雙行同，黑口，單黑魚尾，四周單邊。

1931　　　　　　又一部　SG417/22-1
施註蘇詩四十二卷總目二卷
（宋）蘇軾撰　施元之　顧禧注　（清）顧

嗣立　邵長蘅　宋至刪補

續補遺補註二卷

（清）馮景補注

王註正譌一卷

（清）邵長蘅撰

東坡先生年譜一卷

（宋）王宗稷撰

清康熙三十八年（1699）宋犖刻本

十六冊　二函

正文半葉十行二十一字，小字雙行同，黑口，單黑魚尾，四周單邊。

1932　　　　　又一部　SG417/22-1

施註蘇詩四十二卷總目二卷

（宋）蘇軾撰　施元之　顧禧注　（清）顧嗣立　邵長蘅　宋至刪補

續補遺補註二卷

（清）馮景補注

王註正譌一卷

（清）邵長蘅撰

東坡先生年譜一卷

（宋）王宗稷撰

清康熙三十八年（1699）宋犖刻本

六冊　一函　存二十卷（一至二十）

正文半葉十行二十一字，小字雙行同，黑口，單黑魚尾，四周單邊。

1933　　　　　　　SG417/43-4

蘇文忠詩合註五十卷首一卷

（宋）蘇軾撰　（清）馮應榴輯

清乾隆六十年（1795）踵息齋刻本

十六冊　四函

正文半葉十一行二十六字，小字雙行三十四字，白口，單黑魚尾，左右雙邊。

內封鎸"蘇文忠公詩合註　踵息齋藏板"。

鈐"長沙謝氏毅叔珍藏""慈民所藏經籍金石書畫印記""慈民""劉庠之印""潛江甘氏""潛江甘鵬雲藥樵收藏書籍章""鄂中甘氏"諸印。

1934　　　　　　　SG417/43-2

蘇文忠詩合註五十卷首一卷

（宋）蘇軾撰　（清）馮應榴輯

清乾隆刻嘉慶二十四年（1819）印本

二十冊　三函

正文半葉十一行二十六字，小字雙行三十四字，白口，單黑魚尾，左右雙邊。

據清乾隆六十年（1795）踵息齋刻本增補。有朱墨筆批注，過錄紀昀批語。鈐"國子監祭酒盛昱印信"印。

1935　　　　　　　SG45/68-2

宋大家蘇文忠公文鈔二十八卷

（宋）蘇軾撰　（明）茅坤評

明萬曆茅一桂刻本

十二冊　二函

正文半葉九行十九字，白口，單白魚尾，左右雙邊。

《唐宋八大家文鈔》之一。

1936　　　　　　　SG45/81-2

東坡文選二十卷

（宋）蘇軾撰　（明）鍾惺評選

集　部

明萬曆四十八年(1620)閔氏刻朱墨套印本

八册　一函

正文半葉九行二十字,白口,無魚尾,無界行,四周單邊。

鈐"十畝松篁百畝田""平遠山如蘊籍人""鄭公卿單鄂園家寶藏""李氏藏書畫印""李瑞熙"諸印。

1937　　　　又一部　SG45/81-2

東坡文選二十卷

(宋)蘇軾撰　(明)鍾惺評選

明萬曆四十八年(1620)閔氏刻朱墨套印本

八册　一函

正文半葉九行二十字,白口,無魚尾,無界行,四周單邊。

1938　　　　　　　SG45/199-1

宋大家蘇文忠公文選十六卷

(宋)蘇軾撰　(明)歸有光輯

明末刻本

六册　一函　缺三卷(七、十二、十四)

正文半葉九行二十字,白口,單白魚尾,四周單邊。

眉上鐫評行四字。《八大家文選》之一。

1939　　　　　　　SG411/19

蘇文奇賞五十卷

(宋)蘇軾撰　(明)陳仁錫選評

明崇禎四年(1631)刻本

十二册　二函

正文半葉十行二十字,白口,單黑魚尾,左右雙邊。

眉上鐫評行四字。

1940　　　　　　　SG45/199

蘇文六卷

(宋)蘇軾撰　(明)茅坤等評

明天啓至崇禎閔爾容刻三色套印本

八册　二函

正文半葉九行十九字,白口,無魚尾,無界行,四周單邊。

鈐"海曲馬氏""暫得于己""羅烽"諸印。

1941　　　　　　　SG45/250

蘇子瞻集選二十卷

(宋)蘇軾撰　(明)陸夢龍評選　顧懋樊參訂

明崇禎四年(1631)顧懋樊刻本

八册　一函

正文半葉九行二十字,白口,單黑魚尾,四周單邊。

眉上鐫評。《陸君啓先生評選唐宋四大家》之一。

鈐"陳汝琦字欽武號雲卿"印。

1942　　　　　　　SG45/205

蘇長公文燧不分卷

(宋)蘇軾撰　(明)陳紹英選定

明崇禎四年(1631)陳紹英刻本

八册　一函

正文半葉九行二十字,花口,無魚尾,四周單邊。

行間有朱筆眉批、句讀。鈐"陳紹英印""陳生印""弢齋藏書記"諸印。

1943　　　　　　　　　　SG45/277

蘇長公合作内外篇不分卷

（宋）蘇軾撰　（明）鄭之惠評選

明萬曆三十年（1602）刻本

二册　一函

正文半葉九行二十二字,花口,無魚尾,四周單邊。

行間有朱筆眉批、句讀。

1944　　　　　　　　SG45/176－1A

蘇長公小品四卷

（宋）蘇軾撰　（明）王納諫評輯

明末凌啟康刻本

八册　一函

正文半葉八行十九字,白口,無魚尾,四周單邊。

鈐"太山趙氏藏書""仁圃藏書""劉氏惟吉鑒賞珍藏印""惟吉藏書""賞心樂事"印。

1945　　　又一部　SG45/176－1

蘇長公小品四卷

（宋）蘇軾撰　（明）王納諫評輯

明末凌啟康刻本

六册　一函

正文半葉八行十九字,白口,無魚尾,四周單邊。

眉上鐫朱評行五字。

鈐"藏""游心物外""安域""貌衣不勝""清玩草堂""瑞廷珍秘"印。

1946　　　　　　　　　　SG45/176

蘇長公小品二卷

（宋）蘇軾撰　（明）王納諫評輯

明萬曆三十九年（1611）章萬春心遠軒刻本

二册　一函

正文半葉九行二十一字,花口,無魚尾,無界行,四周單邊。

眉上鐫朱評行三字。內封鐫"王聖俞先生評　來青閣藏板　選蘇長公小品"。序後木記鐫"萬曆辛亥八月既望雕於章氏之心遠軒"。版心下鐫刻工"梓人劉"等。

鈐"梯山水史""還讀書室""余樂堂""五丁""還讀書堂""萬十七""視昔齋珍藏書畫之章""桃溪堂"印。

1947　　　　　　　　　　SG45/106

西塘先生文集十卷新增附錄一卷

（宋）鄭俠撰

明萬曆三十七年（1609）葉向高刻清乾隆四十一年（1776）胡純基重修本

六册　一函

正文半葉九行十八字,《附錄》半葉八行十八字,小字雙行同,花口,單白魚尾,四周單邊。

1948　　　　　　　　　SG45/55－4

重刻黃文節山谷先生文集三十卷外集十四

卷別集二十卷

（宋）黃庭堅撰

年譜十五卷

（宋）黃䎲撰

伐檀集二卷

（宋）黃庶撰

明萬曆三十一年至四十二年（1603－1614）方沆、周希令、李素梅刻本

二十四冊　六函

正文半葉十一行二十一字，白口，單黑魚尾，四周單邊。金鑲玉。

1949　　　　　　　　　SG45/55－3

重刻黃文節山谷先生文集三十卷外集十四卷別集二十卷

（宋）黃庭堅撰　（明）方沆校

明萬曆元年至四十八年（1573－1620）光啓堂刻本

十六冊　二函

正文半葉十行二十字，白口，單黑魚尾，四周單邊。

正文卷端鎸"光啓堂荊岑王鳳翔梓"。

首冊書衣有甘鵬雲墨筆題識。鈐"葉德輝煥彬甫藏閱書""潛廬""修竹吾廬""潛江甘鵬雲民國乙亥以後所收善本"諸印。

1950　　　　又一部　SG45/76－1

重刻黃文節山谷先生文集三十卷外集十四卷別集二十卷

（宋）黃庭堅撰　（明）方沆校

明萬曆元年至四十八年（1573－1620）光啓堂刻本

五冊　一函　缺三十四卷（外集十四卷、別集二十卷）

正文半葉十行二十字，白口，單黑魚尾，四周單邊。

正文卷端鎸"明光啓堂荊岑王鳳翔梓"。

1951　　　　　　　　　SG45/76

宋黃文節公文集三十二卷外集二十四卷別集十九卷首四卷

（宋）黃庭堅撰

黃青社先生伐檀集二卷

（宋）黃庶撰

清乾隆三十年（1765）緝香堂刻本

十六冊　四函

正文半葉九行二十字，白口，單黑魚尾，左右雙邊。

內封鎸"乾隆乙酉歲重鎸　宋黃山谷先生全集　江右寧州緝香堂藏版"。

1952　　　　　　　　　SG45/289

游廌山先生集前集一卷後集五卷首一卷外集一卷

（宋）游酢撰

清乾隆三十七年（1772）游氏刻本

六冊　一函

正文半葉九行二十字，白口，單黑魚尾，左右雙邊。

內封鎸"乾隆壬辰冬重鎸　宋文肅廌山游先生集　書院藏板"。

1953　　　　　　　　　　　　SG45/190

宛丘先生文粹二十二卷

（宋）張耒撰　（明）陳繼儒校閱

明崇禎六年（1633）新安胡潛刻本

八冊　一函

　　正文半葉九行十九字，花口，單白魚尾，左右雙邊。

　　《蘇門六君子文粹》之一。

　　鈐"曾爲古平壽郭申堂藏"印。

1954　　　　　　　　　　　　SG45/42-1

淮海集四十卷後集六卷長短句三卷

（宋）秦觀撰　（明）徐渭評

詩餘一卷

（宋）秦觀撰　（明）鄧漢章輯

明萬曆四十六年（1618）段之錦刻本

十二冊　二函

　　正文半葉九行二十字，白口，白魚尾，左右雙邊。

　　眉上鎸評。

　　鈐"蘇齋""滄葦""聖秋經眼""謝宗陶藏書印"諸印。

1955　　　　　　又一部　SG45/42

淮海集四十卷

（宋）秦觀撰　（明）徐渭評

明萬曆四十六年（1618）段之錦刻本

六冊　一函

　　正文半葉九行二十字，白口，白魚尾，左右雙邊。

　　眉上鎸評。

1956　　　　　　　　　　　　SG45/82

濟北先生文粹十六卷

（宋）晁補之撰　（明）韓敬校閱

清刻本

八冊　一函

　　正文半葉九行十九字，花口，單白魚尾，左右雙邊。

1957　　　　　　　　　　　　SG45/58

龜山先生集四十二卷

（宋）楊時撰

明萬曆十九年（1591）林熙春刻本

十二冊　二函

　　正文半葉十行二十字，白口，單黑魚尾，四周雙邊。

　　版心下鎸刻工姓"范""仁""由""朱"等及頁碼。

1958　　　　　　　　　　　　SG45/84

宋楊文靖公集四十卷年譜二卷

（宋）楊時撰　（明）楊成編輯

清康熙十年至四十六年（1671-1707）楊用徵、楊慶徵衣南堂刻本

十冊　一函

　　正文半葉十行二十字，小字雙行同，白口，單黑魚尾，左右雙邊。

　　鈐"惠震之書"印。

1959　　　　　　　　　　　　SG45/231

羅豫章先生集十二卷首一卷末一卷

（宋）羅從彥撰

清乾隆元年（1736）刻十一年（1746）修訂

本

四册　一函

正文半葉九行二十字,白口,單黑魚尾,左右雙邊。

内封鎸"乾隆元年新鎸　裔孫雍可體勤同刻　宋儒文質公羅豫章先生集"。

1960　　　　　　　　　　SG4171/1642
新註朱淑真斷腸詩集十卷

(宋)朱淑真撰　鄭元佐注

清康熙至雍正影元刊本

二册　一函

正文半葉八行二十字,小字雙行同,白口,無魚尾,左右雙邊。金鑲玉。

序後抄錄"建安于氏志安堂刊"牌記。稀見。

1961　　　　　　　　　　SG45/102-1
宋李忠定公奏議選十五卷文集選二十九卷首四卷

(宋)李綱撰　(明)左光先選

明崇禎十二年(1639)李嗣玄刻本

八册　一函

正文半葉十行二十字,小字雙行同,白口,單白魚尾,四周單邊。

左光先序首葉版心下鎸"蕭嘉生寫"。

鈐"篤素堂藏書"印。

1962　　　　　　　　　　SG45/162
宋李忠定公奏議選十五卷文集選二十九卷首四卷

(宋)李綱撰　(明)左光先選

明崇禎十二年(1639)李嗣玄刻清康熙至乾隆修補本

二十四册　四函

正文半葉十行二十字,小字雙行同,白口,單白魚尾,四周單邊。

左光先序首葉版心下鎸"蕭嘉生寫"。

1963　　　　　　　　　　SG411/70
浮溪文粹十五卷附錄一卷

(宋)汪藻撰

明萬曆四十五年(1617)刻本

八册　一函

正文半葉九行十九字,白口,單黑魚尾,四周單邊。金鑲玉。

書前有嘯園老人題識。行間有朱筆句讀。

1964　　　　　　　　　　SG45/35-2
浮溪遺集十五卷附錄一卷

(宋)汪藻撰

清康熙七年(1668)汪士漢居仁堂刻本

四册　一函

正文半葉十行二十二字,白口,單黑魚尾,四周雙邊。金鑲玉。

稀見。

1965　　　　　　　　　　SG45/343
宋孫仲益内簡尺牘十卷首一卷

(宋)孫覿撰　李祖堯編注　(清)蔡焯　蔡龍孫增訂

清乾隆十二年(1747)蔡氏刻本

四册　一函

正文半葉九行二十字,小字雙行同,粗黑口,單黑魚尾,四周單邊。

1966　　　　　　又一部　SG415/49
宋孫仲益內簡尺牘十卷首一卷
（宋）孫覿撰　李祖堯編注　（清）蔡焯
　蔡龍孫增訂
清乾隆十二年(1747)蔡氏刻本
　四册　一函
　　正文半葉九行二十字,小字雙行同,粗黑口,單黑魚尾,四周單邊。
　　鈐"熙彥收藏善本"印。

1967　　　　　　　　SG45/79－15
岳忠武王文集八卷首一卷末一卷
（宋）岳飛撰　（清）黃邦寧纂修
清乾隆三十五年(1770)刻本
　四册　一函
　　正文半葉九行二十字,花口,單黑魚尾,左右雙邊。
　　總目後《御製武穆論》等爲朱色印刷。

1968　　　　　　　　SG45/224
韋齋集十二卷首一卷
（宋）朱松撰　（清）朱玉重輯
玉瀾集一卷
（宋）朱槔撰　（清）朱玉重輯
清雍正六年(1728)新安朱玉刻本
　四册　一函
　　正文半葉十行二十字,小字雙行同,黑口,單黑魚尾,四周單邊。
　　《韋齋集》內封鎸"韋齋全集　考亭書院藏板"。

1969　　　　　　又一部　SG45/224
韋齋集十二卷首一卷
（宋）朱松撰　（清）朱玉重輯
玉瀾集一卷
（宋）朱槔撰　（清）朱玉重輯
清雍正六年(1728)新安朱玉刻本
　八册　一函
　　正文半葉十行二十字,小字雙行同,黑口,單黑魚尾,四周單邊。
　　《韋齋集》內封鎸"韋齋全集　考亭書院藏板"。
　　鈐"懺庵藏書"印。

1970　　　　　　　　SG45/300
晦菴先生文集一百卷目錄二卷
（宋）朱熹撰
宋慶元至嘉定浙江刻本
　二册　一函　存二卷(五十四至五十五)
　　正文半葉十行十九字,白口,單黑魚尾,左右雙邊。
　　版心鎸"晦菴文集"。
　　鈐"佞宋""余協中章""楊守敬審定宋本""羅振玉金石記"諸印。

1971　　　　　　　　SG45/229－1
雪山集十六卷首一卷
（宋）王質撰
清乾隆四十四年(1779)活字本
　十册　一函
　　正文半葉九行二十一字,小字雙行同,

集　部　　　381

白口,單黑魚尾,四周雙邊。

目錄卷端下鎸"武英殿聚珍版"。版心下鎸"彭紹觀校""谷際岐校""費振勳校"等。《武英殿聚珍版書》之一。

鈐"南通馮氏景岫樓藏書"印。

1972　　　　　　　　　　SG45/204

止齋先生奧論七卷首一卷

（宋）陳傅良撰　（明）帥機評

明崇禎八年（1635）刻本

四册　函

正文半葉九行二十字,小字雙行同,花口,單黑魚尾,四周單邊。

1973　　　　　　　　　　SG45/49-3

宋王忠文公文集五十卷年譜一卷目錄四卷

（宋）王十朋撰　（清）唐傳鉎重編

清雍正六年（1728）唐傳鉎刻本

十册　二函

正文半葉十一行二十一字,花口,單黑魚尾,四周單邊。

內封鎸"雍正六年重刊　宋王忠文公文集　鴈就堂藏板"。

鈐"古鄞張氏閒堂藏書畫印""南宫葆真堂陳氏珍藏書畫印""寶應劉氏食舊德齋藏書記""食舊德齋藏書""韜園鑒藏""愚齋圖書館藏"印。

1974　　　　　　又一部　SG47/129

宋王忠文公文集五十卷年譜一卷目錄四卷

（宋）王十朋撰　（清）唐傳鉎重編

清雍正六年（1728）唐傳鉎刻本

十册　二函

正文半葉十一行二十一字,花口,單黑魚尾,四周單邊。

鈐"葉德輝煥彬閱章"印。

1975　　　　　　又一部　SG47/129

宋王忠文公文集五十卷年譜一卷目錄四卷

（宋）王十朋撰　（清）唐傳鉎重編

清雍正六年（1728）唐傳鉎刻本

六册　一函　存二十八卷（二十三全五十）

正文半葉十一行二十一字,花口,單黑魚尾,四周單邊。

鈐"陽新石榮暲藏""石榮暲蓉城僊館藏書"印。

1976　　　　　　　　　　SG4171/1019

石湖居士詩集三十四卷

（宋）范成大撰　（清）顧嗣皋重訂

清康熙二十七年（1688）顧嗣協依園刻本

四册　一函

正文半葉十一行二十一字,小字雙行同,上細黑口下白口,單黑魚尾,左右雙邊。

內封鎸"吳郡顧迂客漢魚俠君重訂范石湖詩集　依園藏板"。

鈐"笠澤費氏珍藏""別裁偽體親風雅""徐氏醉僊珍藏"印。

1977　　　　　　　　　　SG45/136

陸放翁全集一百五十五卷

（宋）陸游撰

明末毛氏汲古閣刻本

二十四册　八函
　　正文半葉八行十八字，白口，無魚尾，左右雙邊。
　　鈐"毛氏正本""汲古閣""又塵鑒藏""李書勳印"印。
　　　渭南文集五十卷
　　　劍南詩稿八十五卷
　　　放翁逸稿二卷
　　　南唐書十八卷

1978　　　　　　　又一部　SG45/136
陸放翁全集一百五十五卷
（宋）陸游撰
明末毛氏汲古閣刻本
二十四册　八函　存二十卷（放翁逸稿二卷、南唐書十八卷）
　　正文半葉八行十八字，白口，無魚尾，左右雙邊。
　　鈐"黃須師婦""讀杜草堂"印。

1979　　　　　　　　　SG417/164-1
劍南詩鈔六卷
（宋）陸游著　（清）楊大鶴選
清康熙二十四年（1685）刻本
八册　一函
　　正文半葉十行十八字，白口，單黑魚尾，左右雙邊。
　　劉復朱筆題內封題名。有朱筆圈點。鈐"半農讀書""劉"印。

1980　　　　　　　　　SG4171/747-1
陸放翁劍南詩選六卷
（宋）陸游撰　（清）朱陔選定
清康熙友恭堂刻本
六册　一函
　　正文半葉九行十九字，白口，單黑魚尾，四周單邊。金鑲玉。
　　內封鎸"汪鈍翁先生鑒定　宋陸放翁先生著　劍南詩選　吳門朱望子先生選　友恭堂藏板"。
　　鈐"江陰劉氏""劉復所藏""鎦家書庫"印。

1981　　　　　　　　　SG45/23-1
渭南文集五十卷
（宋）陸游撰
明末毛氏汲古閣刻本
八册　二函
　　正文半葉八行十八字，白口，無魚尾，左右雙邊。
　　內封題"陸放翁全集　渭南文集　劍南詩稿　逸稿　南唐書　家世舊聞"。版心下鎸"汲古閣"。《陸放翁全集》之一。

1982　　　　　　　又一部　SG45/23-1
渭南文集五十卷
（宋）陸游撰
明末毛氏汲古閣刻本
十一册　二函　存四十五卷（一至四十五）
　　正文半葉八行十八字，白口，無魚尾，左右雙邊。

1983　　　　　　　　　　SG45/206

潛室陳先生木鍾集十一卷

（宋）陳埴撰

明弘治十四年（1501）高賓、鄧淮刻本

六冊　一函

　　正文半葉十二行二十二字，粗黑口，順魚尾，四周單邊。

　　卷末鐫"新安仇以忠　以才　廷永　廷海　廷芳刊"。

　　鈐"經微室"印。

1984　　　　　　　　　　SG45/168

南軒先生文集四十四卷

（宋）張栻撰　張純修輯

清康熙刻本

十二冊　二函

　　正文半葉九行二十字，花口，單黑魚尾，左右雙邊。

1985　　　　　　　　　　SG45/242

止堂集十八卷

（宋）彭龜年撰

清乾隆四十一年（1776）武英殿活字本

四冊　一函

　　正文半葉九行二十一字，小字雙行同，白口，單黑魚尾，四周雙邊。

　　《武英殿聚珍版書》之一。

1986　　　　　　　　　　SG45/11

水心文集二十九卷

（宋）葉適撰

明末刻本

十冊　二函

　　正文半葉九行十九字，白口，無魚尾，四周單邊。

　　卷二十一至二十六抄配。鈐"一六淵海""南城李氏宜秋館藏""李氏振唐"印。

1987　　　　　　　　　　SG45/11-5

水心文集二十九卷

（宋）葉適撰　（明）黎諒輯

清乾隆二十年（1755）雷鋐刻本

十二冊　三函

　　正文半葉十行二十字，白口，單黑魚尾，左右雙邊。

1988　　　　　　　　　　SG44/117

江湖長翁文集四十卷

（宋）陳造撰　（明）李之藻校

明萬曆四十六年（1618）李之藻刻本

十三冊　二函

　　正文半葉九行二十一字，白口，單黑魚尾，左右雙邊。

　　版心下鐫刻工"梅廷玉刊""朱珠""付清"等。

　　卷二十四至二十六抄配。

1989　　　　　　　　　　SG45/257

陳北溪先生文集十四卷

（宋）陳淳撰　（清）張伯行編訂

清康熙五十四年（1715）張伯行正誼堂刻本

二冊　一函

　　正文半葉十行二十二字，白口，單黑魚

尾,四周單邊。

版心下鎸"正誼堂"。

1990　　　　　　　　　　SG45/186-1
校注橘山四六二十卷
（宋）李廷忠撰　（明）孫雲翼注
明萬曆三十五年(1607)刻本
八册　一函
　　正文半葉十行二十一字,小字雙行同,花口,單黑魚尾,左右雙邊。
　　版心下鎸刻工"劉希賢"等。
　　行間有墨筆句讀。

1991　　　　　　　　　　SG45/186
校注橘山四六二十卷
（宋）李廷忠撰　（明）孫雲翼注
明萬曆三十五年(1607)至明末刻本
八册　二函
　　正文半葉十行二十一字,小字雙行同,花口,單黑魚尾,左右雙邊。
　　行間有朱筆句讀。

1992　　　　　　　　　　SG45/264
陳克齋先生集五卷
（宋）陳文蔚撰　（清）張伯行重訂
清康熙四十八年(1709)張伯行正誼堂刻本
二册　一函
　　正文半葉十行二十二字,白口,單黑魚尾,四周單邊。
　　内封鎸"張大中丞手訂　陳克齋集正誼堂藏板"。版心下鎸"正誼堂"。

鈐"正誼堂藏板"印。

1993　　　　　　　　　　SG45/91-5
龍川文集三十卷
（宋）陳亮撰
明崇禎六年(1633)鄒質士刻本
六册　一函
　　正文半葉九行十九字,白口,無魚尾,四周單邊。

1994　　　　　　　　　　SG45/91-1
龍川文集三十卷
（宋）陳亮撰
清康熙四十八年(1709)陳氏聚星堂刻本
八册　二函
　　正文半葉九行十九字,白口,單黑魚尾,四周單邊。
　　版心下鎸"聚星堂"。
　　鈐"虛白""子京""窮書癖""百城侯""鶴巢藏書"諸印。

1995　　　　　　　　　　SG45/104
陳同甫集三十卷
（宋）陳亮撰
清道光至咸豐嶺南壽經堂活字本
十四册　二函
　　正文半葉十行二十一字,白口,單黑魚尾,四周雙邊。
　　行間有朱筆句讀、墨筆抄配。鈐"何止猷印""仲海"印。

1996　　　　　　　　又一部　SG45/104A

陳同甫集三十卷

（宋）陳亮撰

清道光至咸豐嶺南壽經堂活字本

十一册　一函

　　正文半葉十行二十一字，白口，單黑魚尾，四周雙邊。

　　行間有墨筆句讀。

1997　　　　　　　　　　　SG45/260

西山先生真文忠公文集五十五卷目録二卷

（宋）真德秀撰　（明）丁辛　楊鶚重修

明萬曆二十六年（1598）金學曾景賢堂刻

崇禎十一年（1638）蘭陵丁辛重修本

十四册　二函

　　正文半葉十行二十字，白口，單黑魚尾，四周雙邊。

　　版心下鐫刻工"劉詩""黄應""游得""余京"等。

　　鈐"葉啓芳丁酉年藏書""還讀廬藏書印"印。

1998　　　　　　　　　　　SG45/248

海瓊玉蟾先生文集六卷續集二卷

（宋）葛長庚撰　（明）朱權重編

明萬曆何繼高、劉懋賢等刻本

八册　一函　缺三卷（六、續集二卷）

　　正文半葉九行二十字，白口，單白魚尾，左右雙邊。

1999　　　　　　　　　　　SG45/24

白石道人詩集二卷集外詩一卷附録諸賢酬贈詩一卷詩説一卷歌曲四卷歌曲別集一卷

（宋）姜夔撰

清乾隆鮑廷博知不足齋重刻陸鍾輝本

四册　一函

　　正文半葉十一行十九字，白口，單黑魚尾，左右雙邊。

　　内封鐫"姜白石集　知不足齋重雕"。

　　鈐"結弍廬藏書印""古歙鮑氏覺生藏書印"諸印。

2000　　　　　　　　又一部　SG45/24A

白石道人詩集二卷集外詩一卷附録諸賢酬贈詩一卷詩説一卷歌曲四卷歌曲別集一卷

（宋）姜夔撰

清乾隆鮑廷博知不足齋重刻陸鍾輝本

四册　一函

　　正文半葉十一行十九字，白口，單黑魚尾，左右雙邊。

2001　　　　　　　　又一部　SG45/24B

白石道人詩集二卷集外詩一卷附録諸賢酬贈詩一卷詩説一卷歌曲四卷歌曲別集一卷

（宋）姜夔撰

清乾隆鮑廷博知不足齋重刻陸鍾輝本

四册　一函

　　正文半葉十一行十九字，白口，單黑魚尾，左右雙邊。

　　内封鐫"姜白石集　知不足齋重雕"。

　　鈐"任城李氏珍藏""有志不行即是自

己能力毅力薄弱"印。

2002　　　　又一部　SG4171/1130-2
白石道人詩集二卷集外詩一卷附錄諸賢酬贈詩一卷詩說一卷歌曲四卷歌曲別集一卷
（宋）姜夔撰
清乾隆鮑廷博知不足齋重刻陸鍾輝本
四册　一函
　　正文半葉十一行十九字，白口，單黑魚尾，左右雙邊。
　　鈐"祖申私印""祖申鑒藏""臣望曾印""茶庵"印。

2003　　　　又一部　SG4171/1130-1
白石道人詩集二卷集外詩一卷附錄諸賢酬贈詩一卷詩說一卷歌曲四卷歌曲別集一卷
（宋）姜夔撰
清乾隆鮑廷博知不足齋重刻陸鍾輝本
一册　一函
　　正文半葉十一行十九字，白口，單黑魚尾，左右雙邊。

2004　　　　　　　　　SG45/249
西山先生真文忠公文章正宗二十四卷續二十卷
（宋）真德秀撰
明嘉靖四十三年（1564）蔣氏家塾刻本
十二册　二函　缺二十卷（續二十卷）
　　正文半葉十行二十一字，小字雙行同，白口，單黑魚尾，左右雙邊。

　　版心下鐫寫工和刻工"常州李倫書""常州陳垚刻""陳信""金子承"等。
　　鈐"稼書軒"印。

2005　　　　又一部　SG411/1
西山先生真文忠公文章正宗二十四卷續二十卷
（宋）真德秀撰
明嘉靖四十三年（1564）蔣氏家塾刻本
六册　一函　存十卷（二十至二十四、續一至五）
　　正文半葉十行二十一字，小字雙行同，白口，單黑魚尾，左右雙邊。
　　版心下鐫寫工和刻工"常州李倫書""常州陳垚刻""陳信""金子承"等。
　　鈐"劉增珍玩"印。

2006　　　　　　　　SG411/1
西山先生真文忠公文章正宗二十四卷續二十卷
（宋）真德秀撰　（明）李開鄰　盛符升評訂
明萬曆至崇禎刻本
二十册　三函　缺二十卷（續二十卷）
　　正文半葉九行十九字，小字雙行同，白口，單黑魚尾，左右雙邊。
　　《續》有目無文。

2007　　　　又一部　SG411/1
西山先生真文忠公文章正宗二十四卷續二十卷
（宋）真德秀撰　（明）李開鄰　盛符升評

訂

明萬曆至崇禎刻本

三十六册　四函　缺二十卷(續二十卷)

　　正文半葉九行十九字,小字雙行同,白口,單黑魚尾,左右雙邊。

　　眉上鐫評行五字。

　　鈐"杭州城站抱經堂藏書莊經售""詹文忠""詹宅北池子五十四號""北平朝陽大學圖書館"印。

2008　　　　　　　　　　　　SG45/83

集錄真西山文章正宗三十卷

（宋）真德秀撰

明嘉靖二十三年(1544)孔天胤刻本

二十册　四函

　　正文半葉九行十八字,小字雙行同,白口,單黑魚尾,左右雙邊。

　　版心下鐫刻工"袁電""唐思""李潮"等。

2009　　　　　　　　　　　SG413/31

箋釋梅亭先生四六標準二十四卷

（宋）李劉撰　（明）孫雲翼箋　唐鯉飛校

明萬曆四十四年(1616)唐鯉飛刻本

二十册　三函

　　正文半葉十行二十一字,小字雙行同,白口,單黑魚尾,左右雙邊。

　　内封鐫"箋釋細註　宋李梅亭先生四六標準　古吳聚錦堂梓"。

2010　　　　　　　　　　SG45/247-1

蒙齋集二十卷

（宋）袁甫撰

清乾隆四十六年(1781)武英殿活字本

十册　一函

　　正文半葉九行二十一字,小字雙行同,白口,單黑魚尾,四周雙邊。

　　版心下鐫"彭紹觀校""劉躍雲校"。《武英殿聚珍版書》之一。

2011　　　　　　　　　　　SG45/4

文山先生全集二十卷

（宋）文天祥撰　（明）張元諭編校

明嘉靖三十九年(1560)張元諭刻本

八册　二函

　　正文半葉十行二十二字,白口,單白魚尾,四周單邊。

2012　　　　　　　　　　SG48/104

廬陵宋丞相信國公文忠烈公先生全集十六卷附文忠烈公從祀原案錄一卷

（宋）文天祥撰

清雍正三年(1725)文有焕、文從偉五桂堂刻乾隆重修本

二十册　五函　缺一卷(文忠烈公從祀原案錄一卷)

　　正文半葉十行二十字,白口,單黑魚尾,四周雙邊。金鑲玉。

　　内封鐫"廬陵文丞相文山先生全集　雍正三年新鐫　五桂堂藏板。"

　　鈐"張繼之印"印。

2013　　　　　　　　　　SG45/207

謝疊山先生文集六卷

（宋）謝枋得撰 （明）鄭以偉重訂 陶懋觀重校

明萬曆三十二年(1604)方萬山刻本

四册 一函

　　正文半葉十行二十字,花口,單黑魚尾,四周單邊。

　　鈐"允言藏書""文行遠印""九江文氏"印。

2014　　　　　　　　　　　　SG45/191

劉須溪先生記鈔八卷

（宋）劉辰翁撰

明天啓三年(1623)楊識西刻本

四册 一函

　　正文半葉九行二十字,花口,單白魚尾,四周單邊。

　　鈐"杭州舊廬藏書之章""來燕榭珍藏記""黃裳私印"印。

2015　　　　　　　　　　　　SG46/26

仁山金先生文集四卷

（宋）金履祥撰 （清）金弘勳校輯

仁山金先生文集附錄一卷

（明）祝允明等撰

清雍正三年(1725)金弘勳春暉堂刻本

二册 一函

　　正文半葉九行十九字,白口,單黑魚尾,左右雙邊。

　　內封鐫"桐溪金元功編輯　金仁山先生文集　春暉堂藏板"。

金別集之屬

2016　　　　　　　　　　　SG46/29-1

遺山先生文集四十卷

（金）元好問撰 （元）張德輝類次

遺山先生文集附錄一卷

（明）儲巏輯

明抄本

六册 一函

　　正文半葉十行十九字,小字雙行同或二十七字,無界行,素紙。

　　書根題"明鈔本遺山先生文集　江都陳逢衡校本"。

　　有明弘治十一年(1498)海陵儲巏跋、弘治十二年(1499)京口靳貴後序。清人陳本禮、陳逢衡父子朱筆校補。鈐"瓢室"印。

2017　　　　　　　　　　　SG46/29

遺山先生文集四十卷新樂府四卷新樂府補遺一卷

（金）元好問撰 （元）張德輝類次

遺山先生文集附錄一卷

（明）儲巏輯

清康熙四十六年(1707)無錫華希閔刻本

十六册 二函

　　正文半葉十一行二十字,小字雙行字數不等,黑口,雙黑魚尾,左右雙邊。

　　鈐"青箱樓藏書""高潛璜印""蒼佩"印。

中國人民大學圖書館

中國人民大學圖書館 編

古籍善本書目（增訂本）下冊

國家圖書館出版社

元別集之屬

2018　　　　　　　　　　　SG45/164
松鄉先生文集十卷
（元）任士林撰　（明）鄒維璉校
明泰昌元年（1620）刻清光緒十六年（1890）修補本
四册　一函
正义半葉九行二十字，花口，單黑魚尾，四周單邊。
內封鎸"任松鄉先生文集　光緒庚寅季冬上澣補栞"。版心下鎸"光緒庚寅補刊"。

2019　　　　　　　　　　　SG46/34
趙文敏公松雪齋全集十卷外集一卷續集一卷附錄一卷
（元）趙孟頫撰　（清）曹培廉校
清康熙五十二年（1713）曹培廉城書室刻本
四册　一函
正文半葉十行十九字，白口，單黑魚尾，左右雙邊。
內封題"海上曹敬三重訂　趙文敏公松雪齋全集　城書室藏板"。版心下鎸"城書室"。

2020　　　　　　　　　　　SG46/68
許魯齋先生集六卷
（元）許衡撰　（清）張伯行輯訂
清康熙四十七年（1708）張伯行正誼堂刻本
二册　一函
正文半葉十行二十二字，白口，單黑魚尾，四周單邊。
內封鎸"張大中丞訂　許魯齋先生集正誼堂藏板"。版心下鎸"正誼堂"。

2021　　　　　　　　　　　SG46/57
魯齋遺書十四卷
（元）許衡撰　（明）江學詩　怡愉編輯
明萬曆二十四年（1596）江學詩、怡愉刻本
四册　一函
正文半葉十行二十二字，花口，單黑魚尾，四周雙邊。
目錄首葉版心下鎸"吏房貼書陳幸寫"。
鈐"張遵驪""驪復"印。

2022　　　　　　　　　　　SG46/35
陳定宇先生文集十七卷
（元）陳櫟撰　（清）陳嘉基訂
清康熙三十四年（1695）陳嘉基德馨堂刻本
六册　一函
正文半葉十行二十二字，黑口，單黑魚尾，左右雙邊。
內封鎸"新安陳定宇先生文集　珠谿德馨堂藏版"。
鈐"奎垣山房""德馨堂藏板"印。

2023　　　　　　　又一部　SG46/35A

陳定宇先生文集十七卷

（元）陳櫟撰　（清）陳嘉基訂

清康熙三十四年（1695）陳嘉基德馨堂刻本

十二册　二函

　　正文半葉十行二十二字,黑口,單黑魚尾,左右雙邊。

　　内封鎸"新安陳定宇先生文集　珠谿德馨堂藏板"。

　　鈐"南通沈氏藏書""沈燕謀以字行"印。

2024　　　　　　　又一部　SG46/35-1

陳定宇先生文集十七卷

（元）陳櫟撰　（清）陳嘉基訂

清康熙三十四年（1695）陳嘉基德馨堂刻本

六册　一函

　　正文半葉十行二十二字,黑口,單黑魚尾,左右雙邊。

2025　　　　　　　　　　SG46/51

虞道園集不分卷

（元）虞道園撰

清康熙刻本

十六册　四函

　　正文半葉九行二十字,花口,單黑魚尾,四周雙邊。金鑲玉。

　　内封鎸"崇仁虞伯生著　虞道園全集本家藏板"。

　　鈐"看子孫能幾家""聽松館珍藏"諸印。

2026　　　　　　　　　　SG46/45-1

淵穎吳先生集十二卷附錄一卷

（元）吳萊撰　（明）宋濂編

明嘉靖元年（1522）祝鑾刻本

六册　一函

　　正文半葉十一行二十二字,白口,單黑魚尾,左右雙邊。

　　鈐"吳樹英印""沖世"印。

2027　　　　　　　　　　SG46/8-3B

吳淵穎先生集十二卷

（元）吳萊撰　（清）王邦采　王繩曾箋

清康熙六十年（1721）林養堂刻本

六册　一函

　　正文半葉九行十八字,細黑口,單黑魚尾,四周單邊。

　　内封鎸"錫山王貽六武沂箋　吳淵穎集　文集即出　林養堂藏板"。目錄末鎸"錫山張廷俊文英書　許昌祚彙成鎸"。

　　鈐"林養堂"印。

2028　　　　　　　又一部　SG46/8-3

吳淵穎先生集十二卷

（元）吳萊撰　（清）王邦采　王繩曾箋

清康熙六十年（1721）林養堂刻本

四册　一函

　　正文半葉九行十八字,細黑口,單黑魚尾,四周單邊。

　　内封鎸"錫山王貽六武沂箋　吳淵穎集　文集即出　林養堂藏板"。目錄末鎸

"錫山張廷俊文英書　許昌祚彙成鐫"。

鈐"藏書""繡江""望江余氏誦清閣藏書世守之章""瀇水洪軾澂藏書""江都曹氏家騄祕笈""曹家騄印""天雷經鋤堂藏書""葦村"諸印。

2029　　　　　又一部　SG46/8-3A
吳淵穎先生集十二卷

（元）吳萊撰　（清）王邦采　王繩曾箋

清康熙六十年（1721）林養堂刻本

一册　一函

正文半葉九行十八字，細黑口，單黑魚尾，四周單邊。

内封鐫"錫山王貽六武沂箋　吳淵穎集　文集即出　林養堂藏板"。目録末鐫"錫山張廷俊文英書　許昌祚彙成鐫"。

鈐"琪園李鐸收藏圖書記"印。

2030　　　　　　　　　　SG46/45
重刻吳淵穎集十二卷附録一卷

（元）吳萊撰　（明）宋濂編

清雍正元年（1723）吳漣豹文堂刻本

四册　一函

正文半葉十一行二十四字，花口，單黑魚尾，左右雙邊。

各卷末及版心下鐫"豹文堂藏板"。

鈐"夢選樓胡氏宗楸藏"印。

2031　　　　　　　　　　SG46/58
師山先生文集八卷遺文五卷遺文附録一卷濟美録四卷

（元）鄭玉撰

明嘉靖十四年（1535）鄭燭家塾刻清康熙至乾隆歙縣鄭氏修補本

六册　一函

正文半葉十行二十字，白口，單白魚尾，四周單邊。

原版版心下鐫刻工"黃玘刊""黃龍"，補版版心下鐫"相補"。

鈐"韓氏藏書""玉雨堂印"印。

2032　　　　　　　　　　SG46/59-1
土山草堂集二卷顧玉山集外詩一卷

（元）顧瑛撰

清康熙十五年至嘉慶二十年（1676-1815）琅環館抄本

二册　一函

正文半葉十行三十三字，白口，單黑魚尾，四周單邊。

版心下鐫"琅環館"。

鈐"白沙趙氏珍藏碑帖書籍圖畫之章""竹虛""六一堂"印。

2033　　　　　　　　　　SG46/72
草廬吳文正公集四十九卷首一卷外集三卷

（元）吳澄撰　（清）萬璜編

清乾隆二年（1737）刻二十一年（1756）萬璜重刻本

二十二册　三函

正文半葉十行二十一字，花口，單黑魚尾，左右雙邊。

内封鐫"乾隆丙子年重鐫　崇仁縣訓導萬璜校刊　草廬吳文正公全集　本家藏板"。

2034　　　　　　　　　　SG46/72

學言稿六卷

（元）吳當撰

清乾隆二年（1737）刻二十一年（1756）萬
　璜重刻本

四冊　與《孝經註釋》《葬書内外篇》合函

　正文半葉十二行二十三字,花口,單黑
魚尾,左右雙邊。

　內封鐫"李穆堂先生鑒定　吳伯英先
生著　學言稿"。

2035　　　　　　　　　　SG46/32－1

郝文忠公陵川文集三十九卷附錄一卷

（元）郝經撰　（清）王鐈編訂

清乾隆三年（1738）王鐈刻本

十冊　一函

　正文半葉十行二十二字,白口,單黑魚
尾,左右雙邊。

　鈐"景福樓""梁溪秦玉齋藏書印"印。

2036　　　　又一部　SG46/32－1

郝文忠公陵川文集三十九卷附錄一卷

（元）郝經撰　（清）王鐈編訂

清乾隆三年（1738）王鐈刻本

十冊　二函

　正文半葉十行二十二字,白口,單黑魚
尾,左右雙邊。

2037　　　　　　　　　　SG46/32

**郝文忠公陵川文集三十九卷附錄一卷郝文
　忠公年譜一卷**

（元）郝經撰　（清）王鐈編訂　秦萬壽
　王汝楫輯　張翯補編

清乾隆三年（1738）王鐈刻道光十六年
　（1836）增補本

十冊　二函

　正文半葉十行二十二字,白口,單黑魚
尾,左右雙邊。

　鈐"南城李氏宜秋館藏"印。

2038　　　　又一部　SG46/32

**郝文忠公陵川文集三十九卷附錄一卷郝文
　忠公年譜一卷**

（元）郝經撰　（清）王鐈編訂　秦萬壽
　王汝楫輯　張翯補編

清乾隆三年（1738）王鐈刻道光十六年
　（1836）增補本

十冊　二函

　正文半葉十行二十二字,白口,單黑魚
尾,左右雙邊。

2039　　　　　　　　　　SG46/55

巴西文集不分卷

（元）鄧文原撰

清乾隆四十一年至道光三十年（1776－
　1850）抄本

六冊　一函

　正文半葉十行十九字,細黑口,無魚尾,
左右雙邊。

　有清嘉慶、道光時書畫家武進湯貽汾朱
筆跋。仿鮑廷博知不足齋抄本。鈐"鄞林
氏藜照廬圖書""遺稿天留"印。

2040　　　　　　　　　　SG4171/1032

金淵集六卷

（元）仇遠撰　（清）張伯行輯

清乾隆活字本

三册　一函

　　正文半葉九行二十一字，小字雙行同，白口，單黑魚尾，四周雙邊。

　　目録卷端下鎸"武英殿聚珍版"。

　　有北村散人墨筆跋。鈐"葉啓芳藏""葉啓芳丁酉六十藏書"印。

2041　　　　　　　　　　SG4171/139

虞邵菴詩集七卷

（元）虞集撰　（明）潘是仁輯校

明萬曆四十三年（1615）潘是仁刻本

一册　一函

　　正文半葉九行十九字，白口，單黑魚尾，四周單邊。

　　版心下鎸刻工"劉正""劉白""薛顯"等。

　　《宋元四十三家集》之一。與《揭秋宜詩集》《王陌菴詩集》《薛象峰詩集》合册。

2042　　　　　　　　　　SG4171/139

揭秋宜詩集五卷

（元）揭傒斯撰　（明）潘是仁輯校

明萬曆四十三年（1615）潘是仁刻本

與《虞邵菴詩集》《王陌菴詩集》《薛象峰詩集》合册　合函

　　正文半葉九行十九字，白口，單黑魚尾，四周單邊。

　　版心下鎸刻工"李茂""梅洪""畢文"等。《宋元四十三家集》之一。

2043　　　　　　　　　　SG4171/139

王陌菴詩集二卷

（元）王士熙撰　（明）潘是仁輯校

明萬曆四十三年（1615）潘是仁刻本

與《虞邵菴詩集》《揭秋宜詩集》《薛象峰詩集》合册　合函

　　正文半葉九行十九字，白口，單黑魚尾，四周單邊。

　　版心下鎸刻工"周省"等。《宋元四十三家集》之一。

2044　　　　　　　　　　SG4171/139

薛象峰詩集二卷

（元）薛漢撰　（明）潘是仁緝校

明萬曆四十三年（1615）潘是仁刻本

與《虞邵菴詩集》《揭秋宜詩集》《王陌菴詩集》合册　合函

　　正文半葉九行十九字，白口，單黑魚尾，四周單邊。

　　版心下鎸刻工"李茂""陶洪"等。《宋元四十三家集》之一。

2045　　　　　　　　　　SG46/53

余忠宣集六卷

（元）余闕撰　（明）郭奎輯　洪大濱重校

明嘉靖三十三年（1554）雷迏、洪大濱刻本

二册　一函

　　正文半葉十行二十二字，白口，單黑魚尾，四周單邊。

钤"掃塵齋積書記""禮培私印"印。

2046　　　　　　　　　　SG48/559
清閟閣全集十二卷
（元）倪瓚撰　（清）曹培廉校
清康熙五十二年（1713）曹培廉城書室刻本
六冊　一函
正文半葉十一行二十一字，小字雙行字數不等，白口，單黑魚尾，四周單邊。
內封鐫"海上曹敬三重訂　元高士清閟閣全集　城書室藏板"。
钤"希鄭軒蔡虎臣藏書印""蔡虎臣先生贈崇化學會藏書"印。

2047　　　　　　　　　　SG212.4/5
楊鐵崖先生詠史古樂府四卷
（元）楊維禎撰　（清）王榮絃編
清乾隆三十八年（1773）王榮絃刻本
二冊　一函
正文半葉九行二十二字，白口，單黑魚尾，無界行，左右雙邊。
內封鐫"顯忠堂藏板　詠史古樂府　楊鐵崖先生著"。

2048　　　　　　　　　　SG47/270
楊鐵崖先生文集十一卷附鐵笛清江引一卷
（元）楊維禎撰　（明）陳繼儒校閱　陳善學訂正
明萬曆四十三年（1615）陳善學刻本
四冊　一函　存九卷（古樂府八卷、鐵笛清江引一卷）

正文半葉九行二十字，白口，單白魚尾，四周單邊。
钤"慈竹居藏書記"印。

2049　　　　　　　　　SG47/270-1
楊鐵崖文集五卷史義拾遺二卷西湖竹枝集一卷香奩集一卷
（元）楊維禎撰
明天啓元年至崇禎十七年（1621-1644）陳于京刻本
一冊　一函　存五卷（文集五卷）
正文半葉九行二十字，白口，單白魚尾，左右雙邊。
钤"映紅樓珍藏"印。

明別集之屬

2050　　　　　　　　　　SG48/40
左忠貞公剩藁四卷
（明）左懋第撰　（清）左彤九輯
清乾隆五十八年（1793）左鏊科等刻本
四冊　一函
正文半葉九行十九字，小字雙行同，白口，單黑魚尾，無界行，四周雙邊。

2051　　　　　　　　　　SG47/295
朱楓林集十卷
（明）朱升撰　范淶校
明萬曆四十四年（1616）朱時新、朱時登刻本

六册　一函

　　正文半葉九行二十字,白口,單白魚尾,四周單邊。

　　序後鎸"黄伯符刻　黄仲開書"。

　　鈐"長白敷槎氏董齋昌齡圖書印"印。

2052　　　　　　　　　　　　SG47/387

危太僕雲林集二卷補遺一卷文集十卷附錄一卷續集十卷附錄一卷

　　(明)危素撰

　　民國三年(1914)嘉業堂刻本

　　六册　一函

　　正文半葉十一行二十一字,粗黑口,單黑魚尾,左右雙邊。

　　内封鎸"危太僕詩集二卷文集十卷吴興劉氏嘉業堂刊"。版心下鎸"嘉業堂校刊"。

　　稀見。行間有朱筆批注。序後有姚從吾朱筆識"卅五年九月十九日,遊隆福寺以27.00元購于稽古堂。從吾識"。鈐"邵文彬章"印。

2053　　　　　　　　　　　　SG47/275-1

新喻梁石門先生集十卷首一卷末一卷

　　(明)梁寅撰　(清)暨用其訂

　　清乾隆十五年(1750)暨用其刻本

　　六册　一函

　　正文半葉十一行二十一字,白口,單黑魚尾,左右雙邊。

　　内封鎸"乾隆十五年鎸　梁石門集義學藏板"。版心下鎸"義學藏板"。

2054　　　　　　　　　　　　SG47/71

重刊宋文憲公集三十卷

　　(明)宋濂撰

　　清康熙四十九年(1710)傅旭元刻本

　　十六册　二函

　　正文半葉十一行二十四字,小字雙行同,白口,單黑魚尾,無界行,左右雙邊。

　　正文卷端下鎸"仙華書院藏板"。

2055　　　　　　　　　　　　SG47/196

潛溪集八卷附錄一卷宋氏世譜記

　　(明)宋濂撰

　　明嘉靖十五年(1536)溫秀刻本

　　四册　一函

　　正文半葉十行二十字,白口,無魚尾,四周單邊。

2056　　　　　　　　　　　　SG47/127-1

新刊宋學士全集三十三卷

　　(明)宋濂撰　韓叔陽彙集

　　明嘉靖三十年(1551)韓叔陽刻本

　　二十册　四函

　　正文半葉十一行二十四字,白口,白魚尾,左右雙邊。

　　鈐"張園章印""張治如藏書印""張石匏讀書記"諸印。

2057　　　　　　　　　　　　SG47/116

高皇帝御製文集二十卷

　　(明)太祖朱元璋撰

　　明萬曆十年(1582)姚士觀、沈鈇刻本

　　十二册　二函

2058　　　　　　　　SG417/216
高季迪先生大全集十八卷

（明）高啓撰

清康熙三十四年（1695）竹素園寫刻本

四册　一函

正文半葉十行二十字，白口，單黑魚尾，左右雙邊。

內封鎸"重訂原本　高季迪先生大全集　竹素園藏板"。

有潘次耕墨筆評語。鈐"栩園藏書""湯滏之印""紹南""湯滏印""湘畦"印。

2059　　　　　　　　SG4171/1469
青邱高季迪先生詩集十八卷附鳧藻集五卷遺詩一卷扣舷集一卷

（明）高啓撰　（清）金檀輯注

清雍正六年（1728）文瑞樓刻本

六册　一函

正文半葉十一行二十二字，小字雙行三十二字，白口，單黑魚尾，左右雙邊。

內封鎸"高青邱詩集注　扣舷集附後　文瑞樓藏板"。版心鎸"文瑞樓"。

2060　　　　　　　　SG4171/414
青邱高季迪先生詩集十八卷附鳧藻集五卷遺詩一卷扣舷集一卷

（明）高啓撰　（清）金檀輯注

清雍正六年（1728）刻嘉慶平湖寶芸堂印本

八册　一函

正文半葉十一行二十二字，小字雙行同，白口，單黑魚尾，左右雙邊。

內封鎸"高青邱詩集輯注　扣舷集附後　平湖寶芸堂藏板"。

2061　　　　　　　　SG4171/605
重刻張來儀靜居集四卷

（明）張羽撰

明萬曆陳邦瞻、汪汝淳校刻本

四册　一函

正文半葉十行二十字，白口，單黑魚尾，四周單邊。

鈐"劉承幹印""南林劉氏求恕齋藏"印。

2062　　　　　　　　SG47/235
春草齋文集選不分卷詩集選不分卷詩集選附錄不分卷春草齋集附錄不分卷

（明）烏斯道著　（清）熊伯龍選　黃敬修評

清康熙慈谿烏震刻嘉慶七年（1802）慈谿鄭喬遷補版印本

四册　一函

正文半葉九行二十字，小字雙行同，白口，無魚尾，四周雙邊。

內封鎸"烏春草先生集選　鍾陵次侯熊太史選　西泠右序黃子加評　藏板"。《附錄》之《郡邑志傳》後有木記"烏春草先生詩集選　附譚節婦琴咏"。

鈐"晴嵐鑒賞"印。

2063　　　　　　又一部　SG47/235-1
春草齋文集選不分卷詩集選不分卷詩集選附錄不分卷春草齋集附錄不分卷
（明）烏斯道著　（清）熊伯龍選　黄敬修評
清康熙慈谿烏震刻嘉慶七年（1802）慈谿鄭喬遷補版印本
四册　一函
　　正文半葉九行二十字，小字雙行同，白口，無魚尾，四周雙邊。
　　内封鎸"烏春草先生集選　鍾陵次侯熊太史選　西泠右序黄子加評　藏板"。

2064　　　　　　　　　　　SG47/361
林登州遺集二十三卷附錄一卷
（明）林唐臣撰　張紹科纂
清康熙四十五年（1706）林興刻本
十二册　二函
　　正文半葉九行十八字，白口，單黑魚尾，左右雙邊。
　　鈐"曾經何則賢丹墨"印。

2065　　　　　　　　　　　SG47/224
陶學士先生文集二十卷陶學士先生事蹟一卷
（明）陶安撰　張祐校編
明弘治十三年（1500）項經刻本
十二册　二函
　　正文半葉十行十八字，粗黑口，順魚尾，四周雙邊。
　　鈐"劉承幹印""南林劉氏求恕齋藏"印。

2066　　　　　　　　　　　SG47/222
練中丞金川集二卷遺事錄一卷附祭文
（明）練子寧撰　（清）高檠校
清康熙二年（1663）高檠刻康熙十二年至雍正二年（1673-1724）增刻本
三册　一函
　　正文半葉九行二十字，白口，無魚尾，左右雙邊。
　　正文卷端版心下鎸"芙蓉屋藏板"。
　　鈐"蕭崇實堂豐亭圖記"印。

2067　　　　　　　　　　　SG47/55
遜志齋集二十四卷附錄一卷
（明）方孝孺撰　范惟一編輯
明嘉靖四十年（1561）王可大刻萬曆補版印本
十册　二函
　　正文半葉十行二十字，白口，單黑魚尾，左右雙邊。
　　版心上鎸"補刊"，下鎸補刊刻工"柯科""龔信""周章""禹州""張伊""高山""周仁""周成"等。
　　有抄配。鈐"篤素堂藏書""篤素堂張曉漁校藏圖籍之章"印。

2068　　　　　　　　　　　SG47/66
文清公薛先生文集二十四卷薛文清公年譜一卷
（明）薛瑄撰　張鼎編輯
清康熙至雍正薛敦儉、薛仍男等刻本
十二册　一函
　　正文半葉十行二十字，花口，單黑魚尾，

四周雙邊。

鈐"林少穆珍藏印"印。

2069　　　　　　　又一部　SG47/66A
文清公薛先生文集二十四卷薛文清公年譜一卷
（明）薛瑄撰　張鼎編輯
清康熙至雍正薛敦儉、薛仍男等刻本
十二册　一函　缺一卷（年譜一卷）

正文半葉十行二十字，花口，單黑魚尾，四周雙邊。

有抄配。鈐"善卿"諸印。

2070　　　　　　　　　　SG47/66-4
文清公薛先生文集二十四卷附薛文清公手稿一卷
（明）薛瑄撰　張鼎編輯
清康熙至雍正薛敦儉、薛仍男等刻本
十三册　一函

正文半葉十行二十字，花口，單黑魚尾，四周雙邊。

《手稿》序後鐫"崇禎十六年歲次癸未仲春吉旦九代嫡孫壬午科舉人薛繼巖薛昌胤重刊"。

2071　　　　　　　　　　SG47/314
解文毅公集十六卷首一卷附錄一卷
（明）解縉撰　黃諫原編　（清）羅洪輯錄
　解悅重輯　解韜訂正
清乾隆三十二年（1767）解韜刻本
六册　一函

正文半葉十行十九字，白口，單黑魚尾，左右雙邊。

2072　　　　　　　　　　SG47/317
曹月川先生集不分卷
（明）曹端撰　（清）張伯行訂
附年譜一卷
（明）張信民撰
清康熙四十九年（1710）張伯行正誼堂刻本
一册　一函

正文半葉十行二十二字，花口，單黑魚尾，左右雙邊。

版心下鐫"正誼堂"。

2073　　　　　　　　　　SG27/97
明況太守龍岡公治蘇政績全集十六卷首一卷
（明）況鍾撰　（清）況廷秀纂輯
清道光六年（1826）刻二十九年（1849）校補本
四册　一函

正文半葉十行二十一字，黑口，單黑魚尾，左右雙邊。

2074　　　　　　　　　　SG47/338
淡軒先生詩文集十二卷補遺一卷
（明）林文撰
明嘉靖四十五年（1566）林炳章刻清順治元年至雍正十三年（1644-1735）遞修本
四册　一函

正文半葉九行十八字，白口，單黑魚尾，

左右雙邊。

目録卷端鎸"南京大理寺左寺正曾孫炳章重刻於金陵公署"。版心鎸"淡軒稿"。

鈐"徐氏載道樓圖章"印。

2075　　　　　　　　　　SG416/53

十科策畧箋釋十卷

（明）劉定之撰

呆齋公年譜一卷

（清）劉作樑撰

清雍正四年（1726）刻本

六册　一函

正文半葉九行二十字,小字雙行同,白口,單黑魚尾或白魚尾,四周單邊。

2076　　　　　　　　　　SG414/73

十科策畧箋釋十卷

（明）劉定之著　（清）劉作樑注釋　劉廷琨重訂

清雍正七年（1729）劉廷琨積秀堂刻本

三册　一函

正文半葉九行二十字,小字雙行同,白口,單黑魚尾,四周單邊。

內封鎸"雍正七年重鎸　永新劉文安公著　經書子史吏户禮兵刑工　十科策畧　雲孫作樑注釋嗣孫廷琨重訂　積秀堂梓"。

2077　　　　　　　　　　SG47/191

商文毅公集十卷

（明）商輅撰　劉體元編輯

明萬曆三十年（1602）劉體元刻本

四册　一函

正文半葉十行二十字,花口,單黑魚尾,四周雙邊。

有1956年徐湯殷墨筆題識。行間有朱筆句讀。鈐"南州書樓""徐湯殷""南州書樓所藏""維說柏印""南州書樓藏書　徐湯殷整理""子贇""吴宫華印""香港圖書館經理"諸印。

2078　　　　　　　　　　SG47/59

白沙子全集九卷附録白沙先生行狀銘表一卷

（明）陳獻章撰

明萬曆四十年（1612）何熊祥刻本

十册　二函

正文半葉九行十八字,小字雙行同,白口,單黑魚尾,四周單邊。

鈐"葉德輝焕彬甫藏閱書"印。

2079　　　　　又一部　SG47/61

白沙子全集九卷附録白沙先生行狀銘表一卷

（明）陳獻章撰

明萬曆四十年（1612）何熊祥刻本

十册　一函

正文半葉九行十八字,小字雙行同,白口,單黑魚尾,四周單邊。

2080　　　　　　　　　　SG47/61-1

白沙先生文集十二卷詩教解十五卷附録行狀銘表一卷

（明）陳獻章撰

明天啓元年(1621)王安舜刻本
十二冊　二函

正文半葉九行十九字,白口,單黑魚尾,左右雙邊。

序文版心下鐫"豫章鄒奇刊""南昌范忠刊"。

鈐"退耕堂藏書記""讀耕齋之家藏""佐函文庫""錢唐薛氏藏書印"諸印。

2081　　　　　　　　　　　　SG47/61-2
白沙子八卷

(明)陳獻章撰

明嘉靖十二年(1533)高簡、卞崍刻本
十六冊　三函

正文半葉九行十八字,白口,單黑魚尾,左右雙邊。

鈐"沈氏粹芬閣所得善本書""研易樓藏書印""李氏藏書""冬涵閱過"諸印。

2082　　　　　　　　　　　　SG47/186
楊文懿公文集三十卷

(明)楊守陳撰

明弘治十二年(1499)楊茂仁刻本
二冊　一函　存十卷(一至五、十一至十五)

正文半葉十二行二十二字,小字雙行同,黑口,順黑魚尾,四周雙邊。

鈐"夕菴""鄞林氏藜照廬圖書"印。

2083　　　　　　　　　　　　SG47/271
陳剩夫先生集四卷

(明)陳真晟撰

清康熙四十八年(1709)張伯行正誼堂刻本
一冊　一函

正文半葉十行二十二字,白口,單黑魚尾,四周單邊。

内封鐫"儀封張大中丞訂　陳剩夫集正誼堂藏版"。版心下鐫"正誼堂"。

鈐"青嶼洞藏書印"印。

2084　　　　　　　　　　　　SG47/134
楓山章先生文集九卷

(明)章懋撰

明嘉靖九年(1530)刻嘉靖九年至崇禎十七年(1530-1644)章翰重修本
八冊　一函

正文半葉十行二十字,白口,單黑魚尾,左右雙邊。

每卷書名下鐫"五世孫翰重校補梓失葉"。

鈐"東山藏書"印。

2085　　　　　　　　　　　　SG52/112
韓忠定公集四卷

(明)韓文撰　喬因羽編

明萬曆八年(1580)喬因羽刻二十二年(1594)重印本
四冊　一函

正文半葉十行二十字,小字雙行同,花口,單白魚尾,四周單邊。

鈐"退耕堂藏書記"印。

2086　　　　　　　　　　　SG47/187

歸田稿八卷

（明）謝遷撰　（清）謝鍾和重輯

清康熙二十三年（1684）謝鍾和刻本

五册　一函

　　正文半葉九行二十字,小字雙行同,白口,單黑魚尾,四周雙邊。

2087　　　　　　　　　　　SG47/76－1

震澤先生集三十六卷

（明）王鏊撰

明嘉靖刻本

八册　二函

　　正文半葉十一行二十字,小字雙行同,白口,單黑魚尾,左右雙邊。

　　版心下鎸刻工"周""郁""周先""周銓"等。

2088　　　　　　　　　　　SG47/76－2

王文恪公集三十六卷

（明）王鏊撰　朱國禎訂　董其昌閲

鵑音一卷白社詩草一卷

（明）王禹聲撰

明萬曆王氏三槐堂刻本

十册　二函

　　正文半葉九行二十字,小字雙行同,花口,單白魚尾,四周單邊。

　　版心下鎸"三槐堂"。

　　鈐"山陰宋氏藏書""思簡樓""苹鄉文氏舟虛鑑藏"諸印。

2089　　　　　　又一部　SG47/76

王文恪公集三十六卷

（明）王鏊撰　朱國禎訂　董其昌閲

鵑音一卷白社詩草一卷

（明）王禹聲撰

明萬曆王氏三槐堂刻本

十二册　二函

　　正文半葉九行二十字,小字雙行同,花口,單白魚尾,四周單邊。

　　版心下鎸"三槐堂"。

　　鈐"晉定姚大榮字儷桓號止澧金石書畫""儷桓秘笈"印。

2090　　　　　　又一部　SG47/76－2A

王文恪公集三十六卷

（明）王鏊撰　朱國禎訂　董其昌閲

鵑音一卷白社詩草一卷

（明）王禹聲撰

明萬曆王氏三槐堂刻本

十二册　二函

　　正文半葉九行二十字,小字雙行同,花口,單白魚尾,四周單邊。

　　版心下鎸"三槐堂"。

2091　　　　　　　　　　　SG47/79

羅圭峯先生文集三十卷首一卷

（明）羅玘撰

清康熙二十九年（1690）羅美才刻本

六册　一函

　　正文半葉十行二十一字,白口,單黑魚尾,四周雙邊。

　　鈐"安城任亮儕氏藏書"印。

2092　　　　　　　　　　　　SG47/157

熊峯先生詩集四卷文集二卷

　（明）石珤撰

　清康熙九年（1670）孫光曩刻本

　六册　一函

　　正文半葉九行二十字，花口，單黑魚尾，四周單邊。

　　鈐"燕謀以字行""南通沈氏藏書"印。

2093　　　　　　　　　　　　SG47/156

西村集八卷首一卷

　（明）史鑑撰

　清乾隆十一年（1746）史開基刻本

　八册　一函

　　正文半葉十行二十一字，白口，雙黑魚尾，左右雙邊。

　　鈐"史氏家藏""西圃藏書""彈山一民""寶""筠房""杭州王氏九峰舊廬藏書之章"諸印。

2094　　　　　　　　　　　　SG47/135

文敬胡先生集三卷

　（明）胡居仁撰

　清乾隆二十二年（1757）刻本

　二册　一函

　　正文半葉十行二十二字，白口，單黑魚尾，四周雙邊。

　　内封鐫"乾隆丁丑季春　胡文靜公集　同邑後學重梓"。

2095　　　　　　　　　　　　SG47/135

胡敬齋先生居業錄十二卷

　（明）胡居仁撰　余祐編輯

　清乾隆二十二年（1757）刻本

　四册　一函

　　正文半葉十行二十二字，白口，單黑魚尾，四周雙邊。

　　内封鐫"胡敬齋先生著　梅溪道任道儀藏板　同邑後學重梓"。

2096　　　　　　　　　　　　SG48/955

溪園遺稿五卷梅花百詠不分卷

　（明）駱則民撰

　清嘉慶十年（1805）駱氏活字本

　一册　一函

　　正文半葉十行二十三字，花口，單黑魚尾，四周單邊。

2097　　　　　　　　　　　　SG47/51

空同集六十三卷

　（明）李夢陽撰

　明嘉靖十一年（1532）曹嘉刻三十一年（1552）朱睦㮮增修本

　十六册　二函

　　正文半葉十一行二十字，白口，無魚尾，左右雙邊。

　　有抄配。

2098　　　　　　　　　　　　SG47/51-2

空同子集六十六卷總目三卷附錄二卷

　（明）李夢陽撰

　明萬曆三十年（1602）鄧雲霄刻本

　十二册　二函

　　正文半葉十行二十字，花口，單白魚尾，

左右雙邊。

鈐"鶴巢藏書""曲去之人""酒禪"諸印。

2099　　　　　又一部　SG47/51-1

空同子集六十六卷總目三卷附錄二卷

（明）李夢陽撰

明萬曆三十年（1602）鄧雲霄刻本

十四冊　二函　存六十二卷（一至五十九、總目三卷）

正文半葉十行二十字，花口，單白魚尾，左右雙邊。

2100　　　　　　　　SG4171/1086

崆峒集二十一卷

（明）李夢陽撰

明中期刻本

六冊　一函

正文半葉十行二十字，白口，單黑魚尾，四周單邊。

鈐"劉承幹印""南林劉氏求恕齋藏""隱翁""曾藏於一執軒"諸印。

2101　　　　　　　　SG4171/1537

空同詩選一卷

（明）李夢陽撰　楊慎評

明萬曆四十六年（1618）閔齊伋刻朱墨套印本

一冊　一函

正文半葉九行十九字，白口，無魚尾，無界行，四周單邊。

眉上鈐朱墨評。

鈐"閔""齊伋"印。

2102　　　　　　　　SG4171/1087

空同詩鈔十六卷附錄不分卷

（明）李夢陽撰　（清）桑調元編

清乾隆十五年（1750）李斌、李辛燿誦芬堂刻本

六冊　一函

正文半葉十行二十一字，小字雙行同，白口，單黑魚尾，左右雙邊。

内封鐫"乾隆十五年新鐫　空同詩鈔誦芬堂藏板"。各卷末鐫"七世孫斌暨男辛燿刊"。

2103　　　　　　　　SG47/73

重刻渼陂王太史先生全集二十七卷渼陂續集三卷

（明）王九思撰

明嘉靖十二年至二十四年（1533-1545）王獻刻清康熙翁萬達刻張宗孟重修本

十一冊　一函　存十九卷（渼陂集十六卷、渼陂續集三卷）

正文半葉十行二十一字，白口，無魚尾，四周單邊。

2104　　　　　又一部　SG47/73

重刻渼陂王太史先生全集二十七卷渼陂續集三卷

（明）王九思撰

明嘉靖十二年至二十四年（1533-1545）王獻刻清康熙翁萬達刻張宗孟重修本

八冊　二函　存十六卷（渼陂集十六卷

正文半葉十行二十一字,白口,無魚尾,四周單邊。

2105 SG47/37-2

袁中郎先生批評唐伯虎彙集四卷

（明）唐寅撰　袁宏道評

唐六如先生畫譜三卷

（明）唐寅撰

外集一卷

（明）祝允明撰

傳贊一卷紀事一卷

（明）閭秀卿等撰

明萬曆刻明末增修本

一册　一函

正文半葉九行二十字,小字雙行同,花口,單黑魚尾,四周單邊。

眉上鐫評。

有朱筆句讀。鈐"長公""翰唐""墨痴"諸印。

2106 又一部　SG47/37

袁中郎先生批評唐伯虎彙集四卷

（明）唐寅撰　袁宏道評

唐六如先生畫譜三卷

（明）唐寅撰

外集一卷

（明）祝允明撰

傳贊一卷紀事一卷

（明）閭秀卿等撰

明萬曆刻明末增修本

四册　一函

正文半葉九行二十字,小字雙行同,花口,單黑魚尾,四周單邊。

眉上鐫評。內封題"袁中郎先生批評　唐伯虎全集後附書譜紀事　四美堂藏板"。

鈐"積學堂藏書""四美堂藏板"印。

2107 SG47/2

王陽明先生全集二十二卷

（明）王守仁撰

清康熙十七年（1678）刻本

十二册　二函

正文半葉九行十九字,花口,單黑魚尾,四周雙邊。

有墨筆句讀。鈐"馬鑄式"諸印。

2108 SG47/2-5

王陽明先生全集二十卷首一卷

（明）王守仁撰　（清）俞嶙重編

清康熙十二年（1673）俞嶙刻本

二十册　二函

正文半葉九行十九字,白口,單黑魚尾,四周雙邊。

內封鐫"同里俞嵩菴重編　王陽明先生全集　是政堂藏板"。

鈐"呂溉根所藏""文思安安室圖書""子水""毛準"諸印。

2109 SG47/230-1

陽明先生文錄三卷

（明）王守仁撰

明嘉靖元年至四十五年（1522-1566）刻本

三册　一函

正文半葉九行十七字，白口，單黑魚尾，四周單邊。

卷三末鎸"門人陳文學　葉梧重校"。

鈐"浣山""臣秀先印""冰持地山""肅寧劉潤琴藏"諸印。

2110　　　　　　　　　　SG47/230
陽明先生文錄五卷外集九卷別錄十卷

（明）王守仁撰

明嘉靖十五年（1536）錢德洪刻本

二十册　二函

正文半葉十行二十字，白口，單白魚尾，左右雙邊。

2111　　　　　　　　　　SG47/2-2
陽明先生文錄五卷外集九卷別錄十卷

（明）王守仁撰

明嘉靖八年至四十五年（1529-1566）刻本

八册　一函

正文半葉十行二十一字，花口，單黑魚尾，四周雙邊。

2112　　　　　　　　　　SG411/21
王文成公文選八卷

（明）王守仁撰　王畿輯　鍾惺評點

明崇禎六年（1633）刻本

四册　一函

正文半葉九行十九字，白口，無魚尾，四周單邊。

眉上鎸評行四字。

2113　　　　　　　　　　SG47/68
王陽明先生文鈔二十卷

（明）王守仁撰　（清）張問達編輯

清康熙致和堂刻本

十二册　二函

正文半葉九行二十三字，小字雙行同，白口，單黑魚尾，四周單邊。

内封鎸"王陽明先生全集　致和堂梓行"。

2114　　　　　　　　　　SG47/7
康對山先生文集十卷附諸家評語一卷

（明）康海撰　（清）孫景烈選次

清乾隆二十六年（1761）瑪星阿刻本

八册　一函

正文半葉十行二十字，白口，單黑魚尾，四周雙邊。

内封鎸"乾隆辛巳孟秋選刻　康對山先生文集　武功縣藏板"。

2115　　　　　又一部　SG47/7
康對山先生文集十卷附諸家評語一卷

（明）康海撰　（清）孫景烈選次

清乾隆二十六年（1761）瑪星阿刻本

六册　一函

正文半葉十行二十字，白口，單黑魚尾，四周雙邊。

内封鎸"乾隆辛巳孟秋選刻　康對山先生文集　武功縣藏板"。

2116　　　　　又一部　SG47/52
康對山先生文集十卷附諸家評語一卷

(明)康海撰　(清)孫景烈選次

清乾隆二十六年(1761)瑪星阿刻本

六册　一函

　　正文半葉十行二十字,白口,單黑魚尾,四周雙邊。

　　內封鐫"乾隆辛巳孟秋選刻　康對山先生文集　武功縣藏板"。

　　鈐"南海譚氏藏書畫印"印。

2117　　　　　　　　　　　　SG47/202

魯文恪公文集十卷

(明)魯鐸撰

明萬曆巳有園刻本

四册　一函

　　正文半葉九行二十字,白口,單黑魚尾,左右雙邊。

　　內封鐫"李本寧先生鑒□　魯文恪公文集　巳有園藏板"。

　　稀見。有朱墨筆批校。

2118　　　　　　　　　　　SG47/110-1

何文定公文集十一卷

(明)何瑭撰

明萬曆四年(1576)賈待問刻本

四册　一函

　　正文半葉十行二十一字,花口,無魚尾,左右雙邊。

2119　　　　　　　　　　　　SG47/110

何文定公文集十一卷

(明)何瑭撰

明萬曆四年(1576)賈待問刻清道光二十八年(1848)張維翰補版印本

四册　一函

　　正文半葉十行二十一字,花口,無魚尾,左右雙邊。

2120　　　　　　　　　　　　SG47/63

洹詞十二卷

(明)崔銑撰

明嘉靖趙府味經堂刻本

六册　一函

　　正文半葉十行二十字,上細黑口,無魚尾,四周雙邊。

　　版心鐫"趙府味經堂"。

　　鈐"劉氏家藏"印。

2121　　　　　　　　　　　　SG47/26

洹詞十二卷

(明)崔銑撰

明嘉靖趙府味經堂刻清乾隆三十六年(1771)黃邦寧重修本

八册　一函

　　正文半葉十行二十字,上細黑口,無魚尾,四周雙邊。

　　內封鐫"明崔文敏公洹詞　同安黃邦寧遠亭氏補修　乾隆三十六年補鐫　本祠藏板"。目錄卷端鐫"河南彰德府知府同安後學黃邦寧補修"。

　　鈐"陳百斯藏書之印""番禺陳百斯藏書""夢瑤室主祕笈之印"印。

2122　　　　　　　　　　　　SG47/84

鈐山堂集四十卷附錄一卷

集　部

（明）嚴嵩撰

明嘉靖刻本

二十册　二函

　　正文半葉十行二十字，白口，白魚尾，左右雙邊。金鑲玉。

　　序及《附錄》爲抄配。

2123　　　　　　　　　　　　　SG47/203

烏鼠山人小集十六卷後集二卷

　　（明）胡纘宗撰

　　明嘉靖刻本

　　八册　二函

　　正文半葉十一行二十字，白口，單黑魚尾，四周單邊。

2124　　　　　　　　　　　　　SG47/164

太史升菴文集八十一卷

　　（明）楊慎撰

　　明萬曆十年（1582）刻本

　　二十八册　四函

　　正文半葉十行二十字，白口，單黑魚尾，四周單邊。

2125　　　　　　　　　　　　　SG47/25-1

太史升菴遺集二十六卷

　　（明）楊慎撰　楊金吾　楊宗吾輯　王象乾校

　　明萬曆三十四年（1606）湯日昭刻本

　　四册　一函

　　正文半葉十行二十字，白口，單黑魚尾，四周雙邊。

　　鈐"藥樵""甘鵬雲印""潛廬"印。

2126　　　　　　　　　　　　　SG47/229

谿田文集十一卷補遺一卷

　　（明）馬理撰　雒遵選

　　明萬曆十七年（1589）張泮刻清乾隆十七年（1752）重修本

　　四册　一函

　　正文半葉八行十八字，白口，單黑魚尾，四周雙邊。

　　内封鎸"乾隆壬申闇邑紳士補刻　谿田馬先生文集　履謙堂藏板"。

2127　　　　　　　　　　　　　SG47/256

崔東洲集二十卷續集十一卷

　　（明）崔桐撰

　　明嘉靖二十九年（1550）曹金刻三十四年（1555）周希哲刻本

　　十册　二函

　　正文半葉十行二十字，花口，單黑魚尾，左右雙邊。

2128　　　　　　　　　　　　　SG47/105

夏桂洲先生文集十八卷年譜一卷

　　（明）夏言撰　林日瑞彙編

　　明崇禎十一年（1638）吳一璘刻本

　　十六册　二函

　　正文半葉十行十九字，花口，無魚尾，四周單邊。

　　内封鎸"清漳林廷輯先生訂　夏桂洲先生文集　薇溪吳淑采較刊　斤桂艸堂藏版"。

2129　　　　　　　又一部　SG47/131

夏桂洲先生文集十八卷年譜一卷

（明）夏言撰　林日瑞彙編

明崇禎十一年（1638）吳一璘刻本

十三冊　二函　存十七卷（二至十八）

正文半葉十行十九字，花口，無魚尾，四周單邊。

2130　　　　　　　　　　SG47/144

張龍湖先生文集十五卷

（明）張治撰

清雍正四年（1726）彭思眷刻本

四冊　一函

正文半葉十行二十字，花口，單黑魚尾，左右雙邊。

內封鎸"張龍湖先生文集　墨香閣藏板"。

2131　　　　　　　又一部　SG47/144-1

張龍湖先生文集十五卷

（明）張治撰

清雍正四年（1726）彭思眷刻本

四冊　一函

正文半葉十行二十字，花口，單黑魚尾，左右雙邊。

鈐"鄞林氏藜照廬圖書"印。

2132　　　　　　　　　　SG47/34

甫田集三十六卷

（明）文徵明撰

明刻清重修本

四冊　一函

正文半葉十一行二十一字，小字雙行同，白口，單黑魚尾，左右雙邊。

鈐"古鹽馬氏""漢唐齋""笏齋珍藏之印"印。

2133　　　　　　　　　　SG47/223

袁永之集二十卷

（明）袁褧撰

明嘉靖二十六年（1547）袁尊尼刻本

十冊　二函

正文半葉十行十八字，白口，單白魚尾，左右雙邊。

鈐"蒼茫齋高氏藏書記""高氏收藏""華陽高氏""華陽高氏德啟藏書""高世異圖書印""蒼茫齋收藏金石書畫""世異印信""南林劉氏求恕齋藏""劉承幹印"諸印。

2134　　　　　　　　　　SG47/60-2

唐荊川先生文集十二卷

（明）唐順之撰

明萬曆唐國達刻本

六冊　一函

正文半葉十行二十字，花口，單黑魚尾，四周單邊。

內封鎸"唐荊川先生文集　文林閣藏板"。

鈐"雪樵""邵廷傑印""臣邵廷傑""此書畫曾在邵雪樵家""渠梁邵氏雪樵藏本""黃附郭氏家藏"諸印。

2135　　　　　　　　　　SG47/60

重刊荊川先生文集十七卷附錄一卷新刊荊

川先生外集三卷

（明）唐順之撰

明萬曆元年（1573）純白齋刻本

十八册　三函

　　正文半葉十行二十字，白口，單黑魚尾，左右雙邊。

　　《附錄》版心鎸"卷一"。

　　鈐"愒園徐氏""蕭霖私印""曹秉章印""玉研堂""理齋""今且歸我"諸印。

2136　　　　　又一部　　SG47/9-1

重刊荆川先生文集十七卷附錄一卷新刊荆川先生外集三卷

（明）唐順之撰

明萬曆元年（1573）純白齋刻本

八册　一函

　　正文半葉十行二十字，白口，單黑魚尾，左右雙邊。

　　《附錄》版心中鎸"卷一"。

2137　　　　　　　　　　SG47/60-1

荆川文集十八卷

（明）唐順之撰

清康熙五十一年（1712）唐執玉刻本

十二册　二函

　　正文半葉十行二十一字，粗黑口，單黑魚尾，左右雙邊。

　　内封鎸"荆川文集　二南堂藏板"。

　　鈐"謝宗陶藏書印"印。

2138　　　　　　　　　　SG47/136

洨濱蔡先生文集十二卷

（明）蔡靉撰

清順治十七年（1660）蔡含靈刻本

四册　一函　存十卷（三至十二）

　　正文半葉十行二十字，白口，單黑魚尾，四周單邊。

　　卷三首葉鎸"六世孫水部郎含靈重梓"。

　　甘鵬雲跋，跋後墨筆題語。鈐"潛江甘鵬雲藥樵收藏書籍章""潛廬"諸印。

2139　　　　　　　　　　SG47/315

海石先生文集二十八卷目錄二卷

（明）錢薇撰　嚴從簡纂集

曾皇考侍御公奏疏一卷

（明）錢嘉徵撰

明萬曆四十一年至四十二年（1613-1614）錢端映刻清康熙增修本

十册　一函

　　正文半葉九行十九字，花口，單黑魚尾，左右雙邊。

　　内封鎸"承啟堂全集　顯忠祠藏板"。

2140　　　　　　　　　　SG47/253

龍谿王先生全集二十二卷

（明）王畿撰　丁賓編

明萬曆四十三年（1615）丁賓、張汝霖刻本

十二册　二函

　　正文半葉十行二十字，白口，單黑魚尾，左右雙邊。

　　版心下鎸刻工"劉賢"。

　　有朱筆句讀。鈐"杭蕡圖書"印。

2141　　　　　　　　　　　SG47/189

靳兩城先生集二十卷

（明）靳學顏撰

明萬曆十七年（1589）刻本

十二冊　二函

　　正文半葉九行十八字，花口，雙黑魚尾，四周雙邊。

2142　　　　　　　　　　　SG47/145-1

茅鹿門先生文集三十六卷

（明）茅坤撰

明萬曆刻本

一冊　一函　存四卷（一至四）

　　正文半葉十行十九字，小字雙行同，白口，單黑魚尾，左右雙邊。

2143　　　　　　　　　　　SG47/145

茅鹿門集八卷

（明）茅坤撰　（清）張汝瑚選

清康熙二十一年（1682）鄖雪書林刻本

四冊　一函

　　正文半葉十行二十字，小字雙行同，白口，單黑魚尾，無界行，四周單邊。

　　內封鎸"晉江張夏鍾先生評選　茅鹿門先生集　鄖雪書林梓行"。

　　鈐"補拙山房"印。

2144　　　　　　　　　　　SG47/296

高文襄公文集四卷

（明）高拱撰

清康熙元年至三十一年（1662-1692）高有聞刻本

四冊　一函

　　正文半葉九行十八字，白口，單黑魚尾，四周雙邊。

2145　　　　　　　　　　　SG4171/1646

白雪樓詩集十卷

（明）李攀龍撰

明隆慶六年（1572）姚氏刻本

四冊　一函

　　正文半葉九行十八字，花口，單白魚尾，四周雙邊。

　　有朱筆句讀。鈐"御賜經厚""華陽國本""高世異圖書印""枕經閣印""華陽高氏蒼茫齋攷藏金石書籍記"諸印。

2146　　　　　　　　　　　SG47/142-2

滄溟先生集三十卷附錄一卷

（明）李攀龍撰

明隆慶六年（1572）刻本

十冊　一函

　　正文半葉十行二十字，小字雙行同，白口，單黑魚尾，左右雙邊。

2147　　　　　　　　　　　SG47/142

滄溟先生集三十卷附錄一卷

（明）李攀龍撰

明萬曆徐履道起鳳館刻本

八冊　二函

　　正文半葉十行二十字，小字雙行同，白口，單黑魚尾，左右雙邊。

集　部

2148　　　　　　　　　　　　　SG47/142－1

滄溟先生集三十一卷附錄一卷附錄補遺一卷

（明）李攀龍撰　楊日賓校

明萬曆二十六年（1598）刻本

八册　一函

　　正文半葉十行二十二字,小字雙行同,白口,單黑魚尾,四周單邊。

　　卷三十一係補遺。

2149　　　　　　　　　　　　　　SG47/93

弇州山人四部稿一百七十四卷目錄十二卷

（明）王世貞撰

明萬曆五年（1577）王氏世經堂刻本

六十四册　八函

　　正文半葉十行二十字,白口,單黑魚尾,四周雙邊。

　　版心下鎸"世經堂刻"。

　　有抄配。鈐"永清朱玖聃珍藏金石經籍書畫記""永清朱樨之字淹頌號九丹玖聃一號琴客又號皋亭行四居仁和里叢碧簃所蓄經籍金石書畫印信"諸印。

2150　　　　　　又一部　SG47/93

弇州山人四部稿一百七十四卷目錄十二卷

（明）王世貞撰

明萬曆五年（1577）王氏世經堂刻本

六十册　六函

　　正文半葉十行二十字,白口,單黑魚尾,四周雙邊。

　　版心下鎸"世經堂刻"。

　　鈐"曾在潛樓"印。

2151　　　　　　　　　　　　　SG47/218

弇州山人四部稿選十六卷

（明）王世貞撰　沈一貫選

明萬曆二十年（1592）余碧泉克勤齋刻本

六册　一函

　　正文半葉十行二十一字,白口,單白魚尾,四周雙邊。

　　卷十六末荷葉蓮花牌記鎸"萬曆壬辰年孟春月克勤齋余碧泉梓行"。

　　稀見。鈐"鄞林氏黎照廬圖書"印。

2152　　　　　　　　　　　　　SG418/233

弇州山人四部稿選十六卷

（明）王世貞撰　沈一貫選

明萬曆元年至四十八年（1573－1620）刻本

四册　一函　存四卷（一至四）

　　正文半葉十行二十一字,花口,單白魚尾,四周單邊。

　　有朱筆標記。鈐"江陰劉氏""劉復"印。

2153　　　　　　　　　　　　　SG47/92

弇州山人續稿二百七卷目錄十卷

（明）王世貞撰

明萬曆刻本

六十册　六函

　　正文半葉十行二十字,白口,單黑魚尾,左右雙邊。

　　鈐"曾在潛樓"印。

2154　　　　又一部　SG47/92

弇州山人續稿二百七卷目錄十卷

（明）王世貞撰

明萬曆刻本

三十八冊　六函

　　正文半葉十行二十字,白口,單黑魚尾,左右雙邊。

　　書根題名"王弇州山人集續稿"。

　　鈐"崔漢綺藏"印。

2155　　　　又一部　SG47/92

弇州山人續稿二百七卷目錄十卷

（明）王世貞撰

明萬曆刻本

三十二冊　八函　缺十卷（目錄十卷）

　　正文半葉十行二十字,白口,單黑魚尾,左右雙邊。

2156　　　　　　　　SG47/219

王弇州集二十卷附王弇州傳

（明）王世貞撰　（清）張汝瑚選

清康熙二十一年（1682）鄴雪書林刻本

十冊　二函

　　正文半葉十行二十字,小字雙行同,白口,單黑魚尾,無界行,四周單邊。

　　内封鈐"康熙貳拾壹年　晉江張夏鍾先生評選　王弇州先生集　鄴雪書林梓行"。

　　有批注。鈐"餘姚謝氏永耀樓藏書""溫陵張府藏版"印。

2157　　　　　　　　SG47/213

王元美先生文選二十六卷

（明）王世貞撰　喬時敏輯

明萬曆四十三年（1615）吳德聚刻本

二十四冊　三函

　　正文半葉九行二十一字,白口,單黑魚尾,左右雙邊。

　　鈐"稼田所藏""樊家穀印"印。

2158　　　　　　　　SG410/18

讀書後八卷

（明）王世貞撰

清乾隆二十一年（1756）活字本

四冊　一函

　　正文半葉九行十七字,黑口,單黑魚尾,四周雙邊。

　　内封牌記鐫"味菜廬集印本"。書後鐫"後學唐文治顧思義校字"。

2159　　　　　　　　SG47/176

汪伯玉先生太函集三十二卷

（明）汪道昆撰　蘇文韓選　張玉成訂

明天啟四年（1624）蘇文韓刻本

五冊　一函

　　正文半葉九行二十字,白口,單黑魚尾,左右雙邊。

　　《皇明五先生文雋》之一。

　　鈐"毅伯藏書"印。

2160　　　　　　　　SG47/46

王槐溪先生文集五卷

（明）王三接撰

明萬曆三十六年(1608)王學曾刻清雍正八年(1730)王如經補刻本

五册　一函

正文半葉十行十六字,白口,單黑魚尾,四周雙邊。

2161　　　　　　　　　　　SG47/112

賜閒堂集四十卷

(明)申時行撰

明萬曆四十四年(1616)刻本

二十册　四函

正文半葉九行十八字,花口,單黑魚尾,左右雙邊。

2162　　　　　　　　　　　SG47/77

王文肅公牘草十八卷

(明)王錫爵撰

明萬曆四十三年(1615)王時敏刻本

十册　一函

正文半葉九行十八字,白口,單黑魚尾,四周單邊。

鈐"會稽姒兼山藏"印。

2163　　　　　　　　　　　SG47/78

王文肅公文草十四卷

(明)王錫爵撰

明萬曆四十三年(1615)王時敏刻本

十册　二函

正文半葉九行十八字,白口,單黑魚尾,四周單邊。

有抄配。鈐"業精於勤齋藏書之印"諸印。

2164　　　　　　　　　　　SG47/365

潛學稿十九卷

(明)鄧元錫撰

明崇禎十二年(1639)鄧應瑞刻清乾隆八年(1743)新城鄧氏重修本

八册　二函

正文半葉九行十九字,白口,單黑魚尾,四周單邊。

内封鎸"乾隆癸亥新鎸　潛學稿　本家藏板"。

封面墨筆題"潛學稿　明鄧元錫著　容肇祖署　三十六年四月二十三日"。鈐"容肇祖印"印。

2165　　　　　　　　　　　SG47/173

青霞沈公遺集十六卷

(明)沈鍊撰　(清)吳文正校輯

清乾隆十九年(1754)馬彭年、沈振家刻嘉慶二年(1797)懷來沈氏增修本

四册　一函

正文半葉十行十九字,白口,單黑魚尾,左右雙邊。

鈐"鄞林氏藜照廬圖書"印。

2166　　　　　　　　　　　SG47/281-1

歸先生文集三十二卷附録一卷

(明)歸有光撰　王執禮校

明萬曆四年(1576)翁良瑜雨金堂刻本

六册　一函

正文半葉十行二十字,白口,單黑魚尾,四周雙邊。

版心下鎸"雨金堂"及刻工"章右之

刻"。《附録》末鎸"萬曆癸酉男子祜子寧編次　丙子浙人翁良瑜梓行"。

2167　　　　　又一部　SG47/281

歸先生文集三十二卷附録一卷

（明）歸有光撰　王執禮校

明萬曆四年（1576）翁良瑜雨金堂刻本

六册　一函

正文半葉十行二十字,白口,單黑魚尾,四周雙邊。

版心下鎸"雨金堂"及刻工"章右之刻"。《附録》末鎸"萬曆癸酉男子祜子寧編次　丙子浙人翁良瑜梓行"。

2168　　　　　　　　SG47/281

歸先生文集三十二卷附録一卷

（明）歸有光撰　王執禮校

明萬曆四年（1576）翁良瑜雨金堂刻崇禎八年（1635）印本

四册　二函

正文半葉十行二十字,白口,單黑魚尾,四周雙邊。

版心下鎸"雨金堂"及刻工"章右之刻"。《附録》末鎸"萬曆癸酉男子祜子寧編次　丙子浙人翁良瑜梓行"。

有秦循甲朱筆題識。

2169　　　　　　　　SG47/45

震川先生集三十卷別集十卷附録一卷

（明）歸有光撰

清康熙十年至十四年（1671－1675）歸莊、歸玠等刻本

十二册　二函

正文半葉十行二十字,小字雙行同,白口,無魚尾,左右雙邊。

内封鎸"歸震川先生全集"及歸莊等人識語二行。

鈐"古香林""書業德記發兑"印。

2170　　　　　又一部　SG47/43

震川先生集三十卷別集十卷附録一卷

（明）歸有光撰

清康熙十年至十四年（1671－1675）歸莊、歸玠等刻本

三册　一函　存六卷（六至九、別集一至二）

正文半葉十行二十字,小字雙行同,白口,無魚尾,左右雙邊。

2171　　　　　又一部　SG47/45

震川先生集三十卷別集十卷附録一卷

（明）歸有光撰

清康熙十年至十四年（1671－1675）歸莊、歸玠等刻本

十册　二函

正文半葉十行二十字,小字雙行同,白口,無魚尾,左右雙邊。

内封鎸"歸震川先生全集"及歸莊等人識語二行。

凡例後有朱筆識語,行間朱筆圈點。鈐"吳氏珍藏""吳氏大熊""吳夢熊印""遇濱"諸印。

2172　　　　　　　　　　　SG47/319

歸太僕公文定四卷

（明）歸有光撰　（清）崔徵麟評選

清康熙刻本

四册　一函

　　正文半葉十行二十二字，粗黑口，雙黑魚尾，左右雙邊。

　　鈐"徐琳之印""徐琳私印""鄞林氏藜照廬圖書"印。

2173　　　　　　　　　　　SG47/192

刻毅齋查先生闡道集十卷附一卷

（明）查鐸撰

明萬曆三十七年（1609）刻本

六册　一函

　　正文半葉九行二十字，花口，單黑魚尾，四周雙邊。

2174　　　　　　　　　　　SG4171/873

四溟山人全集二十四卷

（明）謝榛撰

明萬曆二十四年（1596）趙府冰玉堂刻三十六年（1608）重修本

十二册　二函

　　正文半葉十行二十字，白口，單黑魚尾，左右雙邊。

　　版心上鐫"趙府冰玉堂"，下鐫刻工"崔仲臣""崔德""王廷召"等。

2175　　　　　　　　　　　SG47/167-1

蟻蠓集五卷

（明）盧柟撰　孟華平校

明萬曆三十年（1602）張其忠刻本

六册　一函

　　正文半葉九行十八字，白口，單黑魚尾，四周雙邊。

　　有抄補。

2176　　　　　　　　　　　SG47/349

何心隱先生爨桐集四卷

（明）梁汝元撰　張宿詮訂

明天啓六年（1626）張宿何怡園刻本

四册　一函

　　正文半葉八行十八字，小字雙行同，白口，無魚尾，無界行，四周單邊。

　　内封鐫"新刻何心隱先生集　何怡園藏板"。卷一首葉版心下鐫"南昌羅文寫吳宗刊"。版心下鐫"何怡園藏刻"及刻工"吳宗""吳汝相""吳天祥""羅文""昆"等。

　　鈐"嶟縣陳監先藏書""監先藏書"印。

2177　　　　　　　　　　　SG47/50-2

徐文長文集三十卷附四聲猿一卷

（明）徐渭撰　袁宏道評點　閔德美校訂

明萬曆四十二年（1614）鍾人傑刻本

十六册　二函

　　正文半葉九行二十字，花口，單白魚尾，四周單邊。

　　鈐"南六主人圖書""八行名家之子孫""潛廬藏過""甘氏崇雅堂藏書記""潛江甘鵬雲藥樵收藏書籍章""崇雅堂藏書"印。

2178　　　　　又一部　SG47/262

徐文長文集三十卷附四聲猿一卷

（明）徐渭撰　袁宏道評點　閔德美校訂

明萬曆四十二年（1614）鍾人傑刻本

八册　一函　存三十卷（文集三十卷）

　　正文半葉九行二十字，花口，單白魚尾，四周單邊。

　　鈐"膠州海上廬法氏珎藏"印。

2179　　　　　又一部　SG47/50-1

徐文長文集三十卷附四聲猿一卷

（明）徐渭撰　袁宏道評點　閔德美校訂

明萬曆四十二年（1614）鍾人傑刻本

七册　一函　存三十卷（文集三十卷）

　　正文半葉九行二十字，花口，單白魚尾，四周單邊。

2180　　　　　　　　　SG47/159

天隱子遺稿十七卷

（明）嚴果撰　陳繼儒閱　葛一龍參　朱延佐訂

明末悟澹齋刻本

六册　一函

　　正文半葉八行十八字，白口，無魚尾，四周單邊。

　　版心下鐫"悟澹齋"。

2181　　　　　　　　　SG47/198

復宿山房集四十卷

（明）王家屏撰

明萬曆魏養蒙刻本

二十一册　三函

　　正文半葉十行二十字，白口，單黑魚尾，四周雙邊。

2182　　　　　　　　　SG47/355

賜餘堂集十四卷補遺一卷

（明）吳中行撰

清乾隆五十八年（1793）吳珙立刻本

八册　一函

　　正文半葉十行二十字，白口，單黑魚尾，左右雙邊。

　　鈐"雨塍""沈枚吉印"印。

2183　　　　　　　　　SG47/350

晉陵集二卷

（明）王穉登撰

明嘉靖刻本

一册　一函

　　正文半葉十行十八字，白口，單黑魚尾，左右雙邊。

　　版心下鐫刻工"章右之""章甫言"等。無所住室藏本。與《燕市集》《客越志》《明月篇》《金昌集》合函。

　　有朱墨筆評點，書衣墨筆題識。鈐"江天鐸""惜華讀書""碧蕖館藏"印。

2184　　　　　　　　　SG47/350

燕市集二卷

（明）王穉登撰

明隆慶四年（1570）朱宅快閣刻本

二册　與《晉陵集》《客越志》《明月篇》《金昌集》合函

　　正文半葉十行十八字，白口，單黑魚尾，左右雙邊。

　　無所住室藏本。

　　鈐"江天鐸"印。

集　部　　　417

2185　　　　　　　　　　SG47/350

客越志二卷

（明）王穉登撰

明隆慶元年（1567）延陵吳氏蕭疎齋刻本

二册　與《晉陵集》《燕市集》《明月篇》
《金昌集》合函

　　正文半葉十行十八字,小字雙行同,白口,單黑魚尾,左右雙邊。

　　卷末鎸"延陵吳氏蕭疎齋雕"。無所住室藏本。

　　鈐"江天鐸"印。

2186　　　　　　　　　　SG47/350

明月篇二卷

（明）王穉登譔

明萬曆五年（1577）刻本

一册　與《晉陵集》《燕市集》《客越志》
《金昌集》合函

　　正文半葉十行十九字,白口,單白魚尾或黑魚尾,左右雙邊。

　　無所住室藏本。

　　鈐"江天鐸"印。

2187　　　　　　　　　　SG47/350

金昌集四卷

（明）王穉登撰

明萬曆刻本

二册　與《晉陵集》《燕市集》《客越志》
《明月篇》合函

　　正文半葉十行十八字,白口,單黑魚尾,左右雙邊。

　　無所住室藏本。

　　鈐"江天鐸"印。

2188　　　　　　　　　　SG415/9

王百穀先生謀野集四卷

（明）王穉登選　（清）汪淇　查望校釋

清康熙元年（1662）錢塘汪淇、查望刻本

四册　一函

　　正文半葉八行或九行二十四字或二十五字,小字雙行同,白口,無魚尾,無界行,四周雙邊。

　　版心下鎸"蜩寄"。

2189　　　　　　　　　　SG47/279

宋布衣集三卷

（明）宋登春撰

清乾隆二十一年（1756）誠意堂刻本

三册　一函

　　正文半葉九行十九字,白口,單黑魚尾,四周單邊。

　　内封鎸"乾隆貳拾壹年六月丁酉新鎸
堂陽郡令益中王氏誌　宋布衣集　誠意堂梓行"。與《清平閣倡和詩》合刻。

　　鈐"新河傅氏鑑藏金石印"印。

2190　　　　　　　　　　SG47/279

清平閣倡和詩一卷

（明）李先芳　宋登春　李連山撰

清乾隆二十一年（1756）誠意堂刻本

一册　一函

　　正文半葉九行十九字,白口,單黑魚尾,四周單邊。

　　與《宋布衣集》合刻。

2191　　　　　　　　　　SG3101/274－1

紫栢老人集十五卷首一卷

（明）釋真可撰　釋德清閱

明崇禎四年（1631）楞嚴寺刻本

八冊　二函

　　正文半葉十行二十字，白口，無魚尾，四周雙邊。

2192　　　　　　　　　　SG47/301

少村漫稿詩二卷文二卷

（明）黃廷用撰

明萬曆十三年至四十八年（1585－1620）刻本

二冊　一函

　　正文半葉九行十八字，白口，單白魚尾，四周單邊。

　　版心下鐫"魏三刊""魏四刊"。

2193　　　　　　　　　　SG47/251

隅園集十八卷

（明）陳與郊撰

明萬曆四十五年至天啓元年（1617－1621）賜緋堂刻本

八冊　二函　缺二卷（十七至十八）

　　正文半葉八行十九字，白口，單黑魚尾，左右雙邊。

　　卷一末鐫"萬曆丁巳賜緋堂刻"，卷七末鐫"泰昌庚申賜緋堂刻"，卷十一末鐫"萬曆己未賜緋堂刻"。

　　鈐"退耕堂藏書記"印。

2194　　　　　　　　　　SG47/337

充然子集二卷

（明）顧憗撰

清康熙顧國璉刻本

一冊　一函

　　正文半葉十行二十二字，黑口，單黑魚尾，左右雙邊。

　　目錄卷端下鐫"九世族孫國璉靜庵重梓"。

　　稀見。

2195　　　　　　　　　　SG4171/828

二酉園詩集十二卷

（明）陳文燭撰

明萬曆七年至十六年（1579－1588）刻本

二冊　一函　存二卷（一至二）

　　正文半葉九行十八字，白口，單白魚尾，左右雙邊。

　　版心下鐫刻工"戴明楚""戴繼述"等。

　　鈐"葉東卿再閱記""漢陽葉氏藏書""豊華堂書庫寶藏印"印。

2196　　　　　　　　　　SG47/21

亦玉堂稿十卷

（明）沈鯉撰

清康熙二十九年（1690）劉榛刻本

四冊　一函

　　正文半葉十行十九字，黑口，雙黑魚尾，四周單邊。

2197　　　　　　　　　　SG47/138－2

交泰韻一卷

（明）呂坤撰

明萬曆三十一年（1603）刻本

二册　一函

正文半葉八行二十字，白口，單黑魚尾，四周單邊。

《呂新吾集》之一。

2198　　　　　　　　　　　　SG311./23

呂新吾集二十三種六十卷

（明）呂坤撰

明萬曆八年至四十八年（1580－1620）刻清康熙十二年至十八年（1673－1679）匯印本

十册　二函　存十三種二十九卷（四禮疑五卷，喪禮餘言一卷，四禮翼八卷，交泰韻一卷，黃帝陰符經一卷，反輓歌一卷，大明嘉議大夫刑部左侍郎新吾呂君墓志銘一卷、附錄山高水長一卷，天日語一卷，寧波疾苦條陳一卷，省心紀一卷，無如四卷，疹科一卷，呂新吾題奏二卷）

正文半葉八行二十字，白口，單黑魚尾，四周雙邊。

2199　　　　　　　　　　　　SG47/138

呂新吾集二十六種七十卷

（明）呂坤撰

明萬曆刻清康熙續刻匯印本

三十二册　四函　缺三種十一卷（呻吟語六卷、救命書一卷、呂新吾先生閨範圖說四卷）

正文半葉行字不等，白口，單黑魚尾，四周雙邊或單邊。

《去偽齋文集》內封鎸"本衙繩其居藏板"。

鈐"玉函山房藏書""觀古堂""葉德輝煥彬甫藏閱書"諸印。

2200　　　　　　　　　　　　SG47/30－4

呂新吾先生全集二十種

（明）呂坤撰

明萬曆刻清康熙續刻匯印本

十二册　二函　缺八種二十九卷（呂新吾先生實政錄七卷、喪禮餘言一卷、四禮疑五卷、四禮翼八卷、天日記一卷、無如四卷、新吾奏疏二卷、修城一卷）

正文半葉七行或八行字數不等，白口，單黑魚尾，左右雙邊。

2201　　　　　　　　　　　　SG47/30－1

呂新吾先生去偽齋文集十卷

（明）呂坤撰

清康熙十三年（1674）呂慎多、呂慎高刻本

八册　一函

正文半葉十行二十字，白口，單黑魚尾，四周雙邊。

2202　　　　　又一部　SG47/30－1

呂新吾先生去偽齋文集十卷

（明）呂坤撰

清康熙十三年（1674）呂慎多、呂慎高刻本

五册　一函　存五卷（二至三、五至七）

正文半葉十行二十字,白口,單黑魚尾,四周雙邊。

鈐"寧陵縣印"印。

2203　　　　　　　　　SG47/353
由拳集二十三卷

（明）屠隆撰

明萬曆八年至四十八年(1580－1620)刻本

四册　一函

正文半葉十行二十字,白口,單白魚尾,四周單邊。

鈐"慕齋鋻定""宛平王氏家藏""康府藏書""檀尊藏本""禮府藏書""碧葇館藏""惜華讀書"諸印。

2204　　　　　　　　　SG47/336
白榆集二十八卷

（明）屠隆撰

明萬曆二十八年(1600)龔堯惠刻本

四册　一函

正文半葉九行二十字,白口,單黑魚尾,四周單邊。

鈐"碧葇館藏""惜華讀書"諸印。

2205　　　　　　　　　SG47/357
農丈人詩集八卷文集二十卷

（明）余寅撰

明萬曆三十二年(1604)刻本

十册　二函　存二十卷(文集二十卷)

正文半葉九行十八字,白口,單黑魚尾,左右雙邊。

各卷末鎸"書記周禮寫"。

序爲抄配。

2206　　　　　　又一部　SG47/162
農丈人詩集八卷文集二十卷

（明）余寅撰

明萬曆三十二年(1604)刻本

十二册　二函　存二十六卷(詩集八卷,文集一至四、七至二十)

正文半葉九行十八字,白口,單黑魚尾,左右雙邊。

各卷末鎸"書記周禮寫"。

鈐"張之銘珍藏"印。

2207　　　　　　　　　SG311./228
曲洧新聞四卷

（明）范守己撰　侯廷珮校

明萬曆十八年(1590)侯廷珮刻本

二册　一函

正文半葉九行十八字,白口,單黑魚尾,四周雙邊。

《御龍子集》之一。

2208　　　　　　　　　SG47/339
夢白先生集三卷

（明）趙南星撰

明萬曆四十五年(1617)馬調鼎刻本

二册　一函

正文半葉九行十八字,白口,單黑魚尾,左右雙邊。

版心下鎸"秫陵劉賢刊"。

鈐"蘭嵒藏書"印。

2209　　　　　　　　　　　　SG47/44

趙忠毅公詩集二十四卷

（明）趙南星撰

明崇禎十一年（1638）范景文、姜大受刻本

七册　一函　存十三卷（一至九、十一至十二、十四至十五）

正文半葉九行十九字,花口,單黑魚尾,四周單邊。

行間有眉批句讀。鈐"姜大受字陶守""查養藏印"諸印。

2210　　　　　　　　　　　　SG47/80-1

玉茗堂全集四十六卷

（明）湯顯祖撰

明天啓元年至七年（1621-1627）刻本

十二册　二函

正文半葉七行十八字,白口,無魚尾,四周單邊。

鈐"馮氏辨齋藏書""慈谿畊餘樓"印。

2211　　　　　　　　　　　　SG47/80-1

玉茗堂全集四十六卷

（明）湯顯祖撰

清康熙三十三年（1694）阮峴、阮嵩竹林堂刻本

二十册　三函

正文半葉七行十八字,白口,無魚尾,四周單邊。

内封鎸"姑蘇□□　玉茗堂全集　竹林堂梓行"。

鈐"江都徐氏藏書"印。

2212　　　　　　　　　　　　SG47/80

獨深居點定玉茗堂集三十卷

（明）湯顯祖撰　沈際飛選

明崇禎九年至十二年（1636-1639）刻本

二十二册　四函

正文半葉九行二十字,白口,無魚尾,四周單邊。

鈐"寶宣齋""陶去病圖書印""文漪堂印"諸印。

2213　　　　　　　　　　　　SG47/257

歇菴集十六卷

（明）陶望齡撰

明萬曆三十九年（1611）真如齋刻本

四册　二函

正文半葉九行十九字,黑口,無魚尾,四周雙邊。

各卷端下鎸"真如齋校梓"。

2214　　　　　　　　　　　　SG47/283

歇菴先生集選四卷

（明）陶望齡撰　陸夢龍選

明萬曆四十七年（1619）陸夢龍刻本

四册　一函

正文半葉十行二十字,白口,單黑魚尾,四周單邊。

稀見。鈐"新安程氏""質清所遇善本暫爲護持"印。

2215　　　　　　　　　　　　SG4171/1181

幔亭集十五卷

（明）徐熥撰　陳薦夫選　王若編

明萬曆二十九年(1601)王若刻本

八册　一函

正文半葉九行十八字,上花口,單黑魚尾,四周單邊。

有抄配顧大典、屠本畯題詞等。鈐"慈竹居藏書記""陳恭甫藏楊雪滄得""畊餘堂印"諸印。

2216　　　　　　　　　　SG4171/1076

荷塘詩集十二卷

(明)張五典撰

清乾隆刻本

四册　一函

正文半葉九行十九字,小字雙行同,黑口,單黑魚尾,左右雙邊。

鈐"彭侃"諸印。

2217　　　　　　　　　　SG47/155

容臺文集九卷詩集四卷別集四卷

(明)董其昌撰

明崇禎三年(1630)董庭刻本

八册　一函　存九卷(文集九卷)

正文半葉八行十九字,花口,無魚尾,左右雙邊。

卷一首葉版心下鐫"金泰卿寫　顧公彥刻"。

2218　　　　　　　　　　SG4171/571

容臺文集十卷詩集四卷別集四卷

(明)董其昌撰

明崇禎刻本

六册　一函　存八卷(詩集四卷、別集四卷)

正文半葉八行十八字,白口,單白魚尾,四周單邊。

鈐"劉承幹印""南林劉氏求恕齋藏"印。

2219　　　　　　　　　　SG47/169

宗伯集八十一卷

(明)馮琦撰

明萬曆三十五年(1607)刻本

三十二册　四函

正文半葉九行十七字,白口,單黑魚尾,左右雙邊。

鈐"退耕堂藏書記"印。

2220　　　　　　　　　　SG47/322

剪桐載筆一卷

(明)王象晉撰

明天啓元年至崇禎十七年(1621-1644)毛晉刻本

一册　一函

正文半葉八行十九字,花口,無魚尾,左右雙邊。

書末鐫"海虞門人毛鳳苞訂梓"。

鈐"士穎""櫻香館"印。

2221　　　　　　　　　　SG47/240

馮少墟集二十卷

(明)馮從吾撰

明萬曆四十七年(1619)劉必逵刻本

十四册　三函

正文半葉九行十八字,花口,單黑魚尾,

四周單邊。

有墨筆眉批、句讀。

2222　　　　　　　　　　　　SG47/231
馮少墟集二十二卷續集不分卷

（明）馮從吾撰

清康熙十二年至十四年（1673－1675）洪琮刻本

十八册　三函

正文半葉九行十八字，白口，單黑魚尾，四周單邊。

2223　　　　　　　　　　　　SG47/1－2
梨雲館類定袁中郎全集二十四卷

（明）袁宏道撰

明萬曆三十七年至四十七年（1609－1619）周文煒大業堂刻本

三十六册　四函

正文半葉八行十八字，白口，無魚尾，無界行，四周單邊。金鑲玉。

内封鎸"大業堂周如山刊"。卷端下題"南雍周文煒如山鎸"。

鈐"大業堂""王傳桂"諸印。

2224　　　　又一部　SG47/1－1
梨雲館類定袁中郎全集二十四卷

（明）袁宏道撰

明萬曆三十七年至四十七年（1609－1619）周文煒大業堂刻本

六册　二函

正文半葉八行十八字，白口，無魚尾，無界行，四周單邊。

2225　　　　　　　　　　　　SG47/220
瀟碧堂集二十卷

（明）袁宏道撰　李長庚閲

明萬曆三十六年（1608）袁氏書種堂刻本

十册　一函

正文半葉九行十八字，花口，白魚尾，四周單邊。

目録後牌記鎸"萬曆戊申烑日勾吳袁氏書種堂校梓"。每卷末鎸"門人徐景鳳元輝參訂　袁叔度無涯初校　吳士冠相如手書"。

有抄配。鈐"餘姚謝氏永耀樓藏書"印。

2226　　　　　　　　　　　　SG47/1
袁中郎全集四十卷

（明）袁宏道撰　鍾惺定

明崇禎二年（1629）佩蘭居刻本

二十册　三函

正文半葉九行二十字，白口，無魚尾，四周單邊。

鈐"北平朝陽大學圖書館""詹宅北池子五十四號""詹文忠"印。

2227　　　　　　　　　　　　SG47/241
錦帆集四卷附去吳七牘一卷

（明）袁宏道撰　陳以聞閲

明萬曆三十七年（1609）袁叔度書種堂刻本

二册　一函

正文半葉九行十八字，花口，單白魚尾，四周單邊。

目錄末鎸"萬曆己酉秋勾吳袁氏書種堂校梓"。各卷末鎸"門人袁叔度無涯校梓 吳士冠相如手書"。

2228 SG47/111

解脫集四卷

（明）袁宏道撰

明萬曆三十八年（1610）勾吳袁氏書種堂刻本

四冊 一函

正文半葉九行十八字，花口，單白魚尾，四周單邊。

目錄末鎸"萬曆庚戌春勾吳袁氏書種堂校梓"。卷一末鎸"旌邑李光遠鎸"。書末鎸"門人袁叔度無涯校梓 吳士冠相如手書"。

鈐"張相文""張星烺遺囑贈送"諸印。

2229 SG47/250A

及幼草三卷

（明）王思任撰

明萬曆四十四年至崇禎十七年（1616－1644）刻本

九冊 一函

正文半葉九行十九字，花口，單白魚尾，四周單邊。

眉上鎸評行三字。與《王季重時文敘雜序》合函。

行間有朱筆批注。

2230 SG47/250B

王季重時文敘雜序不分卷

（明）王思任撰

明萬曆四十四年至崇禎十七年（1616－1644）刻本

九冊 與《及幼草》合函

正文半葉八行十八字，花口，單白魚尾，四周單邊。

眉上鎸評行三字。

2231 SG45/215

劉練江先生集七卷附錄一卷

（明）劉永澄撰 劉永沁輯錄

清乾隆刻本

三冊 一函

正文半葉十行十九字，花口，無魚尾，左右雙邊。

內封鎸"山陰劉念臺先生長洲文湛持先生同輯 劉練江先生集 興讓堂藏版"。

2232 SG47/356

緱山先生集二十七卷

（明）王衡撰 王時敏校

明萬曆四十四年至四十五年（1616－1617）王時敏刻本

十二冊 二函

正文半葉九行十八字，白口，單黑魚尾，四周單邊。

目錄前有陸奭棠題識。鈐"白雲小吏""奭棠""陸奭棠印"諸印。

2233 SG47/168

許鍾斗文集五卷

（明）許獬撰 洪夢錫校

明萬曆四十年(1612)洪夢錫刻本

一册　一函

　　正文半葉九行十九字,白口,單黑魚尾,四周雙邊。

2234　　　　　　　　　　　　　SG47/88

文直行書詩十三卷文選十七卷首一卷

　(明)熊明遇撰

　清順治十七年(1660)熊人霖刻乾隆十五年(1750)補版印本

　十三册　二函

　　《詩》正文半葉九行十九字,《文選》正文半葉十行二十一字或九行十八字,白口,單黑魚尾,左右雙邊。

　　内封鐫"乾隆十伍年重鐫　男人霖伯甘編　熊壇石先生合纂　北山有萊堂藏板"。

　　書封有容肇祖墨筆題記"文直行書　容肇祖署　民國廿一年""清禁書總目全燬善目中有文行直書八本,此焚燬後之僅存者可寶也。容肇祖記"。鈐"容肇祖印"印。

2235　　　　　　　　　　　　SG48/83-5

高陽集二十卷目錄一卷

　(清)孫承宗撰

　清順治十二年(1655)孫之澋刻本

　十二册　二函　存十三卷(一至十一、二十、目錄一卷)

　　正文半葉九行十八字,白口,單黑魚尾,四周單邊。

　　各卷末鐫"孫男之澋編次"。

　　鈐"退耕堂藏書記"印。

2236　　　　　　　　　　　　　SG48/83

高陽集二十卷目錄一卷

　(清)孫承宗撰

　清順治十二年(1655)孫之澋刻嘉慶重修本

　六册　二函

　　正文半葉九行十八字,白口,單黑魚尾,四周單邊。

2237　　　　　　　　　　　　SG47/366

王惺所先生文集十卷

　(明)王以悟撰

　明天啓三年(1623)刻本

　四册　一函

　　正文半葉九行二十字,白口,單黑魚尾,四周雙邊。

　　鈐"容肇祖印"印。

2238　　　　　　　　　　　　　SG47/97

漆園卮言十七卷

　(明)莊啟元撰

　明萬曆四十三年(1615)刻本

　十册　一函

　　正文半葉九行二十字,花口,無魚尾,四周單邊。

2239　　　　　　　　　　　SG4171/732

濟南百詠一卷

　(明)王象春撰

　明萬曆四十四年(1616)刻本

　一册　一函

　　正文半葉八行十九字,白口,單黑魚尾,

四周單邊。

版心上鐫"齊音"。

鈐"江陰劉氏""鎦""劉復"諸印。

2240　　　　　　　　　　SG47/359

瑤光閣正集十二卷外集二卷餘集三卷

（明）黃端伯撰　（清）黃祐編

清嘉慶二十年（1815）吳淑麒企瑤山館刻本

五册　一函

正文半葉九行二十一字,白口,單黑魚尾,四周雙邊。

內封鐫"謹遵進呈原本重校　江西新城黃忠節公著　瑤光閣全集　餘集附後易疏嗣出　企瑤山館梓行"。

2241　　　　　　　　　　SG47/165-1

范文忠公初集十二卷

（明）范景文撰

范文忠公年譜一卷

（清）王孫錫撰

清康熙四十年（1701）范毓秀、范繩祖等刻本

十册　一函

正文半葉八行二十三字,白口,單黑魚尾,四周雙邊。

版心下鐫"思仁堂"。

鈐"退耕堂藏書記"印。

2242　　　　　　　　　　SG47/165

范文忠公初集十二卷

（明）范景文撰

范文忠公年譜一卷

（清）王孫錫撰

清康熙四十年（1701）范毓秀、范繩祖等刻道光五年（1825）范爾畬、范際昌增刻本

四册　一函

正文半葉八行二十三字,白口,單黑魚尾,四周雙邊。

版心下鐫"思仁堂"。內封鐫"清謚文忠范公初集　與善堂較刻　思仁堂藏板"。

書封墨筆題"紫垣氏"。

2243　　　　　　　　　　SG47/81

蘭雪堂集八卷

（明）王心一撰

清乾隆十三年至十八年（1748-1753）吳縣王氏刻本

八册　一函

正文半葉十一行二十一字,白口,單黑魚尾,左右雙邊。

2244　　　　　　　　　　SG47/158-1

落落齋遺集十卷

（明）李應昇撰

明崇禎十七年（1644）刻本

十册　一函

正文半葉八行十八字,花口,單白魚尾,左右雙邊。

內封鐫"李仲達先生集　落落齋藏板"。

集　部

2245　　　　　　　　　　SG4171/1682
珂雪齋前集二十四卷
（明）袁中道撰
明萬曆四十六年（1618）刻本
十冊　二函　存八卷（一至八）
　　正文半葉九行十八字，上花口，單黑魚尾，四周單邊。
　　卷一版心下鐫"黃應義刻"。

2246　　　　　　　　　　SG47/346
靜嘯齋存草十卷
（明）董斯張撰
明萬曆四十二年（1614）刻本
四冊　一函
　　正文半葉八行十七字，白口，無魚尾，四周單邊。
　　鈐"彭桐橋鑑藏印"印。

2247　　　　　　　　　　SG47/332
眉公先生晚香堂小品二十四卷
（明）陳繼儒撰
明崇禎湯大節簡綠居刻本
十冊　二函
　　正文半葉九行二十字，白口，單白魚尾，四周單邊。

2248　　　　　　　　　　SG47/351
檀園集十二卷
（明）李流芳撰　（清）陸廷燦重訂
清康熙二十八年（1689）嘉定陸廷燦刻本
二冊　一函
　　正文半葉九行十八字，小字雙行同，細黑口，無魚尾，左右雙邊。
　　《嘉定四先生集》之一。
　　抄配《欽定四庫全書總目提要》。鈐"鄒氏家藏""勤藝堂鄒氏藏書記""杭州鄒存淦鑒藏書畫之章""閩中陳□綏書籍印"印。

2249　　　　　　　　　　SG47/242-1
憨山老人夢遊集不分卷
（明）釋德清撰
清道光元年至宣統三年（1821-1911）抄本
一冊　一函
　　正文半葉十行字數不等，粗藍口，雙藍魚尾，藍格，四周雙邊。
　　鈐"豐華堂書庫寶藏印"諸印。

2250　　　　　　　　　　SG47/354
鴻寶應本十七卷
（明）倪元璐撰
明崇禎十五年至十七年（1642-1644）刻本
十冊　二函
　　正文半葉八行二十字，白口，無魚尾，無界行，四周單邊。金鑲玉。
　　内封鐫"倪文正公應本　衣雲閣藏板"。與《倪文正公遺稿》合函。
　　行間有朱墨筆圈點。鈐"芸子""碧葉館藏""惜華讀書"諸印。

2251　　　　　　　　　SG47/354
倪文正公遺稿二卷
（明）倪元璐撰
清順治八年（1651）刻本
二册　與《鴻寶應本》合函
　　正文半葉八行二十字，白口，無魚尾，無界行，四周單邊。
　　內封鎸"倪鴻寶先生遺詩　東觀閣藏板"。
　　鈐"白照山房"印。

2252　　　　　　　　　SG4171/717
郊菴訂定譚子詩歸十卷
（明）譚元春撰
明萬曆至崇禎嶽歸堂刻本
四册　一函
　　正文半葉八行十八字，白口，單黑魚尾，四周單邊。
　　版心下鎸"嶽歸堂"。

2253　　　　　　　　　SG47/358
三易集二十卷
（明）唐時升撰　謝三賓輯
明崇禎元年至十七年（1628－1644）謝三賓刻本
六册　一函
　　正文半葉十行十八字，白口，無魚尾，左右雙邊。
　　《嘉定四先生集》之一。

2254　　　　　　　　　SG47/345
七錄齋集六卷論略一卷
（明）張溥撰
明崇禎傅少山刻本
六册　一函
　　正文半葉九行二十字，白口，單黑魚尾，四周單邊。
　　眉上鎸評。內封鎸"張太史七錄齋初集　一集文　一集論　金陵傅少山梓"。
　　有朱墨筆圈點。

2255　　　　　　　　　SG47/268
紡授堂集八卷文集八卷二集十卷
（明）曾異撰撰
明崇禎十五年（1642）刻清康熙五十七年（1718）重修本
十二册　二函
　　正文半葉八行二十字，白口，單黑魚尾，四周單邊。
　　鈐"衡陽常氏潭印閣藏書之圖記"印。

2256　　　　　　　　　SG48/38
梅花屋詩草一卷
（明）左懋第撰　（清）左光晸校錄
清乾隆十八年（1753）萊陽左氏刻本
一册　一函
　　正文半葉九行十九字，小字雙行同，白口，單黑魚尾，無界行，四周雙邊。
　　《左懋第全集》之一。

2257　　　　　　　　　SG48/39
蘿石山房文鈔四卷
（明）左懋第撰　（清）李清編　左光晸校錄

清乾隆五年(1740)萊陽左氏刻本

四册　一函

　　正文半葉九行十九字,小字雙行同,白口,單黑魚尾,無界行,四周雙邊。

　　《左懋第全集》之一。

2258　　　　　　　　又一部　SG48/39

蘿石山房文鈔四卷

　　(明)左懋第撰　(清)李清編　左光昴校錄

清乾隆五年(1740)萊陽左氏刻本

四册　一函

　　正文半葉九行十九字,小字雙行同,白口,單黑魚尾,無界行,四周雙邊。

　　《左懋第全集》之一。

2259　　　　　　　　　　　　SG47/249

江止庵遺集八卷首一卷

　　(明)江天一撰　(清)江天表手授　洪祚永手鈔

清康熙三十四年至六十一年(1695-1722)刻嘉慶五年(1800)江士相重修祭書艸堂刻本

八册　一函

　　正文半葉九行二十字,花口,單黑魚尾,四周雙邊。

　　版心下鐫"祭書艸堂珍藏"。

　　有抄配。

2260　　　　　　　　　　　　SG48/118

陶菴文集七卷陶菴詩集八卷吾師錄一卷

　　(明)黃淳耀撰

附谷簾學吟一卷

　　(清)黃淵耀撰

清康熙十五年至四十二年(1676-1703)陸廷燦、張懿實刻本

四册　一函

　　正文半葉九行十九字,小字雙行同,雙細黑口,無魚尾或單黑魚尾,左右雙邊。

2261　　　　　　　　　　　SG4171/1601

太古園詩集一卷

　　(明)王偁撰

清乾隆元年(1736)刻本

一册　一函

　　正文半葉九行二十二字,上花口,單黑魚尾,左右雙邊。

　　行間有朱筆批注。

2262　　　　　　　　　　　SG47/248

華陽館草不分卷

　　(明)歐陽奎撰

清順治六年(1649)歐陽士豹、歐陽士駒刻本

二册　一函

　　正文半葉八行二十字,花口,無界行,四周單邊。

　　有墨筆眉批。

清別集之屬

2263 SG47/4-1
牧齋初學集一百十卷
（清）錢謙益撰
明崇禎十六年（1643）瞿式耜刻本
二十冊　四函
　　正文半葉十行十八字，白口，單黑魚尾，四周單邊。
　　內封鐫"崇禎癸未歲刊行　錢牧齋先生初學集　燕譽堂藏板"。

2264 又一部 SG47/4-1
牧齋初學集一百十卷
（清）錢謙益撰
明崇禎十六年（1643）瞿式耜刻本
二十冊　四函
　　正文半葉十行十八字，白口，單黑魚尾，四周單邊。
　　鈐"閒田張氏聞三藏書"印。

2265 SG48/1486
牧齋初學集詩註二十卷
（清）錢謙益撰　錢曾箋注
清康熙四十九年（1710）刻本
十二冊　二函
　　正文半葉十行二十字，上花口下黑口，單黑魚尾，四周單邊。
　　內封鐫"康熙庚寅年新鐫　玉詔堂藏板"。
　　鈐"凌府藏板""毛準""子水"諸印。

2266 SG4171/1450
牧齋有學集詩註十四卷
（清）錢謙益撰　錢曾箋注
清康熙至乾隆刻本
六冊　一函
　　正文半葉十行二十字，上花口下黑口，單黑魚尾，四周單邊。

2267 SG48/1481
大觀堂文集二十二卷首一卷
（清）余縉撰
清康熙三十八年（1699）諸暨余氏刻本
十四冊　三函
　　正文半葉九行二十字，白口，單黑魚尾，左右雙邊。
　　鈐"不燿齋藏書"印。

2268 SG4171/1101
藕怡詩抄四卷
（清）顧仙根撰
清乾隆四十五年（1780）刻本
一冊　一函
　　正文半葉九行十九字，白口，單黑魚尾，左右雙邊。
　　鈐"蘭雪審定"諸印。

2269 SG4171/879
書堂詩鈔四卷
（清）劉工詢撰
清乾隆六十年（1795）刻本

集　部　　431

一册　一函

　　正文半葉七行十八字,單黑魚尾,四周雙邊。

　　鈐"景賢"印。

2270　　　　　　　　　　　　SG4171/634

道貴堂類稿十二卷

　　(清)吳倬撰

　　清康熙刻本

　　六册　一函

　　正文半葉十行十九字,黑口,雙黑魚尾,左右雙邊。

2271　　　　　　　　　　　　SG48/744/A

息齋集四卷總憲疏草一卷中銓疏草一卷奏疏一卷外集一卷續外集一卷外集補遺一卷

　　(清)金之俊撰　陳名夏評

　　清順治五年至十八年(1648-1661)刻本

　　八册　二函

　　正文半葉八行二十字,白口,單黑魚尾,無界行,四周雙邊。金鑲玉。

　　鈐"治廧書庫""明善堂覽書畫印記""安樂堂藏書記"諸印。

2272　　　　　　　　　　　　SG48/744-1

息齋集六卷珥筆閑吟一卷山居候鳴一卷外集一卷續外集一卷

　　(清)金之俊撰

　　清康熙五年(1666)刻本

　　十册　一函

　　正文半葉八行二十字,白口,單黑魚尾,左右雙邊。

　　總目卷端題"息齋全集"。

2273　　　　　　　　　　　　SG48/306

尊水園集略十二卷補遺二卷

　　(清)盧世㴶撰　程先貞輯

　　清順治十七年(1660)盧孝餘增修本

　　十二册　二函

　　正文半葉九行十九字,白口,單白魚尾,四周單邊。金鑲玉。

　　鈐"士禎私印""池北書庫"印。

2274　　　　　　　　　　　　SG417/410

蓬徑集一卷

　　(清)蔣夢蘭撰

　　清康熙刻本

　　一册　一函

　　正文半葉八行十八字,白口,單黑魚尾,四周雙邊。

　　鈐"筱對過眼""秋浦窪氏樾蔭畫珍藏""浚"印。

2275　　　　　　　　　　　　SG48/1095

秋水集十六卷

　　(清)馮如京撰

　　清乾隆五年(1740)清暉堂刻本

　　八册　一函

　　正文半葉九行二十字,白口,單黑魚尾,四周單邊。

　　眉上鎸評。内封鎸"乾隆庚申武林重梓　秋水集　清暉堂藏板"。版心下鎸"清暉堂藏板"。

鈐"南宮葆真堂陳氏珍藏書畫印"印。

2276　　　　　　　　　　SG48/1369
南谿偶刊五卷
（清）鄭性撰
清乾隆八年（1743）鄭性寫刻本
七冊　一函　缺一卷（臺遊日記一卷）
正文半葉十四行二十六字，小字雙行同，上下黑口，雙黑魚尾，四周單邊。
有清乾隆七年（1742）鄭性"南谿偶刊自題"。

2277　　　　　　　　　　SG48/1042
南谿偶刊四卷
（清）鄭性撰
清乾隆七年（1742）鄭性刻本
六冊　一函
正文半葉十四行二十六字，小字雙行同，粗黑口，雙黑魚尾，四周單邊。

2278　　　　　　　　　　SG417/72
梅村集四十卷目錄二卷
（清）吳偉業撰　許旭訂
清康熙刻乾隆印本
三十冊　四函
正文半葉九行十九字，小字雙行同，細黑口，單黑魚尾，左右雙邊。

2279　　　　　　　　　SG417/56-1
吳詩集覽二十卷吳詩補註二十卷
（清）吳偉業撰　靳榮藩注
吳詩談藪二卷吳詩談藪拾遺一卷
（清）靳榮藩輯
清乾隆四十年（1775）凌雲亭刻增補印本
二十四冊　四函
正文半葉九行二十一字，小字雙行同，下黑口，單黑魚尾，四周雙邊。
內封鐫"吳詩集覽　凌雲亭藏版"。

2280　　　　　又一部　SG417/72-2
吳詩集覽二十卷吳詩補註二十卷
（清）吳偉業撰　靳榮藩注
吳詩談藪二卷吳詩談藪拾遺一卷
（清）靳榮藩輯
清乾隆四十年（1775）凌雲亭刻增補印本
八冊　一函
正文半葉九行二十一字，小字雙行同，下黑口，單黑魚尾，四周雙邊。
內封鐫"吳詩集覽　凌雲亭藏版"。

2281　　　　　　　　　　SG417/44
吳梅村詩集箋注十八卷
（清）吳偉業撰　吳翌鳳箋注
清嘉慶十九年（1814）嚴榮滄浪吟榭刻本
十二冊　二函
正文半葉十行二十一字，小字雙行同，白口，單黑魚尾，左右雙邊。
內封鐫"吳梅村詩集箋注　滄浪吟榭梓板"。卷前有《欽定四庫全書總目提要》《吳梅村先生行狀》《墓表》。
鈐"丁氏子書畫印""宗洛""子孫永保"諸印。

集　部　　　433

2282　　　　　又一部　SG4171/156
吳梅村詩集箋注十八卷
（清）吳偉業撰　吳翌鳳箋注
清嘉慶十九年（1814）嚴榮滄浪吟榭刻本
十二册　一函
　　正文半葉十行二十一字，小字雙行同，白口，單黑魚尾，左右雙邊。
　　內封鐫"吳梅村詩集箋注　滄浪吟榭梓板"。

2283　　　　　　　　SG48/123-1
賴古堂集二十四卷附錄一卷
（清）周亮工撰
清康熙十四年（1675）周在浚刻本
八册　二函
　　正文半葉十一行十九字，小字雙行同，黑口，順黑魚尾，四周單邊。
　　內封鐫"周櫟園先生　賴古堂集　本衙藏版"。目錄末鐫"金陵范翰伯精刻"。
　　鈐"安城任亮儕氏藏書"印。

2284　　　　　　　　SG4171/639
靜惕堂詩集四十四卷
（清）曹溶撰
清雍正三年（1725）李維鈞刻本
十册　二函
　　正文半葉十一行二十一字，白口，單黑魚尾，左右雙邊。

2285　　　　　　　　SG415/136
倦圃曹先生尺牘二卷
（清）曹溶撰　胡泰選

清康熙四十年至雍正十三年（1701-1735）胡泰含暉閣刻本
二册　一函
　　正文半葉十行二十三字，黑口，雙黑魚尾，左右雙邊。
　　內封鐫"倦圃曹秋嶽先生尺牘　繡水胡蓮峰選　含暉閣藏板"。
　　有批校。鈐"明月前身""白沙翠竹""琴言""錢塘一怒""墨將磨子"諸印。

2286　　　　　　　　SG27/128
于清端公政書八卷首編一卷外集一卷
（清）于成龍撰　蔡方炳　諸匡鼎編
清康熙四十六年（1707）于準刻本
十册　一函
　　正文半葉八行二十字，《首編》間有六行十四字，白口，單黑魚尾，四周單邊。
　　有像。

2287　　　　　又一部　SG27/159
于清端公政書八卷首編一卷外集一卷
（清）于成龍撰　蔡方炳　諸匡鼎編
清康熙四十六年（1707）于準刻本
六册　二函
　　正文半葉八行二十字，《首編》間有六行十四字，白口，單黑魚尾，四周單邊。
　　有像。
　　鈐"真州吳氏有福讀書堂藏書"印。

2288　　　　　　　　SG27/345
于清端公政書八卷首編一卷外集一卷
（清）于成龍撰　蔡方炳　諸匡鼎編

續集一卷

（清）于大梃輯

清康熙四十六年（1707）于準刻本

十册　一函

正文半葉八行二十字，《首編》間有六行十四字，白口，單黑魚尾，四周單邊。

有像。《續集》爲清乾隆二十六年（1761）印。

2289　SG418/285

西歸日札一卷

（清）王弘撰撰　李夔龍評

清康熙三十七年（1698）刻乾隆印本

一册　與《山志》合函

正文半葉九行十九字，白口，單黑魚尾，無界行，四周單邊。

2290　SG52/60

雲起堂集十六卷

（清）吳希哲撰

清順治刻本

四册　一函

正文半葉十行二十二字，小字雙行同，花口，單黑魚尾，無界行，四周單邊。

2291　SG4171/1532

栖雲閣詩十六卷

（清）高珩撰　趙執信選定

清乾隆三年（1738）刻本

四册　一函

正文半葉九行十九字，白口，單黑魚尾，四周單邊。金鑲玉。

鈐"武福肅印"印。

2292　SG4171/364

青箱堂詩集三十三卷文集十二卷遺稿續刻一卷年譜一卷

（清）王崇簡撰　宋琬定

清康熙十八年至六十一年（1679－1722）刻本

六册　一函　存三十三卷（青箱堂詩集三十三卷）

正文半葉九行十八字，白口，單白魚尾，左右雙邊。

2293　SG48/888

青箱堂詩集三十三卷文集十二卷遺稿續刻一卷年譜一卷

（清）王崇簡撰

清康熙二十八年（1689）王燕刻本

六册　一函　存十四卷（文集十二卷、遺稿續刻一卷、年譜一卷）

正文半葉十行十九字，白口，單黑魚尾，四周單邊。

鈐"壽椿堂王氏家藏""靖廷"印。

2294　SG48/681

青箱堂文集十二卷遺稿續刻一卷附年譜一卷

（清）王崇簡撰

清康熙二十年至二十三年（1681－1684）王熙刻本

六册　一函

正文半葉十一行二十字，黑口，雙黑魚

尾,四周雙邊。

《年譜》末鎸"不孝男王熙泣血校刊"。

2295　　　　　　　　　　SG48/1470
天問閣文集□□卷

（清）李長祥撰

清康熙刻本

五册　一函　存十一卷（二至四、六、九至十一、十六至十九）

正文半葉九行二十字,花口,無魚尾,四周單邊。

目録爲抄配。

2296　　　　　　　　　　SG48/1015
改亭集十六卷改亭詩集六卷

（清）計東撰　汪琬選輯

清乾隆十三年（1748）計氏讀書樂園刻本

六册　一函

正文半葉十行十九字,黑口,單黑魚尾,左右雙邊。

内封鎸"汪鈍翁選輯　改亭文集　讀書樂園藏板"。

鈐"蒼茫齋藏善本""蒼茫齋高氏藏書記""高世異印""德閣""子元"諸印。

2297　　　　　　　　　　SG4171/533
鐵堂詩草二卷

（清）許珌撰　吳鎮録　楊芳燦選

清乾隆五十五年（1790）蘭山書院刻本

二册　一函

正文半葉九行十七字,小字雙行同,白口,單黑魚尾,無界行,四周雙邊。

内封鎸"乾隆庚戌夏日　鐵堂詩草　蘭山書院梓行"。與《得樹齋詩》《戒菴詩草》合函。

2298　　　　　　　　　　SG4171/1471
了庵詩十卷像讚一卷

（清）王岱撰　王禹書編

清康熙刻本

四册　一函

正文半葉十一行二十一字,粗黑口,雙黑魚尾,四周雙邊。

内封鎸"名家共訂　一删客登初集　一删客登二集　一删山書　古文續出　本衙藏板"。

2299　　　　　　　　　　SG48/1297
四照堂文集五卷

（清）王猷定撰

清康熙二十三年（1684）王玕刻本

八册　二函

正文半葉八行十九字,花口,左右雙邊。金鑲玉。

内封鎸"龍眠王蒿□□□定　王于一先生四照堂集　本衙藏板"。

鈐"芸樓""黟山李氏藏書""南州書樓藏書徐湯殷整理"諸印。

2300　　　　　　　　　　SG48/1451
五公山人集十六卷

（清）王餘佑撰　李興祖編

清康熙三十四年（1695）李興祖枕釣齋刻本

五册　一函

正文半葉十行二十一字,黑口,雙黑魚尾,四周雙邊。

内封鎸"康熙乙亥鎸　五公山人集　枕鈞齋藏板"。

鈐"閒田張氏聞三藏書""喬種柳印"印。

2301　　　又一部　SG47/239

五公山人集十六卷

(清)王餘佑撰　李興祖編

清康熙三十四年(1695)李興祖枕鈞齋刻本

四册　一函

正文半葉十行二十一字,黑口,雙黑魚尾,四周雙邊。

2302　　　　　　　SG48/1435

艾陵文鈔十六卷詩鈔二卷

(清)雷士俊撰

清康熙雷毅莘樂草堂刻本

五册　一函

正文半葉十行十九字,小字雙行同,粗黑口,單黑魚尾,四周單邊。

内封鎸"涇陽雷伯籲著　艾陵文鈔文鈔十六卷詩鈔二卷附　莘樂草堂藏板"。

2303　　　　　　　SG417/205

石臼前集九卷後集七卷

(清)邢昉撰　宋至校

清康熙三十年至六十一年(1691-1722)王孚刻本

十二册　二函

正文半葉十行十九字,白口,順黑魚尾,四周單邊。

鈐"筆椽堂記""寧武南氏珍藏"印。

2304　　　又一部　SG417/205

石臼前集九卷後集七卷

(清)邢昉撰　宋至校

清康熙三十年至六十一年(1691-1722)王孚刻本

六册　一函

正文半葉十行十九字,白口,順黑魚尾,四周單邊。

鈐"陽湖陶氏涉園所有書籍之記"印。

2305　　　　　　　SG47/28

壯悔堂文集十卷遺稿一卷四憶堂詩集六卷遺稿一卷

(清)侯方域撰　賈開宗等評點

清刻本

八册　一函　存十一卷(壯悔堂文集十卷、遺稿一卷)

正文半葉九行二十字,白口,單黑魚尾,左右雙邊。

2306　　　　　　　SG48/402-1

笠翁一家言全集二十八卷

(清)李漁撰

清康熙翼聖堂刻本

十册　一函

正文半葉九行二十字,花口,無魚尾,四周單邊。

集　部

眉上鐫評行五字。內封鐫"笠翁一家言全集　宇內諸名家合評　翼聖堂藏板"。

笠翁一家言文集四卷

笠翁一家言二集十二卷

笠翁一家言別集四卷

笠翁一家言詩集八卷

2307　　　　　　　　　　　　SG48/1457

杲堂文鈔六卷詩鈔七卷

（清）李鄴嗣撰

清康熙十七年至六十一年（1678－1722）刻本

十册　二函

正文半葉九行二十二字,黑口,雙黑花魚尾,左右雙邊。

2308　　　　　　　　　　　　SG48/413

虛直堂文集二十四卷首一卷

（清）劉榛撰　田蘭芳選

清康熙二十七年（1688）刻本

六册　一函

正文半葉十行十九字,小字雙行同,黑口,雙黑魚尾,四周單邊。

2309　　　　　　　　　　　　SG48/531

愛日堂文集八卷詩集二卷外集一卷

（清）孫宗彝撰

清乾隆三十五年（1770）孫全祁刻本

八册　一函

正文半葉十一行二十字,小字雙行同,花口,單黑魚尾,左右雙邊。

內封鐫"愛日堂全集　本衙藏板"。

2310　　　　　　　　又一部　SG48/531A

愛日堂文集八卷詩集二卷外集一卷

（清）孫宗彝撰

清乾隆三十五年（1770）孫全祁刻本

四册　一函　存八卷（文集八卷）

正文半葉十一行二十字,小字雙行同,花口,單黑魚尾,左右雙邊。

內封鐫"愛日堂全集　本衙藏板"。

有墨筆批注。鈐"寶昉齋王氏珍藏"印。

2311　　　　　　　　　　　　SG4171/495

佳山堂詩集十卷二集九卷

（清）馮溥撰

清康熙十九年至六十一年（1680－1722）朱士儒刻本

八册　一函

正文半葉九行十九字,黑口,順黑魚尾,左右雙邊。

內封鐫"益都馮易齋先生著　佳山堂詩集　古吳朱士儒梓"。

2312　　　　　　　　　　　　SG48/152－2

施愚山先生全集九十六卷

（清）施閏章撰

清康熙四十七年（1708）曹寅刻乾隆施企曾等續刻本

十册　二函

正文半葉十一行二十一字,小字雙行同,白口,單黑魚尾,四周雙邊。

內封鐫"文廿八卷　詩五十卷　增年譜　外集　家風述畧　施愚山先生全集

詩話二卷　雜著二卷　附隨邨先生遺集"。《詩集》內封鐫"棟亭藏本　施愚山先生詩集　計五十卷",《文集》內封鐫"棟亭藏本　施愚山先生文集　二十八卷",《外集》內封鐫"計二卷　施愚山先生外集　山曉樓藏板",《年譜》內封鐫"計四卷　施愚山先生年譜　本衙藏板",《宣城施氏家風述略》內封鐫"宣城施氏家風述畧　本衙藏板",《別集》內封鐫"詩話二卷　雜著二卷　施愚山先生別集　本衙藏板",《遺集》內封鐫"乾隆己未年鐫　剩圃詩集　本衙藏板"。《詩集》卷五十末、《文集》卷二十八末牌記鐫"康熙戊子九月棟亭梓行"。

　　施愚山先生學餘文集二十八卷
　　施愚山先生學餘詩集五十卷
　　施愚山先生年譜四卷　（清）施念曾撰
　　施愚山先生外集二卷
　　宣城施氏家風述略一卷續編一卷　（清）施彥恪撰
　　施愚山先生別集四卷
　　隨邨先生遺集六卷　（清）施瑮撰

2313　　　　　又一部　SG48/152

施愚山先生全集九十六卷

（清）施閏章撰

　　清康熙四十七年（1708）曹寅刻乾隆施企曾等續刻本
　　十六册　二函
　　正文半葉十一行二十一字,小字雙行同,白口,單黑魚尾,四周雙邊。
　　內封鐫"文廿八卷　詩五十卷　增年譜　外集　家風畧　施愚山先生全集　

詩話二卷　雜著二卷　附隨邨先生遺集"。《詩集》卷五十末牌記鐫"康熙戊子九月棟亭梓行"。

2314　　　　　又一部　SG417/277

施愚山先生全集九十六卷

（清）施閏章撰

　　清康熙四十七年（1708）曹寅刻乾隆施企曾等續刻本
　　二十册　二函
　　正文半葉十一行二十一字,小字雙行同,白口,單黑魚尾,四周雙邊。
　　《詩集》內封鐫"棟亭藏本　施愚山先生詩集　計五十卷",《文集》內封鐫"棟亭藏本　施愚山先生文集　二十八卷",《外集》內封鐫"計二卷　施愚山先生外集　山曉樓藏板"。卷末有"康熙戊子九月棟亭梓行"。《詩集》卷五十末牌記鐫"康熙戊子九月棟亭梓行"。

2315　　　　　又一部　SG48/152-1

施愚山先生全集九十六卷

（清）施閏章撰

　　清康熙四十七年（1708）曹寅刻乾隆施企曾等續刻本
　　十册　一函　存三十四卷（文集二十八卷、外集二卷、別集四卷）
　　正文半葉十一行二十一字,小字雙行同,白口,單黑魚尾,四周雙邊。
　　《文集》內封鐫"棟亭藏本　施愚山先生文集　二十八卷",《別集》內封鐫"詩話二卷　雜著二卷　施愚山先生別集　本衙藏板"，《外集》内封鎸"計二卷　施愚山先生外集　山曉樓藏板"。《文集》卷二十八末牌記鎸"康熙戊子九月楝亭梓行"。

2316　　　　又一部　SG417/277

施愚山先生全集九十六卷

（清）施閏章撰

清康熙四十七年（1708）曹寅刻乾隆施企曾等續刻本

十册　一函

正文半葉十一行二十一字，小字雙行同，白口，單黑魚尾，四周雙邊。

《詩集》卷五十末牌記鎸"康熙戊子九月楝亭梓行"。

2317　　　　　　　　　SG4171/518

隨村先生遺集六卷

（清）施璨撰　杭世駿訂

清乾隆四年（1739）刻本

一册　一函

正文半葉十一行二十一字，白口，單黑魚尾，四周雙邊。

内封鎸"乾隆己未年鎸　剩圃詩集本衙藏板"。

鈐"目擊道存""宣州施氏穀玉堂藏書"印。

2318　　　　　　　　　SG48/860

鶴靜堂集十九卷

（清）周茂源撰

清康熙二十年（1681）刻本

六册　一函

正文半葉九行二十字，花口，單黑魚尾，四周單邊。

内封鎸"雲間周宿來先生著　鶴靜堂集　天馬山房藏板"。

2319　　　　　　　　　SG4171/533

得樹齋詩一卷

（清）張謙撰　孫枝蔚評

戒菴詩草六卷律陶一卷集杜一卷琵琶十七變一卷

（清）張晉撰　孫枝蔚評

清乾隆五十四年（1789）刻本

三册　與《鐵堂詩草》合函

正文半葉九行十七字，小字雙行同，白口，單黑魚尾，四周雙邊。

内封鎸"得樹齋詩草　戒菴雜著附"。

2320　　　　　　　　　SG48/154/A

潛菴先生遺稿五卷疏稿不分卷洛學編五卷

（清）湯斌撰

清康熙至乾隆湯定祥等刻本

六册　一函

正文半葉九行二十字，小字雙行同，花口，單黑魚尾，四周單邊。

2321　　　　　　　　　SG48/983

潛菴先生遺稿五卷

（清）湯斌撰

清康熙刻本

四册　一函

正文半葉九行二十字，小字雙行同，花口，單黑魚尾，四周單邊。

2322　　　　　　　SG417/96、SG48/175

石村詩集三卷石村文集三卷

（清）郭金臺撰　郭鵬年　郭鶴年編錄

清康熙二十四年（1685）郭鵬年刻本

六册　二函

　　正文半葉八行二十字，白口，無魚尾，四周雙邊。

　　内封鐫"海内名家鑒定　楚潭遺民郭幼隗著　岸花亭藏版"。

2323　　　　　　　　　　　SG48/881-1

南雷文定前集十一卷後集四卷三集三卷附錄一卷

（清）黄宗羲撰

清康熙靳治荆刻本

六册　一函

　　正文半葉十行二十字，小字雙行同，粗黑口，四周單邊。

2324　　　　　　　　　　　SG48/1088

黄梨洲先生南雷文約四卷

（清）黄宗羲撰　鄭性訂

清乾隆七年至六十年（1742-1795）鄭性刻本

四册　一函

　　正文半葉十行二十字，黑口，雙黑魚尾，四周單邊。

　　鈐"閨枝"印。

2325　　　　　　　　　　　SG52/142

黄梨洲先生集五種二十一卷附一種二卷

（清）黄宗羲撰

清康熙西爽堂刻本

四册　一函

　　正文半葉十二行二十二字，黑口，雙黑魚尾，無界行，左右雙邊。

　　鈐"衡陽常氏潭印閣藏書之圖記"印。

　　南雷文案十卷外卷一卷

　　吾悔集四卷

　　撰杖集一卷

　　子劉子行狀二卷

　　南雷詩曆三卷

　　附學箕初稿二卷

2326　　　　　　　　　　　SG48/668

栖雲閣文集十五卷附錄一卷

（清）高珩撰

清乾隆四十四年（1779）刻嘉慶高貽榮重修本

八册　一函

　　正文半葉九行十九字，花口，單黑魚尾，四周雙邊。

　　内封鐫"栖雲閣集　畏天齋藏版"。

　　鈐"畏天齋藏板"印。

2327　　　　　　　　　　　SG48/254

膽餘軒集八卷

（清）孫光祀撰

清康熙刻本

八册　一函

　　正文半葉八行十八字，花口，單黑魚尾，四周雙邊或單邊。

2328　　　　　　　　　　　SG48/254A

膽餘軒集八卷

集　部

(清)孫光祀撰

清康熙刻乾隆重修本

八冊　一函

　　正文半葉八行十八字,花口,單黑魚尾,四周雙邊或單邊。

2329　　　　　　　　　　SG48/981

陸密菴文集二十卷錄餘二卷詩集十二卷

(清)陸求可撰　王霖校梓

清康熙二十年(1681)思過堂刻本

六冊　一函

　　正文半葉九行二十字,白口,單黑魚尾,左右雙邊。

　　內封鐫"同學諸子鑒定　陸密菴文集　思過堂藏板"。

　　鈐"思過堂""督學使者"印。

2330　　　　　　　　　　SG48/598

聰山集文集三卷申鳧盟詩選八卷附荊園小語一卷荊園進語一卷年譜傳墓誌銘鄉賢錄一卷

(清)申涵光撰　劉佑選

清康熙十六年(1677)渾脫居刻本

六冊　一函

　　正文半葉九行二十字,白口,單黑魚尾,四周單邊。

　　《申鳧盟詩選》內封鐫"劉雲龍論定　申鳧盟詩選　渾脫居藏板"。

2331　　　　　　　　　　SG418/115

東苑文鈔二卷詩鈔一卷

(清)毛先舒撰

清刻本

三冊　一函

　　正文半葉十行二十字,上花口,單白魚尾,四周雙邊。

　　有墨筆抄寫《四庫全書總目提要》。

2332　　　　　　　　　　SG417/295-1

畫壁遺稿三卷

(清)范承謨撰

清乾隆四十年(1775)范宜恒刻本

一冊　一函

　　正文半葉九行十八字,白口,單黑魚尾,左右雙邊。

　　書衣題簽書"畫壁遺稿　丙子八月中浣傭廬"。

2333　　　　　　　　　　SG48/224

范忠貞公文集五卷首一卷

(清)范承謨撰

清康熙四十七年(1708)圖爾泰刻本

四冊　一函

　　正文半葉十行十九字,粗黑口,單黑魚尾,四周單邊(卷五為白口,左右雙邊)。

　　鈐"樹滋堂珍藏"印。

2334　　　　又一部　SG48/224A

范忠貞公文集五卷首一卷

(清)范承謨撰

清康熙四十七年(1708)圖爾泰刻本

四冊　一函

　　正文半葉十行十九字,粗黑口,單黑魚尾,四周單邊(卷五為白口,左右雙邊)。

2335　　　　　　　　　　SG48/12

堯峰文鈔四十卷詩十卷

（清）汪琬撰　林佶編

清康熙三十二年（1693）林佶寫刻本

八册　一函　缺十卷（詩十卷）

正文半葉十三行二十五字，黑口，雙黑魚尾，左右雙邊。

内封鎸"宋大中丞鑒定　堯峰文鈔"。鈐"東埜"印。

2336　　　　又一部　SG48/12-1

堯峰文鈔四十卷詩十卷

（清）汪琬撰　林佶編

清康熙三十二年（1693）林佶寫刻本

十二册　二函

正文半葉十三行二十五字，黑口，雙黑魚尾，左右雙邊。

内封鎸"堯峰文鈔　丘南藏板"。有批校。目録前有墨筆抄配康熙三十二年宋犖序、惠周惕序，《詩》卷九亦有墨筆抄配。鈐"向榮""春嵒"印。

2337　　　　　　　　　SG48/9-1

陳迦陵詞全集十六卷

（清）陳維崧撰

清康熙二十六年至二十八年（1687-1689）患立堂刻本

六册　一函

正文半葉十二行二十二字，小字雙行同，上黑口，單黑魚尾，左右雙邊。

内封鎸"陳其年儷文全集　陳其年文集　本衙藏版"。版心下鎸"患立堂"。

2338　　　　　　　　　SG417/198

湖海樓詩集八卷

（清）陳維崧著　葉方恒　龔鼎孳等選

清康熙二十七年（1688）患立堂刻本

三册　一函

正文半葉十二行二十二字，上黑口，雙黑魚尾，左右雙邊。

版心下鎸"患立堂"。

2339　　　　又一部　SG417/198

湖海樓詩集八卷

（清）陳維崧著　葉方恒　龔鼎孳等選

清康熙二十七年（1688）患立堂刻本

四册　一函

正文半葉十二行二十二字，上黑口，雙黑魚尾，左右雙邊。

版心下鎸"患立堂"。

2340　　　　　　　　SG48/191-1

湖海樓文集六卷

（清）陳維崧撰　陳淮編校

清乾隆六十年（1795）陳淮刻本

六册　一函

正文半葉十行二十一字，白口，單黑魚尾，左右雙邊。

2341　　　　　　　　SG48/41-1/A

陳檢討集十二卷詩鈔十卷詞鈔十二卷

（清）陳維崧譔

清康熙二十二年（1683）天藜閣刻本

八册　一函

正文半葉十行二十一字，粗黑口，單黑

集　部

魚尾,左右雙邊。

《陳檢討集》內封鐫"余佺廬徐健菴蔣慎齋三先生鑒定　陳檢討文集　天藜閣藏版"。《詩鈔》內封鐫"王阮亭高澹人兩先生鑒定　天藜閣藏版"。《詞鈔》內封鐫"李容齋成容若兩先生鑒定　烏絲迦陵合集　金閶葉繼照梓行"。

鈐"天藜閣"印。

2342　　　　　　　　　　　SG48/41

陳檢討集二十卷

（清）陳維崧撰

清康熙刻本

四冊　一函

正文半葉十行二十二字,小字雙行同,粗黑口,左右雙邊。

2343　　　　　　　　　　　SG48/41

陳檢討集二十卷

（清）陳維崧撰

清康熙翻刻本

八冊　一函

正文半葉十行二十二字,小字雙行同,粗黑口,左右雙邊。

內封鐫"懷寧程叔才注　陳檢討集四六　有美堂藏板"。

凡例較原刻本少末句。有朱筆評點。鈐"陽新石榮暲藏""聽華軒""石榮暲蓉城僊館藏書"印。

2344　　　　　　　　　　SG417/130

十笏草堂詩選十一卷

（清）王士祿撰　王士禧　梁熙選

清順治元年至康熙十四年(1644-1675)刻本

二冊　一函

正文半葉九行十九字,小字雙行同,白口,單黑魚尾,左右雙邊。

與《炊聞詞》合函。

鈐"海重""王兆潤印""北方大學圖書館"印。

2345　　　　　　　　　　SG52/23-3

湯子遺書十卷

（清）湯斌撰

附錄一卷

（清）湯溥　湯準等撰

年譜一卷

（清）王廷燦編輯

清康熙四十二年(1703)王廷燦刻本

十二冊　二函

正文半葉十行十九字,小字雙行二十四字,黑口,雙黑魚尾,左右雙邊。

各卷首葉版心下鐫"古吳范稼菴寫　金閶劉藻文刻"。有像。

2346　　　　　又一部　SG52/23-2

湯子遺書十卷

（清）湯斌撰

附錄一卷

（清）湯溥　湯準等撰

年譜一卷

（清）王廷燦編輯

清康熙四十二年(1703)王廷燦刻本

十册　二函　缺二卷(一至二)

正文半葉十行十九字,小字雙行二十四字,黑口,雙黑魚尾,左右雙邊。

各卷首葉版心下鎸"古吳范稼菴寫金閶劉藻文刻"。有像。

2347　　　　　　　　　　　　SG417/130

炊聞詞二卷

（清）王士祿撰　尤侗　鄒祗謨評

清康熙孫氏留松閣刻本

二册　與《十笏草堂詩選》合函

正文半葉九行十九字,小字雙行同,白口,無魚尾,左右雙邊。

版心下鎸"留松閣"。《國朝名家詩餘》之一。

鈐"弦蒲""王啟沂印"印。

2348　　　　　　　　　　　　SG48/437

臥象山房詩正集七卷白雲村文集四卷

（清）李澄中撰

清康熙四十四年(1705)龐塏等刻本

三册　一函　存六卷(一至二、白雲村文集四卷)

正文半葉十一行二十字,花口,單黑魚尾,四周單邊。

2349　　　　　　　　　　　　SG48/437

艮齋文選一卷賦集一卷文集一卷滇南集一卷臥象山房詩集□□卷滇行日紀二卷附錄一卷

（清）李澄中撰

清康熙刻本

三册　一函　存七卷(賦集一卷、文集一卷、滇南集一卷、詩集二十二至二十三、滇行日紀二卷)

正文半葉十一行二十字或十行二十字,小字雙行同,花口,單黑魚尾,四周單邊。

2350　　　　　　　　　　　　SG48/14-8

曝書亭詩錄十二卷

（清）朱彝尊撰　江浩然箋注

清康熙惇裕堂刻本

四册　一函

正文半葉十一行二十一字,白口,單黑魚尾,四周單邊。

內封鎸"曝書亭詩錄箋注　惇裕堂藏板"。各卷首葉版心下鎸"惇裕堂"。

2351　　　　　　　　　　　　SG48/14-2

曝書亭集八十卷

（清）朱彝尊　朱稻孫撰

笛漁小稿十卷

（清）朱昆田撰

清康熙五十三年(1714)朱稻孫刻本

十六册　二函

正文半葉十二行二十三字,小字雙行同,白口,單黑魚尾,左右雙邊。

附《葉兒樂府》。行間有朱筆批注。

2352　　　　　　　　　　　　SG4171/1690

受祺堂詩三十五卷

（清）李因篤撰

清乾隆刻本

十册　二函

正文半葉十行十九字,黑口,單黑魚尾,四周雙邊。

2353 SG48/380
帶經堂集九十二卷
（清）王士禛撰　程哲校
清康熙四十九年至五十年(1710－1711)
程哲七略書堂刻本
四十冊　八函
正文半葉十行十九字,小字雙行同,白口,單黑魚尾,左右雙邊。
內封鐫"王阮亭先生著　帶經堂集　七略書堂校刊"。
鈐"七略書堂""韓柳文章李杜詩""盧弨""慎始基齋"印。

2354 SG48/380-1
帶經堂集九十二卷
（清）王士禛撰　程哲校
清乾隆十二年(1747)黃晟槐蔭草堂刻本
二十冊　四函
正文半葉十行十九字,小字雙行同,白口,單黑魚尾,左右雙邊。
內封鐫"王阮亭先生著　天都黃曉□□□……帶經堂集　槐蔭草堂藏板"。

2355 SG48/13A
漁洋山人精華錄十卷
（清）王士禛撰　林佶編
清康熙三十九年(1700)林佶寫刻本
八冊　一函

正文半葉十一行二十一字,細黑口,單黑魚尾,左右雙邊。
鈐"劉不同印""珊瑚閣珍藏書""鈴閣藏書"諸印。

2356 SG48/13
漁洋山人精華錄十卷
（清）王士禛撰　林佶編
清康熙三十九年(1700)林佶寫刻後印本
四冊　一函
正文半葉十一行二十一字,細黑口,單黑魚尾,左右雙邊。

2357 SG48/13
漁洋山人精華錄十卷
（清）王士禛撰　林佶編
清康熙三十九年(1700)林佶寫刻後印本
六冊　一函
正文半葉十一行二十一字,細黑口,單黑魚尾,左右雙邊。
鈐"謝宗陶藏書印""有志不行即是自己能力毅力薄弱"印。

2358 又一部 SG48/13B
漁洋山人精華錄十卷
（清）王士禛撰　林佶編
清康熙三十九年(1700)林佶寫刻後印本
六冊　一函
正文半葉十一行二十一字,細黑口,單黑魚尾,左右雙邊。

2359　　　　　　　　　SG48/13－5A

漁洋山人精華錄箋注十二卷補注一卷年譜一卷附錄一卷

（清）王士禎撰　金榮箋注

清乾隆鳳翩堂刻本

六册　一函

　　正文半葉十一行二十字，小字雙行三十字，白口，單黑魚尾，左右雙邊。

　　内封鎸"漁洋山人精華錄箋注　鳳翩堂藏版"。

　　鈐"順德胡子賢江夏褚儀芬夫婦同觀詩畫之章""胡五長有"印。

2360　　　　又一部　SG48/13－1

漁洋山人精華錄箋注十二卷補注一卷年譜一卷附錄一卷

（清）王士禎撰　金榮箋注

清乾隆鳳翩堂刻本

六册　一函

　　正文半葉十一行二十字，小字雙行三十字，白口，單黑魚尾，左右雙邊。

　　内封鎸"漁洋山人精華錄箋注　鳳翩堂藏版"。

2361　　　　又一部　SG48/13－5

漁洋山人精華錄箋注十二卷補注一卷年譜一卷附錄一卷

（清）王士禎撰　金榮箋注

清乾隆鳳翩堂刻本

五册　一函　缺二卷（六至七）

　　正文半葉十一行二十字，小字雙行三十字，白口，單黑魚尾，左右雙邊。

　　鈐"江陰劉氏""劉復"印。

2362　　　　　　　　　SG52/163－1/48

漁洋山人文略十四卷

（清）王士禎撰並輯

清康熙刻本

五册　一函

　　正文半葉十行十九字，雙黑口，單黑魚尾，左右雙邊。

　　卷前有清康熙三十四年（1695）十月張雲章序。鈐"謝宗陶藏書印"印。

2363　　　　　　　　　SG4171/1465

漁洋山人精華錄會心偶筆六卷

（清）王士禎撰　伊應鼎編述

清乾隆十五年（1750）袁承寵刻本

三册　一函

　　正文半葉十行十九字，小字雙行同，白口，單黑魚尾，無界行，四周單邊。

　　鈐"廬江化丘金氏澤周觀"諸印。

2364　　　SG48/13－2、SG48/604

漁洋山人精華錄訓纂十卷訓纂補十卷目錄二卷年譜二卷附錄一卷

（清）王士禎撰　惠棟注

清乾隆東吳惠氏紅豆齋刻本

十八册　三函

　　正文半葉十行二十一字，小字雙行同，白口，四周雙邊。

　　内封鎸"漁洋山人精華錄訓纂　紅豆齋藏版"。版心鎸"紅豆齋"。

　　《訓纂補》書衣有息園老人甘鵬雲墨筆

题识、题签。钤"文锦堂藏书""安居茂林脩竹下""家在鼓峯洺水間""北方大學圖書館""鄂中甘氏"印。

2365　　　　　　　　　　　SG48/1367

安序堂文鈔三十卷

（清）毛際可撰　林雲銘　嚴允肇評

清康熙二十八年至四十七年（1689－1708）刻本

十六冊　四函

正文半葉九行十九字，白口，單黑魚尾，四周單邊。

內封鎸"本衙藏板"。行間鎸注。

有朱墨筆圈點。

2366　　　　　　　　　　　SG48/1029

松皐文集十二卷

（清）毛際可撰　張希良　毛先舒評

清康熙十五年（1676）刻本

四冊　一函

正文半葉九行十九字，花口，單黑魚尾，四周單邊。

眉欄有批校。

2367　　　　　　　　　　　SG48/48－2

古歡堂集三十六卷

（清）田雯撰

清康熙至乾隆刻本

八冊　一函

正文半葉十二行二十二字，雙黑口，雙黑魚尾，左右雙邊。

《德州田氏叢書》之一。

钤"古肅慎氏""竹裏書聲""移花兼蝶""買石得雲"諸印。

2368　　　　　　　　　　　SG4171/86－1

本事詩十二卷

（清）徐釚編輯

清乾隆二十二年（1757）汪肯堂刻本

六冊　一函

正文半葉十一行二十一字，小字雙行三十三字，白口，單黑魚尾，左右雙邊。

內封鎸"乾隆貳拾貳午重鎸　徐虹亭太史編輯　本事詩　半松書屋藏板"。

2369　　　　　　　　　　　SG48/130－3

邵子湘全集三十卷附邵氏家錄二卷

（清）邵長蘅撰　顧景星批點　王士禛評

清康熙三十二年至三十七年（1693－1698）邵氏青門草堂刻本

八冊　二函

正文半葉十行二十一字，小字雙行同，黑口，單黑魚尾，左右雙邊。

原刻初印，尚未增删。

钤"文武樓""百花溪上草堂""研露齋"諸印。

2370　　　　　　　　　　　SG48/130

邵子湘全集三十卷附邵氏家錄二卷

（清）邵長蘅撰　顧景星批點　王士禛評

清康熙三十二年至三十七年（1693－1698）邵氏青門草堂刻四十年至六十一年（1701－1722）邵氏青門草堂增刻本

十二冊　一函

正文半葉十行二十一字，小字雙行同，黑口，單黑魚尾，左右雙邊。

鈐"青門草堂"印。

2371　　　　　又一部　SG48/335

邵子湘全集三十卷附邵氏家錄二卷

（清）邵長蘅撰　顧景星批點　王士禛評

清康熙三十二年至三十七年（1693－1698）邵氏青門草堂刻四十年至六十一年（1701－1722）邵氏青門草堂增刻本

八册　一函　缺二卷（邵氏家錄二卷）

正文半葉十行二十一字，小字雙行同，黑口，單黑魚尾，左右雙邊。

鈐"方功惠藏書印"印。

2372　　　　　　　　　SG48/59

午亭文編五十卷

（清）陳廷敬撰　林佶輯錄

清康熙四十七年（1708）林佶寫刻本

十六册　二函

正文半葉十一行二十一字，小字雙行字數不等，細黑口，單黑魚尾，左右雙邊。

初印本。

鈐"卷雨樓""靜儉齋藏""小漁藏書""離陰山館"諸印。

2373　　　　　又一部　SG48/59A

午亭文編五十卷

（清）陳廷敬撰　林佶輯錄

清康熙四十七年（1708）林佶寫刻本

二十册　四函

正文半葉十一行二十一字，小字雙行字數不等，細黑口，單黑魚尾，左右雙邊。

2374　　　　　又一部　SG48/59－2

午亭文編五十卷

（清）陳廷敬撰　林佶輯錄

清康熙四十七年（1708）林佶寫刻乾隆四十三年（1778）宋賓門印本

十六册　二函

正文半葉十一行二十一字，小字雙行字數不等，細黑口，單黑魚尾，左右雙邊。

鈐"石閽蓮所藏書""吳重熹印""中懌"印。

2375　　　　　又一部　SG48/59－2A

午亭文編五十卷

（清）陳廷敬撰　林佶輯錄

清康熙四十七年（1708）林佶寫刻乾隆四十三年（1778）宋賓門印本

十六册　二函

正文半葉十一行二十一字，小字雙行字數不等，細黑口，單黑魚尾，左右雙邊。

2376　　　　　　　　　SG417/76

擔峰詩四卷

（清）孫詮撰

清康熙三十六年至六十一年（1697－1722）刻本

四册　一函

正文半葉九行二十字，小字雙行同，白口，單黑魚尾，四周單邊。

內封鐫"孫靜紫先生稿　同志諸先生閱　擔峰詩　夏峰藏板"。

集　部

2377　　　　　　　　　　　　SG4171/926
苑西集十二卷
（清）高士奇撰
清康熙二十九年（1690）刻本
四册　一函
　　正文半葉十一行二十字，小字雙行同，黑口，雙黑魚尾，四周單邊。
　　《清吟堂全集》之一。
　　鈐"績溪汪氏珍藏"印。

2378　　　　　　　　　　　　SG48/277
高江村全集七十七卷
（清）高士奇撰
清康熙三十七年（1698）高氏朗潤堂刻本
十册　二函
　　正文半葉十行十九字或十一行二十字，小字雙行同，黑口，雙黑魚尾，四周單邊。

2379　　　　　　　　　　　　SG4171/445
清吟堂集九卷附神功聖德詩漠北蕩平凱歌二十首
（清）高士奇撰
清康熙三十九年（1700）高士奇刻本
二册　一函
　　正文半葉十一行二十字，黑口，雙黑魚尾，四周單邊。

2380　　　　　　　　　　　　SG4171/1609
黃湄詩選十卷
（清）王又旦撰　王士禛選
清康熙二十年（1681）刻本
四册　一函
　　正文半葉十行十九字，小字雙行同，黑口，單黑魚尾，四周單邊。
　　書末有清乾隆五十七年（1792）長春外史墨筆題記。鈐"詠春所考"印。

2381　　　　　　　　　　　　SG48/636
文貞公集十二卷
（清）張玉書撰
清乾隆五十七年（1792）張氏松蔭堂刻本
六册　一函
　　正文半葉十一行二十一字，白口，單黑魚尾，左右雙邊。
　　内封鐫"乾隆五十七年春鐫　張文貞公集　松蔭堂藏版"。版心下鐫"松蔭堂"。
　　鈐"王樹翰印""維宙""惕盦珍藏""惕盦行篋珍藏書畫印""瀋陽惕盦王氏藏書印"諸印。

2382　　　　　　　　　　　　SG48/185
蒿菴集三卷
（清）張爾岐撰　胡德琳編
附錄一卷
（清）盛百二訂
清乾隆三十八年（1773）桂林胡德琳刻聽泉齋印本
一册　一函
　　正文半葉十行二十一字，小字雙行同，白口，單黑魚尾，左右雙邊。
　　内封鐫"乾隆癸巳鐫　蒿菴集　聽泉齋藏板"。
　　鈐"鄞林氏藜照廬圖書"印。

2383　　　　　　　　　　SG48/185

蒿菴集三卷

（清）張爾岐撰　胡德琳編

附錄一卷

（清）盛百二訂

清乾隆三十八年（1773）桂林胡德琳刻濟
　　陽縣衙印本

一册　一函

　　正文半葉十行二十一字,小字雙行同,白口,單黑魚尾,左右雙邊。

　　内封鎸"乾隆三十八年梓　蒿庵集　濟陽縣衙藏版"。

2384　　　　　　　　　　SG415/111

秋聲閣尺牘二卷

（清）奚學孔撰　宋犖　奚士恂選輯

古照堂詩稿一卷

（清）奚大武撰

清康熙四十七年（1708）奚士恂刻本

二册　一函

　　正文半葉九行二十字,白口,四周雙邊。

　　内封鎸"商丘宋大中丞選　秋聲閣尺牘　附古照堂詩　文稿嗣出"。

　　有朱筆句讀。鈐"鄞林氏黎照廬圖書"印。

2385　　　　　　　　　　SG48/27-1

林蕙堂全集二十六卷

（清）吳綺撰　吳琭繡重校

清乾隆三十九年（1774）刻四十一年
　　（1776）續刻巾箱本

十二册　二函

　　正文半葉八行十七字,白口,單黑魚尾,無界行,左右雙邊。

　　内封鎸"乾隆甲午冬鎸　吳薗次先生著　林蕙堂全集　衷白堂藏板"。

　　林蕙堂文集十二卷
　　林蕙堂文集續刻六卷
　　亭皋詩鈔四卷
　　藝香詞鈔四卷

2386　　　　　　　又一部　SG48/27

林蕙堂全集二十六卷

（清）吳綺撰　吳琭繡重校

清乾隆三十九年（1774）刻四十一年
　　（1776）續刻巾箱本

十二册　二函

　　正文半葉八行十七字,白口,單黑魚尾,無界行,左右雙邊。

　　内封鎸"乾隆甲午冬鎸　吳薗次先生著　林蕙堂全集　衷白堂藏板"。

2387　　　　　　　又一部　SG48/27-1

林蕙堂全集二十六卷

（清）吳綺撰　吳琭繡重校

清乾隆三十九年（1774）刻四十一年
　　（1776）續刻巾箱本

六册　一函　存十二卷（林蕙堂文集十二卷）

　　正文半葉八行十七字,白口,單黑魚尾,無界行,左右雙邊。

　　内封鎸"乾隆甲午冬鎸　吳薗次先生著　林蕙堂全集　衷白堂藏板"。

集　部　　　451

2388　　　　　　　　　　SG48/904

託素齋文集六卷詩集四卷

（清）黎士弘撰

黎士弘行述一卷

（清）劉元慧撰

清雍正二年（1724）黎致遠等刻本

三册　一函

正文半葉九行二十一字，黑口，單黑魚尾，左右雙邊。

内封鎸"長汀黎媿曾先生著　託素齋文集　本衙藏板"。版心下鎸刻工"方士林""湯天一""劉文蓮"。

2389　　　又一部　SG48/904－1

託素齋文集六卷詩集四卷

（清）黎士弘撰

黎士弘行述一卷

（清）劉元慧撰

清雍正二年（1724）黎致遠等刻本

四册　一函　存四卷（文集一至四）

正文半葉九行二十一字，黑口，單黑魚尾，左右雙邊。

版心下鎸刻工"方士林""湯天一""劉文蓮"。

鈐"海豐吳氏藏書"印。

2390　　　　　　　　　　SG48/160

西陂類稿五十卷

（清）宋犖撰

清康熙毛扆、宋懷金、高岑刻本

十六册　二函

正文半葉十行十九字，小字雙行同，花口，單黑魚尾，四周單邊。

卷四十七首葉有抄配。鈐"天官冢宰""犖""牧仲""曾經御覽""肝膽一古劍""雲羽""太原王氏""樹德堂圖書記"諸印。

2391　　　又一部　SG48/160A

西陂類稿五十卷

（清）宋犖撰

清康熙毛扆、宋懷金、高岑刻本

十六册　二函

正文半葉十行十九字，小字雙行同，花口，單黑魚尾，四周單邊。

2392　　　　　　　　　　SG4171/607

綿津山人詩集二十九卷附楓香詞一卷漫堂說詩一卷筠廊偶筆二卷筠廊二筆二卷怪石贊一卷漫堂墨品一卷

（清）宋犖撰

雪堂墨品一卷

（清）張仁熙撰

緯蕭草堂詩三卷

（清）宋至撰

清康熙刻匯印本

八册　一函

正文半葉十行十九字，小字雙行同，白口，順黑魚尾，四周單邊。

鈐"小萬卷樓夫婦同賞印""致之讀過""蓮塘方冀道所藏經籍記"印。

2393　　　　　　　　　　SG417/230

宋氏綿津詩鈔八卷

（清）宋犖撰　邵長蘅選

清康熙二十七年至三十一年（1688－1692）商丘宋氏刻本

四册　一函

　　正文半葉十行二十一字，黑口，單黑魚尾，四周單邊。

　　與《緯蕭草堂詩》合函。

　　鈐"寧武南氏珍藏"印。

2394　　　　　　　　　　　SG415/135

繡虎軒尺牘八卷二集八卷三集八卷

（清）曹煜撰　許旭　唐孫華校定

清康熙十七年至二十九年（1678－1690）曹煜傳萬堂刻本

十二册　三函

　　正文半葉九行十八字，小字雙行同，白口，單黑魚尾，左右雙邊。

　　內封鐫"金壇曹凝菴先生著　繡虎軒尺牘　傳萬堂梓行"。

2395　　　　　　　　　　　SG48/1460

欣然堂集十卷

（清）陶孚尹撰

清康熙五十一年（1712）陶士銓刻本

四册　一函

　　正文半葉十行十九字，小字雙行同，白口，單黑魚尾，左右雙邊。

　　內封鐫"康熙壬辰春鐫　暨陽陶誕僊著　欣然堂集　本衙藏版"。

　　鈐"一覽樓鑑藏""師竹齋主""味琴齋藏書畫印""成都吳萬子讀""席鏒長壽"諸印。

2396　　　　　　　　　　　SG4171/355

屈翁山詩集八卷附詞一卷

（清）屈大均撰　徐肇元選

清康熙三十六年至四十一年（1697－1702）刻本

四册　一函

　　正文半葉十行二十一字，白口，順黑魚尾，四周單邊。

　　內封鐫"鴛水徐掄三選　屈翁山詩集　研露齋藏板"。

2397　　　　　　SG41/30、SG48/599－6

御製文集四十卷總目五卷御製文二集五十卷總目六卷御製文三集五十卷總目六卷

（清）聖祖玄燁撰　蔣漣編

清康熙五十三年（1714）內府刻本

二十二册　四函　缺五十六卷（二集五十卷、二集總目六卷）

　　正文半葉六行十六字，白口，單黑魚尾，四周雙邊。

2398　　　　　　　　　　SG411.1/106

定峰樂府十卷甲子年定峰山左雜詠一卷附諸公論樂府書一卷

（清）沙張白撰　曹禾評

清康熙刻嘉慶印本

一册　一函

　　正文半葉十行二十五字，小字雙行同，白口，單黑魚尾，無界行，左右雙邊。

　　內封鐫"定峰樂府十卷"。

　　函套有劉半農題簽"定峰樂府　半農"。鈐"含暉堂""鎦家書庫""半農讀書"

"江陰劉氏""劉"印。

2399　　　　又一部　SG411.1/106

定峰樂府十卷甲子年定峰山左雜詠一卷附諸公論樂府書一卷

（清）沙張白撰　曹禾評

清康熙刻嘉慶印本

四册　一函

　　正文半葉十行二十五字,小字雙行同,白口,單黑魚尾,無界行,左右雙邊。

　　内封鎸"定峰樂府十卷"。

　　鈐"餘姚謝氏永耀樓藏書"印。

2400　　　　　　　　SG48/414-1

篤素堂文集十六卷詩集七卷

（清）張英撰

清康熙四十三年至四十七年（1704-1708）刻乾隆張氏印本

六册　一函

　　正文半葉十行十九字,黑口,順黑魚尾,左右雙邊。

2401　　　　　　　　SG48/1236

儲遯菴文集十二卷附錄一卷

（清）儲方慶撰　儲欣評

清康熙四十一年（1702）儲右文等刻道光印本

六册　一函

　　正文半葉九行二十字,白口,單黑魚尾,左右雙邊。

2402　　　　　　　　SG417/87

石屋詩鈔八卷

（清）魏麐徵撰　連青選

石屋詩鈔補一卷

（清）許田訂　廖必儒校

清康熙四十九年（1710）玉尺齋刻本

二册　一函

　　正文半葉九行二十一字,小字雙行同,白口,單黑魚尾,左右雙邊。

2403　　　　　　　　SG48/1305

百尺梧桐閣集十六卷錦瑟詞一卷文一卷

（清）汪懋麟撰

清康熙十七年（1678）汪懋麟刻本

四册　一函

　　正文半葉十一行二十字或十行十九字,粗黑口,雙黑魚尾,四周雙邊。

　　鈐"龔維疆印""宛平王氏家藏""慕齋鑒定"印。

2404　　　　　　　　SG48/192-1

憺園文集三十六卷

（清）徐乾學撰

清康熙冠山堂刻本

十册　二函

　　正文半葉十行十九字,小字雙行同,白口,單黑魚尾,左右雙邊。

　　内封鎸"憺園文集　冠山堂藏板"。版心下鎸刻工"士玉""子佩""世明""齊卿"等。

　　鈐"顧千里印""有餘富廬"諸印。

2405　　　　　　又一部　SG48/192-1A

憺園文集三十六卷

（清）徐乾學撰

清康熙冠山堂刻本

十冊　二函　存三十一卷（一至三十一）

正文半葉十行十九字，小字雙行同，白口，單黑魚尾，左右雙邊。

內封鎸"崑山徐健菴先生編輯　憺園文集　冠山堂藏板"。版心下鎸刻工"士玉""子佩""世明""齊卿"等。

2406　　　　　　　　　　SG48/699

榕村全集四十卷別集五卷

（清）李光地撰

清乾隆元年（1736）李清植刻本

六冊　二函

正文半葉九行二十字，白口，單黑魚尾，左右雙邊。

鈐"杭州王氏九峰舊廬藏書之章"印。

2407　　　　　　　　　SG48/172-1

三魚堂文集十二卷外集六卷附錄二卷

（清）陸隴其撰　席永恂校　侯銓編次

清康熙四十年（1701）刻本

十四冊　二函

正文半葉九行二十字，花口，無魚尾，左右雙邊。

內封鎸"康熙辛巳春鎸　三魚堂集　琴川書屋藏版"。

2408　　　　　　　　　SG4171/644

橫雲山人集二十七卷颶言集五卷

（清）王鴻緒撰

清康熙刻本

八冊　二函

正文半葉十行十九字，小字雙行同，黑口，順黑魚尾，左右雙邊。

鈐"王銓濟印""王巨川印""滬海引溪王氏倚劍樓藏書印"印。

2409　　　　　　　　　SG48/1465/A

鳳池園文集八卷詩集八卷

（清）顧汧撰

清康熙五十年至五十一年（1711-1712）顧楷仁刻本

四冊　一函

正文半葉九行十九字，白口，單黑魚尾，左右雙邊。

鈐"吳江葉振宗愨齋氏考藏金石圖書之印""振宗小印""山民嗣守"印。

2410　　　　　　　　　SG48/724

有懷堂文稿二十二卷詩稿六卷

（清）韓菼撰

清康熙四十二年（1703）刻本

六冊　一函

正文半葉十一行二十一字，小字雙行同，白口，單黑魚尾，四周單邊。

內封鎸"康熙四十二年鎸　有懷堂詩文集　本衙藏板"。

鈐"綺芬"印。

2411　　　　　　又一部　SG48/724-1

有懷堂文稿二十二卷詩稿六卷

（清）韓菼撰

清康熙四十二年（1703）刻本

六册　一函

正文半葉十一行二十一字，小字雙行同，白口，單黑魚尾，四周單邊。

內封鐫"康熙四十二年鐫　有懷堂詩文集　本衙藏板"。

鈐"介如所藏""朱介如""念慈"諸印。

2412　　　　　　　　　　　　SG48/1112

旭華堂文集十四卷補遺一卷續編一卷

（清）王奐曾撰　何百可輯

清乾隆十六年（1751）趙熟典刻本

十二册　二函

正文半葉十行十八字，白口，無魚尾，四周雙邊。

2413　　　　　　　　　　　　SG48/399

叢碧山房詩初集十四卷二集六卷三集十一卷四集十卷五集五卷文集八卷雜著三卷

（清）龐塏撰

清康熙刻本

十册　二函

正文半葉十行十九字，粗黑口，單黑魚尾，四周單邊。

2414　　　　　　　　　　　　SG48/1241

遂初堂詩集十六卷文集二十卷別集四卷

（清）潘耒撰

清康熙四十九年（1710）刻雍正增刻本

九册　二函　存三十六卷（一至八、十三至十六，文集二十卷，別集四卷）

正文半葉十行二十一字，小字雙行同，白口，單黑魚尾，四周單邊。

內封鐫"遂初堂集　潘稼堂太史著　本衙藏板"。

2415　　　　　　　　　　　　SG417/477

杜詩會粹二十四卷

（清）張遠輯箋

清康熙二十七年（1688）刻本

二十四册　四函

正文半葉九行二十字，小字雙行同，白口，無魚尾，四周單邊。

2416　　　　　　　　　　　　SG4171/1295

飴山詩集二十卷

（清）趙執信撰

清乾隆十七年（1752）因園刻本

四册　一函

正文半葉十行二十一字，白口，單黑魚尾，四周單邊。

內封鐫"乾隆壬申新鐫　飴山詩集　因園藏板"。

第一、三册外封有管祖式題識。

2417　　　　　　又一部　SG4171/1295

飴山詩集二十卷

（清）趙執信撰

清乾隆十七年（1752）因園刻本

四册　一函

正文半葉十行二十一字，白口，單黑魚尾，四周單邊。

2418　　　　　　　　　　SG417/289

談龍錄一卷

（清）趙執信撰

清康熙因園刻本

一册　一函

　　正文半葉十行二十一字，白口，單黑魚尾，無界行，四周單邊。

　　《飴山全集》之一。與《聲調譜》合函。

2419　　　　　　　　　　SG417/289

聲調譜前譜一卷後譜一卷續譜一卷

（清）趙執信撰

清乾隆因園刻本

一册　與《談龍錄》合函

　　正文半葉十行二十一字，白口，單黑魚尾，無界行，四周單邊。

　　內封鎸"飴山先生別集　聲調譜　因園藏板"。《飴山全集》之一。

2420　　　　　　　　　　SG410/139

聲調譜說二卷

（清）吳紹澯纂訂

清嘉慶二年（1797）歙縣吳氏刻本

二册　一函

　　正文半葉十二行二十四字，小字雙行字數不等，白口，單黑魚尾，左右雙邊。

　　鈐"徐乃昌馬韻芬夫婦印""積學齋"印。

2421　　　　　　　　　　SG4171/878

蓬亭偶存詩草十五卷餘草一卷

（清）陳王猷撰

清康熙至雍正刻道光二十六年（1846）陳廣澤補刻本

八册　二函

　　正文半葉九行二十一字，小字雙行同，白口，單黑魚尾，左右雙邊。

　　《餘草》末鎸"道光丙午年夏月來孫廣澤小塘補刊"。

　　鈐"魯港圖書館管理"印。

2422　　　　　　　　　　SG4171/493

聽濤園詩十二卷

（清）曹耀珩撰

清乾隆二年（1737）聽濤園刻本

三册　一函

　　正文半葉九行二十一字，黑口，單黑魚尾，左右雙邊。

　　內封鎸"益陽曹暢菴著　聽濤園詩全集　藍溪藏板"。版心下鎸"聽濤園"。

2423　　　　　　　　　　SG48/933

陳司業先生集十一卷

（清）陳祖范撰

清乾隆二十九年（1764）陳氏刻本

四册　一函

　　正文半葉十行二十三字，花口，單黑魚尾，四周雙邊。

2424　　　　　　　　　　SG4171/555

懷清堂集二十卷首一卷

（清）湯右曾撰

清乾隆十一年（1746）湯學基等刻本

四册　一函

正文半葉十行二十一字,小字雙行同,白口,單黑魚尾,左右雙邊。

內封鎸"仁和湯西厓著　懷清堂集本府藏板"。

清同治九年(1870)徐時棟墨筆題識。鈐"城西草堂"印。

2425　　　　　　　　　　SG48/349

賜書堂堯山集三卷

（清）田從典撰

清康熙六十一年(1722)賜書堂刻本

二册　一函

正文半葉八行二十二字,白口,單黑魚尾,無界行。

內封鎸"康熙六十一年　子未孫先生評定　陽城田太師全稿　賜書堂梓行"。版心下鎸"賜書堂"。與《賜書樓堯山集》合函。

2426　　　　　　　　　　SG48/349

賜書樓堯山集四卷補刻一卷詩集一卷

（清）田從典撰

清雍正九年(1731)賜書樓刻本

二册　與《賜書堂堯山集》合函

正文半葉九行二十三字,白口,單黑魚尾,四周雙邊。

內封鎸"賜書樓藏板　陽城田文端公文集　雍正辛亥年刻"。版心下鎸"賜書樓"。

鈐"安城任亮儕氏藏書"印。

2427　　　　　　　　　　SG4171/498

硯谿先生詩集七卷

（清）惠周惕撰

清康熙惠氏紅豆齋刻本

二册　一函

正文半葉十一行二十二字,小字雙行同,白口,單黑魚尾,左右雙邊。

《硯谿先生全集》之一。

行間有墨筆批注。

2428　　　　　　　　　　SG48/211

道榮堂文集六卷首一卷近詩十卷

（清）陳鵬年撰

清乾隆二十七年(1762)陳樹芝刻本

十册　二函

正文半葉十行十九字,白口,單黑魚尾,左右雙邊。

2429　　　又一部　SG48/211

道榮堂文集六卷首一卷近詩十卷

（清）陳鵬年撰

清乾隆二十七年(1762)陳樹芝刻本

八册　一函

正文半葉十行十九字,白口,單黑魚尾,左右雙邊。

2430　　　　　　　　　　SG4171/859

夢月巖詩集二十卷詩餘一卷

（清）呂履恒撰

清雍正三年(1725)呂憲曾、呂宜曾刻本

四册　一函

正文半葉十行十九字,白口,單黑魚尾,

左右雙邊。

行間有朱筆批注。

2431　　　　　　　　　　SG48/717

嚴太僕先生集十二卷

（清）嚴虞惇撰

清乾隆元年（1736）嚴鎏刻光緒十年（1884）補版印本

二册　一函

正文半葉十一行二十一字，小字雙行同，白口，單黑魚尾，左右雙邊。

内封鎸"嚴太僕先生詩集三卷文集九卷"。内封牌記鎸"光緒甲申春仲常熟本宅重刊"。内封牌記不足信，乃俊印時所增。

2432　　　　　　　　　　SG48/609

湛園未定藁六卷

（清）姜宸英撰

清康熙刻本

六册　一函

正文半葉十行二十字，小字雙行同，細黑口間白口，單黑魚尾，左右雙邊。

内封鎸"湛園未定稿　二老閣藏板"。

2433　　　　　　又一部　SG48/609

湛園未定藁六卷

（清）姜宸英撰

清康熙刻本

六册　一函

正文半葉十行二十字，小字雙行同，細黑口間白口，單黑魚尾，左右雙邊。

2434　　　　　　　　　　SG48/752

思綺堂文集十卷

（清）章藻功撰

清康熙六十一年（1722）章藻功刻本

二十册　四函

正文半葉十行二十二字，小字雙行同，白口，單黑魚尾，四周單邊。

内封鎸"錢唐章豈績著　注釋思綺堂四六文集　聚錦堂藏板"。

鈐"李氏珍藏""希鄭軒蔡虎臣藏書印"印。

2435　　　　　　又一部　SG413/30

思綺堂文集十卷

（清）章藻功撰

清康熙六十一年（1722）章藻功刻本

十册　二函

正文半葉十行二十二字，小字雙行同，白口，單黑魚尾，四周單邊。

内封鎸"錢唐章豈績著　注釋思綺堂四六文集　聚錦堂藏板"。

2436　　　　　　　　　　SG4171/588

樓邨詩集二十五卷

（清）王式丹撰

清雍正四年（1726）王懋訥刻本

六册　一函

正文半葉十一行二十一字，小字雙行同，白口，單黑魚尾，左右雙邊。

鈐"蛾術齋藏""江都曹氏家驛祕笈""曹聲範印""曹家驛印""麥谿張氏""籍圃主人"諸印。

集　部　　　　　　　459

2437

樓邨詩集二十五卷

（清）王式丹撰

清雍正四年（1726）王懋訥刻本

五册　一函

正文半葉十一行二十一字，小字雙行同，白口，單黑魚尾，左右雙邊。

鈐"清白傳家""白田王氏藏書印"諸印。

2438　　　　　　　　SG4171/203

緯蕭草堂詩三卷

（清）宋至撰

清康熙二十七年至二十九年（1688－1690）商丘宋氏刻本

三册　一函

正文半葉十行十九字，小字雙行同，白口，順黑魚尾，四周單邊。

與《授研齋詩》合函。

2439　　　　　　又一部　SG4171/203A

緯蕭草堂詩三卷

（清）宋至撰

清康熙二十七年至二十九年（1688－1690）商丘宋氏刻本

一册　一函

正文半葉十行十九字，小字雙行同，白口，順黑魚尾，四周單邊。

2440　　　　　　又一部　SG417/230

緯蕭草堂詩三卷

（清）宋至撰

又一部　SG4171/335

清康熙二十七年至二十九年（1688－1690）商丘宋氏刻本

二册　與《宋氏綿津詩鈔》合函

正文半葉十行十九字，小字雙行同，白口，順黑魚尾，四周單邊。

鈐"丁晏""儉卿"印。

2441　　　　　　　　SG417/5A

敬業堂詩集五十卷

（清）查慎行撰

清康熙五十八年（1719）刻雍正增刻本

十册　二函

正文半葉十一行二十一字，白口，單黑魚尾，左右雙邊。

鈐"詹宅北池子五十四號"印。

2442　　　　　　又一部　SG417/5B

敬業堂詩集五十卷

（清）查慎行撰

清康熙五十八年（1719）刻雍正增刻本

十二册　二函

正文半葉十一行二十一字，白口，單黑魚尾，左右雙邊。

2443　　　　　　又一部　SG417/5C

敬業堂詩集五十卷

（清）查慎行撰

清康熙五十八年（1719）刻雍正增刻本

十二册　二函

正文半葉十一行二十一字，白口，單黑魚尾，左右雙邊。

鈐"臣釗之印""儀馨"印。

2444　　　　　　又一部　SG4171/1090

敬業堂詩集五十卷

（清）查慎行撰

清康熙五十八年（1719）刻雍正增刻本

十册　二函

　　正文半葉十一行二十一字，白口，單黑魚尾，左右雙邊。

2445　　　　　　　　　SG4171/1090

敬業堂詩續集六卷

（清）查慎行撰

清乾隆查學、查開刻本

二册　一函

　　正文半葉十一行二十一字，白口，單黑魚尾，左右雙邊。

2446　　　　　　　　　SG48/221

集虚齋學古文十二卷附離騷經解畧一卷

（清）方楘如撰

清乾隆十九年（1754）方超然刻本

六册　一函

　　正文半葉十一行二十五字，白口，單黑魚尾，左右雙邊。

　　内封鐫"乾隆甲戌年鐫　佩古堂藏板"。

2447　　　　　　　　　SG48/61

望溪集不分卷

（清）方苞撰　王兆符　程崟輯

清乾隆程崟刻本

八册　一函

　　正文半葉九行十九字，小字雙行同，花口，單黑魚尾，左右雙邊。

2448　　　　　　又一部　SG48/61-3

望溪集不分卷

（清）方苞撰　王兆符　程崟輯

清乾隆程崟刻本

八册　一函

　　正文半葉九行十九字，小字雙行同，花口，單黑魚尾，左右雙邊。

　　鈐"潛廬藏過""崇雅堂藏書""潛江甘鵬雲藥樵收藏書籍章"諸印。

2449　　　　　　　　　SG48/1453

鼠餘集十二卷

（清）佚名撰

清乾隆十二年至六十年（1747-1795）謄清稿本

十二册　二函

　　正文半葉十行二十一字，白口，單黑魚尾，左右雙邊。

　　鈐"陳國清記"印。

2450　　　　　　　　　SG413/50

善卷堂四六十卷

（清）陸繁弨撰　吳自高注

清乾隆九年至六十年（1744-1795）刻本

四册　一函

　　正文半葉十行二十二字，白口，單黑魚尾，四周單邊。

　　眉欄有批注。行間有墨筆注釋。

集　　部　　　　461

2451　　　　　　　　又一部　SG413/50A
善卷堂四六十卷
（清）陸繁詔撰　吳自高注
清乾隆九年至六十年（1744－1795）刻本
四册　一函
　　正文半葉十行二十二字，白口，單黑魚尾，四周單邊。
　　内封殘存"（善卷）堂四六　鑒茲堂藏板"。
　　有墨筆注釋。

2452　　　　　　　　　　　SG48/1401
王石和文七卷
（清）王珥撰
清雍正王珥培風齋刻本
四册　一函
　　正文半葉九行二十二字，花口，單黑魚尾，間或無界行，四周單邊。金鑲玉。
　　眉上鐫評字數不等。内封鐫"三立書院諸子參編　王石和文　培風齋藏板"。
　　行間有朱筆批注。

2453　　　　　　　　　　　SG48/692
甘莊恪公全集十六卷附一卷
（清）甘汝來撰　甘禾敬輯
清乾隆奉新甘氏刻本
十册　二函
　　正文半葉九行二十一字，小字雙行同，白口，單黑魚尾，左右雙邊。金鑲玉。
　　内封鐫"甘莊恪公全集　賜福堂藏板"。
　　有清宣統二年（1910）里人李麟昌墨筆題識。鈐"李麟昌印""沈燕謀以字行""南通沈氏藏書"印。

2454　　　　　　　　　　　SG48/957
蕉畦存稿不分卷
（清）王敬撰
清乾隆七年（1742）王嘉怡、王生范刻本
二册　一函
　　正文半葉九行二十二字，花口，單黑魚尾，四周雙邊。

2455　　　　　　　　　　　SG48/465
最古園二編十八卷
（清）羅人琮撰
清康熙二十四年至六十一年（1685－1722）羅天緒等刻本
六册　一函
　　正文半葉九行二十二字，白口，單黑魚尾，四周雙邊。
　　内封鐫"楚桃源羅紫蘿著　最古園本衙藏版"。
　　稀見。鈐"儀莊珍賞""張星烺遺囑贈送"印。

2456　　　　　　　　　　　SG417/404
古劍書屋詩鈔八卷文鈔二卷
（清）吳廷楨撰
清乾隆二十一年（1756）吳士端刻本
二册　一函
　　正文半葉十行十九字，白口，單黑魚尾，四周雙邊。
　　鈐"鄞林氏藜照廬圖書"印。

2457　　　　　　　　　　　SG4171/537

今有堂詩集四卷

（清）程夢星撰

清雍正刻本

二册　一函

　　正文半葉九行十九字，小字雙行同，白口，單黑魚尾，四周單邊。

　　初印本。

2458　　　　　　　　　　　SG4171/1050

雲川閣集詩十四卷詞七卷

（清）杜詔撰

清雍正九年（1731）刻本

四册　一函　缺七卷（詞七卷）

　　正文半葉十行二十一字，小字雙行同，白口，順黑魚尾，四周單邊。

　　鈐"秦振聲""徐果之印""毅甫""楊英燦印"諸印。

2459　　　　　　　　　　　SG48/433

石莊初集六卷

（清）陳弘緒撰

清康熙初刻康熙二十六年（1687）陳玖補版印本

六册　一函

　　正文半葉九行二十字，白口，單黑魚尾，四周單邊。

　　内封鎸"康熙丁卯新鎸　陳士業先生集　錦江青雲書院藏板"。《陳士業先生集》之一。

2460　　　　　　　　　　　SG4171/1654

綠筠軒詩集十二卷

（清）王震龍撰　鄭恂評

清康熙二十四年至六十一年（1685－1722）稿本

二册　一函

　　正文半葉十行二十字，素紙。

　　稀見。鈐"王震龍印""綠筠軒""霖九氏""鄭恂之印""鄭氏孔如""佩韋""索心居"諸印。

2461　　　　　　　　　　　SG48/173

陳學士文集十八卷

（清）陳儀撰

清乾隆十八年（1753）陳玉友刻本

八册　一函

　　正文半葉九行二十二字，花口，單黑魚尾，左右雙邊。

　　版心下鎸"蘭學齋藏本"。

　　鈐"劉埔之印""石庵""寧武南氏珍藏""復盦南氏"印。

2462　　　　　　　　　　　SG48/1371

孫芷鄰集十一卷首一卷

（清）孫承恩撰

清嘉慶元年（1796）刻本

四册　一函

　　正文半葉十行二十四字，小字雙行同，白口，單黑魚尾，無界行，左右雙邊。

　　内封鎸"嘉慶元年鎸　孫芷鄰集　釋文合編　聽松樓藏板"。

　　稀見。

2463　　　　　　　　SG48/62

白田草堂存稿二十四卷附崇祀鄉賢祠錄一卷行狀一卷

（清）王懋竑撰

清乾隆刻本

六册　一函

　　正文半葉十二行二十二字，小字雙行同，花口，單黑魚尾，左右雙邊。

　　卷首爲《欽定國朝詩別裁集》。

2464　　　又一部　SG48/99

白田草堂存稿二十四卷附崇祀鄉賢祠錄一卷行狀一卷

（清）王懋竑撰

清乾隆刻本

八册　一函　缺一卷（崇祀鄉賢祠錄一卷）

　　正文半葉十二行二十二字，小字雙行同，花口，單黑魚尾，左右雙邊。

　　內封鎸"王白田全集　雜著九卷　序誌六卷　書啟五卷　詩集四卷　本祠藏板"。

　　鈐"謝宗陶藏書印"印。

2465　　　又一部　SG48/99A

白田草堂存稿二十四卷附崇祀鄉賢祠錄一卷行狀一卷

（清）王懋竑撰

清乾隆刻本

六册　一函

　　正文半葉十二行二十二字，小字雙行同，花口，單黑魚尾，左右雙邊。

　　卷首爲《欽定國朝詩別裁集》。

2466　　　又一部　SG48/99B

白田草堂存稿二十四卷附崇祀鄉賢祠錄一卷行狀一卷

（清）王懋竑撰

清乾隆刻本

六册　一函

　　正文半葉十二行二十二字，小字雙行同，花口，單黑魚尾，左右雙邊。

　　卷首爲《欽定國朝詩別裁集》。

　　鈐"石榮暲蓉城僊館藏書""陽新石榮暲藏"印。

2467　　　　　　　　SG48/235

存研樓文集十六卷二編二卷

（清）儲大文撰　張耀先　瞿源洙編

清乾隆九年（1744）刻本

七册　二函

　　正文半葉九行二十字，小字雙行同，花口，單黑魚尾，左右雙邊。

　　內封鎸"存研樓文集　宜興儲六雅先生著　乾隆九年新鎸　本樓藏版"。

2468　　　　　　　　SG48/1273

唐堂集五十卷續集八卷補遺二卷附冬錄一卷

（清）黃之雋撰

清乾隆刻本

十册　二函

　　正文半葉十行二十一字，小字雙行同，花口，單黑魚尾，左右雙邊。

有抄配。鈐"伏跗室""馮貞羣印"印。

2469　　　　　　　　　SG48/1012
唐堂集五十卷續集八卷補遺二卷附冬錄一卷

（清）黃之雋撰

清乾隆刻本

十二册　三函

　　正文半葉十行二十一字，小字雙行同，花口，單黑魚尾，左右雙邊。

　　有民國間佚名墨筆題記。有抄配。鈐"敦復堂印""東吳俞守己家藏記""俞氏珍藏""恒河沙室"諸印。

2470　　　　　　　　　SG48/972
後村雜著三卷

（清）王文治撰

清康熙四十七年（1708）挹香居刻本

三册　一函

　　正文半葉九行二十一字，上下黑口，單黑魚尾，左右雙邊。

　　內封鐫"後村雜記　歙州王文治先生著　挹香居藏版"。

　　鈐"冰香館藏書""叔涵誌覽"諸印。

2471　　　　　　　　　SG4171/1617
西巖詩集一卷附琴譜一卷

（清）賈克明撰　孫松坪鑒定

清康熙四十七年至六十一年（1708-1722）刻本

一册　一函

　　正文半葉九行二十字，小字雙行同，上花口，單黑魚尾，左右雙邊。

2472　　　　　　　　　SG4171/901
奚囊寸錦三卷鈔句一卷

（清）張潮撰

清嘉慶二十五年（1820）王從豫刻本

四册　一函

　　正文半葉八行十八字或九行字數不等，白口，無魚尾，無界行，四周雙邊。

　　內封鐫"奚囊寸錦　嘉慶庚辰秋七月古靈應祥題"。

2473　　　　　　　　　SG4171/618
蠹窗詩集十四卷蠹窗文集續刻一卷

（清）張令儀撰

清雍正二年（1724）姚仲芝刻本

四册　一函

　　正文半葉十行十九字，小字雙行字數不等，黑口，單黑魚尾，四周單邊。

　　稀見。

2474　　　　　　　　　SG4171/795
補閒集二卷

（清）孔傳鉽撰

清康熙四十五年（1706）孔傳鉽刻本

四册　一函

　　正文半葉九行十九字，白口，單黑魚尾，左右雙邊。

　　鈐"苦雨齋藏書印"印。

2475　　　　　　　　　SG52/137
漑堂前集九卷後集六卷續集六卷文集五卷

詩餘二卷

（清）孫枝蔚撰

清康熙刻康熙六十年（1721）增刻本

十六冊　四函

正文半葉十一行二十一字,小字雙行同,白口,單黑魚尾,四周單邊。

鈐"陳兆璇""桂陽陳氏""齋七"諸印。

2476　　　　　　　　　　　　SG48/1078

在陸草堂文集六卷

（清）儲欣撰

清雍正元年（1723）儲掌文刻本

五冊　一函

正文半葉九行二十二字,黑口,單黑魚尾,左右雙邊。

2477　　　　　　　　　　　　SG417/247

一半勾留集二卷

（清）朱樟撰

清乾隆刻本

二冊　一函

正文半葉十行十九字,小字雙行同,白口,單黑魚尾,左右雙邊。

《觀樹堂集》之一。

2478　　　　　　　　　　　　SG48/169

蓮洋集十二卷

（清）吳雯撰　王士禎評定

蓮洋集補遺一卷

（清）吳雯撰　宋弼校補

清乾隆十五年（1750）臨汾劉組曾刻十六年（1751）廣川宋弼補修本

七冊　一函

正文半葉九行十九字,小字雙行同,白口,單黑魚尾,左右雙邊。

内封鎸"蓮洋集　漁洋山人評定　夢崔艸堂藏板"。

2479　　　　　　　　　　　　SG48/1485

吳徵君蓮洋詩鈔不分卷

（清）吳雯撰　蘇爾詁　劉贄參訂

清乾隆三十二年（1767）蘇爾詁、劉贄刻本

四冊　一函

正文半葉八行二十一字,小字雙行同,花口,無魚尾,無界行,左右雙邊或左雙邊右單邊。

内封鎸"乾隆丁亥秋鎸　吳徵君蓮洋詩鈔"。

鈐"黃節""無室"諸印。

2480　　　　　　　　　　　　SG417/126-1

蓮洋詩鈔十卷

（清）吳雯撰　王士禎批點　孫諤編輯

清嘉慶抄本

四冊　一函

正文半葉十二行二十字,無魚尾,無界行。

有王士正（王士禎）原序。鈐"葉德輝焕彬甫藏閲書"印。

2481　　　　　　　　　　　　SG48/168

蓮洋集二十卷附錄一卷

（清）吳雯撰　張體乾校

蓮洋吳徵君年譜一卷

（清）翁方綱編

清乾隆三十九年（1774）浮山張體乾荊圃草堂刻本

十册　二函

正文半葉十一行二十三字，小字雙行同，白口，單黑魚尾，左右雙邊。

內封鎸"蓮洋集　乾隆甲午秋鎸　荊圃艸堂藏板"。

鈐"食跕軒圖書"印。

2482　　　　　又一部　SG48/168

蓮洋集二十卷附錄一卷

（清）吳雯撰　張體乾校

蓮洋吳徵君年譜一卷

（清）翁方綱編

清乾隆三十九年（1774）浮山張體乾荊圃草堂刻本

十册　二函

正文半葉十一行二十三字，小字雙行同，白口，單黑魚尾，左右雙邊。

內封鎸"蓮洋集　乾隆甲午秋鎸　荊圃艸堂藏板"。

有清宣統二年（1910）張耐軒墨筆題識。鈐"南皮張氏珍藏書畫碑帖之印""達夫珍藏"印。

2483　　　　　　　　SG4171/203

授研齋詩一卷

（清）宋韋金撰

清康熙四十四年（1705）刻本

一册　與《緯蕭草堂詩》合函

正文半葉十行十九字，小字雙行同，白口，單黑魚尾，四周雙邊。

2484　　　　　　　　SG4171/33

摘藻堂續稿五卷

（清）汪文柏撰

清康熙二十一年（1682）汪文柏刻本

一册　一函

正文半葉九行十九字，小字雙行同，粗黑口，順黑魚尾，四周單邊。

有朱墨筆圈點。偶有墨筆抄配。鈐"王松廬圖書印""張星烺遺囑贈送"印。

2485　　　　　　　　SG48/890

醉白堂文集不分卷

（清）謝良琦撰

清康熙刻本

十五册　三函

正文半葉八行二十字，白口，無魚尾，四周單邊或雙邊。金鑲玉。

眉上鎸評。

稀見。有清廖鼎聲等人題跋。鈐"廖氏鼎聲佩韋室印""嶺西九世讀書家""振喬"印。

2486　　　　　　　　SG4171/501

筱飲齋槀不分卷

（清）陸飛撰

清乾隆三十年（1765）刻本

二册　一函

正文半葉九行十九字，白口，單黑魚尾，左右雙邊。

鈐"筱飲齋藁"印。

2487　　　　　　　　　　　　SG48/975
秋錦山房集二十二卷目錄二卷
（清）李良年撰
清康熙三十五年（1696）李潮偕刻乾隆二十四年（1759）金壽彭、金德與續刻本
十册　二函

正文半葉十一行二十一字，小字雙行同，上下黑口，雙黑魚尾，四周單邊。

前十卷爲康熙間刻，後十二卷爲乾隆間續刻。目錄末鎸"秀水張雲上刻"。

2488　　　　　　　　　　　　SG41/168
古愚心言八卷
（清）彭鵬編
附中藏集一卷拒僞歷案白語一卷
清康熙彭鵬愚齋刻本
八册　二函

正文半葉九行二十二字，小字雙行同，細黑口，單黑魚尾，四周單邊。

首册内封牌記鎸"心言初集　愚齋藏板"。

鈐"壽椿堂王氏家藏""靈石王臣恭觀""太原仲子""靖廷"諸印。

2489　　　　　　　　　　　　SG4171/1058
冰雪集五卷
（清）萬承勳撰
清康熙五十四年（1715）刻本
一册　一函　存三卷（一至三）

正文半葉十行十九字，小字雙行同，黑口，雙黑魚尾，四周單邊。

2490　　　　　　　　　　　　SG4171/1520
新安呂氏詩草二十七卷
（清）呂復恒編
清雍正至乾隆刻本
六册　一函

正文半葉九行十九字，小字雙行同，白口，單黑魚尾，無界行，四周雙邊。

鈐"怡古堂""忠孝世家"印。

力園詩草十卷附集古詩一卷　（清）呂瀠撰
松坪詩草十二卷　（清）呂守曾撰
清塾亭詩草不分卷　（清）呂復恒撰
橫山詩草不分卷　（清）呂耀曾撰
使黔草不分卷　（清）呂耀曾撰
白燕詩集不分卷　（清）呂耀曾撰

2491　　　　　　　　　　　　SG4171/1337
薑鶴詩集五卷
（清）成文昭撰
清康熙四十五年至五十年（1706－1711）刻本
一册　一函

正文半葉十行十八字，小字雙行同，黑口，單黑魚尾，左右雙邊。

2492　　　　　　　　　　　　SG4171/860
掣鯨堂詩集九卷
（清）費錫璜撰
清雍正存素堂刻本
八册　一函

正文半葉十行二十一字，白口，順黑魚

尾,四周單邊。

内封鎸"費滋衡稀先生撰　掣鯨堂詩集　存素堂藏板"。

2493　　　　　　　　　　　SG4171/659

玉池生稿五卷

（清）岳端撰

雲笥詩一卷

（清）顧卓撰

織字軒詩一卷

（清）朱襄撰

清康熙三十五年（1696）刻本

四册　一函

正文半葉八行十八字,白口,單黑魚尾,無界行,左右雙邊。金鑲玉。

鈐"岳端之印""長四十一郎名岳端字兼山號玉池生別號紅蘭室主人""玉池生""仲枏收藏書畫之章"印。

2494　　　　　　　　　　SG4171/1563

玉池生藁二卷

（清）岳端撰

清康熙抄本

二册　一函

正文半葉八行十二字,無界行。

鈐"沈季友印""襄印""景祁""林鳳岡印""韻香室鑒賞""汪士鋐印""退谷""程斯莊印"諸印。

紅蘭集一卷

無題詩一卷

2495　　　　　　　　　　　SG48/217

臨野堂集四十一卷

（清）鈕琇撰

清康熙三十八年至六十一年（1699-1722）鈕氏自刻本

八册　一函

正文半葉十行十九字,白口,單黑魚尾,左右雙邊。

《觚賸》内封鎸"臨野堂藏版"。版心下鎸"臨野堂"。

鈐"北方大學圖書館"印。

臨野堂文集十卷

臨野堂詩集十三卷

臨野堂詩餘二卷

臨野堂尺牘四卷

觚賸八卷

觚賸續編四卷

2496　　　　　　　　　　SG4171/863

據梧詩集十五卷萬里小遊僊集一卷附都門贈行詩

（清）管檝撰

清康熙刻本

四册　一函

正文半葉十行二十一字,小字雙行同,白口,順黑魚尾,四周單邊。

初刻初印。

2497　　　　　　　　　　　SG415/139

盤山盤谷寺拙菴樸禪師尺牘一卷

（清）釋智樸撰

清康熙十二年至四十二年（1673-1703）

孫門羅刻本

一册　一函

正文半葉十行二十字，黑口，雙黑魚尾，四周單邊。金鑲玉。

書末鎸"順義縣薛家莊弟子孫門羅氏率男孫國賓助刊"。

稀見。鈐"清字經館總纂畫一兼秘密館寧一安記""寧""劉復私印""劉"印。

2498　　　　　　　　　　SG48/1380

詩禮堂古文五卷

（清）王又樸撰

清乾隆十九年（1754）自刻本

四册　一函

正文半葉八行二十字，白口，單黑魚尾，四周單邊。

内封鎸"方望溪先生鑒定　王介山古文　詩禮堂藏板"。初刻單行本。

清道光初年書版匯入《詩禮堂全集》。

2499　　　　　　　　　　SG48/1296

思無邪齋集二十卷

（清）何夢篆撰

清乾隆刻本

六册　一函

正文半葉八行二十字，小字雙行同，黑口，單黑魚尾，四周雙邊。

鈐"真州吳氏有福讀書堂藏書"印。

思無邪齋詩集十卷

思無邪齋賦集一卷

思無邪齋文集九卷

2500　　　　　　　　　　SG48/1400

已山先生文集十卷别集四卷

（清）王步青撰

清乾隆敦復堂刻本

三册　一函　存十卷（文集十卷）

正文半葉九行二十字，小字雙行同，花口，單黑魚尾，左右雙邊。

内封鎸"王已山先生文集　敦復堂藏板　吴閶三槐堂發兑"。首有清乾隆十七年（1752）王廷琬撰《家傳》、陳弘謀撰《王檢討已山先生傳》。

2501　　　　　　　　　　SG48/1223

松泉詩集二十六卷文集二十二卷

（清）汪由敦撰

清乾隆汪承霈刻本

十八册　一函

正文半葉十一行二十一字，小字雙行三十一字，花口，單黑魚尾，左右雙邊。金鑲玉。

鈐"敦復堂印""俞氏珍藏""守己過目""東吳俞守己家藏記""俞氏珍藏書籍金石文字記""恒河沙室""静寄軒"諸印。

2502　　　　　　　　　　SG48/1051

生香書屋詩集七卷文集四卷恩光集一卷

（清）陳浩撰

清乾隆三十六年至六十年（1771－1795）刻本

四册　一函　存四卷（文集四卷）

正文半葉九行十八字，白口，單黑魚尾，左右雙邊。

鈐"略當珍玩"印。

2503　　　　　　　　　SG4171/643A

南華山房詩鈔六卷續集二卷賦一卷南華山人詩鈔十五卷續集二卷

（清）張鵬翀撰

清乾隆刻本

八册　一函

　　正文半葉十一行十八字至二十一字不等，白口，單黑魚尾，左右雙邊。

　　内封鎸"南華山人雙清閣詩鈔"。原刻初印。

　　鈐"潘其炯""愓盦行篋珍藏""曦亭鑒賞珍藏""河陽清蔭杜華橋"諸印。

2504　　　　　　　　　SG4171/643

南華山房詩鈔六卷賦一卷南華山人詩鈔十六卷

（清）張鵬翀撰

清乾隆重修本

八册　一函　存十六卷（南華山人詩鈔十六卷）

　　正文半葉十一行十八字至二十一字不等，白口，單黑魚尾，左右雙邊。

　　内封鎸"南華山人雙清閣詩鈔"。

　　此書將原刻《南華山人詩鈔續集》匯入正集，合爲十六卷。原鈐"雙清閣印"印。

2505　　　　　　　　　SG4171/1514

百研銘一卷弱水集對聯一卷王漁洋秋柳詩四首解一卷

（清）屈復撰

清乾隆九年至六十年（1744－1795）刻本

一册　一函

　　正文半葉十行十九字，《秋柳詩四首解》十行二十二字，白口，單黑魚尾，左右雙邊。

2506　　　　　　　　　SG4171/891

矢音集十卷

（清）梁詩正撰

清乾隆二十年（1755）清勤堂刻本

六册　一函

　　正文半葉十行十九字，白口，單黑魚尾，四周雙邊。

　　内封鎸"矢音集　清勤堂藏板"。

　　鈐"无竟先生獨志堂物"印。

2507　　　　　　　　　SG4171/865

芝庭詩槀八卷

（清）彭啓豐撰

清乾隆彭啓豐刻本

四册　一函

　　正文半葉十行十九字，小字雙行同，白口，單黑魚尾，左右雙邊。

　　内封鎸"彭芝庭詩槀"。

　　稀見。

2508　　　　　　　　　SG48/199

芝庭先生集十八卷附錄一卷

（清）彭啓豐撰

清乾隆六十年（1795）長洲彭紹升刻本

四册　一函

　　正文半葉十行二十字，小字雙行同，下黑口，單黑魚尾，左右雙邊。

　　内封鎸"乾隆六十年彙鎸　芝庭先生

集　　　　部　　　　471

集　長洲彭氏藏板"。

2509　　　　　　　　　　　　　SG48/367
四知堂文集三十六卷
（清）楊錫紱撰
崇祀錄一卷
（清）楊有涵輯
清乾隆至嘉慶十一年（1806）楊氏乙照齋
　遞刻本
十六册　四函
　正文半葉十行二十字，小字雙行同，白
口，單黑魚尾，四周雙邊。
　凡例末鎸"乙照齋刊"。序末鎸"金陵
劉文奎家鎸"。

2510　　　　　　　　　　　　　SG4171/1287
質園詩集三十二卷
（清）商盤撰
清乾隆三十二年至六十年（1767－1795）
　刻本
四册　一函
　正文半葉十行二十一字，小字雙行同，
白口，單黑魚尾，四周單邊。
　內封鎸"會稽商寶意太史著　質園詩
集　斟雉山房藏板"。

2511　　　　　　　　　　　　　SG48/1225
紫竹山房詩集十二卷文集二十卷
（清）陳兆崙撰
陳兆崙年譜一卷
（清）陳玉繩撰
清乾隆刻本

十四册　三函
　正文半葉十行二十一字，小字雙行同，
白口，單黑魚尾，四周雙邊。金鑲玉。

2512　　　　　　　　　　　　　SG4171/720
柳漁詩鈔十二卷
（清）張湄撰
清乾隆十年至六十年（1745－1795）刻本
四册　一函
　正文半葉九行二十一字，黑口，單黑魚
尾，四周單邊。
　內封鎸"柳漁詩鈔　聖雨齋藏版"。

2513　　　　　　　　　　　　　SG4171/626
弢甫五嶽集二十卷
（清）桑調元撰
清乾隆二十一年（1756）修汲堂刻本
二十册　二函
　正文半葉十一行二十字，白口，單黑魚
尾，左右雙邊或四周單邊。
　內封鎸"弢甫五嶽集　脩汲堂藏板"。
版心下鎸"修汲堂"。
　　嵩山集二卷
　　華山集三卷
　　泰山集三卷
　　衡山集五卷
　　恆山集七卷

2514　　　　　　　　　　　　　SG417/476
知稼軒詩不分卷
（清）王泰甡撰　王雲彤校
清乾隆刻本

三册　一函

正文半葉十一行二十字,小字雙行同,白口,單黑魚尾,四周雙邊。

有朱墨筆評注。

2515　　　　　　　　　SG48/1045

固哉草亭文集二卷補遺一卷詩集四卷

（清）高斌撰

清乾隆二十四年（1759）高恒刻本

四册　一函

正文半葉九行二十字,小字雙行同,白口,單黑魚尾,左右雙邊。

鈐"徐石卿印"印。

2516　　　　　　　　　SG417/148

六峰閣詩橐四卷

（清）朱稻孫撰

清康熙刻本

二册　一函

正文半葉十二行二十三字,白口,單黑魚尾,左右雙邊。

稀見。鈐"北方大學圖書館"印。

2517　　　　　　　　　SG4171/545

排山小集八卷續集十二卷後集六卷

（清）朱楓撰

遺詩鈔一卷

（清）趙以文撰

青岑遺稿一卷

（清）朱棆撰

清乾隆刻本

五册　一函

正文半葉十行十九字,小字雙行同,白口,單黑魚尾,左右雙邊或四周單邊。

扉葉有黃易墨筆題記。鈐"任城李氏珍藏""小蓬萊閣金石文字""冬涵閱過"印。

2518　　　　又一部　SG4171/545-1

排山小集八卷續集十二卷後集六卷

（清）朱楓撰

遺詩鈔一卷

（清）趙以文撰

青岑遺稿一卷

（清）朱棆撰

清乾隆刻本

二册　一函　存八卷（排山小集八卷）

正文半葉十行十九字,小字雙行同,白口,單黑魚尾,左右雙邊或四周單邊。

鈐"槀水鄭氏清娛閣藏書印""王氏伯子""雙松閣藏書""黃易見過"印。

2519　　　　　　　　　SG4171/1557

丹橘林詩二卷

（清）吳楷撰

清乾隆十八年至二十年（1753-1755）刻本

一册　一函

正文半葉九行十九字,小字雙行同,白口,單黑魚尾,左右雙邊。

2520　　　　　　　　　SG4171/444

晚香堂詩六卷

（清）徐廷棟著

清乾隆徐廷棟刻本

集　部　　473

一册　一函
　　正文半葉十一行二十一字,小字雙行同,白口,單黑魚尾,左右雙邊。
　　稀見。

2521　　　　　　　　　　SG4171/1629
太古山房詩集一卷
（清）汪栖泾撰
清雍正刻本
一册　一函
　　正文半葉十行十九字,白口,單黑魚尾,左右雙邊。
　　與《半研居題詠》合册。

2522　　　　　　　　　　SG48/350
劍虹齋集十二卷
（清）梁濬撰
清乾隆三十六年(1771)梁本榮刻本
四册　一函
　　正文半葉十行十八字,小字雙行同,白口,單黑魚尾,左右雙邊。
　　内封鎸"一畝園藏板"。
　　鈐"安城任亮儕氏藏書"印。

2523　　　　　　　　　　SG48/1031
果堂集十二卷
（清）沈彤撰
清乾隆十九年至六十年(1754－1795)刻本
六册　一函
　　正文半葉十一行二十一字,小字雙行同,花口,單黑魚尾,左右雙邊。

　　内封鎸"吳江沈冠雲著　果堂集　本堂藏板"。

2524　　　　　　SG4171/1656、SG410/20
蔗塘未定稿九卷蔗塘外集八卷
（清）查爲仁撰
清乾隆六年至十四年(1741－1749)刻本
九册　二函　缺五卷（花影庵集二卷、無題詩二卷、是夢集一卷）
　　正文半葉十行二十一字,白口,單黑魚尾,四周單邊。
　　尹默題簽。鈐"况澍之印""况周頤印""桂林况周頤藏書""桂林况澍雨人藏書""雨人""江南黎子鶴家藏書之章""誦韶覽夷之室""蕙風""繆荃孫印"印。

2525　　　　　　　　　　SG48/55－1
鹿洲全集四十二卷
（清）藍鼎元撰　曠敏本評
清雍正十年(1732)刻本
三册　三函　存三十一卷（鹿洲初集二十卷、東征集六卷、棉陽學準五卷）
　　正文半葉九行二十字,白口,單黑魚尾,左右雙邊。
　　《棉陽學準》内封鎸"鹿洲全集"。版心下鎸刻工"羅文""麥嵩""馮和"。
　　鹿洲初集二十卷
　　鹿洲公案二卷
　　東征集六卷
　　平臺紀略一卷
　　修史試筆二卷
　　棉陽學準五卷

女學六卷

2526　　　　　　　　SG48/1489

鹿洲初集二十卷

（清）藍鼎元撰　曠敏本評

清雍正十年至十三年（1732－1735）藍謙刻光緒重修本

八册　一函

正文半葉九行二十字，白口，單黑魚尾，無界行，左右雙邊。

行間鐫評。版心下鐫刻工"羅文""雲龍""馮和"等。

2527　　　　　　　　SG48/607－1

柳南文鈔六卷詩鈔十卷

（清）王應奎撰

清乾隆十八年至二十二年（1753－1757）王應奎刻本

二册　一函

正文半葉十行二十一字，花口，單黑魚尾，左右雙邊。

内封鐫"同學沈歸愚陳見復兩先生點定　柳南文鈔　虞山王東淑著"。

有朱筆句讀。鈐"蘇州大石頭巷三十五號蕭""江南蕭蛻章"印。

2528　　　　　又一部　SG48/607

柳南文鈔六卷詩鈔十卷

（清）王應奎撰

清乾隆十八年至二十二年（1753－1757）王應奎刻本

二册　一函

正文半葉十行二十一字，花口，單黑魚尾，左右雙邊。

内封鐫"同學沈歸愚陳見復兩先生點定　柳南文鈔　虞山王東淑著"。

有朱筆句讀。鈐"仙書堂藏""安陽謝氏收藏金石書畫"印。

2529　　　　　　　　SG4171/323

柳南詩鈔十卷柳南文鈔六卷

（清）王應奎撰

清乾隆十八年至二十二年（1753－1757）王應奎刻本

二册　一函　存十卷（柳南詩鈔十卷）

正文半葉十行二十一字，白口，單黑魚尾，左右雙邊。

内封鐫"同學沈歸愚陳見復兩先生點定　柳南詩鈔　虞山王東淑著"。

鈐"仁和朱康壽曼叔漱霞仙館之藏本""得此書甚不易後之人弗輕棄"諸印。

2530　　　　　　　　SG4171/1658

西圃草堂詩集四卷

（清）嚴禹沛撰

清乾隆十二年（1747）刻本

一册　一函

正文半葉九行十八字，白口，單黑魚尾，左右雙邊。

序末鐫"李士芳刻"。

2531　　　　　　　　SG417/255

香樹齋詩集十八卷

（清）錢陳羣撰

清乾隆十六年(1751)錢陳羣刻本

六册　一函

正文半葉十行十九字,小字雙行同,白口,單黑魚尾,左右雙邊。

2532　　　　　　　　　　　SG417/255-1

香樹齋詩續集十二卷

(清)錢陳羣撰

清乾隆十九年(1754)錢陳羣刻本

十册　一函

正文半葉十行十九字,小字雙行同,白口,單黑魚尾,左右雙邊。

2533　　　　　　　　　　　SG417/255-1

香樹齋詩續集三十六卷

(清)錢陳羣撰

清乾隆十九年(1754)錢陳羣刻本

十册　一函

正文半葉十行十九字,小字雙行同,白口,單黑魚尾,左右雙邊。

2534　　　　　　　　　　　SG4171/305

香屑集十八卷首一卷末一卷

(清)黃之雋集　陳邦直校注

清雍正十二年(1734)陳邦直刻本

四册　一函

正文半葉十行二十一字,小字雙行同,黑口,雙黑魚尾,左右雙邊。

2535　　　　　　　　　　　SG4171/1099

綠雲堂詩集五卷附塞外封藩草一卷

(清)塞爾登撰　那岐山錄

清乾隆刻本

二册　一函

正文半葉十行十九字,白口,單黑魚尾,左右雙邊。

稀見。鈐"顧頡剛藏書之記"印。

2536　　　　　　　　　　　SG48/1212

綠蘿山莊文集二十四卷詩集三十三卷

(清)胡浚撰注

清乾隆二十一年至二十七年(1756-1762)胡氏綠蘿山莊刻本

二十四册　四函

正文半葉十行二十二字,小字雙行同,白口,單黑魚尾,四周雙邊。

《詩集》内封鎸"乾隆丙子年鎸"。卷三十三内封鎸"會稽山賦　綠蘿山莊藏板"。

2537　　　　　　　　　　　SG4171/965

雲台山人詩集九卷

(清)何德新撰

清乾隆稿本

八册　一函　缺一卷(一)

正文半葉九行十九字,小字雙行字數不等,白口,順紅魚尾或黑魚尾,紅格或藍格,四周單邊。

有清乾隆十年(1751)長至日昆崖張玿美序。全書分《燕南集》《西涼集》《甘泉集》。何德新,字暉吉,號西嵐子、笠庵、雲台山人,貴州貴陽人,生于清康熙末年。清乾隆六年(1741)舉于鄉,十年(1745)進士,選庶吉士,十三年(1748)授檢討。歷官涼州、甘州、永州知府。好談兵,豪俠不羈。于古近體詩無不工。

2538　　　　　　　　　SG48/76A
樂善堂全集四十卷目錄四卷
（清）高宗弘曆撰
清乾隆二年（1737）內府刻本
二十四冊　二函　缺二十卷（二十一至四十）
正文半葉七行十八字，白口，單黑魚尾，無界行，四周雙邊。

2539　　　又一部　SG48/76
樂善堂全集四十卷目錄四卷
（清）高宗弘曆撰
清乾隆二年（1737）內府刻本
十六冊　四函
正文半葉七行十八字，白口，單黑魚尾，無界行，四周雙邊。

2540　　　　　　　　　SG4171/430
御製詩不分卷
（清）高宗弘曆撰
清乾隆劉統勳抄本
一冊　一函
正文半葉六行十四字，小字雙行同。經折裝。
鈐"乾隆御覽之寶""文津閣寶""三希堂精鑒璽""石渠寶笈""統""勳""石渠繼鑑""寶笈三編""養心殿御賞""宜子孫"諸印。

2541　　　　　　　　　SG417/171
御製詩初集四十四卷目錄四卷
（清）高宗弘曆撰　蔣溥等編
清乾隆十四年（1749）內府刻本
十六冊　三函
正文半葉九行十七字，白口，單黑魚尾，四周雙邊。

2542　　　　　　　　　SG417/171
御製詩二集九十卷目錄十卷
（清）高宗弘曆撰　蔣溥等編
清乾隆二十四年（1759）內府刻本
二十四冊　五函
正文半葉九行十七字，白口，單黑魚尾，四周雙邊。

2543　　　又一部　SG417/171－1、SG417/45
御製詩二集九十卷目錄十卷
（清）高宗弘曆撰　蔣溥等編
清乾隆二十四年（1759）內府刻本
二十冊　三函　存六十七卷（十五至三十九、四十九至九十）
正文半葉九行十七字，白口，單黑魚尾，四周雙邊。

2544　　　　　　　　　SG4171/652
御製全韻詩五卷
（清）高宗弘曆撰
清乾隆劉墉寫刻本
五冊　一函
正文半葉七行十四字，小字雙行同，白口，無魚尾，四周雙邊。

稀見。

2545 SG417/45
御製詩二集六十四卷
（清）仁宗顒琰撰
清嘉慶十六年（1811）內府刻本
四冊　一函
正文半葉九行十七字，小字雙行同，白口，單黑魚尾，四周雙邊。
鈐"安陽政治處贈書"印。

2546 SG4172/77
御製盛京賦一卷
（清）高宗弘曆撰　鄂爾泰注
清乾隆八年（1743）內府刻朱墨套印本
一冊　一函
正文半葉七行十八字，小字雙行同，上花口，單黑魚尾，四周雙邊。
鈐"安新梁氏家藏""梁庭華"印。

2547 SG4171/1149
蔗尾詩集十五卷
（清）鄭方坤撰
清乾隆元年（1736）刻十八年（1753）增刻本
六冊　一函
正文半葉十行十九字，上花口，單黑魚尾，左右雙邊。
內封鎸"翻刻必究　蔗尾詩集　耕禮堂藏版"。

2548 SG48/203-1
道古堂文集四十八卷詩集二十六卷
（清）杭世駿撰
清乾隆刻本
二十冊　二函
正文半葉十行二十一字，白口，單黑魚尾，左右雙邊。
有朱墨筆圈點。

2549 SG48/203
道古堂文集四十六卷詩集二十六卷
（清）杭世駿撰
清乾隆五十五年至五十七年（1790－1792）杭賓仁刻本
十六冊　二函
正文半葉十行二十一字，白口，單黑魚尾，左右雙邊。

2550 SG4/203-2
道古堂詩集二十六卷
（清）杭世駿撰
清乾隆五十五年至五十七年（1790－1792）刻本
七冊　一函
正文半葉十行二十一字，白口，單黑魚尾，左右雙邊。
鈐"平碧草堂""古鄚邑平碧草堂張增"諸印。

2551 SG4171/1230
吹萬閣集二十一卷
（清）顧詒祿撰

清乾隆三十三年(1768)刻本

四册　一函

　　正文半葉十行十九字,小字雙行同,花口,單黑魚尾,左右雙邊。

　　序後鎸"婁門內張香橋鄭天榮刻"。

2552　　　　　　　　　　　　SG48/1044

迂齋學古編四卷

(清)法坤宏撰

清乾隆三十九年(1774)海上廬刻本

二册　一函

　　正文半葉十行十九字,小字雙行同,白口,單黑魚尾,左右雙邊。

　　版心下鎸"海上廬"。

　　鈐"雪亭珍藏"印。

2553　　　　　　　　　　　　SG48/1163

尋古齋文集四卷詩集二卷

(清)李繼聖撰

清乾隆尋古齋刻本

六册　一函

　　正文半葉九行二十二字,白口,單黑魚尾,左右雙邊。金鑲玉。

　　版心下鎸"尋古齋"。

2554　　　　　　　　　　　　SG4171/565

詩存四卷

(清)金德瑛撰

清乾隆三十三年(1768)金氏如心堂刻本

三册　一函

　　正文半葉九行十九字,小字雙行同,白口,單黑魚尾,左右雙邊。

　　內封鎸"如心堂藏板"。

　　鈐"昌齡""苓年"印。

2555　　　　　　　　　　　　SG4171/1310

漱芳居詩鈔三十二卷歆遊草一卷黃遊草一卷白遊草一卷

(清)趙青藜撰

清乾隆三十五年至四十年(1770-1775)趙青藜刻本

八册　一函

　　正文半葉十一行二十一字,白口,單黑魚尾,左右雙邊。

　　內封鎸"同學諸子論定　星閣詩鈔　漱芳居藏板"。

　　鈐"孫碧榆氏收藏書畫印"印。

2556　　　　　　　　　　　　SG4171/1379

蒙泉學詩草八卷

(清)宋弼撰

清乾隆二十八年至六十年(1763-1795)刻本

二册　一函

　　正文半葉十一行二十二字,小字雙行同,黑口,雙黑魚尾,左右雙邊。金鑲玉。

　　稀見。

2557　　　　　　　　　　　　SG4171/1031

羅甸堂四書題全韻詩六卷

(清)羅克武撰　葛淳評點

清乾隆二十六年(1761)羅克武刻本

二册　一函

　　正文半葉八行二十字,白口,單黑魚尾,

無界行,左右雙邊。

眉上鐫評行五字。內封鐫"乾隆二十六年新鐫　房師葛揀園先生評點　臨川羅甸堂四書題全韻詩　正集　詩文嗣出"。

2558　　　　　　　　　　SG4171/855
隨園詩集四十二卷
　(清)邊連寶撰
　清乾隆邊連寶稿本
　十二冊　二函
　　正文半葉十行二十字不等,小字雙行字不等,無界行。
　　稀見。卷四至八又題作"霽雪軒詩集",卷二十二至二十五爲"隨園病餘草",卷二十六至三十八爲"隨園病餘續草",卷三十九至四十二爲"南遊草"。
　　有清戈濤、李學禮、李養誠、于大鯤評點。邊連寶(1700-1773),字趙珍,後更肇畛,號隨園,晚年自號茗禪居士。鈐"邊連寶印""連寶私印""趙珍""茗禪居士""隨園"諸印。

2559　　　　　　　　　　SG4171/1593
隨園詩草八卷禪家公案頌一卷
　(清)邊連寶撰
　清乾隆四十年(1775)邊霽峰刻本
　四冊　一函
　　正文半葉九行十九字,上花口,單黑魚尾,左右雙邊。

2560　　　　　　　　　　SG417/177
崇雅堂詩鈔十一卷
　(清)李開葉撰　鄧以臨選
　清乾隆六年(1741)刻本
　四冊　一函
　　正文半葉九行十九字,白口,單黑魚尾,左右雙邊。

2561　　　　　　　　　　SG4171/1041
籜石齋詩集五十卷
　(清)錢載撰
　清乾隆五十二年至六十年(1788-1795)秀水錢氏刻本
　十二冊　二函
　　正文半葉十二行二十三字,小字雙行同,白口,單黑魚尾,左右雙邊。

2562　　　又一部　SG4171/1041-1
籜石齋詩集五十卷
　(清)錢載撰
　清乾隆五十三年至六十年(1788-1795)秀水錢氏刻本
　六冊　一函　存二十五卷(一至二十五)
　　正文半葉十二行二十三字,小字雙行同,白口,單黑魚尾,左右雙邊。

2563　　　　　　　　　　SG4171/1362
經餘集六卷
　(清)劉紹攽撰
　清乾隆三十五年至六十年(1770-1795)刻本
　二冊　一函
　　正文半葉九行十九字,小字雙行同,白口,單黑魚尾,四周雙邊。

2564　　　　　　　　　　SG48/850

九畹續集二卷

（清）劉紹攽撰

清乾隆四十三年（1778）劉氏傳經堂刻本

二册　一函

　　正文半葉九行十九字，白口，單黑魚尾，無界行，四周單邊。

　　内封鐫"九畹續集　三原劉繼貢著　劉傳經堂藏板"。

2565　　　　　　　　　　SG4171/1582

附蓬小草一卷

（清）田玉撰

清乾隆三十年至六十年（1765－1795）田涵齋敬和堂刻本

一册　一函

　　正文半葉九行十九字，白口，單黑魚尾，四周雙邊。

　　卷末鐫"吳郡穆氏局刻"。版心下鐫"敬和堂"。

　　稀見。鈐"仲南讀過"印。

2566　　　　　　　　　　SG417/396

秋水閒房集二卷

（清）釋畹荃撰

清乾隆刻本

一册　一函

　　正文半葉九行十九字，白口，單黑魚尾，四周單邊。

　　鈐"鄞林氏藜照廬圖書"印。

2567　　　　　　　　　　SG48/119－2

銅鼓書堂遺稾三十二卷

（清）查禮撰

清乾隆五十三年至五十七年（1788－1792）查淳刻本

十二册　二函

　　正文半葉十二行二十二字，小字雙行同，白口，單黑魚尾，左右雙邊。

　　内封鐫"銅鼓書堂遺稿"。卷末鐫"男淳孫樞　林校刊"。

　　鈐"雙漢符館""貞白所得金石書畫""顧氏藏書""芬院利室鑑藏書畫記"印。

2568　　　　又一部　SG48/119－2

銅鼓書堂遺稾三十二卷

（清）查禮撰

清乾隆五十三年至五十七年（1788－1792）查淳刻本

四册　一函

　　正文半葉十二行二十二字，小字雙行同，白口，單黑魚尾，左右雙邊。

　　内封鐫"銅鼓書堂遺稿"。卷末鐫"男淳孫樞　林校刊"。

　　鈐"修直藏書""浮雲軒""西谿居士"印。

2569　　　　　　　　　　SG417/227

夢堂詩稿十五卷

（清）馮英廉撰

清乾隆四十八年（1783）延福刻本

四册　一函

　　正文半葉十行二十二字，白口，單黑魚

尾,四周雙邊。

鈐"寧武南氏珍藏""復盦南氏"印。

2570　　　　　　　　　　　　SG48/3
鮚埼亭集三十八卷首一卷
（清）全祖望撰
世譜一卷年譜一卷
（清）董秉純撰
清嘉慶九年(1804)史夢蛟借樹山房刻本
十冊　一函

正文半葉十行二十一字,小字雙行同,花口,左右雙邊。

内封鎸"鄞全謝山先生著　姚江借樹山房藏板"。

有佚名朱筆過錄清吳騫、杭世駿、章鈺、蔣學鏞、閻元照等人批校、跋語。

2571　　　　　　　　　　　　SG48/1041
華陽散稿二卷
（清）史震林撰
清乾隆三十二年(1767)松槐書屋刻本
四冊　一函

正文半葉九行二十一字,白口,單黑魚尾,四周單邊。

内封鎸"華陽散槀　金沙史祐岡先生著　松槐書屋藏板"。

鈐"王氏信芳閣藏書印""蓮舫""甘白齋藏書""笏林"諸印。

2572　　　　　　　　　　　　SG48/690-1
歸愚文鈔十二卷歸愚文續十二卷
（清）沈德潛撰
清乾隆三年(1738)刻本
四冊　一函

正文半葉十行十九字,白口,單黑魚尾,左右雙邊。

初印本。沈氏後將《文鈔》《文續》等重新編刻,收入全集。

鈐"江陰劉氏""劉復所藏""鎦家書庫"諸印。

2573　　　　　　　　　　　　SG48/690-2
沈歸愚詩文合集五種四十三卷
（清）沈德潛撰
清乾隆三年至十五年(1738-1750)刻本
十六冊　三函

正文半葉十行十九字,白口,單黑魚尾,左右雙邊。

　　說詩晬語二卷
　　歸愚文鈔十二卷
　　歸愚文續十二卷
　　歸愚詩鈔十四卷
　　歸田集三卷

2574　　　　　　　　　　　　SG48/690
歸愚詩鈔二十卷
（清）沈德潛撰
清乾隆十六年(1751)教忠堂刻本
六冊　一函

正文半葉十行十九字,白口,單黑魚尾,左右雙邊。

《沈歸愚詩文全集》之一。與《歸愚詩鈔餘集》合函。

2575　　　　　　　　　SG48/690

歸愚詩鈔餘集八卷

（清）沈德潛撰

清乾隆三十一年（1766）教忠堂刻本

二册　與《歸愚詩鈔》合函

　　正文半葉十行十九字，白口，單黑魚尾，左右雙邊。

　　《沈歸愚詩文全集》之一。

2576　　　　　　　　　SG48/1461

半舫齋古文八卷

（清）夏之蓉撰

清乾隆三十六年（1771）刻本

四册　一函

　　正文半葉十行二十一字，小字雙行同，上黑口，單黑魚尾，左右單邊或雙邊。

2577　　　　　　　　　SG48/195-2

海峰文集八卷

（清）劉大櫆撰

清乾隆醒園刻本

六册　一函

　　正文半葉九行十九字，白口，單黑魚尾，左右雙邊。

　　内封鎸"桐城劉畊南著　海峰文集醒園藏版"。

2578　　　　又一部　SG48/195-1

海峰文集八卷

（清）劉大櫆撰

清乾隆醒園刻本

四册　一函

　　正文半葉九行十九字，白口，單黑魚尾，左右雙邊。

　　内封鎸"桐城劉畊南著　海峰文集醒園藏版"。

2579　　　　　　　　　SG48/143-1

袁文箋正十六卷袁文補注一卷附錄小傳

（清）袁枚撰　石韞玉箋

清嘉慶十七年（1812）鶴壽山堂刻本

六册　一函

　　正文半葉十行二十字，小字雙行三十字，白口，單黑魚尾，左右雙邊。

　　内封鎸"袁文箋正　鶴壽山堂藏板"。

　　鈐"無錫許氏藏書"印。

2580　　　　又一部　SG48/143-1A

袁文箋正十六卷袁文補注一卷附錄小傳

（清）袁枚撰　石韞玉箋

清嘉慶十七年（1812）鶴壽山堂刻本

六册　一函

　　正文半葉十行二十字，小字雙行三十字，白口，單黑魚尾，左右雙邊。

　　内封鎸"袁文箋正　鶴壽山堂藏板"。

　　鈐"鐵血山人珍藏碑帖書畫之章"印。

2581　　　　又一部　SG48/143-1B

袁文箋正十六卷袁文補注一卷附錄小傳

（清）袁枚撰　石韞玉箋

清嘉慶十七年（1812）鶴壽山堂刻本

四册　一函

　　正文半葉十行二十字，小字雙行三十字，白口，單黑魚尾，左右雙邊。

内封镌"袁文笺正　鹤寿山堂藏板"。

2582　　　　　　又一部　SG48/143

袁文笺正十六卷袁文补注一卷附录小传

(清)袁枚撰　石韫玉笺

清嘉庆十七年(1812)鹤寿山堂刻本

六册　一函

正文半叶十行二十字,小字双行三十字,白口,单黑鱼尾,左右双边。

内封镌"袁文笺正　鹤寿山堂藏板"。

钤"王氏"印。

2583　　　　　　　　SG48/1360

不自弃亭文集八卷

(清)黄道泰撰

清雍正十年(1732)刻本

十二册　三函

正文半叶九行二十字,花口,单黑鱼尾,四周双边。金镶玉。

行间有朱笔批注。

2584　　　　　　　　SG48/637

梅崖居士文集三十卷外集八卷

(清)朱仕琇撰

清乾隆四十七年(1782)松谷刻本

十册　二函

正文半叶九行二十五字,小字双行同,上下黑口,左右双边。

钤"龙山蛰庐藏书之章""古莘陈氏子子孙孙永宝用"印。

2585　　　　　　又一部　SG48/637

梅崖居士文集三十卷外集八卷

(清)朱仕琇撰

清乾隆四十七年(1782)松谷刻本

十二册　二函

正文半叶九行二十五字,小字双行同,上下黑口,左右双边。

内封镌"乾隆四十七年镌　梅崖居士全集　松谷藏板"。

有墨笔圈点。钤"石荣喧蓉城侨馆藏书"印。

2586　　　　　　又一部　SG48/637

梅崖居士文集三十卷外集八卷

(清)朱仕琇撰

清乾隆四十七年(1782)松谷刻本

十六册　三函

正文半叶九行二十五字,小字双行同,上下黑口,左右双边。

钤"南通州李氏天复收藏图书记"印。

2587　　　　　　　　SG48/314

梅崖居士文集三十卷外集八卷

(清)朱仕琇撰

附梅崖文补遗一卷

周祖琛辑录

清乾隆四十七年(1782)松谷刻本

十三册　二函

正文半叶九行二十五字,小字双行同,上下黑口,左右双边。

内封镌"乾隆四十七年镌　梅崖居士全集　松谷藏板"。《梅崖文补遗》为民国二十二年（1933）抄本，其内封题"民国二十二年冬月　梅崖文补遗　止盦"。

2588　　　　　　　　　　　SG417/394
筠园稿三卷筠园删稿三卷
（清）朱仕玠撰
清乾隆朱仕琇刻本
一册　一函　存三卷（筠园稿三卷）
　　正文半叶十行十九字，黑口，单黑鱼尾，左右双边。
　　钤"鄞林氏藜照庐图书"印。

2589　　　　　　　　　　　SG48/34-1
抱经堂文集三十四卷
（清）卢文弨撰
清乾隆六十年（1795）刻本
十册　二函
　　正文半叶十一行二十一字，白口，单黑鱼尾，左右双边。
　　内封镌"乾隆乙卯开雕　抱经堂文集本衙藏板"。

2590　　　　　　　　　　　SG48/232-1
思补斋文集四卷
（清）刘星炜撰
清乾隆刻本
二册　一函
　　正文半叶十行十九字，白口，单黑鱼尾，左右双边。
　　钤"楼乡""南州书楼藏书　徐汤殷整理"印。

2591　　　　　　　　　　　SG4171/357-2
响泉集十六卷
（清）顾光旭撰
清乾隆四十一年（1776）顾光旭刻五十年（1785）续刻本
四册　一函
　　正文半叶十行十九字，白口，单黑鱼尾，左右双边。

2592　　　　　　　　　　　SG4171/357
响泉集二十八卷
（清）顾光旭撰
清乾隆四十一年（1776）顾光旭刻五十年（1785）续刻本
四册　一函
　　正文半叶十行十九字，白口，单黑鱼尾，左右双边。
　　钤"閒田张氏闻三藏书"印。

2593　　　　　　　　　　　SG4171/311
响泉集三十卷
（清）顾光旭撰
清乾隆四十一年（1776）顾光旭刻五十年（1785）续刻本
八册　一函
　　正文半叶十行十九字，白口，单黑鱼尾，左右双边。
　　钤"别部司马""吴县蒋炳章留庵藏记"印。

2594　　　　　　　　　　　SG4171/681
白蕅诗集十六卷附海岳游人酬赠集一卷

（清）張開東撰　張兆騫編

清乾隆五十三年（1788）張兆騫刻本

八册　一函

　　正文半葉十行二十一字，小字雙行同，白口，無魚尾，無界行，四周單邊。

2595　　　　　　　　　　　　SG48/504

鏡古堂文鈔不分卷

　（清）李符清撰

　清嘉慶刻本

　二册　一函

　　正文半葉十行二十二字，小字雙行同，白口，單黑魚尾，無界行，左右雙邊。金鑲玉。

　　行間、眉上鎸評行四字或三字。較初印。

　　鈐"巳齋珍藏"印。

2596　　　　　　　　　　　　SG48/1054

味蓼初藁一卷

　（清）毛燧傳撰

　清嘉慶刻本

　四册　一函

　　正文半葉九行二十字，上下黑口，單黑魚尾，左右雙邊。

　　内封鎸"毛洋溟文藁　諸友人仝訂舫居藏板"。

2597　　　　　　　　　　SG4171/1528－1

海門初集十卷首一卷

　（清）鮑皋　尹嘉銓撰

　清乾隆四年（1739）刻本

　二册　一函

　　正文半葉十行二十字，小字雙行同，白口，無魚尾，左右雙邊。

　　卷十末鎸"乾隆四年夏校定　刻者旌德劉茂生"。

2598　　　　　　　　　　　　SG48/1049

恩餘堂經進初藁十二卷續藁二十二卷三藁十一卷策問存課二卷知聖道齋讀書跋尾二卷

　（清）彭元瑞撰

　清乾隆至嘉慶南昌彭氏刻本

　十册　二函

　　正文半葉八行十九字，小字雙行同，白口，四周雙邊。

　　鈐"張柳泉藏書記"印。

2599　　　　　　　　　　SG48/1091－1

忠雅堂文集三十卷

　（清）蔣士銓撰

　清乾隆二十七年至六十年（1762－1795）刻本

　六册　一函

　　正文半葉十二行二十四字，黑口，單黑魚尾，四周單邊。

2600　　　　　　　　　　　　SG48/1446

葆淳閣集二十四卷易說二卷

　（清）王杰撰

王文端公年譜一卷

　（清）阮元撰

　清嘉慶二十年至二十一年（1815－1816）

刻本

十二册　二函

正文半葉十行二十字,小字雙行同,白口,單黑魚尾,四周雙邊。

鈐"雙流張驥藏書之印""霱園圖書"印。

2601　　　　　　　　　　SG48/411

香亭文稿十二卷

（清）吳玉綸撰

清乾隆六十年（1795）滋德堂刻本

二册　一函

正文半葉九行二十一字,白口,單黑魚尾,無界行,四周雙邊。

內封鐫"乾隆乙卯年刻　滋德堂藏板"。

鈐"慈溪畊餘樓藏""馮氏辨齋藏書""安城任亮儕氏藏書""武昌柯逢時收藏圖記"諸印。

2602　　　　　　　　　　SG4171/1490

黃琢山房集十卷

（清）吳璜撰

清乾隆四十二年（1777）刻本

四册　一函

正文半葉十二行二十三字,小字雙行字數不等,白口,單黑魚尾,左右雙邊。金鑲玉。

有墨筆圈點。原鈐"黃琢山房"印。

2603　　　　　　　　　　SG4171/727

漁庵詩選二卷

（清）曹仁虎撰　鄭廷暘選

清乾隆刻本

一册　一函

正文半葉十行十九字,白口,單黑魚尾,四周雙邊。

鈐"豐華堂書庫寶藏印"印。

2604　　　　　　　　　　SG4171/254

笠亭詩集十二卷

（清）朱琰撰

清乾隆朱琰樊桐山房刻嘉慶印本

二册　一函

正文半葉十一行二十一字,白口,單黑魚尾,左右雙邊。

子目前都有自序,序年均不同,從乾隆三十年至四十年（1765－1775）。

2605　　　　　　　　　　SG48/1437

蓮峰文選二卷詩選二卷

（清）閻廷玠撰　趙熟典選

清乾隆四十年（1775）刻本

二册　一函

正文半葉十行二十一字,白口,無魚尾,左右雙邊。

2606　　　　　　　　　　SG4171/1199

大谷山堂集六卷

（清）夢麟撰

清乾隆活字本

一册　一函　存三卷（一至三）

正文半葉九行十九字,花口,單黑魚尾,四周單邊。

集　部　487

2607　　　　　　　　　　SG4171/358

集聖教字詩四卷續四卷

（清）馬慧裕撰

清嘉慶刻本

八册　一函

　　正文半葉八行十六字，白口，無魚尾，無界行，四周雙邊。

　　内封鐫"三韓朗山氏集　集聖教字詩　貽穀堂藏板"。是書用《懷仁集王書聖教序》字體刻成。

2608　　　　　　　　　　SG48/7A

戴東原集十二卷覆校札記一卷

（清）戴震撰　段玉裁札記

清乾隆五十七年（1792）段玉裁經韵樓刻本

四册　一函

　　正文半葉十行二十一字，小字雙行同，白口，單黑魚尾，左右雙邊。

　　内封鐫"戴東原集十二卷　經韵樓藏版"。

　　鈐"光緒初書歸黃縣王氏海西閣"印。

2609　　　　　又一部　SG48/7

戴東原集十二卷覆校札記一卷

（清）戴震撰　段玉裁札記

清乾隆五十七年（1792）段玉裁經韵樓刻本

四册　一函

　　正文半葉十行二十一字，小字雙行同，白口，單黑魚尾，左右雙邊。

2610　　　　　　　　　　SG4171/253

六義齋詩集四卷

（清）施朝榦撰

清乾隆六十年（1795）刻本

一册　一函

　　正文半葉十行二十一字，小字雙行同，白口，雙黑魚尾，四周雙邊。

　　與《敬義軒詩稿》合册。

　　鈐"飯山所藏"印。

2611　　　　　　　　　　SG417/252

我法集二卷

（清）紀昀撰

清乾隆六十年（1795）刻本

二册　一函

　　正文半葉九行二十字，白口，單黑魚尾，四周雙邊。

　　内封鐫"乾隆乙卯鐫　河間紀氏　閱微草堂藏板"。

2612　　　　　　　　　　SG48/813

白華前稿六十卷

（清）吳省欽撰

清乾隆四十八年（1783）吳省欽刻本

十册　二函

　　正文半葉十行二十一字，白口，單黑魚尾，左右雙邊。

2613　　　　　又一部　SG48/813

白華前稿六十卷

（清）吳省欽撰

清乾隆四十八年（1783）吳省欽刻本

十册　二函

　　正文半葉十行二十一字,白口,單黑魚尾,左右雙邊。

2614　　　　　　　　　　　　SG48/346
林太史集十四卷附存不分卷

　　（清）林兆鯤撰　林泰校刊

　　清嘉慶九年（1804）林泰刻本

　　四册　一函

　　正文半葉八行二十二字,白口,單黑魚尾,四周雙邊。

　　內封鐫"嘉慶甲子仲秋新鐫　林太史集　翰香堂藏板"。

　　稀見。鈐"莆田劉澹齋藏書記"印。

2615　　　　　　　　　　　SG4171/616
南坪詩鈔八卷

　　（清）張學舉撰　翁方綱　袁枚序

　　清乾隆五十八年（1793）張朝樂刻本

　　四册　一函

　　正文半葉八行十九字,白口,單黑魚尾,無界行,左右雙邊。

　　內封鐫"乾隆癸丑重鐫　南坪詩鈔　珠光樓藏板"。書衣均有墨筆考證,署名"疚翁"。

2616　　　　　　　　　　　SG4171/1511
素修堂詩集二十四卷後集六卷補遺一卷

　　（清）吳蔚光撰

　　清嘉慶十六年（1811）古金石齋刻本

　　八册　一函

　　正文半葉十二行二十四字,黑口,雙黑魚尾,四周單邊。

　　內封鐫"嘉慶辛未年鐫　素修堂詩集　古金石齋藏板"。

　　首册書衣有清光緒二十二年（1896）葉昌熾題識。鈐"治廎書庫""治廎室""幢主""鞠常""鞠常麐壽""昌熾私印"諸印。

2617　　　　　　　　　　　SG48/1398
存素堂文集四卷存素堂文續集二卷

　　（清）法式善撰

　　清嘉慶十二年至十六年（1807－1811）程邦瑞刻本

　　四册　一函

　　正文半葉十二行二十二字,白口,單黑魚尾,左右雙邊。

　　《文集》內封鐫"嘉慶丁卯　存素堂文集　程氏揚州刊板",《文續集》內封鐫"嘉慶辛未年　存素堂文續集　程氏揚州刊板"。

2618　　　　　　　　　　　SG48/1398
存素堂詩稿二卷

　　（清）法式善撰

　　清嘉慶十六年（1811）程邦瑞刻本

　　一册　一函

　　正文半葉十二行二十二字,白口,雙黑魚尾,左右雙邊。

　　內封鐫"存素堂詠物詩"。

2619　　　　　　　　　　　SG48/1285/A
存素堂文集四卷

　　（清）法式善撰

清嘉慶十二年(1807)程邦瑞刻本

三册　一函

　　正文半葉十二行二十二字,白口,單黑魚尾,左右雙邊。

　　與《存素堂文續集》合函。

　　鈐"鐵嶺楊亨壽珍藏書畫印""亨壽曾藏""亨壽家藏書畫印"諸印。

2620　　　　　　　　　　SG48/1285/B

存素堂文續集三卷

(清)法式善撰

清嘉慶十六年(1811)程邦瑞刻本

一册　與《存素堂文集》合函

　　正文半葉十二行二十二字,白口,單黑魚尾,左右雙邊。

　　書衣有清盛昱墨筆題識。鈐"鐵嶺楊亨壽珍藏書畫印""亨壽家藏書畫印"印。

2621　　　　　　　　　　SG48/1398

存素堂詩初集錄存二十四卷二集八卷續集一卷詩稿二卷

(清)法式善撰

清嘉慶王埴刻本

十册　一函

　　正文半葉十二行二十四字,黑口或白口,雙黑魚尾或單黑魚尾,間或無界行,四周雙邊。

2622　　　　　　　　　　SG48/918

井福堂文稿十卷

(清)汪學金撰

清嘉慶十年(1805)汪彥博、汪彥國刻本

四册　一函

　　正文半葉九行二十一字,花口,單黑魚尾,四周單邊。

2623　　　　　　　　　　SG4171/352

静厴詩稿十二卷後稿十二卷續稿六卷

(清)汪學金撰

清嘉慶九年(1804)刻本

八册　一函　存十八卷(後稿十二卷、續稿六卷)

　　正文半葉九行二十一字,白口,單黑魚尾,四周單邊。

　　内封鈐"井福堂藏"。

　　鈐"耕讀山房珍藏""忠州李華仙隨身書卷"諸印。

2624　　　　　　　　　　SG48/190

穆堂初藁五十卷

(清)李紱撰

清乾隆五年(1740)臨川李氏無怒軒刻本

十六册　二函

　　正文半葉十一行二十三字,小字雙行同,白口,單黑魚尾,左右雙邊。

　　内封鈐"臨川李巨來先生著　穆堂初藁　本衙藏板"。版心下鈐"無怒軒"。

　　鈐"黎經誥印""覺人珍藏""寧武南氏珍藏""復盦南氏"諸印。

2625　　　　　又一部　SG48/190-1

穆堂初藁五十卷

(清)李紱撰

清乾隆五年(1740)臨川李氏無怒軒刻本

十册　二函

　　正文半葉十一行二十三字,小字雙行同,白口,單黑魚尾,左右雙邊。

　　版心下鐫"無怒軒"。

2626　　　　　　　　　　　　SG48/180
穆堂別藁五十卷

（清）李紱撰

清乾隆十二年(1747)奉國堂刻本

十册　二函

　　正文半葉十二行二十三字,小字雙行同,花口,單黑魚尾,左右雙邊。

　　行間有朱筆批注。

2627　　　　　　　　　　　　SG48/1488
問字堂集六卷

（清）孫星衍撰

清乾隆五十九年(1794)蘭陵孫氏刻本

二册　一函

　　正文半葉十二行二十四字,小字雙行同,粗黑口,雙黑魚尾,四周單邊。

　　内封鐫"乾隆甲寅歲六月刻　問字堂集　蘭陵孫氏藏板"。

　　鈐"毛準""子水""毛子水藏"印。

2628　　　　　　　　　　　　SG48/353
西霞文鈔二卷

（清）鄭光策撰

清嘉慶十年(1805)沙縣陳名世刻本

二册　一函

　　正文半葉十行二十三字,小字雙行同,白口,單黑魚尾,四周雙邊。

　　内封鐫"嘉慶乙丑鐫　西霞文鈔　眠雨亭藏板"。

2629　　　　　　　　　　　　SG48/1421
直養書屋文集一卷續集一卷

（清）白世珍撰

清抄本

一册　一函

　　正文半葉十行二十字,無界行,素毛邊紙。

2630　　　　　　　　　　　　SG48/1205
獨學廬初稿八卷二稿三卷三稿五卷外集一卷

（清）石韞玉撰

清嘉慶石韞玉刻本

八册　一函

　　正文半葉十行十八字,黑口,單黑魚尾,左右雙邊。

　　内封鐫"獨學廬初稿　吳中石氏"。

2631　　　　　　　　　　　　SG417/60
船山詩草二十卷

（清）張問陶撰

清嘉慶二十年(1815)刻本

六册　一函

　　正文半葉十行二十字,小字雙行同,白口,單黑魚尾,左右雙邊。

　　有清同治十二年(1873)增鑅題識并墨筆抄配。書衣墨筆題"癸酉正月重訂"。鈐"臣鑅""說夢道人""寄情詩酒"印。

2632　　　　　　　SG4171/1479
篔山堂詩鈔二十一卷
（清）王廣言撰
清嘉慶十六年（1811）刻本
八册　一函
　　正文半葉十行十九字，白口，單黑魚尾，左右雙邊。

2633　　　　　　　SG48/1222
敦艮齋讀書不分卷
（清）徐潤第撰
清道光十九年（1839）徐繼畬退思書屋抄校本
四册　一函
　　正文半葉八行二十字或九行二十二字，無界行，行款不一。
　　扉葉題"己亥孟春鈔於退思書屋"或"己亥菊月退思堂抄"。鈐"徐繼畬松龕氏"印。

2634　　　　　　　SG417/414
繪聲園詩鈔一卷
（清）郭執桓撰
清乾隆三十四年（1769）放春閣刻本
二册　一函
　　正文半葉九行十八字，白口，單黑魚尾，左右雙邊。
　　内封鎸"乾隆己丑三月刻　叔圭居士著　繪聲園詩鈔　放春閣藏板"。
　　鈐"筱圱過眼"印。

2635　　　　　　　SG4171/521
寶閑堂集四卷
（清）張四科撰
清乾隆二十四年（1759）刻本
二册　一函
　　正文半葉十行十九字，白口，單黑魚尾，左右雙邊。

2636　　　　　　　SG417/64-1
明善堂詩集十二卷
（清）弘曉撰
清乾隆元年至十四年（1736-1749）弘曉明善堂刻本
六册　一函
　　正文半葉十二行二十一字，白口，單黑魚尾，四周雙邊。
　　鈐"趙氏玉經珍藏"印。

2637　　　　　　　SG417/64
明善堂詩集四十二卷詩餘一卷詞餘一卷文集四卷
（清）弘曉撰
清乾隆四十二年（1777）弘曉明善堂刻本
八册　一函
　　正文半葉九行十九字，白口，單黑魚尾，四周雙邊。

2638　　　　　　　SG48/774
歎夫詩文稿四卷時體詩七卷册子四卷
（清）李夢松撰
清嘉慶二年（1797）王煇刻本
三册　一函

正文半葉八行二十字,白口,單黑魚尾,四周雙邊。

內封鐫"臨川李夢松著 歎夫詩文稿 裕遠堂藏原板"。

2639　　　　　　　　　　　　SG4171/268

壺山自吟槀三卷附錄一卷俟寧居偶詠一卷

（清）朱休度撰

清嘉慶三年（1798）朱休度刻本

二册　一函

正文半葉十二行二十三字,小字雙行同,白口,單黑魚尾,左右雙邊。

內封鐫"嘉慶三年鐫 壺山自吟槀 杍廬主人手戰題"。

鈐"角山林集虛記""鄞林氏藜照廬圖書"印。

2640　　　　　　　　　　　　SG32/166

切問齋集十六卷

（清）陸燿撰

清乾隆五十七年（1792）暉吉堂刻本

六册　一函

正文半葉九行二十字,白口,單黑魚尾,左右雙邊。

內封鐫"乾隆壬子年開雕 切問齋集 暉吉堂藏板"。

2641　　　　　　　　　　　　SG4171/612

海愚詩鈔十二卷

（清）朱孝純撰

清乾隆五十九年（1794）朱今刻本

四册　一函

正文半葉十行二十一字,白口,單黑魚尾,左右雙邊。

內封鐫"乾隆甲寅年鐫 海愚詩鈔 桐城劉濤學海氏校字"。

鈐"紅藝館外史印""費鼎""書畫""養賢""于省吾印""雙劍誃""求是堂藏本"諸印。

2642　　　　　　　　　　　　SG48/336

魯山木先生文集十二卷首一卷外集二卷

（清）魯九皋撰

清道光十一年（1831）陳用光刻本

六册　一函

正文半葉十行二十一字,小字雙行同,白口,單黑魚尾,四周雙邊。

2643　　　　　　　　　　　　SG48/281

山木居士外集四卷附一卷

（清）魯九皋撰

清乾隆四十七年（1782）魯氏刻本

二册　一函　缺一卷（附一卷）

正文半葉九行二十五字,上下黑口,雙黑魚尾,無界行,左右雙邊。

鈐"采"諸印。

2644　　　　　　　又一部　SG48/281

山木居士外集四卷附一卷

（清）魯九皋撰

清乾隆四十七年（1782）魯氏刻本

二册　一函　缺一卷（附一卷）

正文半葉九行二十五字,上下黑口,雙黑魚尾,無界行,左右雙邊。

卷前有畊鄰手錄姚鼐撰《魯君墓誌銘》。鈐"畊鄰"印。

2645　　　　　　　　　SG45/6-1
雞肋集八卷
（清）范世清撰
清乾隆四十年（1775）刻本
二册　一函
　　正文半葉九行十九字，白口，單黑魚尾，四周雙邊。

2646　　　　　　　　　SG417/94
芙蓉山館詩稿六卷詞稿二卷
（清）楊芳燦撰
桐華吟館詩稿六卷詞稿一卷
（清）楊揆撰
清乾隆五十七年（1792）刻本
六册　一函
　　正文半葉十行二十一字，白口，單黑魚尾，左右雙邊。
　　有朱筆圈點。鈐"南鴻"印。

2647　　　　　　　　　SG48/996
吉堂文稿十二卷
（清）欽善撰
清嘉慶二十五年（1820）刻本
二册　一函
　　正文半葉十行二十一字，花口，單黑魚尾，左右雙邊。
　　內封牌記鎸"嘉慶庚辰中春之月刊於崔壺"。
　　鈐"蘭齋藏書"印。

2648　　　　　　　　　SG48/1020-1
樗壽山房輯藁六卷
（清）史致儼撰
清道光二十七年（1847）王永元刻本
四册　一函
　　正文半葉九行十九字，白口，單黑魚尾，四周單邊。
　　內封鎸"道光二十七年刊"。卷末有"道光□年□月授梓越□月書成""揚州運司北圈門　土永元刻字鋪刊"字樣。
　　書衣有著者後人墨筆言購買此書經歷。

2649　　　　　　　　　SG48/1491
養一齋文集二十卷文集補遺一卷文集續編六卷詩集八卷
（清）李兆洛撰
清道光二十三年（1843）維風堂活字本
十二册　二函
　　正文半葉九行二十一字，黑口，單黑魚尾，四周單邊。
　　內封題"李申耆先生著　養一齋文集　維風堂聚珍板"。
　　鈐"慈谿耕餘樓""馮氏辨齋藏書""毛準""子水"印。

2650　　　　　　　　　SG4171/672
桂畱山房詩集十二卷附詞集一卷
（清）沈學淵撰
清道光十三年至二十四年（1833-1844）郁松年刻本
八册　一函
　　正文半葉十行二十一字，白口，單黑魚

尾,四周雙邊。

鈐"抱經堂藏""汪士鐘印"印。

2651　　　　　　　　SG48/184

桂馨堂集六種十三卷

（清）張廷濟撰

清道光十九年至二十八年（1839－1848）張氏清儀閣刻本

六冊　一函

正文半葉十行十九字,小字雙行同,白口,單黑魚尾,左右雙邊。

《清儀閣雜詠》內封鐫"清儀閣雜詠道光十九年冬日刻",《順安詩草》內封鐫"道光二十八年夏日刻　清儀閣藏板"。

鈐"曾藏袁文藪家""曾歸徐氏彊誃"印。

清儀閣雜詠一卷
竹田樂府一卷
竹里畫者詩一卷
竹里耆舊詩一卷
感逝詩一卷
順安詩草八卷

2652　　　　　　　　SG48/1293

子仙文鈔二卷詩鈔八卷拜玉詞二卷

（清）李福撰

清道光三年（1823）百花盦刻本

八冊　一函

正文半葉九行二十一字,白口,單黑魚尾,左右雙邊。

卷末木記鐫"道光癸未年春正月開雕于吳門百花盦",卷末又鐫"吳郡許翰屏仿宋書沈良玉雕刊"。

2653　　　　　　　　SG48/444－1

冬青館甲集六卷

（清）張鑑撰

清道光十九年（1839）刻本

四冊　一函

正文半葉十二行二十三字,細黑口,無魚尾,左右雙邊。

鈐"潤州吳庠眉孫藏書"印。

2654　　　　　　　　SG4171/922

知足知止之齋詩四卷

（清）王慶墀撰　姚五庸編

清道光十三年至三十年（1833－1850）稿本

二冊　一函

正文半葉八行十八字,小字雙行同,無版框。

稀見。卷二末題"道光庚戌七月初八日世愚姪潘恭壽謹校"。鈐"徐鎬私印""大雅""祥河"諸印。

2655　　　　　　　　SG48/599

御製文初集十卷

（清）宣宗旻寧撰　曹振鏞編

清道光十一年（1831）內府刻本

十冊　一函

正文半葉七行十五字,花口,單黑魚尾,四周雙邊。

序末鈐"道光宸翰""日進無疆"印。

2656　　　　　　　　　　　SG48/352

柯亭子文集八卷駢體文集八卷詩初集八卷詩二集十卷詩三集三卷

（清）周沐潤撰

清道光二十九年（1849）生香書屋刻本

二册　一函　存八卷（柯亭子文集八卷）

正文半葉十行二十一字，白口，單黑魚尾，四周雙邊。

内封鎸"道光己酉孟春　柯亭子文集　生香書屋鋟藏"。

有朱筆删改。

2657　　　　　　　　　　SG4171/1686

靜默齋詩集二卷

（清）迪齋撰

清道光二十九年至宣統三年（1849－1911）抄本

二册　一函

正文半葉九行二十字，白口，單紅魚尾，四周雙邊，朱絲欄。

版心下鎸"懿文齋"。

2658　　　　　　　　　　　SG415/71

禀文存稿不分卷

（清）佚名編

清道光二十九年至三十年（1849－1850）抄本

一册　一函

正文半葉十一行或十二行字數不等，無界行。

此乃清道光二十九年至三十年間某錢穀幕友于山東臨清代主人所作禀文。書中記事止于清道光三十年。書名本館自擬，書簽原題"道光刑部檔"。

2659　　　　　　　　　　　SG48/663

退密齋詩文鈔不分卷

（清）徐繼畬撰

清咸豐元年至宣統三年（1851－1911）抄本

二册　一函

《詩鈔》正文半葉九行字數不等，紅格，白口，單紅魚尾，四周雙邊；《文鈔》正文半葉九行二十字，藍格，白口，單藍魚尾，四周雙邊。

《詩鈔》版心下鎸"松竹齋"，《文鈔》版心下鎸"四寶齋"。

有白恩佑跋。鈐"恩佑""白氏卡子""蘭岩"諸印。

2660　　　　　　　　　　　SG4171/222

星泉吟草不分卷

（清）璧昌撰

清咸豐二年（1852）璧昌稿本

二册　一函

正义半葉六行十六字，小字雙行同，無界行。

清咸豐二年陶樑跋言成書事。璧昌（1795－1854），姓額勒德特氏，字東垣，蒙古鑲黃旗人。和瑛季子。鈐"臣樑印信""長洲陶氏壽者八十後所作翰墨"印。

2661　　　　　　　　　　SG415/189

左文襄尺牘

（清）左宗棠撰

民國三年（1914）吳晴波抄本

一册　一函

正文半葉八行字數不等，素紙。

書簽墨筆題"左文襄尺牘　甲寅春三月　吳晴波題"。内容爲左宗棠于清光緒六年（1880）任陝甘總督時致總理衙門的七封書札。

2662　　　　　　　　　　SG413/62

聽瓶笙館駢體初稿不分卷

（清）阮福瀚撰

清咸豐八年（1858）阮蘭千聽瓶笙館抄本

一册　一函

正文半葉九行二十一字，白口，單藍魚尾，藍格，四周單邊。

版心下鎸"聽瓶笙館手錄"。

清咸豐八年阮福瀚之子阮蘭千序題識言抄書事。卷首有阮福瀚好友姚梅伯之子姚景夔抄錄梅伯序。鈐"瓶中""小憂"諸印。

2663　　　　　　　　　　SG415/171

雪泥留印四卷

（清）陳慶文撰

清咸豐八年（1858）陳慶文稿本

四册　一函

正文半葉八行二十一字，無欄格。

内封題"咸豐戊午年秋月""雪泥留印""陳慶文未定稿"。

清咸豐八年陳慶文序言抄書事。行間有朱筆句讀。鈐"心田""陸""史倬""倬""潁川陳氏""北容定""吉""北容鑑定"諸印。

2664　　　　　　　　　　SG48/1092

硯樵山房文薈不分卷

（清）董文涣撰

清同治四年（1865）稿本

一册　一函

正文半葉十行二十二字，白口，紅格稿紙。

稀見。董文涣（1833－1877），字堯章，號研秋、研樵、硯樵，山西洪洞縣人。清咸豐六年（1856）進士。同治四年補甘肅甘凉兵備道，十一年（1872）授甘肅鞏秦階道。著有《硯樵山房詩》《聲調四譜圖說》《集韻編雅》等。

2665　　　　　　　　　　SG4171/27

知自主齋詩稿不分卷

（清）曹鶴清撰

清光緒二十八年至宣統三年（1902－1911）曹鶴清稿本

四册　一函

正文半葉八行字數不等，單紅魚尾，紅格，四周雙邊。

版心下鎸"尚卿居"。

鈐"張星烺遺囑贈送"印。

2666 SG4171/702
寫韻軒詩稿不分卷
（清）王芸仙撰
鏡花粧閣合稿不分卷
（清）陳靜賢撰
清同治稿本
一册　一函
　　正文半葉六行二十字，白口，單紅魚尾，紅格，四周雙邊。
　　版心上鎸"青雲直上"，下鎸"天成紙號"。有佚名朱筆批點。

2667 SG4171/176
毛穉澥詩集三卷
（清）毛澂撰
清光緒六年至三十四年（1880－1908）毛澂稿本
三册　一函
　　正文半葉九行二十二字，白口，單紅魚尾，四周雙邊，朱絲欄。
　　又名《仙井集》。卷一至二版心下鎸"乾元亨"，卷三版心下鎸"秀文齋"。此書乃供排印之底稿本。
　　毛澂（1843－1906），原名席豐，字蜀雲，又字叔雲，四川仁壽人。清光緒二年（1876）舉人，光緒六年進士，欽點翰林院庶吉士。

2668 SG415/178
魚鴻剩牘不分卷
（清）張廷驤撰
清光緒元年至二十年（1875－1894）張廷驤稿本
二册　一函
　　正文半葉九行字數不等，無欄格。
　　記事止于清光緒二十年（1894）。
　　鈐"張廷驤字翰伯"印。

2669 SG4171/253
敬義軒詩稿一卷
（清）謝爲質撰
清刻本
與《六義齋詩集》合册　合函
　　正文半葉九行十九字，白口，單黑魚尾，上下雙邊。

民國別集之屬

2670 SG52/170
楊純哲著作五種五十卷
楊文彬撰
民國二年至三十八年（1913－1949）楊文彬稿本
五册　一函
　　正文半葉十一行二十四字至二十九字不等，藍格，單藍魚尾，左右雙邊。
　　書名本館自擬。有朱筆圈點。
　　哲仙樓文稿存十卷
　　絜廬文集十卷
　　養晦齋文集十五卷
　　退隱軒文集十卷
　　退隱軒詩集五卷

總集類

類編之屬

2671　　　　　　　　SG4171/1680
松陵集十卷
（唐）皮日休　陸龜蒙撰
明崇禎九年（1636）顧凝遠詩瘦閣刻本
六冊　一函
　　正文半葉九行十九字，白口，無魚尾，左右雙邊。金鑲玉。
　　版心下鐫"詩瘦閣"。
　　正文朱筆圈點。鈐"鄂城汪奠基藏書之印""自在香館"諸印。

2672　　　　　　　　SG411/4-1
重校正唐文粹一百卷
（宋）姚鉉纂
明嘉靖三年（1524）徐焴刻本
四十冊　四函
　　正文半葉十四行二十五字，白口，單黑魚尾，左右雙邊。
　　版心下鐫刻工"李潮""李本""劉松"等。
　　鈐"伯羲""盛昱過眼""蘭話堂書畫印"諸印。

2673　　　　　　　又一部　SG411/4-1
重校正唐文粹一百卷
（宋）姚鉉纂
明嘉靖三年（1524）徐焴刻本
五十九冊　六函
　　正文半葉十四行二十五字，白口，單黑魚尾，左右雙邊。
　　版心下鐫刻工"李潮""李本""劉松"等。

2674　　　　　　　　SG45/141-2
校正重刊官板宋朝文鑑一百五十卷目錄三卷
（宋）呂祖謙輯
明萬曆元年至崇禎十七年（1573-1644）刻本
二十冊　四函
　　正文半葉十行二十字，白口，單黑魚尾，四周單邊。

2675　　　　　　　　SG417/249
眾妙集一卷
（宋）趙師秀輯
明天啓至崇禎毛氏汲古閣刻本
二冊　一函
　　正文半葉八行十九字，白口，無魚尾，左

右雙邊。

版心下鐫"汲古閣"。《詩詞雜俎》之一。

有朱墨筆圈點。

2676　　　　　　　　　　　　SG41/21

元文類七十卷目錄三卷

（元）蘇天爵編次　（明）王守誠校訂

明天啓元年至崇禎十七年（1621－1644）修德堂刻本

二十六册　四函

正文半葉九行二十字，白口，單黑魚尾，四周單邊。

版心下鐫"修德堂"。

2677　　　　　　　　　　　　SG411/43

皇明經濟文輯二十三卷

（明）陳其愫點輯　姚明彥閱訂

明天啓七年（1627）陳其愫刻本

十册　二函

正文半葉八行十八字，白口，無魚尾，四周單邊。

2678　　　　　　　　　　　　SG411/72

媚幽閣文娱不分卷

（明）鄭元勳選　陳繼儒定　鄭元化訂

明崇禎三年（1630）鄭元化刻本

十二册　二函

正文半葉九行二十字，白口，單白魚尾，四周單邊。

唐序後鐫"白門李文孝希禹梓"。

鈐"徐守益印""娱園藏書"印。

2679　　　　　　　　　　　　SG413/63

車書樓彙輯各名公四六爭奇八卷

（明）許以忠輯　王世茂校

明萬曆四十八年（1620）王世茂車書樓刻本

四册　一函

正文半葉九行十八字，小字雙行同，白口，單黑魚尾，四周單邊。

鈐"餘姚謝氏永耀樓藏書"印。

2680　　　　　　　　　　　　SG413/24

古照堂彙纂四六章甫十卷首一卷

（明）陳仁錫編定　鍾惺　艾南英校

明天啓元年至崇禎十七年（1621－1644）唐際雲刻本

六册　一函

正文半葉九行二十四字，小字雙行同，白口，無魚尾，四周單邊。

稀見。

2681　　　　　　　　　　　　SG415/137

古今濡削選章四十卷

（明）李國祥選

明萬曆二十九年至四十八年（1601－1620）松門山房刻本

十六册　二函

正文半葉十行二十字，白口，單黑魚尾，左右雙邊。

内封鐫"濡削選章　松門山房藏板"。

鈐"吕海寰印""鏡宇""大司馬章"諸印。

2682　　　　　　　　　SG415/166-1

翰海十二卷

（明）沈佳胤輯　陳繼儒鑒定

明天啟元年至崇禎十七年（1621－1644）
　刻本

十二冊　一函

　正文半葉九行二十三字，白口，無魚尾，無界行，四周單邊。

2683　　　　　　　　　SG411/101

八代文鈔一百六種一百六卷

（明）李賓編

明萬曆至崇禎刻本

六十八冊　八函

　正文半葉九行二十字，白口，白魚尾，左右雙邊。

　本書輯楚、漢、魏、晉、南北朝、唐、宋、元、明各大家文。

　　屈平文鈔一卷　（周）屈原撰
　　宋玉文鈔一卷　（周）宋玉撰
　　董仲舒文鈔一卷　（漢）董仲舒撰
　　司馬長卿文鈔一卷　（漢）司馬相如撰
　　班孟堅文鈔一卷　（漢）班固撰
　　揚子雲文鈔一卷　（漢）揚雄撰
　　東方曼倩文鈔一卷　（漢）東方朔撰
　　葉正則文鈔一卷　（宋）葉適撰
　　虞伯生文鈔一卷　（元）虞集撰
　　元裕之文鈔一卷　（金）元好問撰
　　諸葛孔明文鈔一卷　（三國蜀）諸葛亮撰
　　蔡中郎文鈔一卷　（漢）蔡邕撰
　　王仲宣文鈔一卷　（漢）王粲撰
　　魏武帝文鈔一卷　（三國魏）武帝曹操撰
　　魏文帝文鈔一卷　（三國魏）文帝曹丕撰
　　曹子建文鈔一卷　（三國魏）曹植撰
　　嵇叔夜文鈔一卷　（三國魏）嵇康撰
　　阮嗣宗文鈔一卷　（三國魏）阮籍撰
　　潘安仁文鈔一卷　（晉）潘岳撰
　　陸士衡文鈔一卷　（晉）陸機撰
　　陸士龍文鈔一卷　（晉）陸雲撰
　　王右軍文鈔一卷　（晉）王羲之撰
　　陶淵明文鈔一卷　（晉）陶潛撰
　　鮑明遠文鈔一卷　（南朝宋）鮑照撰
　　謝靈運文鈔附謝玄暉一卷　（南朝宋）謝靈運
　　　（南朝齊）謝朓撰
　　陶通明文鈔一卷　（南朝梁）陶弘景撰
　　梁昭明文鈔一卷　（南朝梁）蕭統撰
　　梁簡文文鈔一卷　（南朝梁）簡文帝蕭綱撰
　　江文通文鈔一卷　（南朝梁）江淹撰
　　任彥升文鈔一卷　（南朝梁）任昉撰
　　劉孝標文鈔一卷　（南朝梁）劉孝標撰
　　沈休文文鈔一卷　（南朝梁）沈約撰
　　徐孝穆文鈔一卷　（南朝陳）徐陵撰
　　庾子山文鈔一卷　（北周）庾信撰
　　陳伯玉文鈔一卷　（唐）陳子昂撰
　　張道濟文鈔一卷　（唐）張說撰
　　張子壽文鈔一卷　（唐）張九齡撰
　　王無功文鈔一卷　（唐）王績撰
　　王子安文鈔一卷　（唐）王勃撰
　　楊盈川文鈔一卷　（唐）楊炯撰
　　盧升之文鈔一卷　（唐）盧照鄰撰
　　駱賓王文鈔一卷　（唐）駱賓王撰
　　王摩詰文鈔一卷　（唐）王維撰
　　李太白文鈔一卷　（唐）李白撰
　　元次山文鈔一卷　（唐）元結撰
　　歐陽行周文鈔一卷　（唐）歐陽詹撰
　　韓退之文鈔一卷　（唐）韓愈撰
　　柳子厚文鈔一卷　（唐）柳宗元撰
　　劉夢得文鈔一卷　（唐）劉禹錫撰

李文饒文鈔一卷　（唐）李德裕撰
李習之文鈔一卷　（唐）李翱撰
孫可之文鈔一卷　（唐）孫樵撰
李遐叔文鈔一卷　（唐）李華撰
皇甫持正文鈔一卷　（唐）皇甫湜撰
元微之文鈔一卷　（唐）元稹撰
白樂天文鈔一卷　（唐）白居易撰
沈下賢文鈔一卷　（唐）沈亞之撰
段柯古文鈔一卷　（唐）段成式撰
杜牧之文鈔一卷　（唐）杜牧撰
李義山文鈔一卷　（唐）李商隱撰
皮襲美文鈔一卷　（唐）皮日休撰
陸魯望文鈔一卷　（唐）陸龜蒙撰
羅昭諫文鈔一卷　（唐）羅隱撰
司空表聖文鈔一卷　（唐）司空圖撰
劉蛻文鈔一卷　（唐）劉蛻撰
劉軻文鈔一卷　（唐）劉軻撰
歐陽永叔文鈔一卷　（宋）歐陽修撰
王介甫文鈔一卷　（宋）王安石撰
司馬君實文鈔一卷　（宋）司馬光撰
范希文文鈔一卷　（宋）范仲淹撰
蘇老泉文鈔一卷　（宋）蘇洵撰
蘇子瞻文鈔一卷　（宋）蘇軾撰
蘇子由文鈔一卷　（宋）蘇轍撰
曾子固文鈔一卷　（宋）曾鞏撰
秦少游文鈔一卷　（宋）秦觀撰
黃魯直文鈔一卷　（宋）黃庭堅撰
晁無咎文鈔一卷　（宋）晁補之撰
張文潛文鈔一卷　（宋）張耒撰
陳無己文鈔一卷　（宋）陳師道撰
李方叔文鈔一卷　（宋）李廌撰
陸務觀文鈔一卷　（宋）陸游撰
蔡君謨文鈔一卷　（宋）蔡襄撰
唐子西文鈔一卷　（宋）唐庚撰
劉夢吉文鈔一卷　（元）劉因撰
宋景濂文鈔一卷　（明）宋濂撰
陳同甫文鈔一卷　（宋）陳亮撰
劉彥沖文鈔一卷　（宋）劉子翬撰
歐陽元功文鈔一卷　（元）歐陽玄撰
劉伯溫文鈔一卷　（明）劉基撰
王子充文鈔一卷　（明）王褘撰
崔中鳧文鈔一卷　（明）崔銑撰
李獻吉文鈔一卷　（明）李夢陽撰
何仲默文鈔一卷　（明）何景明撰
徐昌穀文鈔一卷　（明）徐禎卿撰
楊用修文鈔一卷　（明）楊慎撰
王伯安文鈔一卷　（明）王守仁撰
唐應德文鈔一卷　（明）唐順之撰
歸熙父文鈔一卷　（明）歸有光撰
王允寧文鈔一卷　（明）王維楨撰
李于鱗文鈔一卷　（明）李攀龍撰
王元美文鈔一卷　（明）王世貞撰
汪伯玉文鈔一卷　（明）汪道昆撰
徐文長文鈔一卷　（明）徐渭撰
袁中郎文鈔一卷　（明）袁宏道撰
湯若士文鈔一卷　（明）湯顯祖撰
鍾伯敬文鈔一卷　（明）鍾惺撰

2684　　　　　　又一部　SG411/143
八代文鈔一百六種一百六卷
（明）李賓編
明萬曆至崇禎刻本
十二冊　二函　存八種八卷（葉正則文鈔一卷、王子安文鈔一卷、蔡君謨文鈔一卷、唐子西文鈔一卷、宋景濂文鈔一卷、劉彥沖文鈔一卷、劉伯溫文鈔一卷、徐昌穀文鈔一卷）
正文半葉九行二十字，白口，白魚尾，左

右雙邊。

鈐"無是樓藏書"印。

2685　　　　　　　　　　SG413/51

八代四六全書十六卷

（明）李天麟彙輯　余良樞　唐守欽校

明萬曆十六年至四十八年（1588－1620）

重刻萬曆十五年（1587）詞致錄本

九冊　一函

正文半葉十行二十字，白口，單黑魚尾，四周單邊。

眉上鐫評。

鈐"白雲峰西葛滿江北九曲洞天永慕精言傳家詩禮滿壁圖書記""東林居士"印。

2686　　　　　　　　　　SG45/287

韓范兩集合刻七十七卷

（明）康丕揚編

明萬曆三十六年（1608）康丕揚刻三十七年（1609）印本

十二冊　三函

正文半葉九行十九字，白口，單黑魚尾間單白魚尾，四周單邊。

鈐"震旦第一山樵""朱樨之印""天津劉氏研理樓藏""研理樓劉氏藏""劉明陽王靜宜夫婦讀書之印""天津劉明陽靜宜收藏書""寶靜簃主王靜宜所得秘笈記"諸印。

2687　　　　　　　　　　SG4171/872

名媛詩歸三十六卷

（明）鍾惺點次

明天啓元年至崇禎十七年（1621－1644）

鍾惺刻本

八冊　一函

正文半葉九行十九字，小字雙行同，白口，單黑魚尾，左右雙邊。

卷一首葉版心下鐫"周明徵書"。

2688　　　　又一部　SG4171/872

名媛詩歸三十六卷

（明）鍾惺點次

明天啓元年至崇禎十七年（1621－1644）

鍾惺刻本

二十冊　四函

正文半葉九行十九字，小字雙行同，白口，單黑魚尾，左右雙邊。

卷一首葉版心下鐫"周明徵書"。

2689　　　　　　　　　　SG411/91

古文選不分卷

（明）何□□輯

明萬曆二十四年（1596）上谷書院刻本

十六冊　三函

正文半葉十行二十二字，白口，單黑魚尾，左右雙邊。

眉上鐫評。目錄卷端鐫"上谷書院刊行"。版心下鐫刻工"周文盛""胡承祖"等。

2690　　　　　　　　　　SG43/44

漢魏六朝一百三家集一百十八卷

（明）張溥編

明天啓至崇禎婁東張氏刻本

七十六冊　十函

正文半葉九行十八字，白口，單白魚尾，

左右雙邊。

内封鐫"張天如太史評閱　漢魏六朝百名家全集　金閶徐參微梓行"。

鈐"嘉顯堂藏版""後增五十名家嗣出"印。

賈長沙集一卷　（漢）賈誼撰
司馬文園集一卷　（漢）司馬相如撰
董膠西集一卷　（漢）董仲舒撰
東方大中集一卷　（漢）東方朔撰
漢褚先生集一卷　（漢）褚少孫撰
王諫議集一卷　（漢）王褒撰
漢劉中壘集一卷　（漢）劉向撰
揚侍郎集一卷　（漢）揚雄撰
漢劉子駿集一卷　（漢）劉歆撰
馮曲陽集一卷　（漢）馮衍撰
班蘭臺集一卷　（漢）班固撰
東漢崔亭伯集一卷　（漢）崔駰撰
張河間集二卷　（漢）張衡撰
漢蘭臺令李伯仁集一卷　（漢）李尤撰
東漢馬季長集一卷　（漢）馬融撰
東漢荀侍中集一卷　（漢）荀悅撰
蔡中郎集二卷　（漢）蔡邕撰
東漢王叔師集一卷　（漢）王逸撰
孔少府集一卷　（漢）孔融撰
諸葛丞相集一卷　（三國蜀）諸葛亮撰
魏武帝集一卷　（三國魏）武帝曹操撰
魏文帝集二卷　（三國魏）文帝曹丕撰
陳思王集二卷　（三國魏）曹植撰
陳記室集一卷　（漢）陳琳撰
王侍中集一卷　（漢）王粲撰
魏阮元瑜集一卷　（漢）阮瑀撰
魏劉公幹集一卷　（漢）劉楨撰
魏應德璉集一卷　（三國魏）應瑒撰
魏應休璉集一卷　（三國魏）應璩撰
阮步兵集一卷　（三國魏）阮籍撰
嵇中散集一卷　（三國魏）嵇康撰
魏鍾司徒集一卷　（三國魏）鍾會撰
晉杜征南集一卷　（晋）杜預撰
魏荀公曾集一卷　（晋）荀勖撰
傅鶉觚集一卷　（晋）傅玄撰
晉張司空集一卷　（晋）張華撰
孫馮翊集一卷　（晋）孫楚撰
晉摯太常集一卷　（晋）摯虞撰
晉束廣微集一卷　（晋）束皙撰
夏侯常侍集一卷　（晋）夏侯湛撰
潘黃門集一卷　（晋）潘岳撰
傅中丞集一卷　（晋）傅咸撰
潘太常集一卷　（晋）潘尼撰
陸平原集二卷　（晋）陸機撰
陸清河集二卷　（晋）陸雲撰
晉成公子安集一卷　（晋）成公綏撰
晉張孟陽集一卷　（晋）張載撰
晉張景陽集一卷　（晋）張協撰
晉劉越石集一卷　（晋）劉琨撰
郭弘農集二卷　（晋）郭璞撰
晉王右軍集二卷　（晋）王羲之撰
晉王大令集一卷　（晋）王獻之撰
孫廷尉集一卷　（晋）孫綽撰
陶彭澤集一卷　（晋）陶潛撰
宋何衡陽集一卷　（南朝宋）何承天撰
宋傅光祿集一卷　（南朝宋）傅亮撰
謝康樂集二卷　（南朝宋）謝靈運撰
顏光祿集一卷　（南朝宋）顏延之撰
鮑參軍集二卷　（南朝宋）鮑照撰
宋袁陽源集一卷　（南朝宋）袁淑撰
謝法曹集一卷　（南朝宋）謝惠連撰
謝光祿集一卷　（南朝宋）謝莊撰
南齊竟陵王集二卷　（南朝齊）蕭子良撰
王文憲集一卷　（南朝齊）王儉撰

王寧朔集一卷　（南朝齊）王融撰

謝宣城集一卷　（南朝齊）謝朓撰

齊張長史集一卷　（南朝齊）張融撰

南齊孔詹事集一卷　（南朝齊）孔稚珪撰

梁武帝御製集一卷　（南朝梁）武帝蕭衍撰

梁昭明太子集一卷　（南朝梁）蕭統撰

梁簡文帝御製集二卷　（南朝梁）簡文帝蕭綱撰

梁元帝集一卷　（南朝梁）元帝蕭繹撰

江醴陵集二卷　（南朝梁）江淹撰

沈隱侯集二卷　（南朝梁）沈約撰

陶隱居集一卷　（南朝梁）陶弘景撰

梁丘司空集一卷　（南朝梁）丘遲撰

任中丞集一卷　（南朝梁）任昉撰

王左丞集一卷　（南朝梁）王僧孺撰

陸太常集一卷　（南朝梁）陸倕撰

劉戶曹集一卷　（南朝梁）劉孝標撰

王詹事集一卷　（南朝梁）王筠撰

劉秘書集一卷　（南朝梁）劉孝綽撰

劉豫章集一卷　（南朝梁）劉潛撰

劉庶子集一卷　（南朝梁）劉孝威撰

庾度支集一卷　（南朝梁）庾肩吾撰

何記室集一卷　（南朝梁）何遜撰

吳朝請集一卷　（南朝梁）吳均撰

陳後主集一卷　（南朝陳）後主陳叔寶撰

徐僕射集一卷　（南朝陳）徐陵撰

沈侍中集一卷　（南朝陳）沈炯撰

江令君集一卷　（南朝陳）江總撰

陳張散騎集一卷　（南朝陳）張正見撰

高令公集一卷　（北魏）高允撰

溫侍讀集一卷　（北魏）溫子升撰

邢特進集一卷　（北齊）邢邵撰

魏特進集一卷　（北齊）魏收撰

庾開府集二卷　（北周）庾信撰

王司空集一卷　（北周）王褒撰

隋煬帝集一卷　（隋）煬帝楊廣撰

盧武陽集一卷　（隋）盧思道撰

李懷州集一卷　（隋）李德林撰

牛奇章集一卷　（隋）牛弘撰

薛司隸集一卷　（隋）薛道衡撰

2691　　　　　　　　　SG41/43

漢魏六朝一百三家集一百十八卷

（明）張溥編

明天啓至崇禎翻刻張溥原本

一百册　十八函

　　正文半葉九行十八字，白口，白魚尾，左右雙邊。

　　鈐"北方大學圖書館"印。

2692　　　　　　又一部　SG41/61－1

漢魏六朝一百三家集一百十八卷

（明）張溥編

明天啓至崇禎翻刻張溥原本

九十六册　十四函

　　正文半葉九行十八字，白口，白魚尾，左右雙邊。

2693　　　　　　　　SG43/44－1

漢魏六朝一百三家集一百十八卷

（明）張溥編

明天啓至清康熙翻刻張溥原本

八十册　八函

　　正文半葉九行十八字，白口，單白魚尾或單黑魚尾，左右雙邊。

　　鈐"梅堂藏書"印。

集　部

2694　　　　　　　　　　　SG43/38

漢魏名文乘不分卷

（明）張運泰　余元熹彙評

明天啓元年至崇禎十七年（1621－1644）刻本

二册　一函　存漢文

正文半葉十行二十七字，白口，無魚尾，四周單邊。

2695　　　　　　　　　　　SC313/96

石渠閣評輯鋪茵古集八卷

（明）李自榮評點　（清）蔣時機類輯

清順治刻本

八册　二函

正文半葉七行十六字，白口，無魚尾，四周單邊。

眉上鎸評。

2696　　　　　　　　　　　SG413/16

四六琯朗集八卷

（明）周之標選輯　吴思穆　周亮工糸訂

清順治十年（1653）周之標刻本

三册　一函

正文半葉九行二十二字，小字雙行同，白口，單黑魚尾，四周單邊。

鈐"龍山蟄廬藏書之章""古莘陳氏子子孫孫永寶用"印。

2697　　　　　　　　　　　SG4171/1681

六朝詩集二十四種五十五卷

（明）薛應旂輯

明嘉靖陳奎刻本

十六册　二函

正文半葉十行十八字，白口，無魚尾，左右雙邊。

序後鎸"毘陵陳奎刊"。

有抄配。鈐"釋氏"諸印。

梁武帝集一卷　（南朝梁）武帝蕭衍撰
梁簡文帝集二卷　（南朝梁）簡文帝蕭綱撰
梁宣帝集一卷　（南朝梁）宣帝蕭詧撰
梁元帝集一卷　（南朝梁）元帝蕭繹撰
後周明帝集一卷　（北周）明帝宇文毓撰
陳後主集一卷　（南朝陳）後主陳叔寶撰
隋煬帝集一卷　（隋）煬帝楊廣撰
陳思王集四卷　（三國魏）曹植撰
阮嗣宗集三卷　（三國魏）阮籍撰
嵇中散集一卷　（三國魏）嵇康撰
陸士衡集七卷　（晋）陸機撰
陸士龍集四卷　（晋）陸雲撰
謝康樂集一卷　（南朝宋）謝靈運撰
謝惠連集一卷　（南朝宋）謝惠連撰
謝宣城集五卷　（南朝齊）謝朓撰
江文通集四卷　（南朝梁）江淹撰
鮑氏集八卷　（南朝宋）鮑照撰
梁沈約集一卷　（南朝梁）沈約撰
梁劉孝綽集一卷　（南朝梁）劉孝綽撰
梁劉孝威集一卷　（南朝梁）劉孝威撰
何水部集二卷　（南朝梁）何遜撰
陰常侍集一卷　（南朝陳）陰鏗撰
王子淵集一卷　（北周）王褒撰
庾開府集二卷　（北周）庾信撰

2698　　　　　　　　　　　SG45/184

唐宋八大家文鈔一百四十四卷

（明）茅坤編并批評

明萬曆七年（1579）茅一桂刻本

八十冊　十六函

　　正文半葉九行十九字，小字雙行同，白口，單白魚尾，左右雙邊。

　　行間鐫評。版心下鐫刻工"付""趙"等。

　　唐大家韓文公文抄十六卷　（唐）韓愈撰
　　唐大家柳柳州文抄十二卷　（唐）柳宗元撰
　　宋大家歐陽文忠公文抄三十二卷　（宋）歐陽修撰
　　宋大家蘇文公文抄十卷　（宋）蘇洵撰
　　宋大家蘇文忠公文抄二十八卷　（宋）蘇軾撰
　　宋大家蘇文定公文抄二十卷　（宋）蘇轍撰
　　宋大家王文公文抄十六卷　（宋）王安石撰
　　宋大家曾文定公文抄十卷　（宋）曾鞏撰

2699　　又一部　SG44/118、SG44/72-1、SG45/3-1、SG45/68、SG45/85、SG45/88、SG45/90、SG45/97

唐宋八大家文鈔一百四十四卷

（明）茅坤編并批評

明萬曆七年（1579）茅一桂刻本

八十冊　十四函

　　正文半葉九行十九字，小字雙行同，白口，單白魚尾，左右雙邊。

　　行間鐫評。版心下鐫刻工"付""趙"等。

　　鈐"龍象室""孟博藏書""馬氏家藏圖書"諸印。

2700　　　　　　　　　　SG41/63

唐宋十大家全集錄五十一卷

（清）儲欣編

清康熙四十二年至四十四年（1703-1705）歙縣吳蔚起遺清堂刻本

三十冊　四函　缺三卷（河東先生全集錄一至三）

　　正文半葉九行二十五字，黑口，雙黑魚尾，左右雙邊。

　　眉上鐫評。內封鐫"宜興儲同人先生點定　唐宋十大家全集錄　遺清堂藏板"。

　　昌黎先生全集錄八卷　（唐）韓愈撰
　　河東先生全集錄六卷　（唐）柳宗元撰
　　習之先生全集錄二卷　（唐）李翱撰
　　可之先生全集錄二卷　（唐）孫樵撰
　　六一居士全集錄五卷外集錄二卷　（宋）歐陽修撰
　　老泉先生全集錄五卷　（宋）蘇洵撰
　　東坡先生全集錄九卷　（宋）蘇軾撰
　　欒城先生全集錄六卷　（宋）蘇轍撰
　　南豐先生全集錄二卷　（宋）曾鞏撰
　　臨川先生全集錄四卷　（宋）王安石撰

2701　　　　　　　　　SG4171/1647

唐宋八家詩五十二卷

（清）姚培謙輯

清康熙六十年至雍正五年（1721-1727）華亭姚氏遂安堂刻本

二十冊　四函

　　正文半葉九行十九字，黑口，單黑魚尾，左右雙邊。

　　內封鐫"唐宋八家詩　沈歸愚先生鑒定　韓昌黎　歐陽永叔　蘇東坡　曾南豐　柳河東　蘇老泉　蘇欒城　王臨川　遂安堂藏板"。

　　昌黎詩鈔八卷　（唐）韓愈撰

河東詩鈔四卷　（唐）柳宗元撰
廬陵詩鈔八卷　（宋）歐陽修撰
老泉詩鈔一卷　（宋）蘇洵撰
東坡詩鈔十八卷　（宋）蘇軾撰
欒城詩鈔四卷　（宋）蘇轍撰
半山詩鈔六卷　（宋）王安石撰
南豐詩鈔三卷　（宋）曾鞏撰

2702　　　　　　　　　　　　SG44/24
唐人三家集二十八卷

（清）秦恩復輯

清嘉慶二十一年至道光十年（1816－1830）秦氏石研齋仿宋刻本

十二册　三函

正文半葉十一行二十字，白口，單黑魚尾，左右雙邊。

《李元賓文集》目錄末鎸"嘉慶戊寅歲春二月石研齋秦氏刊"，《呂衡州文集》目錄末鎸"道光丁亥五月石研齋秦氏刊"。

鈐"謝宗陶藏書印"印。

駱賓王文集十卷附考異一卷　（唐）駱賓王撰　（清）顧廣圻考異
呂衡州文集十卷附考證一卷　（唐）呂溫撰　（清）顧廣圻考證
李元賓文集文編三卷外編二卷續編一卷　（唐）李觀撰　陸希聲輯文編　（宋）趙昂輯外編　（清）秦恩復輯續編

2703　　　　　　　　　　　　SG417/279
唐八家詩鈔不分卷

（清）陳明善輯

清乾隆三十四年（1769）武進陳氏亦園刻本

八册　一函

正文半葉九行二十一字，白口，單黑魚尾，左右雙邊。

内封鎸"乾隆己丑年新鎸　長洲沈歸愚　武進莊養恬兩先生鑒定　唐八家詩鈔　亦園藏版"。

2704　　　　　　　　　　　　SG4171/1033
唐詩金粉十卷

（清）沈炳震纂輯

清乾隆元年至六十年（1736－1795）冬讀書齋刻本

四册　一函

正文半葉十一行字數不等，小字雙行字數不等，白口，單黑魚尾，左右雙邊。

内封鎸"歸安沈東甫輯　唐詩金粉　冬讀書齋藏板"。

2705　　　　　　　　　　　　SG4171/341
應試唐詩類釋十九卷附應試唐詩備考不分卷

（清）臧岳編次

清乾隆四十年（1775）三樂齋刻本

六册　一函

正文半葉八行二十字，小字雙行同，白口，單黑魚尾，左右雙邊。

内封鎸"乾隆四十年重鎸　山左臧括齋編輯　聞式堂唐詩類釋　三樂齋藏板"。

2706　　　　　　　　　　　　SG417/174－3
宋詩鈔初集九十五卷

（清）呂留良　吳之振　吳爾堯輯

清康熙十年(1671)吳氏鑑古堂刻本
二十四冊　三函

　　正文半葉十二行二十二字,小字雙行同,黑口,雙黑魚尾,左右雙邊。

　　內封鐫"吳孟舉　呂晚村　吳自牧同選　宋詩鈔初集　州錢吳氏鑑古堂藏"。

　　小畜集鈔一卷　(宋)王禹偁撰
　　騎省集鈔一卷　(宋)徐鉉撰
　　安陽集鈔一卷　(宋)韓琦撰
　　滄浪集鈔一卷　(宋)蘇舜欽撰
　　乖崖詩鈔一卷　(宋)張詠撰
　　清獻詩鈔一卷　(宋)趙抃撰
　　宛陵詩鈔一卷　(宋)梅堯臣撰
　　武溪詩鈔一卷　(宋)余靖撰
　　歐陽文忠詩鈔一卷　(宋)歐陽修撰
　　和靖詩鈔一卷　(宋)林逋撰
　　徂徠詩鈔一卷　(宋)石介撰
　　武仲清江集鈔一卷　(宋)孔武仲撰
　　文仲清江集鈔一卷　(宋)孔文仲撰
　　平仲清江集鈔一卷　(宋)孔平仲撰
　　南陽集鈔一卷　(宋)韓維撰
　　臨川詩鈔一卷　(宋)王安石撰
　　東坡詩鈔一卷　(宋)蘇軾撰
　　西塘詩鈔一卷　(宋)鄭俠撰
　　廣陵詩鈔一卷　(宋)王令撰
　　後山詩鈔一卷　(宋)陳師道撰
　　丹淵集鈔一卷　(宋)文同撰
　　襄陽詩鈔一卷　(宋)米芾撰
　　山谷詩鈔一卷　(宋)黃庭堅撰
　　宛丘詩鈔一卷　(宋)張耒撰
　　具茨集鈔一卷　(宋)晁沖之撰
　　陵陽詩鈔一卷　(宋)韓駒撰
　　雞肋集鈔一卷　(宋)晁補之撰
　　道鄉詩鈔一卷　(宋)鄒浩撰
　　淮海集鈔一卷　(宋)秦觀撰
　　江湖長翁詩鈔一卷　(宋)陳造撰
　　雲巢詩鈔一卷　(宋)沈遼撰
　　西溪集鈔一卷　(宋)沈遘撰
　　龜谿集鈔一卷　(宋)沈與求撰
　　節孝詩鈔一卷　(宋)徐積撰
　　簡齋詩鈔一卷　(宋)陳與義撰
　　盱江集鈔一卷　(宋)李覯撰
　　雙溪詩鈔一卷　(宋)王炎撰
　　眉山詩鈔一卷　(宋)唐庚撰
　　鴻慶集鈔一卷　(宋)孫覿撰
　　蘆川歸來集鈔一卷　(宋)張元幹撰
　　建康集鈔一卷　(宋)葉夢得撰
　　橫浦詩鈔一卷　(宋)張九成撰
　　浮溪集鈔一卷　(宋)汪藻撰
　　香溪集鈔一卷　(宋)范浚撰
　　屏山集鈔一卷　(宋)劉子翬撰
　　韋齋詩鈔一卷　(宋)朱松撰
　　玉瀾集鈔一卷　(宋)朱槔撰
　　北山小集鈔一卷　(宋)程俱撰
　　竹洲詩鈔一卷　(宋)吳儆撰
　　益公省齋藁鈔一卷益公平園續藁鈔一卷
　　　(宋)周必大撰
　　文公集鈔一卷　(宋)朱熹撰
　　石湖詩鈔一卷　(宋)范成大撰
　　劍南詩鈔一卷　(宋)陸游撰
　　止齋詩鈔一卷　(宋)陳傅良撰
　　誠齋江湖集鈔一卷荊溪集鈔一卷西歸集鈔一
　　　卷南海集鈔一卷朝天集鈔一卷江西道院集
　　　鈔一卷朝天續集鈔一卷江東集鈔一卷退休
　　　集鈔一卷　(宋)楊萬里撰
　　浪語集鈔一卷　(宋)薛季宣撰
　　水心詩鈔一卷　(宋)葉適撰
　　艾軒詩鈔一卷　(宋)林光朝撰
　　攻媿集鈔一卷　(宋)樓鑰撰

集　部

清苑齋詩鈔一卷　（宋）趙師秀撰
葦碧軒詩鈔一卷　（宋）翁卷撰
芳蘭軒詩鈔一卷　（宋）徐照撰
二薇亭詩鈔一卷　（宋）徐璣撰
知稼翁集鈔一卷　（宋）黃公度撰
后村詩鈔一卷　（宋）劉克莊撰
盧溪集鈔一卷　（宋）王庭珪撰
漫塘詩鈔一卷　（宋）劉宰撰
義豐集鈔一卷　（宋）王阮撰
東臯詩鈔一卷　（宋）戴敏撰
石屏詩鈔　卷　（宋）戴復古撰
農歌集鈔一卷　（宋）戴昺撰
秋崖小稿鈔一卷　（宋）方岳撰
清雋集鈔一卷　（宋）鄭起撰
晞髮集鈔一卷晞髮近稿鈔一卷附天地間集一卷　（宋）謝翱撰并輯
文山詩鈔一卷　（宋）文天祥撰
先天集鈔一卷　（宋）許月卿撰
白石樵唱鈔一卷　（宋）林景熙撰
山民詩鈔一卷　（宋）真山民撰
水雲詩鈔一卷　（宋）汪元量撰
隆吉詩鈔一卷　（宋）梁棟撰
潛齋詩鈔一卷　（宋）何夢桂撰
參寥詩鈔一卷　（宋）釋道潛撰
石門詩鈔一卷　（宋）釋惠洪撰
花蕊詩鈔一卷　（五代）費氏撰

2707　　　　　　　　　　　　SG4171/773

宋四名家詩二十七卷

（清）周之鱗　柴升選

清康熙三十二年（1693）弘訓堂刻本

二冊　一函　存二十卷（山谷先生詩鈔七卷、石湖先生詩鈔六卷、放翁先生詩鈔七卷）

正文半葉十行二十一字，小字雙行同，粗黑口，單黑魚尾，左右雙邊。

卷末有清咸豐七年（1857）古潤周伯義朱筆題記。鈐"鎦家書庫""三台研齋"印。

2708　　　　　　　　　　　　SG41/15

明六大家集六十三卷

（清）張汝瑚輯

清康熙二十一年至六十一年（1682－1722）刻本

三十二冊　六函

正文半葉十行二十字，小字雙行同，白口，單黑魚尾，無界行，四周單邊。

首冊內封鐫"晉江張夏鍾先生評選明六大家集　視古堂藏版"，《宋文憲公集》內封鐫"康熙貳拾壹年　溫陵書林梓行"，《王文成集》內封鐫"鄧雪書林梓行"。

宋文憲公集十一卷　（明）宋濂撰
方正學集十三卷　（明）方孝孺撰
王文成集十三卷　（明）王守仁撰
王遵巖集十卷　（明）王慎中撰
唐荊川集六卷　（明）唐順之撰
歸震川集十卷　（明）歸有光撰

2709　　　　　　　　　　　　SG413/44

四六初徵二十卷

（清）李漁蒐輯　沈心友較釋　李將舒訂正

清康熙十年（1671）翼聖堂刻本

十二冊　二函

正文半葉九行二十字，小字雙行同，白口，無魚尾，四周單邊。

内封鐫"李笠翁先生手輯　新四六初徵　金陵翼聖堂梓行"。

清代禁書。鈐"白玉堂藏板""江西汪石琴家藏本""榮氏讀未見書齋珍藏""戴文禮印"諸印。

2710　　　　　　又一部　SG413/54
四六初徵二十卷
（清）李漁蒐輯　沈心友較釋　李將舒訂正
清康熙十年（1671）翼聖堂刻本
十二冊　二函
正文半葉九行二十字，小字雙行同，白口，無魚尾，四周單邊。
清代禁書。

2711　　　　　　　　　SG412/1-2
古文淵鑒六十四卷
（清）徐乾學編注
清康熙二十四年（1685）內府刻四色套印本
二十四冊　四函
正文半葉九行二十字，小字雙行同，黑口，雙黑魚尾，四周單邊。

2712　　　　　　又一部　SG412/1
古文淵鑒六十四卷
（清）徐乾學編注
清康熙二十四年（1685）內府刻四色套印本
二十四冊　八函
正文半葉九行二十字，小字雙行同，黑口，雙黑魚尾，四周單邊。

2713　　　　　　又一部　SG412/1-1
古文淵鑒六十四卷
（清）徐乾學編注
清康熙二十四年（1685）內府刻四色套印本
二十四冊　四函
正文半葉九行二十字，小字雙行同，黑口，雙黑魚尾，四周單邊。

2714　　　　　　　　　SG47/282、
　　　　　　SG4171/414-1、SG4171/687
文瑞樓彙刻書三十七卷
（清）金檀輯
清康熙至雍正文瑞樓、燕翼堂刻本
二十八冊　六函
正文半葉十一行二十二字，小字雙行同，白口，單黑魚尾，左右雙邊。
版心下鐫"文瑞樓"或"燕翼堂"。
鈐"蕭氏""嬰闇齊氏藏書""浣香精舍""後田陳氏藏書""蕭溥信槑春子印記""高陽氏之子紹珊藏書"諸印。

　　青邱高季迪先生詩集十八卷　（明）高啓撰
　　青邱高季迪先生鳧藻集五卷　（明）高啓撰
　　青邱高季迪先生遺詩一卷　（明）高啓撰
　　青邱高季迪先生扣舷集一卷　（明）高啓撰
　　巽隱程先生詩集二卷　（明）程本立撰
　　清江貝先生詩集十卷　（明）貝瓊撰

2715　　　　　　　　　SG4171/821
江左十五子詩選十五卷

集　部　511

（清）宋犖選　邵長蘅訂

清康熙四十二年（1703）商丘宋氏宛委堂
　刻本

四册　一函

　正文半葉十行十九字，小字雙行二十八字，黑口，單黑魚尾，左右雙邊。

　内封鐫"宋中丞西陂先生選　江左十五子詩選"及十五子姓名字號。

　鈐"葛繼祖字振武號述庵之圖章""雙柳夕陽山館""雅聲今在謝家樓"諸印。

王式丹詩選一卷　（清）王式丹撰
吳廷楨詩選一卷　（清）吳廷楨撰
宮鴻曆詩選一卷　（清）宮鴻曆撰
徐昂發詩選一卷　（清）徐昂發撰
錢名世詩選一卷　（清）錢名世撰
張大受詩選一卷　（清）張大受撰
管棆詩選一卷　（清）管棆撰
吳士玉詩選一卷　（清）吳士玉撰
顧嗣立詩選一卷　（清）顧嗣立撰
李必恒詩選一卷　（清）李必恒撰
蔣廷錫詩選一卷　（清）蔣廷錫撰
繆沅詩選一卷　（清）繆沅撰
王圖炳詩選一卷　（清）王圖炳撰
徐永宣詩選一卷　（清）徐永宣撰
郭元釪詩選一卷　（清）郭元釪撰

2716　　　又一部　SG4171/821-1

江左十五子詩選十五卷

（清）宋犖選　邵長蘅訂

清康熙四十二年（1703）商丘宋氏宛委堂
　刻本

四册　一函

　正文半葉十行十九字，小字雙行二十八字，黑口，單黑魚尾，左右雙邊。

　内封鐫"宋中丞西陂先生選　江左十五子詩選"及十五子姓名字號。

　鈐"綏福堂藏書印""亨壽家藏書畫印""姑蘇閶門内吳趨坊徐河橋北塊宛委堂書舖發兑"印。

2717　　　又一部　SG4171/611

江左十五子詩選十五卷

（清）宋犖選　邵長蘅訂

清康熙四十二年（1703）商丘宋氏宛委堂
　刻本

四册　一函

　正文半葉十行十九字，小字雙行二十八字，黑口，單黑魚尾，左右雙邊。

　内封鐫"宋中丞西陂先生選　江左十五子詩選"及十五子姓名字號。

　鈐"姑蘇閶門内吳趨坊徐河橋北塊宛委堂書舖發兑"印。

2718　　　　　　　SG4171/1688

歷代詩發四十二卷

（清）范大士評選　王仲儒參評

清康熙三十七年（1698）范大士虛白山房
　刻本

十二册　二函

　正文半葉十一行二十二字，小字雙行同，白口，雙黑魚尾，左右雙邊。

　内封鐫"如皋范拙存評選　歷代詩發本衙藏板"。版心下鐫"虛白山房"。

　鈐"景岫樓""秦中王氏雪飄藏書記""王雪飄藏書印""馮雄"諸印。

2719　　　　　　　　　　SG417/115

歷朝名媛詩詞十二卷

（清）陸昶輯

清乾隆三十八年（1773）紅樹樓刻本

六冊　一函

正文半葉九行十九字，白口，無魚尾，左右雙邊。

內封鐫"乾隆癸巳新鐫　歷朝名媛詩詞　紅樹樓藏板"。

2720　　　　　又一部　SG417/115

歷朝名媛詩詞十二卷

（清）陸昶輯

清乾隆三十八年（1773）紅樹樓刻本

六冊　一函

正文半葉九行十九字，白口，無魚尾，左右雙邊。

內封鐫"乾隆癸巳新鐫　歷朝名媛詩詞　紅樹樓藏板"。

2721　　　　　又一部　SG4171/288

歷朝名媛詩詞十二卷

（清）陸昶輯

清乾隆三十八年（1773）紅樹樓刻本

八冊　一函

正文半葉九行十九字，白口，無魚尾，左右雙邊。

內封鐫"乾隆癸巳新鐫　歷朝名媛詩詞　紅樹樓藏板"。

2722　　　　　　　　　SG4172/70

御定歷代賦彙一百四十卷外集二十卷逸句二卷補遺二十二卷目錄二卷

（清）陳元龍輯

清康熙四十五年（1706）內府刻本

五十八冊　八函

正文半葉十一行二十一字，小字雙行同，黑口，單黑魚尾，左右雙邊。

鈐"石生泉印""張國偉"印。

2723　　　　　又一部　SG4172/70

御定歷代賦彙一百四十卷外集二十卷逸句二卷補遺二十二卷目錄二卷

（清）陳元龍輯

清康熙四十五年（1706）內府刻本

三十七冊　七函　存一百二十三卷（一至三十、五十三至九十五、一百十五至一百四十，外集二十卷，逸句二卷，目錄二卷）

正文半葉十一行二十一字，小字雙行同，黑口，單黑魚尾，左右雙邊。

鈐"彭城伯子""空翠閣藏書印"印。

2724　　　　　又一部　SG4172/7

御定歷代賦彙一百四十卷外集二十卷逸句二卷補遺二十二卷目錄二卷

（清）陳元龍輯

清康熙四十五年（1706）內府刻本

六十五冊　八函

正文半葉十一行二十一字，小字雙行同，黑口，單黑魚尾，左右雙邊。

2725　　　　　　　　　SG4172/179

古今賦畧續編補遺不分卷

(清)沈業富手定　魯芳參校

清乾隆四十八年(1783)魯芳刻本

二冊　一函

　　正文半葉九行二十五字,白口,無魚尾,四周單邊。

　　內封鐫"乾隆癸卯鐫　古今賦略　書院藏版"。

　　鈐"江陰留家""劉復所藏""鎦家書庫"諸印。

2726　　　　　　　　　　　　SG414/72

可儀堂一百二十名家制義四十八卷

　　(清)俞長城論次

　　清乾隆三年(1738)文盛堂、懷德堂翻刻康熙三十八年(1699)可儀堂刻本

　　四十八冊　六函

　　正文半葉九行二十六字,白口,無魚尾,無界行,四周單邊。

　　內封鐫"乾隆戊午年重鐫　檢討俞長城編次　一百五十名家嗣出　可儀堂一百二十名家制義　文盛堂　懷德堂仝梓"。版心下鐫"可儀堂"。

2727　　　　　　　　　　　SG4171/1106

停雲集十三卷

　　(清)顧宗泰選

　　清乾隆三十四年(1769)刻本

　　四冊　一函

　　正文半葉九行十九字,小字雙行同,白口,單黑魚尾,左右雙邊。

　　內封鐫"元和顧景嶽選輯　停雲集己丑春鐫"。

選集之屬

通　代

2728　　　　　　　　　　　　SG411/10

文選六十卷

　　(南朝梁)蕭統輯　(唐)李善注

　　明嘉靖元年(1522)汪諒刻本

　　二十冊　五函

　　正文半葉十行二十一字,小字雙行同,白口,雙黑魚尾,左右雙邊或四周單邊。

　　卷一首葉版心下鐫"九華吳青床刀筆"。

　　行間有朱筆批注。鈐"綏珊六十以後所得書畫""九峰舊廬藏書記"諸印。

2729　　　　　　　　　　　SG411/3-1

六臣注文選六十卷

　　(南朝梁)蕭統輯　(唐)李善　呂延濟等注

　　明嘉靖三十年(1551)潘惟時、潘惟德刻本

　　六十冊　六函

　　正文半葉九行十八字,小字雙行同,白口,白魚尾,左右雙邊。

　　版心下鐫刻工"黃璉"等。

　　鈐"盱眙吳氏念萱堂珍藏"諸印。

2730　　　　　　　　　　　SG411/151

文選六十卷

（南朝梁）蕭統輯　（唐）李善注

明天啓元年至崇禎十七年（1621－1644）
　毛晉汲古閣刻本

二十八册　七函

　　正文半葉十二行二十五字，小字雙行同，白口，單黑魚尾，左右雙邊。

　　内封鐫"汲古閣新鐫　梁昭明文選六臣全註　本衙藏板"。序版心中鐫"汲古閣毛氏正本"。

　　鈐"吴氏藏書之印章"印。

2731　　　　　　　　　SG411/13－1

梁昭明文選十二卷

　（南朝梁）蕭統輯　（明）張鳳翼纂注

明萬曆刻本

六册　一函

　　正文半葉十一行二十二字，小字雙行同，白口，單黑魚尾，四周雙邊。

　　眉上鐫評行五字。正文首葉版心下鐫"毗陵徐善書"。

　　行間有墨筆、朱筆批注。

2732　　　　　　　　　SG411/132

文選十二卷

　（南朝梁）蕭統撰　（明）張鳳翼纂注

明萬曆八年（1580）刻本

十二册　二函

　　正文半葉十一行二十二字，小字雙行同，白口，單白魚尾，左右雙邊。

2733　　　　　　　　　SG411/13

文選二十四卷

　（南朝梁）蕭統輯　（明）張鳳翼纂注　盧文頤重訂

清康熙二十四年（1685）刻本

六册　一函　存十一卷（一至十一）

　　正文半葉九行二十字，小字雙行同，白口，單白魚尾，四周單邊。

　　眉上鐫評行五字。内封鐫"錢塘盧子繇先生訂定　梁昭明文選六臣纂注"。

2734　　　　　　　　　SG411/14－6

文選章句二十八卷

　（南朝梁）蕭統撰　（唐）李善注　（明）陳與郊編

明萬曆二十五年（1597）刻本

十二册　二函

　　正文半葉十行二十字，小字雙行同，白口，白魚尾，左右雙邊。

　　眉上鐫評。

　　卷末一葉"祭顔光禄文"爲抄配。有墨筆批注。

2735　　　　　　　　　SG411/14－4

文選六十卷

　（南朝梁）蕭統撰　（唐）李善注　（清）胡克家校

文選考異十卷

　（清）胡克家撰

清嘉慶十四年（1809）胡克家仿宋刻本

三十册　七函

　　正文半葉十行二十一字，小字雙行同，白口，單黑魚尾或順黑魚尾，左右雙邊。

　　《文選》内封鐫"文選李善注六十卷

宋淳熙本重雕　鄱陽胡氏藏版"，《考異》内封鎸"文選考異　鄱陽胡氏"。每卷末鎸"賜進士出身通奉大夫江南蘇松常鎮太等處承宣布政使司布政使胡克家重校刊"。與《新刊續補文選篹註》合函。

鈐"君耆"印。

2736　　　　　又一部　SG41/14-4
文選六十卷
（南朝梁）蕭統撰　（唐）李善注　（清）胡克家校
文選考異十卷
（清）胡克家撰
清嘉慶十四年(1809)胡克家仿宋刻本
二十四册　四函

正文半葉十行二十一字，小字雙行同，白口，單黑魚尾或順黑魚尾，左右雙邊。

《文選》内封鎸"文選李善注六十卷宋淳熙本重雕　鄱陽胡氏藏版"，《考異》内封鎸"文選考異　鄱陽胡氏"。每卷末鎸"賜進士出身通奉大夫江南蘇松常鎮太等處承宣布政使司布政使胡克家重校刊"。

鈐"歸善鄧氏語冰閣珍藏"印。

2737　　　　　　　　SG411/14-14
孫月峯先生評文選三十卷
（南朝梁）蕭統撰　（明）孫鑛評　閔齊華注
明天啓二年(1622)閔齊華刻本
二十四册　四函

正文半葉九行十九字，小字雙行同，白口，無魚尾，無界行，四周單邊。

眉上鎸評行六字。

有墨筆批注。鈐"曾在潛樓"印。

2738　　　　　　　　SG411/46
文選後集五卷
（南朝梁）蕭統撰　（明）郭正域等評點
明萬曆閔于忱刻朱墨套印本
五册　一函

正文半葉八行十八字，白口，無魚尾，無界行，四周單邊。

眉上鎸朱筆評注。

鈐"志侯"印。

2739　　　　　　　　SG411/14-5
文選尤十四卷
（南朝梁）蕭統撰　（明）鄒思明　鄒德延評校
明天啓二年(1622)刻朱緑墨三色套印本
十四册　二函

正文半葉八行十八字，小字雙行同，白口，無魚尾，無界行，四周單邊。

鈐"長洲龔氏羣玉山房藏書記""龔文照印""野夫所藏""羣玉山房藏書記""羣玉山房"諸印。

2740　　　　　　　　SG411/11
文選删十二卷
（明）張溥删閲
明天啓至崇禎刻本
十二册　二函

正文半葉九行十九字，白口，單黑魚尾，左右雙邊。

眉上鐫注行四字。

2741　　　　　　　　　SG411/14－1
重訂文選集評十五卷首一卷末一卷
　（清）于光華輯
　　清乾隆五十四年（1789）有懷堂刻本
　　十六冊　四函
　　正文半葉九行二十字，小字雙行三十字，白口，單黑魚尾，左右雙邊。
　　眉上鐫評行五字。內封鐫"乾隆己酉重鐫　金壇于惺介編　重訂昭明文選集評　有懷堂雕板"。
　　有朱筆圈點。鈐"有懷堂藏書""志瞻"諸印。

2742　　　　　　　　　　SG411/45
文選音義八卷
　（清）余蕭客輯
　　清乾隆二十三年（1758）刻本
　　二冊　一函
　　正文半葉八行十九字，小字雙行同，細黑口，無魚尾，四周雙邊。
　　寫刻精刊本。
　　鈐"錢塘嚴氏校定十三經注疏之室""毛準""子水""文思安安室圖書"諸印。

2743　　　　　又一部　SG411/45
文選音義八卷
　（清）余蕭客輯
　　清乾隆二十三年（1758）刻本
　　二冊　一函
　　正文半葉八行十九字，小字雙行同，細黑口，無魚尾，四周雙邊。

書衣墨筆題"掇泉甫寄藏"。

2744　　　　　　　　　SG4171/1679
選詩七卷詩人世次爵里一卷
　（南朝梁）蕭統選　（明）郭正域評點　凌濛初輯評
　　明天啟至崇禎凌濛初刻朱墨套印本
　　六冊　一函
　　正文半葉八行十八字，白口，無魚尾，無界行，四周單邊。
　　眉上鐫朱評行六字。
　　鈐"凌濛初印""初成""劉逸""字無逸"印。

2745　　　　　　　　　SG4172/174
選賦六卷附選賦名人世次爵里一卷
　（南朝梁）蕭統選　（明）郭正域評點
　　明末凌氏鳳笙閣刻朱墨套印本
　　六冊　一函
　　正文半葉八行十八字，白口，無魚尾，無界行，四周單邊。

2746　　　　　又一部　SG4172/174－1
選賦六卷附選賦名人世次爵里一卷
　（南朝梁）蕭統選　（明）郭正域評點
　　明末凌氏鳳笙閣刻朱墨套印本
　　三冊　一函
　　正文半葉八行十八字，白口，無魚尾，無界行，四周單邊。
　　書衣墨筆題"亞南藏書"。鈐"披雲樓""晉安程氏藝文之章""馬紹周""李濯冰""徐紹榮""徐湯殷""南州後人"諸印。

2747　　　　　　　　　　　SG4172/177

選賦六卷

（南朝梁）蕭統選　（明）郭正域評點

明末凌氏鳳笙閣刻朱墨套印本

六册　一函

　　正文半葉八行十八字，白口，無魚尾，無界行，四周單邊。

　　鈐"無求齋""隰縣馮次經藏書之印""馮次經讀書記""屺瞻廬""吳丞先印"諸印。

2748　　　　　　　　　　SG48/17－5/A

玉臺新詠十卷

（南朝陳）徐陵編定

續玉臺新詠四卷

（明）鄭玄撫輯　袁宏道批閱　沈逢春參訂

明天啓二年（1622）沈逢春刻本

四册　一函

　　正文半葉九行十九字，花口，單白魚尾，四周單邊。

　　鈐"文氏林印""曾在潘景鄭家"諸印。

2749　　　　　　　　　　　　SG48/17

玉臺新詠十卷

（南朝陳）徐陵編　（清）吳兆宜注　程琰刪補

清乾隆三十九年（1774）刻本

八册　二函

　　正文半葉十行二十一字，花口，單黑魚尾，四周雙邊。

　　内封鐫"玉臺新詠箋註　乾隆甲午冬新鐫　稻香樓藏版"。

　　鈐"梁于渭印"諸印。

2750　　　　　　　　　　　　SG41/81

文苑英華一千卷

（宋）李昉等輯

明隆慶元年（1567）胡維新、戚繼光刻本

一百二十册　三十函

　　正文半葉十一行二十二字，白口，無魚尾，四周單邊。

　　版心下鐫刻工"黄文""劉和""周在"等。

2751　　　　　　　　　　　　SG41/81

文苑英華一千卷

（宋）李昉等輯

明隆慶元年（1567）、萬曆六年（1578）、萬曆三十六年（1608）胡維新、戚繼光遞修本

一百十册　十函

　　正文半葉十一行二十二字，白口，無魚尾，四周單邊。

　　鈐"雲間陶乘六藏書之印""潯陽郡奎藻堂書籍記"印。

2752　　　　　　　　　　　SG41/81－1

文苑英華鈔十卷

（明）周詩雅輯　（清）周起岐校

清順治十七年（1660）刻本

十册　一函

　　正文半葉十行二十一字，白口，無魚尾，四周單邊。

内封镌"光明正大之堂藏版"。

钤"黄起元章""体仁氏"印。

2753　　　　　　　　　　SG41/195

文苑英华选六十卷

（清）宫梦仁选订

清康熙四十三年（1704）光明正大之堂刻本

十册　二函

正文半叶九行二十四字，白口，双黑鱼尾，左右双边。

内封镌"瀛洲宫定山辑　文苑英华选　光明正大之堂藏板"。

钤"谢刚主读书记""泾胡莲雪家藏""莲雪珍藏"印。

2754　　　　　　　　　　SG412/49

东莱先生古文关键二卷

（宋）吕祖谦选评

清康熙四十六年（1707）刻本

二册　一函

正文半叶八行十八字，白口，单黑鱼尾，四周单边。

内封镌"康熙丁亥年重镌"。行间镌注。

稀见。眉栏朱笔批点。钤"辛斋""石湖诗孙""木樨香馆范氏藏书""慎修印信长寿""乐安堂图书记"诸印。

2755　　　　　　　　　　SG45/174

名贤集选□□卷

（宋）晏殊辑

明抄本

九册　一函　存二十四卷（十七至二十四、三十二至三十五、六十二至七十一、八十二至八十三）

正文半叶十行二十三字或不等，小字双行字数不等，白口，蓝格，四周双边。

辑梁简文帝、颜师古、韦叔夏、长孙无忌、崔融、王勃、刘禹锡等人之撰议、颂、铭、传、碑、诔等。钤"东阁大学士印""四明林氏大酉山房藏书之印""万木永定""瑞堂""高氏宗藏书画印""云间朱氏家藏图书""武林高瑞南宗藏书画印"诸印。

2756　　　　　　　　　　SG417/9-1

乐府诗集一百卷目录二卷

（宋）郭茂倩编次

明末毛氏汲古阁刻本

十二册　二函

正文半叶十一行二十一字，白口，单黑鱼尾，左右双边。

目录首叶版心镌"汲古阁毛氏正本"。

钤"海丰吴氏""吴氏家藏""谯国戴氏藏书记"印。

2757　　　　　　　　　　SG417/250

回文类聚四卷

（宋）桑世昌辑

织锦回文图一卷回文类聚续编十卷

（清）朱象贤辑

清康熙麟玉堂刻本

八册　一函

正文半叶十行十九字，细黑口，双黑鱼

尾,左右雙邊。

《回文類聚》内封鎸"正續合編　内繪五彩織錦全圖　回文類聚　麟玉堂藏版"。總目卷首版心下鎸"朱氏正本",蘇蕙小像版心下鎸"鄭炳元鎸"。有五色璿璣圖兩幅。

2758　　　　　又一部　SG417/250

回文類聚四卷

（宋）桑世昌輯

織錦回文圖一卷回文類聚續編十卷

（清）朱象賢輯

清康熙麟玉堂刻本

八册　一函

正文半葉十行十九字,細黑口,雙黑魚尾,左右雙邊。

《回文類聚》内封鎸"正續合編　内繪五彩織錦全圖　回文類聚　麟玉堂藏版"。總目卷首版心下鎸"朱氏正本",蘇蕙小像版心下鎸"鄭炳元鎸"。有五色璿璣圖兩幅。

2759　　　　　　　　　SG411/61

妙絶古今四卷

（宋）湯漢輯

明嘉靖刻本

四册　一函

正文半葉八行十七字,小字雙行同,白口,單白魚尾,左右雙邊。

鈐"吴氏家藏""鷗""波""研易樓藏書印""沈氏粹芬閣所得善本書"諸印。

2760　　　　　　SG411.1/250-1

草堂詩餘四卷

（宋）何士信輯　（明）武陵逸史編

明崇禎元年至十七年（1628-1644）毛晉汲古閣刻清乾隆十七年（1752）曲溪洪振珂印本

四册　一函

正文半葉九行二十字,白口,雙黑魚尾,左右雙邊。

内封鎸"汲古閣藏板"。版心中鎸"汲古閣毛氏正本"。毛氏汲古閣刻《詞苑英華》之一。

2761　　　　　　　SG412/24-4

古文苑二十一卷

（宋）章樵注

明成化十八年（1482）建陽張世用刻本

八册　一函

正文半葉十行十八字,小字雙行同,白口,四周單邊。

鈐"南陵徐乃昌校勘經籍記""積學齋徐乃昌藏書"印。

2762　　　　　　　SG412/24-3A

古文苑二十一卷

（宋）章樵注

明萬曆二十年（1592）蘇州張象賢刻本

四册　一函

正文半葉八行十八字,小字雙行同,白口,單黑魚尾,左右雙邊。

有葉啓芳朱筆題識。鈐"葉啓芳""葉啓芳丁酉六十藏書""弱盒""潘傳和印"諸印。

2763　　　　又一部　SG412/24-3
古文苑二十一卷
（宋）章樵注
明萬曆二十年（1592）蘇州張象賢刻本
六冊　一函
　　正文半葉八行十八字，小字雙行同，白口，單黑魚尾，左右雙邊。

2764　　　　又一部　SG412/24-2
古文苑二十一卷
（宋）章樵注
明萬曆二十年（1592）蘇州張象賢刻本
六冊　一函
　　正文半葉八行十八字，小字雙行同，白口，單黑魚尾，左右雙邊。

2765　　　　　　　SG411/14-4
新刊續補文選纂註十二卷
（宋）陳仁子編　（明）張鳳翼增訂
明萬曆二十二年（1594）翻刻陳仁子文選補遺本
十二冊　與《文選》合函
　　正文半葉十一行二十二字，小字雙行同，白口，單黑魚尾，左右雙邊。

2766　　　　　　　SG4171/1561
紫陽方先生瀛奎律髓四十九卷
（元）方回輯　（清）陳士泰校
清康熙四十九年（1710）刻本
十二冊　二函

　　正文半葉八行十八字，上花口下黑口，單黑魚尾，四周單邊。
　　鈐"顓谿草堂"諸印。

2767　　　　　　　SG4172/180
古賦辯體十卷
（元）祝堯輯
明嘉靖十六年（1537）康河刻本
四冊　一函
　　正文半葉十行十八字，白口，單黑魚尾，四周單邊。
　　鈐"翰林院"印。

2768　　　　　　　SG41/201
文章辨體五十卷外集五卷總論一卷卷目一卷
（明）吳訥編集
明嘉靖三十四年（1555）徐洛刻本
十六冊　四函
　　正文半葉十三行二十四字，白口，單黑魚尾，四周雙邊。
　　書衣有適齋墨筆題識。鈐"適齋"印。

2769　　　　　　　SG4171/780
詠史絕句詩註二卷
（明）程敏政輯　詹貴補注
明成化十六年至二十三年（1480-1487）刻本
二冊　一函
　　正文半葉九行十八字，小字雙行同，細黑口，雙白魚尾，左右雙邊。
　　版心下鐫"貢昱刊"。

集　部

稀見。鈐"濟南周氏藉書園印""李氏秘笈"印。

2770　　　　　　　　　　SG411/2－1
文編六十四卷
（明）唐順之輯　姜寶編次　胡帛校刊
明嘉靖三十五年（1556）胡帛刻本
六十四册　十函
正文半葉十行二十一字，白口，單白魚尾，四周單邊。

2771　　　　　　　　　　SG411/2
文編六十四卷
（明）唐順之輯　陳元素訂
明天啓刻本
十六册　四函
正文半葉十行二十一字，白口，單白魚尾，四周單邊。
鈐"高閟仙藏書記""益津高氏""簹樓"諸印。

2772　　　　又一部　SG411/2－1
文編六十四卷
（明）唐順之輯　陳元素訂
明天啓刻本
二十册　四函
正文半葉十行二十一字，白口，單白魚尾，四周單邊。

2773　　　　　　　　　　SG4171/675
詩紀一百三十卷前集十卷附錄一卷外集四卷別集十二卷
（明）馮惟訥彙編　吳琯校訂
明萬曆四十一年（1613）黃承玄、馮珣刻本
四十册　五函
正文半葉九行十九字，小字雙行同，白口，單黑魚尾，左右雙邊。

2774　　　　　　　　　　SG4171/629－1
詩紀一百五十六卷目錄三十六卷
（明）馮惟訥彙編　吳琯校訂
明萬曆吳琯、謝陞、陸弼、俞策刻本
四十二册　七函
正文半葉九行十九字，小字雙行同，白口，單黑魚尾，四周雙邊。間有金鑲玉。
序後鎸"金陵徐智督刊"。
有朱藍筆圈點批語。卷末有抄配。

2775　　　　　　　　　　SG4171/629
詩紀一百五十六卷目錄三十六卷
（明）馮惟訥彙編　吳琯校訂
明萬曆吳琯、謝陞、陸弼、俞策刻聚錦堂印本
二十四册　四函　缺二卷（目錄三十五至三十六）
正文半葉九行十九字，小字雙行同，白口，單黑魚尾，四周雙邊。
內封題"古詩紀　王鳳洲　馮北海兩先生彙訂　聚錦堂藏板"。正文卷端下鎸"北海馮惟訥彙編　海寧方天眷重訂"或"北海馮惟訥彙編　錢塘李秘重訂"，實爲剜改。

2776　　　　　　　　　　SG413/8-1

四六法海十二卷

（明）王志堅輯

明天啓七年（1627）刻本

十三册　二函

　　正文半葉九行二十字，白口，單白魚尾，無界行，四周單邊。

2777　　　　　　　　　　SG413/8

四六法海十二卷

（明）王志堅輯

明天啓七年（1627）刻清乾隆二十三年（1758）修補本

十二册　二函

　　正文半葉九行二十字，白口，單白魚尾，無界行，四周單邊。

　　内封鎸"王聞脩先生編輯　四六法海　載德堂藏板"。

2778　　　　　　　　　　SG41/110-1

正續名世文宗十六卷

（明）王世貞編選　陳繼儒校注　錢允治參訂

明萬曆四十五年（1617）刻本

八册　一函

　　正文半葉九行二十字，小字雙行同，白口，單白魚尾，左右雙邊。

　　正文卷端版心下鎸"姚叔謙寫　章仲明刻"。

2779　　　　　　　　　　SG41/110-2

正續名世文宗十六卷

（明）王世貞編選　陳繼儒校注　錢允治參訂

明天啓至崇禎金陵唐玉予翻刻本

八册　一函

　　正文半葉九行二十字，小字雙行同，白口，單白魚尾，左右雙邊。

　　内封鎸"陳眉公校註　正續名世文宗　增補王鳳洲先生批訂注釋古今名文選　金陵唐玉予梓行"。

2780　　　　　　　　　　SG41/110

名世文宗二十二卷

（明）王世貞原選　鍾惺增定

明崇禎刻本

十五册　二函

　　正文半葉九行二十字，小字雙行同，白口，單黑魚尾，左右雙邊。

　　眉上鎸評。内封牌記鎸"吳門介石堂藏板"。

　　鈐"天祿閣圖書""斐齋""萬藻""廷華""周氏珍藏"諸印。

2781　　　　　　　　　　SG41/57

秦漢文歸三十卷

（明）鍾惺選評　張煜如裁定　朱東觀參閱

明末古香齋刻本

二十册　二函

　　正文半葉九行二十六字，白口，無魚尾，四周單邊。

　　眉上鎸評行四字。内封牌記鎸"集慶堂梓"。版心下鎸"古香齋"。

集　部

2782　　　　　　　　　SG43/23-1
秦漢文鈔六卷
（明）閔邁德輯　楊融博批點
明萬曆四十八年（1620）閔氏刻朱墨套印本
十二册　二函
　　正文半葉九行十九字，白口，無魚尾，四周單邊。
　　眉上鐫評行五字。
　　鈐"古廋齋收藏書"印。

2783　　　　　又一部　SG43/23-2
秦漢文鈔六卷
（明）閔邁德輯　楊融博批點
明萬曆四十八年（1620）閔氏刻朱墨套印本
六册　一函
　　正文半葉九行十九字，白口，無魚尾，四周單邊。
　　眉上鐫評行五字。
　　有墨筆批注。題簽篆文題寫。鈐"環玉堂印""季文父""閔世魁印""百金購書收散亡印""伯丞四十以後庋藏"諸印。

2784　　　　　又一部　SG43/33
秦漢文鈔六卷
（明）閔邁德輯　楊融博批點
明萬曆四十八年（1620）閔氏刻朱墨套印本
七册　一函
　　正文半葉九行十九字，花口，無魚尾，四周單邊。

　　眉上鐫評行五字。
　　函套題簽書"秦漢文鈔　己卯仲秋徵秋題"。鈐"五福堂收藏明版善本書""黃紹齋家珍藏""駿付學校""徵秋"諸印。

2785　　　　　又一部　SG43/34
秦漢文鈔六卷
（明）閔邁德輯　楊融博批點
明萬曆四十八年（1620）閔氏刻朱墨套印本
六册　函
　　正文半葉九行十九字，白口，無魚尾，四周單邊。
　　眉上鐫評行五字。
　　鈐"善水珍藏""膠西冷懷德鑒溪氏藏書印"印。

2786　　　　　　　　　SG43/23
秦漢文定十二卷
（明）倪元璐輯
明天啓元年至崇禎十七年（1621-1644）刻本
六册　一函
　　正文半葉九行二十字，小字雙行同，白口，單白魚尾，四周單邊。
　　眉上鐫評行四字。
　　行間有墨筆、朱筆批注。

2787　　　　　　　　　SG411/64
張太史評選秦漢文範十三卷
（明）張溥評選　（清）吳偉業參訂
明崇禎四年至十七年（1631-1644）刻本

十四册　二函

正文半葉八行二十字,白口,單黑魚尾,四周單邊。金鑲玉。

眉上鐫評行四字。

2788　　　　　　　　　　　　SG411/51

漢魏六朝正史文選二十四卷

（明）許清胤　顧在觀輯評　顧之萃參訂

明崇禎八年（1635）刻本

四册　一函

正文半葉九行二十字,小字雙行同,白口,單白魚尾,四周單邊。

行間有墨筆、朱筆批注。

2789　　　　　　　　　　　SG4171/331

漢魏詩乘二十卷附吳詩一卷總錄一卷

（明）梅鼎祚編校

明萬曆十一年（1583）劉文顯、徐家慶刻本

八册　一函

正文半葉十行二十字,小字雙行同,白口,單黑魚尾,左右雙邊。

内封鐫"宣城□□金先生選輯　漢魏詩乘　内附吳詩　古吳陳長卿梓"。

總目有朱筆批注。鈐"德聚堂藏板"印。

2790　　　　又一部　SG4171/331A

漢魏詩乘二十卷附吳詩一卷總錄一卷

（明）梅鼎祚編校

明萬曆十一年（1583）劉文顯、徐家慶刻本

六册　一函

正文半葉十行二十字,小字雙行同,白口,單黑魚尾,左右雙邊。

内封鐫"宣城□□金先生選輯　漢魏詩乘　内附吳詩　古吳陳長卿梓"。

總目有朱筆批注。鈐"石渠閣藏板"印。

2791　　　　　　　　　　　SG410/71

六朝選詩定論十八卷

（清）吳淇撰

清康熙八年（1669）書林陳君錫、華玉森刻本

六册　一函

正文半葉九行二十二字,白口,單黑魚尾,左右雙邊。

内封鐫"周櫟園先生鑒定　選詩定論　書林陳君錫華玉森梓行"。

鈐"真州吳氏有福讀書堂藏書"印。

2792　　　　　　　　　　　SG41/37-2

六朝文絜四卷

（清）許槤評選　朱鈞參校

清道光五年（1825）許槤享金寶石齋刻朱墨套印本

二册　一函

正文半葉九行十八字,黑口,單黑魚尾,左右雙邊。

眉上鐫評行六字。内封鐫"許槤評選　朱鈞參校　六朝文絜　享金寶石齋藏板""道光五年乙酉七月訖功"。

有朱筆句讀。鈐"江都曹氏家駥祕笈"

"曹家駸印"諸印。

2793　　　　　　　　　　SG417/3-1
御選唐宋詩醇四十七卷目錄二卷
（清）高宗弘曆輯
清乾隆二十五年（1760）紫陽書院刻本
二十冊　四函
　　正文半葉九行十九字，白口，單黑魚尾，無界行，四周單邊。
　　內封鐫"乾隆二十五年歲次庚辰奏明重刊　紫陽書院藏版"。

2794　　　　　　　　　　SG411/12
御選唐宋文醇五十八卷
（清）高宗弘曆選　允祿輯
清乾隆三年（1738）武英殿刻四色套印本
二十冊　四函
　　正文半葉九行二十二字，白口，單黑魚尾，無界行，四周單邊。
　　鈐"惟精惟一""乾隆宸翰""曾爲徐紫珊所藏""閑存書舍"印。

2795　　　　　　　　　　SG417/278
宋金元詩永二十卷
（清）吳綺選
清康熙十七年（1678）思永堂刻本
十四冊　二函
　　正文半葉九行十九字，白口，單黑魚尾，左右雙邊。
　　內封鐫"延陵吳園次先生選　宋金元詩永　思永堂藏板"。
　　鈐"謝宗陶藏書印"印。

2796　　　　　　　　　　SG4171/1694
宋金元詩選六卷
（清）吳翌鳳錄
清乾隆五十八年（1793）刻本
二冊　一函
　　正文半葉九行十九字，小字雙行同，粗黑口，無魚尾，左右雙邊。
　　內封鐫"宋金元詩選　斯雅堂藏板"。
　　鈐"華陽鄭氏百瞻樓珍藏圖籍""鄭闇"諸印。

2797　　　　　　　　　　SG41/204
書記洞詮一百二十卷目錄十卷
（明）梅鼎祚纂輯
明萬曆二十五年至二十七年（1597-1599）梅氏玄白堂刻本
二十八冊　四函
　　正文半葉十行二十字，白口，單白魚尾，左右雙邊。
　　凡例末鐫"萬曆歲丙申春玄白堂識"。
　　鈐"馮雄印信""筠圃""王棟之印""讀易樓秘笈印""南通馮氏景岫樓藏書"諸印。

2798　　　　　　　　　　SG411/118
新刻楊太史評註內外品百氏名文文家鏡三部稿十四卷
（明）楊守勤輯　唐文獻　郭偉訂校
明萬曆三十四年（1606）晏良榮錦繡堂刻本
十四冊　三函
　　正文半葉十行十九字，小字雙行同，白口，單黑魚尾。金鑲玉。

眉上鐫評行四字。内封鐫"楊太史評注内外品名文文家鏡三部稿　丙午冬錦繡堂晏少溪識"。

稀見。

2799　　　　　　　　　　SG4171/283

詩歸五十一卷

（明）鍾惺　譚元春選定　吳德興　閔振業　閔振聲校閱

明萬曆至崇禎閔振業、閔振聲刻朱墨藍三色套印本

八册　一函　存十五卷（古詩歸十五卷）

正文半葉九行十八字，白口，無魚尾，無界行，四周單邊。

眉上鐫評行六字。

鈐"鍾惺之印""伯氏義""元春""吳德興印""令公""振業印""瞻臺"印。

古詩歸十五卷

唐詩歸三十六卷

2800　　　　SG4171/283A、SG417/30－1

詩歸五十一卷

（明）鍾惺　譚元春選定

明萬曆四十五年（1617）至崇禎間刻本

八册　二函

正文半葉九行二十字，小字雙行同，白口，無魚尾，無界行，四周單邊。

眉上鐫評行四字。

鈐"餘姚謝氏永耀樓藏書"印。

2801　　　　　　　　　　SG417/30

詩歸五十一卷

（明）鍾惺　譚元春選定

明萬曆四十五年（1617）刻本

十一册　二函　存三十六卷（唐詩歸三十六卷）

正文半葉九行十八字，小字雙行同，白口，單白魚尾，無界行，左右雙邊。

鈐"陳子書崖手閱善本""承雅堂藏書"諸印。

2802　　　　　　　　　　SG4171/1657

庚訂箋釋批評古詩直解十二卷首一卷

（明）鍾惺　譚元春評　（清）葉羲昂選解　詹廷對箋釋

清順治至康熙刻本

四册　一函

正文半葉兩節版，上節十六行十二字，下節八行十七字，小字雙行同，白口，無魚尾，左右雙邊。

有朱筆評點。鈐"元美""夢山"諸印。

2803　　　　　　　　　　SG411/140

續文選三十二卷

（明）湯紹祖輯

明萬曆三十年（1602）希貴堂刻本

十二册　二函

正文半葉十行二十字，白口，單黑魚尾，左右雙邊。

版心下鐫"希貴堂"。

2804　　　　　　　　　　SG41/180

精刻古今女史十二卷詩集八卷姓氏字里詳節一卷

(明)趙如源　趙世杰等選輯　袁宏道評點

明崇禎刻本

八册　二函　存十四卷(一至二、八至十二,詩集三至八,姓氏字里詳節一卷)

正文半葉九行二十字,白口,單白魚尾,無界行,四周單邊。

眉上鐫評行四字。内封鐫"袁中郎評點　古今女史　武林寶善堂藏板"。

鈐"問澹齋印"印。

2805　SG41/48

陶韋合集十九卷

(明)凌濛初輯

明萬曆三十一年至四十八年(1603－1620)凌濛初刻本

六册　一函

正文半葉八行十八字,白口,無魚尾,四周單邊。

眉上鐫評。

鈐"英穌私印""煦齋""樂賢堂藏書印"諸印。

2806　SG411.1/168

三家宮詞三卷

(明)毛晉輯

明末毛氏綠君亭刻本

一册　一函

正文半葉八行十八字,白口,無界行,四周單邊。

版心下鐫"綠君亭"。與《二家宮詞》合册。

内封有鍾岳識語。

宮詞一卷　(唐)王建撰
宮詞一卷　(五代)花蕊夫人撰
宮詞一卷　(宋)王珪撰

2807　SG411.1/168

二家宮詞二卷

(明)毛晉輯

明末毛氏綠君亭刻本

與《三家宮詞》合册　合函

正文半葉八行十八字,白口,無魚尾,四周單邊。

版心下鐫"綠君亭"。

宮詞一卷　(宋)徽宗趙佶撰
宮詞一卷　(宋)楊皇后撰

2808　SG4171/1663

詩詞雜俎十二種二十五卷

(明)毛晉輯

明天啓元年至崇禎十七年(1621－1644)毛晉汲古閣刻匯印本

十册　二函　缺一種一卷(元宮詞一卷)

正文半葉八行十九字或十八字,白口,無魚尾,左右雙邊。

版心下鐫"汲古閣",其中《三家宮詞》《二家宮詞》版心下鐫"綠君亭"。

鈐"激面軒董氏藏書之印""芯厂藏書""冰盦""揚州陳恒和書林""夢漁樵舊廬""梁逸過目""廣州省省立中山圖書館藏"諸印。

衆妙集一卷　(宋)趙師秀撰
剪綃集二卷　(宋)李龏撰

石湖詩集一卷　（宋）范成大撰

月泉吟社一卷　（宋）吳渭撰

漱玉詞一卷　（宋）李清照撰

斷腸詞一卷　（宋）朱淑真撰

龍輔女紅餘志二卷　（元）龍輔撰

谷音二卷　（元）杜本撰

河汾諸老詩集八卷　（元）房祺輯

三家宮詞三卷　（明）毛晉輯

二家宮詞二卷　（明）毛晉輯

2809　　　　　　又一部　SG4171/225

詩詞雜俎十二種二十五卷

（明）毛晉輯

明天啓元年至崇禎十七年（1621－1644）
　毛晉汲古閣刻匯印本

十二冊　一函　缺四種十四卷（元宮詞一卷、河汾諸老詩集八卷、三家宮詞三卷、二家宮詞二卷）

正文半葉八行十九字或十八字，白口，無魚尾，左右雙邊。金鑲玉。

版心下鐫"汲古閣"。

2810　　　　　　　　　　SG41/193

文字會寶不分卷

（明）朱文治輯

明萬曆三十六年（1608）刻本

十冊　一函

正文半葉行字不等，白口，無魚尾，四周單邊。

2811　　　　　　　　　SG412/39－1

古文品外錄二十四卷

（明）陳繼儒選評　董其昌　蔡祖芬校

明萬曆十六年至三十七年（1588－1609）
　刻本

十二冊　二函

正文半葉九行二十一字，小字雙行同，白口，單白魚尾或黑魚尾，四周單邊。

眉欄有朱批，行間有朱筆句讀、批注。鈐"楊昭儁印""鄭潛""龔源印"諸印。

2812　　　　　　又一部　SG412/39－2

古文品外錄二十四卷

（明）陳繼儒選評　董其昌　蔡祖芬校

明萬曆十六年至三十七年（1588－1609）
　刻本

八冊　二函

正文半葉九行二十一字，小字雙行同，白口，單白魚尾或黑魚尾，四周單邊。

內封有朱筆跋語三行。鈐"繼潛館印"諸印。

2813　　　　　　　　　SG412/39

古文品外錄二十四卷

（明）陳繼儒選評　董其昌　蔡祖芬校

明天啓元年至崇禎十二年（1621－1639）
　刻本

五冊　一函

正文半葉九行二十一字，小字雙行同，白口，單黑魚尾，四周單邊。

目錄末版心下鐫"顧文華寫"。

2814　　　　　　　　　SG415/218

繡梓尺牘雙魚十一卷又四卷補選捷用尺牘

雙魚四卷

（明）陳繼儒輯并評釋

明萬曆十年至四十八年（1582－1620）金閶書林葉啓元玉夏齋刻本

十冊　二函　存十一卷（繡梓尺牘雙魚十一卷）

正文半葉九行二十二字，小字雙行同，白口，單黑魚尾，四周單邊。

鈐"儀徵張重威藏書印"印。

2815　　　　　　　　　　　　SG41/109
岳石帆先生鑒定四六宙函三十卷

（明）李自榮輯　王世茂釋

明天啓六年（1626）蔣時機刻本

十冊　二函

正文半葉九行二十字，小字雙行同，白口，單黑魚尾，無界行，左右雙邊。

書衣墨筆題"青雲齋"。鈐"爾毅"印。

2816　　　　　　又一部　SG41/109
岳石帆先生鑒定四六宙函三十卷

（明）李自榮輯　王世茂釋

明天啓六年（1626）蔣時機刻本

十六冊　二函

正文半葉九行二十字，小字雙行同，白口，單黑魚尾，無界行，左右雙邊。

鈐"古莘陳氏子子孫孫永寶用""龍山蟄廬藏書之章"印。

2817　　　　　　　　　　　　SG41/107
古逸書三十卷首一卷後一卷

（明）潘基慶輯

明萬曆三十九年（1611）刻本

十六冊　二函

正文半葉八行二十字，小字雙行同，白口，單黑魚尾，四周單邊。

2818　　　　　　　　　　　　SG411/41
古文奇賞二十二卷續古文奇賞三十四卷奇賞齋廣文苑英華二十六卷四續古文奇賞五十三卷明文奇賞四十卷

（明）陳仁錫輯

明萬曆四十六年至天啓三年（1618－1623）刻本

三十八冊　九函　缺五十三卷（四續古文奇賞五十三卷）

正文半葉十行二十字，小字雙行同，白口，無魚尾或單白魚尾，無界行，四周單邊或左右雙邊。

眉上鐫評。

鈐"柯逢時印""韞玉""執如""平江石氏圖書"諸印。

2819　　　　　　　　　　　　SG412/5
奇賞齋古文彙編二百三十六卷

（明）陳仁錫輯評

明崇禎七年（1634）陳仁錫奇賞齋刻本

一百八冊　十五函

正文半葉十行十字，小字雙行同，白口，單黑魚尾，四周單邊。

眉上鐫評。

鈐"詹文忠""詹宅北池子五十四號"印。

2820　　　　　　　　　　SG41/199

玉臺文菀八卷

　（明）江元禧輯　江元禨校

續玉臺文菀四卷

　（明）江元祚輯　江廣訂

　明崇禎五年（1632）刻本

　五冊　一函

　　正文半葉九行二十字，小字雙行同，白口，無魚尾，無界行，四周單邊。

2821　　　　　　　　　　SG41/133

文致不分卷

　（明）劉士鏻輯　閔無頗　閔昭明集評

　明天啓元年（1621）閔元衢刻朱墨套印本

　四冊　一函

　　正文半葉八行十八字，白口，無魚尾，無界行，四周單邊。

　　眉上鐫朱評行五字。

2822　　　　　又一部　SG41/133A

文致不分卷

　（明）劉士鏻輯　閔無頗　閔昭明集評

　明天啓元年（1621）閔元衢刻朱墨套印本

　八冊　一函

　　正文半葉八行十八字，白口，無魚尾，無界行，四周單邊。

　　眉上鐫朱評行五字。

　　鈐"默菴藏書""徐氏潤周""漢齋""瘄叟"諸印。

2823　　　　　又一部　SG411/98

文致不分卷

　（明）劉士鏻輯　閔無頗　閔昭明集評

　明天啓元年（1621）閔元衢刻朱墨套印本

　四冊　一函

　　正文半葉八行十八字，白口，無魚尾，無界行，四周單邊。

　　眉上鐫朱評行五字。

　　鈐"王晉榮印""傅青主門下走狗王晉榮之章""自得天機"諸印。

2824　　　　　　　　　　SG411/69

刪補古今文致十卷

　（明）劉士鏻輯　王宇增刪

　明天啓蘇州景鄴堂刻本

　五冊　一函

　　正文半葉九行二十字，白口，單黑魚尾，四周雙邊。

　　眉上鐫評行四字。內封鐫"劉越石先生選閱　古今文致　吳門景鄴堂梓行"。

　　鈐"寶翰樓藏板"印。

2825　　　　　　　　　　SG4171/671

古今詩刪三十四卷目錄二卷

　（明）李攀龍選　徐中行訂

　明萬曆汪時元刻本

　十二冊　三函

　　正文半葉九行十八字，白口，單黑魚尾，四周單邊。

　　鈐"王占熊""夢樓"諸印。

2826　　　　　　　　　　SG417/415

辭賦標義十八卷

　（明）俞王言標義　鄭之槃參訂

明萬曆二十九年(1601)金溥渾樸居刻崇
　禎印本
　十册　一函
　　正文半葉六行十七字,白口,單白魚尾,
四周單邊。
　　眉上鐫評。序後鐫刻工"新安劓厥氏
黃鋑"。跋後鐫刻工"黃一桂刻"。
　　行間有夾注。

2827　　　　　　　　　　　　SG41/149
批選六大家論二卷
　(明)錢普輯評
　明嘉靖刻本
　四册　一函
　　正文半葉九行二十一字,白口,單黑魚
尾,左右雙邊。

2828　　　　　　　　　　　　SG417/272
御定歷代題畫詩類一百二十卷
　(清)陳邦彥輯
　清康熙四十六年(1707)内府刻本
　二十四册　四函
　　正文半葉十一行二十三字,黑口,單黑
魚尾,左右雙邊。

2829　　　　　　　　　　　　SG41/192
文韻集十二卷
　(清)李士麟輯
　清康熙三十年(1691)敬恕堂刻本
　四册　一函
　　正文半葉九行二十字,白口,單黑魚尾,
左右雙邊。

版心下鐫"敬恕堂"。
　　有墨筆圈點。

2830　　　　　　　　　　　　SG4171/572
采菽堂古詩選三十八卷補遺四卷
　(清)陳祚明評選
　清康熙四十五年(1706)翁嵩年刻本
　十册　二函
　　正文半葉十行二十字,小字雙行同,白
口,單黑魚尾,左右雙邊。
　　内封鐫"陳胤倩先生詩選　漢魏六朝
詩選　武林翁氏藏板"。
　　封面有張文祁朱筆題識"總三十八卷
補遺四卷共裝十册。己巳臘月七日檢點書
簏,因見此甚為欣悦,病中一大快事也。宋
庵張文祁識",并題"采菽堂古詩選,聽雲館
藏漁陽張文祁題識,己巳"。鈐"文祁""文
祁長年"印。

2831　　　　　　　　　　　　SG41/211
阮亭選古詩三十二卷
　(清)王士禛選
　清康熙天藜閣刻本
　五册　一函
　　正文半葉十行二十一字,大黑口,單黑
魚尾,左右雙邊。
　　内封鐫"名家訂定　阮亭選古詩　詩
學正宗　天藜閣藏版"。
　　鈐"天藜閣""子水""毛準""毛子水
藏""文思安安室圖書"諸印。
　五言詩十七卷
　七言詩歌行鈔十五卷

2832　　　　　　又一部　SG41/211

阮亭選古詩三十二卷

（清）王士禎選

清康熙天藜閣刻本

八冊　一函

　　正文半葉十行二十一字,大黑口,單黑魚尾,左右雙邊。

　　內封鐫"名家訂定　阮亭選古詩　詩學正宗　天藜閣藏版"。

　　鈐"毛子水藏""文思安安室圖書"印。

2833　　　　　　　　　　SG4171/226

古詩箋十三卷

（清）王士禎輯　聞人倓箋

清乾隆三十一年（1766）芷蘭堂刻本

八冊　一函

　　正文半葉十行二十一字,小字雙行同,白口,單黑魚尾,左右雙邊。

　　內封鐫"王阮亭先生選本　古詩箋　芷蘭堂藏板"。版心下鐫"芷蘭堂"。

2834　　　　　　　　　　SG416/21

榕村講授三卷

（清）李光地輯

清康熙內府刻本

六冊　一函

　　正文半葉十一行二十字,白口,無魚尾,左右雙邊。

　　內封鐫"安溪先生　榕村講授　御賜教忠堂"。原刊本。

　　鈐"國子監印"漢滿蒙文印。

2835　　　　　　　　　　SG413/34

四六金桴十二卷

（清）汪士鋐編輯　汪沅重編

清乾隆十一年（1746）汪沅刻本

十二冊　二函

　　正文半葉十一行二十二字,白口,單黑魚尾,左右雙邊。

　　內封鐫"乾隆丙寅年鐫　汪秋泉先生原輯　族孫沅重編　四六金桴　繼書堂藏板"。

2836　　　　　　　　　　SG417/231-1

近光集二十八卷

（清）汪士鋐編纂　徐修仁參注

清康熙五十八年（1719）刻本

六冊　一函

　　正文半葉九行十九字,小字雙行同,上白口,下黑口,單黑魚尾,左右雙邊。

2837　　　　　　　　　　SG417/37

詩林韶濩二十卷

（清）顧嗣立輯

清康熙四十四年（1705）顧氏秀野草堂刻本

八冊　一函

　　正文半葉十一行二十一字,白口,順黑魚尾,左右雙邊。

　　版心下鐫"秀野草堂"。

2838　　　　　　　　　　SG412/22

古文彙鈔十卷

（清）蔣銘纂輯

清康熙五年(1666)蔣銘交翠堂刻本

十册　二函

正文半葉九行二十五字,白口,四周單邊。

眉上鐫評。内封鐫"交翠堂選　吳門蔣新又纂輯　古文彙鈔　本衙藏板"。

2839　　　　　　　　　　　SG4172/5

歷代賦楷八卷首一卷

(清)王修玉輯

清康熙二十五年(1686)刻本

二册　一函

正文半葉十行二十一字,白口,單黑魚尾,無界行,四周單邊。

内封鐫"西陵王松墅先生選註　歷朝賦楷　尚德堂新梓"。

鈐"書業堂自在江浙蘇閩揀選古今書籍發兑印"印。

2840　　　　　　　　　　　SG4172/8

賦彙錄要二十八卷補遺一卷外集一卷題注一卷

(清)吳光昭箋略

清乾隆刻本

十二册　二函

正文半葉十行二十一字,小字雙行同,黑口,雙黑魚尾,左右雙邊。

正文卷端鐫"賦彙錄要"。版心和目錄卷端鐫"賦彙錄要箋畧"。

2841　　　　　　　　　　　SG41/41

居敬軒篋中秘不分卷

(清)林文龍輯

清康熙抄本

四册　一函

正文半葉十行二十四字,無邊欄。

版心下題"梅隱自怡"。

有易培基題識。鈐"西堂藏書畫印""四明盧氏抱經樓藏書印"諸印。

2842　　　　　　　　　　　SG41/198

悦心集四卷

(清)世宗胤禛輯

清雍正四年(1726)武英殿刻本

二册　一函

正文半葉九行二十二字,白口,單黑魚尾,無界行,四周單邊。

有朱筆圈點。鈐"雍正宸翰"印。

2843　　　　　又一部　SG41/90

悦心集四卷

(清)世宗胤禛輯

清雍正四年(1726)武英殿刻本

二册　一函

正文半葉九行二十二字,白口,單黑魚尾,無界行,四周單邊。

有朱筆圈點。鈐"雍正宸翰""契竹山房""不薄今人愛古人"諸印。

2844　　　　　　　　　　　SG41/28

古文八大家公暇錄六卷

(清)王應鯨選評　李中簡鑒定

清嘉慶六年(1801)文盛堂刻本

二册　一函

正文半葉十行二十四字,白口,單黑魚尾,左右雙邊或四周單邊。

內封鐫"嘉慶辛酉年新鐫　太史李文園　邊秋崖兩先生鑒定　唐宋八大家公暇錄　文盛堂梓行　任邱王霖蒼選評"。

有朱墨筆批校。

2845　　　　　　　　　　SG412/32

古文眉詮七十九卷首一卷

（清）浦起龍論次　方懋福　程鍾匯參

清乾隆六年至九年(1741－1744)三吳書院刻本

二十四冊　三函

正文半葉九行二十二字,小字雙行同,白口,無魚尾,無界行,左右雙邊或四周單邊。

眉上鐫評。內封鐫"錫山浦二田論次　靜寄東軒藏版"。版心下鐫"三吳書院"。

2846　　　　又一部　SG412/34

古文眉詮七十九卷首一卷

（清）浦起龍論次　方懋福　程鍾匯參

清乾隆六年至九年(1741－1744)三吳書院刻本

二十冊　四函

正文半葉九行二十二字,小字雙行同,白口,無魚尾,無界行,左右雙邊或四周單邊。

眉上鐫評。內封鐫"錫山浦二田論次　靜寄東軒藏版"。版心下鐫"三吳書院"。

2847　　　　　　　　　　SG412/8

古文披金二十四卷

（清）納蘭常安評選　周振采　程鍾糸訂

清乾隆六年至九年(1741－1744)納蘭常安受宜堂刻本

二十冊　四函

正文半葉九行二十字,白口,單黑魚尾,四周單邊。

內封鐫"納蘭常履坦評選　會稽魯謙菴先生編輯　受宜堂藏板"。

2848　　　　　　　　　　SG41/34－1

斯文精萃不分卷

（清）尹繼善輯

清乾隆七年(1742)尹繼善刻本

十冊　二函

正文半葉九行二十五字,白口,無魚尾,四周單邊。

鈐"綏卿"印。

2849　　　　　　　　　　SG41/34

斯文精萃不分卷

（清）尹繼善輯

清乾隆二十九年(1764)刻本

四冊　一函　缺古文

正文半葉八行二十一字,白口,無魚尾,左右雙邊或四周單邊。

鈐"萃文齋"印。

2850　　　　　　　　　　SG41/34－1

斯文精萃不分卷

（清）尹繼善輯

集　部　　535

清乾隆至嘉慶刻本
　七册　一函
　　正文半葉八行十九字，白口，無魚尾，四周單邊。
　　鈐"洪洞董芸龕藏書印"印。

2851　　　　　　　　　　　　SG412/19
古文約選不分卷
　（清）允禮輯
　清雍正十一年（1733）果親王府刻本
　十册　二函
　　正文半葉九行十九字，白口，單黑魚尾，四周雙邊。
　　眉上鐫評。版心鐫篇名。
　　鈐"肥遯廬""曾藏古潤何金蘭舫氏家""丹徒何氏蘭舫藏書"印。

2852　　　　　　　　　　　　SG412/19
古文約選不分卷
　（清）允禮輯
　清雍正十一年（1733）果親王府刻乾隆重修本
　十册　二函
　　正文半葉九行十九字，白口，單黑魚尾，四周雙邊。
　　眉上鐫評。

2853　　　　　　　　　　　　SG412/7
古文合鈔十六卷
　（清）魯超輯
　清康熙二十三年（1684）魯超刻本
　八册　二函

　　正文半葉十行二十四字，小字雙行同，白口，單黑魚尾，左右雙邊。
　　内封鐫"古文合鈔　燕喜堂藏板"。

2854　　　　　　　　　　　　SG411/71
文章鼻祖六卷
　（清）楊繩武評選
　清乾隆刻本
　四册　一函
　　正文半葉九行二十字，白口，單黑魚尾，左右雙邊。
　　眉上鐫評行六字。内封鐫"光禄沈敬亭先生鑒定　吳門楊文叔評選　文章鼻祖　翻刻必究　賜研堂藏板"。

2855　　　　　　　　　　　　SG4171/1653
八代詩淘四十一卷目錄一卷
　（清）張守選定
　清雍正六年（1728）素宜堂刻本
　十册　二函
　　正文半葉九行十八字，白口，單黑魚尾，無界行，四周單邊。
　　内封鐫"雲間張菉園纂　八代詩淘　素宜堂藏版"。
　　鈐"汲古得修綆""素宜堂圖書記""懋椿"印。

2856　　　　　　　　　　　　SG417/23
據經樓五言律詩選四卷
　（清）彭廷梅選
　清乾隆六年（1741）金陵書坊刻本
　四册　一函

正文半葉九行十八字,小字雙行同,白口,無魚尾,四周單邊。

內封鎸"乾隆六年新鎸　楚攸彭湘南先生選　據經樓本朝詩選　金陵書坊梓行"。

行間有墨筆批注。

2857　　　　　　　　　SG4172/173-1
賦鈔箋畧十五卷
（清）雷琳　張杏濱仝箋

清乾隆三十一年（1766）刻本

六册　一函

正文半葉九行十九字,小字雙行字數不等,白口,單黑魚尾,左右雙邊。

序末鎸"聞人聲遠鎸"。

鈐"吟梅閣藏板""獨秀山房""樓觀滄海日門對浙江潮""積學齋徐乃昌藏書"印。

2858　　　　　又一部　SG4172/173-1
賦鈔箋畧十五卷
（清）雷琳　張杏濱仝箋

清乾隆三十一年（1766）刻本

六册　一函　存十一卷（五至十五）

正文半葉九行十九字,小字雙行字數不等,白口,單黑魚尾,左右雙邊。

2859　　　　　　　　　SG411/126
名文冰鑒八卷
（清）胡化鵬　舒憖評選

清康熙三十三年至三十四年（1694-1695）嚶鳴堂刻本

四册　一函　缺卷七之縱囚論至二子說

正文半葉八行二十字,白口,單黑魚尾,四周雙邊。

眉上鎸評行六字。內封鎸"仇滄柱先生鑒定　秋浦胡靄如長林舒心一評選　名文冰鑒　古吳藜光樓　長慶堂梓行"。版心下鎸"嚶鳴堂"。

行間有朱墨筆批注。偶有抄配。鈐"本衙藏板翻刻必究"印。

2860　　　　　　　　　SG413/6-1
駢體文鈔三十一卷
（清）李兆洛編

清道光至咸豐合河康氏刻本

五册　一函

正文半葉十三行二十二字,小字雙行同,大黑口,雙黑魚尾,左右雙邊。

內封鎸"駢體文鈔三十一卷"。各卷末木記鎸"合河康氏刻梓家塾"。較初印。

鈐"毛準""子水"印。

2861　　　　　　　　　SG417/188
咏物詩選八卷
（清）俞琰輯

清雍正二年（1724）刻本

六册　一函

正文半葉十行二十一字,黑口,單黑魚尾,左右雙邊。

內封鎸"嘉善俞長仁編輯　歷朝咏物詩選　分類備載　寧儉堂藏板"。

鈐"崇文堂圖書"印。

集　部　　　537

2862　　　　　　　　　　SG4171/1007

孝義詩一卷

（清）王中極輯

清乾隆五十一年（1786）王中極存厚堂刻本

二册　一函

正文半葉十行二十一字，小字雙行同，白口，單黑魚尾，左右雙邊。

內封鐫"乾隆歲次丙午　孝義詩　存厚堂藏板"。版心下鐫"存厚堂"。

稀見。

2863　　　　　　　　　　SG4171/953

歷朝制帖詩選同聲集十二卷

（清）胡浚選注

清乾隆二十二年（1757）刻本

六册　一函

正文半葉九行十九字，小字雙行同，黑口，單黑魚尾，左右雙邊。

有墨筆眉批。

斷　代

2864　　　　　　　　　　SG411/124

周文歸二十卷

（明）陳淏子輯

明崇禎十三年（1640）刻本

六册　一函　存十八卷（一至十八）

正文半葉九行十九字，小字雙行同，白口，單白魚尾，四周單邊。

眉上鐫評行四字。

行間有朱筆句讀。鈐"雲生樓"印。

2865　　　　　　　　　　SG41/184-1

兩漢策要十二卷

（宋）陶叔獻輯　（清）張朝樂校閱

清乾隆五十六年（1791）張朝樂刻本

十二册　二函

正文半葉六行字數不等，大黑口，雙黑魚尾，四周雙邊。

元趙孟頫手迹，原抄本，經明毛晉、周良金等遞藏，後由張朝樂收藏并付穆氏刻成。卷三未刻，原缺。鈐"曾經東山柳蓉邨過眼印"印。

2866　　　　　　　　SG41/191、SG43/29

兩漢文四十卷

（明）張采輯　張溥鑒定

明崇禎六年（1633）刻本

二十册　四函

正文半葉九行十九字，小字雙行同，白口，單黑魚尾，左右雙邊。

眉上鐫評行四字。

2867　　　　　　　　　　SG43/29

東漢文二十卷

（明）張采輯　周鍾　張溥鑒定

明崇禎十年至十七年（1637-1644）刻本

十册　二函

正文半葉九行十九字，花口，單黑魚尾，左右雙邊。

眉上鐫評行四字。

2868　　　　　　　　　　　　SG51/329

三國文二十卷

（明）張采輯

明崇禎十年（1637）刻本

十册　二函

　　正文半葉九行十九字，花口，單黑魚尾，無界行，左右雙邊。

　　眉上鎸評行四字。

2869　　　　　　　　　　　　SG43/28

西晉文二十卷

（明）張采輯　徐孚遠　陳子龍鑒定

明崇禎十年至十七年（1637－1644）刻本

十册　二函

　　正文半葉九行十九字，花口，單黑魚尾，左右雙邊。

　　眉上鎸評行四字。

2870　　　　　　　　　　　　SG417/7B

才調集十卷

（五代）韋縠輯

清康熙四十三年（1704）新安汪氏垂雲堂刻本

六册　一函

　　正文半葉八行十九字，白口，單黑魚尾，左右雙邊。

　　内封鎸"宋本校正　才調集　虞山二馬先生閲本　宛委堂發兑"。版心下鎸"垂雲堂"。

　　鈐"筐韻齋圖書記""澶州黄振藻印""毛準""子水"諸印。

2871　　　　　　　　　　　　SG417/7A

才調集補註十卷

（五代）韋縠輯　（清）殷元勳箋注　宋邦綏補注

清乾隆五十八年（1793）思補堂刻本

六册　一函

　　正文半葉十行二十一字，小字雙行同，白口，單黑魚尾，四周雙邊。

　　内封鎸"乾隆五十八年仲夏鎸　才調集補註　思補堂藏板"。卷末鎸"男思仁校刊"。

　　鈐"翰生""兩漢印室""退耕堂藏書記""毛準""子水""毛子水藏""文思安安室圖書"諸印。

2872　　　　　　　　　　　　SG417/372－6

王荆公唐百家詩選二十卷

（宋）王安石輯

清康熙四十二至四十三年（1703－1704）宋犖、丘迥刻四十三年至六十一年（1704－1722）雙清閣印本

四册　一函

　　正文半葉十行十八字，白口，單黑魚尾，左右雙邊。

　　内封鎸"大中丞宋公手授槧本　王荆公唐百家詩選　雙清閣藏板"。

2873　　　　　　　　　　　　SG4171/1691

萬首唐人絶句一百一卷

（宋）洪邁輯

明嘉靖十九年（1540）陳敬學德星堂刻本

二十册　四函

正文半葉十行二十字,白口,雙白魚尾,左右雙邊。

版心下鐫"德星堂"。有刻工"濟""陸華"。

鈐"果親王府圖書記""吉林索綽絡氏""海粟園藏書""桂林軒""蘭芬""琴書"諸印。

2874　　　　　　　　　　SG417/334

唐人萬首絕句選七卷

(宋)洪邁輯　(清)王士禎選本

清康熙至雍正刻本

二册　一函

正文半葉十行十九字,小字雙行字數不等,黑口,單黑魚尾,左右雙邊。

眉上有墨筆評點。

2875　　　　　　　　　　SG417/334

唐人萬首絕句選七卷

(宋)洪邁輯　(清)王士禎選本

清康熙鄱陽洪氏松花屋刻雍正十年(1732)鄱陽洪氏家塾重修同治九年(1870)寧津龐際雲續修本

四册　一函

正文半葉十行十九字,小字雙行字數不等,粗黑口,順黑魚尾,左右雙邊。

行間有朱墨筆批注。

2876　　　　　　　　　　SG417/224

唐詩鼓吹十卷

(金)元好問輯　(元)郝天挺注　(明)廖文炳解　(清)朱三錫評

清順治十六年(1659)陸貽典刻本

六册　一函

正文半葉十一行二十一字,小字雙行同,黑口,單黑魚尾,左右雙邊。金鑲玉。

內封鐫"照依廖錦臺原選註釋　虞山四名家重訂　唐詩鼓吹註解"。

眉上有秋谷先生(趙執信)墨筆批語。書末有季孺老人(羅復堪)墨筆題記。鈐"珍藏書畫之章"印。

2877　　　　　　　　　SG417/224-1

唐詩鼓吹十卷

(金)元好問輯　(元)郝天挺注　(明)廖文炳解　(清)朱三錫評

清乾隆十一年(1746)懷德堂刻本

四册　一函

正文半葉十一行二十一字,小字雙行同,黑口,單黑魚尾,左右雙邊。

內封鐫"乾隆十一年新鐫　唐詩鼓吹箋註　懷德堂藏板"。

有朱墨筆圈點及墨筆批注。

2878　　　　　　　　　SG417/224-2

東嵒艸堂評訂唐詩鼓吹十卷

(金)元好問輯　(元)郝天挺注　(明)廖文炳解　(清)朱三錫評

清康熙二十七年至六十一年(1688-1722)刻本

十册　一函

正文半葉十一行二十一字,小字雙行同,白口,單黑魚尾,四周雙邊。

2879　　　　　　　又一部　SG417/224
東嵒艸堂評訂唐詩鼓吹十卷
（金）元好問輯　（元）郝天挺注　（明）廖文炳解　（清）朱三錫評
清康熙二十七年至六十一年（1688－1722）刻本
十冊　一函
　　正文半葉十一行二十一字，小字雙行同，白口，單黑魚尾，四周雙邊。

2880　　　　　　　　　　　SG4171/587
唐詩品彙九十卷拾遺十卷
（明）高棅編
明洪武三十一年（1398）至崇禎刻本
十冊　一函　存十卷（拾遺十卷）
　　正文半葉十行二十字，白口，單黑魚尾，左右雙邊。
　　墨筆補字。鈐"紅梨山館珍藏"印。

2881　　　　　　　　　　　SG4171/116
唐詩品彙九十卷拾遺十卷
（明）高棅編
明嘉靖十八年（1539）牛斗刻本
十八冊　五函
　　正文半葉十行二十字，小字雙行同，白口，無魚尾，左右雙邊。
　　有墨筆圈點。甘鵬雲校并跋。鈐"潛江甘鵬雲藥樵收藏書籍章"印。

2882　　　　　　　　　　SG4171/116－1
唐詩品彙九十卷拾遺十卷
（明）高棅編　張恂重訂
明崇禎元年至十七年（1628－1644）張恂刻本
二十冊　四函
　　正文半葉十行二十字，小字雙行同，白口，單黑魚尾，左右雙邊。

2883　　　　　　　又一部　SG4171/116－1
唐詩品彙九十卷拾遺十卷
（明）高棅編　張恂重訂
明崇禎元年至十七年（1628－1644）張恂刻本
十二冊　三函
　　正文半葉十行二十字，小字雙行同，白口，單黑魚尾，左右雙邊。

2884　　　　　　　　　　　SG4171/470
唐詩類苑二百卷
（明）張之象纂輯　王徹補訂
明萬曆二十九年（1601）曹仁孫刻清康熙修補本
六十四冊　十六函
　　正文半葉十行二十字，白口，單黑魚尾，四周雙邊。

2885　　　　　　　　　　　SG4171/223
李于鱗唐詩廣選七卷
（明）李攀龍輯　凌瑞森　凌南榮輯評
明天啟元年至崇禎十七年（1621－1644）凌瑞森、凌南榮刻朱墨套印本
八冊　一函　存六卷（一至六）
　　正文半葉八行十八字，白口，無魚尾，四周單邊。

眉上鐫評。

鈐"傳硯齋珍藏書畫印章""嚴茂恩印""西樵"諸印。

2886　　　　　　　　　　　SG4171/650

十二家唐詩二十四卷

（明）張遜業編

明嘉靖三十一年（1552）江都黄埻東壁圖書府刻本

十二册　二函

正文半葉九行十九字，小字雙行同，白口，雙黑魚尾，四周雙邊。

序末及卷末間鐫木記"合璧連珠館印"。版心上鐫"東壁圖書府"，下鐫"江郡硜新繩"。張遜業序版心下鐫"須彌介桼劍室"。

鈐"建業胡氏""太丘世家""菘甫藏書""陳彝之印""吳氏子讓""字伯倫"諸印。

駱賓王集二卷　（唐）駱賓王撰
岑嘉州集二卷　（唐）岑參撰
杜審言集二卷　（唐）杜審言撰
王勃集二卷　（唐）王勃撰
陳子昂集二卷　（唐）陳子昂撰
孟浩然集二卷　（唐）孟浩然撰
宋之問集二卷　（唐）宋之問撰
沈佺期集二卷　（唐）沈佺期撰
楊炯集二卷　（唐）楊炯撰
盧照鄰集二卷　（唐）盧照鄰撰
高常侍集二卷　（唐）高適撰
王摩詰集二卷　（唐）王維撰

2887　　　　　　　　　　　SG4171/1291

唐雅同聲五十卷目錄二卷

（明）毛戀宗　朱謀㙔輯

明萬曆十六年（1588）毛謙刻崇禎至清順治重修本

十四册　二函

正文半葉十行二十字，白口，單白魚尾，四周雙邊。

版心下偶鐫"依仁山館"。

鈐"南州書樓藏書"諸印。

2888　　　　　　　　　　　SG4171/236

刪訂唐詩解二十四卷

（明）唐汝詢選釋　（清）吳昌祺評定

清康熙四十年（1701）誦懿堂刻本

十六册　四函

正文半葉九行二十一字，小字雙行同，白口，單黑魚尾，左右雙邊。

眉上鐫評。内封鐫"雲間吳綏眉評定　刪訂唐詩解　刪訂古詩解嗣出　誦懿堂藏板"。

2889　　　　　　　　　　　SG4171/1006

唐詩聯選二卷

（明）王黌選編

明萬曆四十八年（1620）刻本

二册　一函

正文半葉十行二十字，白口，單白魚尾或黑魚尾，四周單邊。

2890　　　　　　　　　　　SG4171/120

唐音戊籤二百一卷餘閏六十三卷餘諸國主詩一卷

（明）胡震亨編

清康熙二十六年(1687)胡氏南益堂刻本

三十四册　四函

　　正文半葉十行十九字,小字雙行同,白口,單黑魚尾,左右雙邊。

　　内封鎸"晚閨兩唐集詩　海鹽胡孝轅先生手編　唐音戊籤　計一百七十三家南益堂藏板"。

　　甘鵬雲書衣墨筆題簽。鈐"潛廬藏過""崇雅堂藏書""甘鵬雲印"諸印。

2891　　　　　　　　　　　SG417/280

貫華堂選批唐才子詩甲集七言律八卷

　　(清)金人瑞選批　金雍輯并補注

　　清順治十七年至十八年(1660-1661)刻本

　　六册　一函

　　正文半葉九行二十一字,小字雙行同,白口,無魚尾,左右雙邊。

2892　　　　　　　　　　　SG4171/1655

重較唐詩類苑選三十四卷

　　(清)戴明說等選

　　清順治十六年(1659)刻康熙十八年(1679)汪爌修補印本

　　十六册　四函

　　正文半葉九行二十字,白口,無魚尾,四周單邊。

2893　　　　　　　　　　　SG4171/866

唐詩快十六卷選詩前後諸詠一卷

　　(清)黃周星選評　程洪校訂

　　清康熙刻本

　　十册　二函

　　正文半葉九行二十字,小字雙行同,白口,單黑魚尾,四周雙邊。

　　内封鎸"黃九煙先生選評　唐詩快本衙藏板"。

2894　　　　　　　　　　　SG4171/585

唐詩英華二十二卷

　　(清)顧有孝編

　　清順治十四年(1657)顧氏寧遠堂刻本

　　六册　一函

　　正文半葉十一行二十一字,小字雙行同,細黑口,單黑魚尾,左右雙邊。

　　鈐"陳履平印""清白之遺""百人樓""陳濂印""強恕堂藏""披雲閣藏書"諸印。

2895　　　　　　　　　　　SG4171/585

唐詩英華二十二卷

　　(清)顧有孝編

　　清順治十四年(1657)顧氏寧遠堂刻康熙吳郡寶翰樓印本

　　十六册　四函

　　正文半葉十一行二十一字,小字雙行同,細黑口,單黑魚尾,左右雙邊。金鑲玉。

　　眉欄有朱墨筆評點。

2896　　　　　　　　　　　SG4171/532

唐人六集四十三卷

　　(明)毛晉編

　　明崇禎琴川毛氏汲古閣刻本

　　六册　一函

　　正文半葉九行十九字或二十一字,小字

雙行同或字數不等，白口，無魚尾，左右雙邊。

卷端、卷末間鎸木記"汲古閣毛晉據宋本考較"（字體有別）或"琴川毛鳳苞氏審定宋本"，内封鎸"毛氏正本　唐人六集　汲古閣藏板"。版心下鎸"汲古閣"。

鈐"李鈞之印""秉成""李氏收藏"印。

常建詩集三卷附錄一卷常建集外詩一卷　（唐）常建撰

韋蘇州集十卷拾遺　卷　（唐）韋應物撰

姚少監詩集十卷　（唐）姚合撰

韓内翰別集一卷補遺一卷附列傳　（唐）韓偓撰

王建詩八卷　（唐）王建撰

鮑溶詩六卷鮑溶集外詩一卷　（唐）鮑溶撰

2897　　　　SG4171/617、SG417/65-5

李杜全集四十八卷

（明）許自昌輯

明萬曆三十年（1602）許自昌刻本

十四册　三函

正文半葉九行二十字，小字雙行同，白口，單黑魚尾，左右雙邊。

鈐"餘姚謝氏永耀樓藏書""許鐸""振夫"印。

分類補註李太白詩二十五卷附唐翰林李太白年譜一卷　（唐）李白撰　（宋）楊齊賢集註　（元）蕭士贇補註　（宋）薛仲邕撰年譜

集千家註杜工部詩集二十卷文集二卷　（唐）杜甫撰　（明）許自昌校

2898　　　　　　　　　SG4171/869

李杜全集四十八卷

（明）許自昌輯

明天啓元年至崇禎十七年（1621-1644）汪復初刻清康熙元年至三十年（1662-1691）六經堂印本

三十二册　八函

正文半葉九行二十字，小字雙行同，白口，單黑魚尾，四周單邊。

内封鎸"許玄祐先生較　李杜全集書林汪復初藏版"。

鈐"六經堂藏板"印。

2899　　　　　　　　　SG4171/224

合刻西崑集不分卷

（明）姚希孟輯

明天啓四年（1624）吴縣姚希孟刻本

六册　一函

正文半葉九行十九字，白口，單白魚尾，四周單邊。金鑲玉。

稀見。

唐太常寺奉禮郎李長吉詩集不分卷　（唐）李賀撰

唐駕部侍郎知制誥中書舍人韓君平詩集不分卷　（唐）韓翃撰

唐翰林學士中書舍人韓致光香匳集不分卷　（唐）韓偓撰

唐方城令溫飛卿詩集不分卷　（唐）溫庭筠撰

2900　　　　　　　　　SG417/400-1

唐賢三昧集四卷

（清）王士禛編　姚培謙閲

清乾隆刻巾箱本

八册 一函

　　正文半葉五行十二字，白口，單黑魚尾，左右雙邊。

　　鈐"鎦家書庫"印。

2901　　　　　　　　　　SG4171/1650

新鐫草字唐詩不分卷

　　（清）樊新輯并書

　　清初鄭漢立達堂刻本

　　四册　一函

　　正文半葉四行八字，小字三行八字，無魚尾，無界行，左右雙邊。

　　內封鐫"雪巢老人書　草字唐詩　立達堂梓行"。

2902　　　　　　　　　　SG4171/871

御定全唐詩錄一百卷

　　（清）聖祖玄燁鑒定　徐倬　徐元正輯

　　清康熙四十五年（1706）揚州詩局刻本

　　二十册　四函

　　正文半葉十一行二十一字，黑口，雙黑魚尾，左右雙邊。

　　鈐"鄞蝸寄廬孫氏藏書"印。

2903　　　　　　　　　　SG417/181

御定全唐詩錄一百卷詩人年表一卷

　　（清）聖祖玄燁鑒定　徐倬　徐元正輯

　　清康熙四十五年（1706）揚州詩局刻本

　　五十二册　八函

　　正文半葉十一行二十一字，小字雙行同，黑口，雙黑魚尾，左右雙邊。

2904　　　　　　　　　　SG4171/682

御選唐詩三十二卷目錄三卷

　　（清）聖祖玄燁輯　陳廷敬等輯注

　　清康熙五十二年（1713）內府刻朱墨套印本

　　十六册　四函

　　正文半葉七行十七字，小字雙行字數不等，白口，單黑魚尾，無界行，四周雙邊。

2905　　　　　　又一部　SG4171/682

御選唐詩三十二卷目錄三卷

　　（清）聖祖玄燁輯　陳廷敬等輯注

　　清康熙五十二年（1713）內府刻朱墨套印本

　　十六册　四函

　　正文半葉七行十七字，小字雙行字數不等，白口，單黑魚尾，無界行，四周雙邊。

2906　　　　　　又一部　SG417/182－1

御選唐詩三十二卷目錄三卷

　　（清）聖祖玄燁輯　陳廷敬等輯注

　　清康熙五十二年（1713）內府刻朱墨套印本

　　十五册　四函

　　正文半葉七行十七字，小字雙行字數不等，白口，單黑魚尾，無界行，四周雙邊。

2907　　　　　　又一部　SG417/182

御選唐詩三十二卷目錄三卷

　　（清）聖祖玄燁輯　陳廷敬等輯注

　　清康熙五十二年（1713）內府刻朱墨套印本

四册　一函　存九卷(十五至二十三)

正文半葉七行十七字,小字雙行字數不等,白口,單黑魚尾,無界行,四周雙邊。

2908　　　　　　　　　　SG4171/1540
唐詩筌蹄集六卷末三卷

(清)黃六鴻注釋　黃廷樅校

清康熙五十四年(1715)宜豐黃氏刻本

六册　一函

正文半葉九行二十字,小字雙行同,白口,單黑魚尾,四周單邊。

2909　　　　　　　　　　SG417/42
全唐詩九百卷目錄十二卷

(清)曹寅等輯

清康熙四十四年至四十六年(1705－1707)揚州詩局刻本

一百二十册　十二函

正文半葉十一行二十一字,小字雙行字數不等,細黑口,雙黑魚尾,左右雙邊。

2910　　　　又一部　SG4171/12
全唐詩九百卷目錄十二卷

(清)曹寅等輯

清康熙四十四年至四十六年(1705－1707)揚州詩局刻本

一百二十册　十二函

正文半葉十一行二十一字,小字雙行字數不等,細黑口,雙黑魚尾,左右雙邊。

鈐"京兆堂藏書""張星烺遺囑贈送""蔚西"印。

2911　　　　　　　　　　SG417/195
全唐詩鈔八十卷補十六卷

(清)吳成儀編次　張熙純參

清乾隆二十四年(1759)吳氏璜川書屋刻本

三十二册　四函

正文半葉十一行二十一字,白口,雙黑魚尾,左右雙邊。

内封鎸"璜川書屋藏板"。

鈐"壽來堂藏書印"印。

2912　　　　　　　　　　SG4171/749
唐律消夏錄五卷

(清)顧安輯

清乾隆二十七年(1762)何文煥刻本

四册　一函

正文半葉九行十八字,小字雙行同,黑口,單黑魚尾,左右雙邊。

有朱筆批點。鈐"函城精舍""國楨之鈢""剛主秘玩"印。

2913　　　　　　　　　　SG417/445
中晚唐詩叩彈集十二卷續集三卷

(清)杜詔　杜庭珠輯

清康熙四十三年(1704)采山亭刻本

八册　一函

正文半葉十一行二十字,小字雙行字數不等,白口,單黑魚尾,左右雙邊。

版心下鎸"采山亭"。

2914　　　　　　　　　　SG4171/880
唐詩成法八卷

（清）屈復撰　吳家龍校閱

清乾隆八年（1743）吳家龍刻本

六冊　一函

　　正文半葉九行十九字，小字雙行同，白口，單黑魚尾，無界行，左右雙邊。

2915　　　　　　　　　　　　SG4171/1861

重訂唐詩別裁集二十卷

（清）沈德潛輯

清乾隆二十八年（1763）教忠堂刻本

八冊　一函

　　正文半葉十行十九字，小字雙行字數不等，白口，單黑魚尾，左右雙邊。

　　版心下鎸"教忠堂"。

　　鈐"瑞軒""蔚西""張星烺遺囑贈送"印。

2916　　　　　　　　　　　　SG4171/1588

唐詩排律七卷

（清）牟欽元輯　牟澍箋注

清乾隆五十四年（1789）刻本

四冊　一函

　　正文半葉九行二十字，小字雙行三十字，細黑口，四周雙邊。

2917　　　　　　　　　　　　SG4172/181

華國編唐賦選二卷

（清）孫濩孫評訂

清雍正十一年（1733）孫濩孫刻本

二冊　一函

　　正文半葉九行二十二字，白口，單黑魚尾，四周雙邊。

　　內封鎸"雍正癸丑新鎸　高郵孫邃人評訂　華國編賦選　唐賦先刊古賦嗣刻本衕藏板　翻刻必究"。

2918　　　　　　　　　　　　SG4171/479

唐詩觀瀾集二十四卷

（清）李因培選評　凌應曾編注

清乾隆二十四年（1759）刻本

十二冊　一函

　　正文半葉九行二十一字，小字雙行同，白口，單黑魚尾，左右雙邊。

2919　　　　　　　　　　　　SG417/290

唐詩箋注十卷

（清）黃叔燦箋注

清乾隆三十年至六十年（1765－1795）刻本

十冊　一函

　　正文半葉十行二十一字，小字雙行同，白口，單黑魚尾，左右雙邊。

　　內封鎸"沈歸愚先生鑒定　虞山黃牧村論次　唐詩箋注　松筠書屋藏板"。

　　有朱筆句讀。

2920　　　　　　　　　　　　SG41/64

欽定全唐文一千卷

（清）董誥等編

清嘉慶十九年（1814）內府刻本

五百四冊　五十一函

　　正文半葉九行二十二字，白口，單黑魚尾，四周雙邊。

　　鈐"深澤王氏洗心精舍所藏書畫"印。

2921　　　　　　　　　　SG417/26

唐人五言長律清麗集六卷

（清）徐曰璉　沈士駿輯

清乾隆二十二年（1757）刻本

四册　一函

　　正文半葉九行十九字，白口，單黑魚尾，左右雙邊。

　　眉上鐫評行十字。

　　鈐"萬國同印""木樨香館范氏藏書"諸印。

2922　　　　　　　　　　SG4171/472

唐詩正聲十卷

（清）馬允剛選

清嘉慶耘經堂刻本

十册　二函

　　正文半葉八行二十四字，小字雙行同，白口，單黑魚尾，四周雙邊。

　　版心下鐫"耘經堂選刻"。

　　收李白、杜甫、韓愈、白居易四家詩。

2923　　　　　　　　　　SG4171/930

全唐五言八韻詩四卷律詩合譜一卷

（清）張希賢　李文藻同輯

清乾隆二十三年至六十年（1758－1795）刻本

四册　一函

　　正文半葉九行十九字，小字雙行同，黑口，單黑魚尾，四周單邊。

　　稀見。

2924　　　　　　　　　　SG45/141

宋文鑑一百五十卷目錄三卷

（宋）呂祖謙輯

明嘉靖八年（1529）晉藩朱知烊養德書院刻本

三十二册　八函

　　正文半葉十三行二十一字，黑口，順黑魚尾，左右雙邊。

　　鈐"潛江甘鵬雲藥樵收藏書籍章""潛江甘鵬雲民國乙亥以俊所收善本"印。

2925　　　　　　　　　　SG411/135

宋文鑑删十二卷

（明）張溥輯

明天啓至崇禎刻本

六册　一函

　　正文半葉九行十九字，白口，單黑魚尾，左右雙邊。

2926　　　　　　　　　　SG41/205

蘇黃風流小品十六卷

（明）黃嘉惠編

明崇禎爾如堂刻本

六册　一函

　　正文半葉九行二十字，白口，單白魚尾，四周單邊。

　　眉上鐫評。

　　東坡題跋四卷　（宋）蘇軾撰
　　東坡尺牘二卷　（宋）蘇軾撰
　　東坡小詞二卷　（宋）蘇軾撰
　　山谷題跋四卷　（宋）黃庭堅撰
　　山谷尺牘二卷　（宋）黃庭堅撰

山谷小詞二卷　（宋）黃庭堅撰

2927　　　　　又一部　SG418/229

蘇黃風流小品十六卷

（明）黃嘉惠編

明崇禎爾如堂刻本

四册　一函

　　正文半葉九行二十字，白口，單白魚尾，四周單邊。

　　眉上鐫評。

　　書衣墨筆題"樂甫氏藏"。鈐"王氏二十八宿研齋秘笈之印""燕庭經眼""臣喜海印""嘉蔭簃"諸印。

2928　　　　　　　　SG4171/121

宋十五家詩選十七卷

（清）陳訏輯

清康熙三十二年（1693）海昌陳氏刻本

七册　一函

　　正文半葉十一行二十二字，小字雙行同，黑口，雙黑魚尾，左右雙邊。

　　甘鵬雲書衣墨筆題簽。鈐"耐公""潛廬藏過""崇雅堂藏書""鄂中甘氏""潛江甘鵬雲藥樵收藏書籍章"諸印。

　　宛陵詩選一卷　（宋）梅堯臣撰
　　廬陵詩選一卷　（宋）歐陽修撰
　　南豐詩選一卷　（宋）曾鞏撰
　　臨川詩選一卷　（宋）王安石撰
　　東坡詩選一卷　（宋）蘇軾撰
　　欒城詩選一卷　（宋）蘇轍撰
　　山谷詩選一卷　（宋）黃庭堅撰
　　石湖詩選一卷　（宋）范成大撰
　　劍南詩選二卷　（宋）陸游撰
　　誠齋詩選二卷　（宋）楊萬里撰
　　梅溪詩選一卷　（宋）王十朋撰
　　朱子詩選一卷　（宋）朱熹撰
　　菊磵詩選一卷　（宋）高翥撰
　　秋崖詩選一卷　（宋）方岳撰
　　文山詩選一卷　（宋）文天祥撰

2929　　　　　又一部　SG4171/121

宋十五家詩選十七卷

（清）陳訏輯

清康熙三十二年（1693）海昌陳氏刻本

十五册　二函

　　正文半葉十一行二十二字，小字雙行同，黑口，雙黑魚尾，左右雙邊。

　　眉欄墨筆評點。

2930　　　　　　　　SG4171/207

南宋襍事詩七卷

（清）沈嘉轍　吳焯等撰

清雍正武林芹香齋刻本

六册　一函

　　正文半葉十一行二十一字，小字雙行同，白口，單黑魚尾，左右雙邊。

　　卷末鐫"嘉善劉子端手錄　武林芹香齋摹鐫"。

2931　　　　　　　　SG4171/1669

宋百家詩存一百卷

（清）曹庭棟輯

清乾隆五年至六年（1740-1741）嘉善曹氏二六書堂刻本

四十册　八函

正文半葉十一行二十一字,小字雙行同,白口,單黑魚尾,左右雙邊。

内封鐫"嘉善曹六圃選　宋百家詩存　二六書堂藏板"。

鈐"楊紹和印"印。

慶湖集一卷　（宋）賀鑄撰
東觀集一卷　（宋）魏野撰
穆參軍集一卷　（宋）穆脩撰
景文詩集一卷　（宋）宋祁撰
伐檀集一卷　（宋）黃庶撰
公是集一卷　（宋）劉敞撰
陳副使遺藁一卷　（宋）陳洎撰
傳家集一卷　（宋）司馬光撰
文潞公集一卷　（宋）文彦博撰
無爲集一卷　（宋）楊傑撰
鄱陽集一卷　（宋）彭汝礪撰
樂靜居士集一卷　（宋）李昭玘撰
姑溪集一卷　（宋）李之儀撰
青山集一卷　（宋）郭祥正撰
倚松老人集一卷　（宋）饒節撰
龍雲集一卷　（宋）劉弇撰
紫微集一卷　（宋）吕本中撰
竹友集一卷　（宋）謝薖撰
棣華館小集一卷　（宋）楊甲撰
西渡集一卷　（宋）洪炎撰
竹谿集一卷　（宋）李彌遜撰
松隱集一卷　（宋）曹勛撰
雅林小藁一卷　（宋）王琮撰
醉軒集一卷　（宋）姚孝錫撰
傅忠肅集一卷　（宋）傅察撰
華陽集一卷　（宋）張綱撰
苕溪集一卷　（宋）劉一止撰
栟櫚集一卷　（宋）鄧肅撰
雪溪集一卷　（宋）王銍撰
網山月魚集一卷　（宋）林亦之撰
太倉稊米集一卷　（宋）周紫芝撰
洺水集一卷　（宋）程珌撰
漁溪詩藁一卷　（宋）俞桂撰
樂軒集一卷　（宋）陳藻撰
歸愚集一卷　（宋）葛立方撰
默堂集一卷　（宋）陳淵撰
秋堂遺藁一卷　（宋）柴望撰
于湖集一卷　（宋）張孝祥撰
小山集一卷　（宋）劉翰撰
盡齋鉛刀編一卷　（宋）周孚撰
雪窗小藁一卷　（宋）張良臣撰
臞翁集一卷　（宋）敖陶孫撰
巽齋小集一卷　（宋）危稹撰
龍州道人集一卷　（宋）劉過撰
梅屋吟藁一卷　（宋）鄒登龍撰
招山小集一卷　（宋）劉仙倫撰
皇芩曲一卷　（宋）鄧林撰
順適堂吟藁一卷　（宋）葉茵撰
玉楮集一卷　（宋）岳珂撰
野谷詩集一卷　（宋）趙汝鐩撰
白石道人集一卷　（宋）姜夔撰
靜佳詩集一卷　（宋）朱繼芳撰
鷗渚微吟一卷　（宋）趙崇鉘撰
翠微南征錄一卷　（宋）華岳撰
秋江煙草一卷　（宋）張弋撰
檜庭吟藁一卷　（宋）葛起耕撰
沃州鴈山吟一卷　（宋）吕聲之撰
橘潭詩藁一卷　（宋）何應龍撰
杜清獻集一卷　（宋）杜範撰
芸居乙藁一卷　（宋）陳起撰
山居存藁一卷　（宋）陳必復撰
方泉集一卷　（宋）周文璞撰
方壺存藁一卷　（宋）汪莘撰

雪林刪餘一卷　（宋）張至龍撰
端平集一卷　（宋）周弼撰
庸齋小集一卷　（宋）沈說撰
露香拾藁一卷　（宋）黃大受撰
雪蓬詩藁一卷　（宋）姚鏞撰
東齋小集一卷　（宋）陳鑒之撰
竹莊小藁一卷　（宋）胡仲參撰
骰藁一卷　（宋）利登撰
適安藏拙餘藁一卷　（宋）武衍撰
芸隱詩集一卷　（宋）施樞撰
竹溪詩集一卷　（宋）林希逸撰
無懷小集一卷　（宋）葛天民撰
抱拙小藁一卷　（宋）趙希㯅撰
華谷集一卷　（宋）嚴粲撰
瓜廬集一卷　（宋）薛師石撰
吾竹小藁一卷　（宋）毛珝撰
雪坡小藁一卷　（宋）羅與之撰
雪泉詩集一卷　（宋）薛嵎撰
靖逸小藁一卷　（宋）葉紹翁撰
斗野支藁一卷　（宋）張蘊撰
端隱吟藁一卷　（宋）林尚仁撰
實齋詠梅集一卷　（宋）張道洽撰
梅屋集一卷　（宋）許棐撰
雪磯叢藁一卷　（宋）樂雷發撰
癖齋小集一卷　（宋）杜㫷撰
可齋詩藁一卷　（宋）李曾伯撰
學吟一卷　（宋）朱南杰撰
竹所吟藁一卷　（宋）徐集孫撰
野趣有聲畫一卷　（宋）楊公遠撰
佩韋齋集一卷　（宋）俞德鄰撰
西麓詩集一卷　（宋）陳允平撰
菊潭詩集一卷　（宋）吳惟信撰
古梅吟藁一卷　（宋）吳龍翰撰
月洞吟一卷　（宋）王鎡撰
滄洲集一卷　（宋）羅公升撰
柳塘外集一卷　（宋）釋道璨撰
采芝集一卷　（宋）釋斯植撰

2932　　　　　　　　SG4171/229
南宋羣賢詩選十二卷
（清）陸鍾輝輯
清雍正九年(1731)陸鍾輝水雲漁屋刻本
六册　一函
　　正文半葉九行二十一字,小字雙行同,白口,單黑魚尾,左右雙邊。

2933　　　　　　　　SG4171/230
宋詩畧十八卷
（清）汪景龍　姚壎輯
清乾隆三十五年(1770)姚壎竹雨山房刻本
六册　一函
　　正文半葉十行十九字,黑口,單黑魚尾,左右雙邊。
　　内封鎸"嘉定汪緋青　姚和伯同緝　宋詩畧　竹雨山房藏板"。
　　鈐"銕根居士""臣慶之章""徐氏伯子"印。

2934　　　　又一部　SG4171/230A
宋詩畧十八卷
（清）汪景龍　姚壎輯
清乾隆三十五年(1770)姚壎竹雨山房刻本
六册　一函
　　正文半葉十行十九字,黑口,單黑魚尾,左右雙邊。

内封鎸"嘉定汪紉青　姚和伯同緝　宋詩略　竹雨山房藏板"。

鈐"鎦家書庫""江陰劉氏""劉復所藏"諸印。

2935　　　　　　　　　　SG4171/1292
宋詩隨意鈔六卷續鈔四卷

（清）楊行傳輯

清道光三十年（1850）楊行傳抄本

十册　一函

正文半葉十行二十四字，小字雙行同，白口，紅格，四周雙邊。

稀見。卷前有清道光三十年楊行傳識言抄書事。采《宋詩鈔》《宋元詩鈔》《東坡集》《劍南詩鈔》等書輯録宋詩二千三百餘首。鈐"崑山王德森藏"諸印。

2936　　　　　　　　　　SG413/11
宋四六選二十四卷

（清）彭元瑞定本　曹振鏞編

清乾隆四十一年（1776）歙縣曹振鏞北京刻本

十二册　二函

正文半葉九行二十五字，白口，單黑魚尾，無界行，左右雙邊。

有朱筆圈點。鈐"鄭世芳讀書記""書帶草堂""滎陽鄭氏家藏"諸印。

2937　　　　　　　　　　SG4171/563
御訂全金詩增補中州集七十二卷首二卷

（金）元好問輯　（清）郭元釪補輯

清康熙五十年（1711）内府刻本

二十册　四函

正文半葉八行十九字，細黑口，單黑魚尾，四周單邊。

2938　　　　　　　　　　SG46/10-4
中州集十卷首一卷中州樂府一卷

（金）元好問輯

明天啓至崇禎毛氏汲古閣刻本

十册　二函

正文半葉八行十九字，白口，無魚尾，左右雙邊。

版心下鎸"汲古閣"。

鈐"劉榘之印""羅正鈞印""樂盫劉氏藏書""范吾""樂盫所藏"諸印。

2939　　　　　　　　　　SG46/10-3
中州集十卷首一卷中州樂府一卷

（金）元好問輯

明末古松堂仿毛氏汲古閣刻本

六册　二函

正文半葉八行十九字，白口，無魚尾，左右雙邊。

内封鎸"汲古閣原本　中州集　古松堂藏板"。版心下鎸"汲古閣"。

鈐"陶廬監製"印。

2940　　　　　　　　　　SG417/246
金詩選四卷

（清）顧奎光選輯　陶玉禾參評

清乾隆十六年（1751）刻本

四册　一函

正文半葉十行十九字，白口，單黑魚尾，

左右雙邊。

　　眉上鐫評行五字。與《元詩選六卷補遺一卷》合函。

2941　　　　　　又一部　SG417/196－1
金詩選四卷
　（清）顧奎光選輯　陶玉禾參評
　清乾隆十六年（1751）刻本
　二册　一函
　　正文半葉十行十九字，白口，單黑魚尾，左右雙邊。
　　眉上鐫評行五字。
　　鈐"木隱客""孚之"印。

2942　　　　　　又一部　SG417/196
金詩選四卷
　（清）顧奎光選輯　陶玉禾參評
　清乾隆十六年（1751）刻本
　四册　一函
　　正文半葉十行十九字，白口，單黑魚尾，左右雙邊。
　　眉上鐫評行五字。
　　鈐"曾在陳蘇來處""舊雨草堂珍藏書畫印"印。

2943　　SG417/248、SG417/251、SG417/225
元人集十種五十四卷
　（明）毛晉輯
　明崇禎十一年（1638）毛氏汲古閣刻本
　十二册　三函
　　正文半葉九行十九字，白口，無魚尾，左右雙邊。

　　《句曲外史集》目錄前有清光緒二十五年（1899）萍鄉文廷式墨筆題記。書衣有民國二十年（1931）易培基題記。鈐"康綸鈞字鳳書號伊山""康觀濤字用于號海槎"及"葉德輝煥彬甫藏閲書""求是堂藏本"印。

2944　　　　　　　　　　SG4171/1277
元詩選十集首一卷二集八集三集八集
　（清）顧嗣立輯
　清康熙三十三年（1694）顧嗣立秀野草堂刻二集康熙四十一年（1702）增刻三集康熙五十九年（1720）續刻本
　三十册　四函　存元詩選首一卷、甲集之遺山集、戊集之蜕庵集至詠物集、己集、庚集、辛集、壬集，二集八集，三集八集
　　正文半葉十三行二十三字，白口，順黑魚尾，左右雙邊。
　　内封鐫"長洲顧俠君選　元百家詩集秀野草堂藏版"。版心下鐫"秀野草堂"。
　　鈐"簡園鑑賞""別裁偽體親風雅"諸印。

2945　　　　　　　　　　SG4171/1277
元詩選二集八集
　（清）顧嗣立輯
　清康熙四十一年（1702）顧嗣立秀野草堂刻本
　六册　一函
　　正文半葉十三行二十三字，白口，順黑魚尾，左右雙邊。
　　版心下鐫"秀野草堂"及刻工名。

2946　　　　　　　　SG417/246

元詩選六卷補遺一卷

（清）顧奎光選輯

清乾隆十六年至六十年（1751－1795）刻本

六册　與《金詩選》合函

正文半葉十行十九字，白口，單黑魚尾，左右雙邊。

眉上鎸評行五字。

2947　　　　　　　　SG411/7-1

皇明文衡一百卷目錄二卷

（明）程敏政選編　范震　李文會校

明嘉靖六年（1527）范震、李文會刻本

三十册　六函

正文半葉十二行二十三字，白口，順黑魚尾，四周單邊。

鈐"中原世家"諸印。

2948　　　　　　　　SG411/65

皇明文範六十八卷目錄二卷

（明）張時徹輯

明萬曆刻本

四十册　五函

正文半葉十一行二十二字，白口，單白魚尾，左右雙邊。

鈐"曾藏唐普善家""唐則趙秘笈印""唐普善圖書印""忠孝傳家"諸印。

2949　　　　　　　　SG4171/1512

明詩選十二卷

（明）李攀龍編選　陳子龍增删

明崇禎豹變齋刻本

八册　一函

正文半葉九行二十字，小字雙行同，白口，四周單邊。

眉上鎸注行四字。

2950　　　　　　　　SG41/8

明文奇賞四十卷

（明）陳仁錫輯

明天啓三年（1623）刻本

十二册　四函

正文半葉十行二十一字，白口，單黑魚尾，無界行，四周單邊。

眉上鎸評行四字。

2951　　　　又一部　SG41/8-1

明文奇賞四十卷

（明）陳仁錫輯

明天啓三年（1623）刻本

二十四册　三函

正文半葉十行二十字，小字雙行同，白口，無魚尾或單白魚尾，四周單邊或左右雙邊。

眉上鎸評行四字。

沈國元《引》爲藍印。

2952　　　　　　　　SG417/4

明詩綜一百卷

（清）朱彝尊輯　汪森　張大受輯評

清康熙四十四年至六十一年（1705－1722）刻本

三十二册　六函

正文半葉十一行二十一字,小字雙行三十一字,白口,單黑魚尾,左右雙邊。

2953 又一部 SG417/4-1
明詩綜一百卷
（清）朱彝尊輯　汪森　張大受輯評
清康熙四十四年至六十一年（1705-1722）刻本
四十八册　六函
正文半葉十一行二十一字,小字雙行三十一字,白口,單黑魚尾,左右雙邊。

2954 SG417/4-3
明詩綜一百卷
（清）朱彝尊輯　汪森　張大受輯評
清康熙四十四年至六十一年（1705-1722）刻雍正元年至十三年（1723-1735）朱氏六峰閣後印本
三十二册　四函
正文半葉十一行二十一字,小字雙行三十一字,白口,單黑魚尾,左右雙邊。
内封鐫"朱竹垞太史選本　明詩綜六峰閣藏版"。
鈐"唐栖朱氏結一廬圖書記""曾藏沈燕謀家"印。

2955 又一部 SG417/4-2
明詩綜一百卷
（清）朱彝尊輯　汪森　張大受輯評
清康熙四十四年至六十一年（1705-1722）刻雍正元年至十三年（1723-1735）朱氏六峰閣後印本

三十二册　六函
正文半葉十一行二十一字,小字雙行三十一字,白口,單黑魚尾,左右雙邊。
内封鐫"朱竹垞太史選本　明詩綜六峰閣藏版"。

2956 SG417/4-2
明詩綜一百卷
（清）朱彝尊輯　汪森　張大受輯評
清康熙四十四年至六十一年（1705-1722）刻雍正元年至十三年（1723-1735）西泠吳氏清來堂後印本
三十一册　五函
正文半葉十一行二十一字,小字雙行三十一字,白口,單黑魚尾,左右雙邊。
内封鐫"朱竹垞太史選本　明詩綜西泠清來堂吳氏藏版"。

2957 SG4171/252
明詩別裁集十二卷
（清）沈德潛　周準輯
清乾隆四年（1739）刻本
四册　一函
正文半葉十行十九字,小字雙行二十八字,白口,單黑魚尾,左右雙邊。
鈐"栗齋""徵菴""味青齋藏書"諸印。

2958 又一部 SG4171/252B
明詩別裁集十二卷
（清）沈德潛　周準輯
清乾隆四年（1739）刻本
十二册　一函

正文半葉十行十九字,小字雙行二十八字,白口,單黑魚尾,左右雙邊。

鈐"雲峯艸堂鑑藏書畫之章"諸印。

2959　　　　　　又一部　SG4171/252A
明詩別裁集十二卷

（清）沈德潛　周準輯

清乾隆四年（1739）刻本

二册　一函

正文半葉十行十九字,小字雙行二十八字,白口,單黑魚尾,左右雙邊。

鈐"江陰留家""劉復所藏""鎦家書庫"諸印。

2960　　　　　　　　　　SG4171/647
明詩穆如集八卷

（清）柳彬　江椿輯

清雍正元年（1723）刻本

四册　一函

正文半葉八行二十字,白口,單黑魚尾,左右雙邊。

2961　　　　　　　　　　SG32/291
新刊舉業明儒論宗八卷

（明）薛應旂輯并批點

明隆慶元年（1567）金陵三山書坊刻本

四册　一函

正文半葉九行二十二字,小字單行夾評,白口,單黑魚尾,雙欄格,四周雙邊。

鈐"振綺堂兵燹後收藏書""汪子用藏"印。

2962　　　　　　　　　　SG411/68
皇明翰閣文宗十二卷

（明）黃洪憲選　何大通編

明萬曆五年（1577）金陵書坊周竹潭刻本

十二册　三函

正文半葉十二行二十二字,細黑口,單黑魚尾,四周雙邊。金鑲玉。

稀見。

2963　　　　　　　　　　SG47/232
皇明十六家小品十六種三十二卷

（明）丁允和　陸雲龍編　陸雲龍評

明崇禎六年（1633）錢塘陸氏翠娛閣刻本

十册　二函

正文半葉九行十九字,小字雙行同,白口,無魚尾,四周單邊。

眉上鎸評行四字。

鈐"潘炳輝印"印。

翠娛閣評選屠赤水先生小品二卷　（明）屠隆撰

翠娛閣評選徐文長先生小品二卷　（明）徐渭撰

翠娛閣評選李本寧先生小品二卷　（明）李維禎撰

翠娛閣評選董思白先生小品二卷　（明）董其昌撰

翠娛閣評選湯若士先生小品二卷　（明）湯顯祖撰

翠娛閣評選虞德園先生小品二卷　（明）虞淳熙撰

翠娛閣評選黃貞父先生小品二卷　（明）黃汝亨撰

翠娛閣評選王季重先生小品二卷　（明）王思

任撰

翠娛閣評選袁中郎先生小品二卷　（明）袁宏道撰

翠娛閣評選鍾伯敬先生小品二卷　（明）鍾惺撰

翠娛閣評選陳明卿先生小品二卷　（明）陳仁錫撰

翠娛閣評選陳眉公先生小品二卷　（明）陳繼儒撰

翠娛閣評選袁小脩先生小品二卷　（明）袁中道撰

翠娛閣評選文太青先生小品二卷　（明）文翔鳳撰

翠娛閣評選曹能始先生小品二卷　（明）曹學佺撰

翠娛閣評選張侗初先生小品二卷　（明）張鼐撰

2964　　　　　又一部　SG47/113

皇明十六家小品十六種三十二卷

（明）丁允和　陸雲龍編　陸雲龍評

明崇禎六年（1633）錢塘陸氏翠娛閣刻本

二十四冊　四函

　　正文半葉九行十九字，小字雙行同，白口，無魚尾，四周單邊。

　　眉上鎸評行四字。

　　有朱筆評語，行間朱筆圈點。鈐"李清之印""宥函孔氏藏"諸印。

2965　　　　　　　　SG4171/596

明人詩鈔正集十四卷續集十四卷

（清）朱琰編次

清乾隆二十五年（1760）樊桐山房刻本

八冊　二函

　　正文半葉十行十九字，白口，單黑魚尾，左右雙邊。

　　內封鎸"乾隆庚辰鎸　樊桐山房藏板"。

　　鈐"漢鹿齋藏書印"印。

2966　　　　　　　　SG4171/1000

明三十家詩選初集八卷二集八卷

（清）汪端輯

清道光二年（1822）汪端自然好學齋刻本

八冊　一函

　　正文半葉十一行二十二字，小字雙行同，黑口，單黑魚尾，左右雙邊。

　　初集內封鎸"道光壬午冬鎸　明三十家詩選初集　自然好學齋藏板"。二集內封鎸"道光壬午冬鎸　明三十家詩選二集　自然好學齋藏板"。

　　稀見。鈐"子水""毛準""毛子水藏"印。

2967　　　　　　　　SG414/68

明文鈔六編

（清）高塘輯

清乾隆五十一年（1786）刻本

四冊　一函

　　正文半葉九行二十五字，白口，單黑魚尾，四周雙邊。

　　眉上鎸評。內封鎸"乾隆五十一年訂　天崇文　明文鈔六編　廣郡永邑培元堂藏板"。

　　鈐"廣郡永邑培元堂楊藏板"印。

2968　　　　　　　SG413/48、SG413/48－1

重訂四六全書剩技連珠二種二十二卷

（明）李日華纂輯　（清）吳雯清重訂　汪淇叅定

清康熙至雍正刻本

六册　二函

　　正文半葉十行二十七字，白口，無魚尾，四周單邊。

　　正文卷端及版心下鎸"剩技連珠"。

　　鈐"李芳之印""李芳""潤之"印。

　　啓譜十卷附氏族攷略一卷

　　書譜十卷附郡邑考略一卷

2969　　　　　　　　　　SG411/31

鼎鎸諸方家彙編皇明名公文雋八卷

（明）袁宏道精選　丘兆麟叅補　吳從先注　陳萬言評

明天啓至崇禎蕭少衢師儉堂刻本

八册　一函

　　正文半葉九行二十字，小字雙行同，白口，無魚尾，四周單邊。

　　眉上鎸評行四字。卷末牌記鎸"師儉堂蕭少衢依京板刻"。

　　鈐"梓受"諸印。

2970　　　　　　　　　　SG418/265

如面談十六卷

（明）鍾惺纂輯　馮夢龍訂釋

明天啓元年至崇禎十七年（1621－1644）葉碧山刻本

十二册　一函

　　正文半葉九行二十字，小字雙行同，白口，單黑魚尾，四周單邊。

　　内封鎸"馮猶龍先生新纂　如面談　閶門葉碧山梓"。

2971　　　　　　　　　　SG4171/1684

三子新詩合稿九卷

（明）陳子龍　李雯　宋徵輿撰　夏完淳編錄

明天啓至崇禎刻本

九册　一函

　　正文半葉九行十八字，小字雙行同，花口，無魚尾，四周單邊。

2972　　　　　　　　　　SG413/33

新刻旁註四六類函十二卷

（明）朱錦類選　徐榛校閱　閔師孔旁注

明萬曆三十六年（1608）吳繼武、王世茂刻本

四册　一函

　　正文半葉七行二十四字，小字單行字數不等，白口，單黑魚尾，四周單邊或左右雙邊。

　　卷二至十二卷端分別鎸"南都吳繼武梓行""南都王世茂梓行"。

2973　　　　　　　　　　SG411/113

明八大家集六十二卷

（清）張汝瑚評選

清康熙二十一年至六十一年（1682－1722）刻本

二十册　四函

　　正文半葉十行二十字，小字雙行同，白

口,單黑魚尾,四周單邊。

《宋文憲先生集》内封鐫"康熙貳拾壹年　晉江張夏鍾先生評選　宋文憲先生集　溫陵書林梓行",《汪南溟先生集》内封鐫"晉江張夏鍾先生評選　汪南溟先生集　郢雪書林梓行"。

劉文成先生集五卷　（明）劉基撰
宋文憲先生集九卷　（明）宋濂撰
汪南溟先生集八卷　（明）汪道昆撰
歸震川先生集十卷　（明）歸有光撰
王遵巖先生集十卷　（明）王慎中撰
茅鹿門先生集八卷　（明）茅坤撰
李滄溟先生集六卷　（明）李攀龍撰
李空同先生集六卷　（明）李夢陽撰

2974　　　　　　　　　　SG4171/1636

列朝詩集乾集二卷甲集前編十一卷甲集二十二卷乙集八卷丙集十六卷丁集十六卷閏集六卷

（清）錢謙益選

清順治九年(1652)毛晉刻本

二十册　四函

正文半葉十五行二十八字,小字雙行同,白口,順黑魚尾,四周雙邊。

鈐"而心齋""銅官山鼎居士藏書""五千卷藏書之室""胡成息存收藏書籍印""黃氏如廷之印""餘姚謝氏永耀樓藏書"諸印。

2975　　　　　　　　　　SG417/441

閒情集六卷

（清）顧有孝原編　陸世楷增輯　姚紃校

清康熙九年(1670)刻本

六册　一函

正文半葉十一行二十一字,小字雙行同,黑口,單黑魚尾,左右雙邊。

内封鐫"顧茅倫先生原編　閒情集初印本作吳江南枝堂藏板　湛碧山房藏版"。

卷末有劉半農跋。鈐"劉復""劉復所藏""劉家書庫"諸印。

2976　　　　　　　　　　SG41/55

國朝三家文鈔三十二卷

（清）宋犖　許汝霖選

清康熙三十三年(1694)刻本

十六册　二函

正文半葉十二行二十三字,細黑口,單黑魚尾,左右雙邊。

鈐"謝宗陶藏書印"印。

侯朝宗文鈔八卷　（清）侯方域撰
魏叔子文鈔十二卷　（清）魏禧撰
汪鈍翁文鈔十二卷　（清）汪琬撰

2977　　　　又一部　SG41/55－1

國朝三家文鈔三十二卷

（清）宋犖　許汝霖選

清康熙三十三年(1694)刻本

八册　一函

正文半葉十二行二十三字,細黑口,單黑魚尾,左右雙邊。

鈐"湯治昭印""楸齋""宛委堂圖書"印。

集　　部　　559

2978　　　　　又一部　SG41/55－1

國朝三家文鈔三十二卷

（清）宋犖　許汝霖選

清康熙三十三年（1694）刻本

十册　一函

　　正文半葉十二行二十三字，細黑口，單黑魚尾，左右雙邊。

　　鈐"莫友芝圖書印""莫彝孫印""莫繩孫印"諸印。

2979　　　　　又一部　SG41/93－1

國朝三家文鈔三十二卷

（清）宋犖　許汝霖選

清康熙三十三年（1694）刻本

十册　二函

　　正文半葉十二行二十三字，細黑口，單黑魚尾，左右雙邊。

　　護葉有民國二年（1913）退舟（周貞亮）朱筆識語言買此書事。鈐"漢陽周貞亮退舟民國紀年後所收善本""貞亮""鄂中周氏寶藏"諸印。

2980　　　　　　　　　SG4171/1235

二家詩鈔二種二十卷

（清）邵長蘅選

清康熙三十四年（1695）邵氏刻本

五册　一函

　　正文半葉十行二十一字，黑口，單黑魚尾，四周單邊。

　　鈐"桐蔭館""紹卿所得""鄧氏所藏"印。

王氏漁洋詩鈔十二卷　（清）王士禛撰

宋氏綿津詩鈔八卷　（清）宋犖撰

2981　　　　　又一部　SG4171/118

二家詩鈔二種二十卷

（清）邵長蘅選

清康熙三十四年（1695）邵氏刻本

五册　一函

　　正文半葉十行二十一字，黑口，單黑魚尾，四周單邊。

　　書簽有甘鵬雲墨筆題簽。鈐"甘氏崇雅堂藏書記""潛廬藏過"印。

2982　　　　　SG4171/864、SG4171/864－1

詩觀初集十二卷二集十四卷閨秀別卷一卷三集十三卷閨秀別卷一卷

（清）鄧漢儀評選　李文胤　李念慈參閱

清康熙十七年至六十一年（1678－1722）慎墨堂刻本

四十册　七函

　　正文半葉十一行二十三字，白口，單黑魚尾，四周單邊。金鑲玉。

　　版心下鐫"慎墨堂篋中藏稿"。

　　行間有墨筆批注。鈐"南州書樓藏書徐湯殷整理"印。

2983　　　　　　　　　SG4171/499

詩觀初集十二卷二集十四卷閨秀別卷一卷三集十三卷閨秀別卷一卷

（清）鄧漢儀評選　李文胤　李念慈參閱

清康熙十一年至六十一年（1672－1722）慎墨堂刻本

三十六册　三函

正文半葉十一行二十三字，白口，單黑魚尾，四周單邊。

《初集》内封鐫"鄧孝威先生論次　天下名家詩觀初集　金閶王允民梓行"，版心下鐫"慎墨堂篋中藏稿"。《二集》内封鐫"鄧孝威先生論次　天下名家詩觀二集　書林道盛堂梓行"，版心下鐫"慎墨堂定本"。

2984　　　　　　　　　　SG417/105

篋衍集十二卷

（清）陳維崧輯　蔣國祥校訂

清康熙三十六年（1697）蔣國祥刻本

四册　一函

正文半葉十行十九字，小字雙行同，黑口，單黑魚尾，左右雙邊。

内封鐫"宜興陳其年先生元本　今詩篋衍集　新城王阮亭　商丘宋牧仲兩先生鑒定"。

2985　　　　　又一部　SG417/105A

篋衍集十二卷

（清）陳維崧輯　蔣國祥校訂

清康熙三十六年（1697）蔣國祥刻本

四册　一函

正文半葉十行十九字，小字雙行同，黑口，單黑魚尾，左右雙邊。

内封鐫"宜興陳其年先生元本　今詩篋衍集　新城王阮亭　商丘宋牧仲兩先生鑒定"。

鈐"李書勳印"印。

2986　　　　　又一部　SG417/105B

篋衍集十二卷

（清）陳維崧輯　蔣國祥校訂

清康熙三十六年（1697）蔣國祥刻本

六册　一函

正文半葉十行十九字，小字雙行同，黑口，單黑魚尾，左右雙邊。

内封鐫"宜興陳其年先生元本　今詩篋衍集　新城王阮亭　商丘宋牧仲兩先生鑒定"。

鈐"誰園""老衛鑒定"印。

2987　　　　　又一部　SG417/105C

篋衍集十二卷

（清）陳維崧輯　蔣國祥校訂

清康熙三十六年（1697）蔣國祥刻本

六册　一函

正文半葉十行十九字，小字雙行同，黑口，單黑魚尾，左右雙邊。

内封鐫"宜興陳其年先生元本　今詩篋衍集　新城王阮亭　商丘宋牧仲兩先生鑒定"。

鈐"覽書樂志""邑道""東原董六藏書"諸印。

2988　　　　　又一部　SG417/105D

篋衍集十二卷

（清）陳維崧輯　蔣國祥校訂

清康熙三十六年（1697）蔣國祥刻本

四册　一函

正文半葉十行十九字，小字雙行同，黑口，單黑魚尾，左右雙邊。

集　部　　561

內封鐫"宜興陳其年先生元本　今詩篋衍集　新城王阮亭　商丘宋牧仲兩先生鑒定"。

鈐"秋梘書堂""遂木""秋梘書堂藏書""嘉生""遂木"印。

2989　　　又一部　SG417/105E

篋衍集十二卷

（清）陳維崧輯　蔣國祥校訂

清康熙三十六年（1697）蔣國祥刻本

四冊　一函

正文半葉十行十九字,小字雙行同,黑口,單黑魚尾,左右雙邊。

內封鐫"宜興陳其年先生元本　今詩篋衍集　新城王阮亭　商丘宋牧仲兩先生鑒定"。

2990　　　又一部　SG417/105F

篋衍集十二卷

（清）陳維崧輯　蔣國祥校訂

清康熙三十六年（1697）蔣國祥刻本

四冊　函

正文半葉十行十九字,小字雙行同,黑口,單黑魚尾,左右雙邊。

鈐"肜筆心賞"印。

2991　　　　　SG418/322

清暉贈言十卷

（清）王翬輯　徐永宣編次

清康熙五十四年至雍正十三年（1715－1735）抄本

四冊　一函

正文半葉十行二十四字或不等,無界行,素紙。

鈐"南州書樓所藏""徐湯殷""南州後人"諸印。

2992　　　　　SG417/203

感舊集十六卷

（清）王士禛輯　盧見曾補傳

清乾隆十七年（1752）盧見曾刻本

八冊　一函

正文半葉十一行二十一字,小字雙行同,白口,單黑魚尾,左右雙邊。

書衣牌記鐫"富兒有書不解讀貧兒欲讀無其福餅奩輦致玩好同插架牙籤手誰觸此彭甘亭詩也鍥之以銘書袠"。內封前牌記鐫"趙文敏云聚書藏書良非易事善觀書者澄神端慮淨几焚香勿捲腦勿折角勿以爪侵字勿以唾揭幅勿以作枕勿以夾刺隨損隨修隨開隨掩後之得吾書者并奉贈此法江左下工錄"。內封鐫"雅雨山人補傳　漁洋山人感舊集"。

行間有朱筆句讀,偶有抄配。鈐"丁福保四十後讀書記""丁福保印""丁福保讀記""中祜""龍崗山人""寧武南氏珍藏""復龕南氏"印。

2993　　　又一部　SG417/203－1

感舊集十六卷

（清）王士禛輯　盧見曾補傳

清乾隆十七年（1752）盧見曾刻本

八冊　一函

正文半葉十一行二十一字,小字雙行

同,白口,單黑魚尾,左右雙邊。

　　內封鎸"雅雨山人補傳　漁洋山人感舊集"。

2994　　　　　　又一部　SG417/203A
感舊集十六卷
　　（清）王士禛輯　盧見曾補傳
　　清乾隆十七年（1752）盧見曾刻本
　　八册　二函
　　正文半葉十一行二十一字,小字雙行同,白口,單黑魚尾,左右雙邊。

2995　　　　　　又一部　SG417/203
感舊集十六卷
　　（清）王士禛輯　盧見曾補傳
　　清乾隆十七年（1752）盧見曾刻本
　　八册　二函
　　正文半葉十一行二十一字,小字雙行同,白口,單黑魚尾,左右雙邊。
　　內封鎸"雅雨山人補傳　漁洋山人感舊集"。

2996　　　　　　　　SG417/298/A
詩持一集四卷二集十卷三集十卷
　　（清）魏憲評選
　　清康熙十年（1671）魏氏枕江堂刻本
　　十二册　二函
　　正文半葉九行十八字,白口,單黑魚尾,四周單邊。
　　內封鎸"枕江堂藏版"。版心下鎸"枕江堂"。
　　鈐"安樂堂藏書記""明善堂覽書畫印記"諸印。

2997　　　　　　　　SG4171/1117
國朝詩正六卷
　　（清）朱觀評選　程用昌　朱澐參閱
　　清康熙五十三年（1714）朱觀刻本
　　四册　一函
　　正文半葉九行二十字,小字雙行同,白口,單黑魚尾,左右雙邊。
　　有朱筆圈點。

2998　　　　　　　　SG415/222
友聲初集五卷後集五卷新集五卷
　　（清）張潮輯
尺牘偶存十一卷
　　（清）張潮撰
　　清康熙二十三年至六十一年（1684-1722）刻乾隆四十五年（1780）張潮心齋印本
　　十册　二函
　　正文半葉八行二十字,白口,無魚尾,四周單邊。
　　《新集》和《尺牘偶存》內封鎸"乾隆庚子秋鎸　心齋定本　本衙藏版"。版心鎸"心齋"。
　　鈐"岳英珍藏""求放心齋"印。

2999　　　　　　　　SG413/47
聽嚶堂新選四六全書十六卷
　　（清）黃始輯并評注
　　清康熙二十三年（1684）寶翰樓刻本
　　二十八册　四函

正文半葉九行二十四字,小字雙行同,白口,無魚尾,無界行,左右雙邊。

内封鎸"康熙甲子新編　吴門黄静□□□評釋　聽嚶堂新選四六全書　一集仕林啓雋　一集翰苑英華　金閶緑蔭堂　文雅堂　寶翰樓梓"。

聽嚶堂仕林啓雋十二卷
聽嚶堂翰苑英華四卷

3000　　　　　　　　　　SG414/35
本朝應制琳琅集十卷首一卷
（清）鄒一桂選評
清乾隆十九年（1754）京都琉璃廠鴻遠堂刻本
七册　一函
正文半葉十行十九字,白口,單黑魚尾,左右雙邊。
眉欄及行間有朱墨筆注釋。

3001　　　　　　　　　　SG41/118
皇清文穎一百卷首二十四卷目錄六卷
（清）張廷玉等輯
清乾隆十二年（1747）武英殿刻本
四十二册　六函
正文半葉八行二十字,白口,單黑魚尾,四周雙邊。

3002　　　　　　　　　　SG417/34-1
國朝詩別裁集三十六卷
（清）沈德潛纂評　顧詒禄　蔣重光輯
清乾隆二十四年（1759）刻本
十二册　二函

正文半葉十行十九字,小字雙行二十八字,白口,單黑魚尾,左右雙邊。

清乾隆二十六年（1761）重刊爲《欽定國朝詩別裁集》,板片被禁毁。本版書被列爲禁書。鈐"靈護四十以後所收書"印。

3003　　　又一部　　SG417/34-1A
國朝詩別裁集三十六卷
（清）沈德潛纂評　顧詒禄　蔣重光輯
清乾隆二十四年（1759）刻本
九册　二函
正文半葉十行十九字,小字雙行二十八字,白口,單黑魚尾,左右雙邊。
清乾隆二十六年（1761）重刊爲《欽定國朝詩別裁集》,板片被禁毁。本版書被列爲禁書。

3004　　　　　　　　　　SG417/34
欽定國朝詩別裁集三十二卷
（清）沈德潛纂評
清乾隆二十六年（1761）翰林院删定重刻本
十册　二函
正文半葉十行十九字,小字雙行二十八字,白口,單黑魚尾,左右雙邊。
有清嘉慶七年（1802）半秃居士墨筆題跋。此書清乾隆二十四年（1759）精刊,乾隆二十六年翰林院删定重刊本三十二卷,删除錢謙益、吴偉業、龔鼎孳等人詩,在書名上加"欽定"二字。

3005　　　　　又一部　SG417/34A

欽定國朝詩別裁集三十二卷

（清）沈德潛纂評

清乾隆二十六年（1761）翰林院刪定重刻本

十六册　二函

正文半葉十行十九字，小字雙行二十八字，白口，單黑魚尾，左右雙邊。

朱筆描錄"御製沈德潛選國朝詩別裁集序"。此書清乾隆二十四年（1759）精刊，乾隆二十六年翰林院刪定重刊本三十二卷，刪除錢謙益、吳偉業、龔鼎孳等人詩，在書名上加"欽定"二字。

3006　　　　　　　SG417/393

本朝應制和聲集六卷首三卷和聲二集三卷首一卷補編一卷

（清）沈德潛　王居正輯評

清乾隆九年（1744）京都琉璃廠鴻遠堂刻本

十六册　二函

正文半葉十行十九字，白口，單黑魚尾，左右雙邊。

内封鎸"乾隆九年新鎸　本朝應制和聲集　長洲沈歸愚石城王貞齋兩先生選　琉璃廠西門内鴻遠堂梓"。

3007　　　　　　　SG4171/858

皇清詩選三十卷首一卷

（清）孫鋐輯評　黃朱苐編校

清康熙二十七年（1688）刻本

十二册　二函

正文半葉九行十九字，小字雙行同，白口，單黑魚尾，四周雙邊。

版心下鎸"盛集初編"。

鈐"南州書樓藏書　徐湯殷整理"印。

3008　　　　　　　SG4171/110

本朝名媛詩鈔六卷

（清）胡孝思　朱珖輯評　沈英　沈蔚校訂

清康熙五十五年（1716）凌雲閣刻乾隆間印本

一册　一函

正文半葉九行二十字，白口，單黑魚尾，左右雙邊。

内封鎸"平江胡抱一評輯　本朝名媛詩鈔　凌雲閣藏板"。

外封有劉復墨筆題"清名媛詩鈔　半農　廿一年一月六日與小蕙"。鈐"江陰劉氏""劉復所藏""鎦家書庫"印。

3009　　　　　又一部　SG4171/108

本朝名媛詩鈔六卷

（清）胡孝思　朱珖輯評　沈英　沈蔚校訂

清康熙五十五年（1716）凌雲閣刻乾隆間印本

二册　一函　存三卷（一至三）

正文半葉九行二十字，白口，單黑魚尾，左右雙邊。

内封鎸"凌雲閣藏板"。

鈐"嚴氏靜觀齋珍藏書畫印""張星烺遺囑贈送"諸印。

集　部　　　565

3010　　　　　　　　　SG4171/686

沽上題襟集八卷

（清）查爲仁　查學禮輯

清乾隆六年（1741）查學禮刻本

四册　一函

　　正文半葉十行二十二字，細黑口，單黑魚尾，左右雙邊。

　　鈐"紹武"印。

3011　　　又一部　SG4171/1485

沽上題襟集八卷

（清）查爲仁　查學禮輯

清乾隆六年（1741）查學禮刻本

二册　一函

　　正文半葉十行二十二字，細黑口，單黑魚尾，左右雙邊。

　　有題簽"沽上題襟集　辛卯四月初三日陳了雲存"。有陳了雲跋數條。鈐"了雲""潛松老人"印。

3012　　　　　　　　　SG417/465

盛世元音四卷

（清）程夢元輯　程春鰲校

清乾隆二十二年（1757）程夢元柳風梧月幽軒刻本

二册　一函

　　正文半葉八行十九字，白口，單黑魚尾，左右雙邊。

　　内封鎸"合肥程藻江編輯　盛世元音　柳風梧月幽軒"。

　　稀見。是集編載近科應試律詩各體分類并附詩論。鈐"京都瑠璃廠嵩秀堂書坊發兑"印。

3013　　　　　　　　　SG41/71

憑山閣增輯留青新集三十卷

（清）陳枚選　易德裕增輯

清康熙四十七年（1708）積秀堂刻本

二十四册　三函

　　正文半葉十一行二十四字，白口，單黑魚尾，左右雙邊。

　　内封鎸"應酬全書　西泠陳簡侯選　憑山閣增輯留青新集　積秀堂梓行"。

　　清代禁書。書前有墨筆題記。

3014　　　　　　　　　SG4172/176

國朝律賦偶箋四卷

（清）沈豐岐箋

清乾隆二十四年（1759）養素齋刻本

六册　一函

　　正文半葉九行十九字，黑口，單黑魚尾，左右雙邊。

　　内封鎸"乾隆己卯春鋟　國朝律賦偶箋　養素齋藏板"。

3015　　　　　　　　　SG4171/1661

如蘭集二十卷

（清）董柴選輯

清乾隆二十五年（1760）古綿上聚半壁山房刻本

二十册　二函

　　正文半葉十行十九字，白口，單黑魚尾，四周單邊。

　　内封牌記鎸"古綿上聚半壁山房藏

版"。

鈐"深柳書屋"印。

3016　　　　　　　　SG4171/1500

薰風協奏集三卷首一卷

（清）王又曾輯　莊鳳翥注

清乾隆二十三年（1758）文映書屋刻本

三册　一函

正文半葉九行二十一字，小字雙行同，白口，單黑魚尾，左右雙邊。

內封題"乾隆戊寅年鎸　秀水王穀原輯　嘉興莊立齋註　薰風協奏集　文映書屋藏板"。

有墨筆批點。

3017　　　　　　　　SG417/36-5

千叟宴詩三十四卷首二卷

（清）高宗弘曆等撰

清乾隆五十年（1785）武英殿刻本

三十六册　四函

正文半葉九行十九字，小字雙行同，白口，單黑魚尾，四周雙邊。

黃綾套原裝。鈐"鶴侶氏墨香書屋珍藏"印。

3018　　　　　　　　SG417/36

千叟宴詩三十四卷首二卷

（清）高宗弘曆等撰

清嘉慶元年（1796）武英殿刻活字本

三十六册　六函

正文半葉十一行二十五字，小字雙行同，白口，單黑魚尾，四周雙邊。

3019　　　又一部　SG417/36A

千叟宴詩三十四卷首二卷

（清）高宗弘曆等撰

清嘉慶元年（1796）武英殿刻活字本

三十六册　六函

正文半葉十一行二十五字，小字雙行同，白口，單黑魚尾，四周雙邊。

3020　　　　　　　　SG4171/944

奉饌圖詩一卷

（清）閔貞輯

附廣濟閔氏墓碣

（清）朱筠撰

清乾隆四十三年（1778）刻本

一册　一函

正文半葉九行二十一字，小字雙行同，白口，單黑魚尾，四周雙邊。

鈐"津門汝氏彤章所藏"印。

3021　　　　　　　　SG4171/990

本朝館閣詩二十卷附錄一卷續附錄一卷

（清）阮學浩　阮學濬編次

清乾隆二十三年（1758）困學書屋刻本

十二册　二函

正文半葉十行二十一字，小字雙行字數不等，黑口，雙黑魚尾，左右雙邊。

內封鎸"乾隆戊寅秋新鎸　長洲沈大宗伯天台齊少宗伯鑒定　本朝館閣詩　山陽阮裴園阮澂園編次　困學書屋藏版"。

3022　　　　　　　　SG4171/1290

五言排律依永集八卷

（清）張九鉞箋釋

清乾隆刻本

四冊　一函

　　正文半葉十行二十五字，白口，單黑魚尾，四周雙邊。

3023　　　　　　　　　　SG4171/1162

百一草堂附刻二編二卷

（清）柴杰輯

清乾隆三十二年（1767）百一草堂刻本

一冊　一函

　　正文半葉十行十九字，小字雙行同，白口，順黑魚尾，四周單邊。

　　內封鎸"沈椒園先生鑒定　臨川二刻　丁亥秋鎸　本衙藏板"。

3024　　　　　　　　　　SG4171/536

本朝五言近體瓣香集十六卷

（清）許英編注

清乾隆二十八年（1763）許元仁刻本

四冊　一函

　　正文半葉十行二十三字，黑口，單黑魚尾，左右雙邊。

　　內封鎸"乾隆癸未冬鎸　吳蒙泉先生鑒定　本朝五言近體瓣香集　翻刻必究　心逸堂藏板"。

　　有朱墨筆批注。

3025　　　　　　　　　　SG4171/648

國朝詩正聲集七卷首一卷

（清）項章輯

清乾隆三十四年（1769）懷斯堂刻本

八冊　一函

　　正文半葉九行十九字，白口，單黑魚尾，四周雙邊。

　　內封鎸"桐城項飲棠輯　國朝詩正聲集　懷斯堂藏板"。

　　鈐"書味夜燈知"印。

3026　　　　　　　　　　SG4171/952

同館試律彙鈔二十四卷

（清）法式善編　韋謙恒　吳省欽輯

清乾隆五十二年（1787）刻本

七冊　一函

　　正文半葉十二行二十二字，小字雙行同，白口，單黑魚尾，四周雙邊。

　　內封鎸"同館試律彙鈔　翻刻必究　自順治三年丙戌科鈔至乾隆四十九年甲辰科凡廿四卷翰林院同人編次"。

3027　　　　　　　　　　SG4171/510

國朝五言長律麇颸集十六卷

（清）張日珣　邱先德箋補

清乾隆四十三年（1778）刻本

十六冊　二函

　　正文半葉九行二十一字，小字雙行同，黑口，單黑魚尾，左右雙邊。

3028　　　　　　　　　　SG18/69

國朝文鈔五編不分卷論文集鈔二卷

（清）高塘訂

清乾隆五十一年（1786）高氏刻本

七冊　一函

　　正文半葉九行二十五字，白口，單黑魚

尾,無界行,四周雙邊。

眉上鐫評行五字。《國朝文鈔五編》內封鐫"乾隆五十一年訂　近科房行稿附國朝文鈔五編",版心下鐫"故諺有之　顧""見賢而不　陳""吾日三省　周"等字。《論文集鈔》內封鐫"乾隆五十一年訂　和陽高梅亭訂輯　論文集鈔"。

鈐"讀書最樂"印。

3029　　　　　　　　　SG4171/838
讀畫齋彙刻題畫詩不分卷

（清）顧修纂輯　奚岡　方薰繪畫

清嘉慶元年(1796)顧氏讀畫齋自刻本

二冊　一函

正文半葉十行十九字,白口,單黑魚尾,左右雙邊。

有圖十五幅。

眉欄有丁巳十月二十三日佚名墨筆評語。鈐"豐華堂書庫寶藏印"印。

3030　　　　　　　　　SG417/77
國朝詩選六卷

（清）汪聯福　章鶴鳴輯

清康熙二十七年(1688)汪氏喻義堂刻本

四冊　一函

正文半葉九行二十一字,白口,單黑魚尾,四周單邊。

內封鐫"康熙戊辰新鐫　西陵江一言章子愚同輯　二集即出　國朝詩選初集　喻義堂藏板"。

稀見。

3031　　　　　　　　　SG4171/693
紅苗歸化恭紀詩一卷

（清）達禮善輯

清康熙五十二年(1713)拳石堂刻本

二冊　一函

正文半葉十行二十字,白口,單黑魚尾,左右雙邊。

內封鐫"紅苗歸化詩　拳石堂藏板"。版心鐫"拳石堂"。

3032　　　　　　　　　SG4171/1629
半研居題詠一卷

（清）王宗鏐輯

清雍正七年(1729)楝花書屋刻本

與《太古山房詩集》合冊　合函

正文半葉十行十九字,白口,單黑魚尾,左右雙邊。

版心下鐫"楝花書屋"。

3033　　　　　　　　　SG4171/1056
擷紅吟社詩稿不分卷

（清）擷紅吟社輯

清光緒二十九年至三十四年(1903－1908)擷紅吟社稿本

七冊　二函

正文半葉行字不等,無界行。

書名本館自擬。內容爲擷紅吟社成員懺庵（壽青）、醉樵（思謝）、醉竹（仲培）、蕉隱（師叔）、虹隱（少逵）、梅龕（駿孫）自清光緒二十九年至三十四年所寫詩稿。

3034　　　　　　　　　SG41/214
百美新詠一卷圖傳一卷集詠一卷

集　部　　569

（清）顏希源撰　王翽圖

清乾隆五十七年（1792）刻本

四冊　一函

　　正文半葉八行十八字，白口，單黑魚尾，四周雙邊。

　　内封鐫"袁簡齋先生鑒定　百美新詠圖傳　集腋軒藏版"。

3035　　　　　　　　　　　　SG417/470
玉堂集不分卷

（清）凌之調輯

清乾隆六年（1741）京都打磨廠永魁齋刻本

六冊　一函

　　正文半葉八行二十字，小字九行二十五字，白口，四周單邊或雙邊。

　　内封鐫"乾隆六年新增　近科應制詩賦　京都打磨廠永魁齋藏板"。

3036　　　　　　　　　　　　SG4171/266
據梧集四卷

（清）談承基撰

清嘉慶十七年至二十五年（1812－1820）顧晴崖刻本

一冊　一函

　　正文半葉十行二十一字，黑口，單黑魚尾，左右雙邊。

　　目録末鐫"江寧顧晴崖家鐫"。

　　稀見。鈐"小酉山房""鄞林氏黎照廬圖書"印。

　　石禪精舍稿一卷　（清）談承基撰
　　鳳梨書屋詩鈔一卷　（清）秦耀曾撰
　　竹香樓稿一卷　（清）釋定志撰
　　花笑軒稿一卷　（清）釋是岸撰

郡邑之屬

3037　　　　　　　　　　　　SG41/58－1
容城三賢文集十二卷

（清）張斐然　楊范輯

清康熙十八年（1679）新安張氏、容城楊氏刻本

十二冊　二函

　　正文半葉十行二十字，小字雙行同，白口，單黑魚尾，四周雙邊。

　　書籤題名"三賢集"。版心鐫題名"三賢文集"。

3038　　　　　　　　　　　　SG41/100
吳都文粹十卷

（宋）鄭虎臣集

清嘉慶活字本

十冊　二函

　　正文半葉九行二十一字，白口，單黑魚尾，左右雙邊。

　　鈐"抱經樓藏善本""吳興抱經樓藏""陽湖陶氏涉園所有書籍之記"諸印。

3039　　　　　　　　　　　　SG269/74
吳風二卷

（清）宋犖選評

清康熙三十三年（1694）刻本

三册　一函

　　正文半葉十行十九字,黑口,單黑魚尾,四周單邊。

3040　　　　　　　　　　　SG4171/857

松風餘韻五十卷末一卷

　　（清）姚弘緒編次

　　清乾隆八年（1743）刻嘉慶十年（1805）重修本

　　十二册　二函

　　正文半葉十一行二十一字,小字雙行同,白口,單黑魚尾,左右雙邊。

　　内封鐫"乾隆癸亥年鐫　松風餘韻　寶善堂藏板"。

3041　　　　　　　　　　　SG4171/413

海虞詩苑十八卷

　　（清）王應奎編輯　顧士榮等校訂

　　清乾隆二十四年（1759）王錫畬刻本

　　六册　一函

　　正文半葉十行十九字,小字雙行字數不等,黑口,單黑魚尾,左右雙邊。

　　内封鐫"同邑王東漵輯　海虞詩苑　古處堂藏板"。

3042　　　　　　　　　　　SG4171/1664

韓江雅集十二卷

　　（清）全祖望輯撰

　　清乾隆十二年（1747）刻本

　　四册　一函

　　正文半葉十行二十一字,白口,單黑魚尾,四周單邊。

3043　　　　　　　　　　　SG417/238

國朝松陵詩徵二十卷

　　（清）袁景輅編次

　　清乾隆三十二年（1767）愛吟齋刻本

　　十册　二函

　　正文半葉十行二十一字,白口,單黑魚尾,左右雙邊。

　　序版心下鐫"愛吟齋"。

　　鈐"方遠"印。

3044　　　　　　　　　　　SG4171/484

吳會英才集二十四卷

　　（清）畢沅編

　　清嘉慶刻本

　　三册　一函

　　正文半葉十一行二十二字,黑口,雙黑魚尾,左右雙邊。

　　行間有朱筆批注。鈐"仲權珍藏"印。

3045　　　　　　　　　　　SG4171/886

白沙風雅八卷

　　（清）張達選輯

　　清雍正十年（1732）刻本

　　五册　一函

　　正文半葉九行二十一字,小字雙行同,白口,無魚尾,左右雙邊。

3046　　　　　　　　　　　SG4171/292

崇川詩集十二卷補遺一卷

　　（清）孫翔編輯　金榜參閲

　　清乾隆三十七年（1772）孫翔刻本

　　四册　一函

正文半葉十行十九字,白口,單黑魚尾,左右雙邊。

目録末鎸刻工"維揚湯鳴歧鎸"。

有墨筆圈點及題詩。鈐"綺衫過眼"印。

3047　　　　　　　　　SG4171/1112
吳中女士詩鈔十三卷

（清）任兆麟輯

清乾隆五十四年至五十九年（1789－1794）刻本

四册　一函

正文半葉九行十九字,小字雙行同,白口,單黑魚尾,左右雙邊。

内封鎸"十子合集　心叅居士任文田閲定　吳中女士詩鈔　清溪女史選録　己酉夏鎸"。版心鎸"林屋吟榭"。

鈐"大椿堂"印。

清溪詩稿一卷　（清）張滋蘭撰

兩面樓詩蘦一卷　（清）張芬撰

賞奇樓蠧餘稿一卷　（清）陸瑛撰

琴好樓小製一卷　（清）李嬿撰

采香樓詩集一卷　（清）席蕙文撰

修竹廬吟稿一卷　（清）朱宗淑撰

青藜閣集一卷　（清）江珠撰

翡翠樓集繡餘草一卷　（清）沈纕撰

曉春閣詩稿一卷　（清）尤澹仙撰

停雲閣詩集一卷　（清）沈持玉撰

愛蘭詩鈔一卷　（清）王瓊撰

附翡翠林閨秀雅集一卷

簫譜一卷　（清）任兆麟撰

3048　　　　　　　　　SG4171/696
金陵名勝詩鈔四卷秦淮詩鈔二卷

（清）李鰲輯

清道光十二年（1832）寶仁堂刻本

二册　一函

正文半葉九行十九字,白口,單黑魚尾,左右雙邊。

内封鎸"道光壬辰秋鎸　金陵名勝秦淮詩鈔　寶仁堂藏板"。

鈐"武昌柯逢時收藏圖記""劉復所藏""江陰劉氏""劉復"諸印。

3049　　　　　　　　　SG4171/1857
青浦詩傳三十四卷

（清）王昶輯

清乾隆五十九年（1794）經訓堂刻本

六册　一函

正文半葉十二行二十三字,小字雙行三十一字,黑口,雙黑魚尾,四周單邊。

内封鎸"乾隆甲寅秋鎸　青浦詩傳　經訓堂藏板"。

3050　　　　　　　　　SG41/174
新安文獻志一百卷事略二卷

（明）程敏政彙集

明萬曆四十二年（1614）新安郡署刻本

三十二册　四函

正文半葉九行二十字,小字雙行同,白口,單黑魚尾,四周單邊。

内封鎸"新安文獻志　程篁墩先生彙集　本郡藏板"。

3051　　　　　　　　　　SG41/202

釣臺集二卷

（明）劉伯潮輯　楊束重刊

明萬曆四年（1576）桐廬楊束刻本

六冊　一函

　　正文半葉九行十八字，白口，單黑魚尾，四周雙邊。

　　版心下鐫"南昌萬佳新刊"。

　　鈐"張岐山印"印。

3052　　　　　　　　　　SG417/423

皖江採風錄不分卷

（清）徐立綱輯

清乾隆五十三年（1788）上虞徐立綱刻本

四冊　一函

　　正文半葉八行二十字，白口，無魚尾，無界行，四周雙邊。

　　內容為上虞徐立綱任安徽學政時所輯安徽各地生員的詩賦作品。

3053　　　　　　　　　　SG4171/342

綿上四山人詩集十卷

（清）董柴輯

清乾隆二十三年（1758）董氏半壁山房刻本

五冊　一函

　　正文半葉十行十九字，小字雙行同，白口，單黑魚尾，左右雙邊。

　　內封鐫"王佑　梁濬　任大廩　董柴　綿上四山人詩集　半壁山房藏板"。

　　有清乾隆三十二年（1767）董柴墨筆題跋、董柴朱墨筆批改、蒲聲之朱筆校點等。鈐"出世頭陀""柴""綿汾散人""張光明先生贈書"印。

3054　　　　　　　　　　SG4171/1011

濤音集八卷

（清）王士祿　王士禛仝選輯

清乾隆五十七年（1792）掖縣儒學刻本

四冊　一函

　　正文半葉十行二十字，小字雙行同，黑口，單黑魚尾，左右雙邊。金鑲玉。

　　卷八末鐫"歷城楊龍泉疏山校刊"。

　　稀見。有清嘉慶三年（1798）墨筆抄配目錄。鈐"南州書樓藏書　徐湯殷整理"印。

3055　　　　　　　　　　SG417/79

國朝山左詩鈔六十卷

（清）盧見曾輯

清乾隆二十三年（1758）盧見曾雅雨堂刻本

二十冊　二函

　　正文半葉十行二十一字，白口，單黑魚尾，四周單邊。

　　內封鐫"乾隆戊寅鐫　國朝山左詩鈔　雅雨堂藏板"。版心下鐫"雅雨堂"。

3056　　　　　又一部　SG417/79

國朝山左詩鈔六十卷

（清）盧見曾輯

清乾隆二十三年（1758）盧見曾雅雨堂刻本

二十冊　四函

正文半葉十行二十一字,白口,單黑魚尾,四周單邊。

內封鐫"乾隆戊寅鐫　國朝山左詩鈔雅雨堂藏板"。版心下鐫"雅雨堂"。

鈐"孤鴻和尚"印。

3057　　　　　　　　　　SG417/79-2
國朝山左詩續鈔三十二卷

（清）張鵬展輯

清嘉慶十八年（1813）刻本

十六册　二函

正文半葉十行二十一字,白口,單黑魚尾,四周雙邊。

內封鐫"嘉慶癸酉年鐫　國朝山左詩續鈔　四照樓藏板"。

3058　　　　　　　　　　　SG41/123
中州名賢文表三十卷

（明）劉昌輯

清康熙四十五年（1706）汪立名刻本

八册　一函

正文半葉十二行二十二字,黑口,單黑魚尾,左右雙邊。

鈐"三山陳氏居敬堂圖書""鵬雲""潛江甘氏"諸印。

3059　　　　　又一部　SG41/123
中州名賢文表三十卷

（明）劉昌輯

清康熙四十五年（1706）汪立名刻本

六册　一函　存十六卷（一至十六）

正文半葉十二行二十二字,黑口,單黑魚尾,左右雙邊。

鈐"无竟先生獨志堂物""寶城陳曜珊珍藏印"諸印。

3060　　　　　　　　　　SG4171/1645
梁園風雅二十七卷

（明）趙彥復輯　汪元範校

清康熙四十三年（1704）陸廷燦刻本

六册　一函

正文半葉十行十九字,白口,順黑魚尾,左右雙邊。

有墨筆圈點。

3061　　　　　　　　　　SG4171/530
二南遺音四卷

（清）劉紹攽輯

清乾隆二十八年（1763）劉氏傳經堂刻本

四册　一函

正文半葉九行二十字,小字雙行同,白口,單黑魚尾,四周雙邊。

內封鐫"劉九畹先生輯　二南遺音　劉傳經堂藏板"。《西京清麓叢書》之一。

3062　　　　　　　　　　　SG41/217
甬上耆舊詩三十卷

（清）胡文學輯選　李鄴嗣敘傳

清康熙十五年（1676）敬義堂刻本

十册　二函

正文半葉十一行二十二字,白口,單黑魚尾,無界行,四周單邊。

版心下鐫"敬義堂"。

3063　　　　　　　　　　　SG41/216

江左三大家詩鈔九卷

（清）顧有孝　趙澐輯

清康熙六年(1667)刻本

三冊　一函

　　正文半葉十一行二十一字,細黑口,單黑魚尾,左右雙邊。

　　　牧齋詩鈔三卷　（清）錢謙益撰
　　　梅村詩鈔三卷　（清）吳偉業撰
　　　芝麓詩鈔三卷　（清）龔鼎孳撰

3064　　　　　　　　　　SG4171/1687

四明四友詩六種六卷

（清）鄭梁選

清康熙四十八年(1709)刻本

四冊　一函

　　正文半葉十一行十九字,花口,順黑魚尾,四周單邊。

　　內封鐫"鄭寒邨先生選　四明四友詩"。序後鐫"慈水柴煥章鐫"。

　　　東門寄軒草一卷　（清）李暾撰
　　　東門閑閑閣草一卷　（清）李暾撰
　　　南谿僅真集一卷　（清）鄭性撰
　　　北溟見山集一卷　（清）謝緒章撰
　　　西郭冰雪集一卷　（清）萬承勳撰
　　　西郭苦吟一卷　（清）萬承勳撰

3065　　　　　　　　　　SG41/143

金華文畧二十卷

（清）王崇炳撰錄　唐正位校輯

清康熙四十八年(1709)刻乾隆七年(1742)補刻本

二十冊　三函

　　正文半葉十行二十二字,白口,單黑魚尾,四周單邊。

3066　　　　　　　　　　SG4171/1026

金華詩錄六十卷外集六卷別集四卷書後一卷

（清）黃彬　朱琰編輯

清乾隆三十八年(1773)金華府學刻本

十六冊　二函

　　正文半葉十行二十一字,小字雙行字數不等,白口,單黑魚尾,左右雙邊。

3067　　　　　　　　　　SG4171/609

越風三十卷

（清）商盤評選　王大治編輯

清乾隆三十七年(1772)山陰王大治刻嘉慶十六年(1811)山陰徐兆後印本

八冊　一函

　　正文半葉九行二十一字,小字雙行同,白口,單黑魚尾,左右雙邊。

　　內封鐫"會稽商寶意評選　越風初編　浴鳧山館藏板"。

3068　　　　　　　　　　SG4171/1648

沈南疑先生檇李詩繫四十二卷

（清）沈季友輯　金南鍈校閱

清康熙四十九年(1710)金南鍈敦素堂刻本

十六冊　三函

　　正文半葉十一行二十一字,黑口,順黑魚尾,左右雙邊。

版心下鎸"敦素堂"。

鈐"臣施振成""珍藏金石書畫圖籍之章""義士忠臣之裔""西壇書印"印。

3069　　　　　　　　　　　SG4171/1693
明練音續集十卷首一卷末一卷

（清）王輔銘輯

清雍正二年（1724）爾雅堂刻本

四册　一函

正文半葉十一行二十一字，小字雙行二十一字，白口，單黑魚尾，左右雙邊。

内封鎸"嘉定王翌思輯　明練音續集　爾雅堂藏版"。

3070　　　　　　　　　　　SG4171/522
桐溪詩述二十四卷

（清）宋咸熙錄

清嘉慶二十五年（1820）宋咸熙自刻本

十二册　二函

正文半葉十行二十一字，小字雙行同，白口，單黑魚尾，左右雙邊。

内封鎸"嘉慶庚辰開雕　桐溪詩述　板藏桐鄉學署"。

鈐"宋瑞凝堂藏"印。

3071　　　　　　　　　　　SG4171/436
方城遺獻八卷續刻一卷

（清）李成經編次

清乾隆五十二年（1787）李成經德馨堂自刻本

三册　一函

正文半葉十行十九字，小字雙行同，白口，單黑魚尾，無界行，四周單邊。

内封鎸"乾隆丁未年鎸　方城遺獻　德馨堂藏板"。

稀見。

3072　　　　　　　　　　　SG417/329
蜀雅二十卷

（清）李調元選

清乾隆四十六年（1781）億書樓刻本

四册　一函

正文半葉九行二十字，小字雙行同，白口，單黑魚尾，四周雙邊。

内封鎸"綿州李雨邨選　蜀雅　億書樓藏板"。

3073　　　　　　　　　　　SG4171/550
國朝全閩詩錄初集二十一卷續集十一卷

（清）鄭杰輯

清嘉慶五年（1800）刻本

十册　二函

正文半葉九行二十字，白口，單黑魚尾，四周雙邊。

内封鎸"嘉慶庚申年鎸　國朝全閩詩錄　注韓居藏板"。

3074　　　　　　　　　　SG4171/981－1
莆風清籟集六十卷

（清）鄭王臣輯選

清乾隆三十七年（1772）刻本

十册　二函

正文半葉九行二十一字，小字雙行同，白口，單黑魚尾，左右雙邊。

内封鎸"鄭蘭陔選本"。

3075 SG4171/105-1

嶺南三大家詩選二十四卷

（清）王隼選

清康熙南海陳氏刻本

六冊　一函

正文半葉十行十九字，黑口，單黑魚尾，左右雙邊。

本書輯梁佩蘭、屈大均、陳恭尹三家詩。有朱筆句讀。鈐"岑松"印。

六瑩堂詩八卷　（清）梁佩蘭選
道援堂詩八卷　（清）屈大均選
獨漉堂詩八卷　（清）陳恭尹選

3076 SG4171/1820

廣東詩粹十二卷

（清）梁善長輯

清乾隆十二年（1747）達朝堂刻本

四冊　一函

正文半葉十行二十一字，小字雙行同，粗黑口，單黑魚尾，左右雙邊。

内封鎸"順德梁善長輯　廣東詩粹　鑑塘藏板　達朝堂鎸"。

3077 SG4171/595

嶺南群雅初集三卷附筆耒軒吟稿一卷二集三卷

（清）劉彬華輯　劉善士撰

清嘉慶十八年（1813）刻本

四冊　一函

正文半葉十二行二十四字，小字雙行同，黑口，雙黑魚尾，四周單邊。

鈐"曾可文印"諸印。

氏族之屬

3078 SG45/159

范文正公忠宣公全集七十三卷

（宋）范仲淹　范純仁撰

清康熙四十六年（1707）范氏歲寒堂刻本

二十八冊　四函

正文半葉十一行二十一字，白口，單黑魚尾，左右雙邊。

版心下鎸"歲寒堂"。

范文正公集四十八卷　（宋）范仲淹撰
范忠宣公集二十五卷　（宋）范純仁撰

3079 又一部　SG45/159、SG45/94

范文正公忠宣公全集七十三卷

（宋）范仲淹　范純仁撰

清康熙四十六年（1707）范氏歲寒堂刻本

十六冊　三函

正文半葉十一行二十一字，白口，單黑魚尾，左右雙邊。

版心下鎸"歲寒堂"。

3080 SG45/54-2

合刻范文正公忠宣公全集二十九卷

（明）毛一鷺編

明萬曆三十六年（1608）毛一鷺刻本

十冊　二函　存十九卷（范文正公集十

集　部　　577

二卷、附錄七卷）

正文半葉九行二十字,白口,單黑魚尾,四周單邊。

版心下鐫刻工"孫訥""陸本""周亭""施受"。

鈐"豐華堂書庫寶藏印""程瑗私印"印。

3081　　　又一部　SG45/54
合刻范文正公忠宣公全集二十九卷

（明）毛一鷺編

明萬曆三十六年(1608)毛一鷺刻本

十八冊　二函　存十九卷（范文正公集十二卷、附錄七卷）

正文半葉九行二十字,白口,單黑魚尾,四周單邊。

版心下鐫刻工"孫訥""陸本""周亭""施受"。

鈐"蒼巖山人書屋記""蕉林藏書"印。

3082　　　　　　　SG411/137
三蘇先生文粹七十卷

（宋）蘇洵　蘇軾　蘇轍撰

明嘉靖陸粲刻本

十二冊　四函

正文半葉十四行二十六字,白口,單綫魚尾,左右雙邊。

仿宋小字本。

3083　　　　　　　SG411/17-3
嘉樂齋三蘇文範十八卷

（宋）蘇洵　蘇軾　蘇轍撰　（明）楊慎選

明天啓二年(1622)南城翁少麓刻本

六冊　一函

正文半葉九行十八字,白口,單黑魚尾,四周單邊。

眉上鐫評行五字。版心下鐫刻工"李仁父""李恩"等。

3084　　　又一部　SG411/17-1
嘉樂齋三蘇文範十八卷

（宋）蘇洵　蘇軾　蘇轍撰　（明）楊慎選

明天啓二年(1622)南城翁少麓刻本

二十冊　四函

正文半葉九行十八字,白口,單黑魚尾,四周單邊。

眉上鐫評行五字。內封鐫"鐫袁中郎注釋批點三蘇文範　南城翁少麓梓行"。版心下鐫刻工"李仁父""李恩"等。

3085　　　　　　　SG51/348
蘇雋五卷

（明）湯賓尹檢評　王世元輯

明萬曆四十一年(1613)王世元刻本

七冊　一函

正文半葉九行十八字,白口,無魚尾,四周單邊。

眉上鐫評行四字。

行間鐫注、圈點。

老泉先生集一卷　（宋）蘇洵撰

東坡先生集三卷　（宋）蘇軾撰

潁濱先生集一卷　（宋）蘇轍撰

3086　　　　　　　SG45/276
新喻三劉文集六卷首一卷

(宋)劉敞　劉攽　劉奉世撰

清乾隆十五年(1750)水西劉氏刻本

十册　二函

正文半葉十行二十一字,白口,單黑魚尾,左右雙邊。金鑲玉。

内封鎸"乾隆十五年鎸　三劉文集　水西藏板"。

公是集四卷　(宋)劉敞撰

公非集一卷　(宋)劉攽撰

自省集一卷　(宋)劉奉世撰

3087　　　　　　　　　　　SG411/63

靜觀室三蘇文選十六卷

(明)錢穀選批　錢心造重校

明萬曆三十九年(1611)錢心造刻本

八册　一函

正文半葉十行二十字,小字雙行同,白口,單白魚尾,四周單邊。

眉上鎸評行四字。版心下鎸"夏尚賓鎸""越郡謝應魁寫"。

鈐"安樂堂藏書記""明善堂珍藏書畫印記"印。

3088　　　　　　　　　　　SG41/60

彭氏二文合集十五卷

(明)彭篤福編輯

清康熙五年(1666)彭志楨刻本

六册　一函

正文半葉八行二十字,白口,無魚尾,左右雙邊。

鈐"復盦南氏""寧武南氏珍藏"印。

彭文憲公文集六卷附錄一卷　(明)彭時撰

殿試策一卷　(明)彭時撰

彭文思公文集六卷附錄一卷　(明)彭華撰

3089　　　　　　　　　　　SG52/132

午夢堂集十二種二十三卷

(明)葉紹袁編

明崇禎刻本

五册　一函　存七種十四卷(鸝吹二卷、附集一卷、鸝吹集梅花詩一卷,愁言一卷、芳雪軒附集一卷,返生香一卷、附集一卷,秦齋怨一卷,屺雁哀一卷,百旻遺草一卷、百旻草附集一卷,靈護集一卷、靈護附集一卷)

正文半葉九行二十字,小字雙行同,花口,無魚尾,無界行,四周單邊或左右雙邊。

内封鎸"汾湖葉氏家集　午夢堂詩文十種　鸝吹集　愁言　返生香　窈聞　伊人思　彤奩續些　秦齋怨　屺雁哀　百旻草　鴛鴦夢"。版心下分别鎸"午夢堂""芳雪軒""疎(䟽)香閣"。

抄配曹學佺序等。鈐"天麟所藏""瑞軒""藏奇齋""獨山莫棠""獨山莫氏藏書""元和鄒氏之寶"諸印。

3090　　　　　　　　　　　SG4171/1678

七十二峰足徵集二十四卷

(清)吳定璋蒐錄　陳祖范編訂

清乾隆刻本

十二册　二函

正文半葉九行十九字,花口,單黑魚尾,左右雙邊。

鈐"酒""詩龕書畫印""衡湘南藏書記""法式善印""詩龕鑑藏"諸印。

3091　　　　　　　　　　　　SG47/340

鄞縣王氏家集三卷

（清）王純琨輯

清康熙二十六年（1687）王純琨抄本

三册　一函

正文半葉行字不等，素紙。

總題名本館自擬。有清康熙二十六年王純琨跋言抄書事。鈐"王純琨印"印。

　　大中丞定齋王公詩集一卷　（明）王應鵬撰
　　定齋都憲公文稿一卷　（明）王伯葵撰
　　蘭莊集一卷　（明）金文貞撰

3092　　　　　　　　　　　　SG4171/251

蘭蕙林詩鈔一卷文鈔一卷

（清）吳寧　吳寬撰

清乾隆十八年（1753）歙縣吳氏刻本

二册　一函

正文半葉十行二十一字，白口，無魚尾，四周單邊。

鈐"鄞林氏藜照廬圖書"印。

3093　　　　　　　　　　　　SG417/129

述本堂詩集十八卷

（清）方觀承輯

清乾隆二十年（1755）桐城方氏述本堂刻本

六册　一函

正文半葉十行十九字，小字雙行同，白口，單黑魚尾，左右雙邊。

内封鐫"漳浦蔡聞之　長洲沈歸愚　北平黃崑圃　嘉興錢香樹　淳安方文輶　述本堂詩集　本堂藏版"。目録後署"孫觀承　觀永　觀本謹校梓"。

鈐"西記"印。

尺牘之屬

3094　　　　　　　　　　　　SG415/117

尺牘清裁二十八卷

（明）楊慎輯　王世貞校

明嘉靖三十七年（1558）刻本

八册　一函

正文半葉十行二十字，白口，單白魚尾，左右雙邊。

版心下鐫刻工"黃時效""陸子霄刻"。

鈐"蕭緯字"印。

3095　　　　　　　　　　　　SG415/155

尺牘清裁六十卷補遺一卷

（明）王世貞編

明萬曆刻本

四册　一函　存二十九卷（一至二十八、補遺一卷）

正文半葉九行二十字，小字雙行同，白口，無魚尾，左右雙邊，左右版框不相連。

3096　　　　　　　　　　　　SG415/223

尺牘雋言十二卷

（明）陳臣忠輯　閔邁德校

明萬曆三十二年至天啓七年（1604－1627）閔邁德刻朱墨套印本

四册　一函

正文半葉九行二十字,白口,四周單邊。

鈐"宮本""師歸丞印"印。

3097　　　　　　　　　　SG415/224

尺牘争奇八卷

（明）張一中選　王世茂校

明天啟元年至七年(1621-1627)王世茂刻本

八册　一函

正文半葉九行十八字,小字雙行同,白口,單黑魚尾,無直格,四周單邊。

3098　　　　　　　　　　SG415/140

曹李尺牘合選二卷

（清）曹溶　李良年撰　茅復選

清康熙五十三年(1714)茅復世德堂刻本

四册　一函

正文半葉十行二十三字,黑口,雙黑魚尾,左右雙邊。

内封鐫"海昌茅靜安選　曹倦圃李秋錦兩先生尺牘　世德堂藏板"。

鈐"劉復""江陰劉氏"印。

3099　　　　　　　　　　SG415/51

賴古堂名賢尺牘新鈔十二卷

（清）高阜　羅耀選　周在浚　周在梁鈔

清康熙元年(1662)賴古堂刻本

六册　一函

正文半葉九行二十字,小字雙行同,白口,單白魚尾,四周單邊。

眉上鐫評。版心下鐫"賴古堂訂"。

有清康熙元年識語。鈐"青谿戴璋""雪"諸印。

3100　　　　　　　　　　SG415/45

賴古堂名賢尺牘新鈔十二卷二選藏弆集十六卷

（清）周亮工輯

清康熙六年(1667)賴古堂刻本

六册　一函

正文半葉九行二十字,小字雙行同,白口,單白魚尾,四周單邊。

眉上鐫評。内封鐫"尺牘新鈔二刻　賴古堂評選　藏弆集　聽松樓藏板"。版心下鐫"賴古堂二刻"。

3101　　　　　　　　　　SG415/146

賴古堂名賢尺牘新鈔十二卷二選藏弆集十六卷

（清）周亮工輯

清康熙六年(1667)賴古堂刻本

六册　一函

正文半葉九行二十字,小字雙行同,白口,單白魚尾,四周單邊。金鑲玉。

眉上鐫評。内封鐫"尺牘新鈔二刻　賴古堂評選　藏弆集　已刻一篇不載　情話軒藏板"。版心下鐫"賴古堂二刻"。

鈐"江陰劉氏""劉復"印。

3102　　　　　　　　　　SG415/50-1

賴古堂尺牘新鈔三選結隣集十六卷

（清）周亮工輯

清康熙九年(1670)賴古堂刻本

十二册　二函

正文半葉九行二十字,小字雙行同,白口,單白魚尾,四周單邊。

内封鎸"尺牘新鈔三選　賴古堂評選　結隣集　已刻一篇不載　情話軒藏板"。版心下鎸"賴古堂"。

鈐"江陰劉氏""劉復"印。

3103　　　　　　　　　　　　SG415/28
蘇黃尺牘二卷

（清）黃始箋輯

清乾隆至嘉慶刻本

六册　一函

正文半葉九行二十字,花口,單黑魚尾,左右雙邊。

目錄前有黃始識語。

3104　　　　　　　　　　　　SG415/153
憑山閣新輯尺牘寫心集四卷二集六卷

（清）陳枚選　張國泰　馬銓叅訂

清康熙十九年（1680）陳枚憑山閣刻本

四册　一函

正文半葉九行二十四字,白口,四周單邊。

3105　　　　　　　　　　　SG415/67-1
歸錢尺牘五卷

（清）顧械編

清康熙三十八年（1699）顧械如月樓刻本

二册　一函　存二卷（歸震川先生尺牘二卷）

正文半葉十行二十字,黑口,單黑魚尾,左右雙邊。

書末木記鎸"虞山如月樓刊"。

鈐"俞子駿藏""顧氏藏本"印。

3106　　　　　　　　　　　　SG415/177
歸錢尺牘五卷

（清）顧械編

清康熙三十八年（1699）顧械如月樓刻康熙三十九年至雍正十三年（1700-1735）宛委堂後印本

八册　一函

正义半葉十行二十字,黑口,單黑魚尾,左右雙邊。

内封鎸"宛委堂發兌"。書末木記鎸"虞山如月樓刊"。版心下鎸刻工"敬公""公勝""遂生""天秩"等。

鈐"退耕堂藏書記"印。

歸震川先生尺牘二卷　（明）歸有光撰
錢牧齋先生尺牘三卷　（清）錢謙益撰

3107　　　　　　　　　　　　SG415/193
新鎸分類便用書柬活套錦繡雲箋初集四卷

（清）王相纂輯　鄭淮叅訂

清康熙十五年至六十一年（1676-1722）鄭漢刻本

四册　一函

正文半葉十一行二十五字,白口,無魚尾,左右雙邊。

鈐"閩鄭氏記""訥齋私印"諸印。

3108　　　　　　　　　　　　SG415/160
名人信札不分卷

（清）佚名輯

名人信札不分卷

(清)邊寶泉等撰

清光緒元年至宣統三年(1875－1911)抄本

二十二冊　四函

　　正文行字不等,無欄格,素紙、紅紙或花箋。金鑲玉。

　　書信係據清乾隆間新疆、甘肅、寧夏、陝西、四川、湖北、直隸等省官員來往的信件底稿手抄而成。邊寶泉等書信爲稿本,乃邊寶泉、陳鳳藻、陳天成、王思沂、王獻廷、譚仁芳、李楒等人寫給鶴翁(鶴莊)的信札。

課藝之屬

3109　　　　　　　　　　　SG414/64
增定國朝館課經世宏辭十五卷

　　(明)王錫爵增定　沈一貫糸訂

　　明萬曆十八年(1590)周曰校萬卷樓刻本

　　四冊　一函　存五卷(一、三至四、六至七)

　　正文半葉十二行二十四字,白口,單黑魚尾,無界行,四周單邊。

　　眉上鎸評。卷末鎸"周氏萬卷樓藏板"。

3110　　　　　　　　　　　SG414/33
增定國朝館課經世宏辭十五卷

　　(明)王錫爵增定　沈一貫糸訂

　　明萬曆十九年至四十八年(1591－1620)翻刻萬曆十八年(1590)周曰校萬卷樓刻本

　　二十八冊　四函

　　正文半葉十二行二十四字,白口,單黑魚尾,四周單邊。

　　眉上鎸評。封面題"涵翠樓藏書"。卷末鎸"周氏萬卷樓藏板"。

　　鈐"涵翠樓印"印。

3111　　　　　　　　　　　SG414/28
新刻乙未科翰林館課東觀弘文十卷

　　(明)劉元震　劉楚先輯

　　明萬曆二十五年(1597)嘉賓堂刻本

　　十二冊　二函

　　正文半葉十一行二十二字,白口,單黑魚尾,四周單邊。

　　版心下鎸"嘉賓堂刊"。

3112　　　　　　　　　　　SG416/51
龍城書院南菁書院禮延書院等課藝

　　(清)楊清寰　沙長興　瞿汝剛撰

　　清光緒二十五年至二十七年(1899－1901)楊清寰、沙長興、瞿汝剛抄本

　　五冊　一函

　　正文半葉六行字數不等,白口,無魚尾,紅格,左右雙邊,毛邊紙。

　　有批語。各書院歷次考試中優秀試卷彙編。

　　南菁書院課藝東西各國錢法概略等

　　龍城書院經古精舍課藝等

　　禮延書院策論課卷

　　延陵書院課藝

　　陽湖縣約課

詩文評類

3113　　　　　　　　　　SG410/1-8
文心雕龍十卷
　（南朝梁）劉勰撰　（清）黄叔琳輯注
　清乾隆六年（1741）黄氏養素堂刻本
　二册　一函
　　正文半葉九行十九字，小字雙行字數不等，白口，單黑魚尾，左右雙邊。
　　眉上鐫評。内封題"文心雕龍輯註養素堂藏板"。各卷末皆題"男登賢雲門登穀春畬校"。版心下鐫"養素堂"。
　　鈐"黄岡深柳讀書堂程氏藏""黄岡程氏藏書""蟄菴""茶熟香温且自看""章氏完璞齋藏"諸印。

3114　　　　　又一部　SG410/1-3
文心雕龍十卷
　（南朝梁）劉勰撰　（清）黄叔琳輯注
　清乾隆六年（1741）黄氏養素堂刻本
　四册　一函
　　正文半葉九行十九字，小字雙行字數不等，白口，單黑魚尾，左右雙邊。
　　眉上鐫評。内封題"文心雕龍輯註養素堂藏板"。各卷末皆題"男登賢雲門登穀春畬校"。版心下鐫"養素堂"。

3115　　　　　又一部　SG410/1-4
文心雕龍十卷
　（南朝梁）劉勰撰　（清）黄叔琳輯注
　清乾隆六年（1741）黄氏養素堂刻本
　四册　一函
　　正文半葉九行十九字，小字雙行字數不等，白口，單黑魚尾，左右雙邊。
　　眉上鐫評。内封題"文心雕龍輯註養素堂藏板"。各卷末皆題"男登賢雲門登穀春畬校"。版心下鐫"養素堂"。
　　鈐"真意山居""潛江甘鵬雲藥樵收藏書籍章""崇雅堂藏書""潛江甘鵬雲民國乙亥以後所收善本""潛廬藏過"諸印。

3116　　　　　　　　　SG410/1-9
楊升菴先生批點文心雕龍十卷
　（南朝梁）劉勰撰　（明）梅慶生音注　楊
　　慎批點
　明萬曆三十七年（1609）梅慶生刻天啓二年（1622）重修本
　四册　一函
　　正文半葉九行十八字，小字雙行同，花口，單黑魚尾，左右雙邊。金鑲玉。
　　正文版心下鐫"天啓二年梅子庚第六次校定藏版"。
　　有朱筆批注。

3117　　　　　　　　SG410/132

文心雕龍訓故十卷

（明）王惟儉訓

明萬曆三十九年（1611）刻本

四册　一函

　　正文半葉十行二十字，白口，無魚尾，四周單邊。

3118　　　　　　　　SG4171/213

本事詩十二卷

（唐）孟棨撰　（明）吳琯校

明萬曆元年至三十年（1573－1602）漳浦吳琯刻本

一册　一函

　　正文半葉十行二十字，白口，單黑魚尾，左右雙邊。

　　《增定古今逸史》之一。

　　鈐"棟亭曹氏藏書""長白敷槎氏菫齋昌齡圖書印""浣紅精舍藏""銕生"印。

3119　　　　　　　　SG410/10

中山詩話一卷

（宋）劉攽撰　（明）毛晉訂

明崇禎元年至十七年（1628－1644）毛晉汲古閣刻本

一册　二函

　　正文半葉八行十九字，白口，無魚尾，左右雙邊。

　　版心下鐫"汲古閣"。《津逮祕書》之一。與《竹坡詩話》《續詩話》合函。

3120　　　　　　　　SG417/150－1

後山詩話一卷

（宋）陳師道撰　（明）毛晉訂

明崇禎毛氏汲古閣刻本

一册　一函

　　正文半葉八行十九字，白口，無魚尾，左右雙邊。

　　版心下鐫"汲古閣"。《津逮祕書》之一。

3121　　　　　　　　SG410/10

竹坡詩話一卷

（宋）周紫芝撰　（明）毛晉訂

明崇禎元年至十七年（1628－1644）毛晉汲古閣刻本

一册　與《中山詩話》《續詩話》合函

　　正文半葉八行十九字，白口，無魚尾，左右雙邊。

　　版心下鐫"汲古閣"。《津逮祕書》之一。

3122　　　　　　　　SG410/10

續詩話一卷

（宋）司馬光撰　（明）毛晉訂

明崇禎元年至十七年（1628－1644）毛晉汲古閣刻本

一册　與《中山詩話》《竹坡詩話》合函

　　正文半葉八行十九字，白口，無魚尾，左右雙邊。

　　版心下鐫"汲古閣"。《津逮祕書》之一。

集　部　　585

3123　　　　　　　　　SG410/26
漁隱叢話前集六十卷後集四十卷
　（宋）胡仔纂集
　　清乾隆五年至六年（1740－1741）楊佑啓
　　　耘經樓刻本
　　十册　二函
　　　正文半葉十三行二十一字至二十三字
不等，上下細黑口，雙黑魚尾，左右雙邊。
　　　鈐"朱氏味經書屋珍藏書畫之印"印。

3124　　　　　　　又一部　SG410/26A
漁隱叢話前集六十卷後集四十卷
　（宋）胡仔纂集
　　清乾隆五年至六年（1740－1741）楊佑啓
　　　耘經樓刻本
　　十册　二函
　　　正文半葉十三行二十一字至二十三字
不等，上下細黑口，雙黑魚尾，左右雙邊。
　　　内封題"依宋板重雕　苕溪漁隱叢話
　　前集六十卷　後集四十卷　耘經樓藏
　　板"。

3125　　　　　　　又一部　SG410/26B
漁隱叢話前集六十卷後集四十卷
　（宋）胡仔纂集
　　清乾隆五年至六年（1740－1741）楊佑啓
　　　耘經樓刻本
　　十册　三函
　　　正文半葉十三行二十一字至二十三字
不等，上下細黑口，雙黑魚尾，左右雙邊。
　　　内封鎸"依宋板重雕　苕溪漁隱叢話
　　前集六十卷　後集四十卷　耘經樓藏
　　板"。
　　　鈐"瑞華堂藏"印。

3126　　　　　　　又一部　SG410/26－5
漁隱叢話前集六十卷後集四十卷
　（宋）胡仔纂集
　　清乾隆五年至六年（1740－1741）楊佑啓
　　　耘經樓刻本
　　十二册　二函
　　　正文半葉十三行二十一字至二十三字
不等，上下細黑口，雙黑魚尾，左右雙邊。
　　　内封鎸"依宋板重雕　苕溪漁隱叢話
　　前集六十卷　後集四十卷　耘經樓藏
　　板"。
　　　鈐"退耕堂藏書記"印。

3127　　　　　　　又一部　SG418/85
漁隱叢話前集六十卷後集四十卷
　（宋）胡仔纂集
　　清乾隆五年至六年（1740－1741）楊佑啓
　　　耘經樓刻本
　　八册　一函
　　　正文半葉十三行二十一字至二十三字
不等，上下細黑口，雙黑魚尾，左右雙邊。
　　　内封鎸"依宋板重雕　苕溪漁隱叢話
　　前集六十卷　後集四十卷　耘經樓藏
　　板"。
　　　鈐"朱氏味經書屋珍藏書畫之印"印。

3128　　　　　　　　　SG410/31
全唐詩話八卷
　（宋）尤袤輯　（清）孫濤續輯

清乾隆三十九年(1774)孫濤清芬堂刻本
　　四册　一函
　　　正文半葉十行二十一字,白口,單黑魚尾,左右雙邊。
　　　内封鐫"全唐詩話　清芬堂藏板"。
　　　鈐"張相文""蔚西""張星烺遺囑贈送"印。

3129　　　　　　　　　　　　SG410/92
唐詩紀事八十一卷
　　(宋)計有功撰
　　明嘉靖二十四年(1545)張子立刻本
　　二十册　三函
　　　正文半葉十行二十一字,白口,無魚尾,四周單邊。

3130　　　　　　　　　　　SG410/39-2
詩人玉屑二十卷
　　(宋)魏慶之輯
　　清順治元年至康熙二十年(1644-1681)處順堂刻本
　　八册　二函
　　　正文半葉十一行二十一字,小字雙行同,黑口,雙黑魚尾,四周雙邊或左右雙邊。
　　　内封鐫"重刊元版　詩人玉屑　處順堂藏板"。
　　　鈐"光緒初書歸黃縣王氏海西閣""江陰劉氏""劉復所藏"諸印。

3131　　　　　　又一部　SG410/39-2
詩人玉屑二十卷
　　(宋)魏慶之輯
　　清順治元年至康熙二十年(1644-1681)處順堂刻本
　　六册　一函
　　　正文半葉十一行二十一字,小字雙行同,黑口,雙黑魚尾,四周雙邊或左右雙邊。
　　　内封鐫"重刊元版　詩人玉屑　處順堂藏板"。
　　　鈐"獨立蒼茫自詠詩""修敬堂書畫圖書""閶門内後板廠北文粹堂書坊發兌"諸印。

3132　　　　　　　　　　SG4171/861
精選詩林廣記四卷
　　(宋)蔡正孫編集
　　明萬曆十六年(1588)吳萬化刻本
　　八册　二函
　　　正文半葉九行二十字,小字雙行同,白口,單黑魚尾,四周雙邊。金鑲玉。
　　　有墨筆眉批和題跋。鈐"清白吏子孫"印。

3133　　　　　　　　　　　SG411./66
合諸名家評註三蘇文定十八卷
　　(明)楊慎原選　李維禎評註
　　明崇禎五年(1632)刻本
　　十六册　二函
　　　正文半葉九行二十字,小字雙行同,花口,單黑魚尾,四周單邊。
　　　眉上鐫評行五字。内封鐫"合諸名家評註三蘇文定　白下翼聖齋梓行"。

集　部　　587

3134　　　　　　　　　　　SG410/134
新刻增補藝苑卮言十六卷
（明）王世貞撰
明萬曆十七年（1589）武林樵雲書舍刻本
八册　一函
　　正文半葉九行二十字，花口，單白魚尾，左右雙邊。
　　卷末牌記鎸"萬曆己丑孟冬武林樵雲書舍梓行"。
　　鈐"木犀香館珍藏"諸印。

3135　　　　　　　　　　　SG410/270
詩藪内編六卷外編六卷雜編六卷續編二卷
（明）胡應麟撰
明萬曆四十六年（1618）江湛然刻本
四册　一函
　　正文半葉九行十八字，小字雙行同，白口，白魚尾，四周單邊。
　　版心上鎸"少室山房"。《少室山房四集》之一。
　　序言前部殘缺，末題"萬曆庚寅春二月"。首册眉欄有朱筆評語。有抄配。鈐"溫陵張氏藏書"印。

3136　　　　　　　　　　　SG410/69
詩譚十卷詩譚續錄一卷
（明）葉廷秀輯評
明崇禎八年（1635）胡正言十竹齋刻本
六册　一函
　　正文半葉八行十八字，白口，單白魚尾，四周單邊。
　　版心下鎸"十竹齋"。

3137　　　　　　　　　　　SG112/47
唱經堂才子書十五卷
（清）金人瑞撰
清順治十六年（1659）傳萬堂刻本
八册　一函
　　正文半葉十行二十二字，白口，無魚尾，左右雙邊。
　　内封鎸"吳門同學諸子校定　唱經堂才子書彙稿　傳萬堂梓行"。
　　鈐"馬錦堂藏書"印。
　　聖嘆外書十卷
　　聖嘆内書四卷
　　聖嘆雜篇一卷

3138　　　　　　　　　　　SG410/65
而菴說唐詩二十二卷首一卷
（清）徐增述
清康熙五年至十五年（1666－1676）九誥堂刻乾隆二十三年（1758）文茂堂後印本
十册　一函
　　正文半葉九行二十一字，白口，單黑魚尾，四周單邊。
　　内封鎸"乾隆戊寅重鎸　吳門徐而菴先生　說唐詩原本　文茂堂梓行"。版心下鎸"文茂堂"，間鎸"九誥堂"。

3139　　　　　　　　　　　SG410/28
五代詩話十卷
（清）王士禎輯　鄭方坤删補
清乾隆十九年（1754）杞菊軒刻本
六册　一函

正文半葉十一行二十一字,白口,單黑魚尾,左右雙邊。

版心下鐫"杞菊軒"。

鈐"蔚西""張星烺遺囑贈送"印。

3140　　　　　　　　　　　SG410/164

帶經堂詩話三十卷首一卷

（清）王士禛撰　張宗柟輯

清乾隆二十七年（1762）刻本

八册　一函

正文半葉十二行二十三字,小字雙行字數不等,細黑口,單黑魚尾,左右雙邊。

3141　　　　　　　　　　　SG410/145

漁洋山人詩問二卷附然燈記聞律詩定體一卷

（清）王士禛撰　王祖肅校　何世璂述

清乾隆二十二年至六十年（1757－1795）刻本

一册　一函

正文半葉八行十八字,白口,單黑魚尾,左右雙邊。

3142　　　　　　　　　　　SG410/111

王文簡公論七言古體平仄一卷

（清）王士禛撰　王鏡沚編

清乾隆五十七年（1792）刻本

一册　一函

正文半葉九行十九字,雙粗黑口,四周雙邊。

3143　　　　　　　　　　　SG410/82

說詩樂趣類編二十卷

（清）伍涵芬輯

清康熙四十年（1701）華日堂刻本

十册　二函

正文半葉九行二十二字,白口,單黑魚尾,無界行,四周單邊。

內封鐫"康熙辛巳歲新鐫　紫水伍芝軒真州汪鳴韶全定　說詩樂趣類編　華日堂藏板"。

書簽有劉半農題"二十年八月"。鈐"莊啟""江陰劉氏""劉復所藏""鎦家書庫""劉復"諸印。

3144　　　　　又一部　SG410/89

說詩樂趣類編二十卷

（清）伍涵芬輯

清康熙四十年（1701）華日堂刻本

六册　一函

正文半葉九行二十二字,白口,單黑魚尾,無界行,四周單邊。

內封鐫"康熙辛巳歲新鐫　紫水伍芝軒真州汪鳴韶全定　說詩樂趣類編　華日堂藏板"。

3145　　　　　　　　　　　SG410/21A

柳亭詩話三十卷

（清）宋長白撰

清康熙四十六年（1707）天茁園刻本

八册　一函

正文半葉十行二十一字,花口,單黑魚尾,左右雙邊。

内封鎸"山陰宋岸舫纂　柳亭詩話天茁園藏板"。版心下鎸"天茁園"。

鈐"寶應王氏收藏之印"印。

3146　　　　又一部　　SG410/21

柳亭詩話三十卷

（清）宋長白撰

清康熙四十六年（1707）天茁園刻本

八冊　一函

正文半葉十行二十一字，花口，單黑魚尾，左右雙邊。

内封鎸"山陰宋岸舫纂　柳亭詩話天茁園藏板"。版心下鎸"天茁園"。

3147　　　　　　　　SG410/95

斯文規範八卷

（清）王茂修撰

清康熙五十九年至六十年（1720－1721）步月樓刻文茂堂印本

四冊　一函

正文半葉十一行二十五字，小字雙行同，白口，單黑魚尾，四周單邊。金鑲玉。

内封鎸"博陵王允德輯著　文茂堂梓行"。版心鎸"步月樓"。

稀見。

3148　　　　　　SG417/95－1

宋詩紀事一百卷

（清）厲鶚　馬曰琯輯

清乾隆十一年（1746）厲鶚樊榭山房刻本

二十四冊　四函

正文半葉十一行二十二字，小字雙行三十二字，細黑口，單黑魚尾，左右雙邊。

3149　　　　又一部　　SG417/95

宋詩紀事一百卷

（清）厲鶚　馬曰琯輯

清乾隆十一年（1746）厲鶚樊榭山房刻本

二十四冊　三函　存七十七卷（一至四十九、七十三至一百）

正文半葉十一行二十二字，小字雙行三十二字，細黑口，單黑魚尾，左右雙邊。

3150　　　　　　　SG4171/260

古詩賞析二十二卷附古韻目例一卷論古詩一卷

（清）張玉穀選解

清乾隆三十七年（1772）張玉穀樂圃齋刻本

六冊　一函

正文半葉九行十九字，小字雙行同，白口，單黑魚尾，左右雙邊。

内封鎸"吳縣張蔭嘉選解　古詩賞析樂圃齋藏板"。

鈐"菜棍齋王氏藏書印""王眉山印"印。

3151　　　　　　　SG410/74

小石帆亭著錄六卷

（清）翁方綱撰

清乾隆五十七年（1792）刻本

二冊　一函

正文半葉十行二十字，小字雙行同，白口，單黑魚尾，左右雙邊。

鈐"鄂氏順安珍藏"印。

3152　　　　　　　　　　SG410/9-1

歷代詩話二十七種五十七卷考索一卷

（清）何文煥編

清乾隆三十五年(1770)刻嘉慶重修本

二十四册　四函

正文半葉九行十八字，小字雙行同，黑口，單黑魚尾，左右雙邊。

鈐"通隱家風""何文煥""何文煥印""也夫""少眉""逍遙主人""從吾所好""菜根□館主人珍藏""浚卿過眼"諸印。

詩品三卷　（南朝梁）鍾嶸著
詩式一卷　（唐）釋皎然著
二十四詩品一卷　（唐）司空圖著
全唐詩話六卷　（宋）尤袤著
六一詩話一卷　（宋）歐陽修著
溫公續詩話一卷　（宋）司馬光著
中山詩話一卷　（宋）劉攽著
後山詩話一卷　（宋）陳師道著
臨漢隱居詩話一卷　（宋）魏泰著
竹坡詩話一卷　（宋）周紫芝著
紫微詩話一卷　（宋）呂本中著
彥周詩話一卷　（宋）許顗著
石林詩話三卷　（宋）葉夢得著
唐子西文錄一卷　（宋）唐庚著
珊瑚鉤詩話三卷　（宋）張表臣著
韻語陽秋二十卷　（宋）葛立方著
二老堂詩話一卷　（宋）周必大著
白石道人詩說一卷　（宋）姜夔著
滄浪詩話一卷　（宋）嚴羽著
山房隨筆一卷　（元）蔣子正著
詩法家數一卷　（元）楊載著
木天禁語一卷　（元）范梈著
詩學禁臠一卷　（元）范梈著
談藝錄一卷　（明）徐禎卿著
秋圃擷餘一卷　（明）王世懋著
存餘堂詩話一卷　（明）朱承爵著
夷白齋詩話一卷　（明）顧元慶著
歷代詩話考索一卷　（清）何文煥撰

3153　　　　　　　　　　SG410/126

古今詩話選雋二卷

（清）盧衍仁手錄

清乾隆四十五年(1780)刻本

二册　一函

正文半葉八行十八字，白口，無魚尾，四周雙邊。

3154　　　　　　　　　　SG410/40

藝苑名言八卷

（清）蔣瀾輯

清乾隆四十年(1775)蔣瀾懷谷軒刻本

三册　一函　缺二卷(七至八)

正文半葉八行十六字，白口，無魚尾，無界行，四周單邊或左右雙邊。

內封鐫"乾隆乙未嘉平新鐫　苕水蔣雲會纂輯　藝苑名言　翻刻必究　懷谷軒藏版"。

鈐"饒城府前街經國堂余氏書坊發兌"印。

3155　　　　　　　　　　SG417/432

朱飲山千金譜二十九卷

（清）朱燮撰

清乾隆五十五年(1790)刻本

十册　二函

　　正文半葉九行二十一字,小字雙行同,白口,單黑魚尾,左右雙邊。

　　内封鎸"王阮亭先生秘本　朱飲山先生增釋　古今千金譜　治怒齋藏板"。

詞　類

類編之屬

3156　　　　　　　　　　SG411.1/24

宋名家詞六十一種九十卷

（明）毛晉編

明崇禎毛氏汲古閣刻本

十五冊　四函　缺二種二卷（東坡集一卷、山谷集一卷）

正文半葉八行十八字，小字雙行同，白口，無魚尾，左右雙邊。

版心下鎸"汲古閣"。

鈐"宛平查氏藏書印""淮陰丘氏雙清閣書畫"印。

3157　　又一部　SG411.1/24-1、
　　　　　　　　　SG411.1/10

宋名家詞六十一種九十卷

（明）毛晉編

明崇禎毛氏汲古閣刻本

五冊　一函　存三十種五十三卷（稼軒詞四卷，惜香樂府十卷，西樵語業一卷，竹屋癡語一卷，夢窗甲藁一卷、乙藁一卷、丙藁一卷、丁藁一卷、絕筆一卷、補遺一卷，蘆川詞一卷，于湖詞三卷，洺水詞一卷，歸愚詞一卷，龍洲詞一卷，初寮詞一卷，龍川詞一卷、補一卷，姑溪詞一卷，友古詞一卷，海野詞一卷，逃禪詞一卷，空同詞一卷，介菴詞一卷，平齋詞一卷，文溪詞一卷，丹陽詞一卷，孏窟詞一卷，克齋詞一卷，芸窗詞一卷，片玉詞二卷、補遺一卷，梅溪詞一卷，白石詞一卷，石林詞一卷，酒邊詞二卷，小山詞一卷）

正文半葉八行十八字，小字雙行同，白口，無魚尾，左右雙邊。

版心下鎸"汲古閣"。

3158　　　　　　　　　　SG411.1/82

汲古閣詞四種四卷

（明）毛晉輯

明崇禎毛氏汲古閣刻本

六冊　一函

正文半葉八行十八字，小字雙行同，白口，無魚尾，左右雙邊。

有朱筆眉批、批注。《書舟詞》有民國二十八年（1939）鄒孟輝墨筆題記。鈐"孟輝""湘圃氏章""丹徒鄒氏家藏書畫印""曾在沈柳坪處"諸印。

石林詞一卷　（宋）葉夢得撰
書舟詞一卷　（宋）程垓撰
樵隱詞一卷　（宋）毛开撰

酒邊詞二卷　（宋）向子諲撰

3159　　　　　　　　　　SG411.1/245
浙西六家詞十一卷

（清）龔翔麟編

清康熙十七年至六十一年（1678－1722）

錢唐龔氏玉玲瓏閣刻寶書堂印本

八冊　二函

　　正文半葉十行二十字，小字雙行同，白口，無魚尾，左右雙邊。金鑲玉。

　　內封鎸"浙西六家詞　寶書堂藏版"。《紅藕莊詞》卷末有"丁丑夏五冷真題"字樣。

　　鈐"笙初又字子儇號北愚"印。

　　江湖載酒集三卷　（清）朱彝尊撰
　　秋錦山房詞一卷　（清）李良年撰
　　柘西精舍集一卷　（清）沈皡日撰
　　耒邊詞二卷　（清）李符撰
　　黑蝶齋詞一卷　（清）沈岸登撰
　　紅藕莊詞三卷　（清）龔翔麟撰

別集之屬

3160　　　　　　　　　　SG411./17
淮海詞一卷

（宋）秦觀撰

明崇禎毛氏汲古閣刻本

一冊　一函

　　正文半葉八行十八字，小字雙行同，花口，無魚尾，左右雙邊。

　　版心下鎸"汲古閣"。《宋名家詞》之一。

　　有劉不同朱筆校點、跋語。

3161　　　　　　　　　　SG411./25
山中白雲詞八卷

（宋）張炎撰

清康熙六十一年（1722）曹炳曾刻乾隆元
　年（1736）重修珍藝堂印本

二冊　一函

　　正文半葉九行十九字，白口，單黑魚尾，左右雙邊。

　　內封鎸"山中白雲詞　珍藝堂藏版"。

　　清光緒十六年（1890）葉德輝墨筆題識。清厲鶚、趙昱、趙信三序爲抄配。鈐"葉德輝煥彬甫藏閱書"印。

3162　　　　　　　　　　SG411./8
珂雪詞二卷補遺一卷

（清）曹貞吉撰

清康熙十五年（1676）刻本

二冊　一函

　　正文半葉十行二十一字，白口，無魚尾，左右雙邊。

3163　　　　　　　　　　SG411.1/163
彈指詞二卷

（清）顧貞觀撰　顧開陸　顧鍾珣校錄

清乾隆十八年（1753）刻四十九年（1784）
　積書巖印本

二冊　一函

　　正文半葉九行十八字，粗黑口，單黑魚尾，左右雙邊。

内封鎸"乾隆甲辰　彈指詞　積書巖□□"。

蘊璘等墨筆題識。有朱筆圈點。鈐"龍蛇之珍藏"諸印。

3164　　　　　　　　　　SG411./72

知足知不足齋詞存不分卷

（清）寶琳撰

清道光寶琳寫本

一冊　一函

正文半葉八行字數不等，白口，單藍魚尾，藍格，四周雙邊。

總集之屬

3165　　　　　　　　　　SG411.1/9

花菴絕妙詞選十卷

（宋）黃昇輯

明末毛氏汲古閣刻本

三冊　一函

正文半葉九行二十字，小字雙行同，花口，雙黑魚尾，左右雙邊。

目錄卷端鎸"中興以來絕妙詞選　花菴詞客編集"。各卷首葉及末葉版心鎸"汲古閣毛氏正本"。版心題"花菴詞選"。《詞苑英華》之一。

3166　　　　　　　　　　SG417/276

尊前集二卷

（明）顧梧芳輯　毛晉校訂

明末毛氏汲古閣刻本

二冊　一函

正文半葉九行二十字，白口，雙黑魚尾，左右雙邊。

版心鎸"汲古閣毛氏正本"。

3167　　　　　　SG417/437、SG4171/689

類選箋釋草堂詩餘六卷

（明）顧從敬類選　陳仁錫參訂

類選箋釋續選草堂詩餘二卷類編箋釋國朝詩餘五卷

（明）錢允治箋釋　陳仁錫參訂

明萬曆四十二年（1614）刻本

七冊　二函　缺一卷（續選草堂詩餘下）

正文半葉九行二十字，小字雙行同，白口，單黑魚尾，左右雙邊。

行間有墨筆標注。鈐"江陰留家""劉復所藏""鎦家書庫""劉復"印。

3168　　　　　又一部　SG411.1/250

類選箋釋草堂詩餘六卷

（明）顧從敬類選　陳仁錫參訂

類選箋釋續選草堂詩餘二卷類編箋釋國朝詩餘五卷

（明）錢允治箋釋　陳仁錫參訂

明萬曆四十二年（1614）刻本

二冊　一函　缺七卷（續選草堂詩餘二卷、國朝詩餘五卷）

正文半葉九行二十字，小字雙行同，白口，單黑魚尾，左右雙邊。

鈐"瑤沁僊品""涉江人所藏""循事孫不念"諸印。

3169　　　　　　　　　　　SG411.1/198

新刻註釋草堂詩餘評林六卷

（明）李廷機批評　翁正春校正

明萬曆二十三年（1595）鄭世豪宗文書堂刻本

六册　一函

正文半葉九行十八字，小字雙行同，白口，順黑魚尾，四周雙邊。

眉上鐫評。卷末鐫"萬曆乙未孟春吉旦鄭雲竹梓"木記。版心下鐫"宗文書堂"。

稀見。鈐"老符""辛亥以後寶康瓠齋蠹傭所有"諸印。

3170　　　　　　　　　　　SG411./31-2

詞綜三十卷

（清）朱彝尊輯　汪森增輯

清康熙十七年（1678）汪氏裘杼樓刻本

十二册　二函

正文半葉十行二十一字，小字雙行同，黑口，單黑魚尾，左右雙邊。

内封鐫"朱錫鬯汪晉賢同輯　詞綜明詞嗣出　裘杼樓藏版"。

鈐"裘杼樓""休陽汪氏圖書""問紅軒""章鴻釗先生遺書　章元龍同志贈送"諸印。

3171　　　　　　　　　　　SG411./31-1

詞綜三十六卷

（清）朱彝尊輯　汪森增輯

清康熙十七年（1678）汪氏裘杼樓刻三十年（1691）增刻本

六册　一函

正文半葉十行二十一字，小字雙行同，黑口，單黑魚尾，左右雙邊。

内封鐫"朱錫鬯汪晉賢同輯　詞綜明詞嗣出　裘杼樓藏版"。

有朱筆批校。鈐"裘杼樓""韓氏藏書""南部鸛窩李氏藏書""休陽汪氏圖書""玉雨堂印"諸印。

3172　　　　　　　　　　　SG411./31-3

詞綜三十六卷

（清）朱彝尊輯　汪森增輯

清康熙十七年（1678）汪氏裘杼樓刻乾隆九年（1744）汪氏碧梧書屋重修本

六册　一函

正文半葉十行二十一字，小字雙行同，黑口，單黑魚尾，左右雙邊。

鈐"恨不十年讀書""光風霽月人家""子元一字滋園""臣錫璋印"印。

3173　　　　　　　　　　　SG411.1/26

瑤華集二十二卷附二卷詞人姓氏爵里表一卷

（清）蔣景祁輯

清康熙二十五年（1686）刻本

十二册　二函

正文半葉十行二十一字，粗黑口，單黑魚尾，左右雙邊。

3174　　　　　　　　　　　SG411.1/274

四明近體樂府十四卷附一卷

（清）袁鈞譔集　周世緒稿

清嘉慶二十三年（1818）刻本

四册　一函

正文半葉十行二十字,黑口,單黑魚尾,左右雙邊。

內封鐫"甬上袁陶軒徵士輯 四明近體樂府 慈水藏密廬校刊"。

有批校。

詞話之屬

3175　　　　　　　　SG411./8－1
絕妙好詞箋七卷
（宋）周密原輯 （清）查爲仁 厲鶚箋
清乾隆十五年(1750)查氏澹宜書屋刻本
四冊　一函

正文半葉九行二十一字,白口,單黑魚尾,四周單邊。

卷末鐫"宛平查氏澹宜書屋藏版"。

鈐"劉復""江陰劉氏"印。

3176　　　　　又一部　SG411./8－5
絕妙好詞箋七卷
（宋）周密原輯 （清）查爲仁 厲鶚箋
清乾隆十五年(1750)查氏澹宜書屋刻本
二冊　一函

正文半葉九行二十一字,白口,單黑魚尾,四周單邊。

卷末鐫"宛平查氏澹宜書屋藏版"。

鈐"毛準""子水"印。

3177　　　　　　　　SG411./8－2/A
絕妙好詞箋七卷續鈔二卷
（宋）周密原輯 （清）查爲仁 厲鶚箋

徐楙續抄
清道光八年至九年(1828－1829)徐楙刻本
三冊　一函

正文半葉九行二十一字,白口,單黑魚尾,四周單邊。

內封鐫"道光戊子夏開雕 絕妙好詞箋 續抄附"。目錄末鐫"杭州愛日軒刻"。卷末鐫"武林任九思刻"。

有沈世良朱筆評點。佚名墨筆過錄江炳炎、綠筆過錄鮑倚雲批點。鈐"沈世良印"印。

3178　　　　　　　　SG411./7－1
詞苑叢談十二卷
（清）徐釚編輯
清康熙二十七年(1688)丁煒刻本
六冊　一函

正文半葉九行二十字,白口,單黑魚尾,左右雙邊。

3179　　　　　　　　SG411.1/14－1
詞林紀事二十二卷
（清）張宗橚緝
樂府指迷一卷
（宋）張炎撰
詞旨一卷
（宋）陸韶撰
詞韻考略一卷
（清）許昂霄撰
清乾隆四十四年(1779)張嘉穀樂是廬刻
嘉慶三年(1798)陳敬銘印本
八冊　一函

正文半葉十一行二十一字，黑口，單黑魚尾，左右雙邊。

內封鎸"海鹽張思嚴緝　詞林紀事　樂是廬藏板"。《詞韻考略》書末鎸"嘉慶三年戊午仲秋　武原陳敬銘重校"。

有墨筆批校。

詞譜之屬

3180　　　　　　　　　　　SG411./163
詩餘圖譜三卷

（明）張綖輯

明崇禎八年（1635）王象晉刻本

三册　一函

正文半葉九行十九字，白口，無魚尾，左右單邊。

有適生壬戌二月墨筆題識。鈐"全城世家""自在香館""慈溪李氏藏書"諸印。

3181　　　　　　　　　　SG411.1/15-2
詞律二十卷

（清）萬樹論次

清康熙二十六年（1687）萬樹堆絮園刻蘇州掃葉山房印本

二十二册　四函

正文半葉七行二十一字，小字雙行同，白口，單黑魚尾，左右雙邊。

內封鎸"陽羨萬江友論次　萬氏詞律　蘇州埽葉山房板"。版心下鎸"堆絮園"。

鈐"藤花吟舫""文友堂"諸印。

3182　　　　　　　　　　　SG411.1/182
選聲集三卷詞韻簡一卷

（清）吳琦輯

清初大來堂刻本

二册　一函

正文半葉八行十八字，小字雙行同，白口，無魚尾，四周單邊。

內封鎸"重訂詞譜選聲集　金閶人來堂梓"。

稀見。鈐"董醇字飲之號醞卿行一""斯樂堂"諸印。

3183　　　　　　　　　　　SG411.1/272
詞譜四十卷

（清）王奕清編

清康熙五十四年（1715）內府刻朱墨套印本

二十册　四函

正文半葉八行二十一字，小字雙行同，白口，雙黑魚尾，無界行，四周雙邊。

3184　　　　　　　　　　　SG411./49
新編南詞定律十三卷首一卷

（清）呂士雄撰　徐應龍重校

清康熙五十九年（1720）香芸閣刻朱墨套印本

八册　二函

正文半葉八行十八字，白口，單黑魚尾，四周雙邊。

鈐"靜筱所藏"印。

曲 類

散曲之屬

3185　　　　　　　　　　　　SG47/7
二太史樂府聯璧四卷
（明）康海　王九思撰
明嘉靖刻清乾隆印本
八冊　一函
　　正文半葉九行二十字，白口，單黑魚尾，四周雙邊。
　　　　沜東樂府二卷　（明）康海撰
　　　　碧山樂府二卷　（明）王九思撰

3186　　　　　　　　　　　SG411.1/266
新鐫古今大雅北宮詞紀六卷
（明）陳所聞輯
明萬曆三十二年（1604）陳氏繼志齋刻本
六冊　二函
　　正文半葉十行二十字，小字雙行同，白口，無魚尾，四周單邊。
　　眉上鐫注。內封鐫"北九宮譜"。與《新鐫古今大雅南宮詞紀》合函。
　　有兩冊抄配。鈐"馬氏大雅堂藏""彥祥""馬彥祥"印。

3187　　　　　　　　　　　SG411.1/266
新鐫古今大雅南宮詞紀六卷
（明）陳所聞輯
明萬曆三十三年（1605）陳氏繼志齋刻本
六冊　與《新鐫古今大雅北宮詞紀》合函
　　正文半葉十行二十字，小字雙行同，白口，無魚尾，四周單邊。
　　有兩冊抄配。

3188　　　　　　　　　　　SG417/461
秋水菴花影集五卷
（明）施紹莘撰
明崇禎刻本
八冊　二函
　　正文半葉八行二十字，白口，無魚尾，無界行，四周單邊。金鑲玉。
　　眉上鐫評行五字。版心下鐫"金泰卿寫"。
　　書衣有墨筆題識。

3189　　　　　　　　　　　SG417/461-1
秋水菴花影集五卷
（明）施紹莘撰
清乾隆十七年（1752）博古堂刻本
六冊　一函
　　正文半葉八行二十字，白口，無魚尾，無

界行,四周單邊。

眉上鐫評行五字。内封鐫"乾隆壬申年重鐫　華亭施子野著　花影集　博古堂藏板"。版心下鐫"金泰卿寫"。

曲選之屬

3190　　　　　　　　　　SG411.1/261
樂府新編陽春白雪前集五卷後集五卷
（元）楊朝英輯
清光緒三十一年(1905)懷寧馬韻芬抄本
二册　一函

正文半葉十六行二十七字,素紙。金鑲玉。

眉欄朱筆校注,行間朱筆圈點。有過錄黃丕烈跋等。卷末書"光緒乙巳,叚泉唐丁氏善本書室藏元刻本,屬室人懷寧馬韻芬景寫校梓。南陵徐乃昌記于小檀欒室"。鈐"路工"諸印。

3191　　　　　　　　　　SG411.1/270
吳歈萃雅四卷
（明）周之標輯　隱之道民校點
明萬曆四十四年(1616)刻本
八册　一函

正文半葉九行二十一字,白口,無魚尾。有圖。

鈐"馬氏大雅堂藏""彥祥心賞""鄞馬彥祥所藏善本戲曲之印""鳳舉"印。

3192　　　　　　　　　　SG411.1/167
新編四季五更駐雲飛一卷新編題西廂記詠十二月賽駐雲飛一卷
民國江陰劉復影抄本
一册　一函

正文半葉十二行二十字,雙黑口,單黑魚尾,無界行,四周雙邊。

此書爲劉半農囑郁泰然影抄。函套、書衣均有題簽,書衣題"明成化小曲駐雲飛　半農"。書衣反面有劉半農題記"明成化小曲駐雲飛　二十　年夏影抄　半農"。卷末題"成化七年金臺魯氏新刊印行"。

鈐"含暉堂""江陰劉氏""劉復所藏""鎦家書庫""半農""劉"諸印。

彈詞之屬

3193　　　　　　　　　　SG312./462
新編喬太守亂點鴛鴦譜換親全記二卷
（明）馮夢龍撰
清光緒十年(1884)常娥抄本
二册　一函

正文半葉十二行二十三字,素紙。

文末題"滎陽意記心愛抄錄"。

寶卷之屬

3194　　　　　　　　SG3101/336

巍巍不動太山深根結果寶卷一卷二十四品

（明）羅清撰

明萬曆二十九年（1601）刻本

一册　一函

　　正文半葉四行十五字，白口，無魚尾，無界行，四周雙邊。

　　大字本。

3195　　　　　　　　SG3101/337

苦功悟道卷一卷

（明）羅清撰

明萬曆二十九年（1601）刻本

一册　一函

　　正文半葉四行十五字，白口，無魚尾，無界行，四周雙邊。

　　大字本。書簽題"苦功悟道第五卷"。

3196　　　　　　　　SG411.2/19

異方便淨土傳燈歸元鏡三祖實錄二卷

（清）釋智達拈頌　釋德日閱錄

清初刻本

四册　一函

　　正文半葉十行二十字，小字雙行同，細黑口，四周單邊。

　　内封鐫"歸元鏡　許威題□　廣陵藏經禪院存版"。

曲韻曲譜曲律之屬

3197　　　　　　　　SG411.1/268

嘯餘譜十一卷

（明）程明善輯　（清）張漢重訂

清康熙元年（1662）刻本

九册　一函　存九卷（一至九）

　　正文半葉九行二十字，小字雙行同，白口，單黑魚尾，四周單邊。

　　内封鐫"張南紀先生重訂　莒城張府藏板　嘯餘譜"。

　　鈐"雪濤閣""昭瑞"印。

3198　　　　　　　　SG411.1/75

一笠菴北詞廣正譜十八卷附南戲北詞正謬一卷

（清）徐慶卿撰　李玄玉更定

清康熙青蓮書屋刻文靖書院印本

八册　二函

　　正文半葉六行二十五字，花口，單黑魚尾，左右雙邊。

　　内封鐫"文靖書院藏板　吳門李元玉手訂　一笠菴北詞廣正九宮譜　青蓮書屋定本"。

　　鈐"鳳舉""居易軒記""王培城印""中馭"印。

3199　　　　　　又一部　SG411.1/75A

一笠菴北詞廣正譜十八卷附南戲北詞正謬一卷

（清）徐慶卿撰　李玄玉更定

清康熙青蓮書屋刻文靖書院印本

六册　一函

　　正文半葉六行二十五字，花口，單黑魚尾，左右雙邊。

　　内封鐫"文靖書院藏板　吳門李元玉手訂　一笠菴北詞廣正九宮譜　青蓮書屋定本"。

　　鈐"鳳舉""居易軒記""王培城印""中馭"印。

3200　　　　又一部　SG411.1/112

一笠菴北詞廣正譜十八卷附南戲北詞正謬一卷

（清）徐慶卿撰　李玄玉更定

清康熙青蓮書屋刻文靖書院印本

六册　一函

　　正文半葉六行二十五字，花口，單黑魚尾，左右雙邊。

　　内封鐫"文靖書院藏板　吳門李元玉手訂　一笠菴北詞廣正九宮譜　青蓮書屋定本"。

3201　　　　　　　SG411.1/223

納書楹曲譜正集四卷續集四卷補遺四卷外集二卷玉茗堂四夢曲譜八卷

（清）葉堂訂譜　王文治參訂

清乾隆五十七年至五十九年（1792－1794）葉堂納書楹刻本

三册　一函

　　正文半葉六行十八字，每行附小字標工尺譜，白口，單黑魚尾，四周雙邊。

　　有過録臧懋循評語。

3202　　　　　　　SG411./50

納書楹曲譜正集四卷續集四卷補遺四卷外集二卷玉茗堂四夢曲譜八卷

（清）葉堂訂譜　王文治參訂

清乾隆五十七年至五十九年（1792－1794）葉堂納書楹刻後印本

十八册　三函

　　正文半葉六行十八字，每行附小字標工尺譜，白口，單黑魚尾，四周雙邊。

　　内封鐫"牡丹亭□□□　正集　續集　外集　納書楹曲譜全集　脩綆□□"。

3203　　　　又一部　SG38/17

納書楹曲譜正集四卷續集四卷補遺四卷外集二卷玉茗堂四夢曲譜八卷

（清）葉堂訂譜　王文治參訂

清乾隆五十七年至五十九年（1792－1794）葉堂納書楹刻後印本

十册　二函

　　正文半葉六行十八字，每行附小字標工尺譜，白口，單黑魚尾，四周雙邊。

　　内封鐫"乾隆壬子春鐫　納書楹正集曲譜　納書楹藏板"。

3204　　　　又一部　SG38/17/A

納書楹曲譜正集四卷續集四卷補遺四卷外集二卷玉茗堂四夢曲譜八卷

（清）葉堂訂譜　王文治參訂

清乾隆五十七年至五十九年（1792－1794）葉堂納書楹刻後印本

十五册　三函

　　正文半葉六行十八字,每行附小字標工尺譜,白口,單黑魚尾,四周雙邊。

　　内封鎸"乾隆壬子春鎸　納書楹正集曲譜　納書楹藏板"。

戲劇類

雜劇之屬

3205　　　　　　　　　SG411.2/61

半夜雷轟薦福碑雜劇一卷

（元）馬致遠撰　（明）臧懋循校

明萬曆吳興臧氏刻本

一冊　一函

　　正文半葉九行二十字，小字雙行同，花口，單黑魚尾，左右雙邊。

　　《元曲選》之一。

　　書末有周連寬墨筆題識。鈐"周連寬印"印。

3206　　　　　　　　SG312./64-4

貫華堂第六才子書八卷附才子西廂文一卷

（元）王德信　關漢卿撰　（清）金人瑞評點

清康熙三十九年至雍正十三年（1700－1735）刻本

六冊　一函

　　正文半葉十行二十七字，白口，單黑魚尾，四周單邊。

3207　　　　　　　　SG312./64-12

第六才子書西廂記八卷

（元）王德信　關漢卿撰　（清）金人瑞評點

清道光二十九年（1849）味蘭軒刻本

十二冊　一函

　　正文半葉九行二十五字或十九字，小字雙行同，白口，單黑魚尾，左右雙邊。

　　眉上鐫注。

　　行間有評。鈐"蔭美字憩堂章""子水"印。

3208　　　　　　　　SG411.2/98

㑳梅香騙翰林風月雜劇一卷

（元）鄭德輝撰　（明）臧懋循輯

明萬曆吳興臧氏刻本

一冊　一函

　　正文半葉九行二十字，小字雙行同，花口，單黑魚尾，左右雙邊。

　　《元曲選》之一。

　　鈐"慶文藏書"、"李一氓印"、"成都李氏收藏故籍"、"無是樓藏書"（陰文）、"無是樓藏書"（陽文）諸印。

3209　　　　　　　　SG411.2/94

四聲猿四卷

（明）徐渭撰　澂道人評

明末刻本

二册　一函

　　正文半葉九行二十字，花口，無魚尾，四周單邊。

　　眉上鐫評行四字。

　　鈐"儀徵張重威藏書印"諸印。

3210　　　　　　　　　　　SG411.2/58

義俠奇緣五集

　　民國譚錫光等抄本

　　五册　一函

　　正文半葉十一行字數不等，雙紅口或紫口，雙紅魚尾或紫魚尾，紅格，四周雙邊。

　　書衣上墨筆題寫"義俠奇緣糵科社置"。

傳奇之屬

3211　　　　　　　　　　　SG411.2/13

成裕堂繪像第七才子書六卷

　　（元）高明撰　（清）毛宗崗評

　　清雍正十三年（1735）成裕堂刻巾箱本

　　六册　一函

　　正文半葉八行十六字，小字雙行同，白口，單黑魚尾，四周雙邊。

　　圖末鐫"鄭炳元刊"，圖葉版心下鐫"成裕堂"。

3212　　　　　　　　　　　SG411.2/43

山水隣新鐫出像四大痴傳奇不分卷

　　（明）李逢時撰

　　清初刻本

　　一册　一函

　　正文半葉九行二十字，小字雙行同，花口，單黑魚尾，四周單邊。

　　鈐"碧蘡館藏"諸印。

3213　　　　　　　　　　　SG411.2/7-3

吳吳山三婦合評牡丹亭還魂記二卷附錄一卷

　　（明）湯顯祖撰　（清）陳同　談則評點
　　錢宜參評

或問一卷

　　（清）錢儀一撰

　　清康熙三十三年（1694）刻夢園印本

　　二册　一函

　　正文半葉十行二十字，黑口，單黑魚尾，四周單邊。

　　内封鐫"吳吳山三婦合評　新繡像玉茗堂牡丹亭　夢園藏板"。

　　有朱墨批點。

3214　　　　　　　　　　　SG411.2/70

湯義仍先生南柯夢記二卷

　　（明）湯顯祖撰

　　明崇禎玉茗堂刻本

　　二册　一函

　　正文半葉十行二十一字，花口，單白魚尾，四周單邊。

　　正文卷端下鐫"玉茗堂舊本"。《玉茗

堂四種傳奇》之一。

3215 SG411.2/93

紅梨記二卷

（明）徐復祚撰

清刻本

二册　一函

　　正文半葉九行十八字，花口，單黑魚尾，左右雙邊。

3216 SG411.2/63

蜃中樓傳奇二卷

（清）李漁編次　壘菴居士批評

清康熙元年至二十年（1662－1681）刻本

二册　一函

　　正文半葉十一行二十二字，小字雙行同，白口，單黑魚尾，四周單邊。

　　眉上鐫評行三字。《笠翁傳奇十種》之一。

3217 SG411.2/63

玉搔頭傳奇二卷

（清）李漁編次　睡鄉祭酒批評

清康熙元年至二十年（1662－1681）刻本

二册　一函

　　正文半葉十一行二十二字，白口，單黑魚尾，四周單邊。

　　眉上鐫評行三字。《笠翁傳奇十種》之一。

3218 SG411.2/63

奈何天傳奇二卷

（清）李漁編次　紫珍道人批評

清康熙元年至二十年（1662－1681）刻本

一册　一函

　　正文半葉十一行二十二字，白口，單黑魚尾，四周單邊。

　　眉上鐫評行三字。《笠翁傳奇十種》之一。

3219 SG312./14

桃花扇傳奇二卷四十齣

（清）孔尚任纂

清康熙西園刻本

八册　一函

　　正文半葉十行十九字，白口，單黑魚尾，四周單邊。

　　眉上鐫注。内封鐫"雲亭山人編　西園梓行"。

　　鈐"藤華館主珍藏""會稽山陰人"諸印。

3220 SG411.2/91

念八翻傳奇二卷

（清）萬樹撰　呂洪烈評

清康熙十八年（1679）萬氏粲花別墅刻本

四册　一函

　　正文半葉九行二十二字，花口，單黑魚尾，四周單邊。

　　眉上鐫評行五字。版心下鐫"粲花別墅"。《擁雙豔三種》之一。

3221 SG312./42

雅趣藏書一卷

（清）錢書撰

清康熙刻本

二册　一函

　　正文半葉九行二十五字，白口，無魚尾，四周單邊。

　　內封鎸"繡像西廂時藝　石塘錢酉山訂　雅趣藏書　崇文堂藏板"。

3222　　　　　　　　　　　　　SG411.2/89

惺齋五種十卷續編二卷

　　（清）夏綸撰　徐夢元評

　　清乾隆十八年（1753）夏綸世光堂刻重修本

　　十册　一函　存五種十卷（無暇璧傳奇二卷、杏花村傳奇二卷、瑞筠圖傳奇二卷、廣寒梯傳奇二卷、南陽樂傳奇二卷）

　　正文半葉十行二十字，白口，單黑魚尾，四周單邊。

　　眉上鎸評行六字。版心上鎸"惺齋五種"，下鎸"世光堂"。

總集之屬

3223　　　　　　　　　　　　　SG212.4/2

歷代史略十段錦詞話旁註二卷附歷代帝王紀一卷

　　（明）楊慎撰　程仲秩注

　　明萬曆元年至崇禎十七年（1573－1644）刻朱墨套印本

　　二册　一函

　　正文半葉六行二十二字，白口，無魚尾，四周單邊。

　　鈐"劉復所藏"諸印。

3224　　　　　　　　　　　　　SG411.1/10

笠翁傳奇十二種曲二十四卷

　　（明）湯顯祖　（清）李漁撰

　　清康熙大知堂刻經術堂印本

　　四十八册　十二函

　　正文半葉九行十八字，白口，單黑魚尾，左右雙邊。

　　內封鎸"笠翁傳奇十二種曲　經術堂偶刊"。《十二種曲小引》後鎸"耗塘居士題於大知堂"。

　　憐香伴傳奇二卷　（清）李漁編
　　風箏誤傳奇二卷　（清）李漁編
　　意中緣傳奇二卷　（清）李漁編
　　蜃中樓傳奇二卷　（清）李漁編
　　凰求鳳傳奇二卷　（清）李漁編
　　奈何天傳奇二卷　（清）李漁編
　　比目魚傳奇二卷　（清）李漁編
　　玉搔頭傳奇二卷　（清）李漁編
　　巧團圓傳奇二卷　（清）李漁編
　　慎鸞交傳奇二卷　（清）李漁編
　　邯鄲夢傳奇二卷　（明）湯顯祖撰
　　南柯記傳奇二卷　（明）湯顯祖撰

3225　　　　　　　　　　　　　SG411.2/63

笠翁傳奇十種二十卷

　　（清）李漁編次　樸齋主人批評

　　清康熙元年至二十年（1662－1681）刻本

　　九册　一函　存六種九卷（玉搔頭傳奇

二卷、蜃中樓傳奇二卷、巧團圓傳奇二卷、慎鸞交傳奇上、凰求鳳傳奇上、奈何天傳奇下）

正文半葉十一行二十二字，白口，單黑魚尾，四周單邊。眉上鎸評行三字。

3226　　　　　又一部　SG411.2/63

笠翁傳奇十種二十卷

（清）李漁編次　樸齋主人批評

清康熙元年至二十年（1662－1681）刻本

十册　一函　存五種十卷（風箏誤傳奇二卷、蜃中樓傳奇二卷、意中緣傳奇二卷、慎鸞交傳奇二卷、玉搔頭傳奇二卷）

正文半葉十一行二十二字，白口，單黑魚尾，四周單邊。

眉上鎸評行三字。

3227　　　　　　SG411.2/54－1

繡刻演劇六十種一百二十卷

（明）毛晉輯

明末毛氏汲古閣刻本

二百十六册　五十函

正文半葉九行十九字，花口，無魚尾，左右雙邊。

金鑲玉。内封鎸"汲古閣訂正　六十種曲　本衙藏板"。總目版心下鎸"汲古閣"。

鈐"碧葉館藏"印。

琵琶記二卷　（元）高明撰
幽閨記二卷　（元）施惠撰
西廂記二卷　（元）王實甫撰
雙珠記二卷　（明）沈鯨撰
尋親記二卷
東郭記二卷　（明）孫仁孺撰
金雀記二卷
焚香記二卷　（明）王玉峯撰
荊釵記二卷　（明）朱權撰
霞箋記二卷
精忠記二卷　（明）姚茂良撰
浣紗記二卷　（明）梁辰魚撰
南西廂記二卷　（明）李日華撰
明珠記二卷　（明）陸采撰
玉簪記二卷　（明）高濂撰
紅拂記二卷　（明）張鳳翼撰
還魂記二卷　（明）湯顯祖撰
紫釵記二卷　（明）湯顯祖撰
邯鄲記二卷　（明）湯顯祖撰
南柯記二卷　（明）湯顯祖撰
春蕪記二卷　（明）汪錂撰
琴心記二卷　（明）孫柚撰
玉鏡臺記二卷　（明）朱鼎撰
懷香記二卷　（明）陸采撰
綵毫記二卷　（明）屠隆撰
運甓記二卷　（明）吾丘端撰
鸞鎞記二卷　（明）葉憲祖撰
玉合記二卷　（明）梅鼎祚撰
金蓮記二卷　（明）陳汝元撰
四喜記二卷　（明）謝讜撰
三元記二卷　（明）沈受先撰
投梭記二卷　（明）徐復祚撰
鳴鳳記二卷　（明）王世貞撰
飛丸記二卷
紅梨記二卷　（明）徐復祚撰
八義記二卷　（明）徐元撰
西樓記二卷　（清）袁于令撰
還魂記二卷　（明）湯顯祖撰

繡襦記二卷　（明）徐霖撰
青衫記二卷　（明）顧大典撰
錦箋記二卷　（明）周履靖撰
蕉帕記二卷　（明）單本撰
紫簫記二卷　（明）湯顯祖撰
水滸記二卷　（明）許自昌撰
玉玦記二卷　（明）鄭若庸撰
灌園記二卷　（明）張鳳翼撰
種玉記二卷　（明）汪廷訥撰
雙烈記二卷　（明）張四維撰
獅吼記二卷　（明）汪廷訥撰
義俠記二卷　（明）沈璟撰
千金記二卷　（明）沈采撰
殺狗記二卷　（明）徐㖅撰
玉環記二卷　（明）楊柔勝撰
龍膏記二卷　（明）楊珽撰
贈書記二卷　（明）無名氏撰
曇花記二卷　（明）屠隆撰
白兔記二卷
香囊記二卷　（明）邵璨撰
四賢記二卷
節俠記二卷

3228　又一部　SG411.2/54-5

繡刻演劇六十種一百二十卷

（明）毛晉輯

明末毛氏汲古閣刻本

二百冊　四十六函　缺五種十卷（灌園記二卷、種玉記二卷、雙烈記二卷、獅吼記二卷、義俠記二卷）

正文半葉九行十九字，花口，無魚尾，左右雙邊。

內封鐫"汲古閣訂正　六十種曲　本衙藏板"。總目版心下鐫"汲古閣"。

鈐"三多齋發兌"印。

3229　SG411.2/16

紅雪樓九種曲十三卷

（清）蔣士銓撰

清乾隆蔣士銓紅雪樓刻本

十二冊　二函

正文半葉九行二十二字，白口，單黑魚尾，四周單邊或雙邊。

眉上鐫評行五字。

冬青樹一卷
臨川夢二卷
香祖樓二卷
空谷香二卷
桂林霜二卷
第二碑一卷
四絃秋一卷
一片石一卷
雪中人一卷

3230　SG411.2/71

新刻出像點板時尚崑腔雜曲醉怡情八卷

（清）青溪菰蘆釣叟輯

清初致和堂刻本

十冊　一函

正文半葉九行二十二字，白口，單黑魚尾，四周單邊。

內封鐫"新訂繡像崑腔雜曲　醉怡情　古吳致和堂梓"。

小說類

短篇之屬

3231　　　　　　　　SG312./15-1
今古奇觀四十卷
（明）抱甕老人輯
明末清初同文堂刻本
十二册　一函
　　正文半葉十二行二十七字，白口，單黑魚尾，四周單邊。
　　內封鎸"墨憨齋先生手定　繡像今古奇觀"。

3232　　　　　　　　SG312./463
豆棚閒話十二卷
（清）艾衲居士原本　百懶道人重訂
清乾隆六十年（1795）三德堂刻本
四册　一函
　　正文半葉十行二十五字，白口，單黑魚尾，無界行，四周單邊。
　　內封鎸"乾隆乙卯年春鎸　艾納居士原本　豆棚閒話　三德堂梓行"。
　　鈐"礪堂藏書"諸印。

3233　　　　　　　　SG312./324-1
女才子傳十卷首一卷
（清）徐震撰
清順治至雍正刻本
四册　函
　　正文半葉九行十九字，白口，單黑魚尾，無界行，左右雙邊。
　　有清道光十八年（1838）芝軒主人朱筆評點。鈐"江陰劉氏""劉復"印。

3234　　　　　　　　SG312./356
秋坪新語十二卷
（清）張太復編
清乾隆六十年（1795）刻本
六册　一函
　　正文半葉九行十九字，黑口，單黑魚尾，四周單邊。
　　內封鎸"乾隆乙卯年鎸　秋坪新語續集嗣出"。
　　鈐"桃李無言""松柏有心"印。

3235　　　　　　　　SG312./228
柳崖外編十六卷首一卷
（清）徐昆撰
清乾隆五十七年（1792）貯書樓刻本
十六册　二函

正文半葉九行二十字,白口,單黑魚尾,四周單邊。

內封鐫"乾隆壬子冬鐫　柳崖外編貯書樓存板"。

長篇之屬

3236　　　　　　　　　SG312./341

第五才子書十二卷一百二十四回

(元)施耐庵撰

清乾隆至嘉慶刻本

六册　一函

正文半葉十四行三十二字,白口,單黑魚尾,無界行,四周單邊。

內封鐫"水滸全傳　聖嘆外書　繡像第五才子書　藜照書屋"。

3237　　　　　　　　　SG312./314

新刻忠義水滸傳八卷一百十五回

(元)施耐庵撰

清順治至乾隆刻本

四册　一函

正文半葉十四行三十六字,白口,單黑魚尾,無界行,四周單邊。金鑲玉。

鈐"劉復所藏""江陰劉氏""劉復"印。

3238　　　　　　　　　SG312./340

水滸後傳八卷四十回

(明)陳忱撰

清康熙紹裕堂刻本

八册　一函

正文半葉九行二十字,白口,單黑魚尾,四周單邊。

內封鐫"繡像水滸後傳"。卷末鐫"紹裕堂新刻水滸後傳"。版心下鐫"元人遺本"。

3239　　　　　　　　　SG381/221

三國志演義一百二十回

(明)羅本撰

清初刻本

二册　一函

正文爲人物圖,白口,無魚尾,無界行,四周單邊。

版心鐫"三國志像"。

3240　　　　　又一部　SG381/221

三國志演義一百二十回

(明)羅本撰

清初刻本

二册　一函

正文爲人物圖,白口,無魚尾,無界行,四周單邊。

版心鐫"三國志像"。

3241　　　　　　　　　SG312./4-1

四大奇書第一種五十一卷一百二十回

(明)羅本撰　(清)毛宗崗評　鄒梧岡条訂

清康熙九年至四十九年(1670-1710)芥子園刻本

十六册　四函

正文半葉十二行二十八字,小字雙行同,白口,單黑魚尾,四周單邊。

內封鎸"聖歎外書　毛聲山評　繡像第一才子書"。版心下鎸"芥子園"。

3242　　　　　　　　　　SG312.4-2

四大奇書第一種十九卷一百二十回首一卷

（明）羅本撰　（清）毛宗崗評　鄒梧岡叅訂

清康熙十年至六十一年（1671-1722）經綸堂刻本

二十册　二函

正文半葉十二行二十六字,小字雙行同,白口,單黑魚尾,無界行,四周單邊。

內封鎸"聖歎外書　毛聲山評　繡像第一才子書　經綸堂藏板"。

3243　　　　　　　　　　SG312./20

新說西遊記一百回

（明）吳承恩撰　張書紳注

清乾隆十四年（1749）刻本

二十四册　四函

正文半葉十行二十四字,小字雙行同,白口,雙黑魚尾,四周單邊。

內封鎸"第一奇書　三晉張南薰註新說西遊記　乾隆己巳莫春書業公藏板"。

3244　　　　　　　　　　SG312./32

繡像京本雲合奇蹤玉茗英烈全傳十卷八十回

（明）徐渭編

清初刻本

十册　二函

正文半葉十行二十二字,白口,單黑魚尾,無界行,四周單邊。

內封鎸"雲合奇蹤　稽山徐文長先生編　繡像英烈全傳　本衙藏板"。

3245　　　　　　　　　　SG312./346

新鎸玉茗堂批點按鑑參補南宋志傳十卷五十回楊家將傳十卷五十回

（明）研石山樵訂正　織里畸人校閱

清初刻本

四册　一函

正文半葉十二行二十五字,白口,單黑魚尾,無界行,左右雙邊。

《南宋志傳》內封鎸"玉茗堂原本　重訂南北宋演義全傳"。

3246　　　　　　　　　　SG312./138

皐鶴堂批評第一奇書金瓶梅一百回

（明）蘭陵笑笑生著　（清）張竹坡批點

清康熙三十四年（1695）皐鶴堂刻本

二十四册　四函

正文半葉十一行二十二字,白口,無魚尾,四周單邊。

內封鎸"彭城張竹坡批點　第一奇書金瓶梅　姑蘇原版　皐鶴草堂梓行"。

3247　　　　　　　　　　SG312./138-1

四大奇書第四種五十卷一百回

（明）蘭陵笑笑生著　（清）張竹坡評點

清乾隆十二年（1747）刻本

四十八册　六函

正文半葉十一行二十四字，白口，無魚尾，四周單邊。

正文版心上鐫"奇書第四種"。有圖，圖版版心鐫"金瓶梅"。

3248　　　　　　　　　　SG312./182

岳武穆精忠傳六卷六十八回

（明）鄒元標編訂

清康熙至嘉慶刻本

六册　一函

正文半葉十二行二十八字，小字雙行同，白口，單黑魚尾，無界行，四周單邊。

內封鐫"玉茗堂原本　精忠全傳　本衙藏版"。

3249　　　　　　　　　　SG312./63

新刻鍾伯敬先生批評封神演義十九卷一百回

（明）許仲琳撰　鍾惺評

清康熙三十四年（1695）褚人穫四雪草堂刻雍正善成堂印本

二十册　二函

正文半葉十一行二十四字，白口，單黑魚尾，無界行，四周單邊。

內封鐫"鍾伯敬先生評　重鐫繪像封神演義　善成堂藏板"。

3250　　　　　　　　　SG312./348-1

新鍥重訂出像註釋通俗演義西晉志傳題評四卷東晉志傳題評八卷紀元傳一卷

（明）陳氏尺蠖齋評釋

明萬曆元年至崇禎十七年（1573-1644）周氏大業堂刻帶月樓重修本

六册　一函　存五卷（西晉志傳題評四卷、紀元傳一卷）

正文半葉十二行二十四字，白口，單黑魚尾，無界行，四周單邊。

內封鐫"秣陵陳氏尺蠖齋評　東西晉演義　帶月樓梓"。

3251　　　　　　　　　SG312./62-3

新列國志一百八回

（明）馮夢龍編

明天啟至崇禎刻本

十二册　二函

正文半葉十行二十二字，白口，單黑魚尾，無界行，四周單邊。

卷一末有抄配。

3252　　　　　　　　　　SG312./54

新刻劍嘯閣批評西漢演義傳八卷

（明）甄偉撰　鍾惺評

新刻劍嘯閣批評東漢演義傳十卷

（明）謝詔撰　鍾惺評

清康熙金閶書業堂刻本

五册　二函

正文半葉十行二十二字，白口，單黑魚尾，無界行，四周單邊。

內封鐫"新鐫繪像　鍾伯敬先生評東西漢全傳"。

3253　　　　　　　　　　SG312./370

新鐫批評出相韓湘子三十回

（明）楊爾曾撰　泰和仙客評閱

明天啓刻金陵九如堂印本

十二册　二函

　　正文半葉十行二十二字，白口，單黑魚尾，左右雙邊。金鑲玉。

　　内封鐫"新鐫繡像韓湘子全傳　金陵九如堂藏板"。

　　有明天啓三年(1623)煙霞外史序。

3254　　　　　　　　　　　　SG312./330

醒世姻緣傳一百回

(清)西周生輯著　然藜子校訂

清乾隆至同治同德堂刻本

十册　一函　存四十九回(一至四十九)

　　正文半葉十行二十五字，白口，單黑魚尾，無界行，四周單邊。

　　内封鐫"重訂醒世姻緣傳　同德堂梓"。

　　鈐"江陰劉氏""劉復"印。

3255　　　　　　　　　　　　SG312./323

廻文傳十六卷

(清)李漁原本　鐵華山人重輯

清嘉慶三年(1798)寶研齋刻本

八册　一函

　　正文半葉八行十八字，白口，單黑魚尾，無界行，四周單邊。

　　内封鐫"嘉慶三年新鐫　笠翁先生原本　鐵華山人重輯　繡像合錦廻文傳　寶研齋藏板　本齋假資重刊同志幸勿翻刻"。

　　鈐"魯迅"印。

3256　　　　　　　　　　　SG312.1/286

新鐫古本批評繡像三世報隔簾花影四十八回

(清)四橋居士撰

清順治刻本

十册　一函

　　正文半葉十一行二十四字，白口，單黑魚尾，無界行，左右雙邊。

3257　　　　　　　　　　　SG312./56-1

四雪草堂重訂通俗隋唐演義二十卷一百回

(清)褚人穫彙編

清康熙四雪草堂刻本

二十册　四函

　　正文半葉十行二十三字，白口，單黑魚尾，四周單邊。

　　版心下鐫"四雪草堂"。有圖。

3258　　　　　　　　又一部　SG312./56

四雪草堂重訂通俗隋唐演義二十卷一百回

(清)褚人穫彙編

清康熙四雪草堂刻本

十册　一函　存十卷(一至十)

　　正文半葉十行二十三字，白口，單黑魚尾，四周單邊。

　　版心下鐫"四雪草堂"。有圖。

3259　　　　　　　　　　　SG312./182-1

增訂精忠演義說本全傳二十卷八十回

(清)錢彩編次　金豐增訂

清同治三年(1864)大文堂刻本

二十册　二函

正文半葉十一行二十五字,白口,單黑魚尾,無界行,四周單邊。

内封鐫"精忠演義　說岳全傳　大文堂梓行"。

3260　　　　　　　　　SG312./309
紅樓夢一百二十回
（清）曹霑撰　高鶚續
清乾隆五十七年（1792）程偉元萃文書屋活字本
三十六册　六函

正文半葉十行二十四字,白口,單黑魚尾,四周雙邊或上下雙邊。

内封鐫"新鐫全部　繡像紅樓夢　萃文書屋"。有圖二十四幅。

有清乾隆五十六年（1791）程偉元、高鶚序及乾隆五十七年程偉元引言。鈐"劉""鎦家書庫"印。

3261　　　　　　　　　SG312./430
紅樓復夢一百卷一百回
（清）陳少海撰　陳雯校訂
清嘉慶十年（1805）刻本
二十四册　四函

正文半葉九行二十二字,白口,單黑魚尾,左右雙邊。

内封鐫"嘉慶乙丑新鐫　紅樓復夢　本衙藏□"。

3262　　　　　　　　　SG312./166
續紅樓夢三十卷
（清）秦子忱撰

清嘉慶四年（1799）抱甕軒刻巾箱本
十六册　二函

正文半葉九行二十字,黑口,單黑魚尾,無界行,四周單邊。

内封鐫"嘉慶己未新栞　續紅樓夢　抱甕軒"。

3263　　　　　　　　　SG312./339
南史演義三十二卷
（清）杜綱撰　許寶善批評　譚載華校訂
清乾隆六十年（1795）刻本
八册　一函

正文半葉九行二十二字,白口,單黑魚尾,左右雙邊。

内封鐫"乾隆乙卯年鐫　玉山杜綱草亭氏編次　雲間許寶善穆堂氏批評　南史演義　門人譚載華南溪氏校訂"。目録末鐫"玉峯陳景川局鐫"。

3264　　　　　　　　　SG312./133
雪月梅傳十卷五十回
（清）陳朗編輯　董孟汾評釋　邵松年校訂
清乾隆四十年（1775）德華堂刻本
十册　一函

正文半葉十行二十一字,上黑口,單黑魚尾,左右雙邊。

内封鐫"鏡湖逸叟著　孝義雪月楳傳　德華堂藏版"。

間有抄配。

集部　　　　　　615

3265　　　　　　　　　SG312./210
飛龍傳六十回
（清）吳璿編
清乾隆三十五年至六十年（1770－1795）世德堂刻本
八册　一函
　　正文半葉十行二十字，白口，單黑魚尾，四周單邊。
　　内封鐫"精繪繡像　東隅逸士編　飛龍全傳　世德堂藏版"。

3266　　　　　　　　　SG312./458
新鐫繡像後宋慈雲太子逃難走國全傳八卷三十五回
（清）佚名撰
清嘉慶二十五年（1820）二友堂刻本
四册　一函
　　正文半葉十行二十字，白口，單黑魚尾，四周雙邊。
　　内封鐫"嘉慶庚辰新鐫　後宋慈雲走國全傳　二友堂梓　内附善善國興師"。

3267　　　　　　　　　SG312./409
原本海公大紅袍傳六十卷六十回
（清）李春芳撰
清道光二年（1822）書業堂刻本
八册　一函
　　正文半葉九行十九字，白口，單黑魚尾，左右雙邊。
　　内封鐫"道光二年新鐫　海公大紅袍傳　書業堂梓行"。

3268　　　　　　　　　SG312./333
貫華堂評論金雲翹傳四卷二十回
（清）青心才人撰
清康熙元年至六十一年（1662－1722）嘯花軒刻本
二册　一函
　　正文半葉十行二十六字，白口，單黑魚尾，四周單邊。
　　内封鐫"缺月重圓　金雲翹　嘯花軒藏板"。
　　鈐"江陰劉氏""劉復""劉復私印"諸印。

3269　　　　　　　　　SG312./350
常言道四卷十六回
（清）落魄道人著
清嘉慶十四年（1809）存古堂刻巾箱本
四册　一函
　　正文半葉八行二十字，白口，無界行，四周單邊。
　　内封鐫"嘉慶己巳新鐫　常言道　西美巷存古堂"。
　　鈐"江陰劉氏""劉復"印。

3270　　　　　　　　　SG312./234
新刊繡像昇仙傳演義八卷五十六回
（清）倚雲氏撰
清道光二十七年（1847）文錦堂刻本
二册　一函
　　正文半葉十三行三十字，白口，單黑魚尾，四周單邊。
　　内封鐫"道光丁未孟夏重鐫　倚雲氏

手著　繡像昇仙傳　文錦堂梓行"。附圖十幅。

3271　　　　　　　　　　　SG312./327
桃花扇六卷十六回
　（清）佚名撰
　　清乾隆刻本

一册　一函　存一卷三回（卷六之十四至十六回）

正文半葉八行二十四字，白口，單黑魚尾，無界行，四周單邊。

書衣有劉半農題"桃花扇演義殘本"書簽。鈐"鎦""劉復所藏""江陰劉氏""鎦家書庫""含暉堂"印。

類叢部

類書類

通類之屬

3272　　　　　　　　　　SG418/168
編珠四卷
（隋）杜公瞻輯　（清）王壽彭手校
續編珠二卷
（清）高士奇輯　王壽彭手校
清光緒元年至宣統三年（1875－1911）抄本
三册　一函
正文半葉十行二十一字，紅口，雙紅魚尾，左右雙邊。
版心下鐫"宴雲簃精寫善本"。
有民國六年（1917）王壽彭批校。每册封面墨筆分別題"編珠第一册　述簃校本""編珠第二册　述簃校本""編珠第三册　述簃校本"。鈐"述簃""壽彭""壽彭審定""壽彭曾觀""定州王恩鑅收藏金石書畫章""王受朋藏""世居趙北燕南地""家在清風明月間"諸印。

3273　　　　　　　　　　SG313/42
藝文類聚一百卷
（唐）歐陽詢纂
明嘉靖六年至七年（1527－1528）胡纘宗、陸采刻本
四十册　六函
正文半葉十四行二十八字，白口，單黑魚尾，左右雙邊。
版心下鐫刻工"陸奎""陸淮"等。
鈐"王小邑印""容子""夷五邨""天印山房""潛廬藏過""甘氏崇雅堂藏書記"諸印。

3274　　　　　　　　　　SG313/42－1
藝文類聚一百卷
（唐）歐陽詢纂　（明）王元貞校
明萬曆十五年（1587）王元貞刻本
六十四册　十函
正文半葉十行二十字，白口，單黑魚尾，左右雙邊或四周單邊。
鈐"錢光綉生平真賞""聖月"諸印。

3275　　　　　　　　　　SG33/46－1
初學記三十卷
（唐）徐堅等輯
明嘉靖十年（1531）安國桂坡館刻本
十二册　二函
正文半葉九行十八字，小字雙行二十四字，白口，單黑魚尾，左右雙邊。

版心上鎸"安桂坡館"。

鈐"叔平圖書玩記""國立西南聯合大學圖書館藏"諸印。

3276　　　　　　　　　SG33/46

初學記三十卷

（唐）徐堅等輯

明嘉靖楊鑨九洲書屋刻本

十册　二函

正文半葉九行十八字,小字雙行二十四字,白口,單黑魚尾,左右雙邊。

版心上鎸"九洲書屋"。

鈐"藝風堂""藝風堂藏書""荃孫"諸印。

3277　　　　又一部　SG33/46-1A

初學記三十卷

（唐）徐堅等輯

明嘉靖楊鑨九洲書屋刻本

三十册　四函

正文半葉九行十八字,小字雙行二十四字,白口,單黑魚尾,左右雙邊。

版心上鎸"九洲書屋"。

鈐"泰和蕭敷政蒲村氏珍藏書籍之章""藝香居珍藏印"印。

3278　　　　　　　　SG313/35

唐宋白孔六帖一百卷目錄二卷

（唐）白居易輯　（宋）孔傳續輯

明嘉靖刻本

二十四册　四函

正文半葉十行十八字,小字雙行同,白口,單白魚尾,左右雙邊。

版心下鎸刻工"陸奎""仲""仁""袁""守中"等。

有朱筆注評。鈐"潛夫""孫潛之印"印。

3279　　　　又一部　SG313/35

唐宋白孔六帖一百卷目錄二卷

（唐）白居易輯　（宋）孔傳續輯

明嘉靖刻本

四十册　八函

正文半葉十行十八字,小字雙行同,白口,單白魚尾,左右雙邊。

版心下鎸刻工"陸奎""仲""仁""袁""守中"等。

鈐"共語齋""石壁方柱山藏"諸印。

3280　　　　　　　　SG417/386

事類賦三十卷

（宋）吳淑撰

明嘉靖十一年(1532)崇正書院刻本

六册　一函

正文半葉十二行二十字,小字雙行同,白口,單黑魚尾,左右雙邊。

版心上鎸"崇正書院",下鎸刻工"何瑞刊""何恩刊""周慈""王輝"等。

鈐"曉霞藏本""徐鈞印信""愛日館收藏印"諸印。

3281　　　　　　　　SG313/4

册府元龜一千卷目錄十卷

（宋）王欽若輯

明崇禎十五年(1642)黃國琦刻本

二百六十册　三十三函

　　正文半葉十行二十字,小字雙行同,白口,單黑魚尾,四周單邊。

3282　　　　　　　　　　　　SG313/61

事物紀原集類十卷

　　(宋)高承輯　(明)閻敬校正　李果批點

明成化八年(1472)李果刻本

六册　一函

　　正文半葉十二行二十四字,黑口,三黑魚尾或雙黑魚尾,四周雙邊。

　　鈐"劉台拱印""端臨""寶應劉氏七略齋藏"印。

3283　　　　　　　　　　　SG313/115

新刻事物紀原十卷

　　(宋)高承輯　(明)胡文焕校訂

日本寬文四年(1664)武村刻本

十一册　一函

　　正文半葉十行二十字,白口,雙白魚尾,無界行,四周單邊。

　　鈐"芸子""碧藥館藏"印。

3284　　　　　　　　　　　SG313/120

事物紀原補十卷目錄二卷

　　(清)納蘭永壽增補

清康熙至雍正抄本

十册　二函

　　正文半葉八行二十字,小字雙行同,素紙。

　　鈐"栘林館""查映山太史藏書""慧海樓藏書印""日照丁氏曠際山房收藏之印""伯起藏書"諸印。

3285　　　　　　　　　　　SG418/27

海錄碎事二十二卷

　　(宋)葉廷珪輯　(明)劉鳳校

明萬曆二十六年(1598)劉鳳刻本

三十六册　六函

　　正文半葉十二行二十一字,花口,單黑魚尾,左右雙邊。

　　鈐"枕碧樓藏書記""三山陳氏居敬堂圖書""老見異書猶眼明"印。

3286　　　　　　　　　　　SG313/1

玉海二百卷附辭學指南四卷詩考一卷詩地考六卷漢藝文志考證十卷通鑑地理通釋十四卷漢制考四卷踐祚篇集解一卷周易鄭康成注一卷姓氏急就篇二卷急就篇補注四卷周書王會補注一卷小學紺珠十卷六經天文篇二卷通鑑答問五卷

　　(宋)王應麟撰

元至元六年(1340)慶元路儒學刻元明遞修本

三十二册　八函　存二百四卷(玉海二百卷、辭學指南四卷)

　　正文半葉十行十九字至二十一字不等,小字雙行同,白口,雙黑魚尾,左右雙邊或四周單邊。

　　版心下鐫刻工"楊韋經"等。目錄爲抄本。補刊部分版心有補刊年代。

3287　　　　　　　　　　　　SG313/1

玉海二百卷附辭學指南四卷詩考一卷詩地考六卷漢藝文志考證十卷通鑑地理通釋十四卷漢制考四卷踐祚篇集解一卷周易鄭康成注一卷姓氏急就篇二卷急就篇補注四卷周書王會補注一卷小學紺珠十卷六經天文篇二卷通鑑答問五卷

（宋）王應麟撰

元至元六年（1340）慶元路儒學刻元明清遞修本

一百冊　十三函

正文半葉十行十九字至二十一字不等，小字雙行同，白口，雙黑魚尾，左右雙邊或四周雙邊。

版心下鐫刻工"郭文"等。補刊部分版心有補刊年代。

鈐"詹文忠"印。

3288　　　　　　　　　　　　SG313/2

玉海纂二十二卷

（宋）王應麟輯　（明）劉鴻訓纂

清順治四年（1647）刻本

十五冊　三函

正文半葉九行二十字，白口，單黑魚尾，無界行，四周單邊。

3289　　　　　　　　　　　　SG313/38

小學紺珠十卷

（宋）王應麟輯

元至元六年（1340）慶元路儒學刻本

四冊　一函　存四卷（一、四至六）

正文半葉十行二十字或二十一字，小字雙行同，白口，有書耳，雙黑魚尾，左右雙邊。

鈐"尚寶少卿袁記""尚寶少卿袁氏忠徹印""顏氏家訓曰借人典籍皆須愛護凡有缺壞就為補治此亦士大夫百行之一也或有狼藉几案　分散部帙童幼俾妾所污風雨蟲鼠所毀實為累德四明袁氏靜思齋誌""夢選樓胡氏宗梀藏""王懿榮印"印。

3290　　　　　　　　　　　SG313/38-2

小學紺珠十卷

（宋）王應麟輯　（清）范清洪校刊

清乾隆八年（1743）介休范氏慈儉堂刻本

十冊　一函

正文半葉八行十九字，小字雙行同，白口，單黑魚尾，左右雙邊。

版心下鐫"慈儉堂"。

3291　　　　　　　　　　　SG313/119

類書十五卷

（明）佚名抄寫

明天啓元年（1621）至崇禎抄本

四冊　一函　存十二卷（一至十二）

正文半葉十行三十字，素紙。

題名自擬。有朱筆批校。

3292　　　　　　　　　　　SG313/117

新刻古今事物考八卷

（明）王三聘輯　胡文煥校

明嘉靖十七年至崇禎十七年（1538－1644）刻本

六冊　一函

正文半葉十行二十字，白口，雙白魚尾，

左右雙邊。

鈐"方懋忠印""薑卿"印。

3293　　　　　　　　　　SG313/78
新刊唐荆川先生稗編一百二十卷目錄三卷

（明）唐順之輯　左烝考校

明萬曆九年（1581）茅一相文霞閣刻本

六十册　十函

正文半葉十行二十字，白口，單白魚尾間黑魚尾，四周雙邊。

版心下鐫刻工"烏程周雷刻""金汝南""黃成""詹良"等。

3294　　　　　　　　　　SG313/39
山堂肆考二百四十卷

（明）彭大翼纂著　張幼學編輯

明萬曆二十三年（1595）金陵周顯刻四十七年（1619）重修本

八十册　十六函

正文半葉十一行二十二字，白口，單黑魚尾，四周單邊。

眉上釋音行三字。

3295　　　　　　　　SG311./201-1
博物典彙二十卷

（明）黃道周撰

明崇禎刻本

十六册　四函

正文半葉九行十九字，白口，無魚尾，左右雙邊。

3296　　　　　　　　　SG311./201
博物典彙十九卷

（明）黃道周撰

明末刻清初大雅堂重修印本

六册　一函

正文半葉九行十九字，白口，無魚尾，四周單邊或左右雙邊。

内封鐫"石齋黃太史纂輯　博物典彙大雅堂梓"。

此書入清後重印時改刻目錄，卷十八中的"馭戎"、卷十九中的"總論九邊形勢"、卷二十中的"四夷"删去，共十九卷。

3297　　　　　　　　　SG418/237
麗句集六卷

（明）許之吉輯　廖孔悦定　謝于教閱

明天啓三年（1623）刻本

六册　一函

正文半葉九行十九字，小字雙行同，白口，四周單邊。

鈐"翁肇澥字熙原""慶穌堂印"印。

3298　　　　　　　　　SG313/29
表異錄二十卷

（明）王志堅輯

清康熙陳世修漱六閣刻乾隆最宜草堂印本

二册　一函

正文半葉十一行二十一字，黑口，雙黑魚尾，左右雙邊。

鈐"畊厓""隴西舊氏""最宜草堂"印。

3299　　　　　　又一部　SG313/29

表異録二十卷

（明）王志堅輯

清康熙陳世修漱六閣刻乾隆最宜草堂印本

四册　一函

　　正文半葉十一行二十一字，黑口，雙黑魚尾，左右雙邊。

　　鈐"最宜草堂"印。

3300　　　　　　又一部　SG312./139-2

表異録二十卷

（明）王志堅輯

清康熙陳世修漱六閣刻乾隆最宜草堂印本

二册　　與《清異録》合函

　　正文半葉十一行二十一字，黑口，雙黑魚尾，左右雙邊。

　　鈐"最宜草堂"印。

3301　　　　　　　　　　SG418/237-1

麗句集六卷

（明）許之吉輯　李維楨較閱　鄧旭重訂

明天啓三年（1623）刻崇禎元年至十七年（1628-1644）重修本

十二册　二函

　　正文半葉九行十九字，小字雙行同，白口，四周單邊。

　　内封鐫"秣陵藏版"。正文卷端將天啓原刻剜改爲"宜黃許之吉選　秣陵廖孔悦定　虞山錢牧齋閱"。《時序》篇卷端剜改爲"宜黃許之吉匯選　雲杜李維楨較閱　石城鄧旭重訂"。其他卷端亦有剜版改刻。

　　鈐"曾爲北平李季雲收藏""順德羅氏"諸印。

3302　　　　　　　　　　SG313/93

四六霞肆十六卷

（明）何偉然彙纂　胡正言校梓

明天啓元年至崇禎十七年（1621-1644）胡正言十竹齋刻本

十册　二函

　　正文半葉八行十八字，白口，單白魚尾，四周單邊。

　　版心鐫"十竹齋"。

3303　　　　　　　　　　SG313/25

子史類語二十四卷

（明）胡尚洪輯

明天啓六年（1626）刻本

四册　一函

　　正文半葉九行十九字，白口，單白魚尾，四周單邊。

　　首葉版心下鐫刻工"李元甫梓"。

　　有朱筆圈點。

3304　　　　　　　　　　SG313/98

菉斐堂子史匯纂二十四卷

（明）馮廷章纂　馮駿聲校

明崇禎十六年（1643）馮氏菉斐堂自刻本

十五册　二函

　　正文半葉九行十六字，白口，無魚尾，無界行，四周單邊。

　　版心下鐫"菉斐堂"。有朱筆圈點。

3305　　　　　　　　　　SG313/80

傭吹錄二集二十一卷

（明）文德翼輯

清康熙元年至二十年（1662－1681）文氏求是堂刻本

六冊　一函

　　正文半葉九行二十一字，白口，單黑魚尾，四周雙邊。

　　內封鐫"文燈巖先生著　傭吹錄二集求是堂藏板"。

　　鈐"言言齋善本圖書"。

3306　　　　　　　　　　SG313/124

古今類書纂要增刪十二卷

（明）璩昆玉集纂　葉文戀閱較　沈際飛鑒定

明崇禎七年（1634）刻本

四冊　一函

　　正文半葉十行字數不等，小字雙行十六字，白口，單白魚尾或黑魚尾，四周單邊。

3307　　　　　　　　　　SG313/60/A

類書纂要三十三卷

（清）周魯輯　黃機鑒定　侯杲糸

清康熙二年至三年（1663－1664）侯杲刻本

二十四冊　三函

　　正文半葉九行二十二字，小字雙行同，白口，單白魚尾，四周單邊。

3308　　　　又一部　SG313/60/B

類書纂要三十三卷

（清）周魯輯　黃機鑒定　侯杲糸

清康熙二年至三年（1663－1664）侯杲刻本

十二冊　二函　存十四卷（一至六、十一至十八）

　　正文半葉九行二十二字，小字雙行同，白口，單白魚尾，四周單邊。

　　鈐"北京中國地學會本部"印。

3309　　　　　　　　　　SG313/81

格致鏡原一百卷

（清）陳元龍輯

清康熙五十六年（1717）刻雍正十三年（1735）陳元龍印本

三十二冊　四函

　　正文半葉十一行二十一字，黑口，單黑魚尾，左右雙邊。

專類之屬

3310　　　　　　　　　　SG4171/1589

東萊先生詩律武庫十五卷後集十五卷

（宋）呂祖謙撰

清康熙五十四年（1715）鄭氏桃源山莊刻本

二冊　一函

　　正文半葉九行十九字，白口，單黑魚尾，左右雙邊。

　　內封鐫"呂東萊先生編　桃源山莊藏板　翻刻必究"。卷末木記鐫"康熙乙未七月洞庭東山鄭氏校刻於桃源山莊"。

鈐"詩龕墨緣""詩龕書畫印"諸印。

3311　　　　　　　　　　SG112./67
錦繡萬花谷前集四十卷後集四十卷續集四十卷
（宋）佚名輯
明嘉靖十五年（1536）秦汴繡石書堂刻本
三十冊　四函　缺八卷（後集三十三至四十）
正文半葉十二行二十字，白口，單黑魚尾，左右雙邊。
鈐"程大成""陽水書籍"印。

3312　　　　　　　　　　SG41/175
新編古今事文類聚前集六十卷後集五十卷續集二十八卷別集三十二卷
（宋）祝穆輯
新集三十六卷外集十五卷
（元）富大用輯
明弘治元年至嘉靖四十五年（1488－1566）內府刻本
一百二十七冊　二十七函
正文半葉十行十八字，黑口，雙黑魚尾，四周雙邊。
有抄配。

3313　　　　　　又一部　SG41/175－5
新編古今事文類聚前集六十卷後集五十卷續集二十八卷別集三十二卷
（宋）祝穆輯
新集三十六卷外集十五卷
（元）富大用輯
明弘治元年至嘉靖四十五年（1488－1566）內府刻本
一百二十冊　十五函
正文半葉十行十八字，黑口，雙黑魚尾，四周雙邊。
有抄配。

3314　　　　　　　　　　SG313/51
新編古今事文類聚前集六十卷後集五十卷續集二十八卷別集三十二卷
（宋）祝穆輯
新集三十六卷外集十五卷
（元）富大用輯
遺集十五卷
（元）祝淵撰
明萬曆三十二年（1604）金陵唐富春德壽堂刻本
一百十八冊　二十四函
正文半葉十一行二十四字，小字雙行同，白口，單黑魚尾，四周單邊。金鑲玉。
內封鐫"重刊七集　古今事文類聚雲林唐積秀梓行"。《重刊事文類聚序》後鐫"萬曆甲辰孟春之吉金谿唐富春精校補遺重刻"。版心下鐫"德壽堂梓"。

3315　　　　　　又一部　SG41/175－1
新編古今事文類聚前集六十卷後集五十卷續集二十八卷別集三十二卷
（宋）祝穆輯
新集三十六卷外集十五卷
（元）富大用輯

遺集十五卷

（元）祝淵撰

明萬曆三十二年（1604）金陵唐富春德壽堂刻本

十册　一函

　　正文半葉十一行二十四字，小字雙行同，白口，單黑魚尾，四周單邊。

3316　　　　　　　　　　　　　　SG313/10

新鍥簪纓必用增補秘笈新書十三卷別集三卷

（宋）謝枋得輯　（明）吳道南增補

明萬曆三十六年（1608）刻翠慶堂印本

二十四册　四函

　　正文半葉十一行二十二字，小字雙行同，白口，單黑魚尾，四周雙邊。金鑲玉。

　　內封鐫"秘笈新書　翠慶堂鼎鍥"。

　　鈐"吳""潤宇""荃孫""雲輪閣"諸印。

3317　　　　　　　　　　　　　　SG313/75

新箋決科古今源流至論前集十卷後集十卷續集十卷

（宋）林駉撰

別集十卷

（宋）黃履翁編

明嘉靖十六年（1537）白玶刻本

二十册　四函

　　正文半葉十一行二十字，小字雙行同，黑口，單黑魚尾，四周單邊。

3318　　　　　　　　　　　　　　SG313/9-2

韻府羣玉二十卷

（元）陰時夫編輯　陰中夫編注

明刻本

十册　二函

　　正文半葉十行字數不等，小字雙行二十九字，黑口，雙黑魚尾，四周雙邊。

3319　　　　　　　　　　　　　　SG112.4/19-1

韻府羣玉二十卷

（元）陰時夫編輯　陰中夫編注

明仿元刻本

四十册　四函

　　正文半葉十行字數不等，小字雙行二十九字，黑口，雙黑魚尾，四周雙邊。

3320　　　　　　　　　　　　　　SG313/9-5

新增說文韻府羣玉二十卷

（元）陰時夫編輯　陰中夫編注

明萬曆十八年（1590）王元貞刻本

十册　二函

　　正文半葉十一行二十二字，白口，單黑魚尾，左右雙邊。

　　序及凡例後鐫"金陵徐智督刊"。

3321　　　　　　　　　　　　　　SG313/9-4

新增說文韻府羣玉二十卷

（元）陰時夫編輯　陰中夫編注

明末聚錦堂刻本

二十册　二函

　　正文半葉十一行字數不等，小字雙行二十二字，白口，單黑魚尾，四周單邊。

　　版心下鐫"聚錦堂"。

3322　　　　　　　　　SG313/9-3

新增說文韻府羣玉二十卷

（元）陰時夫編輯　陰中夫編注

明末刻本

十六冊　二函

　　正文半葉十一行字數不等，小字雙行二十二字，白口，單黑魚尾，四周單邊。

　　鈐"李隸""躍龍氏記"諸印。

3323　　　　　　　　　SG313/116

群書拾唾十二卷

（明）張九韶編　汪道昆　吳昭明校訂

日本承應元年（1652）刻本

三冊　一函

　　正文半葉十行二十一字，小字雙行同，白口，單黑魚尾，無界行，四周雙邊。

　　卷末牌記鐫"承應元年壬辰十一月日崑山館道可處士刊行"。

　　鈐"觀生廬""九折堂山田氏圖書之記""碧蘂館藏"諸印。

3324　　　　　　　　　SG313/70

楮記室十五卷

（明）潘塤纂集

明嘉靖三十九年至四十五年（1560-1566）潘蔓刻本

四冊　一函

　　正文半葉十行二十字，白口，無魚尾，四周單邊。

　　鈐"葛士鼎"印。

3325　　　　　　　　　SG112.4/90

均藻四卷

（明）楊慎撰　焦竑校

明萬曆曼山館刻本

四冊　一函

　　正文半葉十行二十一字，小字雙行字數不等，白口，單黑魚尾，左右雙邊。

　　内封鐫"韻藻　曼山館發行　焦衙藏板"。正文卷端和版心鐫"均藻"。

　　鈐"杜庭鈺印""少連""无竟先生獨志堂物"印。

3326　　　　　　　　　SG313/67

正音攟言四卷

（明）王荔撰　王允嘉注

明崇禎元年（1628）王允嘉舍泓堂刻本

四冊　一函

　　正文半葉八行二十字，白口，無魚尾，四周雙邊。

　　眉上鐫注。

　　書末有墨筆配補。

3327　　　　　又一部　SG313/67

正音攟言四卷

（明）王荔撰　王允嘉注

明崇禎元年（1628）王允嘉舍泓堂刻本

四冊　一函

　　正文半葉八行二十字，白口，無魚尾，四周雙邊。

　　眉上鐫注。

3328　　　　　　　　　　　SG313/65

修辭指南二十卷

（明）浦南金輯

明嘉靖三十六年（1557）浦南金五樂堂刻本

八冊　一函

　　正文半葉九行十八字，小字雙行同，白口，單黑魚尾，左右雙邊。

　　版心下鎸"五樂堂"及"姑蘇吳曜寫""章兊刻""章聰　周春刻"。

　　鈐"鼎思""丁丑會魁""慕齋鑒定""宛平王氏家藏""張浚之印""禹疏""无竟先生獨志堂物"諸印。

3329　　　　　　　　　　SG4171/1307

新刻重校增補圓機活法詩學全書二十四卷

（明）王世貞校正　楊淙參閱

附新刊校正增補圓機詩韻活法全書十四卷

（明）王世貞增校

明萬曆二十年（1592）金陵唐謙梅墅石渠閣刻本

十六冊　二函

　　《詩學全書》正文半葉十二行二十五字，《詩韻全書》正文半葉十一行三十字，小字雙行同，白口，單黑魚尾，四周雙邊。

　　内封鎸"絳嚴蔣氏三訂　詩學圓機梅墅石渠閣梓"。書末木記鎸"萬曆玄黙執徐孟夏金陵益軒唐氏繡梓"。

3330　　　　　　　　　　SG292/27

古今萬姓統譜一百四十卷歷代帝王姓氏系統譜六卷氏族博考十四卷

（明）凌迪知編

明萬曆刻本

二十二冊　四函

　　正文半葉九行二十字，小字雙行同，白口，單黑魚尾，四周單邊。

3331　　　又一部　SG23/255

古今萬姓統譜一百四十卷歷代帝王姓氏系統譜六卷氏族博考十四卷

（明）凌迪知編

明萬曆刻本

三十二冊　四函

　　正文半葉九行二十字，小字雙行同，白口，單黑魚尾，四周單邊。

　　鈐"吳興潘澄鑒珍藏"印。

3332　　　又一部　SG23/255

古今萬姓統譜一百四十卷歷代帝王姓氏系統譜六卷氏族博考十四卷

（明）凌迪知編

明萬曆刻本

四十冊　四函

　　正文半葉九行二十字，小字雙行同，白口，單黑魚尾，四周單邊。

3333　　　　　　　　　　SG311./159-1

增訂二三塲羣書備考四卷

（明）袁黃撰　袁儼注　沈昌世增　徐行敏訂

明崇禎五年至十七年（1632-1644）萬卷樓刻本

四冊　一函

正文半葉九行二十一字，小字雙行同，白口，單白魚尾或綫魚尾，四周單邊。

　　內封鐫"坤儀先生正續原本　袁了凡先生纂輯注釋　羣書備考　古吳萬卷樓梓"。

　　鈐"長春閣""有斐齋""賞古山房書畫珍藏印"諸印。

3334　　　　　　　　SG311./159－1A
增訂二三塲羣書備考四卷
　　（明）袁黃撰　袁儼注　沈昌世增　徐行敏訂
　　明崇禎十五年（1642）萬卷樓刻本
　　四册　一函
　　正文半葉九行二十一字，小字雙行同，白口，單白魚尾或黑魚尾，四周單邊。

3335　　　　　　　　SG311./159－2
增訂二三塲羣書備考四卷
　　（明）袁黃撰　袁儼注　沈昌世增　徐行敏訂
　　明崇禎十五年至十七年（1642－1644）大觀堂刻本
　　八册　一函
　　正文半葉九行二十一字，小字雙行同，白口，單白魚尾或黑魚尾，四周單邊。
　　內封鐫"闈務秘笈　袁了凡先生手定增訂二三塲羣書備考　大觀堂梓"。

3336　　　　　　　　SG311./159
羣書備考六卷
　　（明）袁黃撰　袁儼注

續二三塲羣書備考三卷
　　（明）袁儼撰并注
　　明萬曆三十八年至崇禎十七年（1610－1644）刻本
　　四册　一函
　　正文半葉八行二十一字，小字雙行同，白口，單白魚尾或黑魚尾，四周單邊。
　　鈐"呂海寰印""大司空""綠意軒珍藏""周培厚印""積庵""謝剛主"印。

3337　　　　　　　　SG112.2/132
古雋考略六卷
　　（明）顧充輯
　　明萬曆二十七年（1599）李楨、蕭大亨刻本
　　六册　一函
　　正文半葉七行十二字，小字雙行二十四字，白口，雙白魚尾，左右雙邊。
　　鈐"味閒堂""南邨草堂家藏善本""陶氏藏書"諸印。

3338　　　　　　　　SG313/121
喻林一百二十卷
　　（明）徐元太輯　徐胥慶　徐衍慶校訂
　　明萬曆四十三年（1615）徐元太自刻本
　　四十册　八函
　　正文半葉十行二十字，白口，單白魚尾，四周單邊。

3339　　　　　　　　SG4171/719
續編錦囊詩對故事前集二卷後集二卷
　　（明）佚名輯

明嘉靖十二年(1533)恭裕王府刻本

八册　二函

　　正文半葉八行二十字,小字雙行同,上下黑口,順黑魚尾,四周雙邊。

　　鈐"王鳴盛""西莊居士""鳳喈""豐華堂書庫寶藏印"印。

3340　　　　　　　　　　　　SG313/6

唐類函二百卷目錄二卷

　　(明)俞安期纂　徐顯卿校訂

　　明萬曆三十一年(1603)俞安期自刻四十
　　　六年(1618)程開祜重修本

八十册　八函

　　正文半葉十行二十字,小字雙行同,白口,單黑魚尾,四周單邊。

　　鈐"武昌柯逢時收藏圖記"印。

3341　　　　　　　　　　　　SG313/6

唐類函二百卷目錄二卷

　　(明)俞安期纂　徐顯卿校訂

　　明萬曆三十一年(1603)俞安期自刻清順
　　　治元年至十八年(1644-1661)重修本

五十七册　十函

　　正文半葉十行二十字,小字雙行同,白口,單黑魚尾,四周單邊。

　　鈐"仁和馬氏歡天廬珍藏書畫印""吳氏筠清館所藏書畫""詹文忠"諸印。

3342　　　　　　　　　　　　SG112./85

對類二十卷

　　(明)佚名輯　屠隆訂正

　　明萬曆至崇禎陳長卿刻本

二十册　四函

　　正文半葉十二行二十四字,小字雙行同,白口,單黑魚尾,左右雙邊。金鑲玉。

　　内封鎸"重鎸益府原本　屠赤水先生訂正　縹緲對類大全　古吳陳長卿梓"。

　　鈐"德聚堂藏板"印。

3343　　　　　　　　　　　　SG4172/76

分韻註釋詩賦權輿大全四卷

　　(明)孟斅編輯　鄭以誠集解

　　清康熙四十六年(1707)居延鄭僑柱刻本

四册　一函

　　正文半葉八行二十二字,小字雙行同,花口,單黑魚尾,無界行,四周雙邊。

　　内封鎸"分韻注釋詩賦權輿大全　居延鄭完我先生集解　康熙四十六年鎸　本府藏板"。

　　鈐"本衙藏板翻刻必究"印。

3344　　　　　　　　　　　　SG313/13

精選黃眉故事十卷

　　(明)鄧志謨彙編

　　清康熙三十七年(1698)刻本

三册　一函

　　正文半葉十行二十字,小字雙行同,白口,單黑魚尾,四周單邊。

　　眉上鎸評行五字。内封鎸"經濟堂藏板"。

3345　　　　　　　　　　　　SG112.4/135

鼎鎸洪武元韻勘正補訂經書切字海篇玉鑑二十卷

（明）武緯子補訂　王衡勘正

明萬曆元年（1573）熊沖宇刻本

十二冊　二函

　　正文半葉兩節版，大小字數不等，白口，單黑魚尾，無界行，四周單邊。

　　有缺葉及抄配。鈐"吉瀚之印""星槎""鄞林氏藜照廬圖書"印。

3346　　　　　　　　　　　　SG313/59

學海君道部二百四十卷目錄八卷

（明）饒伸輯

明萬曆刻本

一百四十冊　十八函

　　正文半葉十一行二十六字，白口，單黑魚尾，四周單邊。

　　版心下鐫刻工"張武刊"等。

　　鈐"古潤陳氏藏書"印。

3347　　　　　　　　　　　　SG418/345

增補註釋白眉故事六卷

（明）許以忠集　（清）許國球校

清乾隆十五年（1750）開益堂刻本

二冊　一函

　　正文半葉十一行二十六字，小字雙行同，花口，無界行，四周單邊。

　　眉上鐫注行六字。內封鐫"乾隆庚午春鐫　許貫日先生注釋　增補白眉故事內附新箋名公尺牘　開益堂梓行"。

　　鈐"武林貢院前開益堂發兌""開益堂圖書"印。

3348　　　　　　　　　　　　SG313/63

六經類雅五卷

（明）徐常吉輯　霍崗易訂正

明萬曆十七年（1589）徐常吉刻本

四冊　一函

　　正文半葉九行二十字，白口，單黑魚尾，四周雙邊。

　　鈐"湯齊之印""擁書萬卷"印。

3349　　　　　　　　　　　　SG313/49

經濟類編一百卷

（明）馮琦纂　馮瑗　周家棟　吳光義校

明萬曆三十二年（1604）周家棟、吳光義刻本

五十冊　十函

　　正文半葉十行二十字，白口，無魚尾，四周單邊。

　　鈐"耀卿""朱光廷印"印。

3350　　　　　　　　　　　　SG415/138

書柬活套翰墨連環譜十二卷

（明）王世茂選注　羅之乾參閱

明崇禎元年至十七年（1628-1644）蘇州德聚堂刻本

六冊　一函

　　正文半葉八行二十字，小字雙行同，白口，單黑魚尾，四周單邊。

　　內封鐫"彙集分類便覽　書柬活套連環譜　古吳德聚堂梓"。

　　書末有墨筆抄配數葉。

3351　　　　　　　　　　SG313/66-1

廣博物志五十卷

（明）董斯張纂　楊鶴訂

明萬曆四十三年至四十七年（1615－1619）高暉堂刻本

四十冊　四函

正文半葉九行十八字，小字雙行同，白口，單黑魚尾，四周單邊。

內封鐫"烏城董遐周先生著　廣博物志　高暉堂藏板"。版心下鐫"吳興蔣禮梓高暉堂"。

有朱筆圈點。

3352　　　　　　　　　　SG313/82

文苑彙雋二十四卷

（明）孫丕顯彙纂　劉朝箴校閱

明萬曆三十六年（1608）刻本

十六冊　三函

正文半葉兩節版，上節二十二行七字，下節十一行二十一字，小字雙行同，白口，單黑魚尾，無界行，四周單邊。

鈐"南園主人""鄭崇禮印""希厓""合肥鄭氏珍藏書畫印"諸印。

3353　　　　　　　　　　SG313/123

劉氏鴻書一百八卷

（明）劉仲達纂輯　湯賓尹刪正

明萬曆三十九年（1611）陳長卿刻石渠閣重修本

三十二冊　六函

正文半葉十行二十一字，白口，單黑魚尾或白魚尾，四周單邊。

3354　　　　　　　　　　SG313/40

蘭雪堂古事苑定本十二卷

（明）鄧志謨輯　（清）戴璁參定

清康熙蘭雪堂刻本

十冊　一函

正文半葉九行二十一字，白口，單黑魚尾，左右雙邊。

有朱筆句讀。

3355　　　　　又一部　SG313/40

蘭雪堂古事苑定本十二卷

（明）鄧志謨輯　（清）戴璁參定

清康熙蘭雪堂刻本

八冊　一函

正文半葉九行二十一字，白口，單黑魚尾，左右雙邊。

有朱墨校注。

3356　　　　　　　　　　SG313/122

八編類纂二百八十五卷

（明）陳仁錫纂

明天啓六年（1626）金閶葉顯吾刻本

七十二冊　十二函

正文半葉十行二十字，白口，單黑魚尾，四周單邊。

內封鐫"陳太史八編類纂　大學演義編　經濟編　圖書館編　左編　右編　稗編　實用編　函史編　金閶葉顯吾梓行"。

鈐"隨安草堂"印。

3357　　　　　　　　　　SG313/16-2

潛確居類書一百二十卷

（明）陳仁錫輯

明崇禎元年至十七年（1628－1644）刻本

七十二册　十二函

　　正文半葉十行二十字，小字雙行同，白口，單黑魚尾，四周單邊。

3358　　　　　又一部　SG313/16－2

潛確居類書一百二十卷

（明）陳仁錫輯

明崇禎元年至十七年（1628－1644）刻本

六十册　八函

　　正文半葉十行二十字，小字雙行同，白口，單黑魚尾，四周單邊。

　　内封鎸"陳明卿太史纂輯　潛確類書本衙藏板"。

　　鈐"蘭齋"印。

3359　　　　　又一部　SG313/16－2

潛確居類書一百二十卷

（明）陳仁錫輯

明崇禎元年至十七年（1628－1644）刻本

六十六册　八函

　　正文半葉十行二十字，小字雙行同，白口，單黑魚尾，四周單邊。

3360　　　　　　　　　SG313/16

潛確居類書一百二十卷

（明）陳仁錫輯

明崇禎元年至十七年（1628－1644）刻金閶映雪草堂印本

四十八册　十二函

　　正文半葉十行二十字，小字雙行同，白口，單黑魚尾，四周單邊。

　　内封鎸"太史陳明卿先生輯　潛確類書　金閶映雪草堂□□"。

3361　　　　　　　　　SG313/90

羣書典彙十四卷

（明）黄道周輯

明崇禎十六年（1643）敦古齋刻本

十四册　二函

　　正文半葉九行二十四字，白口，無魚尾，無界行，四周單邊。

　　眉上鎸評。版心下鎸"敦古齋"。

　　鈐"宜松館藏書"印。

3362　　　　　　　　　SG293/2－2

尚友録二十二卷

（明）廖用賢編纂

明天啓元年（1621）商周祚刻本

十六册　二函

　　正文半葉七行字數不等，小字雙行十八字，白口，無魚尾，四周單邊。

　　鈐"明露齋"印。

3363　　　　　　　　　SG313/19

五車韻瑞一百六十卷

（明）凌稚隆輯

明萬曆三十五年至四十八年（1607－1620）金閶葉瑶池天葆堂刻本

二十四册　四函

　　正文半葉十行二十字，小字雙行同，白口，單黑魚尾，左右雙邊。

　　内封鎸"吳興凌以棟先生纂輯　五車

韻瑞　金閶葉瑤池梓行"。

鈐"葉氏天葆堂""存園""張星烺遺囑贈送"印。

3364　　　　　　又一部　SG313/19

五車韻瑞一百六十卷

（明）凌稚隆輯

明萬曆三十五年至四十八年（1607－1620）金閶葉瑤池天葆堂刻本

三十二冊　四函

正文半葉十行二十字,小字雙行同,白口,單黑魚尾,左右雙邊。

內封鎸"吳興凌以棟先生纂輯　五車韻瑞　金閶葉瑤池梓行"。

鈐"十乘樓"印。

3365　　　　　　又一部　SG313/19

五車韻瑞一百六十卷

（明）凌稚隆輯

明萬曆三十五年至四十八年（1607－1620）金閶葉瑤池天葆堂刻本

二十冊　四函

正文半葉十行二十字,小字雙行同,白口,單黑魚尾,左右雙邊。

3366　　　　　　　　SG41/173

古學彙纂十卷

（明）周時雍輯

明崇禎十五年（1642）周氏愛日齋刻本

十六冊　二函

正文半葉九行二十六字,白口,無魚尾,四周單邊。

版心下鎸"愛日齋"。

鈐"華遜修印""西桂""鳴瑞"諸印。

3367　　　　　　　　SG231/96

文竽彙氏二十四卷

（明）傅作興編纂

明崇禎九年至十七年（1636－1644）刻本

十二冊　三函

正文半葉十行二十四字,白口,無魚尾,四周單邊。

眉上鎸注行三字。

鈐"杭州王氏九峰舊廬藏書之章"印。

3368　　　　　　　　SG131/99

省軒考古類編十二卷

（清）柴紹炳纂　姚廷謙評

清雍正四年（1726）刻本

八冊　二函

正文半葉十行二十一字,大黑口,雙黑魚尾,左右雙邊。金鑲玉。

3369　　　　　　SG212.3/41－1

經濟類考約編二卷

（清）顧九錫輯著

清康熙七年（1668）刻雍正八年（1730）積秀堂印本

六冊　一函

正文半葉九行二十五字,小字雙行同,白口,單黑魚尾,左右雙邊。

內封鎸"雍正八年新刊　廣陵顧臨邗先生輯著　經濟類考約編　積秀堂梓行"。

鈐"江陰劉氏""劉復"印。

3370　　　　　　又一部　SG212.3/27

經濟類考約編二卷

（清）顧九錫輯著

清康熙七年（1668）刻雍正八年（1730）積秀堂印本

四册　一函

正文半葉九行二十五字,小字雙行同,白口,單黑魚尾,左右雙邊。

内封鎸"雍正八年新刊　廣陵顧臨邨先生輯著　經濟類考約編　積秀堂梓行"。

3371　　　　　　　　　　SG313/7

淵鑒類函四百五十卷目録四卷

（清）張英　王士禎輯

清康熙四十九年（1710）内府刻本

一百三十九册　三十函

正文半葉十行二十一字,小字雙行同,黑口,雙黑魚尾,四周雙邊。

3372　　　　　　又一部　SG313/7-5

淵鑒類函四百五十卷目録四卷

（清）張英　王士禎輯

清康熙四十九年（1710）内府刻本

一百四十册　二十函

正文半葉十行二十一字,小字雙行同,黑口,雙黑魚尾,四周雙邊。

3373　　　　　　　　　SG112.4/151

三體摭韻不分卷續集不分卷

（清）朱昆田輯抄

清康熙朱昆田抄本

二十三册　五函

正文半葉行字不等,素紙。

有朱墨黄筆圈點。鈐"陸侯辰印""松風"諸印。

3374　　　　　　　　　SG313/24

分類字錦六十四卷

（清）何焯　陳鵬年纂輯　張廷玉校刊

清康熙六十一年（1722）武英殿刻本

四十册　十函

正文半葉八行二十四字,小字雙行同,花口,單黑魚尾,無界行,四周雙邊,開化羅紋紙。

鈐"汝江何氏藏書""麥谿張氏""籍圃主人""謝寶樹印""珊嶠"諸印。

3375　　　　　　　　　SG311.2/19

奩史一百卷拾遺一卷

（清）王初桐纂述　王昶閲定

清嘉慶二年（1797）王氏古香堂刻本

三十六册　六函

正文半葉十行二十字,白口,單黑魚尾,左右雙邊。

内封鎸"嘉慶二年鎸　奩史　古香堂藏版"。

3376　　　　　　又一部　SG311.2/19A

奩史一百卷拾遺一卷

（清）王初桐纂述　王昶閲定

清嘉慶二年（1797）王氏古香堂刻本

十六册　二函

正文半葉十行二十字,白口,單黑魚尾,左右雙邊。

内封鎸"嘉慶二年鎸　盦史　古香堂藏版"。

3377　　　　　　　　　　SG418/357
聯經四卷
（清）李學禮述
清乾隆五十五年（1790）存德堂刻本
四册　一函
　　正文半葉十行二十六字，小字雙行同，花口，單黑魚尾，四周雙邊。
　　内封鎸"乾隆庚戌鎸　聯經　存德堂藏版"。
　　眉上有墨批。

3378　　　　　　　　　　SG413/52
叩鉢齋四六春華十二卷
（清）李之泩　汪建封輯　徐廷槐校釋
清康熙二十九年（1690）杭州學山堂刻本
十二册　一函
　　正文半葉九行二十字，小字雙行同，白口，單黑魚尾，左右雙邊。
　　内封鎸"康熙庚午秋新鎸　西陵李靜洲　汪貢五兩先生輯　典故詳注　四六春華　學山堂梓行"。

3379　　　　　　　　　　SG4171/669
杜韓詩句集韻三卷
（清）汪文柏輯
清康熙四十五至四十六年（1706－1707）汪文柏古香樓刻本
六册　一函
　　正文半葉八行十一字，小字雙行二十二字，黑口，單黑魚尾，左右雙邊。
　　内封鎸"杜韓集韻　古香樓藏版"。書末牌記鎸"康熙歲次丙戌中秋日開雕丁亥立夏日告竣"。版心下鎸刻工"張玉""兆周""志生""允文"等。
　　鈐"雨化氏""鎝笛學士"印。

3380　　　　又一部　SG4171/669－5
杜韓詩句集韻三卷
（清）汪文柏輯
清康熙四十五至四十六年（1706－1707）汪文柏古香樓刻本
四册　一函
　　正文半葉八行十一字，小字雙行二十二字，黑口，單黑魚尾，左右雙邊。
　　書末牌記鎸"康熙歲次丙戌中秋日開雕丁亥立夏日告竣"。版心下鎸刻工"張玉""兆周""志生""允文"等。
　　鈐"陳寶泉印"印。

3381　　　　　　　　　　SG313/69
類林新詠三十六卷
（清）姚之駰撰
清康熙刻本
六册　二函
　　正文半葉十行二十字，小字雙行同，白口，單黑魚尾，左右雙邊。

3382　　　　　　　　　SG112.2/106
元龍雜字不分卷
（清）鮑繼培刪補
清道光十三年（1833）鮑繼培抄本

一册　一函

　　正文半葉九行二十五字,素紙。

　　有清道光十三年鮑繼培題記和民國二十一年(1932)江陰劉復題記。鈐"劉家書庫"印。

3383　　　　　　　　　　　　SG112.2/68

事物異名錄四十卷

　(清)厲荃原輯　關槐增纂

　清乾隆五十三年(1788)刻本

　十二册　一函

　　正文半葉十一行二十一字,小字雙行同,白口,單黑魚尾,左右雙邊。

　　内封鐫"乾隆戊申年　粵東鋟本"。

　　鈐"沈燕謀以字行""南通沈氏藏書"印。

叢書類

彙編之屬

3384　　　　　　　　　SG51/160-3
百川學海一百種一百七十九卷
　（宋）左圭編
　明弘治十四年（1501）華珵刻修補本
　三十六册　七函
　　正文半葉十行二十字，小字雙行同，白口，無魚尾，左右雙邊或四周單邊。
　　補版部分爲嘉靖仿宋字體。鈐"西莊居士""王鳴盛印""桐城姚伯印氏藏書記""小紅鵝館""讀易樓藏書記"諸印。

3385　　　　　　　　　SG51/160-2
續百川學海十集一百四種一百十九卷
　（明）吳永編
　明刻本
　十六册　四函　缺四種五卷（毛詩草木鳥獸蟲魚疏二卷、江南野錄一卷、碧湖雜記一卷、名畫記一卷）
　　正文半葉九行二十字，小字雙行同，白口，單白魚尾，左右雙邊。

3386　　　　　　　　　SG311./103-3
說郛一百二十卷
　（明）陶宗儀纂　陶珽重輯
續說郛四十六卷
　（明）陶珽纂　李際期重定
　明末刻清順治三年（1646）李際期宛委山
　　堂重修本
　二百三十五册　三十函
　　正文半葉九行二十字，白口，單白魚尾，左右雙邊。
　　内封鐫"陶九成輯　說郛　宛委山堂藏板"。《說郛》目錄卷端鐫"天台陶宗儀纂　姚安陶珽重輯"。《說郛續》目錄卷端鐫"姚安陶珽纂　弘農李際期重定"。
　　鈐"王雪飊藏書印"印。

3387　　又一部　SG311./103-2、
　　　　　　　　　　　SG311./103-3
說郛一百二十卷
　（明）陶宗儀纂　陶珽重輯
續說郛四十六卷
　（明）陶珽纂　李際期重定
　明末刻清順治三年（1646）李際期宛委山
　　堂重修本
　一百八十册　二十六函
　　正文半葉九行二十字，白口，單白魚尾，

左右雙邊。

鈐"經州蔣氏著生藏書記"印。

3388　　　　　　　　SG38/47

欣賞編十種十四卷

（明）沈津編

明嘉靖元年至四十五年（1522－1566）刻本

六册　一函

正文半葉行字不等，白口，單黑魚尾，左右雙邊。

鈐"无竟先生獨志堂物"印。

3389　　　　　　　　SG311./52

古今說海一百三十五種一百四十二卷

（明）陸楫編

明嘉靖二十三年（1544）雲間陸氏儼山書院、雲山書院刻本

四十册　八函

正文半葉八行十六字，小字雙行同，白口，順黑魚尾或白魚尾，左右雙邊或四周單邊。

鈐"韓氏藏書""玉雨堂印""以博""楊守約印"諸印。

3390　　　　　　　　SG51/145－1

兩京遺編十二種七十三卷

（明）胡維新輯

明萬曆十年（1582）原一魁刻本

十九册　四函

正文半葉九行十七字，白口，雙黑魚尾，四周雙邊。包背裝。

序、目錄及《新語》二卷爲抄配本。

3391　　　　　　　　SG311.3/22

稗海四十六種二百八十五卷續二十四種一百四十一卷

（明）商濬編

明萬曆二十年至四十八年（1592－1620）商濬半埜堂刻本

六十二册　十函

正文半葉九行二十字，白口，單黑魚尾，四周單邊。

鈐"清羣簃""蟫隱廬所得善本"諸印。

3392　　　　　　　　SG311.3/22

稗海四十八種二百八十八卷續二十二種一百六十一卷

（明）商濬編

明萬曆會稽商氏刻清康熙振鷺堂重編修補本

八十册　十函

正文半葉九行二十字，小字雙行同，白口，單黑魚尾，四周單邊。

内封鐫"稗海"。

3393　　　　又一部　SG311.3/22

稗海四十八種二百八十八卷續二十二種一百六十一卷

（明）商濬編

明萬曆會稽商氏刻清康熙振鷺堂重編修補本

八十册　十函

正文半葉九行二十字，小字雙行同，白

口,單黑魚尾,四周單邊。

內封鎸"稗海"。

3394　　　　　　　　SG51/16-3

漢魏叢書三十五種二百八卷

（明）程榮輯

明萬曆二十年（1592）程榮刻本

二十四册　五函

正文半葉九行二十字,小字雙行同,花口,單白魚尾,左右雙邊。

鈐"黃氏藏書""芙生""薛汀藏書""兆鋆"諸印。

3395　　　　　　　　SG217/9

增訂漢魏叢書一百四十三卷

（清）王謨輯

清乾隆五十六年（1791）金谿王氏刻本

二十册　三函

正文半葉九行二十字,白口,單白魚尾,左右雙邊。

3396　　　　　　　　SG51/44-1

尚白齋鎸陳眉公訂正秘笈二十一種四十九卷

（明）陳繼儒編

明萬曆三十四年（1606）繡水沈氏尚白齋刻本

二十册　二函

正文半葉八行十八字,白口,無魚尾,四周單邊。

鈐"御書堂家藏""符千""懷古田舍""李文駒印""東武李文駒印""游目騁懷"諸印。

3397　　　　　　　　SG52/168

尚白齋鎸陳眉公寶顏堂秘笈十七種四十九卷

（明）陳繼儒撰

明萬曆三十四年（1606）繡水沈氏尚白齋刻本

八册　二函　缺一種十卷（寶顏堂增訂讀書鏡十卷）

正文半葉八行十八字,白口,無魚尾,四周單邊。

內封鎸"尚白齋校鎸　繡水沈衙藏板陳眉公秘笈"。

3398　　　　　　　　SG311.3/14

快書五十種五十卷

（明）閔景賢輯　何偉然訂

明天啓六年（1626）刻本

四册　一函　存十二種十二卷（環碧齋小言一卷、玉振一卷、朗川答問一卷、白雲梯一卷、驚筵辨一卷、鑒古瑣譚一卷、黃辭一卷、雅述一卷、枕餘一卷、存論一卷、綠雪亭雜言一卷、竹窗合筭一卷）

正文半葉八行十八字,小字雙行同,白口,無魚尾,左右單邊。

鈐"張星烺遺囑贈送"印。

3399　　　　　　　　SG373/32

天學初函五十二卷

（明）李之藻編

明崇禎刻本

一册　一函

正文半葉十行二十二字,白口,單黑魚尾,左右雙邊。

3400　　　　　　　　SG51/122-1

津逮祕書十五集一百四十八種七百五十四卷

(明)毛晉輯

明崇禎毛氏汲古閣刻本

一百七十册　二十函

正文半葉八行十八字或九行十九字,小字雙行同,白口,黑魚尾或白魚尾,左右雙邊或四周單邊。

內封鐫"汲古閣藏板"。版心鐫"汲古閣""綠君亭"。

鈐"謝氏藏板""汲古閣""遼東劉氏""自強齋藏書印""許珩藏書"諸印。

3401　　　　　　　　SG311./15

秘書廿一種九十四卷

(清)汪士漢輯

明萬曆元年至三十年(1573-1602)刻清康熙七年(1668)汪士漢重編印本

二十册　二函

正文半葉十行二十字,小字雙行同,白口,單黑魚尾,左右雙邊。

內封鐫"新安汪士漢校　秘書廿一種本衙藏板"。據明吳琯《古今逸史》重編。

鈐"石榮暲蓉城僊館藏書""寶善堂圖章""十年磨一劍"印。

3402　　又一部　　SG311./15-1

秘書廿一種九十四卷

(清)汪士漢輯

明萬曆元年至三十年(1573-1602)刻清康熙七年(1668)汪士漢重編印本

二十四册　四函

正文半葉十行二十字,小字雙行同,白口,單黑魚尾,左右雙邊。

據明吳琯刻《古今逸史》重編。

3403　　　　　　　　SG311./15-2

秘書廿一種九十四卷

(清)汪士漢輯

清乾隆七年(1742)文盛堂刻本

二十册　二函

正文半葉十行二十字,小字雙行同,白口,單黑魚尾,左右雙邊。

內封鐫"新安汪士漢校　秘書廿一種文盛堂藏板"。

3404　　又一部　　SG311./15-2

秘書廿一種九十四卷

(清)汪士漢輯

清乾隆七年(1742)文盛堂刻本

十六册　二函

正文半葉十行二十字,小字雙行同,白口,單黑魚尾,左右雙邊。

內封鐫"新安汪士漢校　秘書廿一種文盛堂藏板"。

鈐"章鴻釗先生遺書　章元龍同志贈送""中央人民政府地質部圖書館藏"印。

3405　　　　　　　　　　SG51/86
檀几叢書五十卷二集五十卷餘集二卷附政一卷
（清）王晫　張潮輯
清康熙三十四年至三十六年（1695－1697）錢塘王氏霞舉堂刻本
二十六冊　六函
正文半葉九行二十字，小字雙行同，花口，四周單邊。金鑲玉。
各集版心下分別鎸"霞舉堂""二集""餘集"。
清寶奉家墨筆評點。

3406　　　　　　　　　　SG41/12
顏李叢書十七種六十三卷
（清）顏元　李塨撰
清康熙至雍正刻匯印本
二十三冊　二函
正文半葉行款不一。
總書名本館自擬。顏李著述分別于清康熙、雍正間刻成若干種，雍正七年（1729）書版悉存于習齋祠堂中。此本蓋李塨去世後，于雍正末年取諸版匯印而成。此原刻匯印本。鈐"帝臣周印"印。

3407　　　　　　　　　　SG51/86
昭代叢書甲集五十卷乙集四十卷
（清）張潮輯
清康熙刻本
三十二冊　八函　缺二卷（甲集一帙一至二）
正文半葉九行二十字，小字雙行同，白口，四周單邊。金鑲玉。
甲集五十卷清康熙三十六年（1697）刊，乙集四十卷康熙三十九年（1700）刊。
清寶奉家墨筆評點。

3408　　　　　　　　　　SG51/201
楝亭藏書十二種六十九卷
（清）曹寅輯
清康熙四十五年（1706）揚州詩局刻本
十六冊　四函
正文半葉十一行二十一字，細黑口，雙黑魚尾，左右雙邊。
內封鎸"楝亭藏本　揚州詩局重刊"。各卷末鎸"楝亭藏本　丙戌九月重刊於揚州使院"。
鈐"傭書堂藏"印。

3409　　　　　　　　　　SG312./22
說鈴三集五十二種七十卷
（清）吳震方輯
清康熙四十一年至五十一年（1702－1712）刻本
十六冊　四函
正文半葉十一行二十五字，細黑口，雙黑魚尾，左右雙邊。
內封鎸"本朝名家雜著　說鈴"。
鈐"萬山樓藏書"印。

3410　　　　　　SG51/2-1、SG311.3/106
雅雨堂叢書十三種一百三十八卷
（清）盧見曾輯
清乾隆二十一年至二十五年（1756－

1760）德州盧氏雅雨堂刻本

二十二冊　五函

正文半葉十行二十一字，小字雙行同，花口，單黑魚尾，四周單邊。

內封鐫"乾隆丙子鐫　宋本校刊　李氏易傳　附鄭氏周易釋文　雅雨堂藏板"。版心下鐫"雅雨堂"。

鈐"藥集""梅孫藏書""石秉巽印""萬""嘉義""書倉""息園所藏""甘鵬雲印"諸印。

3411　　　　　　又一部　SG51/2－1

雅雨堂叢書十三種一百三十八卷

（清）盧見曾輯

清乾隆二十一年至二十五年（1756－1760）德州盧氏雅雨堂刻本

二十二冊　四函

正文半葉十行二十一字，小字雙行同，花口，單黑魚尾，四周單邊。

版心下鐫"雅雨堂"。

3412　　　　　　　　　　SG51/12

學津討原二十集一百七十五種一千六十二卷

（清）張海鵬編

清嘉慶十年（1805）張氏照曠閣刻本

四百五十一冊　八十函　缺十種三十四卷（續宋編年資治通鑑中五卷，宋季三朝政要六卷，開天傳信記一卷，杜陽雜編三卷，甘澤謠一卷、附錄一卷，劇談錄二卷，前定錄一卷、續錄一卷，稽神錄六卷、拾遺一卷，湘山野錄三卷、續錄一

卷，古文參同契三相類集解二卷）

正文半葉九行二十一字，小字雙行同，黑口，無魚尾，左右雙邊。金鑲玉。

內封鐫"學津討原"。

3413　　　　　　　　SG51/151－1

士禮居叢書二十種一百九十三卷

（清）黃丕烈編

清嘉慶至道光黃氏士禮居刻本

四十冊　八函　缺四種四卷（梁公九諫一卷、夢境圖唱和詩集一卷、狀元會倡和詩集一卷、虎丘詩唱和詩集一卷）

正文半葉行字不等，白口或黑口，單黑魚尾或雙黑魚尾，左右雙邊或四周雙邊。金鑲玉。

首冊內封鐫"黃氏叢書　士禮居藏板"。各種出版年不同，分別鐫"嘉慶""道光"等。

鈐"胡氏長守閣藏書印""韓氏藏書""曾在趙元方家""能補過齋"諸印。

3414　　　　　　　　　SG411/55

小琅環仙館敘錄書三種六卷

（清）阮元編

清嘉慶三年（1798）阮元刻本

四冊　一函

正文半葉十一行二十一字，小字雙行同，白口，單黑魚尾，左右雙邊。

內封鐫"小琅嬛僊館叙錄書　嘉慶三年秋張翃題"。

鈐"江陰劉氏""劉復"印。

家集之屬

3415 SG51/271

德州田氏叢書十三種一百十一卷

（清）田雯　田同之撰

清康熙四十五年至乾隆十三年（1706－1748）田氏古歡堂刻彙印本

二十八册　四函

　　正文半葉十行或十一行十九字或二十一字，黑口，單黑魚尾，左右雙邊。

3416 SG48/48

德州田氏叢書十三種九十二卷

（清）田雯等撰

清康熙至乾隆田氏古歡堂刻彙印本

二十八册　四函

　　正文半葉行字不等，黑口，單黑魚尾，左右雙邊。

　　《長河志籍考》之内封題"長河志籍攷　古歡堂"。

3417　又一部　SG48/48－1

德州田氏叢書十三種九十二卷

（清）田雯等撰

清康熙至乾隆田氏古歡堂刻彙印本

十四册　二函　存五種四十卷（古歡堂集二十二卷，黔書二卷，鬲津草堂詩五字古體詩一卷、五字今體詩一卷、乃了集一卷，長河志籍考十卷，蒙齋年譜一卷、續一卷、補一卷）

　　正文半葉行字不等，黑口，單黑魚尾，左右雙邊。

　　鈐"賀良樸印""石榮暲蓉城僊館藏書"印。

自著之屬

3418 SG51/314

曹月川先生遺書八種十一卷

（明）曹端撰

明萬曆刻彙印本

九册　一函

　　正文半葉十行二十字或十八字或二十三字不等，小字雙行同，白口或黑口，單黑魚尾或雙黑魚尾，四周雙邊或單邊。

　　版心下鐫刻工。

　　稀見。此書係陸續雕版，彙印而成。總書名係本館代擬。鈐"弎木"印。

3419 SG48/603

孫文定公全集十二卷

（清）孫廷銓撰

清康熙十七年（1678）孫氏師儉堂刻本

九册　二函

　　正文半葉八行二十字，小字雙行同，白口，無魚尾，四周單邊或雙邊。

　　内封鐫"孫文定公著　沚亭文集删　師儉堂藏板"。

3420　　　　　　又一部　SG48/603

孫文定公全集十二卷

（清）孫廷銓撰

清康熙十七年（1678）孫氏師儉堂刻本

六冊　一函

　　正文半葉八行二十字，小字雙行同，白口，無魚尾，四周單邊或雙邊。

　　內封鐫"孫文定公著　沚亭文集刪　師儉堂藏板"。

3421　　　　　　　　　　SG48/1289

孫文定公全集十三卷

（清）孫嘉淦撰

清乾隆至嘉慶孫鑄敦和堂刻本

十二冊　一函

　　正文半葉九行十八字，花口，單黑魚尾，四周雙邊。

　　目錄卷端下鐫"嫡孫孫鑄校對""嫡孫孫鑄敬刊""嫡孫孫鑄重刊"。版心下鐫"敦和堂"。

3422　　　　　　　　　　SG48/1147

西堂全集四種一百三十三卷附一種六卷

（清）尤侗撰

清康熙刻本

十六冊　二函

　　正文半葉十行二十一字，花口，單黑魚尾，四周單邊。

3423　　　　　　　　　　SG48/159

中山郝中丞全集十四卷

（清）郝浴撰

清康熙刻本

八冊　一函

　　正文半葉十行二十字，小字雙行同，花口，左右雙邊。

3424　　　　　　　　　　SG48/58

西河合集一百二十種四百九十七卷

（清）毛奇齡撰

清康熙二十五年至六十一年（1686－1722）書留草堂刻乾隆增修本

一百二十冊　十二函

　　正文半葉十行二十字，小字雙行同，白口，無魚尾，四周單邊。

　　鈐"蛾術軒藏""蛾術軒書畫記""風字硯館""誦芬書屋""金鵝書屋"諸印。

3425　　　　　　　　　　SG52/6

西河合集一百二十種四百九十七卷

（清）毛奇齡撰

清康熙二十五年至六十一年（1686－1722）書留草堂刻乾隆十年（1745）毛健印本

一百冊　十二函

　　正文半葉十行二十字，小字雙行同，白口，無魚尾，四周單邊。

　　內封鐫"凡經集五函合五十一種共三百三十六卷　文集五函合六十六種共二百五十七卷　毛西河先生全集　乾隆乙丑端陽後五日　孫健　偉謹識　書留草堂藏板"。

　　鈐"陳留""阮葵生讀書記""葵生""吾山""七錄齋記"諸印。

3426　　　　　　　　　　　　SG48/191

湖海樓全集五十四卷

（清）陳維崧撰

清康熙二十六年至二十九年（1687－1690）患立堂刻本

十六册　二函

正文半葉十二行二十二字，小字雙行同，黑口，雙黑魚尾，左右雙邊。

《湖海樓全集》内封鎸"淄川高念東　真定梁棠村　益都馮易齋三先生鑒定　本衙藏版"，《迦陵詞全集》内封鎸"真定梁棠村先生鑒定　陳迦陵詞全集　彊善堂本衙藏板"。《湖海樓詩集》《陳迦陵儷體文集》《陳伽陵文集》版心下鎸"患立堂"。

鈐"查子伊藏書印""寧武南氏珍藏""復盦南氏"諸印。

3427　　　　　　　　　　　　SG48/191-2

湖海樓全集五十一卷

（清）陳維崧撰　陳淮編校

清乾隆六十年（1795）陳淮浩然堂刻本

二十四册　四函

正文半葉十行二十一字，白口，單黑魚尾，左右雙邊。

鈐"夢選樓胡氏宗楸藏"印。

3428　　　　　　　　　　　　SG417/198-2

湖海樓全集五十一卷

（清）陳維崧著　陳淮編校

清乾隆六十年（1795）陳淮浩然堂刻本

十二册　二函

正文半葉十行二十一字，白口，單黑魚尾，左右雙邊。

内封鎸"乾隆乙卯新鎸　湖海樓全集　浩然堂藏版"。

3429　　　　　　　　　　　　SG48/899

汪氏傳家集一百二十三卷

（清）汪琬撰

清康熙十四年至二十四年（1675－1685）周公贄等刻本

二十四册　四函　存五種（類稿一至三十五、續稿五至五十六、姑蘇楊柳枝詞、寸碧堂集、伯子遺稿）

正文半葉十行十九字，粗黑口，順黑魚尾，左右雙邊。

鈐"蘊古樓之章"印。

3430　　　　　又一部　SG48/751-1

汪氏傳家集一百二十三卷

（清）汪琬撰

清康熙十四年至二十四年（1675－1685）周公贄等刻本

二十四册　四函

正文半葉十行十九字，粗黑口，順黑魚尾，左右雙邊。

行間有朱筆標注。《續稿》卷五十五至五十六爲抄配。鈐"王氏信芳閣藏書印""目耕堂易氏藏書印"諸印。

3431　　　　　　　　　　　　SG48/751

汪氏傳家集一百二十三卷

（清）汪琬撰

清乾隆三十六年（1771）刻本

二十四册　四函

正文半葉十行十九字，粗黑口，順黑魚尾，左右雙邊。

内封鎸"乾隆辛卯年宗後學宣綸重訂　汪鈍翁詩文全集　燕耀堂藏版"。

3432　　　　　　　　　　　SG52/163

王漁洋遺書三十八種二百七十三卷

（清）王士禎撰并輯

清康熙吳郡沂詠堂、王氏家塾等刻匯印本

六十五册　十三函　缺四種四十七卷（香祖筆記十二卷、漁洋詩話三卷、阮亭選古詩五言詩十七卷、七言詩十五卷）

正文半葉行款不一。

清康熙間不同時期輯刻之匯印本。《漁洋山人詩集續集》《雍益集》《文略》《精華錄》《池北偶談》《居易錄》《古夫于亭雜錄》《唐賢三昧集》《十種唐詩選》《唐人萬首絶句》以同版不同印本配補。鈐"巴陵方氏碧琳瑯館藏書""方功惠藏書印""易培基""冰壺山館圖書""伯鉞藏書""謝宗陶藏書印""卓犖觀古今""宛委堂圖書""榮昉小印""文思安安室圖書""毛準""子水""時還讀我書""心平氣和"諸印。

3433　　　　　又一部　SG52/163

王漁洋遺書三十八種二百七十三卷

（清）王士禎撰并輯

清康熙吳郡沂詠堂、王氏家塾等刻匯印本

八十一册　十一函　缺七種五十三卷（徐詩二卷、古懽錄八卷、漁洋詩話三卷、古夫于亭雜錄五卷、阮亭選古詩五言詩十七卷、七言詩十五卷、唐賢三昧集三卷）

正文半葉行款不一。

鈐"毛鉞之印""別號西山"印。

3434　　　　　　　　　　　SG52/189

清吟堂全集十五種七十七卷

（清）高士奇撰

清康熙十二年至三十九年（1673－1700）高士奇朗潤堂刻本

九册　一函　缺六種四十卷（城北集八卷、歸田集十四卷、獨旦集八卷、苑西集五至十二、竹窗詞一卷、蔬香詞一卷）

正文半葉十一行二十字，黑口，單黑魚尾，四周單邊。

首册封面有題簽"清吟堂全集　子筠題"。內封鎸"清吟堂全集　朗潤堂藏板"。各卷末鎸"男輿軒校字"。

鈐"子筠""文盛堂藏書"諸印。

3435　　　　　　　　　　　SG48/182－1

飴山全集五種三十八卷

（清）趙執信撰

清康熙至乾隆因園刻匯印本

十二册　一函

正文半葉十行二十一字，白口，《談龍錄》正文半葉九行十九字，黑口，單黑魚尾，左右雙邊。

3436　　　　　又一部　SG48/182－2

飴山全集五種三十八卷

（清）趙執信撰

清康熙至乾隆因園刻匯印本

十册　一函

　　正文半葉十行二十一字,白口,《談龍錄》正文半葉九行十九字,黑口,單黑魚尾,左右雙邊。

　　鈐"沈燕謀以字行""南通沈氏藏書""沈燕謀藏書"諸印。

3437　　　　　　　　　　　SG48/182

飴山全集五種三十八卷

（清）趙執信撰

清康熙至乾隆因園刻匯印本

八册　一函

　　正文半葉十行二十一字,白口,單黑魚尾,左右雙邊。

　　《詩集》内封鐫"乾隆壬申新鐫　飴山詩集　因園藏板"。《別集》内封鐫"飴山先生別集　聲調譜　因園藏板"。

　　鈐"洪氏藏書萬卷"諸印。

3438　　　又一部　SG48/182-2

飴山全集五種三十八卷

（清）趙執信撰

清康熙至乾隆因園刻匯印本

八册　一函

　　正文半葉十行二十一字,白口,單黑魚尾,左右雙邊。

　　内封鐫"乾隆壬申新鐫　因園藏板"。書末鐫"吳門近文齋穆局刻"。

　　首葉有抄配"欽定四庫全書提要　因園集十三卷　編修周永年家藏本"。《詩集》有沈閬昆墨筆"欽定四庫全書提要"。

　　鈐"肖岩藏書之章""東山外史肖岩沈氏珍藏書畫"印。

3439　　　　　　　　　　　SG48/690

沈歸愚詩文全集七十四卷

（清）沈德潛撰

清乾隆十六年至三十二年（1751－1767）教忠堂刻本

二十册　四函

　　正文半葉十行十九字,白口,單黑魚尾,左右雙邊。

　　内封鐫"沈歸愚詩文全集　教忠堂藏板"。版心下鐫"教忠堂"。

　　鈐"薜荔山房""燕謀""南通沈氏藏書""沈燕謀以字行"諸印。

　　　沈德潛自訂年譜一卷
　　　歸愚文鈔二十卷餘集八卷
　　　歸愚詩鈔二十卷餘集十卷
　　　歸田集三卷
　　　矢音集四卷
　　　黄山遊草一卷
　　　台山遊草一卷
　　　南巡詩一卷
　　　八秩壽序壽詩一卷
　　　九秩壽序壽詩一卷
　　　說詩晬語二卷
　　　浙江省通志圖說一卷

3440　　　又一部　SG48/758

沈歸愚詩文全集七十四卷

（清）沈德潛撰

清乾隆十六年至三十二年（1751－1767）

教忠堂刻本

二十四册　三函

正文半葉十行十九字,白口,單黑魚尾,左右雙邊。

內封鐫"沈歸愚詩文全集　教忠堂藏板"。版心下鐫"教忠堂"。

鈐"餘慶堂方氏珍藏""半角山房王氏珍藏書畫印"印。

3441　　　　又一部　SG48/690

沈歸愚詩文全集七十四卷

(清)沈德潛撰

清乾隆十六年至三十二年(1751－1767)教忠堂刻本

六册　一函　缺五十八卷(歸愚文鈔二十卷、餘集八卷,歸愚詩鈔二十卷、餘集十卷)

正文半葉十行十九字,白口,單黑魚尾,左右雙邊。

《自訂年譜》版心下鐫"教忠堂"。

3442　　　　又一部　SG48/758

沈歸愚詩文全集七十四卷

(清)沈德潛撰

清乾隆十六年至三十二年(1751－1767)教忠堂刻本

二十册　四函

正文半葉十行十九字,白口,單黑魚尾,左右雙邊。

內封鐫"沈歸愚詩文全集　教忠堂藏板"。版心下鐫"教忠堂"。

3443　　　　　　SG52/201

錢文敏公全集三種三十卷

(清)錢維城撰　錢維屏　錢維喬編次

清乾隆四十一年(1776)武進錢氏刻本

八册　一函

正文半葉十一行二十一字,小字雙行同,白口,單黑魚尾,四周單邊。

3444　　　　　　SG48/1186

西澗草堂全集十六卷

(清)閻循觀撰

清乾隆三十八年(1773)閻循霈刻本

四册　一函　缺二卷(鈍齋詩集二卷)

正文半葉十行二十二字,白口,單黑魚尾,左右雙邊。

內封鐫"乾隆癸巳年鐫　樹滋堂藏板"。

3445　　　　　　SG51/156－1

叢睦汪氏遺書十九種一百四卷

(清)汪篔輯

清乾隆三十八年(1773)汪師韓刻本

二十册　四函　存八種三十六卷(春星堂詩集十卷,韓門輟學五卷、續編一卷,上湖分類文編四卷,觀象居易傳箋十二卷,談書錄一卷,詩學纂聞一卷,上湖分類詩編一卷,孝經約義一卷)

正文半葉十三行二十六字,小字雙行三十九字,白口,單黑魚尾,四周單邊。

《春星堂詩集》內封鐫"叢睦汪氏　春星堂詩集　坦橋子舍手鈔"。

3446　　　　　　　　　　SG51/279

燕禧堂五種十五卷

（清）任大椿撰

清乾隆五十二年至六十年（1787－1795）興化任氏刻本

五册　一函

　　正文半葉九行二十字或八行十七字至十九字，小字雙行同，白口，單黑魚尾，四周單邊或左右雙邊。

3447　　　　　　　　　　SG48/305

淵雅堂全集四十七卷

（清）王芑孫撰

清嘉慶八年至九年（1803－1804）王氏家刻本

十二册　三函

　　正文半葉十行二十一字，小字雙行同，白口，單黑魚尾，左右雙邊。

　　《淵雅堂編年詩藁》《淵雅堂外集》《惕甫未定稿》《寫韻軒小稿》《波餘遺藁》合訂。全集序前内封鐫"嘉慶甲子夏日印行　淵雅堂全集　本家藏板"，《淵雅堂編年詩藁》内封鐫"淵雅堂編年詩藁　嘉慶八年中秋刊版"，《淵雅堂外集》内封鐫"淵雅堂外集　嘉慶八年夏日樗園刊版"，《惕甫未定稿》内封鐫"惕甫未定稿　嘉慶甲子端午栞版"，《寫韻軒小稿》内封鐫"寫韻軒小稿　嘉慶甲子孟夏栞成"，《波餘遺藁》内封鐫"嘉慶甲子夏四月　波餘遺藁　淵雅堂栞版"。

　　有石僊墨筆評點。鈐"允若兹齋藏書""嚼梅山人""蘭嵒臧書"諸印。

3448　　　　　　SG210/231－1、SG15/29

元和蔡氏所著書三種十六卷

（清）蔡雲撰

清道光四年至七年（1824－1827）刻本

四册　二函

　　正文半葉十行二十一字，小字雙行同，白口，單黑魚尾，左右雙邊。

　　鈐"西茶軒""褚德彝印""叔寅所藏"諸印。

書名筆畫字頭索引

一畫

一 ……………………………… 671

二畫

二 ……………………………… 671
十 ……………………………… 671
七 ……………………………… 671
八 ……………………………… 671
人 ……………………………… 671
入 ……………………………… 672
九 ……………………………… 672
力 ……………………………… 672
了 ……………………………… 672

三畫

三 ……………………………… 672
干 ……………………………… 672
于 ……………………………… 672
士 ……………………………… 672

下 ……………………………… 672
大 ……………………………… 672
才 ……………………………… 676
上 ……………………………… 676
山 ……………………………… 676
千 ……………………………… 676
及 ……………………………… 676
尸 ……………………………… 676
己 ……………………………… 676
已 ……………………………… 676
也 ……………………………… 676
女 ……………………………… 676
小 ……………………………… 676
子 ……………………………… 676
孑 ……………………………… 677

四畫

王 ……………………………… 677
井 ……………………………… 678
天 ……………………………… 678
无 ……………………………… 678
元 ……………………………… 678

廿	678	尺	682
木	678	巴	682
五	678	孔	682
不	679	水	682
太	679		
友	679		
比	679		

五畫

切	679	玉	682
止	679	巧	683
少	679	正	683
日	679	甘	683
中	679	世	683
牛	679	艾	683
午	679	古	683
毛	679	本	684
升	680	可	684
仁	680	丙	684
介	680	左	684
今	680	石	684
分	680	平	684
公	680	北	685
月	680	甲	685
戶	680	申	685
丹	680	田	685
六	680	由	685
文	680	冊	685
亢	681	史	685
方	681	叩	685
火	682	四	685
斗	682	生	686
心	682	矢	686
尹	682	乍	686

仙	686	列	688
白	686	成	688
瓜	687	夷	688
印	687	光	688
句	687	曲	689
冬	687	同	689
玄	687	因	689
半	687	回	689
永	687	年	689
司	687	朱	689
弘	687	先	689
皮	687	舌	689
台	687	竹	689
		休	689
六畫		伐	689
		延	689
耒	687	任	689
邢	687	自	689
迂	687	伊	689
吉	687	后	689
考	687	行	689
老	687	全	690
地	687	合	690
芝	687	危	690
臣	687	旭	690
再	687	各	690
西	687	名	690
在	688	交	690
百	688	亦	690
有	688	充	690
而	688	米	690
存	688	次	690

汗 …… 690	車 …… 693
江 …… 690	甫 …… 693
汲 …… 691	吾 …… 693
池 …… 691	豆 …… 693
汝 …… 691	酉 …… 693
安 …… 691	扶 …… 693
冰 …… 691	批 …… 693
字 …… 691	投 …… 693
祁 …… 691	求 …… 693
艮 …… 691	見 …… 693
阮 …… 691	呆 …… 693
如 …… 691	困 …… 693
牟 …… 691	呂 …… 693
	別 …… 693
	吹 …… 693
	吳 …… 693

七畫

	刪 …… 693
形 …… 691	岑 …… 693
戒 …… 691	我 …… 693
攻 …… 691	兵 …… 694
均 …… 691	何 …… 694
孝 …… 691	佐 …… 694
志 …… 691	佛 …… 694
芙 …… 692	近 …… 694
邯 …… 692	余 …… 694
芸 …… 692	希 …… 694
花 …… 692	谷 …… 694
芥 …… 692	含 …… 694
芳 …… 692	言 …… 694
克 …… 692	忻 …… 694
杜 …… 692	快 …… 694
杏 …… 692	灼 …… 694
李 …… 692	

汪	694	苕	696
沔	694	茅	696
冲	694	林	697
沃	694	來	697
沂	694	松	697
汾	694	述	697
泛	694	東	697
沈	694	臥	698
决	694	事	698
宋	694	兩	698
初	695	協	698
壯	695	郁	698
改	695	奈	698
阿	695	奇	698
附	695	抱	698
妙	696	招	698
邵	696	尚	698
甫	696	盱	698
		具	698
		果	698

八畫

奉	696	味	699
武	696	杲	699
青	696	昌	699
表	696	明	699
長	696	易	699
幸	696	迪	700
坡	696	固	700
苦	696	忠	700
苑	696	呻	700
范	696	咏	700
直	696	廻	700
		知	700

牧	700	宗	702
物	700	定	702
乖	700	宜	702
和	700	官	702
秋	700	空	703
委	700	宛	703
季	700	祈	703
佳	700	建	703
侍	700	居	703
岳	700	屈	703
使	700	弢	703
例	700	姑	703
佩	700	孟	703
欣	700		
徂	700	## 九畫	
所	700		
金	700	春	703
采	701	珂	704
受	701	珊	704
念	701	封	704
周	701	政	704
刿	702	郝	704
庚	702	荆	704
放	702	草	705
刻	702	荀	705
性	702	胡	705
炊	702	南	705
法	702	柯	706
沽	702	柘	706
河	702	柳	706
泗	702	持	706
波	702	指	706

貞	706
省	706
則	706
星	706
昨	706
昭	706
毘	706
思	706
韋	706
幽	706
杳	706
秋	706
重	707
段	707
修	707
信	707
皇	707
鬼	708
泉	708
禹	708
侯	708
衍	708
律	708
後	708
俞	708
昪	708
風	708
訂	709
亭	709
彥	709
施	709
音	709

帝	709
恆	709
前	709
首	709
洪	709
洹	709
洞	709
洗	709
洺	709
洨	709
津	709
宣	709
客	709
神	709
為	709
退	709
咫	709
屏	709
眉	709
陝	709
姚	709
飛	709
癸	709
紅	709
紉	710

十畫

耕	710
秦	710
泰	710
班	710

素	710	息	711
袁	710	師	711
華	710	徐	711
莆	710	殺	712
莊	710	奚	712
荷	710	倉	712
真	710	託	712
尅	710	高	712
桂	710	郭	712
栖	711	庮	712
桐	711	唐	712
桃	711	悟	713
格	711	悔	713
校	711	悅	713
栟	711	益	713
夏	711	兼	713
原	711	朔	713
捕	711	剡	713
振	711	浯	713
哲	711	酒	713
晉	711	浙	713
逍	711	涇	714
晁	711	消	714
晏	711	涅	714
恩	711	海	714
峩	711	浮	714
造	711	浣	714
秘	711	浪	714
倚	711	宮	714
倘	711	容	714
倪	711	書	714
倦	711	陸	714

書名筆畫字頭索引

陵 …… 715	捫 …… 717
陳 …… 715	授 …… 717
陰 …… 715	處 …… 717
陶 …… 715	堂 …… 717
通 …… 715	常 …… 717
能 …… 716	野 …… 717
孫 …… 716	問 …… 717
純 …… 716	晦 …… 717
納 …… 716	晞 …… 717
紡 …… 716	晚 …… 717
	異 …… 717
	唱 …… 717

十一畫

理 …… 716	國 …… 717
琉 …… 716	眾 …… 717
貳 …… 716	崔 …… 717
埤 …… 716	崇 …… 717
黄 …… 716	崆 …… 718
萊 …… 716	過 …… 718
菊 …… 716	梨 …… 718
菩 …… 716	笛 …… 718
乾 …… 716	符 …… 718
隸 …… 716	笠 …… 718
梵 …… 716	第 …… 718
梅 …… 716	進 …… 718
曹 …… 716	停 …… 718
敕 …… 716	得 …… 718
帶 …… 716	船 …… 718
硃 …… 716	釣 …… 718
盛 …… 716	鳥 …… 718
雪 …… 716	魚 …… 718
排 …… 717	象 …… 718
	逸 …… 718

凰	718
許	718
庚	718
庸	718
康	718
鹿	718
章	718
商	718
望	718
情	718
剪	718
清	718
淮	719
淨	719
淳	719
淡	719
深	719
梁	719
寄	719
啟	719
啓	719
尉	719
張	720
隋	720
陽	720
隅	720
隆	720
習	720
參	720
貫	720

十二畫

貳	720
絜	720
琵	720
琴	720
琦	720
瑯	720
堯	720
堪	720
越	720
博	720
彭	720
壺	720
斯	720
黃	720
葉	721
葬	721
萬	721
董	721
葆	721
敬	721
落	721
葦	721
朝	721
楮	721
焚	721
棉	721
棣	721
惠	721
棘	721

硯	721	御	723
雲	721	復	723
揚	721	鈴	723
揭	721	欽	723
揮	721	舜	724
雅	721	勝	724
紫	721	觚	724
虛	722	註	724
最	722	詠	724
鼎	722	詞	724
閒	722	敦	724
景	722	遊	724
貴	722	童	724
違	722	惺	724
喻	722	善	724
嵖	722	尊	724
黑	722	道	724
無	722	遂	724
掣	722	曾	724
智	722	馮	724
犍	722	湛	724
稌	722	湖	724
程	722	湘	724
筆	722	湯	724
傳	722	溫	725
順	722	渭	725
鈠	722	滑	725
集	722	淵	725
焦	722	游	725
皋	722	渾	725
皖	723	溉	725
棠	723	湧	725

寒	725	蜃	726
富	725	感	726
運	725	摘	726
補	725	歲	726
尋	725	虞	726
畫	725	睢	726
巽	725	歇	726
媚	725	路	726
登	725	遣	726
絕	725	農	726
幾	725	蜀	726
		嵊	726
		嵩	726
		圓	726
		稗	726

十三畫

瑞	725	筦	727
聖	725	筱	727
鄞	725	節	727
蓮	725	傳	727
靳	725	鼠	727
墓	725	像	727
夢	725	傭	727
蓬	726	會	727
蒿	726	愛	727
蓉	726	飴	727
蒙	726	獅	727
禁	726	解	727
楚	726	詩	727
楝	726	誠	728
楊	726	稟	728
楞	726	廉	728
楓	726	靖	728
賈	726		

書名筆畫字頭索引　　665

新	728
意	729
雍	729
慎	729
義	730
慈	730
資	730
溫	730
溪	730
滄	730
溯	730
福	730
群	730
羣	730
殿	730
遂	730
經	730

十四畫

碧	731
瑤	731
趙	731
嘉	731
蔣	731
蔡	731
蔗	731
榕	731
歷	731
奩	731
爾	731
摭	731

翡	731
對	731
鳴	731
幔	731
圖	731
骰	731
種	731
箋	731
管	731
徵	732
銅	732
鄱	732
鳳	732
說	732
廣	732
端	732
適	732
齊	732
精	732
粹	732
鄭	732
歉	732
漢	732
滿	733
漆	733
漱	733
漫	733
漁	733
賓	733
寧	733
實	733
隨	733

熊 ……………………… 733
鄧 ……………………… 733
翠 ……………………… 733
綱 ……………………… 734
網 ……………………… 734
維 ……………………… 734
綿 ……………………… 734
緁 ……………………… 734
緑 ……………………… 734

十五畫

璇 ……………………… 734
增 ……………………… 734
戴 ……………………… 734
蕉 ……………………… 734
樗 ……………………… 734
樓 ……………………… 734
輟 ……………………… 734
歐 ……………………… 734
醉 ……………………… 734
遼 ……………………… 734
震 ……………………… 734
撫 ……………………… 735
撰 ……………………… 735
賞 ……………………… 735
賦 ……………………… 735
賜 ……………………… 735
閲 ……………………… 735
遺 ……………………… 735
墨 ……………………… 735
黎 ……………………… 735

篋 ……………………… 735
篇 ……………………… 735
篆 ……………………… 735
儀 ……………………… 735
質 ……………………… 735
德 ……………………… 735
盤 ……………………… 735
銷 ……………………… 735
劍 ……………………… 735
劏 ……………………… 735
餘 ……………………… 735
縢 ……………………… 735
膠 ……………………… 735
魯 ……………………… 735
劉 ……………………… 736
穎 ……………………… 736
諸 ……………………… 736
論 ……………………… 736
談 ……………………… 736
廟 ……………………… 736
摩 ……………………… 736
慶 ……………………… 736
憐 ……………………… 736
養 ……………………… 736
潔 ……………………… 736
潛 ……………………… 736
澎 ……………………… 736
潮 ……………………… 736
澘 ……………………… 736
潘 ……………………… 737
潼 ……………………… 737
寫 ……………………… 737

書名筆畫字頭索引 667

憨	737
彈	737
選	737
樂	737
練	737
緯	737
緱	737
編	737

十六畫

靜	737
駱	737
駢	737
據	737
擇	737
擔	737
燕	737
薛	737
翰	738
樹	738
橫	738
樵	738
橘	738
輶	738
賴	738
醒	738
歷	738
曆	738
頻	738
虜	738
盧	738

曉	738
曇	738
閻	738
螾	738
戰	738
嘯	738
還	738
圜	738
默	738
穆	738
篤	738
學	738
儒	739
衡	739
錢	739
錦	739
雕	739
鮑	739
獨	739
憑	739
凝	739
辨	739
龍	739
憺	739
澤	739
禪	739

十七畫

戴	739
聲	739
聰	739

聯 …… 740	
藏 …… 740	**十八畫**
薈 …… 740	
薰 …… 740	騎 …… 741
韓 …… 740	藕 …… 741
隸 …… 740	職 …… 741
檜 …… 740	藝 …… 741
檀 …… 740	藜 …… 741
臨 …… 740	藥 …… 741
霞 …… 740	醫 …… 741
闇 …… 740	擷 …… 741
嶺 …… 740	豐 …… 741
魏 …… 740	叢 …… 741
輿 …… 741	闕 …… 742
儲 …… 741	鵑 …… 742
龜 …… 741	簡 …… 742
鍾 …… 741	簠 …… 742
谿 …… 741	鵝 …… 742
膽 …… 741	雙 …… 742
鮎 …… 741	歸 …… 742
謝 …… 741	鎮 …… 742
襄 …… 741	雞 …… 742
應 …… 741	顏 …… 742
鴻 …… 741	雜 …… 742
濤 …… 741	離 …… 742
濟 …… 741	癖 …… 742
禮 …… 741	額 …… 742
彌 …… 741	織 …… 742
繆 …… 741	斷 …… 742

十九畫

字	頁
薜	742
蘆	742
勸	742
蘇	742
麗	743
贈	743
曝	743
關	743
嚴	743
羅	743
贊	743
簫	743
懲	743
鏡	743
辭	743
譚	743
廬	743
韻	743
懷	743
類	743
瀟	744
聽	744
嬾	744
繹	744
繪	744
繡	744

二十畫

字	頁
蘭	744

字	頁
獻	744
闡	744
鶡	744
蠛	744
巍	744
籌	744
纂	744
鐫	744
鐘	744
釋	744
護	744
灌	744
寶	744
響	744

二十一畫

字	頁
權	744
贔	744
露	744
攝	744
囂	744
鐵	744
顧	744
鶴	745
蠡	745
續	745

二十二畫

字	頁
聽	745
蘿	745

鷗 745	靈 746
鑑 745	黌 746
臞 745	
讀 745	## 二十五畫
竊 745	
鬻 745	鑲 746

二十三畫

欒 746

二十九畫

鬱 746

二十四畫

觀 746
蠹 746

三十畫

鸞 746

書名筆畫索引

一畫

一片石一卷	3229
一半勾留集二卷	2477
一笠菴北詞廣正譜十八卷附南戲北詞正謬一卷	3198-3200
一統志案說十六卷	0831

二畫

二十一史文鈔五十八卷	0530
二十一史論贊輯要三十六卷	0529
二十八經同函一百四十七卷	1704、1705
二十四詩品一卷	3152
二十家子書二十九卷	1090
二太史樂府聯璧四卷	3185
二老堂詩話一卷	3152
二如亭群芳譜二十九卷首一卷	1246
二西園詩集十二卷	2195
二南遺音四卷	3061
二家宮詞二卷	2807、2808
二家詩鈔二種二十卷	2980、2981
二程子六卷	1154
二程全書六十八卷	1109
二程粹言二卷	1108
二薇亭詩鈔一卷	2706
十一經問對五卷	0007
十二家唐詩二十四卷	2886
十竹齋書畫譜十六卷	1632
十科策畧箋釋十卷	2075、2076
十笏草堂詩選十一卷	2344
十國春秋一百十四卷	0471、0472
七十二峰足徵集二十四卷	3090
七言詩歌行鈔十五卷	2831
七修類藁五十一卷附七修續藁七卷	1321、1322
七錄齋集六卷論略一卷	2254
八代文鈔一百六種一百六卷	2683、2684
八代四六全書十六卷	2685
八代詩淘四十一卷目錄一卷	2855
八秩壽序壽詩一卷	3439
八義記二卷	3227
八旗滿洲氏族通譜八十卷目錄二卷	0667
八編類纂二百八十五卷	3356
人海記三卷	1278

入法界體性經一卷	1704
九華山志十二卷	1008
九秩壽序壽詩一卷	3439
九畹續集二卷	2564
九頌經義論二卷	1679
九歌圖一卷	1720
力園詩草十卷附集古詩一卷	2490
了心錄二卷	1693
了庵詩十卷像讚一卷	2298

三畫

三山拙齋林先生尚書全解四十卷	0007
三子合刊十三卷	1710
三子新詩合稿九卷	2971
三元記二卷	3227
三代古陶軒瓦器文字不分卷	1077
三白寶海三卷	1561
三立祠傳二卷	0606、0607
三名家畫冊一卷	1649
三江水利紀略四卷	0996
三易備遺十卷	0007
三易集二十卷	2253
三柱子	1093
三家宮詞三卷	2806、2808
三國文二十卷	2868
三國志注鈔八卷	0513
三國志演義一百二十回	3239、3240
三魚堂文集十二卷外集六卷附錄二卷	2407
三朝野記七卷	0488
三經評註六卷	0001、0002
三遷志十二卷	0671、0672
三禮陳數求義三十卷	0110
三藩紀事本末四卷	0445、0446
三蘇先生文粹七十卷	3082
三體摭韻不分卷續集不分卷	3373
干山子	1093
于清端公政書八卷首編一卷外集一卷	2286–2288
于湖集一卷	2931
士禮居叢書二十種一百九十三卷	3413
下學堂劄記三卷附下學堂規	1181
大中丞定齋王公詩集一卷	3091
大六壬兵帳勾玄一卷	1562
大方廣圓覺修多羅了義經二卷	1704
大比丘三千威儀二卷	1664
[民國]大田縣志稿不分卷	0954
大佛頂如來密因修證了義諸菩薩萬行首楞嚴經十卷	1672、1673、1704
大佛頂如來密因修證了義諸菩薩萬行首楞嚴經如說十卷	1685
大佛頂如來密因修證了義諸菩薩萬行首楞嚴經會歸十卷	1686
大佛頂首楞嚴經寶鏡疏十卷大佛頂首楞嚴經寶鏡疏懸談一卷大佛頂首楞嚴經寶鏡疏科一卷	1696
大谷山堂集六卷	2606
大宋重修廣韻五卷	0192、0250
大明一統志九十卷	0826
大明天元玉曆祥異圖說七卷	1574
大明仁孝皇后夢感佛說第一希有大功德經二卷	1704
大明成化丁亥重刊改併五音類聚四	

聲篇十五卷	0251
大明會典二百二十八卷	0724－0726
大易象數鈎深圖三卷	0007
大易緝說十卷	0007
大莊嚴經論十五卷	1667
大乘本生心地觀經八卷	1704
大乘起信論疏略二卷	1668
大乘瑜伽金剛性海曼殊室利千鉢大教王經十卷	1704
大乘緣生論一卷	1679
大般涅槃經四十卷	1704
大般涅槃經後分二卷	1704
大唐新語十三卷	1428
大清一統志三百五十六卷首一卷	0833
大清光緒二十七年歲次辛丑時憲書一卷	1544
大清光緒二十八年七政經緯躔度時憲書一卷	1546
大清光緒二十八年歲次壬寅時憲書一卷	1545
大清光緒二十六年歲次庚子時憲書一卷	1543
大清光緒二十年歲次甲午時憲書一卷	1542
大清光緒十三年歲次丁亥時憲書一卷	1540
大清光緒十五年歲次己丑時憲書一卷	1541
大清光緒三十一年歲次乙巳時憲書一卷	1549
大清光緒三十二年歲次丙午時憲書一卷	1550
大清光緒三十三年歲次丁未時憲書一卷	1551
大清光緒三十四年歲次戊申時憲書一卷	1552
大清光緒三十年歲次甲辰時憲書一卷	1547、1548
大清同治二年歲次癸亥時憲書一卷	1526
大清同治十一年歲次壬申時憲書一卷	1536
大清同治十二年歲次癸酉時憲書一卷	1537
大清同治十三年歲次甲戌時憲書一卷	1538
大清同治十四年歲次乙亥時憲書一卷	1539
大清同治十年歲次辛未時憲書一卷	1534、1535
大清同治七年歲次戊辰時憲書一卷	1531
大清同治八年歲次己巳時憲書一卷	1532
大清同治九年歲次庚午時憲書一卷	1533
大清同治三年歲次甲子時憲書一卷	1527
大清同治五年歲次丙寅時憲書一卷	1529
大清同治六年歲次丁卯時憲書一卷	1530
大清同治四年歲次乙丑時憲書一卷	1528
大清咸豐二年歲次壬子時憲書一卷	1513
大清咸豐十一年歲次辛酉時憲書一卷	1524
大清咸豐十年歲次庚申時憲書一卷	1523
大清咸豐七年歲次丁巳時憲書一卷	1520
大清咸豐八年歲次戊午時憲書一卷	1521
大清咸豐九年歲次己未時憲書一卷	1522
大清咸豐三年歲次癸丑時憲書一卷	1514

大清咸豐元年歲次辛亥時憲書一卷	1512	一卷	1506
大清咸豐五年歲次乙卯時憲書一卷	1516、1517	大清道光二十年歲次庚子時憲書一卷	1502
大清咸豐六年歲次丙辰時憲書一卷	1518、1519	大清道光二年歲次壬午時憲書一卷	1484
大清咸豐四年歲次甲寅時憲書一卷	1515	大清道光十一年歲次辛卯時憲書一卷	1493
大清宣宗成皇帝實錄四百七十六卷首一卷	0430	大清道光十二年歲次壬辰時憲書一卷	1494
大清宣統二年歲次庚戌時憲書一卷	1553、1554	大清道光十七年歲次丁酉時憲書一卷	1499
大清宣統三年歲次辛亥時憲書一卷	1555	大清道光十八年歲次戊戌時憲書一卷	1500
大清宣統四年歲次壬子時憲書一卷	1556	大清道光十九年歲次己亥時憲書一卷	1501
大清通禮五十卷	0738、0739	大清道光十三年歲次癸巳時憲書一卷	1495
大清乾隆二十七年歲次壬午時憲書一卷	1459	大清道光十五年歲次乙未時憲書一卷	1497
大清乾隆二十五年歲次庚辰時憲書一卷	1458	大清道光十六年歲次丙申時憲書一卷	1498
大清道光二十一年歲次辛丑時憲書一卷	1503	大清道光十四年歲次甲午時憲書一卷	1496
大清道光二十二年歲次壬寅時憲書一卷	1504	大清道光十年歲次庚寅時憲書一卷	1492
大清道光二十七年歲次丁未時憲書一卷	1509、1510	大清道光七年歲次丁亥時憲書一卷	1489
大清道光二十八年歲次戊申時憲書一卷	1511	大清道光八年歲次戊子時憲書一卷	1490
大清道光二十三年歲次癸卯時憲書一卷	1505	大清道光九年歲次己丑時憲書一卷	1491
大清道光二十五年歲次乙巳時憲書一卷	1507	大清道光三年歲次癸未時憲書一卷	1485
大清道光二十六年歲次丙午時憲書一卷	1508	大清道光元年歲次辛巳時憲書一卷	1483
大清道光二十四年歲次甲辰時憲書		大清道光五年歲次乙酉時憲書一卷	1487
		大清道光六年歲次丙戌時憲書一卷	1488
		大清道光四年歲次甲申時憲書一卷	1486
		大清祺祥元年壬戌時憲書一卷	1525

大清會典一百六十二卷	0730	大清嘉慶八年歲次癸亥時憲書一卷	1467
大清嘉慶二十一年歲次丙子時憲書一卷	1478	大清嘉慶三年歲次戊午時憲書一卷	1462
大清嘉慶二十二年歲次丁丑時憲書一卷	1479	大清嘉慶元年歲次丙辰時憲書一卷	1460
		大清嘉慶五年歲次庚申時憲書一卷	1464
		大清嘉慶六年歲次辛酉時憲書一卷	1465
大清嘉慶二十三年歲次戊寅時憲書一卷	1480	大清嘉慶四年歲次己未時憲書一卷	1463
		大清德宗景皇帝本紀不分卷	0383
大清嘉慶二十五年歲次庚辰時憲書一卷	1482	大廣益會玉篇三十卷	0192、0205 – 0208
		大慧普覺禪師年譜一卷	1682
大清嘉慶二十四年歲次己卯時憲書一卷	1481	大慧普覺禪師宗門武庫一卷	1682
		大慧普覺禪師語錄三十卷	1682
大清嘉慶二十年歲次乙亥時憲書一卷	1477	大學一卷	0169
		大學衍義四十三卷	1114
大清嘉慶二年歲次丁巳時憲書一卷	1461	大學衍義通畧三十一卷	1115
大清嘉慶十一年歲次丙寅時憲書一卷	1469	大學衍義補一百六十卷首一卷	1114
		大學通一卷中庸通一卷論語通十卷孟子通十四卷	0007
大清嘉慶十二年歲次丁卯時憲書一卷	1470	大學章句一卷大學或問一卷	0167
大清嘉慶十八年歲次癸酉時憲書一卷	1475	大學章句或問通證一卷中庸章句或問通證一卷論語集註通證二卷孟子集註通證二卷	0007
大清嘉慶十九年歲次甲戌時憲書一卷	1476	大學章句纂箋一卷大學或問纂箋一卷中庸章句纂箋一卷中庸或問纂箋一卷論語集註纂箋十卷孟子集註纂箋十四卷	0007
大清嘉慶十三年歲次戊辰時憲書一卷	1471		
大清嘉慶十五年歲次庚午時憲書一卷	1473	大學集說啓蒙一卷中庸集說啓蒙一卷	0007
大清嘉慶十六年歲次辛未時憲書一卷	1474	大學集編一卷中庸集編一卷論語集編十卷孟子集編十四卷	0007
大清嘉慶十四年歲次己巳時憲書一卷	1472	大學纂疏一卷中庸纂疏一卷論語纂疏十卷孟子纂疏十四卷	0007
大清嘉慶十年歲次乙丑時憲書一卷	1468		
大清嘉慶七年歲次壬戌時憲書一卷	1466	大戴禮記十三卷	0097

大藏一覽集十卷	1687	山海經十八卷	1424
大觀堂文集二十二卷首一卷	2267	山帶閣註楚辭六卷首一卷餘論二卷說韻一卷	1726
才調集十卷	2870	山堂肆考二百四十卷	3294
才調集補註十卷	2871	山響齋別集飲騷十卷	1721
上諭旗務議覆十二卷	0812、0813	千金記二卷	3227
山木居士外集四卷附一卷	2643、2644	千叟宴詩三十四卷首二卷	3017－3019
山中白雲詞八卷	3161	及幼草三卷	2229
山水隣新鐫出像四大痴傳奇不分卷	3212	尸子	1093
山民詩鈔一卷	2706	己丑使滇日記	0701
[山西洪洞]洪洞劉氏宗譜八卷首一卷	0639	已山先生文集十卷別集四卷	2500
[雍正]山西通志二百三十卷	0878	也是錄一卷	0491
山志十卷	1348	女才子傳十卷首一卷	3233
山谷小詞二卷	2926	女學六卷	1180、2525
山谷尺牘二卷	2926	小山集一卷	2931
山谷詩鈔一卷	2706	小石帆亭著錄六卷	3151
山谷詩選一卷	2928	小荀子	1093
山谷題跋九卷	1607	小荀子一卷	1091
山谷題跋四卷	2926	小畜集鈔一卷	2706
[山東曲阜]孔子世家譜二十二卷首一卷	0646	小琅環仙館敍錄書三種六卷	3414
[山東曲阜]孔子世家譜纂要一卷首一卷	0647	小窗自紀四卷別紀四卷清紀不分卷艷紀不分卷	1446－1448
[康熙]山東通志六十四卷	0893	小爾雅註釋一卷	0301
[山東章丘]焦氏家譜不分卷	0640	小影圖贊一卷	0697
[山東德州]魏氏家譜四卷	0641	小學六卷	1111
[山東諸城]王氏家譜五卷	0643	小學句讀六卷	1110
[山東諸城]李氏族譜不分卷	0644、0645	小學書註解十卷	1112
[山東樂陵]史氏家譜不分卷	0642	小學紺珠十卷	3289、3290
山東鹽法志十四卷	0746	小學統疏六卷	0181
山房隨筆一卷	3152	子牙子	1093
山居存藁一卷	2931	子史類語二十四卷	3303
		子仙文鈔二卷詩鈔八卷拜玉詞二卷	2652

子華子	1093	王司空集一卷	2690
子華子一卷	1091	王式丹詩選一卷	2715
子華子二卷	1090	王百穀先生謀野集四卷	2188
子夏易傳十一卷	0007	王先生十七史蒙求十六卷	0311、0312
子家子	1093	王仲宣文鈔一卷	2683
子彙二十四種三十卷	1091	王伯安文鈔一卷	2683
子劉子行狀二卷	2325	王季重時文敘雜序不分卷	2230
孑遺錄一卷	0498	王侍中集一卷	2690
		王建詩八卷	2896

四畫

		王陌菴詩集二卷	2043
		王荊公唐百家詩選二十卷	2872
王子充文鈔一卷	2683	王荊文公詩五十卷	1913、1914
王子安文鈔一卷	2683	王勃集二卷	2886
王子淵集一卷	2697	王弇州集二十卷附王弇州傳	2156
王元美文鈔一卷	2683	王耕野先生讀書管見二卷	0007
王元美先生文選二十六卷	2157	王梅溪先生會稽三賦四卷	0989
王介甫文鈔一卷	2683	王陽明先生文鈔二十卷	2113
王氏漁洋詩鈔十二卷	2980	王陽明先生全集二十二卷	2107
王文成公文選八卷	2112	王陽明先生全集二十卷首一卷	2108
王文成集十三卷	2708	王陽明先生傳習錄五卷	1140
王文恪公集三十六卷	2088-2090	王無功文鈔一卷	2683
王文肅公文草十四卷	2163	王註正譌一卷	1930-1932
王文肅公牘草十八卷	2162	王惺所先生文集十卷	2237
王文端公年譜一卷	2600	王槐溪先生文集五卷	2160
王文憲集一卷	2690	王詹事集一卷	2690
王文簡公論七言古體平仄一卷	3142	王輔嗣論易一卷	0012
王允寧文鈔一卷	2683	王圖炳詩選一卷	2715
王左丞集一卷	2690	王鳳洲先生綱鑑正史全編二十四卷	0401
王石和文七卷	2452	王漁洋遺書三十八種二百七十三卷	
王右丞集二十八卷首一卷末一卷	1762、1763		3432、3433
		王寧朔集一卷	2690
王右軍文鈔一卷	2683	王儀部先生箋釋三十卷首一卷	0759

王摩詰文鈔一卷	2683	元史紀事本末四卷	0436、0437
王摩詰集二卷	2886	元史節要十四卷	0520
王摩詰詩集七卷	1760、1761	元包經傳五卷	1565
王遵巖先生集十卷	2973	元次山文鈔一卷	2683
王遵巖集十卷	2708	元和蔡氏所著書三種十六卷	3448
王諫議集一卷	2690	元裕之文鈔一卷	2683
井福堂文稿十卷	2622	元微之文鈔一卷	2683
天下一統志九十卷	0827	元詩選二集八集	2945
天元玉曆祥異賦不分卷	1573	元詩選十集首一卷二集八集三集八集	2944
天中許子政學合一集三卷續集二卷　讀禮偶見二卷	1343	元詩選六卷補遺一卷	2946
天方性理五卷首一卷	1356	元經十卷	1560
天台山方外志三十卷	1021	元龍雜字不分卷	3382
天地冥陽水陸雜文三卷	1669	元豐九域志十卷	0825
天界覺浪盛禪師全錄三十三卷別錄二卷	1703	元豐題跋一卷	1607
天問閣文集□□卷	2295	元豐題跋一卷水心題跋一卷後村題跋四卷止齋題跋二卷魏公題跋一卷海岳題跋一卷	1604
天童寺志十卷首一卷	0970	元豐題跋一卷水心題跋一卷後村題跋四卷止齋題跋二卷魏公題跋一卷海岳題跋一卷容齋題跋二卷	1605
天祿閣外史八卷	1286－1288	廿一史文鈔三百三十二卷	0531
天隨子	1093	木天禁語一卷	3152
天學初函五十二卷	3399	木訥先生春秋經筌十六卷	0007、0123
天隱子	1093	五公山人集十六卷	2300、2301
天隱子一卷	1090、1091	五代會要三十卷	0723
天隱子遺稿十七卷	2180	五代詩話十卷	3139
无能子	1093	五色線二卷	1432
无能子一卷	1090、1091	五車韻府十卷	0269
元人集十種五十四卷	2943	五車韻瑞一百六十卷	3363－3365
元氏長慶集六十卷集外文章一卷	1848	五言排律依永集八卷	3022
元氏長慶集六十卷補遺六卷附錄一卷	1849	五言詩十七卷	2831
元文類七十卷目錄三卷	2676		
元史二百十卷目錄二卷	0338		

五倫書六十二卷	1134	比目魚傳奇二卷	3224
五朝名臣言行錄前集十卷後集十四卷	0597	切問齋集十六卷	2640
		止堂集十八卷	1985
五朝名臣言行錄續集八卷別集二十六卷外集十七卷	0597	止齋先生春秋後傳十二卷	0007
		止齋先生奧論七卷首一卷	1972
五雅五種四十一卷	0301	止齋詩鈔一卷	2706
五蓮山志五卷	1022、1023	止齋題跋二卷	1607
五經一百八卷	0006	少村漫稿詩二卷文二卷	2192
五經八十二卷	0003	少微通鑑節要五十卷外紀四卷	0388
五經文字三卷	0210－0212	日下舊聞四十二卷	0976－0979
五經孝語一卷四書孝語一卷	0141	日知薈說四卷	1167－1169
五經圖十二卷	0185	日知錄三十二卷	1271
五經類編二十八卷	0184	日涉編十二卷	0820、0821
五經纂不分卷	0004	中山郝中丞全集十四卷	3423
五經蠡測六卷	0007	中山詩話一卷	3119、3152
[嘉慶]五寨縣志二卷	0886	中立四子集六十四卷	1092
五雜組十六卷	1338	中州全韻二十二卷	0286
不自棄亭文集八卷	2583	中州名賢文表三十卷	3058、3059
太乙統宗寶鑑二十四卷	1587	中州集十卷首一卷中州樂府一卷	2938、2939
太乙統宗寶鑑二十卷	1586		
太上黃庭內景玉經一卷	1188	中和集七卷	1188
太上黃庭外景經一卷	1188	中晚唐詩叩彈集十二卷續集三卷	2913
太古山房詩集一卷	2521	中庸一卷	0169
太古園詩集一卷	2261	中庸章句一卷中庸或問一卷	0167
太平經國之書十一卷首一卷	0007	中說十卷	1088、1104－1106
太史升菴文集八十一卷	2124	中藏集一卷拒偽歷案白語一卷	2488
太史升菴遺集二十六卷	2125	牛奇章集一卷	2690
太史華句八卷	0503、0504	午亭文編五十卷	2372－2375
太倉稊米集一卷	2931	午夢堂集十二種二十三卷	3089
太常因革禮一百卷	0731	毛詩二卷	0005
太湖備考十六卷首一卷	0967	毛詩古音攷四卷	0265
友聲初集五卷後集五卷新集五卷	2998	毛詩名物解二十卷	0007

毛詩名物圖説九卷	0084	丹淵集鈔一卷	2706
毛詩指説一卷	0007	丹鉛總錄二十七卷	1266、1267
毛詩註疏二十卷	0070	丹橘林詩二卷	2519
毛詩稽古編三十卷	0081	六一居士全集錄五卷外集錄二卷	2700
毛穉澥詩集三卷	2667	六一詩話一卷	3152
升恒編十二卷	0680	六一題跋十一卷	1606、1607
仁山金先生文集四卷	2015	六子書六十二卷	1087
仁山金先生文集附錄一卷	2015	六子書六十卷	1088、1089
仁王護國般若波羅蜜經二卷	1704	六臣注文選六十卷	2729
[乾隆]介休縣志十四卷	0885	[乾隆]六安州志二十四卷首一卷	0877
[康熙]介休縣志八卷	0884	六祖大師法寶壇經一卷	1675
今古奇觀四十卷	3231	六峰閣詩槀四卷	2516
今有堂詩集四卷	2457	六家詩名物疏五十五卷	0075
分甘餘話四卷	1360	六書正譌五卷	0225
分韻註釋詩賦權輿大全四卷	3343	六書故三十三卷附六書通釋一卷	0222
分類字錦六十四卷	3374	六書索隱五卷	0229
分類補註李太白詩二十五卷	1768－1770	六書通十卷	0236
分類補註李太白詩二十五卷附唐翰林李太白年譜一卷	2897	六書統二十卷	0223
		六書統溯源十三卷	0224
分類編次李太白文五卷	1768、1769	六書準不分卷	0241
公非集一卷	3086	六書精蘊六卷	0227
公是先生七經小傳三卷	0007、0180	六書精蘊音釋舉要一卷	0227
公是集一卷	2931	六書賦音義二十卷賦一卷	0230
公是集五十四卷	1891	六朝文絜四卷	2792
公是集四卷	3086	六朝詩集二十四種五十五卷	2697
公孫龍子	1093	六朝選詩定論十八卷	2791
公孫龍子一卷	1090、1091	六義齋詩集四卷	2610
月日紀古十二卷	0822、0823	六經正誤六卷	0007
月令廣義二十四卷首一卷附錄一卷	0819	六經奧論六卷首一卷	0007
月泉吟社一卷	2808	六經類雅五卷	3348
月洞吟一卷	2931	六瑩堂詩八卷	3075
戶部則例摘要十一卷	0762	文山先生全集二十卷	2011

文山詩鈔一卷	2706	文章鼻祖六卷	2854
文山詩選一卷	2928	文章練要左傳評十卷	0119
文子	1093	文章辨體五十卷外集五卷總論一卷	
文子一卷	1091	卷目一卷	2768
文子通玄真經一卷	1090	文清公薛先生文集二十四卷附薛文	
文中子	1093	清公手稿一卷	2070
文中子十卷	1087、1089	文清公薛先生文集二十四卷薛文清	
文中子中說一卷	1090	公年譜一卷	2068、2069
文公家禮儀節八卷	0109	文敬胡先生集三卷	2094
文公集鈔一卷	2706	文瑞樓匯刻書三十七卷	2714
文心雕龍十卷	3113－3115	文選二十四卷	2733
文心雕龍訓故十卷	3117	文選十二卷	2732
文仲清江集鈔一卷	2706	文選尤十四卷	2739
文字會寶不分卷	2810	文選六十卷	2728、2730、2735、2736
文苑英華一千卷	2750、2751	文選考異十卷	2735、2736
文苑英華鈔十卷	2752	文選刪十二卷	2740
文苑英華選六十卷	2753	文選後集五卷	2738
文苑彙雋二十四卷	3352	文選音義八卷	2742、2743
文直行書詩十三卷文選十七卷首一		文選章句二十八卷	2734
卷	2234	文編六十四卷	2770－2772
文昌雜錄六卷補遺一卷	1295	文潞公集一卷	2931
文房肆攷圖說八卷	1658－1660	文韻集十二卷	2829
文始真經言外經旨二卷	1188	文獻通考三百四十八卷首一卷	0713－0717
文始真經言外經旨三卷	1212	文獻通考紀要二卷	0718
文始經釋辭九卷	1214	文獻通考鈔二十四卷	0719
文貞公集十二卷	2381	文獻通考詳節二十四卷	0720
文竿彙氏二十四卷	3367	亢倉子	1093
文泉子	1093	亢倉子一卷	1091
文美齋詩箋譜不分卷	1646	亢倉子洞靈真經一卷	1090
文殊師利所說摩訶般若波羅蜜經一		方正學先生年譜不分卷	0687
卷	1704	方正學集十三卷	2708
文致不分卷	2821－2823	方城遺獻八卷續刻一卷	3071

方泉集一卷	2931
方壺存藁一卷	2931
火雷祈禱法	1222
斗野支藁一卷	2931
心經句義一卷	1702
心學宗四卷	1142
尹文子	1093
尹文子一卷	1090、1091
尺牘爭奇八卷	3097
尺牘偶存十一卷	2998
尺牘清裁二十八卷	3094
尺牘清裁六十卷補遺一卷	3095
尺牘雋言十二卷	3096
巴西文集不分卷	2039
孔子家語八卷	1097
孔少府集一卷	2690
孔氏家語十卷	1095、1096
孔門弟子傳略二卷	0592
孔孟事蹟圖譜四卷	0591
孔叢子	1093
孔叢子三卷	1091
水心文集二十九卷	1986、1987
水心詩鈔一卷	2706
水心題跋一卷	1607
水村易鏡一卷	0007
水東日記四十卷	1374
水雲詩鈔一卷	2706
水道提綱二十八卷	1029
水經注四十卷	0992、0993
水經注四十卷首一卷	0994
水滸後傳八卷四十回	3238
水滸記二卷	3227

五畫

玉山草堂集二卷顧玉山集外詩一卷	2032
玉芝堂談薈三十六卷	1393、1394
玉合記二卷	3227
玉池生稿五卷	2493
玉池生藁二卷	2494
玉玦記二卷	3227
玉函經三卷	1254
玉茗堂全集四十六卷	2210、2211
[淳祐]玉峯志三卷	0863
[咸淳]玉峯續志一卷	0863
玉海二百卷附辭學指南四卷詩考一卷詩地考六卷漢藝文志考證十卷通鑑地理通釋十四卷漢制考四卷踐阼篇集解一卷周易鄭康成注一卷姓氏急就篇二卷急就篇補注四卷周書王會補注一卷小學紺珠十卷六經天文篇二卷通鑑答問五卷	3286、3287
玉海纂二十二卷	3288
玉堂校傳如崗陳先生二經精解全編九卷	1189
玉堂集不分卷	3035
玉清金笥寶錄三卷	1188
玉楮集一卷	2931
玉搔頭傳奇二卷	3217、3224
玉虛子	1093
玉臺文苑八卷	2820
玉臺新詠十卷	2748、2749
玉劍尊聞十卷	1400

玉環記二卷	3227	卷	3389
玉簪記二卷	3227	古今賦署續編補遺不分卷	2725
玉鏡臺記二卷	3227	古今濡削選章四十卷	2681
玉瀾集一卷	1968、1969	古今韻略五卷	0279
玉瀾集鈔一卷	2706	古今韻會舉要三十卷附禮部韻略七	
巧團圓傳奇二卷	3224	音三十六母通考一卷	0252、0253
正字通十二卷	0237	古今韻會舉要小補三十卷	0254–0256
正音擴言四卷	3326、3327	古今類書纂要增刪十二卷	3306
正蒙拾遺一卷	1130	古今釋疑十八卷	1272
正續名世文宗十六卷	2778、2779	古今鑑略韻史策要二卷	0406
甘莊恪公全集十六卷附一卷	2453	古文八大家公暇錄六卷	2844
[乾隆]甘肅通志五十卷首一卷	0917	古文合鈔十六卷	2853
甘露園短書十一卷	1326	古文苑二十一卷	2761–2764
世本十卷	0470	古文奇賞二十二卷續古文奇賞三十	
世說新語八卷	1419	四卷奇賞齋廣文苑英華二十六卷	
世說新語三卷	1416、1417	四續古文奇賞五十三卷明文奇賞	
世說新語六卷	1418	四十卷	2818
世說新語補二十卷附釋名一卷	1422	古文披金二十四卷	2847
世說新語補八卷	1419	古文品外錄二十四卷	2811–2813
艾軒詩鈔一卷	2706	古文眉詮七十九卷首一卷	2845、2846
艾陵文鈔十六卷詩鈔二卷	2302	古文約選不分卷	2851、2852
古今字考六卷	0231	古文淵鑒六十四卷	2711–2713
古今明堂記六卷	0581	古文彙鈔十卷	2838
古今治統二十卷	0560	古文選不分卷	2689
古今將署四卷	1227	古史六十卷	0343、0344
古今萬姓統譜一百四十卷歷代帝王		古金石磚瓦文字集不分卷	1058
姓氏系統譜六卷氏族博考十四卷		古周易一卷	0007
	3330–3332	古香齋鑒賞袖珍五經八卷	0005
古今詩刪三十四卷目錄二卷	2825	古香齋鑒賞袖珍春明夢餘錄七十卷	0981
古今詩話選雋二卷	3153	古泉日新錄不分卷	1066
古今廉鑑八卷	0576	古泉藪	1065
古今說海一百三十五種一百四十二		古音表二卷	0276

古音叢目五卷轉注古音略五卷奇字韻四卷古音餘五卷古音附錄一卷	0264	左策史漢約選八卷	0512
古梅吟蘽一卷	2931	左傳二卷	0512
古逸書三十卷首一卷後一卷	2817	左傳事緯十二卷前書八卷	0118
古雋考略六卷	3337	左傳統箋三十五卷	0117
古愚心言八卷	2488	石臼前集九卷後集七卷	2303、2304
古照堂詩稿一卷	2384	石村詩集三卷石村文集三卷	2322
古照堂彙纂四六章甫十卷首一卷	2680	石林先生春秋傳二十卷	0007
古詩箋十三卷	2833	石林詞一卷	3158
古詩賞析二十二卷附古韻目例一卷論古詩一卷	3150	石林詩話三卷	3152
		石林燕語十卷	1297
古詩歸十五卷	2799	石門詩鈔一卷	2706
古賦辯體十卷	2767	石門題跋二卷	1607
古劍書屋詩鈔八卷文鈔二卷	2456	石屋詩鈔八卷	2402
古學彙纂十卷	3366	石屋詩鈔補一卷	2402
古歡堂集三十六卷	2367	石屏詩鈔一卷	2706
本事詩十二卷	2368、3118	石莊初集六卷	2459
本朝五言近體瓣香集十六卷	3024	石鮑子	1093
本朝名媛詩鈔六卷	3008、3009	石渠先生王公履歷不分卷	0688
本朝館閣詩二十卷附錄一卷續附錄一卷	3021	石渠閣評輯鋪茵古集八卷	2695
		石湖居士詩集三十四卷	1976
本朝應制和聲集六卷首三卷和聲二集三卷首一卷補編一卷	3006	石湖詩集一卷	2808
		石湖詩鈔一卷	2706
本朝應制琳琅集十卷首一卷	3000	石湖詩選一卷	2928
可之先生全集錄二卷	2700	石鼓文鈔不分卷	1071
可恨人五卷人義二卷不義人一卷	0605	石經補攷十二卷	0191
可儀堂一百二十名家制義四十八卷	2726	石墨鐫華八卷	1069
可齋詩蘽一卷	2931	石禪精舍稿一卷	3036
丙子學易編一卷	0007	石鏡山房四書說統□□卷	0159
左氏傳說二十卷	0007	石鏡山房增訂周易說統二十五卷	0025
左文襄尺牘	2661	平仲清江集鈔一卷	2706
左忠貞公剩藁四卷	2050	平南王元功垂範二卷	0681
		平叛記二卷	0492–0494

[雍正]平陽府志三十六卷附憲綱一卷	0881
平臺紀畧一卷	0447、0448
平臺紀略一卷	2525
北山小集鈔一卷	2706
北史一百卷	0333
北周纂二卷	0516
[北京]張氏家譜三十四卷	0622
[北京豐臺]宛平王氏族譜不分卷	0621
北隋纂二卷	0516
北窗偶談三卷	1414
北夢瑣言二十卷	1291、1292
北溪先生字義二卷	1123
北溪先生字義補遺北溪先生傳略嚴陵講義	1123
北溟見山集一卷	3064
北齊書五十卷	0331
北齊纂三卷	0516
北魏纂五卷	0516
甲子會紀一卷	1081
甲子會紀五卷	0399、0400
申公詩說一卷	0077
申鑒五卷	1103
田文鏡河東文檄不分卷	0811
田間易學不分卷	0039
由拳集二十三卷	2203
冊府元龜一千卷目錄十卷	3281
史外三十二卷	0613－0615
史記一百三十卷	0315、0316
史記一百三十卷附史記補一卷	0313、0314
史記二卷	0512
史記索隱三十卷	0317、0318
史記鈔九十一卷	0507
史記評林一百三十卷首一卷	0557－0559
史記論文一百三十卷	0561
史記纂二十四卷	0505、0506
史書大紀不分卷	0582
史通二十卷	0536、0537
史通訓故補二十卷	0564－0567
史通通釋二十卷附錄一卷	0568、0569
史義拾遺二卷	0544
叩鉢齋四六春華十二卷	3378
四大奇書第一種一九卷一百二十回首一卷	3242
四大奇書第一種五十一卷一百二十回	3241
四大奇書第四種五十卷一百回	3247
四子全書九卷	1187
四六初徵二十卷	2709、2710
四六金桴十二卷	2835
四六法海十二卷	2776、2777
四六琯朗集八卷	2696
四六霞肆十六卷	3302
四本堂座右編二十四卷二集二十四卷	1160
四史勦說十六卷	0572
四玄圖書不分卷	1709
四先生年譜	1113
四言史徵十二卷	0573
四明四友詩六種六卷	3064
四明它山誌四卷續補四卷圖經不分卷	1024
[寶慶]四明志二十一卷	0929
四明近體樂府十四卷附一卷	3174

四知堂文集三十六卷	2509	矢音集十卷	2506
四書人物考四十卷	0157	矢音集四卷	3439
四書反身錄六卷續補一卷	0171	[乾隆]乍浦志六卷首一卷末一卷續纂一卷乍川題詠續纂一卷	0925
四書句讀釋義十九卷	0170		
四書考異七十二卷	0165	仙佛奇踪八卷長生詮一卷無生訣一卷	1441
四書考輯要二十卷	0163		
四書朱子異同條辨大學三卷	0172	白氏文集七十一卷	1855
四書朱子異同條辨中庸三卷	0172	白石道人集一卷	2931
四書朱子異同條辨四十卷	0172	白石道人詩集二卷集外詩一卷附錄諸賢酬贈詩一卷詩說一卷歌曲四卷歌曲別集一卷	1999－2003
四書朱子異同條辨孟子十四卷	0172		
四書朱子異同條辨論語二十卷	0172		
四書述十九卷	0161	白石道人詩說一卷	3152
四書或問語類集解釋註大全四十一卷	0160	白石樵唱鈔一卷	2706
四書通旨六卷	0007	白田草堂存稿二十四卷附崇祀鄉賢祠錄一卷行狀一卷	2463－2466
四書章句集注二十六卷	0156	白沙子八卷	2081
四書參十九卷	0169	白沙子全集九卷附錄白沙先生行狀銘表一卷	2078、2079
四書備考二十八卷四書考異一卷	0168		
四書集註三十一卷	0167	白沙先生文集十二卷詩教解十五卷附錄行狀銘表一卷	2080
四書辨疑十五卷	0007		
四書講義尊聞錄二十卷	0162	白沙風雅八卷	3045
四雪草堂重訂通俗隋唐演義二十卷一百回	3257、3258	白虎通	1093
		白虎通德論二卷	1283
四絃秋一卷	3229	白兔記二卷	3227
四喜記二卷	3227	白香山詩集長慶集二十卷後集十七卷別集一卷補遺二卷	1850－1854
四照堂文集五卷	2299		
四溟山人全集二十四卷	2174	白華前稿六十卷	2612、2613
四賢記二卷	3227	白雪樓詩集十卷	2145
四聲切韻表不分卷	0282	白鹿書院志十九卷	0974
四聲猿四卷	3209	白雲子	1093
生香書屋詩集七卷文集四卷恩光集一卷	2502	[道光]白蒲鎮志十卷首一卷	0870
		白蒓詩集十六卷附海嶽遊人酬贈集	

一卷	2594
白榆集二十八卷	2204
白樂天文鈔一卷	2683
白燕詩集不分卷	2490
瓜廬集一卷	2931
印典八卷	1612－1614
句股引蒙一卷附象限線度一卷	1558
冬青樹一卷	3229
冬青館甲集六卷	2653
玄宗內典諸經注十一卷	1188
玄真子	1093
玄真子一卷	1090
玄真子外篇一卷	1091
玄學正宗二卷	1188
半山詩鈔六卷	2701
半夜雷轟薦福碑雜劇一卷	3205
半研居題詠一卷	3032
半舫齋古文八卷	2576
［乾隆］永清縣志不分卷	0835、0836
司空表聖文鈔一卷	2683
司馬子	1093
司馬氏書儀十卷	0105－0107
司馬文正公傳家集八十二卷目錄二卷	1875－1877
司馬文園集一卷	2690
司馬君實文鈔一卷	2683
司馬長卿文鈔一卷	2683
司馬溫公文集八十二卷目錄一卷	1878－1881
司馬溫公年譜六卷	0685
弘簡錄二百五十四卷首一卷	0351－0353
皮襲美文鈔一卷	2683
台山遊草一卷	3439

六畫

耒邊詞二卷	3159
邢特進集一卷	2690
迂齋學古編四卷	2552
［乾隆］吉水縣志三十六卷	0939
吉堂文稿十二卷	2647
吉雲子	1093
考工記二卷	0001
考正德清胡氏禹貢圖	1032
老子	1093
老子元翼二卷考異一卷附錄一卷	1192
老子四卷	1087
老子道德真經二卷音義一卷	1710
老子道德經二卷	1088－1090、1092、1190
老泉先生全集錄五卷	2700
老泉先生集一卷	3085
老泉詩鈔一卷	2701
地理參贊玄機仙婆集十三卷	1581
芝庭先生集十八卷附錄一卷	2508
芝庭詩槀八卷	2507
芝麓詩鈔三卷	3063
臣鑒錄二十卷	1358
再增摭古遺文一卷	0233
西山先生真文忠公文章正宗二十四卷續二十卷	2004－2007
西山先生真文忠公文集五十五卷目錄二卷	1997
西山題跋三卷	1607
［康熙］西江志二百六卷	0938

西村集八卷首一卷	2093	百尺梧桐閣集十六卷錦瑟詞一卷文一卷	2403
西陂類稿五十卷	2390、2391	百研銘一卷弱水集對聯一卷王漁洋秋柳詩四首解一卷	2505
西青散記二卷	1450		
西京雜記六卷	1426	百美新詠一卷圖傳一卷集詠一卷	3034
西河合集一百二十種四百九十七卷	3424、3425	有懷堂文稿二十二卷詩稿六卷	2410、2411
西晉文二十卷	2869	而菴說唐詩二十二卷首一卷	3138
西圃草堂詩集四卷	2530	存研樓文集十六卷二編二卷	2467
西郭冰雪集一卷	3064	存素堂文集四卷	2619
西郭苦吟一卷	3064	存素堂文集四卷存素堂文續集二卷	2617
西堂全集四種一百三十三卷附一種六卷	3422	存素堂文續集三卷	2620
		存素堂詩初集錄存二十四卷二集八卷續集一卷詩稿二卷	2621
西廂記二卷	3227		
西湖志四十八卷	0971、0972	存素堂詩稿二卷	2618
西湖志纂十五卷	0973	存餘堂詩話一卷	3152
西湖遊覽志二十四卷志餘二十六卷	1034	列子	1093
西渡集一卷	2931	列子八卷	1087、1089
西塘先生文集十卷新增附錄一卷	1947	列子沖虛至德真經二卷	1187
西塘詩鈔一卷	2706	列子沖虛真經一卷音義一卷	1710
西溪集鈔一卷	2706	列子沖虛真經二卷	1090
西銘彙纂二卷	1176	列子沖虛真經八卷	1207
西樓記二卷	3227	列代建元表十卷附建元類聚考二卷	0413
西澗草堂全集十六卷	3444	列朝詩集乾集二卷甲集前編十一卷甲集二十二卷乙集八卷丙集十六卷丁集十六卷閏集六卷	2974
西霞文鈔二卷	2628		
西魏書二十四卷附錄一卷	0380-0382		
西歸日札一卷	2289		
西麓詩藁一卷	2931	[康熙]成安縣志十二卷	0846
西疇居士春秋本例二十卷	0007	成案彙存不分卷	0767
西巖詩集一卷附琴譜一卷	2471	成裕堂繪像第七才子書六卷	3211
在陸草堂文集六卷	2476	夷白齋詩話一卷	3152
百一草堂附刻二編二卷	3023	[道光]光福志十二卷	0862
百川學海一百種一百七十九卷	3384	光緒清廷內府來往行文	0776

曲洧新聞四卷	2207	竹友集一卷	2931
同菴史彙十卷	0508	竹田樂府一卷	2651
同館試律彙鈔二十四卷	3026	竹里耆舊詩一卷	2651
因果錄三卷	1690	竹里畫者詩一卷	2651
因樹屋書影十卷	1340、1341	竹坡詩話一卷	3121、3152
回中子	1093	竹所吟藁一卷	2931
回文類聚四卷	2757、2758	竹香樓稿一卷	3036
年譜辯正十六則方氏本末記畧一卷	0687	竹洞畫稿二卷	1647
朱子十五卷	1154	竹洲詩鈔一卷	2706
朱子五經語類八十卷	0188	竹莊小藁一卷	2931
朱子古文書疑不分卷	0060	竹書紀年二卷	0384
朱子孝經刊誤一卷	0139	竹溪詩集一卷	2931
朱子周易五贊一卷筮儀一卷	0013	竹谿集一卷	2931
朱子校昌黎先生集傳一卷	1818–1820	竹譜一卷	1637
朱子詩選一卷	2928	[康熙]休寧縣志八卷	0873
朱子說書綱領一卷	0049	伐檀集一卷	2931
朱子闕里誌不分卷	0589	伐檀集二卷	1948
朱止泉先生朱子聖學考畧十卷提要一卷正訛一卷	1175	延平李先生答問二卷	1113
		延陵書院課藝	3112
朱文公校昌黎先生文集四十卷外集十卷遺文一卷	1825	[康熙]延綏鎮志六卷	0857
		任中丞集一卷	2690
朱文公校昌黎先生文集四十卷外集十卷遺文一卷傳一卷	1826–1828	任彥升文鈔一卷	2683
		自省集一卷	3086
朱文公語錄類要述十八卷	1126	自警編九卷	1370
朱飲山千金譜二十九卷	3155	伊川文集八卷	1109
朱楓林集十卷	2051	伊川文集八卷附錄二卷	1108
先天一炁火雷使者祈禱建壇大法	1222	伊川易傳四卷	1108
先天一炁火雷使者靈章大法	1222	伊川經說八卷	1108
先天集鈔一卷	2706	伊川擊壤集二十卷	1895、1896
先聖大訓六卷	1120、1121	后村詩鈔一卷	2706
先儒正修齊治錄六卷	1178、1179	行水金鑑一百七十五卷首一卷	1027、1028
舌華錄九卷	1388	行在陽秋二卷	0491

全唐五言八韻詩四卷律詩合譜一卷	2923	亦政堂重考古玉圖二卷	1045、1046
全唐詩九百卷目錄十二卷	2909、2910	亦政堂重修考古圖十卷	1045、1046
全唐詩鈔八十卷補十六卷	2911	亦政堂重修宣和博古圖錄三十卷	1045、1046
全唐詩話八卷	3128		
全唐詩話六卷	3152	充然子集二卷	2194
合刻三先生老泉文匯十卷	1906	米元章一卷	0702
合刻西崐集不分卷	2899	次山子	1093
合刻范文正公忠宣公全集二十九卷	3080、3081	汗子	1093
合河紀聞十卷	0986	江止庵遺集八卷首一卷	2259
合訂刪補大易集義粹言八十卷	0007	江文通文集十卷	1750
合諸名家評註三蘇文定十八卷	3133	江文通文鈔一卷	2683
合聲易字不分卷附補訂傳音快字不分卷	0288	江文通集四卷	1751、2697
危太僕雲林集二卷補遺一卷文集十卷附錄一卷續集十卷附錄一卷	2052	江左十五子詩選十五卷	2715－2717
旭華堂文集十四卷補遺一卷續編一卷	2412	江左三大家詩鈔九卷	3063
各省將軍都統摺子副都統摺子不分卷	0817	江令君集一卷	2690
		[江西婺源]考川明經胡氏宗譜四卷前編一卷	0664
名人信札不分卷	3108	[江西婺源]新安洪氏統宗譜不分卷	0663
名人蘭竹畫譜一卷	1648	[江西婺源]新安詹氏家譜四卷	0662
名山勝槩記不分卷	0999	江邨銷夏錄三卷	1598、1599
名山勝槩記四十六卷名山圖一卷	0998	[嘉慶]江津縣志二十二卷	0946
名文冰鑒八卷	2859	[乾隆]江夏縣志十五卷首一卷	0940
名世文宗二十二卷	2780	江湖長翁文集四十卷	1988
名物雜鈔不分卷	1413	江湖長翁詩鈔一卷	2706
名媛詩歸三十六卷	2687、2688	江湖載酒集三卷	3159
名義考十二卷	1269	江慎修先生讀書隨筆二種十二卷	0186
名賢集選□□卷	2755	[江蘇吳縣]洞庭東山翁氏宗譜十二卷首一卷附翁氏廣族名賢譜合鑴二卷	0627
交泰韻一卷	2197	[江蘇武進]小留徐氏八修宗譜十卷	0628
亦玉堂稿十卷	2196	[江蘇鎮江]京江道氏重修宗譜四卷	0629
		江醴陵集二卷	2690

汲古閣詞四種四卷	3158	阮亭選古詩三十二卷	2831、2832
汲古閣輯宋二十家題跋七十六卷	1607	阮嗣宗文鈔一卷	2683
池北偶談二十六卷	1352	阮嗣宗集三卷	2697
[乾隆]汝州續志八卷	0913	如面談十六卷	2970
安危注四卷	0585	如登樓遵註四書揭要不分卷	0174
安序堂文鈔三十卷	2365	如蘭集二十卷	3015
安陸集一卷	0215	[民國]牟平縣志十卷首一卷	0906
安陽集五十卷別錄三卷遺事一卷忠獻韓魏王家傳十卷	1870	[民國]牟平縣志不分卷	0905
安陽集鈔一卷	2706		

七畫

[安徽休寧]徐氏族譜八卷	0637	形氣元珠六卷	1569
[安徽]汪氏統宗譜一百七十二卷	0630	戒菴詩草六卷律陶一卷集杜一卷琵琶十七變一卷	2319
[安徽桐城]桐城璩氏宗譜四卷	0631	攻媿集鈔一卷	2706
[安徽歙縣]方氏世譜不分卷	0636	均藻四卷	3325
[安徽歙縣]休寧洪源洪氏家乘三卷首一卷末一卷	0632	孝義詩一卷	2862
[安徽歙縣]桂岩項氏分宗錄不分卷	0633	孝肅包公奏議十卷	0801
[安徽歙縣]棠樾鮑氏宣忠堂支譜二十二卷首一卷末一卷	0635	孝經一卷	0007
[安徽歙縣]歙北皇呈徐氏族譜十二卷	0634	孝經大義一卷	0007
		孝經小學統疏十一卷	0181
[安徽廬江]陳氏四修宗譜十卷	0638	孝經引證一卷	0181
冰雪集五卷	2489	孝經注解一卷	0007
字音正謬二卷首一卷	0283	孝經宗旨一卷	0181
字彙十二卷首一卷末一卷	0234、0235	孝經衍義一百卷首二卷	0142
字學正本五卷	0242	孝經通釋十卷	0145
字鑑五卷	0192	孝經註釋不分卷	0140
[乾隆]祁縣志十六卷	0880	孝經統疏二卷	0181
艮齋文選一卷賦集一卷文集一卷滇南集一卷臥象山房詩集□□卷滇行日紀二卷附錄一卷	2349	孝經義疏補九卷首一卷	0146
		孝經精義一卷後錄一卷或問一卷原孝一卷餘論一卷	0144
阮步兵集一卷	2690	志林記游二卷	1033

芙蓉山館詩稿六卷詞稿二卷	2646	杜詩偶評四卷	1801
邯鄲記二卷	3227	杜詩提要十四卷	1797
邯鄲夢傳奇二卷	3224	杜詩集說二十卷末一卷	1806
芸居乙藁一卷	2931	杜詩會粹二十四卷	2415
芸牎紀事	0700	杜詩詳注二十五卷首一卷附編二卷	1793
芸隱詩集一卷	2931	杜詩詳註二十五卷首一卷	1789、1790
花笑軒稿一卷	3036	杜詩詳註二十五卷首一卷附編二卷	
花菴絕妙詞選十卷	3165		1791、1792、1794
花蕊詩鈔一卷	2706	杜詩論文五十六卷	1787、1788
芥子園畫傳二集八卷	1633-1635	杜審言集二卷	2886
芳蘭軒詩鈔一卷	2706	杜韓詩句集韻三卷	3379、3380
克勤齋新刊古本少微先生資治通鑑節要五十卷外紀節要五卷首一卷	0389	杏溪傅氏禹貢集解二卷	0007
		杏壇聖蹟四卷	0584
克勤齋新刊四明先生續資治通鑑節要三十卷	0389	李于鱗文鈔一卷	2683
		李于鱗唐詩廣選七卷	2885
杜工部五言詩選直解三卷七言詩選直解二卷	1803	李元賓文集文編三卷外編二卷續編一卷	2702
杜工部年譜一卷	1781、1782	李太白文集三十六卷	1771、1772
杜工部集二十卷附諸家詩話一卷杜工部集附錄一卷唱酬題詠附錄一卷	1775-1778	李太白文鈔一卷	2683
		李文饒文鈔一卷	2683
		李方叔文鈔一卷	2683
杜工部集二十卷首一卷	1774	李必恒詩選一卷	2715
杜工部詩集二十卷集外詩一卷杜詩補注一卷文集二卷	1781、1782	李迠仲黃實夫毛詩集解四十二卷首一卷	0007
杜工部詩說十二卷	1786	李杜全集四十八卷	2897、2898
杜子美詩集二十卷	1780	李長吉昌谷集句解定本四卷	1845-1847
杜少陵集十卷	1773	李卓吾批點世說新語補二十卷	1421
杜氏通典二百卷	0711	李卓吾批點世說新語補二十卷附釋名一卷	1420
杜牧之文鈔一卷	2683		
杜律通解四卷	1795、1796	李空同先生集六卷	2973
杜律啓蒙十二卷	1804、1805	李思浩函稿不分卷	0777
杜清獻集一卷	2931	李習之文鈔一卷	2683

李遐叔文集不分卷	1807	呂氏春秋二十六卷	1259
李遐叔文鈔一卷	2683	呂氏家塾讀詩記三十二卷	0072、0073
李義山文集十卷	1861	呂晚邨先生四書講義四十三卷	0173
李義山文鈔一卷	2683	呂新吾先生去偽齋文集十卷	2201、2202
李義山詩集十六卷	1860	呂新吾先生全集二十種	2200
李義山詩集三卷	1857、1858	呂新吾集二十三種六十卷	2198
李義山詩譜一卷諸家詩評一卷	1857、1858	呂新吾集二十六種七十卷	2199
李滄溟先生集六卷	2973	呂衡州文集十卷附考證一卷	2702
李翰林集二十五卷	1767	別雅五卷	0302
李懷州集一卷	2690	吹萬閣集二十一卷	2551
李獻吉文鈔一卷	2683	吳十玉詩選一卷	2715
車書樓彙輯各名公四六爭奇八卷	2679	吳子	1093
甫田集三十六卷	2132	吳中女士詩鈔十三卷	3047
吾竹小藁一卷	2931	吳廷楨詩選一卷	2715
吾悔集四卷	2325	吳吳山三婦合評牡丹亭還魂記二卷	
吾學編十四篇六十九卷	0450	附錄一卷	3213
豆棚閒話十二卷	3232	吳風二卷	3039
酉陽雜俎二十卷	1429、1430	吳都文粹十卷	3038
[乾隆]扶風縣志十八卷首一卷	0915	吳梅村詩集箋注十八卷	2281、2282
批語存底不分卷	0775	吳朝請集一卷	2690
批選六大家論二卷	2827	吳淵穎先生集十二卷	2027－2029
投梭記二卷	3227	吳歈萃雅四卷	3191
求野錄一卷	0491	吳會英才集二十四卷	3044
見聞紀訓一卷	1339	吳詩集覽二十卷吳詩補註二十卷	
見聞雜紀九卷續二卷	1324		2279、2280
呆齋公年譜一卷	2075	吳詩談籔二卷吳詩談藪拾遺一卷	
困知記二卷續二卷三續一卷四續一			2279、2280
卷續補一卷附錄一卷	1143、1144	吳徵君蓮洋詩鈔不分卷	2479
困學紀聞二十卷	1264、1265	刪訂唐詩解二十四卷	2888
困學錄二卷	1172	刪補古今文致十卷	2824
困學錄集粹八卷	1171	岑嘉州集二卷	2886
呂子	1093	我法集二卷	2611

兵經百篇三卷	1230	快書五十種五十卷	3398
何氏語林三十卷	1378	灼艾集二卷續集二卷餘集二卷別集二卷	1380
何文定公文集十一卷	2118、2119	汪氏傳家集一百二十三卷	3429-3431
何心隱先生爨桐集四卷	2176	汪伯玉文鈔一卷	2683
何水部集二卷	2697	汪伯玉先生太函集三十二卷	2159
何仲默文鈔一卷	2683	汪南溟先生集八卷	2973
何記室集一卷	2690	汪鈍翁文鈔十二卷	2976
佐元直指九卷	1561	[嘉靖]沔陽州志十八卷	0941
佐玄直指圖解十卷	1560	沖虛至德真經八卷	1088、1208
[乾隆]佛山忠義鄉志十一卷	0956	沃州鴈山吟一卷	2931
佛果圜悟禪師碧巖集十卷	1678	沂東樂府二卷	3185
佛祖統紀五十四卷	1677	[乾隆]汾州府志三十四卷首一卷	0883
佛說五王經一卷	1704	泛槎圖一卷續泛槎圖一卷續泛槎圖三集一卷艤槎圖四集一卷	1639
佛說白衣金幢二婆羅門緣起經三卷	1704	沈下賢文鈔一卷	2683
佛說如來不思議金剛手經二十卷	1704	沈氏弋說六卷	1333
佛說如來智印經一卷	1704	沈文定公公牘三種不分卷	0818
佛說長者女菴提遮師子吼了義經一卷	1704	沈休文文鈔一卷	2683
佛說賢者五福德經一卷	1704	沈侍中集一卷	2690
佛說賢首經一卷	1704	沈佺期集二卷	2886
佛說摩逆經一卷	1704	沈南疑先生檇李詩繫四十二卷	3068
佛說辯意長者子所問經一卷	1704	沈德潛自訂年譜一卷	3439
近光集二十八卷	2836	沈隱侯集二卷	2690
余忠宣集六卷	2045	沈歸愚詩文全集七十四卷	3439-3442
希子	1093	沈歸愚詩文合集五種四十三卷	2573
希賢錄十卷	1347	決定名義論一卷	1679
谷音二卷	2808	宋十五家詩選十七卷	2928、2929
谷園印譜五卷	1654	宋人百家小說一百五十二卷	1445
谷簾學吟一卷	2260	宋大家王文公文抄十六卷	1910、2698
[乾隆]含山縣志十六卷	0876	宋大家曾文定公文抄十卷	1893、2698
言行彙纂十卷	1411	宋大家歐陽文忠公文抄三十二卷	2698
[乾隆]忻州志六卷	0889		

宋大家蘇文公文抄十卷	1908、1909、2698	宋邵康節先生伊川擊壤集十卷	1897
宋大家蘇文忠公文抄二十八卷	2698	宋東京考二十卷	0985
宋大家蘇文忠公文鈔二十八卷	1935	宋金元詩永二十卷	2795
宋大家蘇文忠公文選十六卷	1938	宋金元詩選六卷	2796
宋大家蘇文定公文抄二十卷	2698	宋袁陽源集一卷	2690
宋之問集二卷	2886	宋書一百卷	0326、0327
宋王忠文公文集五十卷年譜一卷目錄四卷	1973-1975	宋孫仲益内簡尺牘十卷首一卷	1965、1966
宋元通鑑一百五十七卷	0396-0398	宋淳熙敕編古玉圖譜一百卷	1074、1075
宋氏綿津詩鈔八卷	2393、2980	宋黃文節公文集三十二卷外集二十四卷別集十九卷首四卷	1951
宋文憲公集十一卷	2708	宋景文公筆記三卷	1293
宋文憲先生集九卷	2973	宋景濂文鈔一卷	2683
宋文鑑一百五十卷目錄三卷	2924	宋傅光祿集一卷	2690
宋文鑑刪十二卷	2925	宋楊文靖公集四十卷年譜二卷	1958
宋玉文鈔一卷	2683	宋稗類鈔八卷	1403
宋本韓柳二先生年譜八卷	0684	宋詩紀事一百卷	3148、3149
宋布衣集三卷	2189	宋詩畧十八卷	2933、2934
宋史本傳一卷	1919-1921	宋詩鈔初集九十五卷	2706
宋史四百九十六卷目錄三卷	0337	宋詩隨意鈔六卷續鈔四卷	2935
宋史紀事本末一百九卷	0435	宋蔡忠惠公別紀補遺二卷	1873
宋史紀事本末十卷	0434	宋端明殿學士蔡忠惠公文集三十六卷首一卷	1873
宋四六選二十四卷	2936		
宋四名家詩二十七卷	2707	宋賢事彙二卷	1387
宋百家詩存一百卷	2931	宋纂四卷	0516
宋名臣言行錄前集十卷後集十四卷	0595、0596	初潭集十二卷	1384
		初潭集三十卷	1383
宋名臣言行錄續集八卷別集二十六卷外集十七卷附一卷	0595、0596	初學記三十卷	3275-3277
		壯悔堂文集十卷遺稿一卷四憶堂詩集六卷遺稿一卷	2305
宋名家詞六十一種九十卷	3156、3157		
宋李忠定公奏議選十五卷文集選二十九卷首四卷	1961、1962	改亭集十六卷改亭詩集六卷	2296
		阿計替傳一卷	0475
宋何衡陽集一卷	2690	附蓬小草一卷	2565

書名	編號
妙法蓮華經七卷	1704
妙法蓮華經七卷附大乘妙法蓮華經要解科文不分卷	1665
妙峰山問答四卷	1712
妙絕古今四卷	2759
邵子	1093
邵子湘全集三十卷附邵氏家錄二卷	2369－2371
甬上耆舊詩三十卷	3062

八畫

書名	編號
[乾隆]奉賢縣志十卷首一卷	0864
奉饌圖詩一卷	3020
武夷志畧四卷	1017、1018
武仲清江集鈔一卷	2706
武林西湖高僧事略一卷	1681
武侯奇門遁甲全書六卷首一卷	1584
武溪詩鈔一卷	2706
武經七書彙解七卷首一卷末一卷	1231
武經三書匯解三卷末一卷	1232
武闈三子集註詳解不分卷	1233
青山集一卷	2931
[康熙]青州府志二十二卷	0897
青岑遺稿一卷	2517、2518
青邱高季迪先生扣舷集一卷	2714
青邱高季迪先生鳧藻集五卷	2714
青邱高季迪先生詩集十八卷	2714
青邱高季迪先生詩集十八卷附鳧藻集五卷遺詩一卷扣舷集一卷	2059、2060
青邱高季迪先生遺詩一卷	2714
青衫記二卷	3227
青浦詩傳三十四卷	3049
青萊續史十八卷	0571
青黎子	1093
青箱堂文集十二卷遺稿續刻一卷附年譜一卷	2294
青箱堂詩集三十三卷文集十二卷遺稿續刻一卷年譜一卷	2292、2293
青霞沈公遺集十六卷	2165
青藜閣集一卷	3047
表異錄二十卷	3298－3300
長春子	1093
[乾隆]長洲縣志三十四卷首一卷	0861
[道光]長壽縣志五卷	0947
幸魯盛典四十卷	0734、0735
坡仙集十六卷	1925－1929
苦功悟道卷一卷	3195
苑西集十二卷	2377
范文正公忠宣公全集七十三卷	3078、3079
范文正公政府奏議二卷續集二卷書牘一卷	0800
范文正公集四十八卷	3078
范文忠公年譜一卷	2241、2242
范文忠公初集十二卷	2241、2242
范希文文鈔一卷	2683
范忠貞公文集五卷首一卷	2333、2334
范忠宣公集二十五卷	3078
直養書屋文集一卷續集一卷	2629
直隸五道成規五卷	0995
直齋書錄解題二十二卷	1079
苕溪集一卷	2931
茅山志十四卷	1001
茅亭客話十卷	1433

茅鹿門先生文集三十六卷	2142	東坡先生年譜一卷	1919－1921、
茅鹿門先生集八卷	2973		1923、1930－1932
茅鹿門集八卷	2143	東坡先生全集錄九卷	2700
林太史集十四卷附存不分卷	2614	東坡先生書傳二十卷	0048
林泉老人評唱丹霞淳禪師頌古虛堂		東坡先生集三卷	3085
習聽錄三卷	1683	東坡先生墓志銘一卷	1919－1921
林登州遺集二十三卷附錄一卷	2064	東坡先生詩餘二卷	1922
林蕙堂文集十二卷	2385	東坡全集一百十五卷目錄七卷	1919、1920
林蕙堂文集續刻六卷	2385	東坡全集七十五卷	1921
林蕙堂全集二十六卷	2385－2387	東坡和陶詩一卷	1742
來子	1093	東坡書傳二十卷	0047
松坪詩草十二卷	2490	東坡詩鈔一卷	2706
松泉詩集二十六卷文集二十二卷	2501	東坡詩鈔十八卷	2701
松風閣琴譜二卷附抒懷操一卷	1651	東坡詩選一卷	2928
松風餘韻五十卷末一卷	3040	東坡遺意一卷	1637
松郡婁縣均役要略文集一卷行集一		東坡禪喜集十四卷	1924
卷忠集一卷信集一卷	0744	東坡題跋四卷	2926
松陵集十卷	2671	東苑文鈔二卷詩鈔一卷	2331
松崖筆記三卷	1275	東林列傳二十四卷末二卷	0610
松鄉先生文集十卷	2018	東門寄軒草一卷	3064
松皋文集十二卷	2366	東門閑閑閣草一卷	3064
松園印譜不分卷	1655	東明聞見錄二卷	0491
松隱集一卷	2931	[乾隆]東明縣志八卷	0849
述本堂詩集十八卷	3093	東征集六卷	0449、2525
東方大中集一卷	2690	東都事略一百三十卷	0350
東方先生集一卷	1728	東華錄十六卷	0429
東方曼倩文鈔一卷	2683	東皋詩鈔一卷	2706
東谷鄭先生易翼傳二卷	0007	東郭記二卷	3227
東坡小詞二卷	2926	東萊子	1093
東坡文選二十卷	1936、1937	東萊先生古文關鍵二卷	2754
東坡尺牘二卷	2926	東萊先生音註唐鑑二十四卷	0538－0540
東坡先生尺牘二十卷	1922	東萊先生詩律武庫十五卷後集十五	

書名	索引號
…卷	3310
東崑艸堂評訂唐詩鼓吹十卷	2878、2879
東漢王叔師集一卷	2690
東漢文二十卷	2867
東漢荀侍中集一卷	2690
東漢馬季長集一卷	2690
東漢崔亭伯集一卷	2690
東齋小集一卷	2931
東巖周禮訂義八十卷	0087
東巖周禮訂義八十卷首一卷	0007
東觀集一卷	2931
臥象山房詩正集七卷白雲村文集四卷	2348
臥龍崗志二卷	0964、0965
事物紀原集類十卷	3282
事物紀原補十卷目錄二卷	3284
事物異名錄四十卷	3383
事類賦三十卷	3280
兩京典銓尚書表一卷	0450
兩京遺編十二種七十三卷	3390
兩面樓詩藁一卷	3047
兩晉南北合纂四十卷	0516
兩淮鹽法志四十卷首一卷	0742、0743
兩漢文四十卷	2866
兩漢紀六十卷附字句異同考一卷	0414–0416
兩漢紀字句異同考一卷	0414
兩漢策要十二卷	2865
兩漢雋言十六卷	0510、0511
協律子	1093
郁離子	1093
奈何天傳奇二卷	3218、3224
奇賞齋古文彙編二百三十六卷	2819
抱朴子	1093
抱朴子二卷	1090
抱拙小藁一卷	2931
抱經堂文集三十四卷	2589
招山小集一卷	2931
尚友錄二十二卷	3362
尚史七十卷	0376
尚白齋鐫陳眉公訂正秘笈二十一種四十九卷	3396
尚白齋鐫陳眉公寶顏堂秘笈十七種四十九卷	3397
尚書一卷	0005
尚書日記十六卷	0054
尚書古文疏證八卷	0060
尚書句解十三卷	0007
尚書表注二卷	0007
尚書後案三十卷附尚書後辨一卷	0064、0065
尚書約旨六卷尚書通典略二卷	0067
尚書涉傳四卷	0066
尚書通考十卷	0007
尚書詳解十三卷	0007
尚書說七卷	0007
尚書纂傳四十六卷	0007
尚書釋天六卷	0063
尚論編二十卷	0552
盱江先生全集三十七卷外集三卷年譜一卷	1890
盱江集鈔一卷	2706
具茨集鈔一卷	2706
果堂集十二卷	2523

味蔆初藁一卷	2596	明善堂詩集四十二卷詩餘一卷詞餘	
杲堂文鈔六卷詩鈔七卷	2307	一卷文集四卷	2637
杲溪詩經補注二卷	0083	明善編二卷	1182
昌谷集四卷	1844	明道文集五卷	1108、1109
昌黎先生全集錄八卷	2700	明詩別裁集十二卷	2957-2959
昌黎先生集四十卷外集十卷遺文一		明詩綜一百卷	2952-2956
卷	1818-1820	明詩選十二卷	2949
昌黎先生詩集注十一卷昌黎先生年		明詩穆如集八卷	2960
譜一卷	1821、1822	明練音續集十卷首一卷末一卷	3069
昌黎詩鈔八卷	2701	明儒學案六十二卷附師說一卷	0608
明八大家集六十二卷	2973	明職一卷	0780
明人詩鈔正集十四卷續集十四卷	2965	明辯錄一卷	1174
明三十家詩選初集八卷二集八卷	2966	易小傳六卷	0007
明月篇二卷	2186	易林元籥十測一卷	1583
明六大家集六十三卷	2708	易林元籥四卷	1583
明文奇賞四十卷	2950、2951	易冒十卷	1591
明文鈔六編	2967	易音三卷	0276
明末野史五種七卷	0491	易琔璣三卷	0007
明史三百三十六卷目錄四卷	0339	易象大旨八卷	0020
明史本傳一卷	0687	易象圖說內篇三卷外篇三卷	0007
明史列傳稿二百八卷目錄二卷	0377	易傳十卷	0011
明史紀事本末十八卷	0440	易傳四卷	1109
明史紀事本末八十卷	0438、0439	易禆傳一卷外篇一卷	0007
明史稿三百十卷目錄三卷	0378、0379	易經旁訓四卷	0022
明史擬稿六卷	0373	易經揆一十四卷易學啟蒙補二卷	0045
明州阿育王山志十卷	1010-1013	易經增刪來註八卷首一卷	0034
明狀元圖考三卷	0601	易經繹五卷	0021
明況太守龍岡公治蘇政績全集十六		易圖明辨十卷	0040
卷首一卷	2073	易圖通變五卷	0007
明珠記二卷	3227	易圖說三卷	0007
明高僧傳六卷	0604	易數鈎隱圖三卷附遺論九事一卷	0007
明善堂詩集十二卷	2636	易學一卷	0007

書名	編號
易學象數論六卷	0038
易學啓蒙小傳一卷古經傳一卷	0007
易學啓蒙通釋二卷附圖	0007
易憲四卷附易憲卦歌一卷易憲圖說一卷	0035
易隱八卷	0031
易纂言十二卷首一卷	0007
迪吉錄八卷首一卷	1398
固哉草亭文集二卷補遺一卷詩集四卷	2515
忠孝全書十卷附集帖一卷集史一卷道學世家一卷	1221
忠孝誥五卷	1220
忠武誌八卷	0673、0674
忠雅堂文集三十卷	2599
忠肅集二十卷	1915
忠經統疏一卷	0181
忠獻韓魏王君臣相遇別錄三卷	0675
忠獻韓魏王君臣相遇傳十卷	0675
呻吟語六卷	1147
咏物詩選八卷	2861
廻文傳十六卷	3255
知自主齋詩稿不分卷	2665
知足知不足齋詞存不分卷	3164
知足知止之齋詩四卷	2654
知新錄三十二卷	1350
知稼軒詩不分卷	2514
知稼翁集鈔一卷	2706
牧民忠告二卷	0783
牧民忠告二卷經進風憲忠告二卷廟堂忠告一卷	0784
牧齋有學集詩註十四卷	2266
牧齋初學集一百十卷	2263、2264
牧齋初學集詩註二十卷	2265
牧齋詩鈔三卷	3063
物料價值則例十五卷	0751
乖崖詩鈔一卷	2706
和靖詩鈔一卷	2706
秋林伐山二十卷	1268
秋圃擷餘一卷	3152
委宛子	1093
季漢五志十二卷	0594
季漢書六十卷正論一卷答問一卷	0370、0371
佳山堂詩集十卷二集九卷	2311
侍兒小名錄拾遺一卷	1296
岳石帆先生鑒定四六宙函三十卷	2815、2816
岳武穆精忠傳六卷六十八回	3248
岳忠武王文集八卷首一卷末一卷	1967
使黔草不分卷	2490
例案輯存	0769
佩文齋書畫譜一百卷	1600－1602
佩文齋廣羣芳譜一百卷目錄二卷	1247、1248
佩韋齋集一卷	2931
佩觿三卷	0192
欣然堂集十卷	2395
欣賞編十種十四卷	3388
徂徠石先生全集二十卷附錄一卷	1871
徂徠詩鈔一卷	2706
所見集三十七卷二集十九卷三集二十一卷四集十八卷目錄二卷	0764
金丹大要十卷	1188

金丹四百字內外注解一卷	1188	金薤琳琅補遺不分卷	1070
金石三例十五卷	1052、1053	采芝集一卷	2931
金石存十五卷	1055	采香樓詩集一卷	3047
金石苑三巴漢石紀存不分卷	1072、1073	采菽堂古詩選三十八卷補遺四卷	2830
金石例十卷	1052	受祺堂詩三十五卷	2352
金石契不分卷	1054	念八翻傳奇二卷	3220
金石要例一卷	1052	周子二卷	1154
金石圖不分卷	1050、1051	周文歸二十卷	2864
金石圖錄不分卷	1056	周易一卷	0005
俞昌集四卷	2187	周易十卷	0003
金門子	1093	周易八卷	0012
金華文畧二十卷	3065	周易九卷略例一卷	0010
[康熙]金華府志三十卷首一卷	0934	周易上下經程朱先生傳義十五卷周易系辭程朱二先生傳義二卷周易說卦程朱先生傳義一卷周易序卦程朱二先生傳義一卷周易雜卦一卷	0013
金華詩錄六十卷外集六卷別集四卷書後一卷	3066		
金剛三昧一卷	1702		
金剛般若波羅蜜經一卷	1704		
金陵古今圖考一卷	0983	周易本義十二卷易圖一卷周易五贊一卷筮儀一卷	0015、0016
金陵名勝詩鈔四卷秦淮詩鈔二卷	3048		
金陵雅游編一卷	0983	周易本義四卷附卦歌一卷圖說一卷筮儀一卷	0017
金陵瑣事四卷續二卷二續二卷	0982		
金陵圖詠一卷	0983	周易本義附錄纂註十五卷	0007
金雀記二卷	3227	周易本義通釋十二卷輯錄雲峰文集易義一卷	0007
金壺字考二集二十一卷補錄一卷補注一卷	0216		
		周易本義集成十二卷首一卷	0007
金淵集六卷	2040	周易四卷	0006、0009
金蓮記二卷	3227	周易玩辭十六卷	0007
金詩選四卷	2940-2942	周易函書約存十五卷首三卷約註十八卷別集十六卷	0042、0043
金碧古文龍虎上經三卷	1188		
金匱要畧直解三卷	1252	周易參同契分章注三卷	1188
金樓子	1093	周易參同契通真義三卷	1188
金薤琳琅二十卷	1070	周易參同契測疏一卷	1215

書名	編號
周易參同契解三卷	1188
周易參義十二卷	0007
周易集傳八卷	0019
周易發明啟蒙翼傳三卷周易本義啟蒙翼傳外篇一卷	0007
周易傳義二十四卷	0014
周易傳義合訂十二卷	0044
周易傳義附錄十四卷首一卷	0007
周易義海撮要十二卷	0007
周易經傳集程朱解附錄纂註十四卷首一卷附一卷	0007
周易廣義六卷	0036
周易輯聞六卷附易雅一卷筮宗一卷	0007
周易露硏四卷	0026、0027
周易辯二十四卷首四卷	0037
周官祿田考三卷	0089
周官辨非一卷	0008
周濂溪先生全集十三卷	1898
周禮注疏四十二卷	0085
周禮註疏十八卷首一卷	0086
周禮疑義舉要七卷	0186
刟菴訂定譚子詩歸十卷	2252
庚子銷夏記八卷	1597
庚訂箋釋批評古詩直解十二卷首一卷	2802
放翁逸稿二卷	1977
放翁題跋六卷	1607、1609
刻毅齋查先生闡道集十卷附一卷	2173
性理三解七卷	1130
性理大全書七十卷	1128、1129
性理標題綜要二十二卷	1132、1133
炊聞詞二卷	2347
法華懸譚一卷	1702
法喜志四卷	1695
沽上題襟集八卷	3010、3011
［河北南皮］張氏族譜十二卷	0624
［河北博野］博陵尹氏家譜不分卷	0625
［河北滄州］劉氏家譜三卷首一卷	0623
［康熙］河州志六卷	0918
河防一覽十四卷	1041
河防一覽榷十二卷	1040
河汾諸老詩集八卷	2808
河東先生全集錄六卷	2700
河東先生集四十五卷外集二卷龍城錄二卷附錄二卷傳一卷	1838
河東詩鈔四卷	2701
河東鹽法備覽十二卷	0747
河南二程全書六十七卷	1108
［河南商丘］商丘宋氏家乘二十卷	0648
河南程氏外書十二卷	1108
河南程氏遺書二十五卷附錄一卷	1108
［康熙］泗水縣志十二卷附續志	0908、0909
波弄子	1093
宗伯集八十一卷	2219
宗室王公功績表傳不分卷	0616
宗室王公世系襲職表	0617
宗室王公章京世襲爵秩冊四卷	0710
宗鏡錄一百卷	1676
定正洪範集說一卷首一卷	0007
定峰樂府十卷甲子年定峰山左雜詠一卷附諸公論樂府書一卷	2398、2399
定齋都憲公文稿一卷	3091
［雍正］宜君縣志不分卷	0914
官子譜一卷	1637

官子譜三卷	1656	弢甫五嶽集二十卷	2513
官制備攷二卷	0781	姑溪集一卷	2931
空同子集六十六卷總目三卷附錄二卷	2098、2099	姑溪題跋二卷	1607
		孟子二卷	0001
空同集六十三卷	2097	孟子七卷	0154、0169
空同詩鈔十六卷附錄不分卷	2102	孟子四考四卷	0155
空同詩選一卷	2101	孟子音義二卷	0007、0152
空谷香二卷	3229	孟子集註十四卷	0167
宛丘先生文粹二十二卷	1953	孟子集註序說一卷	0167
宛丘詩鈔一卷	2706	孟子集疏十四卷	0007、0153
宛丘題跋一卷	1607	孟子註疏解經十四卷	0151
宛陵先生文集六十卷	1883	孟子趙氏注十四卷	0152
宛陵先生集六十卷拾遺一卷附錄三卷	1882	孟東野詩集十卷	1842、1843
		孟浩然集二卷	2886
宛陵詩鈔一卷	2706	孟浩然詩集二卷	1766
宛陵詩選一卷	2928		
祈禱袪治大法不分卷	1222	**九畫**	
建文書法儗前編一卷正編二卷附編二卷	0478	春草齋文集選不分卷詩集選不分卷詩集選附錄不分卷春草齋集附錄不分卷	2062、2063
建文遜國臣記八卷	0450		
建文遜國記一卷	0450		
[康熙]建安縣志十卷	0953	春秋一卷	0005
建昭鴈足鐙考二卷	1057	春秋三十卷	0003
建康集鈔一卷	2706	春秋大事表五十卷	0130－0133
居易錄三十四卷	1353	春秋王霸列國世紀編三卷	0007
居官必閱錄不分卷	0788	春秋五論一卷	0007
居敬軒篋中秘不分卷	2841	春秋本義三十卷首一卷	0007
居業錄四卷	1139	春秋左氏傳事類始末五卷附錄一卷	0007
屈平文鈔一卷	2683	春秋左氏傳補注十卷	0007
屈原列傳一卷	1722、1725	春秋左氏經傳集解三十卷	0113
屈翁山詩集八卷附詞一卷	2396	春秋左傳十五卷	0116
屈騷心印五卷首一卷	1727	春秋左傳五十卷	0006

春秋左傳分國土地名二卷	0187	春秋集註十一卷綱領一卷	0007
春秋左傳節文十五卷附音義	0114	春秋集傳十五卷	0007
春秋左傳屬事二十卷古字奇字音釋一卷春秋左傳注解辨誤二卷補遺一卷古器圖一卷	0115	春秋集傳大全三十七卷	0127
		春秋集傳釋義大成十二卷首一卷	0007
		春秋集解三十卷	0007
春秋四家五傳平文四十一卷首一卷春秋五傳綱領一卷春秋諸國興廢說一卷春秋筆削發微圖一卷春秋名號歸一圖二卷春秋二十國年表一卷	0128	春秋集義五十八卷首一卷末二卷	0136、0137
		春秋尊王發微十二卷附錄一卷	0007
		春秋傳質疑六卷附錄一卷	0135
		春秋經傳類求十二卷	0134
春秋四傳三十八卷綱領一卷提要一卷東坡地理圖說一卷春秋二十國年表一卷諸國興廢說一卷	0126	春秋劉氏傳十五卷	0007
		春秋諸國統紀六卷	0007
		春秋諸傳會通二十四卷首一卷	0007
春秋地名攷略十四卷	0129	春秋憶備十四卷	0138
春秋臣傳三十卷	0007	春秋繁露十七卷	0122
春秋年表一卷	0007	春秋輿圖一卷附錄一卷	0130－0133
春秋名號歸一圖二卷	0007、0113	春秋類對賦一卷	0007
春秋或問二十卷	0007	春秋權衡十七卷	0007
春秋或問十卷	0007	春秋屬辭十五卷	0007
春秋春王正月考一卷辨疑一卷	0007	春蕪記二卷	3227
春秋胡傳三十卷	0006	珂雪烎前集二十四卷	2245
春秋胡傳三十卷附春秋胡傳綱領一卷春秋列國東坡圖說一卷諸國興廢一卷春秋正經音訓一卷春秋提要一卷	0124、0125	珂雪詞二卷補遺一卷	3162
		珊瑚鉤詩話三卷	3152
		封氏聞見記十卷	1289
		封龍子	1093
春秋皇綱論五卷	0007	政略彙鈔不分卷	0774
春秋紀傳五十一卷	0374、0375	郝文忠公陵川文集三十九卷附錄一卷	2035、2036
春秋師說三卷附錄二卷	0007	郝文忠公陵川文集三十九卷附錄一卷郝文忠公年譜一卷	2037、2038
春秋通說十三卷	0007		
春秋提要一卷	0113		
春秋提要二卷	0128	荊山子	1093
春秋提綱十卷	0007	荊川文集十八卷	2137

荊釵記二卷	3227		南華經十六卷	1198
草堂詩餘四卷	2760		南軒先生文集四十四卷	1984
草聖彙辯不分卷	1617		南軒先生孟子說七卷	0007
草廬子	1093		南軒先生論語解十卷	0007
草廬吳文正公集四十九卷首一卷外			南唐近事三卷	0345
集三卷	2033		南唐書十八卷	0346、1977
草韻彙編二十六卷	1615		南唐書三十卷	0345、0346
荀子	1093		南唐書合刻四十九卷	0346、0347
荀子二十卷	1087–1089		南唐書音釋一卷	0346
荀子三卷	1090		南海普陀山志十五卷	1020
胡非子	1093		南陵無雙譜一卷	1637
胡敬齋先生居業錄十二卷	2095		南陳纂一卷	0516
南史八十卷	0332		南菁書院課藝東西各國錢法概略等	3112
南史演義三十二卷	3263		南梁纂四卷	0516
南西廂記二卷	3227		南陽集六卷	1868
南巡盛典一百二十卷	0740		南陽集鈔一卷	2706
南巡詩一卷	3439		[康熙]南陽縣志六卷首一卷	0912
南村隨筆六卷	1351		南渡錄五卷	0475
南宋羣賢詩選十二卷	2932		南雷文定前集十一卷後集四卷三集	
南宋襍事詩七卷	2930		三卷附錄一卷	2323
南坪詩鈔八卷	2615		南雷文案十卷外卷一卷	2325
南柯記二卷	3227		南雷詩曆三卷	2325
南柯記傳奇二卷	3224		[嘉慶]南溪縣志十卷	0949
南華山房詩鈔六卷賦一卷南華山人			南齊孔詹事集一卷	2690
詩鈔十六卷	2504		南齊竟陵王集二卷	2690
南華山房詩鈔六卷續集二卷賦一卷			南齊纂三卷	0516
南華山人詩鈔十五卷續集二卷	2503		南谿偶刊五卷	2276
南華真經十卷	1088		南谿偶刊四卷	2277
南華真經副墨八卷附讀南華真經雜			南谿僅真集一卷	3064
說一卷	1202、1203		南豐先生元豐類藁五十卷南豐先生	
南華真經評注五卷	1193		集外文二卷附南豐先生行狀碑志	
南華真經解不分卷	1206		哀挽一卷	1892

南豐先生全集錄二卷	2700	毘陵集二十卷補遺一卷附錄一卷	1811
南豐詩鈔三卷	2701	思益梵天所問經四卷	1704
南豐詩選一卷	2928	思無邪齋文集九卷	2499
南爐紀聞一卷	0476	思無邪齋集二十卷	2499
南爐紀聞錄二卷	0475	思無邪齋詩集十卷	2499
柯亭子文集八卷駢體文集八卷詩初集八卷詩二集十卷詩三集三卷	2656	思無邪齋賦集一卷	2499
		思補齋文集四卷	2590
柘西精舍集一卷	3159	思綺堂文集十卷	2434、2435
柳子厚文鈔一卷	2683	韋齋集十二卷首一卷	1968、1969
柳文二十二卷	1840	韋齋詩鈔一卷	2706
柳文四十三卷別集二卷外集二卷附錄一卷	1841	韋蘇州集十卷	1808
		韋蘇州集十卷拾遺一卷	2896
柳先生年譜一卷	0684	韋蘇州詩集二卷	1809
柳弧六卷	1357	幽閨記二卷	3227
柳南文鈔六卷詩鈔十卷	2527、2528	香亭文稿十二卷	2601
柳南詩鈔十卷柳南文鈔六卷	2529	香祖樓二卷	3229
柳南隨筆六卷	1354	香乘二十八卷	1657
柳亭詩話三十卷	3145、3146	香案牘一卷	1442
柳崖外編十六卷首一卷	3235	香屑集十八卷首一卷末一卷	2534
柳塘外集一卷	2931	香溪集鈔一卷	2706
柳漁詩鈔十二卷	2512	香樹齋詩集十八卷	2531
持世經四卷	1704	香樹齋詩續集十二卷	2532
指月錄三十二卷	1694	香樹齋詩續集三十六卷	2533
貞山子	1093	香囊記二卷	3227
省軒考古類編十二卷	3368	秋水菴花影集五卷	3188、3189
則堂先生春秋集傳詳說三十卷綱領一卷	0007	秋水閒房集二卷	2566
		秋水集十六卷	2275
星泉吟草不分卷	2660	秋江煙草一卷	2931
昨非菴日纂二十卷二集二十卷三集二十卷	1397	秋坪新語十二卷	3234
		秋勘稟稿不分卷	0775
[雍正]昭文縣志十卷首一卷	0859	秋堂遺藁一卷	2931
昭代叢書甲集五十卷乙集四十卷	3407	秋崖小稿鈔一卷	2706

秋崖詩選一卷	2928	重訂相宅造福全書二卷附擇日記全一	
秋錦山房集二十二卷目錄二卷	2487	卷	1580
秋錦山房詞一卷	3159	重訂唐詩別裁集二十卷	2915
秋聲閣尺牘二卷	2384	重訂路史全本四十七卷	0468、0469
重刊人子須知資孝地理心學統宗三		重訂駱丞集六卷	1757
十九卷	1590	重校正唐文粹一百卷	2672、2673
重刊宋文憲公集三十卷	2054	重較唐詩類苑選三十四卷	2892
重刊居官必要八卷	0786	重鋟文公先生奏議十五卷	0802
重刊荊川先生文集十七卷附錄一卷		重鋟合併評註我朝元朝捷錄二十二	
新刊荊川先生外集三卷	2135、2136	卷	0553
重刊校正笠澤叢書四卷補遺一卷續		重編朱子學的二卷	1138
補遺一卷	1865、1866	重鐫朱青巖先生擬編明紀輯畧十六	
重刊詳校篇海五卷	0232	卷	0427
重刊嘉祐集十五卷	1907	段柯古文鈔一卷	2683
重刻吳淵穎集十二卷附錄一卷	2030	修史試筆二卷	2525
重刻剡川姚氏本戰國策札記三卷	0465	修竹廬吟稿一卷	3047
重刻黃文節山谷先生文集三十卷外		修辭指南二十卷	3328
集十四卷別集二十卷	1948–1950	信陽子卓錄八卷	1170
重刻張來儀靜居集四卷	2061	皇甫持正文鈔一卷	2683
重刻渼陂王太史先生全集二十七卷		皇明十六家小品十六種三十二卷	
渼陂續集三卷	2103、2104		2963、2964
重刻歷朝捷錄四卷	0545、0546	皇明三禮述二卷	0450
[雍正]重修太原縣志十六卷	0879	皇明大政記十卷	0450
[康熙]重修富陽縣志十卷	0921	皇明大訓記十六卷	0486、0487
[康熙]重修嘉善縣志六卷	0924	皇明天文述一卷	0450
重訂文選集評十五卷首一卷末一卷	2741	皇明文範六十八卷目錄二卷	2948
重訂四六全書剩技連珠二種二十二		皇明文衡一百卷目錄二卷	2947
卷	2968	皇明世法錄九十二卷	0729
重訂四書疑問十一卷	0158	皇明北虜考一卷	0450
重訂李義山年譜一卷	1859	皇明四夷考二卷	0450
重訂李義山詩集箋注三卷集外詩箋注		皇明地理述二卷	0450
一卷	1859	皇明百官述二卷	0450、0779

書名	編號
皇明同姓表二卷皇明同姓諸王傳三卷附異姓三王傳孔氏世家	0450
皇明名臣記三十卷	0450
皇明名臣經濟錄十八卷	0804
皇明直文淵閣諸臣表一卷附錄皇明閣臣皇明直文淵閣表	0450
皇明典故紀聞十八卷	0484
皇明法傳錄嘉隆紀六卷續紀三朝法傳全錄十六卷	0419
皇明通紀二十七卷	0417
皇明通紀法傳全錄二十八卷	0419
皇明異姓諸侯表一卷皇明異姓諸侯傳二卷	0450
皇明異姓諸侯傳二卷表一卷	0599
皇明從信錄四十卷	0420－0422
皇明開國功臣錄三十一卷續編一卷	0598
皇明詞林人物考十二卷	0603
皇明疏議輯畧三十七卷	0803
皇明經世實用編二十八卷首一卷	0728
皇明經濟文輯二十三卷	2677
皇明翰閣文宗十二卷	2962
皇荂曲一卷	2931
皇華紀聞四卷	1361
皇清文穎一百卷首二十四卷目錄六卷	3001
皇清奏議不分卷	0815
皇清奏議四十四卷	0814
皇清詩選三十卷首一卷	3007
皇極經世書發明十二卷首一卷	1568
鬼谷子	1093
鬼谷子一卷	1090
鬼谷子一卷鬼谷子外篇一卷	1091
泉志十五卷	1063
泉幣圖說六卷	1064
禹貢匯疏十二卷圖經二卷神禹別錄一卷	0055
禹貢彙覽四卷	0062
禹貢說斷四卷	0050
禹貢錐指二十卷圖一卷	0057－0059
禹貢譜二卷	0061
侯朝宗文鈔八卷	2976
侯鯖錄八卷	1435
衍慶錄十卷	0682
律呂新義四卷附錄一卷	0112
律例全編六卷	0761
後山詩鈔一卷	2706
後山詩話一卷	3120、3152
後村雜著三卷	2470
後周明帝集一卷	2697
後漢紀三十卷	0414
後漢書九十卷	0322、0323
後漢書補注二十四卷	0325
後漢書補逸二十一卷	0324
俞氏易集說十三卷	0007
弇山堂別集一百卷	0479、0480
弇州山人四部稿一百七十四卷目錄十二卷	2149、2150
弇州山人四部稿選十六卷	2151、2152
弇州山人續稿二百七卷目錄十卷	2153－2155
弇州史料前集三十卷後集七十卷	0481－0483
風胡子	1093
風俗通	1093

風俗通義十卷	1284、1285
風雅遺音二卷	0082
風箏誤傳奇二卷	3224
訂譌雜錄十卷	1274
亭皋詩鈔四卷	2385
彥周詩話一卷	3152
施註蘇詩四十二卷總目二卷	1930–1932
施愚山先生外集二卷	2312
施愚山先生年譜四卷	2312
施愚山先生全集九十六卷	2312–2316
施愚山先生別集四卷	2312
施愚山先生學餘文集二十八卷	2312
施愚山先生學餘詩集五十卷	2312
音論三卷	0276
音學五書三十八卷附答李子德書一卷	0276、0277
音韻日月燈六十卷	0266
音韻正訛四卷	0268
音韻清濁鑑三卷	0280
音韻輯要二十一卷	0285
音韻闡微十八卷	0271–0273
帝京景物略八卷	0963
帝鑑圖說六卷	0577、0578
恆山集七卷	2513
前明忠義別傳一卷	0687
前漢紀三十卷	0414
首山子	1093
洪武正韻十六卷	0258–0262
洪範九疇數三卷附洪範疇解	1567
洪範圖解一卷	1130
洎詞十二卷	2120、2121
洞宗大覺續燈四十卷	1698
洞神劉天君袪治法秘	1222
洞神龐劉二天君袪治大法	1222
洗冤彙編不分卷	0768
洺水集一卷	2931
浹濱蔡先生文集十二卷	2138
津逮祕書十五集一百四十八種七百五十四卷	3400
宣城施氏家風述略一卷續編一卷	2312
宣室志十卷補遺一卷	1427
客越志二卷	2185
神霄總真黑虎劉元帥全集法寶	1222
為政忠告四卷	0783
退密齋詩文鈔不分卷	2659
退隱軒文集十卷	2670
退隱軒詩集五卷	2670
咫聞集四卷	1276
屏山集鈔一卷	2706
眉山詩鈔一卷	2706
眉公先生晚香堂小品二十四卷	2247
眉公見聞錄四卷	0485
陝西省清理財政局歲入歲出說明書	0756
[陝西雒南]小輪老人年譜二卷	0649
[陝西雒南]薛氏家譜二卷附家祠十七事不分卷	0649
姚少監詩集十卷	2896
飛丸記二卷	3227
飛龍傳六十回	3265
癸辛雜識前集一卷後集一卷續集二卷別集二卷	1309、1310
紅苗歸化恭紀詩一卷	3031
紅拂記二卷	3227
紅雪樓九種曲十三卷	3229

紅梨記二卷	3215、3227	華山集三卷	2513
紅樓復夢一百卷一百回	3261	華夷譯語不分卷	0300
紅樓夢一百二十回	3260	華谷集一卷	2931
紅樓夢圖詠不分卷	1641－1643	華國編唐賦選二卷	2917
紅藕莊詞三卷	3159	華陽陶隱居集二卷	1752
紅蘭集一卷	2494	華陽散稿二卷	2571
紉齋畫賸不分卷	1644	華陽集一卷	2931
		華陽館草不分卷	2262
		華嚴經探玄記二十卷	1674
		華嚴經頌一卷	1702

十畫

		莆風清籟集六十卷	3074
耕織圖四十六幅	1250	莊子	1093
秦少游文鈔一卷	2683	莊子十卷	1087、1194
秦書疏三卷	0799	莊子因六卷	1205
秦漢瓦當文字二卷續一卷	1076	莊子南華真經十卷	1089、1092、1196、1197
秦漢文定十二卷	2786	莊子南華真經五卷	1187
秦漢文鈔六卷	2782－2785	莊子南華真經四卷	1090
秦漢文歸三十卷	2781	莊子南華真經四卷音義四卷	1195、1710
泰山集三卷	2513	莊子鬳齋口義十卷附莊子釋音一卷	1199
[崇禎]泰州志十卷	0869	莊子翼八卷	1201
班孟堅文鈔一卷	2683	莊子翼八卷老子翼三卷	1200
班馬字類五卷	0217－0221	荷塘詩集十二卷	2216
班馬異同三十五卷	0348、0349	[順治]真定縣志十四卷	0844
班蘭臺集一卷	2690	真詮三卷	1217
素修堂詩集二十四卷後集六卷補遺		真誥二十卷	1209
一卷	2616	尅擇璇璣經集註一卷	1560
袁中郎文鈔一卷	2683	桂林詩正八卷	0078
袁中郎先生批評唐伯虎彙集四卷		桂林霜二卷	3229
	2105、2106	[嘉慶]桂東縣志二十卷首一卷	0945
袁中郎全集四十卷	2226	桂海虞衡志一卷	0991
袁文箋正十六卷袁文補注一卷附錄		桂嵒山房詩集十二卷附詞集一卷	2650
小傳	2579－2582	桂馨堂集六種十三卷	2651
袁永之集二十卷	2133		

桂巖子二卷	1093
栖雲閣文集十五卷附錄一卷	2326
栖雲閣詩十六卷	2291
桐華吟館詩稿六卷詞稿一卷	2646
桐溪詩述二十四卷	3070
桃花扇六卷十六回	3271
桃花扇傳奇二卷四十齣	3219
格古要論十三卷	1047－1049
格致鏡原一百卷	3309
校正重刊官板宋朝文鑑一百五十卷 目錄三卷	2674
校注橘山四六二十卷	1990、1991
栟櫚集一卷	2931
夏小正戴氏傳四卷	0007
夏侯常侍集一卷	2690
夏桂洲先生文集十八卷年譜一卷	2128、2129
原本海公大紅袍傳六十卷六十回	3267
捕蝗彙錄不分卷	0775
振綺堂簡明書目不分卷	1086
哲仙樓文稿存十卷	2670
晉王大令集一卷	2690
晉王右軍集二卷	2690
晉史刪四十卷	0372
晉成公子安集一卷	2690
晉杜征南集一卷	2690
晉束廣微集一卷	2690
晉政輯要八卷	0789
晉書纂十六卷	0516
晉書纂七卷	0515
晉書纂略二十卷	0514
晉陵集二卷	2183
晉張司空集一卷	2690
晉張孟陽集一卷	2690
晉張景陽集一卷	2690
晉摯太常集一卷	2690
晉劉越石集一卷	2690
逍遙山萬壽宮志二十卷	1014
晁無咎文鈔一卷	2683
晏子	1093
晏子春秋內篇二卷	1091
晏子春秋六卷	0683
恩餘堂經進初藁十二卷續藁二十二卷三藁十一卷策問存課二卷知聖道齋讀書跋尾二卷	2598
峨眉山志十八卷	1015、1016
造呈蘇屬道員知府直隸州各班員名簡明履歷清冊不分卷	0708
秘書廿一種九十四卷	3401－3404
倚松老人集一卷	2931
倘湖樵書十二卷	1399
倪文正公遺稿二卷	2251
倦圃曹先生尺牘二卷	2285
息齋集六卷珥筆閑吟一卷山居候鳴一卷外集一卷續外集一卷	2272
息齋集四卷總憲疏草一卷中銓疏草一卷奏疏一卷外集一卷續外集一卷外集補遺一卷	2271
師山先生文集八卷遺文五卷遺文附錄一卷濟美錄四卷	2031
徐子	1093
徐文長文集三十卷附四聲猿一卷	2177－2179
徐文長文鈔一卷	2683

徐永宣詩選一卷	2715	唐大家韓文公文鈔十六卷	1832
徐孝穆文鈔一卷	2683	唐子西文鈔一卷	2683
徐昌穀文鈔一卷	2683	唐子西文錄一卷	3152
徐昂發詩選一卷	2715	唐王燾先生外臺秘要方四十卷	1253
徐僕射集一卷	2690	唐太常寺奉禮郎李長吉詩集不分卷	2899
殺狗記二卷	3227	唐六如先生畫譜三卷	2105、2106
奚囊寸錦三卷鈔句一卷	2472	唐方城令溫飛卿詩集不分卷	2899
倉場事宜初稿	0753	唐世說新語十三卷	1423
倉頡篇三卷	0240	唐世說總論	1423
託素齋文集六卷詩集四卷	2388、2389	唐丞相曲江張文獻公集十二卷附錄一卷千秋金鑑錄五卷	1759
高文襄公文集四卷	2144		
高令公集一卷	2690	唐宋十大家全集錄五十一卷	2700
高江村全集七十七卷	2378	唐宋八大家文鈔一百四十四卷	2698、2699
高季迪先生大全集十八卷	2058	唐宋八家詩五十二卷	2701
高皇帝御製文集二十卷	2057	唐宋白孔六帖一百卷目錄二卷	3278、3279
高常侍集二卷	2886	唐荊川先生文集十二卷	2134
[乾隆]高淳縣志二十五卷首一卷	0858	唐荊川先生批點精選史記十二卷	0502
高陽集二十卷目錄一卷	2236	唐荊川先生編纂諸儒語要十卷	1146
高陽集二十卷目錄一卷	2235	唐荊川先生纂輯武編十二卷	1224
[雍正]高陽縣志六卷	0838	唐荊川集六卷	2708
郭元釪詩選一卷	2715	唐柳先生集四十五卷外集二卷龍城錄二卷附錄二卷傳一卷	1839
郭氏元經十卷	1561		
郭弘農集二卷	2690	唐律消夏錄五卷	2912
唐堂集五十卷續集八卷補遺二卷附冬錄一卷	2468、2469	唐音戊籤二百一卷餘閏六十三卷餘諸國主詩一卷	2890
唐八家詩鈔不分卷	2703	唐書二百二十五卷	0335
唐人三家集二十八卷	2702	唐書二百二十五卷附釋音二十五卷	0336
唐人五言長律清麗集六卷	2921	唐書二百卷	0334
唐人六集四十三卷	2896	唐陸宣公集二十二卷	1813－1815
唐人萬首絕句選七卷	2874、2875	唐陸宣公集二十四卷	1812
唐大家柳柳州文抄十二卷	2698	唐陸宣公翰苑集二十四卷	1816、1817
唐大家韓文公文抄十六卷	2698	唐棲志略稿十三卷	0922

唐雅同聲五十卷目錄二卷	2887	悟真篇注疏三卷	1188
唐會要一百卷	0722	悔菴年譜二卷年譜圖詩一卷	0697
唐解元仿古今畫譜一卷	1631	悅心集四卷	2842、2843
唐詩正聲十卷	2922	益公省齋藁鈔一卷益公平園續藁鈔	
唐詩成法八卷	2914	一卷	2706
唐詩快十六卷選詩前後諸詠一卷	2893	益公題跋十二卷	1607、1608
唐詩英華二十二卷	2894、2895	[康熙]益都縣志十四卷首一卷	0898、0899
唐詩金粉十卷	2704	兼濟堂纂刻梅勿菴先生曆算全書二	
唐詩品彙九十卷拾遺十卷	2881–2883	十八種七十四卷	1559
唐詩品彙九十卷拾遺十卷	2880	[雍正]朔平府志十二卷	0887、0888
唐詩紀事八十一卷	3129	剡溪漫筆六卷	1332
唐詩排律七卷	2916	浯溪考二卷	1031
唐詩筌蹄集六卷末三卷	2908	酒邊詞二卷	3158
唐詩鼓吹十卷	2876、2877	浙西六家詞十一卷	3159
唐詩箋注十卷	2919	[浙江杭州]朱氏世譜不分卷	0650
唐詩聯選二卷	2889	浙江省通志圖說一卷	3439
唐詩歸三十六卷	2799	浙江軍需報銷局造冊不分卷	0755
唐詩類苑二百卷	2884	[浙江紹興]山陰傅氏家譜不分卷	0659
唐詩觀瀾集二十四卷	2918	[浙江紹興]史氏譜錄合編八卷	0656
唐語林八卷	1434	[浙江紹興]兩溪陸氏家乘四卷	0657
唐賢三昧集四卷	2900	[浙江紹興]莊頭張氏族譜不分卷	0658
唐駕部侍郎知制誥中書舍人韓君平		[浙江紹興]偁山章氏家乘初集二卷	
詩集不分卷	2899	正集三十一卷首一卷彙集六卷首	
唐翰林學士中書舍人韓致光香匲集		一卷	0655
不分卷	2899	[浙江義烏]瀟溪劉氏重修宗譜三卷	
唐應德文鈔一卷	2683	末一卷	0661
唐韻正二十卷	0276	[浙江慈谿]李姓家世三卷首一卷	0654
唐類函二百卷目錄二卷	3340、3341	[浙江寧波]砌街李氏族譜考不分卷	0653
唐鑑十二卷	0541	[浙江諸暨]張氏孝感里志十二卷首	
悟真注疏直指詳說三乘秘要一卷	1188	一卷	0660
悟真集二卷	1210	[浙江蕭山]任氏家乘十六卷	0652
悟真篇三註三卷	1211	[浙江蕭山]蕭山何氏宗譜十二卷首	

一卷	0651	書柬活套翰墨連環譜十二卷	3350
[乾隆]涇州志二卷	0919	書品二卷	1611
[乾隆]涇縣志十卷首一卷	0874	書記洞詮一百二十卷目錄十卷	2797
消閒錄十卷	1149	書堂詩鈔四卷	2269
涅槃末後句一卷	1702	書集傳六卷序一卷圖一卷	0049
海石先生文集二十八卷目錄二卷	2139	書集傳或問二卷	0007
海門初集十卷首一卷	2597	書集傳纂疏六卷首一卷	0007
[嘉慶]海門廳志四卷	0871	書傳大全十卷書序一卷	0053
海峰文集八卷	2577、2578	書傳會選六卷	0052
海運新考不分卷	0741	書傳鹽梅二十卷	0068
海虞詩苑十八卷	3041	書經六卷	0006
海愚詩鈔十二卷	2641	書經六卷首一卷	0009
[嘉靖]海寧縣志九卷	0920	書蔡氏傳旁通六卷	0007
海錄碎事二十二卷	3285	書蔡氏傳輯錄纂註六卷首一卷	0007
海瓊玉蟾先生文集六卷續集二卷	1998	書種堂格言雜纂不分卷	1183
浮溪文粹十五卷附錄一卷	1963	書疑九卷	0007、0051
浮溪集鈔一卷	2706	書譜十卷附郡邑考略一卷	2968
浮溪遺集十五卷附錄一卷	1964	書纂言四卷	0007
浣紗記二卷	3227	陸士衡文鈔一卷	2683
浪語集鈔一卷	2706	陸士衡集七卷	2697
宮詞一卷	2806、2807	陸士龍文集十卷	1746
宮鴻曆詩選一卷	2715	陸士龍文鈔一卷	2683
容城三賢文集十二卷	3037	陸士龍集四卷	2697
[乾隆]容城縣志八卷	0839	陸子一卷	1091
容臺文集十卷詩集四卷別集四卷	2218	陸太常集一卷	2690
容臺文集九卷詩集四卷別集四卷	2217	陸氏經典異文輯六卷	0187
容齋隨筆十六卷續筆十六卷三筆十六卷四筆十六卷五筆十卷	1299、1300	陸平原集二卷	2690
		陸狀元增節音註精議資治通鑑一百二十卷目錄三卷首一卷	0392
容齋題跋二卷	1607		
書六卷	0003	陸放翁全集一百五十五卷	1977、1978
書古文訓十六卷	0007	陸放翁劍南詩選六卷	1980
書舟詞一卷	3158	陸務觀文鈔一卷	2683

陸清河集二卷	2690	陰陽五要奇書五種	1561
陸密菴文集二十卷錄餘二卷詩集十二卷	2329	陰陽寶海三元玉鏡奇書三卷	1560
		陶韋合集十九卷	2805
陸魯望文鈔一卷	2683	陶通明文鈔一卷	2683
陵陽詩鈔一卷	2706	陶菴文集七卷陶菴詩集八卷吾師錄一卷	2260
陳子昂集二卷	2886		
陳北溪先生文集十四卷	1989	陶彭澤集一卷	2690
陳司業先生集十一卷	2423	陶淵明文鈔一卷	2683
陳同甫文鈔一卷	2683	陶淵明集十卷	1744
陳同甫集三十卷	1995、1996	陶詩集註四卷	1742
陳兆崙年譜一卷	2511	陶詩彙注四卷首一卷末一卷	1743
陳克齋先生集五卷	1992	陶靖節集二卷	1741
陳伯玉文鈔一卷	2683	陶靖節集十卷總論一卷	1737－1739
陳定宇先生文集十七卷	2022－2024	陶靖節集十卷總論一卷附錄一卷	1735
陳迦陵詞全集十六卷	2337	陶靖節集八卷附錄一卷	1740
陳思王集二卷	2690	陶學士先生文集二十卷陶學士先生事蹟一卷	2065
陳思王集四卷	2697		
陳後主集一卷	2690、2697	陶隱居集一卷	2690
陳眉公重訂野客叢書十二卷附錄一卷	1261－1263	陶廬雜錄六卷	0499
		通志堂經解一百四十種一千八百六十卷	0007
陳記室集一卷	2690		
陳副使遺藁一卷	2931	通志略五十一卷	0340、0341
陳張散騎集一卷	2690	通志略五十二卷	0342
陳虛白規中指南二卷	1188	通典二百卷	0712
陳無己文鈔一卷	2683	通紀直解十四卷續二卷	0423
陳剩夫先生集四卷	2083	通紀會纂十卷	0424、0425
陳學士文集十八卷	2461	通紀彙編九卷	0426
陳檢討集二十卷	2342、2343	通雅五十二卷首三卷	1270
陳檢討集十二卷詩鈔十卷詞鈔十二卷	2341	通鑑本末紀要八十一卷首三卷	0444
		通鑑全史彙編歷朝傳統錄八卷	0407
陰常侍集一卷	2697	通鑑刪正二十四卷	0408
陰符經三皇玉訣三卷	1188	通鑑直解二十八卷	0402

通鑑紀事本末四十二卷	0431、0432
通鑑紀事本末前編十二卷	0433
通鑑綱目釋地糾謬六卷	0410
通鑑綱目釋地補註六卷	0410
通鑑總類二十卷	0517
通鑑釋文辯誤十二卷	0385、0393、0394
能改齋漫錄十八卷	1302
孫月峯先生批點南華真經八卷	1204
孫月峯先生評文選三十卷	2737
孫文定公全集十二卷	3419、3420
孫文定公全集十三卷	3421
孫可之文鈔一卷	2683
孫廷尉集一卷	2690
孫芷鄰集十一卷首一卷	2462
孫武子	1093
孫馮翌集一卷	2690
純陽呂真人文集八卷	1188
納書楹曲譜正集四卷續集四卷補遺四卷外集二卷玉茗堂四夢曲譜八卷	3201－3204
紡授堂集八卷文集八卷二集十卷	2255

十一畫

理學宗傳二十六卷	1184
理學備考三十四卷	1157
琉球入學見聞錄四卷	1042
貳臣傳六卷逆臣傳四卷	0619
埤雅二十卷	0297、0301
黃青社先生伐檀集二卷	1951
[康熙]萊陽縣志十卷	0903
[康熙]萊蕪縣志十卷	0894
菊潭詩集一卷	2931
菊磵詩選一卷	2928
菩薩本生鬘論十六卷	1679
乾隆乙未同年齒錄	0707
菉斐堂子史匯纂二十四卷	3304
梵網戒光一卷	1702
梅花屋詩草一卷	2256
梅村集四十卷目錄二卷	2278
梅村詩鈔三卷	3063
[雍正]梅里志四卷首一卷	0926
梅屋吟藁一卷	2931
梅屋集一卷	2931
梅崖文補遺一卷	2587
梅崖居士文集三十卷外集八卷	2584－2587
梅溪詩選一卷	2928
曹子建文鈔一卷	2683
曹月川先生集不分卷	2072
曹月川先生遺書八種十一卷	3418
曹李尺牘合選二卷	3098
敕修河東鹽法志十二卷圖考一卷	0745
帶經堂集九十二卷	2353、2354
帶經堂詩話三十卷首一卷	3140
硃批諭旨不分卷	0791
盛世元音四卷	3012
雪山集十六卷首一卷	1971
雪中人一卷	3229
雪月梅傳十卷五十回	3264
雪坡小藁一卷	2931
雪林刪餘一卷	2931
雪泥留印四卷	2663
雪泉詩集一卷	2931
雪堂行和尚拾遺錄一卷	1682

書名	頁碼
雪堂墨品一卷	2392
雪窗小藁一卷	2931
雪溪集一卷	2931
雪篷詩藁一卷	2931
雪磯叢藁一卷	2931
雪廬讀史快編六十卷	0521-0523
雪竇寺志十卷	0969
排山小集八卷續集十二卷後集六卷	2517、2518
捫蝨新話十五卷	1304
授研齋詩一卷	2483
[雍正]處州府志二十卷	0937
堂抄行文檔	0773
[康熙]常山縣志十二卷首一卷	0936
常言道四卷十六回	3269
常建詩集三卷附錄一卷常建集外詩一卷	2896
野谷詩集一卷	2931
野趣有聲畫一卷	2931
問字堂集六卷	2627
問奇一甕三十卷	1389
晦菴先生文集一百卷目錄二卷	1970
晦菴先生所定古文孝經句解一卷	0007
晦菴題跋三卷	1607
晦庵先生朱文公易説二十三卷	0007
晞髮集十卷晞髮遺集二卷晞髮遺集補一卷天地間集一卷登西臺慟哭記註一卷冬青樹引重註一卷	1874
晞髮集鈔一卷晞髮近稿鈔一卷附天地間集一卷	2706
晚香堂詩六卷	2520
晚笑堂竹莊畫傳不分卷	1636
異方便淨土傳燈歸元鏡三祖實錄二卷	3196
異聞總錄四卷	1436
唱經堂才子書十五卷	3137
國史經籍志六卷	1083
國名紀八卷	0468
國朝三家文鈔三十二卷	2976-2979
國朝山左詩鈔六十卷	3055、3056
國朝山左詩續鈔三十二卷	3057
國朝五言長律廣颺集十六卷	3027
國朝文鈔五編不分卷論文集鈔二卷	3028
國朝全閩詩錄初集二十一卷續集十一卷	3073
國朝名世類苑四十六卷	0600
國朝松陵詩徵二十卷	3043
國朝典彙二百卷	0727
國朝律賦偶箋四卷	3014
國朝理學備考不分卷	1158
國朝詩正六卷	2997
國朝詩正聲集七卷首一卷	3025
國朝詩別裁集三十六卷	3002、3003
國朝詩選六卷	3030
國朝歷科題名碑錄不分卷	0704
國語二十一卷	0451-0455
國語九卷	0456
國語古文音釋一卷	0451
國語抄評十二卷	0457
眾妙集一卷	2675
崔中丞文鈔一卷	2683
崔東洲集二十卷續集十一卷	2127
崇川詩集十二卷補遺一卷	3046
崇祀錄一卷	2509

崇雅堂詩鈔十一卷	2560	鳳求鳳傳奇二卷	3224
崆峒集二十一卷	2100	許魯齋先生集六卷	2020
過墟志感二卷	0496	許鍾斗文集五卷	2233
梨雲館類定袁中郎全集二十四卷		庾子山文鈔一卷	2683
	2223、2224	庾度支集一卷	2690
笛漁小稿十卷	2351	庾開府集二卷	2690、2697
符子	1093	庾開府集十二卷	1754
笠亭詩集十二卷	2604	庸行編八卷	1404、1405
笠翁一家言二集十二卷	2306	庸齋小集一卷	2931
笠翁一家言文集四卷	2306	康南海自編年譜不分卷	0699
笠翁一家言全集二十八卷	2306	康節先生觀物篇解六卷	1566
笠翁一家言別集四卷	2306	康熙甲子史館新刊古今通韻十二卷	0278
笠翁一家言詩集八卷	2306	康熙肆拾年分本色統徵倉米比簿不	
笠翁傳奇十二種曲二十四卷	3224	分卷	0749
笠翁傳奇十種二十卷	3225、3226	康對山先生文集十卷附諸家評語一	
第二碑一卷	3229	卷	2114-2116
第五才子書十二卷一百二十四回	3236	鹿門子	1093
第六才子書西廂記八卷	3207	鹿門子一卷	1091
進修錄六卷附傳一卷	1336	鹿洲公案二卷	2525
停雲集十三卷	2727	鹿洲全集四十二卷	2525
停雲閣詩集一卷	3047	鹿洲初集二十卷	2525、2526
得樹齋詩一卷	2319	鹿溪子	1093
船山詩草二十卷	2631	[乾隆]章邱縣志十三卷首一卷	0895
釣臺集二卷	3051	章程彙編不分卷	0775
鳥鼠山人小集十六卷後集二卷	2123	商子	1093
魚鴻剩牘不分卷	2668	商文毅公集十卷	2077
魚鱗冊不分卷	0772	望溪集不分卷	2447、2448
[嘉靖]象山縣志十五卷	0933	情史類畧二十四卷	1439、1440
象類不分卷	1572	剪桐載筆一卷	2220
逸雅八卷	0301	剪綃集二卷	2808
逸語十卷	1173	剪燈新話句解二卷	1443
逸齋詩補傳三十卷篇目一卷	0007	清文彙書十二卷	0239

清末民初政令文電雜鈔	0778	淮海集鈔一卷	2706
清平閣倡和詩一卷	2190	淮海詞一卷	3160
清代文獻邁古錄二十四卷附錄不分卷	0535	淮海題跋一卷	1607
清代檔案雜鈔不分卷	0775	淨土資糧全集六卷前集一卷後集一卷	1684
清全齋讀春秋編十二卷	0007	淳化秘閣法帖考正十二卷	1620
清江貝先生詩集十卷	2714	淳化秘閣法帖考正十二卷附二卷	1619
清吟堂全集十五種七十七卷	3434	淳化秘閣法帖考正十卷附二卷	1621
清吟堂集九卷附神功聖德詩漠北蕩平凱歌二十首	2379	淳化閣帖釋文二卷	1621
		淡軒先生詩文集十二卷補遺一卷	2074
清苑齋詩鈔一卷	2706	[乾隆]深澤縣志十二卷首一卷	0855
清河書畫舫十二卷	1622	梁元帝集一卷	2690、2697
清宗室襲爵譜不分卷	0709	梁丘司空集一卷	2690
清軍機處諭旨不分卷	0793	梁沈約集一卷	2697
清雋集鈔一卷	2706	梁武帝集一卷	2697
清凉山新志十卷	1009	梁武帝御製集一卷	2690
清異錄二卷	1368、1369	梁昭明太子文集五卷	1753
清暑筆談一卷	1337	梁昭明太子集一卷	2690
清統元音	0287	梁昭明文鈔一卷	2683
清閟閣全集十二卷	2046	梁昭明文選十二卷	2731
清暉贈言十卷	2991	梁宣帝集一卷	2697
清溪詩稿一卷	3047	梁書五十六卷	0328、0329
清儀閣雜詠一卷	2651	梁園風雅二十七卷	3060
清墅亭詩草不分卷	2490	梁劉孝威集一卷	2697
清獻詩鈔一卷	2706	梁劉孝綽集一卷	2697
淮南子二十一卷敘目不分卷	1260	梁簡文文鈔一卷	2683
淮南子二卷	1093	梁簡文帝集二卷	2697
淮南鴻烈解二十一卷	1279–1281	梁簡文帝御製集二卷	2690
淮南鴻烈解二十八卷	1092	寄園寄所寄十二卷	1407–1409
淮南鴻烈解輯畧不分卷	1282	啟蒙意見五卷	1130
淮海集四十卷	1955	啓譜十卷附氏族攷略一卷	2968
淮海集四十卷後集六卷長短句三卷	1954	尉繚子	1093

張大受詩選一卷	2715
張子六卷	1154
張子全書十五卷	1117
張子壽文鈔一卷	2683
張太史評選秦漢文範十三卷	2787
張文潛文鈔一卷	2683
張白雲選名公扇譜一卷	1631
張仲景金匱要畧論註二十四卷	1251
張河間集二卷	2690
張洪陽注解道德經二卷	1188
張道濟文鈔一卷	2683
張龍湖先生文集十五卷	2130、2131
隋唐嘉話三卷	1290
隋煬帝集一卷	2690、2697
陽明先生文錄三卷	2109
陽明先生文錄五卷外集九卷別錄十卷	2110、2111
陽明按索五卷	1561
陽明按索圖五卷附按索圖星煞考註補	1560
陽湖縣約錄	3112
隅園集十八卷	2193
隆平集二十卷	0474
隆吉詩鈔一卷	2706
習之先生全集錄二卷	2700
參同契口義一卷	1216
參寥詩鈔一卷	2706
貫華堂第六才子書八卷附才子西廂文一卷	3206
貫華堂評論金雲翹傳四卷二十回	3268
貫華堂選批唐才子詩甲集七言律八卷	2891

十二畫

貳臣傳十二卷	0620
絜廬文集十卷	2670
琵琶記二卷	3227
琴心記二卷	3227
琴好樓小製一卷	3047
琴譜合璧二種三卷	1650
琦善川陝奏稿不分卷	0816
瑯嬛記三卷	1373
堯峰文鈔四十卷詩十卷	2335、2336
堪輿隨筆不分卷	1582
越風三十卷	3067
博山無異大師語錄集要六卷	1692
博物典彙二十卷	3295
博物典彙十九卷	3296
[乾隆]博野縣志八卷首一卷末一卷	0840
博雅音十卷	0305
彭氏二文合集十五卷	3088
彭文思公文集六卷附錄一卷	3088
彭文憲公文集六卷附錄一卷	3088
壺山自吟槀三卷附錄一卷俟寧居偶詠一卷	2639
斯文規範八卷	3147
斯文精萃不分卷	2848－2850
黃山志二卷	1007
黃山志定本七卷首一卷	1005、1006
黃山遊草一卷	3439
黃氏畫譜八種八卷	1631
黃石子	1093
黃石公素書一卷	1090、1091

黃庭內景五臟六腑圖說一卷	1188	硯谿先生詩集七卷	2427
黃梨洲先生南雷文約四卷	2324	雲川閣集詩十四卷詞七卷	2458
黃梨洲先生集五種二十一卷附一種二卷	2325	雲仙雜記十卷	1367
		雲台山人詩集九卷	2537
黃琢山房集十卷	2602	[康熙]雲州志五卷首一卷	0960
黃湄詩選十卷	2380	雲谷雜紀四卷首一卷末一卷	1306
黃魯直文鈔一卷	2683	雲門子	1093
葉正則文鈔一卷	2683	雲起堂集十六卷	2290
葬書內外篇不分卷	1579	雲晁子	1093
萬世玉衡錄四卷	1185	雲笏詩一卷	2493
萬充宗先生經學五書十九卷	0008	雲陽子	1093
萬首唐人絕句一百一卷	2873	雲巢詩鈔一卷	2706
萬壽盛典初集一百二十卷	0732、0733	[紹熙]雲間志三卷	0865
董文敏公畫禪隨筆四卷	1596	雲溪俍亭和尚閱經十二種十二卷	1702
董仲舒文鈔一卷	2683	揚子	1093
董膠西集一卷	2690	揚子十卷	1087
葆淳閣集二十四卷易說二卷	2600	揚子法言一卷	1090
敬業堂詩集五十卷	2441–2444	揚子雲文鈔一卷	2683
敬業堂詩續集六卷	2445	揚子雲集三卷	1732
敬義軒詩稿一卷	2669	揚侍郎集一卷	2690
落落齋遺集十卷	2244	揭秋宜詩集五卷	2042
葦碧軒詩鈔一卷	2706	揮塵前錄四卷後錄十一卷第三錄三卷後錄餘話二卷	1305
[正德]朝邑縣志二卷	0916		
楮記室十五卷	3324	雅林小藁一卷	2931
焚香記二卷	3227	雅雨堂叢書十三種一百三十八卷	3410、3411
棉陽學準五卷	2525		
棣華館小集一卷	2931	雅尚齋遵生八牋十九卷	1363
惠子	1093	雅趣藏書一卷	3221
棘聽草十二卷賦役詳稿一卷	0760	紫竹山房詩集十二卷文集二十卷	2511
硯山齋集一卷	1163	紫柏老人集十五卷首一卷	2191
硯小史四卷	1662	紫釵記二卷	3227
硯樵山房文藁不分卷	2664	紫陽方先生瀛奎律髓四十九卷	2766

紫微集一卷	2931	無懷小集一卷	2931
紫微詩話一卷	3152	掣鯨堂詩集九卷	2492
紫簫記二卷	3227	智囊補二十八卷	1391
紫巖居士易傳十卷	0007	[民國]犍爲縣志八卷	0951
虛文彙解四卷	0304	嵇中散集一卷	2690、2697
虛直堂文集二十四卷首一卷	2308	嵇叔夜文鈔一卷	2683
最古園二編十八卷	2455	程子上下篇義一卷	0013
鼎湖山慶雲寺志八卷	0975	程尚書禹貢論二卷後論一卷山川地理圖二卷	0007
鼎鍥卜筮鬼谷源流斷易天機大全三卷首一卷	1588	筆夢一卷	0497
鼎鐫金陵湯會元評釋漢書狐白三卷	0554	筆叢正集三十二卷續集十六卷	1328
鼎鐫諸方家彙編皇明名公文雋八卷	2969	筆疇二卷	1318
鼎鐫洪武元韻勘正補訂經書切字海篇玉鑑二十卷	3345	傅中丞集一卷	2690
		傅忠肅集一卷	2931
閒情集六卷	2975	傅鶉觚集一卷	2690
景文集六十二卷	1869	傅鶉觚集六卷附錄一卷	1745
景文詩集一卷	2931	順安詩草八卷	2651
景祖翼皇帝第五子豎格不分卷	0669	順適堂吟藳一卷	2931
景祖翼皇帝第五子橫格不分卷	0670	㑳梅香騙翰林風月雜劇一卷	3208
貴耳集三卷	1308	集千家註分類杜工部詩二十五卷	1779
貴案隨記不分卷	1243	集千家註杜工部詩集二十卷文集二卷	2897
[光緒]貴陽府鄉土地理志一卷貴陽府鄉土志一卷	0961	集古印譜五卷印正附說一卷	1653
違礙書籍名目不分卷	1084	集古印譜六卷	1652
喻林一百二十卷	3338	集虛齋學古文十二卷附離騷經解畧一卷	2446
嵞岈子	1093		
黑蝶齋詞一卷	3159	集聖教字詩四卷續四卷	2607
無咎題跋一卷	1607	集錄真西山文章正宗三十卷	2008
無量義經一卷	1704	焦山志十二卷	1002、1003
無爲集一卷	2931	焦氏易林十六卷	1575、1576
無聲詩史七卷	1623、1624	焦氏筆乘六卷續集八卷	1329
無題詩一卷	2494	皋鶴堂批評第一奇書金瓶梅一百回	3246

皖江採風錄不分卷	3052	御製曆象考成表十六卷	1455
衆妙集一卷	2808	御製擬白居易新樂府不分卷	1856
御批歷代通鑑輯覽一百十六卷	0409	御製勸善要言一卷	1153
御注孝經不分卷	0143	御選唐宋文醇五十八卷	2794
御注道德經二卷	1191	御選唐宋詩醇四十七卷目錄二卷	2793
御定全唐詩錄一百卷	2902	御選唐詩三十二卷目錄三卷	2904-2907
御定全唐詩錄一百卷詩人年表一卷	2903	御錄經海一滴六卷	1700
御定歷代賦彙一百四十卷外集二十卷逸句二卷補遺二十二卷目錄二卷	2722-2724	御纂周易折中二十二卷首一卷	0041
		御纂性理精義十二卷	1162
		御覽經史講義三十卷首一卷	1186
御定歷代題畫詩類一百二十卷	2828	復古編二卷	0215
御訂全金詩增補中州集七十二卷首二卷	2937	復古編附錄一卷曾樂軒稿一卷	0215
		復古編校正一卷	0215
御製文初集十卷	2655	復宿山房集四十卷	2181
御製文集四十卷總目五卷御製文二集五十卷總目六卷御製文三集五十卷總目六卷	2397	復齋易說六卷	0007
		鈐山堂集四十卷附錄一卷	2122
		欽定日下舊聞考一百六十卷譯語總目一卷	0980
御製全韻詩五卷	2544		
御製律呂正義上編二卷下編二卷續編一卷	1455	欽定石經考文提要舉正四卷目錄一卷首一卷	0189
御製律曆淵源一百卷	1455	欽定吏部處分則例五十二卷	0763
御製盛京賦一卷	2546	欽定全唐文一千卷	2920
御製欽若曆書上編十六卷下編十六卷表十六卷	1456	欽定武英殿聚珍版程式不分卷	0770
		欽定協紀辨方書三十六卷	1563、1564
御製詩二集九十卷目錄十卷	2542、2543	欽定明鑑二十四卷首一卷	0428
御製詩二集六十四卷	2545	欽定物料價值則例八卷	0752
御製詩不分卷	2540	欽定河源紀畧三十五卷首一卷	1030
御製詩初集四十四卷目錄四卷	2541	欽定宮中現行則例四卷	0765
御製資政要覽三卷	1150-1152	欽定執中成憲八卷	1165
御製數理精蘊上編五卷下編四十卷附數學圖表八卷	1455	[乾隆]欽定盛京通志一百三十卷首一卷	0856
御製曆象考成上編十六卷下編十卷	1455	欽定國朝詩別裁集三十二卷	3004、3005

欽定勝朝殉節諸臣錄十二卷首一卷	0618	道古堂文集四十六卷詩集二十六卷	2549
欽定詩經傳說彙纂二十一卷首二卷詩序二卷	0080	道古堂詩集二十六卷	2550
欽定滿洲祭神祭天典禮六卷	0736、0737	道行般若波羅蜜經十卷	1663
[乾隆]欽定熱河志一百二十卷	0850	道書全集九十四卷	1188
舜山是誠齋先生年譜不分卷	0686	道國元公濂溪周夫子志十五卷首一卷	0676、0677
勝天王般若波羅蜜經七卷	1704	道鄉詩鈔一卷	2706
舣騰八卷	2495	道援堂詩八卷	3075
舣騰八卷續編四卷	1277	道貴堂類稿十二卷	2270
舣騰續編四卷	2495	道園子	1093
註疏瑣語四卷	0187	道榮堂文集六卷首一卷近詩十卷	2428、2429
詠史絕句詩註二卷	2769	道德真經一卷	1187
詞旨一卷	3179	遂初堂詩集十六卷文集二十卷別集四卷	2414
詞苑叢談十二卷	3178	曾子孝實附錄一卷	0141
詞林典故八卷	0782	曾子固文鈔一卷	2683
詞林紀事二十二卷	3179	曾文定公全集二十卷首一卷末一卷	1894
詞科掌錄十七卷附詞科餘話七卷	0611、0612	曾皇考侍御公奏疏一卷	2139
詞律二十卷	3181	馮少墟集二十二卷續集不分卷	2222
詞綜三十六卷	3171、3172	馮少墟集二十卷	2221
詞綜三十卷	3170	馮曲陽集一卷	2690
詞譜四十卷	3183	湛園未定藁六卷	2432、2433
詞韻考略一卷	3179	[湖南湘潭]韶山毛氏族譜二十二卷	0665
敦艮齋遺書不分卷	2633	湖海樓文集六卷	2340
遊記十卷	1035	湖海樓全集五十一卷	3427、3428
童溪王先生易傳三十卷	0007	湖海樓全集五十四卷	3426
惺齋五種十卷續編二卷	3222	湖海樓詩集八卷	2338、2339
善住意天子所問經三卷	1704	湖程紀略一卷	0967
善卷堂四六十卷	2450、2451	湘山野錄三卷續一卷	1371
尊水園集略十二卷補遺二卷	2273	湘煙錄十六卷	1392
尊前集二卷	3166	[乾隆]湘潭縣志二十五卷首一卷	0943
道元一炁五卷	1218、1219	湯子遺書十卷	2345、2346
道古堂文集四十八卷詩集二十六卷	2548		

書名	頁碼
湯若士文鈔一卷	2683
湯陰精忠廟志十卷	0679
湯義仍先生南柯夢記二卷	3214
温公續詩話一卷	3152
渭南文集五十卷	1977、1981、1982
[乾隆]滑縣志十四卷首一卷	0911
淵雅堂全集四十七卷	3447
淵穎吳先生集十二卷附錄一卷	2026
淵鑒齋御纂朱子全書六十六卷	1156
淵鑒類函四百五十卷目錄四卷	3371、3372
游宦紀聞十卷	1307
游鷹山先生集前集一卷後集五卷首一卷外集一卷	1952
渾蓋通憲圖說二卷	1453
溉堂前集九卷後集六卷續集六卷文集五卷詩餘二卷	2475
湧幢小品三十二卷	1375-1377
寒山子詩集不分卷	1765
[道光]富順縣志三十八卷	0950
運甓記二卷	3227
補侍兒小名錄一卷	1296
補閒集二卷	2474
尋古齋文集四卷詩集二卷	2553
尋親記二卷	3227
畫史會要五卷	1629
畫禪室隨筆四卷	1595
畫壁遺稿三卷	2332
巽隱程先生詩集二卷	2714
巽齋小集一卷	2931
媚幽閣文娛不分卷	2678
[順治]登州府志二十二卷	0900
登壇必究四十卷	1229
絕妙好詞箋七卷	3175、3176
絕妙好詞箋七卷續鈔二卷	3177
幾何原本六卷首一卷	1557
幾亭外書九卷	1335

十三畫

書名	頁碼
瑞竂集益不分卷	1415
聖門傳詩嫡冢十六卷	0077
聖朝混一方輿勝覽三卷	0824
聖嘆內書四卷	3137
聖嘆外書十卷	3137
聖嘆雜篇一卷	3137
聖駕親征葛爾旦方略不分卷	0441
鄞縣王氏家集三卷	3091
[同治]鄞縣志七十五卷	0930
蓮洋吳徵君年譜一卷	2481、2482
蓮洋集二十卷附錄一卷	2481、2482
蓮洋集十二卷	2478
蓮洋集補遺一卷	2478
蓮洋詩鈔十卷	2480
蓮峰文選二卷詩選二卷	2605
靳文襄公奏疏八卷	0807、0808
靳兩城先生集二十卷	2141
墓銘舉例四卷	1052
夢月巖詩集二十卷詩餘一卷	2430
夢幻居畫學簡明五卷首一卷續五卷題畫詩稿一卷夢香園賸草一卷夢幻圖題句一卷雜錄一卷題詠一卷	1640
夢白先生集三卷	2208
夢東禪師遺集二卷	1706
夢堂詩稿十五卷	2569

夢溪筆談二十六卷補筆談一卷	1298	楞伽阿跋多羅寶經四卷	1704
蓬亭偶存詩草十五卷餘草一卷	2421	楞嚴答問一卷	1702
蓬徑集一卷	2274	楓山章先生文集九卷	2084
蒿菴集三卷	2382、2383	賈子新書二卷	1091
蓉槎蠡說十二卷	1349	賈太傅新書十卷	1098
蒙泉學詩草八卷	2556	賈長沙集一卷	2690
蒙齋集二十卷	2010	賈浪仙長江集十卷	1810
禁扁五卷	0962	蜃中樓傳奇二卷	3216、3224
楚庭稗珠錄六卷	0990	感逝詩一卷	2651
[宣統]楚雄縣志述輯十二卷	0959	感舊集十六卷	2992－2995
楚懷襄二王在位事蹟考一卷	1725	摛藻堂續稿五卷	2484
楚辭二卷	1713	歲寒子	1093
楚辭十七卷	1714－1717	虞山妖亂志三卷	0495
楚辭述註五卷	1720	虞伯生文鈔一卷	2683
楚辭集註八卷辯證二卷後語六卷		虞初新志二十卷	1449
	1718、1719	虞邵菴詩集七卷	2041
楚辭新集註八卷末一卷	1725	虞書箋二卷	0056
楚辭燈四卷附楚懷襄二王在位事蹟		虞道園集不分卷	2025
考一卷	1722	[康熙]睢州志七卷首一卷	0910
楝亭藏書十二種六十九卷	3408	歇菴先生集選四卷	2214
楊升菴先生批點文心雕龍十卷	3116	歇菴集十六卷	2213
楊文懿公文集三十卷	2082	路史四十七卷	0467
楊用修文鈔一卷	2683	遣愁集十四卷	1451
楊炯集二卷	1758、2886	農丈人詩集八卷文集二十卷	2205、2206
楊盈川文鈔一卷	2683	農政全書六十卷	1245
楊純哲著作五種五十卷	2670	農書二十二卷	1244
楊鐵崖文集五卷史義拾遺二卷西湖		農歌集鈔一卷	2706
竹枝集一卷香奩集一卷	2049	蜀雅二十卷	3072
楊鐵崖先生文集十一卷附鐵笛清江		[乾隆]嵊縣志十八卷首一卷末一卷	0932
引一卷	2048	嵩山集二卷	2513
楊鐵崖先生詠史古樂府四卷	2047	圓覺連珠一卷	1702
楞伽心印一卷	1702	稗海四十八種二百八十八卷續二十	

二種一百六十一卷	3392、3393	詩本義十五卷鄭氏詩譜補亡一卷	0007
稗海四十六種二百八十五卷續二十四種一百四十一卷	3391	詩式一卷	3152
[乾隆]筠連縣志八篇	0948	詩存四卷	2554
筠園稿三卷筠園刪稿三卷	2588	詩林韶濩二十卷	2837
筱飲齋槀不分卷	2486	詩法家數一卷	3152
節孝先生文集三十卷	1916	詩持一集四卷二集十卷三集十卷	2996
節孝先生集三十二卷附節孝集事實一卷	1917、1918	詩品三卷	3152
節孝詩鈔一卷	2706	詩紀一百三十卷前集十卷附錄一卷外集四卷別集十二卷	2773
節俠記二卷	3227	詩紀一百五十六卷目錄三十六卷	2774、2775
傳家集一卷	2931		
鼠餘集十二卷	2449	詩集傳名物鈔八卷	0007
像抄六卷	0024	詩詞書畫四品不分卷	1603
像象管見四卷	0023	詩詞雜俎十二種二十五卷	2808、2809
傭吹錄二集二十一卷	3305	詩傳遺說六卷	0007
會稽三賦四卷	0987、0988	詩解頤四卷	0007
[康熙]會稽縣志二十八卷首一卷	0931	詩經八卷	0006、0009
愛日堂文集八卷詩集二卷外集一卷	2309、2310	詩經小序不分卷	0079
		詩經四卷	0069
愛蘭詩鈔一卷	3047	詩經四卷附卜子夏小序一卷	0076
飴山全集五種三十八卷	3435-3438	詩經疑問七卷附編一卷	0007
飴山詩集二十卷	2416、2417	詩疑二卷	0007
獅吼記二卷	3227	詩説一卷	0007
解文毅公集十六卷首一卷附錄一卷	2071	詩餘圖譜三卷	3180
[乾隆]解州安邑縣志十六卷首一卷	0892	詩緝三十六卷	0074
解脱戒本經一卷	1664	詩學禁臠一卷	3152
解脱集四卷	2228	詩禮堂古文五卷	2498
解深密經五卷	1704	詩藪内編六卷外編六卷雜編六卷續編二卷	3135
詩二十卷	0003		
詩人玉屑二十卷	3130、3131	詩歸五十一卷	2799-2801
詩本音十卷	0276	詩譚十卷詩譚續錄一卷	3136
		詩韻歌訣初步五卷	0284

詩韻輯畧五卷	0263
詩韻釋略五卷	0270
詩觀初集十二卷二集十四卷閨秀別卷一卷三集十三卷閨秀別卷一卷	2982、2983
誠齋先生易傳二十卷	0018
誠齋江湖集鈔一卷荆溪集鈔一卷西歸集鈔一卷南海集鈔一卷朝天集鈔一卷江西道院集鈔一卷朝天續集鈔一卷江東集鈔一卷退休集鈔一卷	2706
誠齋詩選二卷	2928
禀文存稿不分卷	2658
廉吏傳十四卷附蠹一卷	0580
靖逸小藁一卷	2931
靖節公集十卷總論一卷附錄一卷	1736
新刊大廣益會玉篇三十卷玉篇廣韻指南一卷	0209
新刊五百家註音辯昌黎先生文集四十卷	1829
新刊古列女傳八卷	0574
新刊宋學士全集三十三卷	2056
新刊性理集要八卷	1127
新刊性理摘金標題論策七卷	1131
新刊校正增補皇明資治通紀十四卷	0418
新刊校正增補圓機詩韻活法全書十四卷	3329
新刊唐荊川先生稗編一百二十卷目錄三卷	3293
新刊道書全集文始真經言外經旨二卷	1213
新刊舉業明儒論宗八卷	2961
新刊繡像昇仙傳演義八卷五十六回	3270
新刊續補文選纂註十二卷	2765
新加九經字樣一卷	0210-0212
新列國志一百八回	3251
新安文獻志一百卷事略二卷	3050
[淳熙]新安志十卷	0872
新安呂氏詩草二十七卷	2490
新安忠烈廟神紀實十五卷乾集一卷附一卷	0678
新吾呂先生實證錄七卷	0785
新刻乙未科翰林館課東觀弘文十卷	3111
新刻古今事物考八卷	3292
新刻出像點板時尚崑腔雜曲醉怡情八卷	3230
新刻耳談十五卷	1438
新刻批點金壘子四十四卷	1334
新刻來瞿唐先生易註十五卷圖像一卷首一卷末一卷	0033
新刻事物紀原十卷	3283
新刻明卿陳太史校正古本歷史大方通鑑四十一卷首一卷	0403
新刻忠義水滸傳八卷一百十五回	3237
新刻重校增補圓機活法詩學全書二十四卷	3329
新刻校正纂輯評林元朝捷錄八卷	0553
新刻旁註四六類函十二卷	2972
新刻註釋草堂詩餘評林六卷	3169
新刻楊太史評註內外品百氏名文文家鏡三部稿十四卷	2798
新刻增補藝苑卮言十六卷	3134
新刻標題二十四孝鳳毛日記故事四卷首一卷	1379

新刻劍嘯閣批評西漢演義傳八卷	3252	新鍥簪纓必用增補秘笈新書十三卷別集三卷	3316
新刻劍嘯閣批評東漢演義傳十卷	3252	新鐫草字唐詩不分卷	2901
新刻歷世統譜四卷	0405	新鐫屠儀部編纂皇明捷錄十四卷	0553
新刻臨川王介甫先生詩文集一百卷目錄本傳事略	1911、1912	新鐫繡像後宋慈雲太子逃難走國全傳八卷三十五回	3266
新刻鍾伯敬先生批評封神演義十九卷一百回	3249	新纂門目五臣音注揚子法言十卷	1088、1089
[康熙]新河縣志十卷	0852	新纂門目五臣音註揚子法言十卷	1102
[嘉靖]新河縣志六卷	0851	新鐫七言唐詩畫譜一卷	1631
新定三禮圖二十卷	0104	新鐫木本花鳥譜一卷	1631
[乾隆]新修曲沃縣志四十卷	0882	新鐫五言唐詩畫譜一卷	1631
新喻三劉文集六卷首一卷	3086	新鐫分類便用書柬活套錦繡雲箋初集四卷	3107
新喻梁石門先生集十卷首一卷末一卷	2053	新鐫六言唐詩畫譜一卷	1631
新集古文四聲韻五卷附錄一卷	0214	新鐫玉茗堂批點按鑑參補南宋志傳十卷五十回楊家將傳十卷五十回	3245
新註朱淑真斷腸詩集十卷	1960	新鐫古今大雅北宮詞紀六卷	3186
新箋決科古今源流至論前集十卷後集十卷續集十卷	3317	新鐫古今大雅南宮詞紀六卷	3187
新說西遊記一百回	3243	新鐫古本批評繡像三世報隔簾花影四十八回	3256
新增說文韻府羣玉二十卷	3320－3322	新鐫批評出相韓湘子三十回	3253
新編大藏經直音不分卷	1691	新鐫草木花詩譜一卷	1631
新編古今事文類聚前集六十卷後集五十卷續集二十八卷別集三十二卷	3312－3315	新鐫旁批詳註總斷廣名將譜二十卷	1228
新編四季五更駐雲飛一卷新編題西廂記詠十二月賽駐雲飛一卷	3192	新鐫海內奇觀十卷	0997
新編南詞定律十三卷首一卷	3184	新鐫梅花竹蘭菊四譜一卷	1631
新編喬太守亂點鴛鴦譜換親全記二卷	3193	新鐫增定歷代捷錄全編八卷首一卷	0548
新編漢唐通鑑品藻三十卷	0551	新鐫增定歷朝捷錄全編四卷	0547
新鍥重訂出像註釋通俗演義西晉志傳題評四卷東晉志傳題評八卷紀元傳一卷	3250	意中緣傳奇二卷	3224
		雍正二年金榜	0706
		雍正山東鄉試錄不分卷	0705
		慎子	1093

慎子一卷	1091	滄溟先生集三十卷附錄一卷	2146、2147
慎陽子	1093	溯流史學鈔二十卷	1177
慎鸞交傳奇二卷	3224	[乾隆]福山縣志十二卷	0904
義俠奇緣五集	3210	[福建莆田]莆陽刺桐金紫方氏族譜	
義俠記二卷	3227	二卷首一卷	0666
義倉圖不分卷	0750	[乾隆]福建通志七十八卷首四卷圖	
義豐集鈔一卷	2706	一卷	0952
慈心寶鑑四卷	1707	福惠全書三十二卷	0787
慈溪黃氏日抄分類九十七卷古今紀		福壽全書六卷	1395
要十九卷	1122	群仙要語二卷	1188
[天啓]慈谿縣志十六卷	0928	群仙珠玉集四卷	1188
資治通鑑二百九十四卷	0385、0386	群書拾唾十二卷	3323
資治通鑑目錄三十卷	0387	群書備考六卷	3336
資治通鑑問疑一卷	0386、0387	群經音辨七卷	0192
資治通鑑節要續編三十卷	0388	群經宮室圖二卷	0111
資治通鑑綱目五十九卷	0390、0391	羣言瀝液八卷	1406
資治通鑑綱目前編二十五卷	0391	羣書典彙十四卷	3361
資治通鑑綱目集覽五十九卷	0395	羣書治要五十卷	1364 – 1366
資治通鑑釋例圖譜一卷	0386	羣經補義五卷	0186
資治歷朝紀政綱目前編八卷正編四		殿試策一卷	3088
十卷續編二十六卷	0404	遜志齋集二十四卷附錄一卷	2067
資政要覽後序一卷	1150	經世名言十二卷	1401
溫公家範十卷	1107	經史序錄二卷	1081
溫侍讀集一卷	2690	經序錄五卷	1082
溫飛卿詩集七卷別集一卷溫飛卿集		經玩五種二十卷	0187
外詩一卷附諸家詩評一卷	1862 – 1864	經典異文補六卷	0187
溪園遺稿五卷梅花百詠不分卷	2096	經典釋文三十卷	0007、0177
滄洲集一卷	2931	經典釋文三十卷附攷證	0178、0179
滄浪集鈔一卷	2706	經書辨疑七卷	0183
滄浪詩話一卷	3152	經進風憲忠告一卷	0783
滄溟先生集三十一卷附錄一卷附錄		經說八卷	1109
補遺一卷	2148	經餘集六卷	2563

書名筆畫索引　　　　731

經濟類考約編二卷	3369、3370
經濟類編一百卷	3349
經禮補逸九卷附錄一卷	0007
經籍考七十六卷	1080

十四畫

碧山樂府二卷	3185
碧芸軒偶錄	1359
瑤光閣正集十二卷外集二卷餘集三卷	2240
瑤華集二十二卷附二卷詞人姓氏爵里表一卷	3173
趙文敏公松雪齋全集十卷外集一卷續集一卷附錄一卷	2019
[雍正]趙州志四卷	0854
趙忠毅公詩集二十四卷	2209
趙清獻公集十卷	1884－1889
[至元]嘉禾志三十二卷	0923
嘉定屠城記略一卷	0491
嘉靖以來內閣首輔傳八卷	0602
嘉慶上諭	0792
嘉樂齋三蘇文範十八卷	3083、3084
嘉懿集初鈔四卷續鈔四卷	1345
蔣廷錫詩選一卷	2715
蔡中郎文鈔一卷	2683
蔡中郎集二卷	2690
蔡中郎集八卷	1729、1730
蔡中郎集六卷補遺一卷	1731
蔡君謨文鈔一卷	2683
蕉尾詩集十五卷	2547
蔗塘未定稿九卷蔗塘外集八卷	2524
榕村全集四十卷別集五卷	2406
榕村講授三卷	2834
歷代名臣奏議三百十九卷目錄一卷	0794－0798
歷代詩話考索一卷	3152
歷代說約四卷	0588
歷朝制帖詩選同聲集十二卷	2863
畣史一百卷拾遺一卷	3375、3376
爾雅三卷	0291、0292
爾雅正義二十卷	0306－0309
爾雅註二卷	0301
爾雅註疏十一卷	0293－0295
爾雅新義二十卷	0296
爾雅新義敘錄一卷	0296
爾雅義疏三卷	0310
爾雅翼三十二卷	0298、0299
爾雅釋文三卷	0306－0309
摭古遺文二卷	0233
翡翠林閨秀雅集一卷	3047
翡翠樓集繡餘草一卷	3047
對類二十卷	3342
鳴鳳記二卷	3227
幔亭集十五卷	2215
圖書衍五卷	0166
圖畫見聞誌六卷	1592
圖繪宗彝八卷	1628
圖繪寶鑑八卷補遺一卷	1625－1627
骰藁一卷	2931
種玉記二卷	3227
箋釋梅亭先生四六標準二十四卷	2009
管子二十四卷	1092、1234－1236
管子二卷	1093

管子榷二十四卷	1237、1238	[乾隆]廣平府志二十四卷	0847
管城碩記三十卷	1273	[康熙]廣平縣志五卷	0848
管榆詩選一卷	2715	廣東詩粹十二卷	3076
管窺輯要八十卷	1577、1578	廣金石韻府五卷	0243
徵君孫先生年譜二卷附傳及像贊	0689-0691	廣陵詩鈔一卷	2706
		廣理學備考不分卷	1159
銅鼓書堂遺稾三十二卷	2567、2568	廣博物志五十卷	3351
鄱陽集一卷	2931	廣雅十卷	0290、0301
鳳池園文集八卷詩集八卷	2409	廣雅疏證十卷	0305
鳳梨書屋詩鈔一卷	3036	廣興記二十四卷圖一卷	0828-0830
說文引經同異述十二卷說文引經同異述餘二卷	0202	廣興圖二卷	1043
		廣濟閔氏墓碣	3020
說文未收之字	0267	廣韻五卷	0249
說文地理古今攷十卷	0203	廣韻藻六卷	0257
說文字原考略六卷	0200	端平集一卷	2931
說文字原集註十六卷附表一卷表說一卷	0201	端溪硯志三卷首一卷	1661
		端隱吟藁一卷	2931
說文校議十五卷	0204	適安藏拙餘藁一卷	2931
說文偏旁考二卷	0199	齊丘子一卷	1091
說文解字十二卷	0198	齊東野語二十卷	1311
說文解字十五卷	0193-0197	齊張長史集一卷	2690
說易十二卷	0028-0030	精忠記二卷	3227
說帖不分卷	0766	精刻古今女史十二卷詩集八卷姓氏字里詳節一卷	2804
說郛一百二十卷	3386、3387		
說鈴三集五十二種七十卷	3409	精選黃眉故事十卷	3344
說詩晬語二卷	2573、3439	精選詩林廣記四卷	3132
說詩樂趣類編二十卷	3143、3144	粹言二卷	1109
說經二十六卷說莊三卷說騷一卷	0190	鄭志三卷	0175、0176
說頤八卷	1325	鄭端簡公古言二卷今言四卷	1323
說儲八卷	1331	歎夫詩文稿四卷時體詩七卷冊子四卷	2638
說纂十集	1390		
廣川書跋十卷	1610	漢上易傳十一卷附周易卦圖三卷周	

易叢説一卷	0007	定體一卷	3141
漢史億二卷	0570	漁洋山人精華録十卷	2355-2358
漢名臣言行録十二卷	0593	漁洋山人精華録訓纂十卷訓纂補十	
漢唐秘史二卷	0473	卷目録二卷年譜二卷附録一卷	2364
漢書一百卷	0319-0321	漁洋山人精華録會心偶筆六卷	2363
漢書二卷	0512	漁洋山人精華録箋注十二卷補注一	
漢書地理志水道圖説七卷	1032	卷年譜一卷附録一卷	2359-2361
漢書鈔九十三卷	0369	漁溪詩藁一卷	2931
漢書評林一百卷	0368	漁麓詩選二卷	2603
漢雋十卷	0509	漁隱叢詁前集六十卷後集四十卷	
漢詔令九卷	0790		3123-3127
漢褚先生集一卷	2690	賓退録十卷	1303
漢劉子駿集一卷	2690	[康熙]寧晉縣志十卷	0853
漢劉中壘集一卷	2690	[康熙]寧鄉縣志十卷首一卷	0942
漢隸字源五卷碑目一卷附字一卷	0213	實齋詠梅集一卷	2931
漢隸源流統署歌不分卷	0238	隨邨先生遺集六卷	2312
漢魏六朝一百三家集一百十八卷		隨村先生遺集六卷	2317
	2690-2693	隨軒金石文字九種不分卷	1057
漢魏六朝正史文選二十四卷	2788	隨巢子	1093
漢魏名文乘不分卷	2694	隨園詩草八卷禪家公案頌一卷	2559
漢魏詩乘二十卷附吳詩一卷總録一		隨園詩集四十二卷	2558
卷	2789、2790	熊先生經説七卷	0007
漢魏叢書三十五種二百八卷	3394	熊峯先生詩集四卷文集二卷	2092
漢蘭臺令李伯仁集一卷	2690	鄧析子	1093
滿漢合璧四經四十九卷	0009	鄧析子一卷	1091
漆園卮言十七卷	2238	翠娛閣評選王季重先生小品二卷	2963
漱玉詞一卷	2808	翠娛閣評選文太青先生小品二卷	2963
漱芳居詩鈔三十二卷歙遊草一卷黃		翠娛閣評選李本寧先生小品二卷	2963
遊草一卷白遊草一卷	2555	翠娛閣評選袁小脩先生小品二卷	2963
漫塘詩鈔一卷	2706	翠娛閣評選袁中郎先生小品二卷	2963
漁洋山人文略十四卷	2362	翠娛閣評選徐文長先生小品二卷	2963
漁洋山人詩問二卷附然燈記聞律詩		翠娛閣評選陳明卿先生小品二卷	2963

書名	編號
翠娛閣評選陳眉公先生小品二卷	2963
翠娛閣評選曹能始先生小品二卷	2963
翠娛閣評選屠赤水先生小品二卷	2963
翠娛閣評選張侗初先生小品二卷	2963
翠娛閣評選黃貞父先生小品二卷	2963
翠娛閣評選董思白先生小品二卷	2963
翠娛閣評選湯若士先生小品二卷	2963
翠娛閣評選虞德園先生小品二卷	2963
翠娛閣評選鍾伯敬先生小品二卷	2963
翠微南征錄一卷	2931
綱鑑會編九十八卷首一卷歷代統系表略三卷歷代郡國考署三卷歷代官制考署二卷	0411
網山月魚集一卷	2931
維摩詰所說經三卷	1704
維摩詰所說經註十卷	1666
維摩饒舌一卷	1702
綿上四山人詩集十卷	3053
綿津山人詩集二十九卷附楓香詞一卷漫堂說詩一卷筠廊偶筆二卷筠廊二筆二卷怪石贊一卷漫堂墨品一卷	2392
綵毫記二卷	3227
綠雲堂詩集五卷附塞外封藩草一卷	2535
綠筠軒詩集十二卷	2460
綠蘿山莊文集二十四卷詩集三十三卷	2536

十五畫

書名	編號
璇璣經不分卷	1561
增定國朝館課經世宏辭十五卷	3109、3110
增修東萊書說三十五卷	0007
增訂二三場羣書備考四卷	3333-3335
增訂易經存疑的藁十二卷	0032
增訂金壺字考十九卷	0216
增訂精忠演義說本全傳二十卷八十回	3259
增訂漢魏叢書一百四十三卷	3395
增補奇門遁甲全書一卷	1584
增補註釋白眉故事六卷	3347
蕺山先生人譜一卷人譜類記二卷	1148
蕉帕記二卷	3227
蕉畦存稿不分卷	2454
樗林偶筆二卷續筆二卷閒筆一卷	1346
樗壽山房輯藁六卷	2648
樓邨詩集二十五卷	2436、2437
輟畊錄三十卷	1312-1316
歐陽元功文鈔一卷	2683
歐陽文忠公五代史抄二十卷	0518、0519
歐陽文忠公毛詩本義十六卷	0071
歐陽文忠公全集一百五十三卷附錄五卷目錄一卷	1899、1900
歐陽文忠詩鈔一卷	2706
歐陽文集五十卷	1901
歐陽永叔文鈔一卷	2683
歐陽先生文粹二十卷	1902
歐陽先生遺粹十卷	1902
歐陽行周文鈔一卷	2683
醉白堂文集不分卷	2485
醉軒集一卷	2931
[遼寧海城]盧氏族譜三卷	0626
震川先生集三十卷別集十卷附錄一卷	2169-2171

震澤先生集三十六卷	2087	篆文辨訣不分卷附千字文百家姓	0228
震澤編八卷	1025	儀禮注疏十七卷	0090
震澤編八卷附錄三篇	1026	儀禮逸經傳一卷儀禮傳一卷	0007
[乾隆]震澤縣志三十八卷首一卷	0860	儀禮章句十七卷	0094
撫豫宣化錄四卷	0809、0810	儀禮商二卷附錄一卷	0008
撫黔奏疏八卷	0805、0806	儀禮集說十七卷	0007
撰杖集一卷	2325	儀禮疏五十卷	0091
賞奇軒四種合編四卷	1637、1638	儀禮節畧二十卷	0093
賞奇樓蠹餘稿一卷	3047	儀禮經注疏正譌十七卷	0096
賦鈔箋畧十五卷	2857、2858	儀禮圖十七卷儀禮旁通圖一卷附儀禮本經十七卷	0007
賦彙錄要二十八卷補遺一卷外集一卷題注一卷	2840	儀禮鄭註句讀十七卷儀禮監本正誤一卷儀禮石本正誤一卷	0092
賦鏡錄四卷明田賦考二卷	0748	儀禮蠡測十七卷	0095
賜書堂堯山集三卷	2425	質園詩集三十二卷	2510
賜書樓堯山集四卷補刻一卷詩集一卷	2426	德州田氏叢書十三種一百十一卷	3415
賜閒堂集四十卷	2161	德州田氏叢書十三種九十二卷	3416、3417
賜餘堂集十四卷補遺一卷	2182	盤山盤谷寺拙菴樸禪師尺牘一卷	2497
閱史約書不分卷	0532	銷夏四卷	1396
遺山先生文集四十卷	2016	劍南詩鈔一卷	2706
遺山先生文集四十卷新樂府四卷新樂府補遺一卷	2017	劍南詩鈔六卷	1979
遺山先生文集附錄一卷	2016、2017	劍南詩稿八十五卷	1977
墨子	1093	劍虹齋集十二卷	2522
墨子一卷	1091	劍南詩選二卷	2928
墨池編二十卷	1612–1614	餘生錄一卷塘報稿一卷塘報再稿一卷	0489、0490
墨法集要不分卷	0771	餘冬敘錄六十五卷	1320
墨莊漫錄十卷	1296	[康熙]滕縣志十卷	0896
墨娥小錄十四卷	1362	[乾隆]膠州志八卷首一卷	0902
黎士弘行述一卷	2388、2389	魯山木先生文集十二卷首一卷外集二卷	2642
篋衍集十二卷	2984–2990		
篇海類編二十卷	0226	魯文恪公文集十卷	2117

魯齋遺書十四卷	2021	諸真玄奧集成九卷	1188
劉子一卷	1090	諸葛孔明文鈔一卷	2683
劉子二卷	1091	諸葛丞相集一卷	2690
劉戶曹集一卷	2690	諸葛丞相集四卷	1733、1734
劉氏春秋意林二卷	0007	諸葛武侯心書二卷	1223
劉氏鴻書一百八卷	3353	諸經品節二十卷	1386
劉文成先生集五卷	2973	論語十卷	0169
劉向新序十卷	1101	論語集註十卷	0167
劉向說苑二十卷劉向新序十卷	1099、1100	論語集註序說一卷	0167
劉孝標文鈔一卷	2683	論語集說十卷	0148
劉伯溫文鈔一卷	2683	論語集説十卷	0007
劉直齋先生別傳墓誌銘	1164	論語註疏解經二十卷	0147
劉彥沖文鈔一卷	2683	論語類考二十卷	0149
劉秘書集一卷	2690	論語讀朱求是編二十卷	0150
劉雪湖梅譜二卷	1630	談龍錄一卷	2418
劉庶子集一卷	2690	談藝錄一卷	3152
劉軻文鈔一卷	2683	廟堂忠告一卷	0783
劉須溪先生記鈔八卷	2014	摩訶止觀二十卷	1670
劉夢吉文鈔一卷	2683	慶湖集一卷	2931
劉夢得文鈔一卷	2683	憐香伴傳奇二卷	3224
劉蛻文鈔一卷	2683	養一齋文集二十卷文集補遺一卷文集續編六卷詩集八卷	2649
劉豫章集一卷	2690		
劉練江先生集七卷附錄一卷	2231	養正圖解不分卷	0579
[康熙]潁上風物志三卷	0875	養晦齋文集十五卷	2670
潁濱先生集一卷	3085	潔身堂集刻一卷	0801
諸子品節五十卷	1381	潛齋詩鈔一卷	2706
諸子匯函二十六卷附談藪一卷諸子評林姓氏一卷	1093、1094	澎湖羣島志稿二十卷首一卷	0955
		[乾隆]潮州府志四十二卷首一卷附抄存舊志一卷	0957
諸史品節四十卷	0526、0527		
諸史將畧十六卷	1226	潛室陳先生木鍾集十一卷	1983
諸佛世尊如來菩薩尊者神僧名經一卷	1688、1689	潛菴先生遺稿五卷	2321
		潛菴先生遺稿五卷疏稿不分卷洛學	

編五卷	2320	編珠四卷	3272
潛溪集八卷附錄一卷宋氏世譜記	2055		
潛確居類書一百二十卷	3357–3360		

十六畫

潛學稿十九卷	2164		
潘太常集一卷	2690	靜厓詩稿十二卷後稿十二卷續稿六卷	2623
潘安仁文鈔一卷	2683		
潘黃門集一卷	2690	靜佳詩集一卷	2931
潘黃門集六卷	1747、1748	靜惕堂詩集四十四卷	2284
潼山子	1093	靜嘯齋存草十卷	2246
寫韻軒詩稿不分卷	2666	靜默齋詩集二卷	2657
憨山老人夢遊集不分卷	2249	靜觀室三蘇文選十六卷	3087
彈指詞二卷	3163	駱賓王文集十卷附考異一卷	2702
選集漢印分韻二卷	1067	駱賓王文鈔一卷	2683
選集漢印分韻續集二卷	1067	駱賓王集二卷	1755
選詩七卷詩人世次爵里一卷	2744	駱賓王集二卷	2886
選賦六卷	2747	駢體文鈔三十一卷	2860
選賦六卷附選賦名人世次爵里一卷	2745、2746	據梧集四卷	3036
		據梧詩集十五卷萬里小遊僊集一卷附都門贈行詩	2496
選擇叢書集要五種二十九卷	1560		
選聲集三卷詞韻簡一卷	3182	據經樓五言律詩選四卷	2856
樂府指迷一卷	3179	據鞍錄一卷	1036
樂府詩集一百卷目錄二卷	2756	擇執錄十二卷	1402
樂府新編陽春白雪前集五卷後集五卷	3190	擔峰詩四卷	2376
		燕市集二卷	2184
樂郊私語一卷	1437	燕泉何先生餘冬敘錄六十五卷	1319
樂軒集一卷	2931	燕禧堂五種十五卷	3446
樂善堂全集四十卷目錄四卷	2538、2539	薛子	1093
樂靜居士集一卷	2931	薛文清公讀書全錄類編二十卷	1135
練中丞金川集二卷遺事錄一卷附祭文	2066	薛文清公讀書全錄類編二十卷附薛文清公策目一卷	1136、1137
緯蕭草堂詩三卷	2392、2438–2440	薛司隸集一卷	2690
縹山先生集二十七卷	2232	薛象峰詩集二卷	2044

翰海十二卷	2682	歷年紀畧不分卷	0698
樹人堂讀杜詩二十五卷首一卷	1802	歷朝名媛詩詞十二卷	2719－2721
橫山詩草不分卷	2490	歷朝捷錄全文十一卷	0550
橫浦詩鈔一卷	2706	歷朝捷錄直解十一卷首一卷	0550
橫渠子	1093	曆學駢枝四卷	1457
橫渠先生易説三卷	0007	頻吉祥禪師語錄十五卷	1699
橫雲山人集二十七卷颺言集五卷	2408	臞齋考工記解二卷	0007
樵隱詞一卷	3158	盧升之文鈔一卷	2683
橘潭詩橐一卷	2931	盧武陽集一卷	2690
輶軒使者絕代語釋別國方言十三卷	0248	盧照鄰集二卷	2886
賴古堂尺牘新鈔三選結隣集十六卷	3102	盧溪集鈔一卷	2706
賴古堂名賢尺牘新鈔十二卷	3099	曉春閣詩稿一卷	3047
賴古堂名賢尺牘新鈔十二卷二選藏弆集十六卷	3100、3101	曇花記二卷	3227
賴古堂集二十四卷附錄一卷	2283	閻潛丘先生年譜一卷	0696
醒世姻緣傳一百回	3254	螾蛣雜記十二卷	1452
醒世錄八卷	1697	戰國策二卷	0512
歷代史略十段錦詞話旁註二卷附歷代帝王紀一卷	3223	戰國策十卷	0463
歷代史纂左編一百四十二卷	0528	戰國策三十三卷	0458－0461
歷代名臣傳三十五卷續編五卷	0583	戰國策去毒二卷附東西二周考一卷去毒編年一卷	0466
歷代君鑒五十卷	0575	戰國策譚棷十卷附錄一卷	0464
歷代帝王法帖釋文考異十卷	1618	嘯餘譜十一卷	3197
歷代帝系年號考二十卷	0412	還古書院志十八卷	0966
歷代國都一卷	1081	還魂記二卷	3227
歷代畫像傳四卷	1645	圜天圖説三卷續編二卷首一卷	1454
歷代詩發四十二卷	2718	默堂集一卷	2931
歷代詩話二十七種五十七卷考索一卷	3152	穆天子傳註疏六卷首一卷末一卷	1425
		穆堂別藁五十卷	2626
		穆堂初藁五十卷	2624、2625
歷代賦楷八卷首一卷	2839	穆參軍集一卷	2931
歷代鐘鼎彝器款識法帖二十卷	1061	篤素堂文集十六卷詩集七卷	2400
歷代鐘鼎彝器款識法帖二十卷	1060	學吟一卷	2931

學佛考訓十卷	1701	鮑明遠文鈔一卷	2683
學言稿六卷	2034	鮑參軍集二卷	2690
學易記九卷首一卷	0007	鮑溶詩六卷鮑溶集外詩一卷	2896
學春秋隨筆十卷	0008	獨深居點定玉茗堂集三十卷	2212
學津討原二十集一百七十五種一千六十二卷	3412	獨漉堂詩八卷	3075
學圃蕙蘇六卷	1382	獨學廬初稿八卷二稿三卷三稿五卷外集一卷	2630
學海君道部二百四十卷目錄八卷	3346	憑山閣新輯尺牘寫心集四卷二集六卷	3104
學規類編二十七卷	1161	憑山閣增輯留青新集三十卷	3013
學庸竊補十四卷提要二卷	0164	凝香室鴻雪因緣圖記二集	1037–1039
學蔀通辯前編三卷後編三卷續編三卷終編三卷	1125	凝園讀易管見十卷	0046
學箕初稿二卷	2325	辨賑稟稿不分卷	0775
學禮質疑二卷	0008	龍川文集三十卷	1993、1994
儒行集傳二卷	1124	龍州道人集一卷	2931
儒林公議二卷	1294	龍城書院南菁書院禮延書院等課藝	3112
儒林宗派十六卷	0609	龍城書院經古精舍課藝等	3112
儒門事親十五卷	1255	龍雲集一卷	2931
儒宗理要二十九卷	1154、1155	[康熙]龍游縣志十二卷首一卷	0935
衡山集五卷	2513	龍輔女紅餘志二卷	2808
[乾隆]衡州府志三十三卷首一卷	0944	龍膏記二卷	3227
錢文敏公全集三種三十卷	3443	龍谿王先生全集二十二卷	2140
錢名世詩選一卷	2715	憺園文集三十六卷	2404、2405
錢牧齋先生尺牘三卷	3106	澤存堂五種五十卷	0192
錦帆集四卷附去吳七牘一卷	2227	禪源諸詮集都序二卷	1671
錦里耆舊傳四卷	0501		
錦箋記二卷	3227		
錦繡萬花谷前集四十卷後集四十卷續集四十卷	3311	**十七畫**	
雕丘雜錄十八卷	1342	戴東原集十二卷覆校札記一卷	2608、2609
鮑氏國策十卷	0462	聲調譜前譜一卷後譜一卷續譜一卷	2419
鮑氏集八卷	2697	聲調譜說二卷	2420
		聰山集文集三卷申鳧盟詩選八卷附	

書名	編號
荊園小語一卷荊園進語一卷年譜傳墓誌銘鄉賢錄一卷	2330
聯經四卷	3377
藏書六十八卷	0356–0360
薈鶬詩集五卷	2491
薰風協奏集三卷首一卷	3016
韓子文鈔十卷	1837
韓子迂評二十卷	1241、1242
韓內翰別集一卷補遺一卷附列傳	2896
韓文一卷	1830
韓文不分卷	1831
韓文公文鈔十六卷	1833、1834
韓文四十卷外集十卷遺集一卷集傳一卷	1835
韓文類譜七卷	0684
韓江雅集十二卷	3042
韓范兩集合刻七十七卷	2686
韓非子二十卷	1239
韓非子二卷	1093
韓非子評林二十卷	1240
韓昌黎詩集編年箋注十二卷	1823、1824
韓忠定公集四卷	2085
韓退之文鈔一卷	2683
韓筆酌蠡三十卷	1836
隸篇十五卷續十五卷再續十五卷	0246、0247
隸辨八卷	0245
隸釋二十七卷隸續二十一卷	1068
檜庭吟藁一卷	2931
檀几叢書五十卷二集五十卷餘集二卷附政一卷	3405
檀弓二卷	0001
檀弓論文二卷	0103
檀園集十二卷	2248
臨川先生全集錄四卷	2700
臨川夢二卷	3229
臨川詩鈔一卷	2706
臨川詩選一卷	2928
臨野堂文集十卷	2495
臨野堂尺牘四卷	2495
臨野堂集四十一卷	2495
臨野堂詩集十三卷	2495
臨野堂詩餘二卷	2495
臨漢隱居詩話一卷	3152
霞箋記二卷	3227
豳風廣義三卷	1249
嶺南三大家詩選二十四卷	3075
嶺南群雅初集三卷附筆耒軒吟稿一卷二集三卷	3077
魏公題跋一卷	1607
魏文帝文鈔一卷	2683
魏文帝集二卷	2690
魏阮元瑜集一卷	2690
魏武帝文鈔一卷	2683
魏武帝集一卷	2690
魏叔子文鈔十二卷	2976
魏荀公曾集一卷	2690
魏晉小說十二卷	1444
魏特進集一卷	2690
魏書一百十四卷	0330
魏劉公幹集一卷	2690
魏鍾司徒集一卷	2690
魏應休璉集一卷	2690
魏應德璉集一卷	2690

輿地總圖不分卷	1044
儲遯菴文集十二卷附錄一卷	2401
龜山先生集四十二卷	1957
龜谿集鈔一卷	2706
鍾呂二仙修真傳道集三卷	1188
鍾伯敬文鈔一卷	2683
鍾伯敬評公羊穀梁二傳二十四卷	0121
谿田文集十一卷補遺一卷	2126
膽餘軒集八卷	2327、2328
鮎埼亭集三十八卷首一卷	2570
謝光祿集一卷	2690
謝法曹集一卷	2690
謝宣城集一卷	2690
謝宣城集五卷	2697
謝康樂集一卷	2697
謝康樂集二卷	2690
謝康樂集四卷	1749
謝惠連集一卷	2697
謝惠連集不分卷	1749
謝疊山先生文集六卷	2013
謝靈運文鈔附謝玄暉一卷	2683
襄陽詩鈔一卷	2706
應試唐詩類釋十九卷附應試唐詩備考不分卷	2705
鴻苞四十八卷	1327
鴻慶集鈔一卷	2706
鴻寶應本十七卷	2250
濤音集八卷	3054
濟北先生文粹十六卷	1956
濟南百咏一卷	2239
禮延書院策論課卷	3112
禮記二十卷	0098
禮記十六卷	0003
禮記十卷	0006
禮記三十卷	0009
禮記三卷	0005
禮記陳氏集說補正三十八卷	0007
禮記通解二十二卷	0102
禮記偶箋三卷	0008
禮記集註不分卷	0101
禮記集說十六卷	0099
禮記集說三十卷	0100
禮記集說一百六十卷	0007
禮書一百五十卷	0108
禮經會元四卷	0007、0088
彌陀舌相一卷	1702
繆沅詩選一卷	2715

十八畫

騎省集鈔一卷	2706
藕怡詩抄四卷	2268
職官器物宮室二卷	0187
藝文類聚一百卷	3273、3274
藝苑名言八卷	3154
藝香詞鈔四卷	2385
藜牀囈語六卷	1344
藥師燈燄一卷	1702
醫方集解三卷	1257
擷紅吟社詩稿不分卷	3033
[乾隆]豐縣志十六卷首一卷	0868
叢睦汪氏遺書十九種一百四卷	3445
叢碧山房詩初集十四卷二集六卷三集十一卷四集十卷五集五卷文集	

八卷雜著三卷	2413	[康熙]鎮江府志五十四卷	0866
闕史二卷	1431	雞肋集八卷	2645
闕里誌二十四卷	0590	雞肋集鈔一卷	2706
鵑音一卷白社詩草一卷	2088－2090	顏山雜記四卷	0984
簡齋詩鈔一卷	2706	顏光祿集一卷	2690
簣山堂詩鈔二十一卷	2632	顏李叢書十七種六十三卷	3406
鵝湖講學會編十二卷	1166	顏魯公文集十五卷補遺一卷	1764
[光緒]雙林記增纂十三卷首一卷	0927	雜項稟稿不分卷	0775
雙珠記二卷	3227	離騷節解一卷附離騷正音一卷離騷	
雙烈記二卷	3227	本韻一卷離騷節指一卷	1724
雙溪詩鈔一卷	2706	離騷辯不分卷	1723
歸元直指集四卷山居百詠一卷直音		癖齋小集一卷	2931
切字一卷	1711	額欸不分卷	0775
歸太僕公文定四卷	2172	織字軒詩一卷	2493
歸田集三卷	2573、3439	織錦回文圖一卷回文類聚續編十卷	
歸田稿八卷	2086		2757、2758
歸先生文集三十二卷附錄一卷	2166－2168	斷易黃金策九卷	1589
歸愚文鈔二十卷餘集八卷	3439	斷腸詞一卷	2808
歸愚文鈔十二卷	2573		
歸愚文鈔十二卷歸愚文續十二卷	2572		

十九畫

歸愚文續十二卷	2573		
歸愚集一卷	2931	櫧石齋詩集五十卷	2561、2562
歸愚詩鈔二十卷	2574	蘆川歸來集鈔一卷	2706
歸愚詩鈔二十卷餘集十卷	3439	勸忍百箴考註四卷	1372
歸愚詩鈔十四卷	2573	蘇子由文鈔一卷	2683
歸愚詩鈔餘集八卷	2575	蘇子瞻二卷	0702
歸熙父文鈔一卷	2683	蘇子瞻文鈔一卷	2683
歸震川先生尺牘二卷	3106	蘇子瞻集選二十卷	1941
歸震川先生集十卷	2973	蘇文六卷	1940
歸震川集十卷	2708	蘇文奇賞五十卷	1939
歸潛志十四卷	0477	蘇文忠詩合註五十卷首一卷	1933、1934
歸錢尺牘五卷	3105、3106	蘇老泉文鈔一卷	2683

蘇老泉先生全集二十卷	1903–1905	簫譜一卷	3047
蘇老泉先生全集附錄二卷	1903–1905	懲毖錄四卷	0500
蘇米志林三卷	0702、0703	鏡古堂文鈔不分卷	2595
蘇米齋蘭亭考八卷	1616	鏡花粧閣合稿不分卷	2666
蘇長公二妙集二十二卷	1922	鏡機子	1093
蘇長公小品二卷	1946	辭賦標義十八卷	2826
蘇長公小品四卷	1944、1945	譚子	1093
蘇長公文燧不分卷	1942	譚子化書六卷	1188
蘇長公合作內外篇不分卷	1943	廬陵宋丞相信國公文忠烈公先生全集十六卷附文忠烈公從祀原案錄一卷	2012
蘇松財賦考圖說一卷	0754		
蘇東坡詩集注三十二卷	1923		
蘇黃尺牘二卷	3103	廬陵詩鈔八卷	2701
蘇黃風流小品十六卷	2926、2927	廬陵詩選一卷	2928
蘇雋五卷	3085	廬陵歐陽文忠公年譜一卷	1901
蘇學士文集十六卷	1872	韻府羣玉二十卷	3318、3319
麗句集六卷	3297、3301	韻書原始不分卷	0281
贈書記二卷	3227	韻語陽秋二十卷	3152
曝書亭集八十卷	2351	韻譜本義十卷	0267
曝書亭詩錄十二卷	2350	懷香記二卷	3227
關中金石記八卷	1078	[康熙]懷柔縣新志八卷	0834
關尹子	1093	懷清堂集二十卷首一卷	2424
關尹子一卷	1091	類林新詠三十六卷	3381
關尹子文始真經一卷	1090、1187	類音八卷	0274、0275
嚴太僕先生集十二卷	2431	類書十五卷	3291
羅圭峯先生文集三十卷首一卷	2091	類書纂要三十三卷	3307、3308
羅甸堂四書題全韻詩六卷	2557	類經三十二卷類經圖翼十一卷附翼四卷	1256
羅昭諫文鈔一卷	2683		
羅昭諫集八卷	1867	類選箋釋草堂詩餘六卷	3167、3168
羅浮山志會編二十二卷首一卷	1019	類選箋釋續選草堂詩餘二卷類編箋釋國朝詩餘五卷	3167、3168
羅豫章先生集十二卷首一卷末一卷	1959		
[乾隆]贊皇縣志十卷首一卷末一卷附錄一卷	0845	類編標註文公朱先生經濟文衡前集二十五卷後集二十五卷續集二十	

二卷	1119
類編標註文公先生經濟文衡前集二十五卷後集二十五卷續集二十二卷	1118
瀟碧堂集二十卷	2225
聽瓶笙館駢體初稿不分卷	2662
嬾真子五卷	1301
繹史一百六十卷	0442、0443
繪聲園詩鈔一卷	2634
繡虎軒尺牘八卷二集八卷三集八卷	2394
繡刻演劇六十種一百二十卷	3227、3228
繡梓尺牘雙魚十一卷又四卷補選捷用尺牘雙魚四卷	2814
繡像京本雲合奇蹤玉茗英烈全傳十卷八十回	3244
繡襦記二卷	3227

二十畫

蘭莊集一卷	3091
蘭雪堂古事苑定本十二卷	3354、3355
蘭雪堂集八卷	2243
蘭蕙林詩鈔一卷文鈔一卷	3092
獻子講存二卷	1145
[乾隆]獻縣志二十卷圖一卷表一卷	0841
闡義二十二卷	0586、0587
鶡冠子	1093
鶡冠子一卷	1091
鶡冠子三卷	1258
蠛蠓集五卷	2175
巍巍不動太山深根結果寶卷一卷二十四品	3194

籌海圖編十三卷	0757
纂丘瓊山先生大學衍義補英華十八卷	1116
鐫太倉王氏音釋駱丞集十卷	1756
鐘鼎字源五卷附錄不分卷	0244
釋名八卷	0289
釋名疏證八卷釋名補遺一卷續釋名一卷	0303
釋迦如來應化事跡不分卷	1708
護法論一卷	1680
灌園記二卷	3227
寶古堂重修考古圖十卷	1059
[乾隆]寶坻縣志十八卷	0842、0843
寶華山志十五卷首一卷	1000
寶閑堂集四卷	2635
[康熙]寶應縣志二十四卷	0867
寶顏堂訂正丙丁龜鑑六卷	1585
響泉集二十八卷	2592
響泉集十六卷	2591
響泉集三十卷	2593

二十一畫

權衡一書四十一卷	1412
贉奕編廣四卷	1385
露香拾藁一卷	2931
攝山志八卷首一卷	1004
囂囂子	1093
鐵堂詩草二卷	2297
鐵網珊瑚書品十卷畫品六卷	1593、1594
顧廻瀾先生歷朝捷錄大全四卷附通鑑潘氏總論一卷	0549

顧亭林先生年譜一卷	0692-0695	聽嚶堂仕林啟雋十二卷	2999
顧嗣立詩選一卷	2715	聽嚶堂新選四六全書十六卷	2999
鶴山題跋七卷	1607	聽嚶堂翰苑英華四卷	2999
鶴靜堂集十九卷	2318	蘿石山房文鈔四卷	2257、2258
蠡海集一卷	1317	鷗渚微吟一卷	2931
[順治]蠡縣志十卷續志四卷	0837	鑑語經世編二十七卷	0533、0534
續二三塲群書備考三卷	3336	臞翁集一卷	2931
續元功垂範一卷	0681	讀古自怡不分卷	0182
續文選三十二卷	2803	讀左補義五十卷首一卷	0120
續文獻通考二百五十四卷	0721	讀史方輿紀要一百三十卷	0832
續文獻通考鈔三十卷	0719	讀史提要錄十二卷	0563
續玉臺文菀四卷	2820	讀史集四卷	0524、0525
續玉臺新詠四卷	2748	讀史管見三十卷目錄二卷	0542、0543
續弘簡錄元史類編四十二卷首一卷	0354、0355	讀史漫錄十四卷	0555、0556
		讀史機略十卷	1225
續百川學海十集一百四種一百十九卷	3385	讀杜心解六卷首二卷	1798-1800
		讀易私言一卷	0007
續武林西湖高僧事略一卷	1681	讀荀子十卷	1141
續紅樓夢三十卷	3262	讀律佩觿八卷附讀律八法一卷	0758
續補侍兒小名錄一卷	1296	讀書日記六卷補編二卷	1164
[乾隆]續登州府志十二卷	0901	讀書後八卷	2158
續詩話一卷	3122	讀書堂杜工部詩集註解二十卷文集註解二卷杜工部編年詩史譜目一卷	1783-1785
續資治通鑑綱目二十七卷	0391		
續說郛四十六卷	3386、3387		
續編珠二卷	3272	讀書敏求記四卷	1085
續編錦囊詩對故事前集二卷後集二卷	3339	讀書論世十六卷	0562
		讀書樂趣八卷	1410
續藏書二十七卷	0361-0367	讀書雜述十卷	1355
		讀畫齋彙刻題畫詩不分卷	3029
		讀論語孟子法一卷	0167
		竊憤錄一卷續竊憤錄一卷	0475
聽濤園詩十二卷	2422	鬻子	1093

二十二畫

聽濤園詩十二卷　　　　　　　　2422

鬻子一卷	1090、1091

二十三畫

欒城先生全集錄六卷	2700
欒城詩鈔四卷	2701
欒城詩選一卷	2928

二十四畫

觀妙齋藏金石文攷略十六卷	1062
[道光]觀城縣志十卷首一卷	0907
觀象玩占二十卷	1571
觀象玩占十卷	1570
蠹窗詩集十四卷蠹窗文集續刻一卷	2473
蠹齋鉛刀編一卷	2931
[乾隆]靈川縣志四卷	0958
[康熙]靈石縣志四卷	0890、0891
靈源子	1093
靈璧子	1093
靈巖志六卷	0968
黌山子	1093

二十五畫

鑲藍旗第三族宗室男女紅名底檔不分卷	0668

二十九畫

鬱岡齋筆塵四卷	1330

三十畫

鸎鎞記二卷	3227

著者筆畫字頭索引

二畫

丁 ……………………………… 755
卜 ……………………………… 755

三畫

于 ……………………………… 755
上 ……………………………… 755
尸 ……………………………… 755

四畫

王 ……………………………… 755
元 ……………………………… 759
支 ……………………………… 759
尤 ……………………………… 759
戈 ……………………………… 759
中 ……………………………… 759
牛 ……………………………… 759
毛 ……………………………… 759
仁 ……………………………… 760

仇 ……………………………… 760
公 ……………………………… 760
月 ……………………………… 760
文 ……………………………… 760
方 ……………………………… 760
火 ……………………………… 760
尹 ……………………………… 760
允 ……………………………… 760
孔 ……………………………… 760

五畫

甘 ……………………………… 761
艾 ……………………………… 761
左 ……………………………… 761
石 ……………………………… 761
申 ……………………………… 761
田 ……………………………… 761
史 ……………………………… 761
四 ……………………………… 761
丘 ……………………………… 762
白 ……………………………… 762
印 ……………………………… 762

句	……………………………	762
包	……………………………	762
玄	……………………………	762
永	……………………………	762
司	……………………………	762
弘	……………………………	762
皮	……………………………	762

六畫

邢	……………………………	762
西	……………………………	762
百	……………………………	762
列	……………………………	762
成	……………………………	762
托	……………………………	762
年	……………………………	762
朱	……………………………	762
伍	……………………………	764
仲	……………………………	764
任	……………………………	764
自	……………………………	764
伊	……………………………	764
向	……………………………	764
全	……………………………	764
危	……………………………	764
米	……………………………	764
汗	……………………………	764
江	……………………………	764
池	……………………………	764
宇	……………………………	764
阮	……………………………	764

那	……………………………	765
牟	……………………………	765

七畫

芮	……………………………	765
花	……………………………	765
杜	……………………………	765
李	……………………………	765
束	……………………………	767
吾	……………………………	767
夾	……………………………	767
求	……………………………	767
貝	……………………………	768
呂	……………………………	768
吳	……………………………	768
岑	……………………………	770
利	……………………………	770
邱	……………………………	770
何	……………………………	770
佟	……………………………	770
佛	……………………………	770
余	……………………………	770
希	……………………………	770
谷	……………………………	770
言	……………………………	770
辛	……………………………	770
快	……………………………	770
汪	……………………………	770
沙	……………………………	771
沈	……………………………	771
完	……………………………	772

宋 772
改 773
阿 773
邵 773

八畫

武 773
青 773
茗 773
范 773
苕 773
茅 773
林 773
來 774
杭 774
東 774
郁 774
抱 774
門 774
易 774
旻 774
迪 774
垂 774
物 774
和 774
季 774
岳 774
金 774
周 775
庚 775
怡 775

法 775
河 775
況 775
郎 775
房 775
屈 776
孟 776

九畫

封 776
郝 776
荀 776
胡 776
南 777
查 777
柳 777
研 777
毗 777
韋 777
段 777
皇 777
侯 777
帥 777
俞 777
風 777
逢 777
胤 777
計 777
施 777
姜 778
洪 778

客 … 778	倪 … 780
祖 … 778	烏 … 780
祝 … 778	徐 … 780
陝 … 778	殷 … 782
姚 … 778	般 … 782
紀 … 778	奚 … 782
	翁 … 782
	留 … 782
	高 … 782
	郭 … 782

十畫

秦 … 779	席 … 783
泰 … 779	唐 … 783
敖 … 779	凌 … 783
班 … 779	浦 … 783
馬 … 779	家 … 783
袁 … 779	宮 … 783
都 … 779	陸 … 783
華 … 779	陳 … 784
莽 … 779	陰 … 786
莫 … 779	陶 … 786
莊 … 779	桑 … 787
真 … 780	孫 … 787
桓 … 780	納 … 787
桃 … 780	
連 … 780	
夏 … 780	## 十一畫
柴 … 780	
党 … 780	梅 … 787
時 … 780	曹 … 787
畢 … 780	戚 … 788
晁 … 780	盛 … 788
晏 … 780	常 … 788
倚 … 780	曼 … 788

鄂	788	葉	794
婁	788	萬	794
國	788	葛	795
崔	788	董	795
崇	788	落	795
過	788	惠	795
笪	788	揚	795
符	788	揭	795
脫	788	紫	795
許	788	掌	795
庾	789	閔	795
康	789	喇	795
章	789	景	795
商	789	單	795
粘	789	喻	795
淮	789	稆	796
淳	789	程	796
梁	789	稅	796
涵	789	喬	796
尉	789	傅	796
屠	789	焦	796
張	789	舒	796
強	793	欽	797
陰	793	鈕	797
		然	797
		鄒	797
		童	797

十二畫

琦	793	道	797
項	793	曾	797
彭	793	勞	797
達	793	馮	797
黃	793	湯	797

游	797	蔡	801
寒	797	厲	801
富	797	臧	801
費	798	裴	801
賀	798	墅	801
		槑	801
		聞	801
		管	801

十三畫

		雒	801
靳	798	廖	801
夢	798	齊	801
楊	798	鄭	801
甄	799	漆	802
賈	799	暨	802
雷	799	熊	802
頓	799	鄧	802
裘	799	翟	802
虞	799		
睢	799		

十五畫

愛	799		
詹	799	摯	802
鳩	799	樓	802
解	799	樊	802
慎	799	歐	802
溫	799	賞	803
塞	799	墨	803
福	799	黎	803
褚	799	衛	803
		魯	803

十四畫

		劉	803
趙	800	諸	804
蔣	800	談	804

澂 …… 804	韓 …… 807
潘 …… 804	檀 …… 807
樂 …… 805	魏 …… 807
練 …… 805	儲 …… 808
	鍾 …… 808
	謝 …… 808
	應 …… 808
	彌 …… 808
	繆 …… 808

十六畫

十八畫

駱 …… 805	聶 …… 808
據 …… 805	擷 …… 808
薛 …… 805	瞿 …… 808
蕭 …… 805	顓 …… 809
樸 …… 805	曠 …… 809
霍 …… 805	壘 …… 809
盧 …… 805	邊 …… 809
曉 …… 806	歸 …… 809
曇 …… 806	顏 …… 809
閻 …… 806	織 …… 809
閣 …… 806	
穆 …… 806	
錢 …… 806	
錫 …… 806	
鮑 …… 806	
獨 …… 807	
龍 …… 807	
壁 …… 807	
隱 …… 807	

十九畫

	蘇 …… 809
	關 …… 809
	嚴 …… 809
	羅 …… 809
	譚 …… 810
	龐 …… 810

十七畫

璩 …… 807
戴 …… 807
藍 …… 807

二十畫

蘭 ………………………………… 810
鶡 ………………………………… 810
覺 ………………………………… 810
釋 ………………………………… 810
饒 ………………………………… 811
寶 ………………………………… 811
竇 ………………………………… 811

二十一畫

酈 ………………………………… 811

鐵 ………………………………… 811
顧 ………………………………… 811

二十二畫

龔 ………………………………… 812
鷪 ………………………………… 812

二十三畫

麟 ………………………………… 812

著者筆畫索引

二畫

丁允和	2963、2964
丁克柔	1357
丁步上	1014
丁辛	1997
丁易	0975
丁雲鵬	0579
丁詠淇	1871
丁善長	1645
丁寅	2140
卜商	0007

三畫

于大梃	2288
于成龍	2286－2288
于光華	2741
于奕正	0963
于敏中	0409、0980
于清泮	0905、0906
于慎行	0555、0556
于準	1178、1179
上官周	1636
尸佼	1093

四畫

王一清	1214
王十朋	0987－0989、1923、1973－1975、2928
王九思	2103、2104、3185
王又旦	2380
王又曾	3016
王又槐	0764
王又樸	2498
王三接	2160
王三聘	3292
王士祿	2344、2347、3054
王士熙	2043
王士禛	1031、1101、1352、1353、1360、1361、2353－2364、2369－2371、2380、2478、2480、2831－2833、2874、2875、2900、2980、2992－2995、3054、3139－3142、3371、3372、3432、3433

王士禧	2344	王存	0825
王士點	0962	王光張	0954
王大治	3067	王光魯	0532
王之舟	0884	王同	0922
王之鈇	1411	王同軌	1438
王子逸	1611	王廷掄	1352
王天與	0007	王廷棟	0874
王元臣	0931	王廷燦	2345、2346
王元貞	1200、1201、3274	王仲儒	2718
王中極	2862	王行	1052
王公楷	0846	王全臣	0918
王文治	2470、3201－3204	王兆符	2447、2448
王心一	2243	王兆雲	0603
王心敬	0171	王充	1093
王以悟	2237	王充耘	0007
王允嘉	3326、3327	王汝南	0424、0425
王玉峯	3227	王汝楫	2037、2038
王世元	3085	王汝翰	0852
王世茂	2679、2815、2816、3097、3350	王宇	1258、2824
王世貞	0401、0479－0483、0602、1198、1419－1423、1756、1774、2149－2158、2683、2778－2780、3094、3095、3134、3227、3329	王守仁	1140、2107－2113、2683、2708
		王守誠	2676
		王安石	1910－1914、2683、2698、2700、2701、2706、2872、2928
王世球	0742、0743	王安國	0833
王世懋	1417、3152	王安舜	0022
王申子	0007	王阮	2706
王令	0311、0312、2706	王圻	0719、0721
王弘撰	1348、2289	王志堅	2776、2777、3298－3300
王幼學	0395	王芸仙	2666
王邦采	2027－2029	王克安	1384
王式丹	2436、2437、2715	王克淳	0839
王芑孫	3447	王步青	2500

王佐	1047-1049	王奐曾	2412
王伯大	1825-1828	王庭	1702
王伯葵	3091	王庭珪	2706
王亨	1569	王奕清	0732、0733、3183
王辛祚	0643	王祖肅	3141
王初桐	3375、3376	王祚禎	0280
王者輔	0447-0449	王昶	3049、3375、3376
王若	2215	王泰甡	2514
王茂修	3147	王珪	2806
王杰	2600	王原	1860
王肯堂	0054、0759、1330	王原祁	0732、0733
王昌學	0897	王時敏	2232
王明清	1305	王特選	0896
王明德	0758	王隼	3075
王岱	2298	王臬	1633-1635
王念孫	0305	王益朋	1702
王炎	2706	王家屏	2181
王宗傳	0007	王家啓	1182、1402
王宗稷	1919-1921、1923、1930-1932	王家駒	0946
王宗鏐	3032	王通	1087-1090、1093、1104-1106
王建	2806、2896	王孫錫	2241、2242
王居正	3006	王純琨	3091
王荔	3326、3327	王納諫	1944-1946
王相	3107	王珝	2452
王柏	0007、0051	王埴	0884
王勃	2683、2886	王逵	1317
王思任	2229、2230、2963	王執禮	2166-2168
王修玉	2839	王敔	2454
王禹書	2298	王常	1652
王禹俌	2706	王崇炳	3065
王禹聲	2088-2090	王崇簡	2292-2294
王俞巽	0848	王符	1093

王象春	2239	王詡	1091、1093
王象晉	1246、2220	王慎中	1774、2708、2973
王象乾	2125	王猷定	2299
王逸	1714－1717、2690	王溥	0722、0723
王惟儉	3117	王源	0119、0498
王琦	1771、1772	王禎	1244
王琮	2931	王肅	1095－1097
王達	1318	王槩	1633－1635
王植	0855、1412	王壽彭	3272
王雲彤	2514	王熙	0730
王棠	1350	王輔銘	3069
王晫	3405	王爾翼	0139
王凱亭	0948	王鳴盛	0064、0065
王復禮	0594	王鳴鶴	1229
王欽若	3281	王圖炳	2715
王廂	0933	王稱	0350
王惺	0621	王僴	2261
王道	0916、1188	王僧孺	2690
王道升	1172	王銍	1296、2931
王湜	0007	王榮紘	2047
王渭	1177	王實甫	3227
王弼	0010、0012、1190	王褘	2683
王蓍	1633－1635	王維	1760－1763、2683、2886
王晳	0007	王維楨	2683
王槑	1261－1263	王震龍	2460
王粲	2683、2690	王儉	2690
王當	0007	王質	1971
王暉吉	1206	王德信	3206、3207
王嗣經	1438	王德溢	0711
王筠	2690	王徹	2884
王與之	0007、0087	王餘佑	2300、2301
王諍	1115	王褒	2690、2697

著者筆畫索引

王廣言	2632	王鏡沚	3142
王慶墀	2654	王鏐	2035－2038
王澍	0061、1204、1619－1621	王瀚	0932
王肇	2991	王繩曾	2027－2029
王畿	2112、2140	王蘭生	0271－0273
王樵	0054	王獻之	2690
王融	2690	王翯	0887、0888
王霖	2329	王巖叟	0675
王積熙	0904	王顰	2889
王衡	2232、3345	王讜	1434
王錩	0960	元好問	2016、2017、2683、
王錫爵	2162、2163、3109、3110		2876－2879、2937－2939
王謀文	0885	元結	1093、2683
王羲之	2683、2690	元稹	1848、1849、2683
王懋竑	2463－2466	支婁迦讖	1663
王穉登	2183－2188	尤侗	0373、0697、2347、3422
王鎡	2931	尤袤	3128、3152
王謨	3395	尤澹仙	3047
王應奎	0864、1354、2527－2529、3041	戈濤	0841
王應鵬	3091	中林竹洞	1647
王應鯨	2844	牛弘	2690
王應麟	1264、1265、3286－3290	牛運震	1050、1051
王鴻緒	0080、0377－0379、2408	毛一鷺	3080、3081
王績	2683	毛开	3158
王瓊	3047	毛先舒	2331、2366
王鏊	1025、1026、2087－2090	毛亨	0070
王燾	1253	毛奇齡	0278、3424、3425
王鎣	0451	毛念恃	1113
王鶊	0285	毛宗崗	3211、3241、3242
王翽	3034	毛居正	0007
王黼	1045、1046	毛珝	2931
王鏞	0862	毛晉	0392、0702、0703、1063、1246、

	1304、1305、1308－1310、1371、1426、	方允淳	0966
	1432、1433、1592、1604－1610、1767、	方正玉	0498
	2806－2809、2896、2943、3119－3122、	方世舉	1823、1824
	3156－3158、3166、3227、3228、3400	方回	2766
毛雲孫	1727	方孝孺	2067、2708
毛際可	2365、2366	方沆	1949、1950
毛維錡	0956	方苞	0689－0691、2447、2448
毛德京	0933	方岳	2706、2928
毛德琦	0974	方夏	0257
毛澂	2667	方萬里	0929
毛燧傳	2596	方楘如	2446
毛澤鈞	0665	方學伯	0636
毛懋宗	2887	方學漸	1142
毛霡	0492－0494	方薰	3029
仁孝皇后	1704	方懋福	2845、2846
仇兆鰲	1789－1794	方願瑛	1148
仇遠	2040	方觀承	0740、0750、3093
公孫鞅	1093	火源潔	0300
公孫龍	1090、1091、1093	尹文	1090、1091、1093
月婆首那	1704	尹啟銓	0840
文天祥	2011、2012、2706、2928	尹喜	1090、1091、1093、1187
文同	2706	尹會一	0625
文彥博	2931	尹源進	0681
文海	1243	尹嘉銓	2597
文翔鳳	2963	尹壇	0987、0988
文震孟	1093、1094	尹繼善	2848－2850
文德翼	3305	允祉	1455
文徵明	2132	允祕	0616、0617
方元會	0666	允祿	0736、0737、0812、0813、
方日升	0254－0256		1455、1563、1564、2794
方中履	1272	允禮	2851、2852
方以智	1270	孔文仲	2706

孔平仲	2706	石九鼎	0301
孔求	1093	石介	1093、1871、2706
孔武仲	2706	石珤	2092
孔尚任	3219	石韞玉	2579－2582、2630
孔昭煥	0646	申丕鍏	0862
孔衍梅	0584	申時行	0724－0726、2161
孔稚珪	2690	申培	0077
孔傳	3278、3279	申涵光	2330
孔傳鋕	2474	申發祥	0939
孔毓圻	0734、0735	田乂鏡	0809－0811
孔毓佶	0647	田玉	2565
孔毓璣	0936	田同之	3415
孔融	2690	田汝成	1034
孔鮒	1091、1093	田況	1294
		田從典	2425、2426
		田朝恒	0216
五畫		田雯	2367、3415－3417
		田蘭芳	2308
甘禾敬	2453	田鶴	0954
甘汝來	2453	史以甲	0719
甘暘	1653	史以明	0642
甘羅	1093	史以遇	0719
艾南英	2680	史永直	0892
艾衲居士	3232	史在鑛	0656
艾欽	1233	史典	1404、1405
左圭	3384	史珥	0572
左光先	1961、1962	史致儼	2648
左光昴	2256－2258	史榮	0082
左彤九	2050	史震林	1450、2571
左宗郢	0021	史墨	0656
左宗棠	2661	史鑑	2093
左烝	3293	四橋居士	3256
左懋第	2050、2256－2258		

丘兆麟	2969	皮日休	1091、1093、2671、2683
丘象隨	1845－1847		
丘遲	2690	**六畫**	
丘濬	0109、1114、1138		
白世珍	2629	邢邵	2690
白芬	1617	邢昉	2303、2304
白居易	1850－1855、2683、3278、3279	邢昺	0147、0293－0295
白漬	0938	西周生	3254
白輝	0820、0821	百懶道人	3232
印煥門	0951	列禦寇	1087－1090、1093、1187、1207
句延慶	0501	成公綏	2690
包宇	0949	成文昭	2491
包拯	0801	成伯瑜	0007
玄燁	0734、0735、2397、2902－2907	成勇	1149
永珊	1708	托津	0428
永泰	0901	年羹堯	1815
司空圖	2683、3152	朱一鳳	0745
司馬光	0007、0105－0107、0385－0387、	朱三錫	2876－2879
	1088、1102、1107、1875－1881、	朱之蕃	0554、0983
	2683、2931、3122、3152	朱子素	0491
司馬承禎	1090、1091、1093	朱天璧	0181
司馬相如	2683、2690	朱元昇	0007
司馬貞	0313－0318	朱元璋	2057
司馬彪	0322、0323	朱升	2051
司馬遷	0313－0316、1715－1717、	朱公遷	0007
	1722、1725	朱文治	2810
司馬露	0685	朱玉	1968、1969
司馬穰苴	1093	朱丕烈	0738、0739
弘曆	0009、0409、0833、1167－1169、	朱申	0007
	1856、2538－2544、2546、2793、	朱仕玠	2588
	2794、3017－3019	朱仕琇	2584－2587
弘曉	2636、2637	朱存理	1593、1594

朱廷慶	0650	朱象賢	1612-1614、2757、2758
朱休度	2639	朱淑真	1960、2808
朱延佐	2180	朱紹文	0858
朱祁鈺	0575	朱琦	0589
朱孝純	2641	朱琰	2604、2965、3066
朱吾弼	0802、1138、1826-1828	朱棟	1662
朱里	0571	朱橒	2517、2518
朱良玉	0160	朱棣	1688、1689
朱青選	0886	朱鼎	3227
朱長文	1612-1614	朱鈞	2792
朱長春	1234-1238	朱善	0007
朱茂時	1702	朱焯	0157
朱松	1968、1969、2706	朱統鉷	1629
朱東光	1092	朱楓	2517、2518
朱東觀	2781	朱軾	0044、0093、0583、1107
朱昆田	0976-0980、2351、3373	朱睦㮮	1082
朱昇	1702	朱筠	3020
朱宗文	1617	朱埔	1231
朱宗淑	3047	朱端常	0865
朱承爵	3152	朱肇濟	0937
朱南杰	2931	朱樟	2477
朱思本	1043	朱震	0007
朱祖義	0007	朱稻孫	2351、2516
朱陞	1980	朱德潤	1045、1046
朱珖	3008、3009	朱潮遠	1160
朱倬	0007	朱澐	2997
朱高熾	1573	朱璘	0427、1733、1734
朱基	0840	朱熹	0003、0006、0013-0017、0049、
朱國禎	0486、0487、1324、		0139、0156、0167、0390、0391、
	1375-1377、2088-2090		0595-0597、0802、1108-1113、1117、
朱偓	0950		1154、1607、1718、1719、1818-1820、
朱從延	1923		1825-1828、1970、2706、2928

朱橞	1968、1969、2706	伊桑阿	0730
朱冀	1723	伊應鼎	2363
朱錦	2972	向子諲	3158
朱謀㙔	1629、2887	向秀	1193
朱澤澐	1175	全祖望	2570、3042
朱襄	2493	危素	2052
朱燮	3155	危積	2931
朱鴻	0141	米芾	1604、1605、2706
朱瞻基	1134	汗明	1093
朱謹	1020	江乙	1093
朱彝尊	0976–0980、1822、2350、2351、2952–2956、3159、3170–3172	江之棟	1560、1561
		江天一	2259
朱繼芳	2931	江天表	2259
朱權	0473、1998、3227	江元祚	0141、2820
朱鶴齡	1781、1782、1857–1859	江元禧	2820
朱鑑	0007	江元機	2820
朱觀	2997	江文煒	0310
朱鷺	0478	江永	0112、0186、0282
伍炳日	1410	江珠	3047
伍炳宸	1410	江浩然	1806、2350
伍涵芬	1410、3143、3144	江淹	1750、1751、2683、2690、2697
伍澤梁	0283	江塤	1806
仲長統	1093	江椿	2960
任士林	2018	江廣	2820
任大椿	3446	江學詩	2021
任以任	0652	江總	2690
任兆麟	3047	江贄	0388、0389
任昉	2683、2690	池上客	1693
任璇	0900	宇文毓	2697
任轍	0544	阮元	1454、2600、3414
自非逸史	0491	阮逸	1088、1104–1106
伊世珍	1373	阮瑀	2690

阮福	0146	李之澥	3378
阮福瀚	2662	李之儀	1607、2931
阮學浩	3021	李之藻	1453、1988、3399
阮學濬	3021	李天麟	2685
阮籍	2683、2690、2697	李元陽	0264
那岐山	2535	李尤	2690
牟允中	1404、1405	李日華	0781、2968、3227
牟欽元	2916	李中簡	2844
牟巘	2916	李化鵬	1890
		李文仲	0192
		李文胤	2982、2983

七畫

		李文會	2947
芮復傳	0937	李文煒	1795、1796
花沙納	0430	李文藻	2923
花蕊夫人	2806	李文驥	0644、0645
杜公瞻	3272	李心傳	0007
杜本	2808	李以琰	0932
杜光庭	1254	李玉鳴	0738、0739
杜甫	1773－1782、2897	李白	1767－1772、2683、2897
杜佑	0711、0712	李玄玉	3198－3200
杜牧	2683	李必恒	2715
杜庭珠	2913	李幼武	0595－0597
杜唐	0854	李耳	1087－1090、1092、1093、1187、1191
杜旃	2931	李百藥	0331
杜詔	2458、2913	李成經	3071
杜預	0006、0113、2690	李光地	0041、0271－0273、1156、1162、2406、2834
杜綱	3263		
杜範	2931	李光祚	0861
杜審言	2886	李光暎	1062
杜燦然	0908、0909	李光縉	0557－0559
李士麟	2829	李因培	2918
李之芳	0760	李因篤	2352

李先芳	2190	李祖堯	1965、1966
李廷忠	1990、1991	李華	1807、2683
李廷機	0403、1387、3169	李梴	0844
李廷耀	1563、1564	李根	0243
李廷鰲	1127	李連山	2190
李延基	0239	李逢申	0928
李延壽	0332、0333	李逢時	3212
李自滋	0869	李流芳	2248
李自榮	2695、2815、2816	李恕	0022
李向昀	1649	李通玄	1210
李兆洛	2649、2860	李彬然	0947
李江	1565	李國祥	2681
李汝霖	1171	李符	3159
李沛霖	0172	李符清	2595
李良年	2487、3098、3159	李商隱	1857－1861、2683
李長庚	2225	李清	2257、2258
李長祥	2295	李清照	2808
李其旋	0838	李淳風	1570、1571
李果	3282	李將舒	2709、2710
李明徹	1454	李隆基	0007
李昉	2750、2751	李綎	2624－2626
李迪	0917	李琪	0007
李念慈	2982、2983	李雲鵠	1268
李周望	0704	李雯	2971
李京	0242	李鼎祚	0011
李治灝	0864	李開葉	2560
李春芳	3267	李開鄴	2006、2007
李柄	1282	李筌	1584
李軌	1088、1102	李復興	0744
李昭玘	2931	李善	2728－2730、2734－2736
李思白	0947	李道純	1188
李思浩	0777	李曾伯	0217、2931

著者筆畫索引

李賀	1844–1847、2899	李樹德	0897
李登	0232、0233、0819	李暾	3064
李塨	3406	李興祖	0968、2300、2301
李夢松	2638	李學禮	3377
李夢陽	2097–2102、2683、2973	李翱	1093、2683、2700
李蔭	0603	李衡	0007、0595–0597
李嵩	0644、0645	李壁	1913、1914
李廉	0007	李覯	1890、2706
李鷹	2683	李聯芳	0701
李福	2652	李鍇	0376
李禎	0172	李應昇	2244
李際期	3386、3387	李燦	1008
李嫩	3047	李彌遜	2931
李遜之	0488	李贄	0154、0169、0356–0367、
李鳳雛	0374、0375		1383、1384、1420、1421、1925–1929
李漁	2306、2709、2710、	李燾	0198
	3216–3218、3224–3226、3255	李顒	0171
李賓	2683、2684	李簡	0007
李綱	1961、1962	李鎧	1355
李維禎	0254–0256、0537、	李攀龍	2145–2148、2683、
	1334、2963、3133、3301		2825、2885、2949、2973
李瑾	0919	李犖	2808
李樗	0007	李夔龍	2289
李賢	0322、0323、0826、0827	李寶臺	1065
李鄴嗣	2307、3062	李寶曾	0946
李德林	2690	李繼聖	2553
李德裕	2683	李鰲	3048
李衛	0971、0972	李觀	2702
李劉	2009	束晳	1093、2690
李調元	3072	吾丘端	3227
李澄中	2348、2349	夾雜生硬氏	1603
李樂	1324	求那跋陀羅	1704

貝瓊	2714	吳士元	0329
呂一奏	0231	吳士玉	2715
呂士雄	3184	吳大澂	1058
呂大圭	0007	吳大鎔	0676、0677
呂大防	0684	吳山濤	1702
呂大臨	1045、1046、1059	吳之芳	1618
呂元	0509	吳之振	2706
呂不韋	1093、1259	吳中行	2182
呂文光	0911	吳中珩	1418
呂正音	0943	吳仁傑	0007
呂本中	2931、3152	吳公遂	1560
呂延濟	2729	吳文正	2165
呂兆禧	1728、1747、1748	吳文炳	1064
呂守曾	2490	吳玉搢	0302、1055
呂坤	0780、0785、0786、1147、2197–2202	吳玉綸	2601
		吳永	3385
呂洪烈	3220	吳弘基	0468、0469
呂祖謙	0007、0072、0073、0538–0541、1093、1923、2674、2754、2924、3310	吳百朋	1702
		吳存禮	0926
呂留良	0173、2706	吳成儀	2911
呂望	1093	吳光昭	2840
呂嵩	1188、1220	吳光義	3349
呂復恒	2490	吳廷華	0094
呂溫	2702	吳廷楨	2456、2715
呂維祜	0266	吳任臣	0471、0472
呂維祺	0266	吳自弘	1678
呂履恒	0942、2430	吳自高	2450、2451
呂熾	0667	吳兆宜	2749
呂聲之	2931	吳均	2690
呂瀍	2490	吳見思	0561、1787、1788
呂耀曾	2490	吳希哲	2290
呂灛	0892	吳沆	0007

吳若谷	0571	吳琯	0289、2773－2775、3118
吳昌祺	2888	吳雲	1272
吳宗信	1340、1341	吳雯	2478－2482
吳定璋	3090	吳雯清	2968
吳承恩	0601、3243	吳景果	0834
吳承漸	1081	吳喬齡	0911
吳省欽	2612、2613、3026	吳道南	3316
吳省蘭	1030	吳曾	0967、1302
吳昭明	3323	吳焯	2930
吳思本	0268	吳渭	2808
吳思穆	2696	吳楷	2519
吳勉學	1255	吳楨	0419
吳祕	1088、1102	吳當	2034
吳泰	1897	吳照	0199、0200
吳起	1093	吳肅公	0562、0586、0587
吳甡	0585	吳蔚光	2616
吳倬	2270	吳爾堯	2706
吳師道	0463、0464	吳儆	2706
吳高垓	0864	吳鳳來	0136、0137
吳家龍	2914	吳寬	3092
吳萊	2026－2030	吳寧	3092
吳國倫	0799	吳綺	2385－2387、2795
吳偉業	0697、2278－2282、2787、3063	吳璜	2602
吳從先	1446－1448、2969	吳榖	0847
吳訥	2768	吳震方	3409
吳惟信	2931	吳德興	2799
吳淇	2791	吳澄	0007、0140、1093、1579、2033
吳淑	3280	吳興祚	0561
吳翌鳳	2281、2282、2796	吳龍翰	2931
吳紹澯	2420	吳鶱	1064
吳琦	3182	吳璿	3265
吳琥繡	2385－2387	吳鼇	0840

吳瞻泰	1743、1797	何德新	2537
吳鎮	2297	何應龍	2931
吳繩年	1661	何鏜	0998、0999
吳鵬	0711	何譔	1225
吳瀚	1897	何□□	2689
吳繼序	0579	佟國勷	0768
吳繼武	1813、1814	佛陀多羅	1704
吳鑄	1702	余元熹	2694
岑參	2886	余有丁	0328
利登	2931	余良樞	2685
利瑪竇	1557	余孟麟	0983
邱先德	3027	余恂	0935
何士信	2760	余祜	2095
何大通	2962	余寅	2205、2206
何元英	1702	余靖	2706
何文煥	3152	余蕭客	2742、2743
何世璂	3141	余縉	2267
何百可	2412	余懋學	1325
何沉	0651	余闕	2045
何良俊	1378、1419-1422	余繼登	0484
何承天	2690	希寫	1093
何孟春	0864、1097、1098、1319、1320、1741	谷應泰	0438-0440
何晏	0147	言如泗	0892
何異孫	0007	辛鈃	1090、1091、1093
何偉然	3302、3398	辛棄疾	0475
何達	1320	快亮	0751
何景明	2683	汪士漢	3401-3404
何焯	1822、3374	汪士賢	1429、1729、1730、1732、1746、1749、1750、1754
何夢桂	2706		
何夢篆	2499	汪士鋐	2835、2836
何遜	2690、2697	汪元範	3060
何瑭	2118、2119	汪元量	2706

汪文柏	2484、3379、3380	汪聯福	3030
汪玉球	1619、1620	汪戀麟	2403
汪由敦	2501	汪篝	3445
汪立名	0244、1809、1850-1854	汪藻	1963、1964、2706
汪有典	0613-0615、0687	汪灝	1247、1248、1802
汪同文	0630	沙長輿	3112
汪廷訥	3227	沙張白	2398、2399
汪汝禄	1596	沙溪老夫	0183
汪克寬	0007	沈一貫	2151、2152、3109、3110
汪沅	2835	沈士龍	0011
汪明際	1258	沈十駿	2921
汪昂	1257	沈心友	2709、2710
汪佩鍔	1122	沈廷勘	1702
汪建封	3378	沈汝楫	0358
汪春泉	1037-1039	沈近思	0705
汪莘	2931	沈彤	0089、0860、2523
汪桓	1257	沈長卿	1333
汪栖涇	2521	沈亞之	2683
汪晉徵	0873	沈英	3008、3009
汪淇	0550、2188、2968	沈昌世	3333-3335
汪啓淑	0342	沈岸登	3159
汪琬	2296、2335、2336、2976、3429-3431	沈季友	3068
汪森	2952-2956、3170-3172	沈佳胤	2682
汪景龍	2933、2934	沈佺期	2886
汪道昆	0114、2159、2683、2973、3323	沈采	3227
汪湘	0630	沈受先	3227
汪遠孫	1086	沈泓	0035
汪慎中	0591	沈宗舜	0959
汪端	1257、2966	沈宗騫	1621
汪儀鳳	0678	沈持玉	3047
汪學金	2622、2623	沈括	1298
汪錂	3227	沈炳震	2704

沈炯	2690	沈鯨	3227
沈津	3388	沈繼孫	0771
沈約	0326、0327、0384、2683、2690、2697	沈繼賢	0879
沈華	0914	沈麟趾	0934
沈桐	0334	沈纕	3047
沈逢春	2748	完初子	1379
沈培木	1707	宋大樽	0296
沈國元	0420－0422、0530	宋之問	2886
沈淑	0187	宋文錦	0902
沈朝陽	0433	宋玉	1093、1713、2683
沈斐	1903－1905	宋邦綏	2871
沈鼎新	1234、1235	宋至	1930－1932、2303、2304、2392、2438－2440
沈邁	2706		
沈業富	2725	宋廷楨	0950
沈與求	2706	宋名立	0913
沈該	0007	宋祁	0335、0336、1293、1869、2931
沈際飛	2212、3306	宋長白	3145、3146
沈嘉轍	2930	宋珏	1873
沈蔚	3008、3009	宋咸	0301、1088、1102
沈說	2931	宋咸熙	3070
沈樞	0517	宋韋金	2483
沈遼	2706	宋庠	0452
沈德先	1339	宋振譽	1070
沈德潛	0973、1396、1801、2572－2575、2915、2957－2959、3002－3006、3439－3442	宋琬	2292
		宋景愈	0912
		宋景關	0925
沈璟	3227	宋弼	2478、2556
沈學淵	2650	宋登春	2189、2190
沈皞日	3159	宋筠	0648
沈鍊	2165	宋廣業	1019
沈豐岐	3014	宋犖	0648、2384、2390－2393、2715－2717、2976－2980、3039
沈鯉	2196		

宋徵輿	2971	范仲淹	0800、2683、3078、3079
宋濂	0226、0258－0262、0338、2026、2030、2054－2056、2683、2708、2973	范守己	2207
宋憲章	0905、0906	范安治	0881
宋駿業	1600－1602	范科	0267
宋懷金	0746	范承謨	2332－2334
改琦	1641－1643	范祖禹	0007、0538－0541
阿世坦	0730	范浚	2706
阿桂	0856	范純仁	3078、3079
邵仁泓	1903－1905	范檸	3152
邵以正	1188	范處義	0007
邵長蘅	0279、1930－1932、2369－2371、2393、2715－2717、2980、2981	范惟一	2067
		范清洪	3290
邵松年	3264	范淶	1126、2051
邵晉涵	0306－0309	范景文	2241、2242
邵遠平	0351－0355	范鄗鼎	1157－1159
邵雍	1093、1568、1895－1897	范曄	0322、0323
邵經邦	0351－0353	范震	2947
邵璨	3227	范凝鼎	0170
		范翺	1158
		茗上野客	1444
		茅一桂	0369

八畫

		茅元儀	1327
武衍	2931	茅坤	0369、0507、0518、0519、1280、1281、1832－1834、1893、1906、1908－1910、1935、1940、2142、2143、2698、2699、2973
武陵逸史	2760		
武緯子	3345		
青心才人	3268	茅國縉	0372
青溪菰蘆釣叟	3230	茅復	3098
若那跋陀羅	1704	茅瑞徵	0055、0056
范大士	2718	茅溙	0267
范世清	2645	林之奇	0007
范成大	0991、1976、2706、2808、2928	林子卿	0444
范廷謀	1803	林日瑞	2128、2129

林中梼	0103	來鵠	1093
林文	2074	杭世駿	0410、0611、0612、2317、2548-2550
林文龍	2841	東方朔	1093、1728、2683、2690
林至	0007	郁大本	1712
林光世	0007	郁之章	0924
林光朝	2706	郁嘉慶	1318、1442
林兆鯤	2614	抱甕老人	3231
林亦之	2931	門無子	1241、1242
林希元	0032	易德裕	3013
林希逸	0007、1198、1199、2931	旻寧	2655
林沆	1722	迪齋	2657
林尚仁	2931	垂胡子	1443
林尚葵	0243	物茂卿	1141
林明倫	1837	和珅	0189、0850
林佶	2335、2336、2355-2358、2372-2375	季本	0591
林泰	2614	岳珂	2931
林逋	2706	岳飛	1967
林唐臣	2064	岳端	2493、2494
林處	0790	金人瑞	2891、3137、3206、3207
林堯叟	0006、0124、0125	金之俊	1150、2271、2272
林雲銘	1205、1722、1725、2365	金友理	0967
林景熙	2706	金曰追	0096
林喬蔭	0110	金文貞	3091
林鉞	0509-0511	金弘勳	0877、2015
林愈蕃	0150	金汝英	1024
林鳳儀	0945	金居敬	0734、0735
林韶光	0954	金南鍈	3068
林駉	3317	金炯	0931
來知德	0033、0034	金詗	0061
來保	0736-0739	金雍	2891
來集之	1399	金嘉謨	0358
來欽之	1720	金榜	3046

金榮	2359-2361	周起岐	2752
金德瑛	2554	周真一	1188
金履祥	0007、2015	周振采	2847
金學曾	1116	周時雍	3366
金檀	2059、2060、2714	周家棟	3349
金豐	3259	周密	1309-1311、3175-3177
金簡	0770	周雯	0937
周之標	2696、3191	周紫芝	2931、3121、3152
周之鱗	2707	周敦頤	1154、1898
周子義	0328、1091	周弼	2931
周文璞	2931	周夢顏	0754
周世緒	3174	周暉	0982
周世樟	0184	周詩雅	2752
周丕顯	1335	周準	2957-2959
周必大	1607、1608、2706、3152	周嘉胄	1657
周在浚	3099	周碩勳	0957
周在梁	3099	周廣業	0155
周朱來	0938	周震榮	0835、0836
周伯琦	0225	周魯	3307、3308
周孚	2931	周履靖	3227
周沐潤	2656	周鍾	2867
周茂源	2318	庚桑楚	1090、1091、1093
周昌年	0547、0548、0550	怡愉	2021
周昂	0286、0471、0472	法式善	0499、2617-2621、3026
周於智	0902	法坤宏	2552
周祈	1269	河上公	1088、1092
周承濂	0849	況廷秀	2073
周城	0985	況鍾	2073
周厚轅	1043	郎廷棟	0768
周亮工	1340、1341、2283、2696、3100-3102	郎奎金	0290、0301
周炳曾	0989	郎瑛	1321、1322
周祖琛	2587	房玄齡	1092、1234-1236

房祺	2808	胡之富	0949
屈大均	2396、3075	胡化鵬	2859
屈汝州	1725	胡介	1591
屈原	1093、1713、2683	胡介祉	1654
屈啓賢	0913	胡文煥	0405、3283、3292
屈復	1725、2505、2914	胡文學	3062
孟光宗	0968	胡方平	0007
孟郊	1842、1843	胡正言	0225、1632、3302
孟衍泰	0671、0672	胡仔	3123－3127
孟華平	2175	胡仲參	2931
孟浩然	1766、2886	胡安國	0003、0006、0124、0125
孟絿	3343	胡孝思	3008、3009
孟榮	3118	胡克家	2735、2736
		胡邵瑛	0269
九畫		胡松	1043
		胡非	1093
封演	1289	胡尚宏	0748
郝天挺	2876－2879	胡尚洪	3303
郝玉麟	0952	胡帛	2770
郝浴	3423	胡宗憲	0757
郝敬	0102	胡居仁	1139、2094、2095
郝經	2035－2038	胡柯	1901
郝懿行	0310	胡彥穎	1414
荀況	1087－1090、1093	胡炳文	0007
荀悅	0414、1091、1093、1103、2690	胡泰	2285
荀勗	2690	胡浚	2536、2863
胡一中	0007	胡寅	0542、0543、1649
胡一桂	0007	胡敬	0428
胡三省	0385、0386、0393、0394	胡皐	0664
胡士行	0007	胡惜	1188
胡士容	1387	胡渭	0040、0057－0059
胡大臣	0987	胡煦	0042、0043

胡槩	0929	段成式	1429、1430、2683
胡鳴玉	1274	皇甫湜	2683
胡廣	0053、0127、1128、1129	侯方域	2305、2976
胡維新	3390	侯廷珮	2207
胡震亨	1063、2890	侯杲	3307、3308
胡德琳	2382、2383	侯重喜	1177
胡履亨	1802	侯銓	2407
胡應麟	1328、3135	侯榮圭	0890、0891
胡纘宗	2123	侯鶴齡	1135
南軒	0391	帥機	1972
南逢吉	0987－0989	俞王言	2826
南總宇惠	1141	俞安期	1209、3340、3341
查如塤	1274	俞長城	2726
查望	2188	俞桂	2931
查爲仁	2524、3010、3011、3175－3177	俞皋	0007
查慎行	0938、1278、2441－2445	俞琰	0007、1188、2861
查遴	0914	俞嶙	2108
查學禮	3010、3011	俞德鄰	2931
查禮	2567、2568	俞穎達	0871
查鐸	2173	俞瀾	0933
柳成龍	0500	風胡	1093
柳宗元	1088、1102、1838－1841、2683、2698、2700、2701	逢行珪	1091
		胤禛	0791、1165、1700、2842、2843
柳彬	2960	計有功	3129
研石山樵	3245	計東	2296
毗目智仙	1704	施元之	1930－1932
韋協夢	0095	施念曾	2312
韋昭	0451－0455	施耐庵	3236、3237
韋縠	2870、2871	施彥恪	2312
韋謙恒	3026	施紹莘	3188、3189
韋應物	1808、1809、2896	施朝榦	2610
段玉裁	2608、2609	施惠	3227

施閏章	0900、2312-2316	祝淵	3314、3315
施瑮	2312、2317	祝穆	3312-3315
施端教	0748	陝西省清理財政局	0756
施璜	0966	姚之駰	0324、3381
施樞	2931	姚之麟	0291、0292
施澴	0966	姚五庸	2654
姜希轍	0117	姚文田	0204
姜炳璋	0120	姚文爕	1270
姜宸英	2432、2433	姚弘緒	3040
姜紹書	1623、1624	姚廷謙	3368
姜寶	2770	姚合	2896
姜夔	1999-2003、2931、3152	姚孝錫	2931
洪大濵	2045	姚更生	1215、1216
洪炎	2931	姚希孟	2899
洪垣	0663	姚宏	0458、0459
洪适	1068	姚茂良	3227
洪祚永	0632、2259	姚明彥	2677
洪烈	0663	姚佺	1845-1847
洪焱祖	0299	姚宗文	0928
洪夢錫	2233	姚思廉	0328、0329
洪肇楙	0842、0843	姚紉	2975
洪邁	1299、1300、1605、1607、2873-2875	姚桐壽	1437
洪德常	0512	姚培	0686
洪遵	1063	姚培謙	1860、2701、2900
洪興祖	1714	姚舜牧	0158
洪應明	1441	姚鉉	2672、2673
宣穎	1206	姚際隆	1589
客溪樵隱	0491	姚履旋	0233
祖建明	0837	姚壎	2933、2934
祝允明	2015、2105、2106	姚鏞	2931
祝泌	1566	姚鵬春	0870
祝堯	2767	紀昀	0618、1030、2611

十畫

秦子忱	3262
秦恩復	2702
秦萬壽	2037、2038
秦雄褒	0886
秦嘉楫	0600
秦嘉謨	0470
秦耀曾	3036
秦觀	1607、1954、1955、2683、2706、3160
泰和仙客	3253
敖陶孫	2931
敖繼公	0007
班固	0319－0321、1093、1283、2683、2690
馬大相	0968
馬元調	1849
馬曰琯	0684、3148、3149
馬允剛	2922
馬世英	0910
馬世璘	0764
馬令	0345、0346
馬永卿	1301
馬括	1118、1119
馬致遠	3205
馬理	2126
馬銓	3104
馬端臨	0713－0720、1080
馬維銘	0514
馬慧裕	2607
馬德錫	0764
馬融	2690
馬巒	0685
馬驌	0118、0442、0443
袁于令	3227
袁日省	1067
袁中道	1388、2245、2963
袁孝政	1091
袁甫	2010
袁宏	0414
袁宏道	2105、2106、2177－2179、2223－2228、2683、2748、2804、2963、2969
袁枚	2579－2582、2615
袁袠	2133
袁淑	2690
袁黃	3333－3336
袁景輅	3043
袁鈞	3174
袁熙臣	1387
袁樞	0431、0432
袁繼咸	0606、0607
袁儼	3333－3336
都穆	1070
華玄禔	0515
華岳	2931
莽鵠立	0746
莫可易	0228
莫如士	1835
莊有恭	0996
莊周	1087－1090、1092、1093、1187、1193－1195
莊逵吉	1260
莊啟元	2238
莊鳳翥	3016

莊廣還	1684	畢沅	0303、1078、3044
真山民	2706	晁沖之	2706
真德秀	0007、1114、1607、1997、2004–2008	晁補之	1607、1956、2683、2706
桓寬	1093	晏殊	2755
桓譚	1093	晏嬰	1091、1093
桃源溪父	1445	倚雲氏	3270
連青	2402	倪元璐	2250、2251、2786
夏大霖	1727	倪尚誼	0007
夏大襄	1727	倪思	0348、0349
夏大贊	1727	倪師孟	0860
夏之芳	0062、0593	倪璐	0284
夏之蓉	0563、2576	倪瓚	2046
夏日萱	1337	烏斯道	2062、2063
夏文彥	1625–1627	徐士俊	0550
夏仲齡	1232	徐天樞	0637
夏言	2128、2129	徐元	3227
夏完淳	2971	徐元太	3338
夏侯湛	2690	徐元正	2902、2903
夏洪基	0592	徐曰璉	2921
夏景頤	1727	徐中行	2825
夏竦	0214	徐文靖	1273
夏綸	3222	徐文鰲	0628
夏樹芳	1695	徐以坤	0410
夏顯煜	0848	徐玉璪	0628
柴升	2707	徐世淯	1702
柴杰	3023	徐立綱	3052
柴望	1585、2931	徐永芝	0912
柴紹炳	3368	徐永宣	2715、2991
柴應槐	0366、0367	徐民式	1387
党崇雅	1150	徐弘祖	1035
時瀾	0007	徐光啓	1245、1557
畢弘述	0236	徐廷棟	2520

徐廷槐	3378	徐復祚	3215、3227
徐行敏	3333–3335	徐善述	1590
徐旭齡	1702	徐善繼	1590
徐孚遠	2869	徐渭	1954、1955、2177–2179、2683、2963、3209、3244
徐表然	1017、1018		
徐長泰	0937	徐渭仁	1057
徐昆	3235	徐夢元	3222
徐昌治	1697	徐幹	1093
徐昂發	2715	徐楸	3177
徐官	0227	徐照	2706
徐居仁	1779	徐鉉	0193、0197、2706
徐思龍	1024	徐愛	1140
徐修仁	2836	徐燉	1873
徐衍慶	3338	徐禋	0634
徐炯	1861	徐禎卿	2683、3152
徐胥慶	3338	徐榛	2972
徐晉卿	0007	徐碩	0923
徐時棟	0930	徐榮樞	1273
徐倬	2902、2903	徐熥	2215
徐釚	2368、3178	徐肇元	2396
徐陵	2683、2690、2748、2749	徐增	3138
徐乾學	2404、2405、2711–2713	徐震	3233
徐彬	1251	徐慶卿	3198–3200
徐堅	3275–3277	徐潤第	2633
徐常吉	3348	徐璣	2706
徐晫	3227	徐樹榖	1861
徐惇孝	1872	徐奮鵬	0560
徐惇復	1872	徐霖	3227
徐紳	0799	徐積	1916–1918、2706
徐鼎	0084、0946	徐學乾	0831
徐傅	0862	徐學聚	0727
徐集孫	2931	徐燨禧	0407

徐軏	0867	高啓	2058-2060、2714
徐應秋	1393、1394	高崙映	0033
徐應觧	0851	高棅	2880-2883
徐應龍	3184	高斌	0995、1175、2515
徐繼畬	2659	高嵣	1345、2967、3028
徐顯卿	3340、3341	高燾	2928
殷元勳	2871	高誘	0458-0461、1092、1260、1279
般若流支	1664	高適	2886
般剌密帝	1672、1673、1704	高槩	2066
奚士恂	2384	高澤生	0875
奚大武	2384	高濂	1363、3227
奚岡	3029	高曜	0788
奚學孔	2384	高鸚	3260
翁方綱	1616、2481、2482、2615、3151	郭子章	1010-1013
翁正春	3169	郭元釪	2715、2937
翁明英	0687	郭正域	0001、1830、2738、2744-2747
翁卷	2706	郭延年	0537
翁葆光	1188	郭良翰	1389
翁遵讓	0627	郭若虛	1592
留元剛	1764	郭茂倩	2756
高士奇	0129、1598、1599	郭忠恕	0192
	2377-2379、3272、3434	郭金臺	2322
高允	2690	郭奎	2045
高汝栻	0419	郭祥正	2931
高明	3211、3227	郭執桓	2634
高阜	3099	郭乾泗	1192
高承	3282、3283	郭帶淮	1276
高拱	2144	郭偉	2798
高彥休	1431	郭象	1088、1092、1193、1194、1196-1198
高珩	2291、2326	郭雲鵬	1768、1769、1902
高晉	0740	郭爲崍	1276
高得貴	0866	郭璞	0248、0291-0295、0301、1424、

	1425、1560、1561、1579、2690	凌毓枌	1766
郭懋隆	1014	凌濛初	0077、1924、2744、2805
郭應寵	0555、0556	凌應曾	2918
郭鵬年	2322	浦南金	3328
郭鶴年	2322	浦起龍	0568、0569、1798－1800、2845、2846
席永恂	2407	浦起麟	1798－1800
席蕙文	3047	浦龍淵	0037
唐文獻	2798	家鉉翁	0007
唐正位	3065	宮夢仁	2753
唐玄度	0210－0212	宮鴻曆	2715
唐汝詢	2888	陸世楷	2975
唐守欽	2685	陸西星	1202、1203、1215、1216
唐秉鈞	1658－1660	陸光宗	0950
唐庚	2683、2706、3152	陸廷燦	1351、2248
唐時升	2253	陸求可	2329
唐孫華	2394	陸佃	0296、0297、0301、1091、1258
唐寅	2105、2106	陸希聲	2702
唐順之	0502、0528、1146、1224、2134－2137、2683、2708、2770－2772、3293	陸岳揚	0657
		陸采	3227
唐焯	0876	陸奎勳	0938
唐傳鉎	1973－1975	陸杲	2719－2721
唐鯉飛	2009	陸律	1202、1203
凌之調	3035	陸飛	2486
凌迪知	0503、0504、0510、0511、0600、3330－3332	陸倕	2690
		陸師	1170
凌南榮	2885	陸唐老	0392
凌萬頃	0863	陸翀之	0526、0527
凌遇知	1116	陸瑛	3047
凌瑞森	2885	陸雲	1746、2683、2690、2697
凌稚隆	0368、0505、0506、0557－0559、1259、3363－3365	陸雲龍	2963、2964
		陸游	0346、1259、1607、1609、1977－1982、2683、2706、2928
凌義渠	1392		

陸登選	0953	陳元素	2771、2772
陸夢龍	1941、2214	陳元龍	2722-2724、3309
陸楫	1390、3389	陳少海	3261
陸賈	1091、1093	陳仁子	2765
陸韶	3179	陳仁錫	0168、0359、0360、0363-0365、0386、0387、0391、0393、0394、0397-0400、0403、0729、1114、1132、1133、1939、2680、2818、2819、2950、2951、2963、3167、3168、3356-3360
陸德明	0007、0010、0070、0085、0090、0098、0113、0177-0179、0306-0309、1088、1092、1194、1195		
陸樹聲	1337		
陸機	1093、2683、2690、2697	陳介祺	1077
陸龜蒙	1093、1865、1866、2671、2683	陳氏尺蠖齋	3250
陸錫明	1253	陳文滔	1131
陸錫熊	1030	陳文蔚	1992
陸繁詔	2450、2451	陳文燭	2195
陸鍾輝	2932	陳以聞	2227
陸應陽	0828-0830	陳以瓛	0786
陸贄	1812-1817	陳允升	1644
陸燿	2640	陳允平	2931
陸隴其	0466、2407	陳玉繩	2511
陳一貫	0997	陳世倌	0738、0739
陳九德	0804	陳世虞	0951
陳于豫	0786	陳生	0654
陳士元	0149	陳必復	2931
陳士泰	2766	陳弘緒	2459
陳大猷	0007	陳邦直	2534
陳大綬	1143、1144	陳邦彥	2828
陳之遴	1702	陳邦瞻	0434-0437、1143、1144、1326
陳子昂	2683、2886	陳臣忠	3096
陳子龍	0468、0469、2869、2949、2971	陳同	3213
陳王猷	2421	陳廷敬	2372-2375、2904-2907
陳天祥	0007	陳兆崙	2511
陳元京	0940	陳名夏	2271

陳汝元	3227	陳祖范	0859、2423、3090
陳汝錡	1326	陳祚昌	1702
陳伯友	0408	陳祚明	2830
陳孚	0164	陳紀	0238
陳忱	3238	陳起	2931
陳沖素	1188	陳恭尹	3075
陳沂	0983	陳真晟	2083
陳宏謀	0163、0751、0752、1875 – 1877	陳振孫	1079、1850 – 1854
陳良謨	1339	陳致虛	1188
陳其愫	2677	陳時	0880
陳枚	3013、3104	陳造	1988、2706
陳叔寶	2690、2697	陳師凱	0007
陳卓	0680	陳師道	2683、2706、3120、3152
陳明善	2703	陳訏	1558、2928、2929
陳和志	0860	陳浩	2502
陳所聞	3186、3187	陳朗	3264
陳炎宗	0956	陳祥道	0108
陳法	1174	陳埴	1983
陳宗夔	0340、0341	陳曼年	0369
陳建	0417 – 0422、1125	陳第	0265
陳孟稠	1131	陳淏子	2864
陳則通	0007	陳淮	2340、3427、3428
陳畏山	0638	陳淳	1123、1989
陳禹謨	1331	陳深	0007、0526、0527、1381、1715 – 1717
陳食花	0898、0899	陳啟源	0081
陳奐	1086	陳紹英	1942
陳亮	1902、1993 – 1996、2683	陳琳	2690
陳亮采	0839	陳楷	0820、0821
陳奕銓	1124	陳彭年	0192、0205 – 0209、0249、0250
陳洪綬	1720	陳達靈	1188
陳洎	2931	陳萬言	2969
陳祖苞	0323	陳朝宗	0954

陳雯	3261	陳藎謨	0269
陳鼎	0610	陳謙	0844
陳傅良	0007、1604、1605、1607、1972、2706	陳濟	0395
陳復心	1560、1561	陳璿	1020
陳善	1304	陳贄	1702
陳善學	2048	陳鎬	0590
陳焯	1621	陳藻	2931
陳淵	2931	陳櫟	0007、2022-2024
陳絳	1334	陳鏓	0173
陳虞昭	0958	陳鵬年	2428、2429、3374
陳與郊	2193、2734	陳蘭森	0163
陳與義	2706	陳獻章	2078-2081
陳詵	0161	陳耀文	1382
陳愫	1845-1847	陳繼儒	0345、0485、0548、0549、1395、
陳愷	1267		1396、1442、1953、2048、2180、2247、
陳煥章	0638		2678、2682、2778、2779、2811-2814、
陳嘉基	2022-2024		2963、3396、3397
陳漢卿	1560	陳懿典	1189
陳實	1687	陳鑒之	2931
陳維崧	2337-2343、2984-2990、	陳顯微	1188、1212、1213
	3426-3428	陰鏗	2697
陳儀	2461	陶玉禾	2940-2942
陳誼孝	1032	陶弘景	1090、1209、1752、2683、2690
陳慶文	2663	陶式玉	1656
陳毅	1004	陶安	2065
陳澔	0003、0006、0099-0101	陶孚尹	2395
陳選	1110、1111	陶叔獻	2865
陳靜賢	2666	陶宗儀	1312-1316、3386、3387
陳薦夫	2215	陶南望	1615
陳龍正	1335	陶珽	3386、3387
陳龍可	0417	陶望齡	0988、2213、2214
陳澧	1032	陶穀	1368、1369

陶潛	1735－1744、2683、2690	孫景烈	2114－2116
陶錦	0897	孫復	0007
陶戀觀	2013	孫翔	3046
桑世昌	2757、2758	孫楚	2690
桑喬	1217	孫嘉淦	3421
桑調元	2102、2513	孫爾振	0228
孫仁孺	3227	孫綽	2690
孫丕顯	3352	孫奭	0007、0151、0152
孫光祀	2327、2328	孫鋐	3007
孫光憲	1291、1292	孫樵	2683、2700
孫廷銓	0570、0984、3419、3420	孫儒	0840
孫仲撫	1183	孫諤	2480
孫安國	0680	孫濩孫	0103、2917
孫武	1093	孫濤	3128
孫枝蔚	2319、2475	孫耀	0268
孫松坪	2471	孫覿	1965、1966、2706
孫奇逢	1184	孫鑛	0116、1204、1236、2737
孫和相	0883	孫觀	0907
孫岳頒	1600－1602	納蘭永壽	3284
孫宗彝	2309、2310	納蘭成德	0007
孫居相	1268	納蘭常安	2847
孫承宗	2235、2236		
孫承恩	2462		
孫承澤	0981、1163、1597		

十一畫

孫柚	3227	梅文鼎	1457、1559
孫星衍	0204、0240、2627	梅堯臣	1882、1883、2706、2928
孫洤	2376	梅鼎祚	2789、2790、2797、3227
孫能正	1332	梅慶生	3116
孫能傳	1332	梅膺祚	0234、0235
孫從添	0134	曹九錫	0031
孫強	0192、0205－0209	曹士珩	1218、1219
孫雲翼	1990、1991、2009	曹曰瑋	1232

曹仁虎	2603	婁機	0213、0217－0221
曹丕	2683、2690	國史館	0619、0620
曹禾	2398、2399	國材	1842
曹臣	1388	崔子方	0007
曹見倫	1232	崔桐	2127
曹荃	0573	崔達	0958
曹貞吉	3162	崔雲會	0874
曹昭	1047－1049	崔寔	1093
曹庭棟	0145、1173、2931	崔嘉彥	1254
曹振鏞	2655、2936	崔銑	0953、2120、2121、2683
曹培廉	2019、2046	崔徵麟	2172
曹掄彬	0937	崔駰	2690
曹寅	2909、2910、3408	崇謙	0959
曹植	1093、2683、2690、2697	過臨汾	0134
曹勛	2931	笪蟾光	1001
曹煜	2394	符□	1093
曹溶	1702、2284、2285、3098	脫脫	0337、1919－1921
曹端	2072、3418	許三禮	1343
曹操	2683、2690	許之吉	3297、3301
曹霑	3260	許月卿	2706
曹學佺	2963	許以忠	2679、3347
曹憲	0290、0301、0305	許田	2402
曹耀珩	2422	許仲琳	3249
曹鶴清	2665	許自昌	1770、2897、2898、3227
戚光	0346	許旭	2278、2394
盛百二	0063、2382、2383	許名奎	1372
盛如林	1583	許汝霖	2976－2979
盛符升	2006、2007	許坤	1569
常在	0676、0677	許英	3024
常建	2896	許昂霄	3179
曼陀羅仙	1704	許宗魯	1087
鄂爾泰	0667、0782、0791、2546	許珌	2297

許容	0917、1654	商輅	0391、2077
許國	0724－0726	商盤	2510、3067
許國球	3347	商濬	1297、1428、1436、3391－3393
許清胤	2788	粘本盛	1221
許棐	2931	淮浦居士	1641－1643
許順義	0404	淳于髡	1093
許魁	0676、0677	梁丘子	1188
許慎	0193－0198、1092	梁汝元	2176
許榳	2792	梁辰魚	3227
許衡	0007、2020、2021	梁佩蘭	3075
許獬	2233	梁國治	0850
許謙	0007	梁清遠	1342、1400
許顗	3152	梁清傳	1400
許鏞	1233	梁寅	0007、2053
許寶善	3263	梁棟	0876、2706
庾肩吾	1611、2690	梁善長	3076
庾信	1754、2683、2690、2697	梁夢龍	0741
康丕揚	2686	梁詩正	0833、0973、2506
康有為	0699	梁熙	2344
康海	2114－2116、3185	梁賓	1751
康基田	0957、0986	梁維樞	1400
康愷	1658－1660	梁錫璵	0045
章廷珪	0881	梁應圻	0270
章廷楓	0871	梁潛	2522
章甫	0655	梁顯祖	1406
章沖	0007	涵蟾子	1188
章冠	0655	尉繚	1093
章樵	2761－2764	屠象美	1335
章學誠	0835、0836	屠隆	0226、0549、0553、1327、2203、2204、2963、3227、3342
章懋	2084		
章藻功	2434、2435	屠紳	1452
章鶴鳴	3030	張一中	3097

張丁	1874	張世南	1307
張九成	2706	張四知	0553
張九鉞	3022	張四科	2635
張九韶	0520、3323	張四維	3227
張九徵	0866	張仙	1709
張九齡	1759、2683	張令儀	2473
張士佩	0230	張幼學	3294
張士俊	0192	張耒	0007、1607、1953、2683、2706
張大于	0876	張邦基	1296
張大受	2715、2952－2956	張邦幾	1296
張弋	2931	張式慎	0096
張之象	2884	張有	0215
張天柱	1702	張存中	0007
張天植	1702	張至龍	2931
張元幹	2706	張光祖	0912
張元諭	2011	張光啟	0388、0389
張五典	2216	張先	0215
張太復	3234	張廷玉	0339、0782、0791、3001、3374
張日珣	3027	張廷濟	2651
張仁熙	2392	張廷譽	1218
張介賓	1256	張廷驤	2668
張文柱	1422	張竹坡	3246、3247
張文倫	0948	張延福	0919
張文爟	0464	張自烈	0237
張丑	1622	張兆祥	1646
張以寧	0007	張兆騫	2594
張允格	0681	張汝瑚	2143、2156、2708、2973
張玉成	2159	張守	2855
張玉書	2381	張守節	0313－0316
張玉穀	3150	張安常	0622
張正見	2690	張如海	0947
張正烈	0658	張羽	2061

張孝祥	2931	張昞	1261–1263
張坊	0882	張信民	2072
張志和	1090、1091、1093	張恂	2882、2883
張芬	3047	張洽	0007
張杏濱	2857、2858	張祜	2065
張岐然	0128	張祖武	0034
張利貞	0950	張華	2690
張伯行	1161、1171、1898、1989、1992、2020、2040、2072	張栻	0007、1108、1984
		張振淵	0025、0159
張伯端	1188、1211	張晉	2319
張位	1188	張時徹	2948
張希良	2366	張師栻	0025、0159
張希堯	1581	張師載	1175
張希賢	2923	張卿子	0624
張沐	1177	張海鵬	3412
張良臣	2931	張浚	0007
張表臣	3152	張書紳	3243
張坦	0853	張恕	0930
張英	0142、2400、3371、3372	張能鱗	1154、1155、1617
張協	2690	張純修	1984
張明憲	0154、0169	張理	0007
張佩芳	1007、1817	張問陶	1584、2631
張采	0086、2866–2869	張問達	2113
張受長	0624	張國泰	3104
張庚	0410	張國維	1245
張炎	3161、3179	張從正	1255
張治	2130、2131	張敍	0144
張宗柟	3140	張商英	1091、1680
張宗橚	3179	張渼	1306
張居正	0402、0577、0578	張宿	2176
張孟同	1093	張參	0210–0212
張孟賢	1711	張紹科	2064

張達	3045	張榜	1234-1236、1282
張萬青	0895	張榕端	1783-1785
張敬立	0686	張爾岐	0092、2382、2383
張朝樂	2865	張睿卿	0401
張揖	0290、0301	張鳳鳴	1581
張斐然	3037	張鳳翼	2731-2733、2765、3227
張鼎	2068-2070	張說	2683
張開東	2594	張端義	1308
張貴勝	1451	張漢	3197
張詠	2706	張寬然	1382
張敦仁	0098	張鼐	2963
張敦頤	1839	張綱	2931
張道洽	2931	張維	0215
張遂辰	0384	張震	0950
張湛	1088、1208	張德純	1724
張滋蘭	3047	張德輝	2016、2017
張湄	2512	張養浩	0783、0784
張運泰	2694	張潮	1449、2472、2998、3405、3407
張登雲	1092	張燕昌	1054
張綖	3180	張樸	0846
張載	0007、1093、1117、1154、2690	張機	1251、1252
張塤	0915	張融	2690
張遠	2415	張穆	0692-0696
張廉	0660	張學舉	2615
張煜如	2781	張衡	2690
張溍	1783-1785	張蓋	0934
張溥	0108、0435、0794-0798、2254、2690-2693、2740、2787、2866、2867、2925	張懋辰	1419
		張懋忠	0025、0159、0181
張遜業	1755、1758、2886	張謙	2319
張嘉和	0226、0423	張應登	0679
張壽	2037、2038	張蘊	2931
張熙純	2911	張鵬展	3057

張鵬翀	2503、2504	彭龜年	1985
張鵬翮	0673、0674、1170	彭鵬	2488
張燨	1745	達禮善	3031
張瀚	0803	黃一鳳	1580
張耀先	2467	黃大受	2931
張寶	1639	黃之雋	2468、2469、2534
張體乾	2481、2482	黃公度	2706
張鑑	2653	黃六鴻	0787、2908
張讀	1427	黃文蓮	0068
強至	0675	黃止位	1047 – 1049、1367
陰中夫	3318 – 3322	黃可師	1333
陰時夫	3318 – 3322	黃丕烈	0465、3413
		黃石公	1090、1091、1093
		黃生	1786
		黃邦寧	1967

十二畫

琦善	0816	黃朱芾	3007
項天瑞	0633	黃廷用	2192
項安世	0007	黃廷樅	2908
項章	3025	黃休復	1433
彭大翼	3294	黃仲炎	0007
彭元瑞	2598、2936	黃汝亨	0580、2963
彭以明	0529	黃叔琳	0564 – 0567、3113 – 3115
彭廷梅	2856	黃叔燦	2919
彭汝礪	2931	黃昇	3165
彭定求	1124	黃金	0598
彭華	3088	黃周星	2893
彭時	3088	黃宗羲	0038、0608、1052、2323 – 2325
彭惟成	0529	黃始	2999、3103
彭啓豐	2507、2508	黃省曾	1103
彭期	1894	黃度	0007
彭曉	1188	黃庭堅	1607、1948 – 1951、2683、2706、2926、2928
彭篤福	3088		

黃炳垔	0038	黃鎮成	0007
黃洪憲	0404、2962	黃蘭芳	1757
黃祐	2240	黃鶴	1779
黃浚	0896	葉士寬	0788
黃彬	3066	葉文懋	3306
黃崗竹	0845	葉方恒	0894、2338、2339
黃庶	1948、1951、2931	葉廷秀	3136
黃淮	0794-0798	葉廷珪	3285
黃淳耀	2260	葉自本	0290、0301
黃敬修	2062、2063	葉明元	0457
黃鼎	1577、1578	葉茵	2931
黃景昉	0581	葉時	0007、0088
黃道周	1124、1228、3295、3296、3361	葉盛	1374
黃道泰	2583	葉堂	3201-3204
黃淵耀	2260	葉紹袁	3089
黃靖圖	0950	葉紹翁	2931
黃煜	1649	葉夢得	0007、1297、2706、3152、3158
黃嘉惠	2926、2927	葉適	1604、1605、1607、1986、1987、2683、2706
黃鳳池	1631		
黃端伯	2240	葉澐	0411
黃震	1122	葉羲昂	2802
黃嚳	1948	葉憲祖	3227
黃履翁	3317	萬邦維	0903
黃機	3307、3308	萬廷蘭	0841
黃冀之	0476	萬任	0853
黃錦	0329	萬安	0826、0827
黃諫	2071	萬表	1380
黃憲	1093、1286-1288	萬承勳	2489、3064
黃應澄	0601	萬斯大	0008
黃應纘	0601	萬斯同	0609
黃燾	0990	萬璜	2033
黃櫄	0007	萬樹	3181、3220

葛一龍	2180	惠周惕	2427
葛天民	2931	惠施	1093
葛斗南	0746	惠棟	0325、1275、2364
葛立方	2931、3152	惠龗嗣	0698
葛長庚	1998	揚桓	0223、0224
葛洪	1090、1093、1426	揚雄	0248、1087–1090、1093、1102、1732、2683、2690
葛起耕	2931		
葛淳	2557	揭傒斯	2042
葛鳴陽	0215	揭暄	1230
葛震	0573	紫珍道人	3218
董元愷	1787、1788	掌儀司	0773
董曰甲	0871	閔一琴	1116
董文渙	2664	閔元京	1392
董仲舒	0122、1093、2683、2690	閔貞	3020
董其昌	1595、1596、2088–2090、2217、2218、2811–2813、2963	閔昭明	2821–2823
		閔振業	2799
董秉純	2570	閔振聲	2799
董孟汾	3264	閔師孔	2972
董真卿	0007	閔景賢	3398
董柴	3015、3053	閔無頗	2821–2823
董迨	1610	閔齊伋	0001、0002、0236、0456、1710
董逢元	1187	閔齊華	2737
董斯張	2246、3351	閔邁德	2782–2785、3096
董鼎	0007	閔德美	2177–2179
董復表	0481–0483	閔遂	1383
董欽德	0931	閔麟嗣	1005、1006
董楷	0007、0013	喇嘛老藏丹巴	1009
董穀	0920	景山澤鍾	1648
董誥	2920	景星	0007
董漢醇	1188	單本	3227
董衝	0336	單慶	0923
落魄道人	3269	喻成龍	1008

嵇康	1093、2683、2690、2697	程頤	0003、0013、0014、1108、1109、1154
程一楨	0601	程鍾	2845－2847
程大昌	0007	程顥	1108、1109、1154
程川	0188	稅與權	0007
程世綏	1344	喬中方	0166
程本	1090、1091、1093	喬中和	0028－0030、0166
程本立	2714	喬可傳	0467
程用昌	2997	喬因羽	2085
程先貞	2273	喬時敏	2157
程仲秩	3223	喬萊	0867
程近仁	0854	喬懋敬	0576
程良玉	1591	傅王露	0971－0973
程林	1252、1254	傅玄	1745、2690
程明善	3197	傅仲辰	0659
程春鰲	3012	傅作興	3367
程珌	2931	傅咸	2690
程垓	3158	傅亮	2690
程衍道	1253	傅恆	0409
程洪	2893	傅崧卿	0007
程哲	1349、2353、2354	傅寅	0007、0050
程俱	2706	傅遜	0115
程崟	1743、2447、2448	傅察	2931
程敏政	2769、2947、3050	傅霄	1752
程琰	2749	傅澤洪	1027、1028
程雄	1651	焦秉貞	1250
程敦	1076	焦竑	0265、0433、0579、1083、1189、1192、1200、1201、1329、1749、1922、3325
程瑞祊	1344		
程夢元	3012	焦家麟	0640
程夢星	1859、2457	焦循	0111
程端學	0007	焦尊生	1329
程榮	1285、3394	焦贛	1575、1576、1583
程維培	0407	舒敏	1047－1049

舒慹	2859	馮時寧	1227
欽善	2647	馮從吾	2221、2222
鈕琇	1277、2495	馮惟訥	2773－2775
然藜子	3254	馮渠	1336
鄒一桂	3000	馮琦	0434、0435、0484、0727、2219、3349
鄒元標	3248	馮鼎調	0241
鄒季友	0049	馮景	1930－1932
鄒思明	2739	馮復京	0075
鄒泉	0552	馮舒	0495
鄒祗謨	2347	馮登府	0191
鄒浩	2706	馮瑗	3349
鄒梧岡	3241、3242	馮夢龍	1391、1439、1440、2970、3193、3251
鄒登龍	2931	馮溥	2311
鄒維璉	2018	馮駿聲	3304
鄒德延	2739	馮應京	0728、0819
童宗說	1839	馮應榴	1933、1934
童承叙	0941	馮贄	1367
道世匯	0629	馮繼先	0007、0113
道常慶	0629	馮灝	0898、0899
曾王孫	1702	湯右曾	2424
曾受一	0946	湯紹祖	2803
曾益	1844、1862－1864	湯斌	0689－0691、2320、2321、2345、2346
曾異撰	2255		
曾鈺	0945	湯溥	2345、2346
曾鞏	0474、1604、1605、1607、1892－1894、2683、2698、2700、2701、2928	湯準	2345、2346
		湯漢	1737－1739、2759
勞必達	0859	湯賓尹	0554、3085、3353
馮廷章	3304	湯顯祖	2210－2212、2683、2963、3213、3214、3224、3227
馮行	1336		
馮如京	2275	游酢	1952
馮英廉	2569	寒松軒	1131
馮衍	2690	富大用	3312－3315

費氏	2706	楊行傳	2935
費丙章	1639	楊守陳	2082
費錫璜	2492	楊守敬	1056、1065
賀中南	1685	楊守勤	2798
賀仲軾	0605	楊芳燦	2297、2646
賀寬	1721	楊束	3051
賀鑄	2931	楊奇烈	0900
		楊金吾	2125
		楊宗吾	2125
		楊皇后	2807

十三畫

靳治豫	0807、0808	楊炯	1758、2683、2886
靳輔	0807、0808	楊柔勝	3227
靳榮藩	2279、2280	楊珽	3227
靳學顏	2141	楊起元	0154、0169、0181、1386
夢麟	2606	楊時	1108、1109、1957、1958
楊士奇	0794－0798	楊時偉	0260、0261
楊大鶴	1979	楊倞	1088
楊日升	0849	楊陸榮	0445、0446
楊日賓	2148	楊掄	1650
楊公遠	2931	楊清寰	3112
楊文彬	2670	楊淙	3329
楊方達	0067	楊萬里	0018、2706、2928
楊以任	0524、0525	楊朝英	3190
楊世春	1071	楊朝麟	0768
楊世達	0679	楊揆	2646
楊本源	0426	楊傑	2931
楊甲	2931	楊復	0007
楊民彝	0933	楊補	1595
楊有涵	2509	楊載	3152
楊有源	0174	楊蒩	3037
楊成	1958	楊廉	0924、1115
楊屾	1249	楊雍建	0805、0806、1702

楊慎	0001、0229、0264、1266－1268、2101、2124、2125、2683、3083、3084、3094、3116、3133、3223、3325	雷琳	2857、2858
		頓弱	1093
		裘璉	1020
楊爾曾	0997、1628、3253	虞宗瑤	0128
楊廣	2690、2697	虞淳熙	2963
楊齊賢	1767－1770、2897	虞集	1093、2041、2683
楊榮	1128、1129	虞道園	2025
楊維禎	0544、2047－2049	睡鄉祭酒	3217
楊德麟	0958	愛必達	0682
楊潛	0865	詹仁	0662
楊融博	2782－2785	詹廷對	2802
楊霖	1272	詹坤正	0662
楊錫紱	2509	詹淮	1127、1132、1133
楊應琚	1036	詹貴	2769
楊藥山	1411	詹道傳	0007
楊簡	1120、1121	詹履道	0801
楊繩武	2854	詹夔錫	1742
楊嚴青	0946	鳩摩羅什	1665－1667、1704
楊鶚	1997	解悅	2071
楊鶴	3351	解縉	2071
甄偉	3252	解韜	2071
賈公彥	0070、0085、0086、0090、0091	慎到	1091、1093
賈永	1655	慎蒙	0998
賈克明	2471	溫子升	2690
賈昌朝	0192	溫本謙	1621
賈島	1810	溫庭筠	1862－1864、2899
賈開宗	2305	溫豫	1296
賈楨	0430	塞爾登	2535
賈誼	1091、1093、1098、1713、2690	福臨	0143、1150－1153、1191
賈潤	0608	褚人穫	3257、3258
雷士俊	2302	褚少孫	2690
雷思齊	0007	褚峻	1050、1051

十四畫

趙以文	2517、2518
趙世杰	2804
趙令畤	1435
趙用賢	0332、0724－0726
趙吉士	1407－1409
趙汝楳	0007
趙汝鐩	2931
趙如源	2804
趙抃	1884－1889、2706
趙岐	0151、0152
趙希檸	2931
趙汸	0007
趙青藜	2555
趙昂	2702
趙佶	2807
趙孟頫	2019
趙南星	2208、2209
趙彥復	3060
趙彥肅	0007
趙祖銘	0535
趙杙	1215、1216
趙師秀	2675、2706、2808
趙祥星	0893
趙執信	2291、2416－2419、3435－3438
趙崇鉌	2931
趙崡	1069
趙淳	0854
趙惠師	0767
趙遇坦	0880
趙順孫	0007
趙御眾	0689－0691
趙欽湯	0232
趙善璙	1370
趙湘	1868
趙載	1560、1561
趙與旹	1303
趙鉞	1889
趙殿成	1762、1763
趙維寰	0521－0523
趙熟典	2605
趙澐	3063
趙憲	0855
趙鵬飛	0007、0123
蔣士銓	2599、3229
蔣子正	3152
蔣廷錫	0833、2715
蔣伊	1185、1358
蔣兆奎	0747
蔣良騏	0429
蔣和	0201
蔣重光	3002、3003
蔣時機	2695
蔣逢吉	0700
蔣悌生	0007
蔣國祚	0346、0347、0414－0416
蔣國祥	0346、0347、2984－2990
蔣超	1015、1016
蔣景祁	3173
蔣善	0508
蔣夢蘭	2274
蔣漣	2397

蔣溥	1186、2541－2543	墅西逸叟	0496
蔣銘	2838	槑心野史菊知氏	0491
蔣敦	0960	聞人倓	2833
蔣瀾	3154	聞人詮	0334
蔣驥	1726	管仲	1092、1093
蔡卞	0007	管橑	2496、2715
蔡方炳	0830、2286－2288	管翔臯	1411
蔡正孫	3132	雒遵	2126
蔡世遠	0583	廖文英	0237
蔡永清	0926	廖文炳	2876－2879
蔡仲邕	1770	廖孔悦	3297
蔡沈	0003、0006、0049、1567	廖用賢	3362
蔡完	0920	廖必儒	2402
蔡昇	1025、1026	廖恒	0939
蔡祖芬	2811－2813	廖瑩中	1818－1820、1838
蔡邕	1729－1731、2683、2690	廖騰煃	0873
蔡寅斗	0842、0843	齊世南	0135
蔡雲	3448	齊召南	1029
蔡焯	1965、1966	齊周南	0135
蔡蓉升	0927	齊履謙	0007
蔡節	0007、0148	齊辯貌	1093
蔡模	0007、0153	鄭三樂	0406
蔡毓榮	0444	鄭之惠	1943
蔡龍孫	1965、1966	鄭之僑	1166
蔡懋昭	0851	鄭之槃	2826
蔡襄	1873、2683	鄭小同	0175、0176
蔡爕	2138	鄭王臣	3074
厲荃	3383	鄭元化	2678
厲鶚	3148、3149、3175－3177	鄭元佐	1960
臧岳	2705	鄭元勳	2678
臧懋循	0370、0436、0437、3205、3208	鄭文寶	0345
裴駰	0313－0316	鄭方坤	2547、3139

鄭心材	1323	暨用其	2053
鄭以偉	2013	熊士伯	0281
鄭以誠	3343	熊伯龍	2062、2063
鄭玉	2031	熊良輔	0007
鄭玄	0011、0070、0085、0086、0090、0098	熊明遇	2234
鄭玄撫	2748	熊忠	0252、0253
鄭必揚	0892	熊朋來	0007
鄭弘祖	0678	熊宗立	1567
鄭光策	2628	熊家振	0915
鄭廷暘	2603	熊賜履	1156、1181
鄭汝諧	0007	鄧元錫	0021、2164
鄭伯謙	0007	鄧文原	2039
鄭若庸	3227	鄧以臨	2560
鄭杰	3073	鄧旭	3301
鄭虎臣	3038	鄧志謨	3344、3354、3355
鄭采宣	0958	鄧林	2931
鄭性	2276、2277、2324、3064	鄧析	1091、1093
鄭俠	1947、2706	鄧渼	1328
鄭恂	2460	鄧肅	2931
鄭起	2706	鄧漢章	1954
鄭淮	3107	鄧漢儀	2982、2983
鄭梁	3064	翟雲升	0246、0247
鄭瑄	1397	翟灝	0165
鄭源璹	0789		
鄭漢	0238	**十五畫**	
鄭德輝	3208		
鄭樵	0007、0340–0342	摯虞	2690
鄭曉	0450、0599、0779、1323	樓昉	0790
鄭績	1640	樓鑰	2706
鄭燿奎	0202、0203	樊新	2901
鄭懷魁	1453	歐大任	0553
漆紹文	0746	歐陽正煥	0943

歐陽玄	2683	劉世儒	1630
歐陽奎	2262	劉仙倫	2931
歐陽修	0007、0071、0335、0336、0731、	劉永沁	2231
	1606、1607、1899–1902、2683、	劉永澄	2231
	2698、2700、2701、2706、2928、3152	劉因	2683
歐陽詹	2683	劉廷元	0514
歐陽詢	3273、3274	劉廷琨	2076
賞奇軒主人	1637、1638	劉仲達	3353
墨翟	1091、1093	劉向	0574、1093、1099–1101、2690
黎士弘	2388、2389	劉名芳	1000
黎利賓	1232	劉安	1092、1093、1260、1279–1281
黎諒	1987	劉祁	0477
衛元嵩	1565	劉如寵	1269
衛元爵	0903	劉孝威	2690、2697
衛湜	0007	劉孝綽	2690、2697
魯九皋	2642–2644	劉孝標	1416–1422、2683、2690
魯仲民	0781	劉克莊	1604、1605、2706
魯仲連	1093	劉辰翁	0348、0349、1198、1760、1761、
魯芳	2725		1766、1780、1842、2014
魯超	2853	劉佑	2330
魯鐸	2117	劉作檁	2075、2076
劉一止	2931	劉伯潮	3051
劉三吾	0052	劉奉世	3086
劉工詢	2269	劉青藜	0661
劉士銘	0887、0888	劉松年	1074、1075
劉士鏻	2821–2824	劉昌	3058、3059
劉大櫆	2577、2578	劉知幾	0536、0537
劉子翬	2683、2706	劉牧	0007
劉元卿	1385	劉侗	0963
劉元慧	2388、2389	劉攽	3086、3119、3152
劉元震	3111	劉宗周	1148
劉玉策	0623	劉宗魏	0412

劉定之	2075、2076	劉歆	2690
劉星煒	2590	劉義慶	1416-1422
劉昫	0334	劉源淥	1164
劉昭	0322、0323	劉禎	2690
劉禹錫	1841、2683	劉肅	1423、1428
劉弇	2931	劉綦	0407
劉恬	0902	劉熙	0289、0301
劉桓	0908、0909	劉榛	2308
劉宰	2706	劉鳳	3285
劉培元	1340	劉誌	0639
劉基	1093、1560-1562、1589、2683、2973	劉摯	1915
劉彬華	3077	劉震	0688
劉梅	0606、0607	劉德芳	0411
劉過	2931	劉餗	1290
劉晝	1090、1091、1093	劉潛	2690
劉紹攽	1568、2563、2564、3061	劉總	1093、3113-3116
劉琨	2690	劉畿	1226
劉喜海	1072、1073	劉翰	2931
劉萬春	0869	劉羲仲	0386、0387
劉敬與	0952	劉鴻訓	3288
劉朝箴	3352	劉績	1092、1234-1236
劉軻	2683	劉贄	2479
劉敞	0007、0180、1891、2931、3086	劉鎮	0639
劉智	1356	劉謹之	0856
劉善士	3077	劉體元	2077
劉曾璈	0588	諸匡鼎	2286-2288
劉湘客	0491	諸葛亮	1223、1733、1734、2683、2690
劉楚先	3111	諸葛純	1584
劉楷	0586、0587	談承基	3036
劉虞夔	0724-0726	談則	3213
劉蛻	1093、2683	澂道人	3209
劉嗣奇	1731	潘大復	1040

潘元懋	0036	薛師石	2931
潘永因	1403	薛嵎	2931
潘永圜	1403	薛道衡	2690
潘尼	2690	薛瑄	1135-1137、2068-2070
潘耒	0274、0275、2414	薛漢	2044
潘其燦	0834	薛寧廷	0649
潘昂霄	1052	薛應旂	0157、0396-0400、1081、2697、2961
潘季馴	1040、1041		
潘岳	1747、1748、2683、2690	薛燭	1093
潘相	1042	薛韞	0649
潘貞	0026、0027	蕭士贇	1767-1770、2897
潘是仁	2041-2044	蕭子良	2690
潘眉	1787、1788	蕭劼	0904
潘恩	0263	蕭衍	1669、2690、2697
潘基慶	2817	蕭起元	1617
潘塤	3324	蕭智漢	0822、0823
潘璁	1740	蕭智瀅	0822、0823
潘緯	1839	蕭統	1753、2683、2690、2728-2739、2744-2747
樂雷發	2931		
樂韶鳳	0258-0262	蕭詧	2697
練子寧	2066	蕭綱	2683、2690、2697
		蕭繹	1093、2690、2697
十六畫		樸齋主人	3225、3226
		霍崗易	3348
駱則民	2096	盧文弨	0122、0178、0179、2589
駱賓王	1755-1757、2683、2702、2886	盧文頤	2733
據梧子	0497	盧世昌	0868
薛介廷	0649	盧世㴿	2273
薛甲	0020	盧兆麟	0911
薛仲邕	2897	盧見曾	1002、1003、1052、1053、2992-2995、3055、3056、3410、3411
薛尚功	1060、1061		
薛季宣	0007、2706	盧柟	2175

盧思道	2690	錢江	0893、1702
盧衍仁	3153	錢東垣	0413
盧軒	1836	錢岱	0516
盧崧	0626	錢宜	3213
盧雲英	0185	錢晉錫	0921
盧焯	0952	錢書	3221
盧弼	0941	錢陳羣	2531－2533
盧蔭溥	1639	錢國萬	0366、0367
盧照鄰	2683、2886	錢彩	3259
盧靖	0288	錢普	2827
盧演	0687	錢曾	1085、2265、2266
盧寧	1145	錢載	2561、2562
盧燦	0935	錢嘉徵	2139
盧辯	0097	錢穀	1906、3087
曉山老人	1586、1587	錢維城	3443
曇無讖	1704	錢維屏	3443
曇摩伽陀耶舍	1704	錢維喬	3443
闍那崛多	1704	錢儀一	3213
閻廷玠	2605	錢澄之	0039
閻秀卿	2105、2106	錢薇	2139
閻若璩	0060、1264、1265	錢駿祥	0383
閻敬	3282	錢謙益	1775－1778、2263－2266、2974、3063、3106
閻循觀	3444		
閻詠	0060	錫珍	0753
閻鶴洲	1188	鮑山	1219
穆脩	2931	鮑志道	0635
錢一本	0023、0024	鮑彪	0462－0464
錢人麟	0874	鮑琮	0635
錢天錫	0837	鮑鼎安	0635
錢心造	3087	鮑皋	2597
錢允治	2778、2779、3167、3168	鮑照	2683、2690、2697
錢名世	2715	鮑溶	2896

鮑德鋤	0769
鮑繼培	3382
獨孤及	1811
龍大淵	1074、1075
龍仁夫	0019
龍輔	2808
龍驤	0955
壁昌	2660
隱之道民	3191

十七畫

璩昆玉	3306
璩紹傑	0631
戴任	0819
戴名世	0498
戴枚	0930
戴明說	2892
戴侗	0222
戴昺	2706
戴祖啓	0066
戴班立	1702
戴敏	2706
戴復古	2706
戴鈜	0162
戴殿泗	0660
戴璁	3354、3355
戴震	0083、0883、2608、2609
戴德	0097
戴璟	0551
戴羲	0531
藍玉	0383
藍瑛	1625－1627
藍鼎元	0447－0449、1180、2525、2526
韓文	2085
韓邦奇	1130
韓邦靖	0916
韓非子	1093、1239、1240
韓叔陽	2056
韓宗祖	0675
韓定仁	0913
韓泰青	0190
韓原道	0675
韓翃	2899
韓炎	0142、2410、2411
韓偓	2896、2899
韓康伯	0010
韓陽泰	1415
韓琦	1870、2706
韓敬	1956
韓道昭	0251
韓愈	1818－1822、1825－1837、2683、2698、2700、2701
韓毓樞	0174
韓維	2706
韓駒	2706
韓嬰	1093
檀萃	0990、1425
魏了翁	1607
魏仲舉	1829
魏收	0330、2690
魏荔彤	1346、1559
魏泰	3152
魏校	0227

魏野	2931	謝莊	2690
魏裔介	0533、0534、1346、1347	謝朓	2683、2690、2697
魏廣智	0641	謝彬	1625–1627
魏徵	1364–1366	謝啓昆	0380–0382
魏慶之	3130、3131	謝惠連	1749、2690、2697
魏憲	2996	謝雲生	1067
魏禧	2976	謝景卿	1067
魏麐徵	2402	謝爲質	2669
儲大文	0878、2467	謝詔	3252
儲元升	0849	謝道承	0952
儲方慶	2401	謝與棟	1329
儲欣	2401、2476、2700	謝蒭	2931
儲巏	2016、2017	謝榛	2174
鍾人傑	0321	謝肇淛	1338
鍾淑	0840	謝緒章	3064
鍾惺	0076、0121、0402、0424、0425、0513、0549、1575、1576、1685、1906、1936、1937、2112、2226、2680、2683、2687、2688、2780、2781、2799–2802、2963、2970、3249、3252	謝遷	2086
		謝鍾和	2086
		謝翺	1874、2706
		謝靈運	1749、2683、2690、2697
		謝讜	3227
鍾會	2690	應在止	0228
鍾諤	0898、0899	應劭	1093、1284、1285
鍾嶸	3152	應瑒	2690
謝三賓	2253	應璩	2690
謝于教	3297	彌伽釋迦	1672、1673
謝汝韶	1090	繆沅	2715

十八畫

謝希深	1090		
謝良琦	2485		
謝枋得	0001、2013、3316		
謝秉謙	1385	聶崇義	0104
謝奎	0764	擷紅吟社	3033
謝陛	0370、0371	瞿九思	0728

著者	索引
瞿共美	0491
瞿汝剛	3112
瞿汝稷	1694
瞿佑	1443
瞿源洙	2467
顒琰	2545
曠敏本	0944、2525、2526
壘菴居士	3216
邊大綬	0489、0490
邊運寶	1804、1805、2558、2559
邊實	0863
邊寶泉	3108
歸有光	1093、1094、1938、2166－2172、2683、2708、2973、3106
歸曾祁	1176
顏元	3406
顏廷之	2690
顏希源	3034
顏茂猷	1398
顏真卿	1764
顏師古	0319－0321
顏綸	1139
織里畸人	3245

十九畫

著者	索引
蘇天爵	2676
蘇文韓	2159
蘇弘祖	1401
蘇洵	0001、1903－1909、2683、2698、2700、2701、3082－3085
蘇舜欽	1872、2706
蘇軾	0012、0047、0048、1033、1742、1919－1946、2683、2698、2700、2701、2706、2926、2928、3082－3085
蘇頌	1604、1605、1607
蘇源明	1565
蘇爾詒	2479
蘇轍	0343、0344、1919－1921、2683、2698、2700、2701、2928、3082－3085
關槐	3383
關漢卿	3206、3207
嚴允肇	2365
嚴可均	0204
嚴羽	3152
嚴果	2180
嚴宗嘉	0838
嚴禹沛	2530
嚴從簡	2139
嚴訥	0804
嚴粲	0074、2931
嚴虞惇	0720、2431
嚴嵩	2122
嚴澂	1694
羅人琮	2455
羅之乾	3350
羅公升	2931
羅本	3239－3242
羅汝芳	0181
羅玘	2091
羅克武	2557
羅更翁	1045、1046、1059
羅宏壑	0853
羅苹	0467

羅典	0046	釋元復	1681
羅泌	0467-0469	釋不空	1679、1704
羅洪	2071	釋今釋	0681
羅洪先	1043	釋文瑩	1371
羅從彥	1959	釋本讚	1691
羅清	3194、3195	釋白法祖	1704
羅景	0964、0965	釋玄奘	1704
羅欽順	1143、1144	釋弘濟	1005、1006
羅與之	2931	釋成正	1692
羅鈉	0964、0965	釋成源	1701
羅綏香	0951	釋成鷟	0975
羅隱	1093、1867、2683	釋延壽	1676
羅濬	0929	釋行元	1697
羅願	0298、0299、0872	釋行正	0969
羅耀	3099	釋行恂	0969
譚元春	2252、2799-2802	釋安世高	1664
譚吉璁	0857	釋如惺	0604
譚峭	1091、1093、1188	釋戒環	1665
譚載華	3263	釋志磐	1677
龐元英	1295	釋竺法護	1704
龐佑清	0081	釋法海	1675
龐塏	2413	釋法場	1704
		釋法藏	1668、1674
		釋法護	1679、1704
		釋宗杲	1682

二十畫

蘭陵笑笑生	3246、3247	釋宗密	1671
鶡冠子	1093、1258	釋宗寶	1675
覺羅石麟	0745、0878	釋定志	3036
釋一元	1711	釋是岸	3036
釋大成	1703	釋施護	1679、1704
釋元來	1692	釋祖詠	1682
釋元敬	1681	釋真可	2191

釋真諦	1668	釋德介	0970
釋般若	1704	釋德洪	1607
釋海霆	1022、1023	釋德能	1699
釋皎然	3152	釋德清	1668、2191、2249
釋惟則	1672、1673	釋圜悟克勤	1678
釋清本	1686	釋蘊聞	1682
釋淨挺	1701、1702	釋覺浪	1703
釋袾宏	1681、1684	釋覺澄	1372
釋斯植	2931	釋灌頂	1670
釋惠洪	2706	饒伸	3346
釋智達	3196	饒佺	0944
釋智楷	1698	饒節	2931
釋智樸	2497	寶琳	3164
釋智顗	1670	竇容邃	0889
釋道潛	2706		
釋道謙	1682	## 二十一畫	
釋道燦	2931		
釋寒山子	1765	酈道元	0992-0994
釋聖堅	1704	鐵華山人	3255
釋幕講	1560、1561	顧九錫	3369、3370
釋畹荃	1010-1013、2566	顧士榮	3041
釋傳燈	1021	顧大典	3227
釋溥畹	1696	顧之萃	2788
釋福聚	1000	顧天挺	1125
釋際醒	1706	顧元慶	3152
釋僧昉	1664	顧予咸	1861-1864
釋僧肇	1666	顧仙根	2268
釋適之	0216	顧在觀	2788
釋慧泉	1683	顧有孝	2894、2895、2975、3063
釋慧能	1675	顧光旭	2591-2593
釋慧詢	1679	顧充	0545-0550、3337
釋德日	3196	顧安	2912

顧汧	2409	顧嗣立	1821、1822、1861－1864、1930－1932、2715、2837、2944、2945
顧卓	2493		
顧炎武	0276、0277、0831、1271	顧嗣皋	1976
顧宗泰	2727	顧愷之	0574
顧春	1088、1089	顧廣圻	2702
顧奎光	2940－2942、2946	顧慤	2194
顧貞觀	3163	顧璘	1760、1761
顧修	3029	顧錫疇	1398
顧祖禹	0832	顧禧	1930－1932
顧祖訓	0601	顧懋樊	0078、1941
顧豹文	1702	顧鍾珣	3163
顧梧芳	3166	顧藹吉	0245
顧野王	0192、0205－0209		
顧崧齡	1892	## 二十二畫	
顧從敬	3167、3168		
顧從義	1618	龔居中	1580
顧從德	1652	龔鼎孳	2338、2339、3063
顧瑛	2032	龔翔麟	3159
顧棟高	0130－0133	鱉熊	1090、1091、1093
顧械	3105、3106		
顧鼎	0759	## 二十三畫	
顧開陸	3163		
顧景星	2369－2371	麟慶	1037－1039
顧詒祿	0861、2551、3002、3003		

後　記

　　《中國人民大學圖書館古籍善本書目（增訂本）》從開始著録到目録的審定，再到出版，歷時三年半。"乘衆人之智，則無不任也；用衆人之力，則無不勝也"，本書是圖書館古籍整理與研究部全體同仁精誠協作、辛勤投入的結果，凝聚了衆人的努力和智慧。感謝爲此而付出努力的所有同仁！爲了順利完成善目的修訂工作，朱小梅、王麗麗兩位老師規劃了目録整理的工作流程，統籌安排了不同階段的工作任務及人員分工。朱小梅老師負責了本書的統校工作。曹麗、方學堯、林珊、劉進炎和段真子老師承擔了書目詳編、互校和清樣校對工作。閆桂梅、王麗麗老師承擔了部分書目詳編及後期書目核對工作。朱小梅、王麗麗和張寧老師負責書目分類排序和書影工作。宣紅、張慧君、李明媛老師以及德賽公司員工廖明峰、李素素等人完成了古籍上下架、出入庫等工作。

　　感謝中國人民大學圖書館館長劉後濱先生和副館長宋姬芳女士在本書編撰和出版過程中給予的支持和指導。感謝國家圖書館出版社趙嫄、喬爽兩位編輯以及爲本書付梓辛勤付出的所有出版人員。

　　本書内容豐富、條目清晰，但因編者水平有限，難免存在紕漏，敬請專家學者批評指正。

朱小梅
古籍整理與研究部主任
2021 年 5 月 10 日